U0816830

谨以此书纪念先师漆侠先生

王安石变法研究史（增订本）

李华瑞 ◎著

本书受抚州王安石国际研究中心资助

科学出版社
北京

内 容 简 介

全书分为“南宋时期否定王安石变法的由来和发展”、“元明清时期对王安石变法的评议”以及“20世纪中国王安石及其变法研究的学术史”三编，梳理了王安石历史地位沉浮与南宋以后中国社会历史变迁的内在联系。对影响南宋以来最高统治者、浙东学派、四库馆臣、近现代学者及其各类官私史籍和研究论著认识、评议王安石及其变法的价值取向，从政治因素、学术思想和社会结构的变化等理论层面，做了详细的剖析和诠释。

本书适合宋史专业及中国古代政治、思想、学术史方向的高校师生阅读和参考。

图书在版编目（CIP）数据

王安石变法研究史 / 李华瑞著. — 增订本. — 北京 : 科学出版社, 2024. 11. — ISBN 978-7-03-080267-5

Ⅰ. K244.05

中国国家版本馆 CIP 数据核字第 2024DR4246 号

责任编辑：任晓刚 / 责任校对：张亚丹

责任印制：赵 博 / 封面设计：润一文化

科学出版社 出版

北京东黄城根北街 16 号

邮政编码：100717

http://www.sciencep.com

北京厚诚则铭印刷科技有限公司印刷

科学出版社发行 各地新华书店经销

*

2024 年 11 月第 一 版 开本：720×1000 1/16

2026 年 1 月第三次印刷 印张：26 1/2

字数：620 000

定价：198.00 元

（如有印装质量问题，我社负责调换）

王安石历史地位沉浮与南宋以后中国社会历史变迁

（代绪论）

王安石变法是宋代也是中国历史上的大事。自元祐初年高太后、司马光等人废除新法以降，迄今历史已走过了 900 多年。900 多年来，有关评议和研究王安石及其变法的文献可谓汗牛充栋。仅以 20 世纪为例，据不完全统计，研究、评议王安石的传记、变法史实的专著达 90 余种，发表论文千余篇，而这些文献又是毁誉、褒贬莫衷一是。“大抵自来论介甫，其毁之者，凡一谋一法，只须其谋其法之出于介甫，则不问事实，而一切有非而无是。其誉之者，则又只须其谋其法之出于介甫，亦不问事实，而一切有是而无非。”① “一千年来王安石在中国历史上的地位，好象一个谜似的，为人们所不理解。封建的学者把他看做‘天变不足畏、祖宗不足法、人言不足恤’的异端；而资产阶级学者则把他捧到天上，好象在千年前他就是一个为资本主义世界设计的大人物。”② 20 世纪 50—70 年代，史学界普遍接受列宁的评价，即“王安石是中国 11 世纪时的改革家”③。进入 80 年代以后“抑王扬马”的观点又流行一时。④

本书讨论王安石历史地位的沉浮，既无意加入过去那种“笔头去取万千端”的争论，也不对纷纭评议的不同结论作是非判断，而是想探讨评价历史是“百依百顺的女孩子，任你怎样搽抹和装饰”，还是在纷纭评议过程的背后有什么其他的内在联系在起作用。

著名的人类学家理查德·利基在追踪人类学革命过程时曾专门提到学术假设与“社会气候”变化之间的联系，他说：“简要地来看看过去一些年里曾经提出的用来解释最早的人科物种是怎样起源的几种假说。有趣的是，当每一种新的假说流行时，它常在某种程度上反映出当时的社会气候。”⑤实际上 900 多年来对王安石及其变法的评议，其所以跌宕起

---

① 熊公哲：《王安石政略》，上海：商务印书馆，1937 年，第 151 页。

② 侯外庐主编：《中国思想通史》第 4 卷上册，北京：人民出版社，1959 年，第 495 页。

③ 中共中央马克思恩格斯列宁斯大林著作编译局：《列宁全集》第 12 卷，北京：人民出版社，1987 年，第 226 页。如 1975 年人民出版社出版的邓广铭所著王安石传记，就以《中国十一世纪时的改革家：王安石》为书名。

④ 王家范：《评近几年来王安石变法研究的得失》，《光明日报》1986 年 6 月 4 日。

⑤〔英〕理查德·利基著，吴汝康、吴新智、林圣龙译：《人类的起源》，上海：上海科学技术出版社，1995 年，第 7—8 页。

伏、毁誉不一，也是在相当大的程度上反映着900多年的“社会气候”。鉴于此，笔者拟本着社会存在决定社会意识的原理，借鉴“任何人在进行历史认识的实践活动之前，已经存在着支配主体实践行为的某种特定的历史观或世界观”[①]的方法，对于900多年来影响王安石及其变法评议、研究跌宕起伏、毁誉不一背后的“社会气候”，亦即政治因素、学术思想和社会结构的变化作一些探讨。

为了叙述的方便，依据中国社会历史变迁的特点和评价主流意见的变化，可以把900多年来评议、研究王安石及其变法分作三个阶段：一是南宋至晚清；二是20世纪前半叶；三是20世纪后半叶。

一

要叙述南宋至晚清社会变迁对评议王安石及其变法的影响，先对其评议源流作一简要介绍是必要的。在南宋初至晚清近800年中，对王安石及其变法的评议主要来自史家和思想家两类人物。史家的评议主要散见于各种有关宋神宗朝史实的记述，按中国古代官私修史传统，官史方面的评议，主要有三类：①宋高宗朝绍兴年间由范冲等人修纂的《神宗实录》；②宋孝宗朝由李焘、洪迈等人修撰的《四朝国史》；③元朝史臣编修的《宋史》。这三部官修史书对王安石及其变法的评议无论是史实还是观点都是一脉相承的。而且它们对后世的评议产生了深远的影响，所谓“正史体尊，义与经配”[②]，“事实先以正史为据”是也。[③]

再看私史中的评议线索：主要见于南宋王称《东都事略》、李焘《续资治通鉴长编》和该书的删节本，如陈均《九朝编年备要》、彭百川《太平治迹统类》[④]、杨仲良《续资治通鉴长编纪事本末》；还有赵汝愚《宋朝诸臣奏议》、徐自明《宋宰辅编年录》、吕中《类编皇朝大事记讲义》（简称《大事记讲义》），宋元之际马端临《文献通考》和不著撰人《宋史全文》。

明清时期所编前朝历史的著作在叙及宋神宗朝史实时，大都依据上述官私史书，尤以《宋史》为蓝本。如编年体：元明之际陈桱《通鉴续编》，明丘濬《世史正纲》、薛应旂《宋元通鉴》、顾锡畴《纲鉴正史约》，清《御定历代纪事年表》、徐乾学《资治通鉴后编》、吴乘权《纲鉴易知录》、毕沅《续资治通鉴》等；纪传体：明王洙《宋史质》、柯维骐《宋史新编》、王惟俭《宋史记》，清陈黄中《宋史稿》、陆心源《宋史翼》；年谱类：清顾栋高《王荆国文公年谱》、蔡上翔《王荆公年谱考略》；别史类：清永瑢等《四库全书总目》、清高宗敕撰《续通志》，明邓元锡《函史》；其他还有明陈邦瞻《宋史纪事本末》、魏显国《历代相臣传》、唐顺之《历代史纂左编》和众多史评等。

值得注意的是，北宋后期至南宋初期一大批由反变法派及其子孙撰写的笔记小说所载王安石的逸闻趣事，对元明清人评议王安石影响颇大，并形成了另一类“私史”。最早从笔

---

①〔英〕汤因比等著，张文杰编：《历史的话语：现代西方历史哲学译文集》译文集序，桂林：广西师范大学出版社，2002年，第10页。

②（清）永瑢等：《四库全书总目》卷45《史部一・正史类一》，北京：中华书局，1965年，第397页。

③ 范希曾编，瞿凤起校点：《书目答问补正》卷2《史部》，上海：上海古籍出版社，1983年，第89页。

④ 邓广铭认为：“《太平治迹统类》是李焘《续资治通鉴长编》的另一种《纪事本末》”，今从之。参见邓广铭：《邓广铭治史丛稿》，北京：北京大学出版社，1997年，第350页。

记小说中裒辑王安石轶闻趣事的工作，大致始于朱熹以笔记小说为主编撰的《三朝名臣言行录》，四库馆臣把言行录收入史部传记类。该书第六卷《王安石荆国文公》，共计 36 条，引用笔记小说 14 种，明朝人唐顺之《历代史纂左编》卷二十六《宋・王安石》，除汇编《宋史・王安石传》《宋史纪事本末・王安石变法》等资料外，亦裒辑了相当多的宋人笔记小说资料，其数量远超过《三朝名臣言行后录》。清人全祖望补作《宋元学案》时，在“荆公新学略”末附逸事 28 条，清人顾栋高在雍正初年编撰《王荆国文公年谱》附《王荆国文公遗事》1 卷，共收录轶闻趣事 104 条，引用笔记小说 35 种。

另一类是思想家的评论，自南宋至晚清历代思想家在总结北宋兴亡史时，都较为集中地对王安石变法进行评论，因而宋代兴亡论是一个重要的讨论课题。著名的有南宋的朱熹、陆九渊、吕祖谦、叶适等，元明清的吴澄、虞集、丘濬、杨慎、李贽、王夫之、顾炎武、全祖望、颜元、李绂、龚自珍等都曾在各自的著述中专门评议过王安石及其新法。

由于 900 多年时间跨度较长，不可能在一部著作内对这一时期评议王安石及其变法作一一缕述，因而只能选取最具代表性的评议意见进行透视。

（1）王安石变乱祖宗法度，“祸国殃民”，最终导致北宋亡国，这是从南宋至晚清绝大多数史家及思想家评论王安石及其变法的首要观点。而这个观点的出笼恰恰是与南宋初期的政治有着密不可分的关系。北宋末年，女真族贵族建立的金政权灭辽之后，于宣和七年（1125）发动灭亡北宋的战争，宋徽宗不敢承担历史的责任，匆忙让位于太子赵桓，是为宋钦宗。宋钦宗上台后为了挽救危局，争取人心，首先贬窜祸国殃民的蔡京集团，右正言崔鹏上章论蔡京误国，同时把矛头指向了王安石：“除异己之人，著《三经》之说以取士，天下靡然雷同，陵夷至于大乱。”[①]理学传人杨时亦上疏：

> 蔡京用事二十余年，蠹国害民，几危宗社，人所切齿，而论其罪者，莫知其所本也。盖京以继述神宗为名，实挟王安石以图身利，故推尊安石，加以王爵，配飨孔子庙庭。今日之祸，实安石有以启之。[②]

在这样的“时议归重”[③]的背景下，宋钦宗在革除宋徽宗朝的一些弊政的同时，于靖康元年（1126）二月解除元祐学术禁令，四月“复以诗赋取士，禁用《庄》、《老》及王安石《字说》”，五月戊辰“罢王安石配享孔子庙庭”，降为从祀。六月下诏：“群臣庶士亦当讲孔、孟之正道，察安石旧说之不当者，羽翼朕志，以济中兴。”[④]自此，王安石新学丧失了独尊的官学地位。

宋廷南渡后，面对国破家亡、人民流离失所的严重危机，图存救亡就成了当时最为紧要的政治问题。既然要图存救亡，就要检讨造成危亡的原因，以确定由谁来承担造成国破家亡的历史罪责，在此基础上方可收拾人心，推演新一朝的政治。宋高宗为开脱父兄的历史罪责，以靖康元年以来士大夫们的议论，把“国事之失图”由蔡京上溯至王安石及其新法。不难理解，把蔡京祸国与王安石变法联系起来，不仅宋徽宗一人，就连神宗至徽宗及

① 《宋史》卷 356《崔鹏传》，北京：中华书局，1977 年，第 11216 页。

② 《宋史》卷 428《杨时传》，第 12741 页；又见（宋）杨时撰，林海权校理：《杨时集》卷 1《上钦宗皇帝（其七）》，北京：中华书局，2018 年，第 29 页，文字略有不同。

③ 《宋史》卷356《崔鹏传》，第11216页。

④ 以上参见《宋史》卷 23《钦宗本纪》，第 424—429 页。

其皇后也都脱去了“国事之失图”的干系了。由误国的权奸之臣承担现实和历史的罪责，保持帝后的圣明形象，这样做既可表明“人思宋德，天眷赵宗”，又可引导人们如何思考“国事之失图”之因，这当然是赵构的政治需要。①

而这一政治需要是通过改修《神宗实录》《哲宗实录》来实现的。赵构上台翌日，便下诏为“以母改子”的宣仁圣烈高皇后辩诬，“宣仁圣烈皇后保佑哲宗，有安社稷大功。奸臣怀私，诬蔑圣德，著在史册。可令国史院差官摭实刊修，播告天下”。李心传在此条记事下附注语中引用吕中《大事记讲义》的一段话集中反映宋廷南渡后对元祐政事与熙丰新政的态度与看法：

> 盖我朝之治，元祐为甚；母后之贤，宣仁为最。当熙、丰小人相继用事之后，使非继以元祐，则中原之祸不待靖康而后见。当京师失守之时，使非元祐之治在人耳目，又何以开炎、兴之运哉？此宣仁之功也。②

上述文字一面积极为宣仁圣烈高皇后辩诬，一面又极力贬抑绍述之说，王安石及其新法遂成替罪羊而被宋高宗所弃，此乃南宋初年的基本国策。③但当时政权未稳，加之士大夫间对“辨党邪正”“争法新旧”议论不一，因而建炎元年（1127）欲改修“谤史”的诏令未能及时兑现。及至建炎四年（1130）十二月，当南宋小朝廷初具规模，战事稍缓之际，宋高宗再次诏命重修《神宗实录》。绍兴四年（1134）五月，左朝奉大夫范冲任宗正少卿兼直史馆④，便正式开始了重修工作。虽然范冲等人在处理《神宗实录》朱墨本所记史实上，采取了较为谨慎的态度，但是编撰的主导思想则以否定王安石变法为基调。绍兴四年八月戊寅朔，宗正少卿兼直史馆范冲入见，立未定，宋高宗说：“以史事召卿。两朝大典，皆为奸臣所坏，若此时更不修定，异时何以得本末。”范冲“因论熙宁创制、元祐复古，绍圣以降，弛张不一，本末先后各有所因，不可不深究而详论。……王安石自任己见，非毁前人，尽变祖宗法度，上误神宗皇帝。天下之乱，实兆于安石，此皆非神祖之意”。宋高宗曰：“极是，朕最爱元祐”，“惟是直书安石之罪，则神宗成功盛德，焕然明白”⑤。经过一年零八个月，《神宗实录》通成二百卷。宋廷的这一定谳对于后世产生了深远影响。清人蔡上翔在为王安石辩诬时说：“公之受秽且蔓延于千万世，尤莫甚于此书。”⑥王安石作为北宋亡国元凶的论调，经宋国史至元人修《宋史》承袭，成为封建时代官方定论，不仅为史家所认同，如“安石真小有才未闻君子之大道也，岂非万世之罪人哉”⑦，“使

---

①（宋）李心传编撰，胡坤点校：《建炎以来系年要录》卷5，建炎元年五月庚寅条，北京：中华书局，2013年，第131—132页。

② 以上史料皆见（宋）李心传编撰，胡坤点校：《建炎以来系年要录》卷5，建炎元年五月辛卯条，第134页。

③ 参见许沛藻：《宋高宗与神哲实录》，《庆祝邓广铭教授九十华诞论文集》，石家庄：河北教育出版社，1997年，第625—632页；高纪春：《宋高宗朝初年的王安石批判与洛学之兴》，《中州学刊》1996年第1期；何湘妃：《南宋高孝两朝王安石评价的变迁过程与分析》，台湾大学1984年硕士学位论文。

④（宋）李心传编撰，胡坤点校：《建炎以来系年要录》卷2，建炎元年五月辛卯条，第134页；（宋）李心传编撰，胡坤点校：《建炎以来系年要录》卷76，绍兴四年五月癸丑条，第1440页。

⑤（宋）李心传编撰，胡坤点校：《建炎以来系年要录》卷79，绍兴四年八月戊寅条，第1487页；事又见《宋史》卷435《范冲传》，第12905—12906页，文字略有不同。

⑥（宋）詹大和等撰，裴汝诚点校：《王安石年谱三种》，北京：中华书局，1994年，第586页。

⑦（清）张彦士：《读史矕疑》卷9《王安石》，《四库全书存目丛书·史部》第290册，济南：齐鲁书社，1996年，第847页。

宋室斫丧，而其身列于千古之罪人”①。而且被社会普遍接受，如据传初编于南宋后定于明代的话本小说《拗相公》就是以“我宋元气，都为熙宁变法所坏，所以有靖康之祸”②为基准，把王安石描绘成为一个稔恶误国、刚愎自用、不近人情、猪犬不如的佞臣，就知道它们的影响传播得多么广泛了。

（2）荆公新学是王安石变法的指导思想和理论基础，自宋理宗取缔王安石配享孔庙之后，荆公新学所遭受的抨击之严厉，要远甚于对新法措施的否定。所谓“王安石学术之偏，已得罪于孔、孟”③，又“得罪于名教”④，柯维骐在论王安石学术时恨得甚至有点咬牙切齿了：“欺世孰甚焉，昔少正卯鲁之闻人，仲尼察其心其言其学术足以乱国，故亟诛之。安石与若人酷相类，幸不遭仲尼，得享宠荣，保首领以没，而宋不幸受其植党乱政之祸，延数世而弥烈也。”⑤荆公新学被斥为异端邪说既与理学和新学在南宋的消长有关，更是理学家们自南宋初期以来不懈批判、贬抑的结果。

荆公新学与二程理学是产生于北宋神宗、哲宗之际的两个对立学派。荆公新学在北宋后期60年是居于独尊地位的官学，“自王氏之学达于天下，其徒尊之与孔子等，动之以卓诡之行，而矜之以华丽之文，如以锦绣蒙覆陷阱，悦而从之，鲜不坠者，行之六十余年”⑥。而理学则只是在民间流布的一个小学派。南宋建立后，荆公新学受到相当大的冲击，但作为一种学术流派在南宋孝宗乾道、淳熙以后才真正走向式微，而被彻底否定则要到宋理宗淳祐以后。就传承而言，新学在南宋已构不成一个主流学派，在大多数场合下，新学成为政客们打击政敌的一种工具和士林考取功名的阶梯。理学乘南宋初政局转变之际扩大了自身的社会影响。建炎、绍兴时期是理学兴起的阶段，它争得了与新学、苏学并峙的地位，呈现出显学的发展态势。乾道、淳熙时期是理学大发展的阶段，嘉定至淳祐是理学确立官学地位的时期。⑦新学的衰落与理学的成长有着诸多深厚的社会原因，其中与南宋初以降理学家们对新学不懈地批判分不开。首先，公开站出来批判荆公新学的是程门弟子杨时，此后理学的传人在其著作中大都少不了批判荆公新学；其次，对荆公新学的批判最为彻底的还是对理学的发展有集大成之功的朱熹。笔者曾在《南宋理学家对王安石新学的批判》一文中指出，南宋理学家对新学的批判主要集中在两个方面：一是斥王安石新学为异端邪说“于学不正”、“杂糅佛道”或“学本出于刑名度数”；二是把新学作为变乱祖宗法度而致北宋亡国的理论根据，予以无情打击。⑧朱熹对荆公新学的批判，也主要体现在这两方面。朱熹对王安石新学的批判，表面上是为维护孔孟正统的纯正性，但实际上很大程度与争取理学在南宋的正统地位分不开。一般地说，在学术发展史上学派间为追求本身的存在价值，

---

①（宋）詹大和等撰，裴汝诚点校：《王安石年谱三种》，第76页。

②（明）佚名：《京本通俗小说》卷14《拗相公》，上海：上海古籍出版社，1988年，第68页。

③（明）于慎行著，（清）黄恩彤参订，李念孔等点校：《读史漫录》卷12《宋神宗至徽钦》，济南：齐鲁书社，1996年，第425页。

④（清）钱大昕著，陈文和、孙显军校点：《十驾斋养新录》卷7《王安石狂妄》，南京：江苏古籍出版社，2000年，第155页。

⑤（明）柯维骐：《宋史新编》卷106《王安石传》论曰，《续修四库全书》第310册，上海：上海古籍出版社，2002年，第61页。

⑥（宋）陈渊撰，沈度编：《默堂集》卷12《十二月上殿札子》，《景印文渊阁四库全书》第1139册，台北：台湾商务印书馆，1986年，第371页。

⑦ 详见拙作《南宋时期新学与理学的消长》，《史林》2002年第3期。

⑧ 详见拙作《南宋理学家对王安石新学的批判》，《河北大学学报（哲学社会科学版）》2002年第1期。

排挤其他学派乃是常见的一种现象，特别是新学作为北宋中叶复兴运动脱颖而出的主流学派，不仅被视作孔孟思想的正统学派、祀享孔庙，而且为天下士林所宗，因而理学要想扩大自己的影响，传播自己的学术思想，就必须战胜或取代新学。而战胜或取代的方法不外两种，一是建构超越新学的庞大思想体系，标榜自己为继孔孟绝学的正统，并得到官方的认可。关于这个方面学界的论著已有很多，不必再多言。二是为标榜自己的正确，必斥他说为非。朱熹作为理学的集大成者，斥新学为非，自然是他传播理学、扩大理学影响不可推卸的责任。[①]事实上理学家们一代代坚持不懈地贬斥王安石新学，其效果是明显的，他们的观点日益为宋最高统治者所接受，宋高宗就说："安石之学，杂以伯道，取商鞅富国强兵。今日之祸，人徒知蔡京、王黼之罪，而不知天下之乱，生于安石。"[②]这段话几乎与杨时给宋钦宗所上奏折的意旨如出一辙。宋理宗于淳祐元年（1241）下诏，在以周敦颐、程颢、程颐、张载、朱熹五人从祀孔庙的同时，撤销了王安石的从祀地位，并指责"王安石谓天变不足畏、祖宗不足法、人言不足信，此三语为万世之罪人，岂宜从祀孔子庙庭，合与削去，于正人心、息邪说关系不小，令国子监日下施行"[③]。由此可以断言，理学家们打倒新学是理学兴起发展的重要因素之一。其后，理学被元明清定为一尊的统治思想，"是当时思想的主流"[④]，荆公新学作为异端邪说遂成不易之论。

（3）把王安石的诸项新法称作"聚敛害民"，把王安石的理财思想视作"剥民兴利"，是熙宁、元祐时反变法派批评新法的主要观点，但自南宋至晚清仍是绝大多数史家和思想家评议王安石新法的基本观点之一。固然，这种一致与南宋以后评议王安石变法的史实，尤其是肯定反变法派元祐之政的《神宗实录》《四朝国史》《宋史》分不开，但更深刻的思想根源是南宋以后评议者与当年的反变法派所持的理论根据都是传统儒家的经济教条"子罕言利"或"义主利从论"。众所周知，在中国古代义利之争不仅在哲学思想方面贯彻始终，更重要的是它渗透到社会的各个方面，直接关乎封建国家治国的主导思想、用人标准、政治经济文化政策的制定和推行，以及每个人立身行事的基本出发点等。而王安石公开打出"理天下之财"的旗帜，不啻是对儒家传统经济思想的公开背叛[⑤]，"触动的最根本原则就是'王霸义利'准则，这是一个微妙的平衡系统，表现为'以义为上'和'公利可言'的有机统一。假如动摇了这个平衡，便是对整个稳定的中国伦理文化系统的破坏，必将把其吞噬在一个无形的黑洞中"[⑥]。因而反变法派和南宋以后儒家传统经济教条的卫道者一致的反对和批评，是他们在评议之前已存在支配他们认识的经济史观与王安石不尽相同使然。且不说南宋理学家们把孔孟经济教条在伦理化的道路上推向极致，"凡治财赋者，则目为聚敛"[⑦]，就是较为进步的思想家也难逃"义主利从论"的窠臼。如丘濬批评青苗法时就

① 参见拙作《也评朱熹论王安石》，《漆侠先生纪念文集》编委会：《漆侠先生纪念文集》，保定：河北大学出版社，2002年，第252—262页。
②（宋）李心传编撰，胡坤点校：《建炎以来系年要录》卷87，绍兴五年三月庚子条，第1673页。
③ 咸淳《临安志》卷11《太学》，《宋元方志丛刊》第4册，北京：中华书局，1990年，第3451—3452页。
④ 侯外庐、邱汉生、张岂之主编：《宋明理学史》绪论，北京：人民出版社，1997年，第19页。
⑤ 参见周宝珠：《义利之辨对两宋社会的影响》，邓广铭、漆侠主编：《中日宋史研讨会中方论文选编》，保定：河北大学出版社，1991年，第329—344页。
⑥ 赵益：《王霸义利——北宋王安石改革批判》，南京：南京大学出版社，2000年，第160页。
⑦（宋）周密撰，吴企明点校：《癸辛杂识》续集下《道学》，北京：中华书局，1988年，第169页。

说："尚其以义为利，而毋专利以贻害哉。"①顾炎武也赞成批评王安石"趋利而不知义"的说法。②王夫之更是强调义利之辨的重要性，他在《宋论》一书中对王安石的批判即贯穿了由义利之辨衍生出的"华夷之辨"和"君子小人之辨"的指导思想："君子之道，有必不为，无必为。小人之道，有必为，无必不为。执此以察其所守，观其所行，而君子小人之大辨昭矣。……故王安石之允为小人，无可辞也。"③值得一提的是，崇尚程朱理学的明太祖朱元璋对王安石及其变法深恶痛绝，"昔汉武帝用东郭咸阳、孔仅之徒为聚敛之臣，剥民取利，海内苦之；宋神宗用王安石理财，小人竞进，天下骚然，此可为戒"④。据说明朝初期朱元璋放弃"第二帝国开放性的财政设施，而采取一种保守性和收敛性的体制，与他个人对王安石的反感有关"⑤。

（4）南宋以后从总体上说，王安石变法是被否定的，但对王安石的部分新法措施则有不同程度的肯定看法。清人张彦士说："安石秉政，后人论者纷纷，王敬所谓所更之法利害相半，攻之者众，故无成也。章汝明刺刺千言，曲为回护；陈九川谓安石洞见幽远，图患未形，虽圣人不易也。人各有口，果熟为折衷与？"⑥在诸新法措施中，尤以科举改革、免役法、保甲法、保马法得到较多的肯定。这几项新法之所以得到较多的肯定，与它们在实际生活中多被后世陆续沿袭分不开。王夫之说："熙、丰新法，害之已烈者，青苗、方田、均输、手实、市易，皆未久而渐罢；哲、徽之季，奸臣进绍述之说，亦弗能强天下以必行；至于后世，人知其为虐，无复有言之者矣。其元祐废之不能废，迄至于今，有名实相仍行之不革者，经义也，保甲也；有名异而实同者，免役也，保马也。"⑦颜元则更进一步说："（王安石）所行法如农田、保甲、保马、雇役、方田、水利、更戍、置弓箭手于两河，皆属良法，后多踵行。"⑧蒋士铨在《读宋人论新法札子》一诗中也说："后来十九遵遗法，功罪如何请细思。"⑨周良霄对此引论说："王安石新法，凡是为后世所沿行的，它便是适应中国后期封建社会的发展，为地主阶级统治制度所必需的。它是政治制度必须适应并服务于自己的经济基础这一基本规律的必然，同时又是前此有关制度的合乎逻辑的发展。"⑩社会存在决定社会意识，由此再看元明清人的评价，就不难理解社会气候对他们评议的潜在影响。

明人于慎行说："募役之法，即今之均徭，保甲之法，即今之坊保，保马之法，即今之种马，均税之法，即今之税粮，行之数百年，未见其弊。而以经义论策代辞赋之法，乃选士之良规，永为后法，则其所行，岂尽非哉！"⑪魏显国说："矧如保甲、保马至今行之无弊，青苗、助役晚近亦时仿焉，论者谓其烦琐，以为奉行非人，则可。概以为弊政，毋乃

① （明）丘濬：《大学衍义补》卷25，《景印文渊阁四库全书》第712册，第351页。
② （清）顾炎武著，（清）黄汝成集释，秦克诚点校：《日知录集释》卷13《宋代风俗》，长沙：岳麓书社，1994年，第473页。
③ （清）王夫之著，舒士彦点校：《宋论》卷6《神宗》，北京：中华书局，1964年，第116—117页。
④ （明）余继登：《典故纪闻》卷4，北京：中华书局，1981年，第64页。
⑤ 黄仁宇：《赫逊河畔谈中国历史》，北京：生活·读书·新知三联书店，1992年，第168页。
⑥ （清）张彦士：《读史矕疑》卷9《王安石》，《四库全书存目丛书·史部》第290册，第846页。
⑦ （清）王夫之著，舒士彦点校：《宋论》卷6《神宗》，第123页。
⑧ （清）颜元著，王星贤、张芥尘、郭征点校：《颜元集·宋史评佚文》，北京：中华书局，1987年，第799页。
⑨ （清）蒋士铨：《忠雅堂文集》卷13《读宋人论新法札子》，《续修四库全书》第1436册，第652页。
⑩ 周良霄：《王安石变法纵探（续完）》，《史学集刊》1985年第2期，第15页。
⑪ （明）于慎行著，（清）黄恩彤参订，李念孔等点校：《读史漫录》卷12《宋神宗至徽钦》，第426页。

过与。”[①]王琼充分肯定熙河之役，说：“宋偏安不振，境土内蹙，所以屡困于夷狄而竟至灭亡，如洮泯河不守，则陇右不可保，而关中不得安矣。王安石主议，命王韶破西羌以安陇右，所以诘戎兵强，宋室将为复仇之举，而史臣乃以安石为开边生事，是何偏私之甚邪。”[②]

（5）蔡上翔说自南宋以来，“荆公受谤七百有余年”，但其中也有为其辩诬的，给予王安石个人品质以高度评价。在南宋有陆九渊，元朝有吴澄、虞集，明朝有陈汝锜、章衮，入清后有颜元、李绂、蔡上翔、杨希闵、龚自珍、陆心源等。他们称赞王安石“英特迈往，不屑于流俗。声色利达之习，介然无毫毛得以入于其心。洁白之操，寒于冰霜，公之质也。扫俗学之凡陋，振弊法之因循。道术必为孔孟，勋绩必为伊周，公之志也。不蕲人之知，而声光烨奕一时，巨公名贤，为之左次，公之得此，岂偶然哉！”[③]那么，他们给王安石以高度评价的背景因素是什么呢？下面有三点值得思考：

其一，贺麟先生说：

> 一个哲学家，亦必有其政治主张，有其所拥护的政治家。如孔子之尊周公，老庄之尊黄帝，墨子之尊大禹。在宋儒朱陆两派中，显然程朱比较拥护司马光，而象山则拥护温公的政敌王安石。象山是哲学家中第一个替王安石说公道话的人。王安石的新法被司马光推翻，他的政治理想迄未得真正实现。而陆象山的心学被程朱派压倒直至明之王阳明方始发扬光大。而政治家中也只有张居正才比较服膺陆王之学。总之，讲陆王之学的人多比较尊崇王安石、张居正式的有大气魄的政治家。……王安石的哲学思想，以得自孟子、扬雄为最多，而与陆王的思想最为接近。[④]

笔者以为贺麟先生的分析符合实际。吴澄有“宗陆背朱”[⑤]倾向，虞集是吴澄的学生。李绂（穆堂）好辩朱陆异同，是清初朱陆异同论的主要代表，钱穆先生说：“穆堂集辨荆公诸端，皆有关政治心术，此于辨朱、陆是非亦有系。盖朱子于荆公，始终议论不一，或不免以爱憎徇俗见。”蔡上翔《王荆公年谱考略》二十五卷是晚清以前为王安石辩诬的集大成之代表作，钱穆先生又说：“今《考略》于《穆堂集》辨及荆公诸篇，均加钞录，则元凤（蔡上翔字）此书受影响于穆堂者当甚大矣。”[⑥]杨希闵《王文公年谱考略节要》四卷、附存二卷是续蔡上翔之作，将其辩诬推向一个新阶段。

其二，陆九渊、吴澄、虞集、章衮、陈汝锜、李绂、蔡上翔、杨希闵均是江西临川人，他们对王安石的褒扬，是中国古代尊重和敬仰“乡贤”优良传统的一种表现。南宋以降，王安石不论受到何种的非议或诬谤，而在他的江西老家，人们还是以出了像他这样一位“乡贤”而感到自豪。他们不仅延绵不断地为他供祀香火，而且勇敢地站出来，为历史不公的评价鸣不平，为他所受的历史冤屈辩诬正名。可以说，在近代严复、梁启超为王安石翻案之前，为他喊冤叫屈的大都来自他的家乡。

---

① （明）魏显国：《历代相臣传・宋相臣传》卷 13《王安石》，《四库全书存目丛书・史部》第 97 册，济南：齐鲁书社，1996 年，第 4 页。
② （明）王琼：《西番事迹》，《四库全书存目丛书・子部》第 31 册，济南：齐鲁书社，1995 年，第 32 页。
③ （宋）陆九渊：《陆象山全集》卷 19《荆国王文公祠堂记》，北京：中国书店，1992 年，第 148 页。其后为王安石辩诬者的观点大都本源于此。
④ 贺麟：《文化与人生》，北京：商务印书馆，2005 年，第 286—287 页。
⑤ 侯外庐、邱汉生、张岂之主编：《宋明理学史》，第 721 页。
⑥ 钱穆：《中国近三百年学术史》，北京：商务印书馆，1997 年，第 336 页。

其三，颜元、龚自珍肯定王安石及其变法，和他们与王安石有着相近的思想理路分不开。颜元是清初的反理学斗士，“明目张胆以排程、朱、陆、王，而亦菲薄传注考证之学，故所谓‘宋学’、‘汉学’者，两皆吐弃，在诸儒中尤为挺拔”①。颜元一反理学、考据之学及辞章之学空虚的特点，力倡“实学”“致用”，将学以致用作为其理论体系的宗旨。是故“习斋评量宋儒，则不从其道德、学术着眼，即从其所轻之事功立论。盖宋儒之所轻，正即习斋之所重也”②。对王安石的评价即表现了这种所重。“虽然，一人是非何足辨，所恨诬此一人，而遂普忘君父之仇也；而天下后世，遂群以苟安颓靡为君子，而建功立业、欲搘柱乾坤者为小人也；岂独荆公之不幸，宋之不幸也哉！”③龚自珍是19世纪前期开先风的思想家，面对重重社会危机，怀抱匡时济世的愿望，指陈时弊，倡言“更法”，他推崇王安石，“少好读王介甫《上宋仁宗皇帝书》，手录凡九通，慨然有经世之志”④。“或问曰：王安石法，信如人口讥议者耶？答曰：何为其然？安石心三代之心，学三代之学，欲教训天下之人材，毕成三代之材者也。但其虑疏，其目疏，故集天下之口。”⑤显然龚自珍对王安石的肯定有着深刻的思想基础。

二

20世纪前半叶，运用近世科学的观点和方法重新评价王安石及其变法，大致与出现相对独立的宋史研究一样，亦始于20年代。进入30年代后，王安石及其变法研究出现了一个高潮，大致持续到40年代而不衰。其主要标志是，据不完全统计，这一时期发表有关论文100余篇，出版王安石传记及其变法的单行本著作（不含诗文选注及介绍）近10种。

梁启超《王荆公》是20世纪研究王安石及其新法影响最为持久的著作，从1908年（光绪三十四年）初次印行后迄今有约10种版本行世，如前所述自南宋以降至元明清对王安石及其变法的评议一直以否定性评议为主流，直到梁启超的《王荆公》才改变南宋初以来的这种局面，为王安石及其变法彻底翻案。梁启超给王安石及其新法以全新的评价：“呜呼，皋夔伊周，遐哉邈乎，其详不可得闻，若乃于三代下求完人，惟公庶足以当之矣。”他把青苗法和市易法看作近代“文明国家”的银行，把免役法视作“与今世各文明国收所得税之法正同”，“实国史上、世界史上最有名誉之社会革命”，还认为保甲法“与今世所谓警察者正相类”，一言以蔽之，“今世欧洲诸国，其所设施，往往与荆公不谋同符”⑥。其后研究者虽然已涉及王安石及其变法的方方面面，如变法的时代背景、动机、指导思想、代表的阶层，诸项新法的利弊，反变法派与变法派的斗争，变法的社会效果及意义，变法失败的原因及经验教训等，但梁启超的肯定性评价为大多数人所遵奉而成为20世纪前半叶的主流观点。

20世纪初对王安石及其新法的评议一改数百年之否定而为肯定，实际上在相当大的程

① 朱维铮校注：《梁启超论清学史二种》，上海：复旦大学出版社，1985年，第16—17页。
② 钱穆：《中国近三百年学术史》，第179页。
③（清）颜元著，王星贤、张芥尘、郭征点校：《颜元集·宋史评佚文》，第780页。
④（清）龚自珍：《龚自珍全集》第11辑《定盦先生年谱外纪》，上海：上海人民出版社，1975年，第633页。
⑤（清）龚自珍：《龚自珍全集》第1辑《保甲正名》，第97页。
⑥ 以上引文均见梁启超：《饮冰室合集》第7册《王荆公》，北京：中华书局，2015年，第6107、6189、6190、6206、6168页。

度上也反映着20世纪前50年的“社会气候”，这有以下四个方面的表现：

第一，当梁启超奋起为王安石及其变法翻案之时，中国正遭受着前所未有的民族危机，“今当千载而后，内忧外患，恐更甚于安石执政之时”①，“吾人今日所处之环境，实类似当时”②。王安石富国强兵的思想自然会与梁启超等人主张通过变法改良以图中国强大的思想联系起来③，因而梁启超等人对王安石及其变法的肯定，当是半殖民地、半封建社会时代要求改变屈辱现状的学界的一种共识。譬如，蒋作宾为熊公哲《王安石政略》作序时就说：“自海通以后，西学东渐、变法维新之说，日腾播于士大夫之口，安石之新法，亦遂为时论所推重，较之前此之称誉安石，如陆象山、颜习斋辈，殆又过之。惟是安石锐意欲行之新法，所为权制兼并、均济贫乏者，果与现代之社会政策相吻合乎？其他理财、足兵、恤农、兴学诸端，以视泰西诸国之新政，信能小异而大同乎？”④“至晚清而主变法者，争言荆公政术。”⑤

第二，孙中山先生三民主义思想特别是他的民生主义与王安石的变法思想多有吻合之处。孙中山在改组国民党的党员代表大会上发表的《中国国民党第一次全国代表大会宣言》中解释“民生主义”：“其最要之原则不外二者：一曰平均地权；二曰节制资本。”⑥“孙中山把西方社会在资本主义自由经济制度下，土地和大企业为少数人垄断，造成社会贫富极端悬殊的现象，称为‘文明的恶果’。为了避免这种恶果，他提出了土地和大企业由国家经营的主张”，并“提出实现均富方法的四个方面，即平均地权、节制资本、振兴实业、普及教育”⑦。孙中山的民生主义思想对20世纪二三十年代的王安石变法研究所产生的直接影响主要表现在：虽然研究者对王安石诸项新法的实施及作用有不尽相同的看法，但在肯定王安石的“权制兼并，均济贫乏”的变法思想上则是绝对的一致。刘峙就在为熊公哲《王安石政略》的序言中说：“介甫新政，大抵愤于有宋之积弱不振，锐意富强，其论理财，深致痛于兼并之豪右，以谓‘有财而莫理，则闾巷阡陌之人，皆得擅万物之利，以与人主争黔首，而放其无穷之欲，虽欲食蔬衣敝，以幸天下之给足，而安吾政，犹不可得。’其说与近世西人所谓‘社会主义’及先总理‘企业国营’之主张，实有同契。”⑧更有研究者把王安石的理财理论归纳为“节制私人资本”和发展国民经济。⑨而薛以祥《王安石政策之研究》则直截了当地说：“今日国父袭历史之思想，规抚世界之潮流，创为伟大的民生主义，实与王安石之思想，不无影响。”⑩

第三，国民党为其训政寻找历史经验和教训而倡导研究王安石变法，这种官方的提倡和肯定态度在相当大的程度上决定了当时王安石及其变法研究的价值取向。自1927年蒋介石发动四·一二政变以后，“国民党统治中国22年，其中训政时期19年。训政，在国民

---

① 程方：《宋初政治与王安石新法之批判》，《中国新论》1936年第7期。
② 陈振旸：《论王荆公之理财》，《军事与政治》1943年第3、4期。
③ 参见孙光浩：《王安石洗冤录》，台北：台湾学生书局，1996年，第175—186页。
④ 熊公哲：《王安石政略》蒋序，第1—2页。
⑤ 钱穆：《中国近三百年学术史》，第336页。
⑥ 孙中山：《孙中山选集》下卷，北京：人民出版社，1981年，第593页。
⑦ 朱家桢：《20年代以来中国社会变革过程中的均富思想》，《中国经济史研究》2000年第3期，第137、138页。
⑧ 熊公哲：《王安石政略》刘序，第3页。
⑨ 陈振旸：《论王荆公之理财》，《军事与政治》1943年第3、4期。
⑩ 薛以祥：《王安石政策之研究》，《财政知识》1942年第4期。

党的政治制度中起着主导的、支配的作用，规定了当时统治中国社会政治生活的基本形态”[①]。大致从20世纪30年代初推行训政伊始，国民党颁布了保卫团办法，其后在地方推行以重建保甲制度为核心内容的地方自治，因而王安石变法中的保甲法受到重视，如当时出版的闻钧天《中国保甲制度》[②]、叶木青《中国保甲制度之发展与运用》[③]都辟有专门章节讨论，并给予高度评价。另，1935年蒋介石致电河南省政府王安石政略研究会熊公哲，令其“对王安石遗规，作一深切研究，作庐山训练（县政人员）教料之一”[④]。翌年春，国民党“内政部招各省县长、公安局长，聚之都城，讲习县市行政，邮资商请重印”[⑤]。其后，王安石及其变法的研究一直受到国民党的重视。当然研究者并不仅限于此。如20世纪30年代提倡统制经济，便有《王安石的新法与统制经济》与之相呼应。又如为了反对师从马克思列宁主义，不能“以俄为师”而提倡中国本位的文化建设[⑥]，便有人写文章说：

> 王荆公的经济政策，是汉唐以来政治思想史上的一大转变，不但当时的人，感觉着新奇讶异，就是从今日的观点看来，也并不见得怎样陈腐。而且事实上，当时荆公所见到的问题，所要倾全力而实施的策略，在今日也还是急待解决的问题，急待实行的事件。譬如方田均税之法，在宋代固是重要问题，在现在也并未完全解决，青苗贷款之法，在那时固为要务，在今日农村高利贷盛行之日，也未尝不是当行之政。今日研究国民财政学和农村问题的人，在猎取西洋糟粕，来解决中国问题，削足适履，阻碍横生，实则把荆公当时的新政，拿来过细研讨一番，作个惩前毖后的参考资料，大概也不算完全白费时间。[⑦]

20世纪40年代中期，国民党推行所谓新政，于是又有人说：“宋朝王安石倡行的新法，虽已属陈迹故事，然考其法，均切时弊，类多美善，我国近年来的新政，大概脱胎于彼。且鉴古可以知今，我们加以探赜之后，可以明了当时新法施行的情形和失败的原因，以作现在施政的殷鉴，谅也不无补益，实有究讨的价值。”[⑧]这种官方对王安石变法的肯定流风甚至影响到美国政要，据1944年6月21日贵阳《中央日报》所载迪化18日电：“今日抵迪之美副总统华莱士……接见王主任世杰，罗监察使家伦，据王氏语记者称：华莱士副总统于谈话中，曾询及我宋代政治家王安石之有关各节，华氏誉王安石为中国历史上推行新政之第一人，并请王主任可能搜集有关王安石之事迹……”[⑨]“华莱士先生似乎隐约感觉着王安石之行新法与他和罗斯福总统之行新政，有了精神上的契合，他赞扬王安石，不啻于异国异代求知己、找同志。”[⑩]

第四，20世纪二三十年代传入我国的社会主义思潮对重新认识王安石及其变法的思想

---

① 王金锜、陈瑞云主编：《中国现代政治史（1919—1949）》，哈尔滨：黑龙江人民出版社，1990年，第255页。
② 闻钧天：《中国保甲制度》，上海：商务印书馆，1935年。
③ 叶木青：《中国保甲制度之发展与运用》，上海：世界书局，1936年。
④ 詹寿山：《王安石之研究》绪言，《河南政治月刊》1935年第8期。
⑤ 熊公哲：《王安石政略》自序，第6页。
⑥ 参见冯友兰：《中国现代哲学史》，广州：广东人民出版社，1999年，第131—134页。
⑦ 高向杲：《宋王荆公的经济政策》，《中国文化建设协会山西分会月刊》1935年第11—12期。
⑧ 吴芳亭：《王安石新法之梗概》，《文友》1944年第12期，第18页。
⑨ 转引自付毓衡：《王安石土地政策之探讨》，《地政通讯》1947年第17期，第12页。
⑩ 贺麟：《文化与人生》，第229页。

观念的转变影响最大。柯昌颐在《王安石评传》第二十四章第一节“评论安石之今昔观”中引胡适的一段话说：“看惯了近世国家注重财政的趋势，自然不觉得王安石的可怪了。懂得了近世社会主义的政策，自然不能不佩服王安石的见解和魄力了。”之后又说：“是故居今日而为安石白沉冤，诚亦环境有以支配之，使不得不然。”[①]胡适所言的社会主义，实际即是马克思主义，马克思主义学说在19世纪后半期到20世纪初东渐的诸多西学中是较晚进的一种，但是随着俄国十月革命一声炮响，马克思主义在中国的迅猛传播，为其他西学所不及。“在新文化运动晚期，马克思主义尚且只是获得了少数的皈依者，到了20年代末，短短几年间，它就一跃成为中国思想界中一支最主要的力量；在此后大大小小数不清的论战中，我们经常可以发现，争论双方实际上共同持有一种马克思主义立场。”[②]当然，王安石及其变法的研究者，在用马克思主义学说进行重新评价时，一般地说是呈现出两种情况，一是用社会主义学说类比王安石的诸项新法措施，把王安石称为社会主义的先行者，不免使人有牵强附会之感。二是运用马克思主义的唯物史观来考察作为历史事件的王安石及其变法，如使用“商品经济”、“商业资本”、“阶级关系”和“封建制度”等经济学和社会学术语，试图从经济的角度来解释王安石及其变法的历史意义，同时亦较多注意到对王安石及其变法前后各种历史现象进行综合分析。特别是对王安石及其变法的社会历史背景和变法失败的诸多原因的分析较为深广。因而20世纪三四十年代所讨论的问题基本上涵盖了20世纪50年代所重新讨论的问题。当然由于对唯物史观的理解不同，也因其传入中国的时间不太长，且没有成为占统治地位的意识形态，所以在使用过程中所表现出的浅显和稚嫩也是难以避免的。

三

20世纪后半叶，特别是后20年的王安石及其变法研究取得了显著成绩，据不完全统计，发表论文900多篇，出版专著80余种。[③]由于中华人民共和国成立以后，实行的社会制度、意识形态都与20世纪前半叶有很大不同，因而对王安石及其变法的评议也呈现出一些新特点：

（1）前面提到孙中山的民生主义思想对20世纪二三十年代一致肯定王安石“摧抑兼并、均济贫乏”产生了直接影响。中华人民共和国成立后，在继承孙中山思想遗产的基础上，更向前推进了一大步，建立了社会主义制度，其最高理想是通过生产资料公有的办法来建立社会平等，主张取消财产不平等。因而中华人民共和国成立之初实行社会主义改造，即在城乡对农业、手工业和资本主义工商业由私有制改变成国有制或集体所有制形式，在生产资料公有的基础上，通过改造地主、富农、资产阶级或称不劳而获的阶级和建立防止贫富两极分化的均富机制，实现社会平等。如在城镇工矿企业实行低工资、多就业、低消费型的均富模式，在乡村建立“一大二公”的人民公社。这样的社会氛围对王安石变法的研究所产生的潜在影响即表现在：20世纪五六十年代研究者对王安石的“摧抑兼并、均济贫

① 柯昌颐：《王安石评传》，上海：商务印书馆，1933年，第396页。
② 陈少明、单世联、张永义：《近代中国思想史略论》，广州：广东人民出版社，1999年，第339页。
③ 此统计只包括国内研究成果，不包括国外研究成果。

乏”如同二三十年代一样给予充分的肯定和称赞，甚至把是否坚持“摧抑兼并”看作熙宁与元丰以后变法性质变化的路标，并以此衡量变法的进步与倒退。①

及至20世纪70年代末，我国实行改革开放，允许一部分地区、一部分人先富起来，使集中统一的计划经济体制向市场经济体制转型，生产资料公有制形式也开始发生变化，私有制取得了一定的合法性，社会生活观念也由嫉富、抑富转向羡富、扬富，理论界则对高度集中的计划体制的种种弊端进行反思，这些变化都在悄悄影响研究者对王安石的“摧抑兼并、均济贫乏”的变法思想进行新的思考，思考集中在两点：一是对王安石试图通过“稍收轻重敛散之权，归之公上”来达到“摧抑兼并”的做法提出批评：“实质上是国家运用其政权力量，来排斥一般的兼并而自为兼并。”②“经济政策上的倒退，最主要表现为政府对经济事务的强权干预。”③变法扩大了封建国家营利性经营规模，官营经济体系发达，对民间工商业发展极为不利。④二是指斥青苗法、免役法、市易法等“摧抑兼并、均济贫乏”的措施，非但没能摧抑兼并，反倒加重了“贫乏”的经济负担。⑤这些新思考的背后显然打着很深的时代印记。

（2）中华人民共和国成立后，马克思主义唯物史观在史学研究领域占据支配地位。以唯物史观为指导的史学工作者对王安石及其变法做了再评价。虽然对王安石及其变法亦作出了肯定性评价，但因对马克思主义的理解和运用不同，在肯定王安石及其变法的性质和时代上与以梁启超为代表的20世纪前半期的肯定又不尽相同，这种不同表现在以下四个方面：

第一，以斯大林五种社会形态理论把中国历史分成原始社会、奴隶社会、封建社会、资本主义社会和社会主义社会五个历史时期，两宋处在封建社会阶段，因而以梁启超为代表的研究者将社会主义思潮及资本主义国家的经济行为比附王安石新法的观点受到批判。漆侠先生在总结20世纪五六十年代王安石变法研究成就时指出：“第一，把王安石变法放在特定的历史环境中，即放在封建时代的宋代进行考察，指出王安石变法是地主阶级的一个改革运动，王安石是代表地主阶级利益的，这就从根本上同梁启超混淆时代的非科学的做法划清了界限，把王安石、王安石变法研究引导到正确的轨道上。”⑥胡昭曦先生则直接运用五种社会形态理论，以“不可混淆熙丰变法的性质”为题，对“近些年来……的有关论著中，有主张这次变法具有社会主义性质的，也有认为王安石推行的措施是属于‘国家资本主义’”的观点进行批评。⑦

第二，社会形态理论的基本观点是：“社会经济形态的发展是一种自然历史过程。”⑧

---

① 漆侠：《王安石变法》，上海：上海人民出版社，1959年，第191—195页。
② 程念祺：《王安石变法的几个经济问题》，《上海师范大学学报（哲学社会科学版）》1986年第3期。
③ 叶坦：《大变法：宋神宗与十一世纪的改革运动》，北京：生活·读书·新知三联书店，1996年，第241页。
④ 汪圣铎：《王安石是经济改革家吗》，《学术月刊》1989年第6期。
⑤ 这方面的文章主要有王曾瑜：《王安石变法简论》，《中国社会科学》1980年第3期；方志远：《关于青苗法的推行及其社会效果》，《南开学报（哲学社会科学版）》1988年第6期；叶坦：《役法斗争中的司马光》，《西南师范学院学报（哲学社会科学版）》1985年第5期等。
⑥ 漆侠、郭东旭：《关于王安石变法研究中的几个问题》，《中国史研究》1989年第4期。
⑦ 胡昭曦：《熙丰变法经济措施之再评价》，《西南师范学院学报（哲学社会科学版）》1984年第4期，后收入《胡昭曦宋史论集》，略有改动，参见胡昭曦：《胡昭曦宋史论集》，重庆：西南师范大学出版社，1998年，第1—35页。
⑧ 中共中央马克思恩格斯列宁斯大林著作编译局：《马克思恩格斯选集》第2卷，北京：人民出版社，1972年，第208页。

历史上依次更替的一切社会制度都只是人类社会从低级到高级的无穷发展过程中的一些暂时阶段。社会主义终究要战胜资本主义，同理资本主义在历史上战胜封建主义也是历史的巨大进步。根据这个理论，中国历史上封建社会虽然漫长，但在它的后期也产生了瓦解封建社会的新因素——资本主义萌芽，而产生资本主义萌芽的前提是商品经济的发展。因而商品经济是否发展或发达，是否促进商品经济，就成为衡量中国封建社会发展程度和检验封建国家的政策、法规以及学术思想是否进步的试金石。这几乎是 20 世纪 50 年代以来讨论中国历史上经济、财政的一个理论范式，当然，对王安石诸项新法的评价也不能例外。因而 20 世纪后半叶特别是 80 年代以后，围绕王安石新法是否促进商品经济的发展就成为研究者肯定和否定双方论争的主要焦点之一："史学界目前有两种截然对立的意见。一种意见认为，变法'企图在一定范围内和一定程度上把国民经济纳入商品、货币的轨道上来'，'发展商品货币经济'，'为商业活动排除一些障碍'，'顺应了商品货币经济发展的内在要求和社会发展的客观趋势'。另一种意见则认为，变法'阻碍了商品经济的正常发展'，'使很多重要城市的商业的正常发展，受到了严重打击'，'是不折不扣的倒行逆施'。"①

第三，阶级与阶级斗争学说的消长，也直接影响着王安石变法研究评价标准的变动。20 世纪 50—70 年代，阶级与阶级斗争学说是判断历史问题的基本准绳，"马克思的方法首先是考虑具体时间、具体环境里的历史过程的客观内容，以便首先了解，哪一个阶级的运动是这个具体环境里可能出现的进步的主要动力"②。因此，王安石变法代表哪一个阶级的利益，便成为讨论的中心话题，虽然论者的观点、立场不尽相同，但"中小地主进步论"是这一时期评议王安石变法的主流看法，即王安石变法是地主阶级的一个改革运动，王安石代表了地主阶级及其国家的广泛利益，同时更多地代表了中小地主阶级的利益，在实现其富国强兵、加强宋朝封建专制统治目标的同时，还推动了宋代社会生产力的发展和历史的前进。而以司马光为首的守旧派代表了大地主、大官僚等顽固反动势力的利益，他们的政治运动阻碍了历史前进，这是对南宋初以来是司马光而非王安石导致了历史倒退的传统观点的彻底否定。这也与梁启超以来的评价有所不同，梁启超对王安石变法的翻案，并未否定司马光。及至"文化大革命"期间，历史研究成为阶级斗争的工具，特别是在"批林批孔"运动中，王安石及其变法作为儒法斗争的典型材料受到重视，王安石被加上"法家"的桂冠，王安石与司马光的政争被概括为儒法斗争和两条路线斗争，"环绕着王安石变法而展开的这场儒法斗争，归根到底，反映了中小地主阶级和大地主阶级之间兼并与反兼并的斗争"。而司马光则是尊儒反法的代表，"尊儒反法思潮在中国代表着最反动最黑暗的政治势力的利益"③。

改革开放以后，国家的大政方针和理论有了重大改变，疾风暴雨式的大规模阶级斗争已经结束，经济建设成为中心工作。随着阶级斗争学说退出历史评价的主导价值体系，王安石变法研究出现了一个明显的新动向，即王安石与司马光之争、变法派与反变法派之

① 吴泰：《熙宁、元丰新法散论》，中国社会科学院历史研究所宋辽金元史研究室：《宋辽金史论丛》第 1 辑，北京：中华书局，1985 年，第 28 页。有关讨论情况可参见葛金芳、金强：《近二十年来王安石变法研究述评》，《中国史研究动态》2000 年第 10 期。

② 列宁：《打着别人的旗帜》（1915 年 1 月以后），中共中央马克思恩格斯列宁斯大林著作编译局：《列宁全集》第 26 卷，北京：人民出版社，1988 年，第 141 页。

③ 罗思鼎：《从王安石变法看儒法论战的演变——读〈王荆公年谱考略〉》，《红旗》1974 年第 2 期。

争不再是阶级路线之争，而是政策性的分歧。[①]“熙宁新法的两派对立，实际主要是因观念的差异造成的，并由此形成了改革派‘新党’和传统派‘旧党’。”[②]温公、荆公治国的方法都主张变，实际上都是变法派，只是变法的主张、方针、政策不同，因而出现两种政治集团；荆公、温公变法思想的理论根据都来源于孔孟；在变法目的上，温公提出的“富国安民”与荆公提出的“富国强兵”在实质上没有区别；致使二公由挚友变成政敌，在于两公的理财主张不同，温公的理财方式在于节流，不主开源，而荆公的理财方针在于开源，不主节流。[③]

王安石变法失败的原因始终是20世纪研究王安石变法中最受关注的问题。虽然在20世纪三四十年代已有多种意见，但是一般多把变法失败的主要原因归结为阶级利益的冲突和缺乏广泛的阶级基础。[④]20世纪五六十年代则从阶级斗争的角度把王安石变法失败的主要原因归结为两点：一是变法派缺乏广大人民群众的支持；二是大地主集团反动势力的强大。“这样一个缺乏坚实社会基础的从上而下的改革，其力量是微弱的，象经不住狂风暴雨的摧折的温室中的花草一样，经不住历史的考验，在反动的嚣张的大地主集团的冲击下，便以失败告终。王安石变法的失败，无疑是历史上一个进步力量的失败。”[⑤]进入80年代以后，三四十年代和五六十年代的观点受到冷遇，不仅有专文对“人民群众是王安石变法成败的决定因素”和“保守派大官僚大地主的反对是王安石变法失败的决定因素”两个“史学界流行的看法”提出商榷[⑥]，而且讨论变法失败的原因大都转向从变法措施自身存在的弊端、变法过程中出现的蜕变以及王安石的个人品质去寻找。

另外，还有一个突出的例证，这就是邓广铭先生在1997年出版的《北宋政治改革家王安石》中删节了1975年版《中国十一世纪时的改革家：王安石》的开首章节“北宋建国百年内社会阶级矛盾和民族矛盾的发展”，只将少部分写入后面章节，这大致反映了邓先生自20世纪80年代以后对“阶级斗争”学说的一种反思。1987年邓先生在中国宋史研究会第四届年会上，批判教条主义在历史学的研究领域所起的消极作用时说：

> 另一个是关于农民起义的问题——自从进入阶级社会以来，人类的全部历史都是阶级斗争的历史。这本是马列主义的一个最基本的论点。毛泽东在《中国革命和中国共产党》一文中……说道：“在中国封建社会里，只有这种农民的阶级斗争，农民的起义和农民的战争，才是历史发展的真正动力。”到后来，他更把这段话概括为“阶级斗争为纲”、“千万不要忘记阶级斗争”、“阶级斗争一抓就灵”等话语，这当然就不只是农民的阶级斗争了。我们不应不加思考地把这些话都认作毛泽东思想的

---

① 王曾瑜：《王安石变法简论》，《中国社会科学》1980年第3期。

② 仲伟民：《宋神宗》，长春：吉林文史出版社，1997年，第103页。

③ 骆啸声：《温公与荆公变法思想之比较》，《湖北大学学报（哲学社会科学版）》1987年第6期；季平：《荆公温公同异论——治军、用兵与弃地问题》，《西南师范学院学报（哲学社会科学版）》1984年增刊；顾全芳：《重评司马光与王安石的分歧与斗争》，《争鸣》1986年第3期；赵益：《王霸义利——北宋王安石改革批判》，第159页。

④ 参见拙作《20世纪王安石变法研究的回顾与反思（1901—1949年）》，《中国史学》第12卷，2002年，第17—34页。

⑤ 漆侠：《王安石变法》，第235页。

⑥ 袁诚玉：《王安石变法失败原因再探》，《历史教学问题》1987年第4期。

组成部分。因为，恩格斯在1892年为《社会主义从空想到科学》的英文版所作序言中就说过："一切重要历史事件的终极原因和伟大动力是社会的经济发展、生产方式和交换方式的改变、由此产生的社会之划为不同的阶级，以及这些阶级彼此之间的斗争。"①

《北宋政治改革家王安石》的修订和删节显然是贯穿了这一新的思想认识，或者说邓先生对这个问题的修改似表明他不再坚持王安石变法是北宋中叶农民阶级与地主阶级政权之间矛盾运动的必然结果的观点。

第四，马克思在总结西方哲学史时，以唯心主义和唯物主义作为哲学发展基线的方法，也被引入中国哲学史的研究领域，王安石的新学、变法思想，被划入唯物主义哲学范围受到全面的肯定，"千年以来，在封建的正统思想的压制下，王安石的'新学'没有得到应有的注意。而资产阶级学者则非历史主义地把王安石思想又作了各种歪曲，今天应该把这个千年'未发之复'，疏理清楚"②，而司马光及程朱理学作为唯心主义思想体系受到批判和否定。③改革开放以后，王安石和司马光的思想均被当作中国历史上的优秀文化遗产而受到各方面的重视，其研究成果层出不穷。

不过需要指出的是，20世纪后20年的王安石变法研究，虽然与此前30年相比有了不小的变动，出现了一些新特点，但从总体上讲，由于社会气候的大局，仍然是坚持走中国特色社会主义道路，唯物史观仍然是占支配地位的意识形态，因而这一时期出现的肯定和否定意见均未出马克思主义史学讨论的大范围，只不过是对马克思主义史学评价标准的不同取舍产生的不同认识而已。而且20世纪自五六十年代形成的肯定性意见在20世纪后20年的评议中所占的比重仍大于否定性意见。

以上简要勾勒了王安石历史地位沉浮与南宋以后中国社会历史变迁的大致轮廓，这个轮廓即是贯穿本书的基本线索。依据这个线索，可以清楚地看出决定南宋以降迄今为止，对王安石及其变法评议的价值取向主要有三点：一是南宋以后占统治地位达700多年之久的程朱理学的评价标准；二是20世纪影响中国历史进程最大的马克思主义唯物史观；三是在不同阶段、不同时期内，与时俱进的社会气候变化，亦即现实政治发展路标的指向。透过对王安石及其变法是非评议900多年的变迁过程，尤足以作为研究中国历史上有争议的人物、事件评价是非得失的参考和借镜。研究历史的人们，当你论述历史的时候，你带着什么样的阶级感情、什么样的时代特质、什么样的思想认知，都会悄悄地融进你辛勤耕耘的字里行间，影响着你对历史的判断，你的判断到底接近了多少历史的真相？这是本书所想要尽力表达的追求。

本书稍感遗憾的是未能对20世纪日本、欧美国家及其他国家的王安石及其变法研究做学术史的梳理。其实这些国家尤其是日本的研究，已发表相当多的论著和具有相当高的水平。但限于本书上述的基本思路，也限于收集的有关资料不足，所以未能将其包括在论述范围之内，只是把日本学者东一夫的一篇简介各国研究王安石状况的短文作为附录二附

① 邓广铭、漆侠等主编：《宋史研究论文集（一九八七年年会编刊）》，石家庄：河北教育出版社，1989年，第3页。
② 侯外庐主编：《中国思想通史》第4卷上册，第423页。
③ 侯外庐主编：《中国思想通史》第4卷上册，第420—496页。

在正文之后，以供参考。附录三所列参考文献仅限于书中引用部分，不包括作者在撰写过程中翻阅而没有引用的部分，其实这部分要远远大于所列书目，例如，仅明清文集就翻阅了三四百种之多。不过，明清资料太多，本书收集范围有限，是故对明清时期王安石及其变法评议的梳理最令笔者感到汗颜，需要今后有更多的充实。附录四所收集 20 世纪王安石及其变法的资料索引，尽管下了一定的功夫，但是尚未收集殆尽，有待今后不断完善。

目　录

王安石历史地位沉浮与南宋以后中国社会历史变迁（代绪论）　/ i

第一编　南宋时期否定王安石变法的由来和发展

引言　宋高宗对王安石变法的彻底否定　/ 3

第一章　南宋时期新学与理学的消长　/ 5

一、南宋时期王安石新学衰落的历史轨迹　/ 5
二、南宋时期理学的兴起、发展与新学衰落的关系　/ 10
三、南宋时期诸理学家对王安石新学及新法的批判　/ 13

第二章　朱熹论王安石　/ 20

一、朱熹对王安石新学的批判　/ 20
二、朱熹对王安石变法的评议　/ 22
三、朱熹对王安石人品的评价　/ 27

第三章　南宋浙东学派对王安石变法的批判　/ 30

一、薛季宣、陈傅良对王安石新法的评议　/ 30
二、陈亮、叶适不赞成王安石变革祖宗之法　/ 32
三、陈亮、叶适对王安石经济改革措施的批判　/ 35
四、浙东学派与熙丰时期反变法派思想比较　/ 36

第四章　南宋时期主要官私史书对王安石变法的否定　/ 39

一、绍兴本《神宗实录》的重修　/ 39
二、《宋朝诸臣奏议》的编撰与反变法派观点的裒辑　/ 41

三、徐自明《宋宰辅编年录》对王安石事迹的选录（附论《丁未录》） / 49
四、吕中《类编皇朝大事记讲义》的反思与批判 / 56
五、南宋时期王安石传记源流考 / 59

第五章　李焘笔下的王安石变法 / 67

一、李焘编撰王安石执政时期历史的主导思想 / 67
二、李焘对三种《神宗实录》的取舍 / 68
三、李焘对《王安石日录》的取舍 / 77
四、从《续资治通鉴长编》注文看李焘对王安石及其新法的态度 / 83
附论：《续资治通鉴长编》节本与王安石及其变法 / 93

第六章　宋代笔记小说中的王安石形象 / 101

一、王安石轶闻、事迹的流布 / 101
二、笔记小说作者对王安石及其变法的基本态度 / 105
三、笔记小说对王安石个人形象的塑造 / 106
四、小说话本、讲史小说中的王安石形象 / 114

第二编　元明清时期对王安石变法的评议

第七章　元朝史家笔下的王安石与王安石变法 / 123

一、马端临论王安石变法 / 123
二、《宋史》对王安石及其变法的盖棺论定 / 126
附录：《宋史・王安石传》 / 129
附论：明陈邦瞻《宋史纪事本末》 / 134

第八章　明清史家笔下的王安石及其变法 / 135

一、明清时期事涉王安石及其变法的史学著作概述 / 135
二、明清史家述评王安石及其变法的特点和基本观点 / 137

第九章　明清著名思想家以及最高统治者论王安石 / 145

一、丘濬《大学衍义补》论王安石 / 145
二、杨慎论王安石 / 148

三、李贽论王安石 / 151
四、顾炎武论王安石 / 152
五、王夫之《宋论》论王安石 / 154
六、黄宗羲、全祖望《宋元学案》论荆公新学 / 158
七、颜元、龚自珍论王安石 / 160
八、明清时期最高统治者眼中的王安石 / 162

第十章　四库馆臣对王安石及其变法的评议 / 167

一、对王安石总的评价 / 167
二、四库馆臣对论述王安石及其变法书籍的“彰善瘅恶” / 169
三、有关王安石学术的评议 / 172

第十一章　“桑梓情深”：来自王安石故里 对“乡贤”的褒扬 / 176

一、陆九渊的《荆国王文公祠堂记》 / 176
二、章衮、陈汝锜对王安石新法得失的评议 / 179
三、李绂、蔡上翔为王安石“辩诬” / 184
附论：杨希闵《王文公年谱考略节要》和《熙丰知遇录》 / 187

第十二章　金元明清士人散论王安石 / 189

第三编　20世纪中国王安石及其变法研究的学术史

引言 / 201

第十三章　20世纪前半叶的王安石变法研究 / 203

一、严复、梁启超为王安石及其变法彻底翻案 / 203
二、对王安石变法时代、动机及其指导思想的讨论 / 211
三、对王安石新法的讨论 / 214
四、关于反变法派与变法派的斗争 / 221
五、关于王安石变法的效果及意义 / 223
六、关于王安石变法失败的原因及教训 / 224

第十四章 邓广铭、漆侠先生50年的王安石变法研究 / 229

一、邓广铭先生四写王安石 / 229
二、漆侠先生的王安石变法研究 / 233
三、邓广铭与漆侠研究王安石及其变法的异同 / 235

第十五章 1950—1977年的王安石变法研究 / 239

一、1950—1965 年的王安石变法研究 / 239
二、蒙文通先生对王安石变法的否定 / 243
三、批儒评法与“尊崇”王安石 / 246

第十六章 20世纪后20年的王安石及其变法研究（上） / 253

一、《王安石变法简论》的发表与三种不同评议意见的形成 / 253
二、王安石变法诸思想评价 / 261
三、王安石变法的性质及其代表的阶级利益 / 266

第十七章 20世纪后20年的王安石及其变法研究（中） / 269

一、对青苗法的评价 / 269
二、对免役法（募役法）的评价 / 271
三、对均输法、市易法的评价 / 274
四、对保甲法、保马法的评价 / 277
五、对农田水利法、方田均税法的评价 / 279
六、对科举改革的评价 / 282

第十八章 20世纪后20年的王安石及其变法研究（下） / 284

一、宋神宗与熙丰变法 / 284
二、关于新旧党争的性质 / 287
三、王安石变法失败原因再探讨 / 289
四、对中华人民共和国成立以来研究王安石变法的反思 / 293
五、难忘乡贤—抚州地区的王安石及其变法研究 / 295

第十九章 20世纪后半叶台湾地区的王安石及其变法研究 / 300

一、概说 / 300

二、绍继 20 世纪前半叶对王安石的评价 / 300
三、重建有关新法史实的努力 / 302
四、关于三不足说的考辨 / 305
五、关于王安石与司马光的政争 / 309
六、关于王安石变法失败的原因 / 310

附录一　二十一世纪前二十年对王安石及其变法的重新认识
——为王安石诞辰一千周年而作 / 312

一、王安石文学研究 / 313
二、王安石经学、思想研究 / 317
三、王安石变法研究 / 328
四、简短的结语 / 344

附录二　各国对王安石的评价 / 346

附录三　参考文献 / 347

附录四　20 世纪王安石及其变法研究文献索引 / 357

后记 / 394

《王安石变法研究史》（增订本）后记 / 396

第一编
南宋时期否定王安石变法的由来和发展

引言
宋高宗对王安石变法的彻底否定

北宋末年，女真贵族建立的金政权灭辽之后，于宣和七年（1125）发动灭亡北宋的战争。国难当头，宋徽宗不敢承担历史责任，匆忙让位于太子赵桓，是为宋钦宗。钦宗上台，为了挽救危局，争取人心，首先贬窜祸国殃民的蔡京集团。右正言崔鶠上章论蔡京误国，同时把矛头指向了王安石：

> ……谏议大夫冯澥近上章曰："士无异论，太学之盛也。"澥尚敢为此奸言乎。王安石除异己之人，著《三经》之说以取士，天下靡然雷同，陵夷至于大乱，此无异论之效也。京又以学校之法驭士人，如军法之驭卒伍，一有异论，累及学官。……
>
> 仁宗、英宗选敦朴敢言之士以遗子孙，安石目为流俗，一切逐去。司马光复起而用之，元祐之治，天下安于泰山。及章惇、蔡京倡为绍述之论，以欺人主。绍述一道德，而天下一于谄佞；绍述同风俗，而天下同于欺罔；绍述理财而公私竭；绍述造士而人材衰；绍述开边而塞尘犯阙矣。[①]

与此同时，洛学传人杨时在论及蔡京集团祸国罪责时，亦上溯至王安石变法，并把矛头直指新学。在此"时议归重"[②]的背景下，钦宗在革除宋徽宗朝的一些弊政的同时，于靖康元年（1126）二月解除元祐学术禁令，四月"复以诗赋取士，禁用《庄》、《老》及王安石《字说》"；五月戊辰"罢王安石配享孔子庙庭"，降为从祀。六月下诏："群臣庶士亦当讲孔、孟之正道，察安石旧说之不当者，羽翼朕志，以济中兴。"[③]自此，王安石新学丧失了独尊的官学地位。

宋廷南渡以后，宋高宗表示"朕最爱元祐"[④]，并把北宋亡国之罪由蔡京集团追及王安石。宋高宗对王安石变法的否定，主要表现在两个方面：一是以元祐史臣的基本观点重修《神宗实录》（详见后论）；二是贬斥王安石新法，褒奖元祐更化。建炎三年（1129）四月，"举行仁宗法度，应嘉祐条制与今不同者，自官制役法外，赏格从重，条约从宽。罢上供不急之物。元祐石刻党人官职、恩数追复未尽者，令其家自陈。许中外直言"[⑤]。六月己酉，司勋员外郎赵鼎言："自熙宁间王安石用事，肆为纷更，祖宗之法扫地，而生民始病。至崇宁初，蔡京托名绍述，尽祖安石之政，以致大患。今安石犹配飨庙庭，而京之党未族。臣谓时政之阙，无大于此，何以收人心而召和气哉？上纳其言，遂罢安石配享神宗庙庭。靖

---

① 《宋史》卷356《崔鶠传》，第11216页。
② 《宋史》卷356《崔鶠传》，第11216页。
③ 以上参见《宋史》卷23《钦宗本纪》，第427—429页。
④（宋）李心传编撰，胡坤点校：《建炎以来系年要录》卷79，绍兴四年八月戊寅条，第1487页。
⑤ 《宋史》卷25《高宗本纪二》，第464页。

康初，廷臣有请罢安石配飨者，争议纷然，至是始决。”[①]“以司马光配”[②]。

《建炎以来系年要录》又云：“初，上既数下诏褒录元祐忠贤，而朝廷多故，有司未暇检举。及是，上谕大臣曰：‘此事议论已久，终是行遣未尽。内中收得《元祐党碑》，即降出，令录所司，一一契勘褒赠。’遂追封（吕）公著鲁国公，（吕）大防宣国公，谥正愍，（范）纯仁许国公，皆赠太师。”[③]绍兴元年（1131）九月，右司谏韩璜言：“今日祸首，实自王安石变新法始”[④]，遂追夺授予曾布之子曾纡的褒奖。值得注意的是，宋高宗把其贬斥王安石变法褒奖元祐更化的做法说成是秉承徽宗的意旨：“恭闻太上内禅之日，已自悔为奸臣蒙蔽，乃属其大臣，令辅渊圣，尽用司马光政事。逮朕嗣位以来，遵用太上玉音，追复元祐臣僚官职。”[⑤]这应是宋高宗为父兄开脱亡国罪责的又一伎俩，但实际上可能并不如此。据蔡絛《北狩行录》所载，宋徽宗一行虽被金兵押解迤逦向北，“然绍述神考之志，未尝忘怀，适有货《王安石日录》者，闻之，欣然辍衣而易之”[⑥]。另据刘一止为沈与求所作行状云：“上尝从容言王安石之罪，在行新法。”沈与求对曰：“王安石以己意变先帝法度，误国害民，诚如圣训。”接着沈与求又引申论道：“然人臣立朝未论行事之是非，先观心术之邪正，扬雄名世大儒主盟圣道，新室之乱，乃为美新剧秦之文；冯道左右卖国得罪万世，而安石于汉则取雄，于五代则取道，臣以是知其心术不正，则奸伪百出，僭乱之萌，实由此起。自熙宁、元丰以来，士皆宗安石之学，沉溺其说，节义雕丧，驯致靖康之祸，污伪卖国，一时叛逆，尚逭典刑，愿陛下明正其罪，以戒为臣不忠者。”[⑦]这段对白清楚地表明了宋高宗君臣否定王安石变法的真实心态，无须再用所谓“太上玉音”来遮掩。

---

① （宋）李心传编撰，胡坤点校：《建炎以来系年要录》卷 24，建炎三年六月己酉条，第 575 页；事又见（宋）赵鼎：《忠正德文集》卷 1《论时政得失》，《景印文渊阁四库全书》第 1128 册，第 638—639 页，文字略有不同。

② 《宋史》卷 25《高宗本纪二》，第 466 页。

③ （宋）李心传编撰，胡坤点校：《建炎以来系年要录》卷 39，建炎四年十一月癸卯条，第 866 页。

④ （宋）李心传编撰，胡坤点校：《建炎以来系年要录》卷 47，绍兴元年九月甲寅条，第 992 页。

⑤ （宋）李心传编撰，胡坤点校：《建炎以来系年要录》卷 48，绍兴元年十月乙丑条，第 1001 页；事又见（宋）王之道：《相山集》卷 27《跋元祐党籍事迹》，《景印文渊阁四库全书》第 1132 册，第 740 页，记载不同。

⑥ （宋）蔡絛：《北狩行录》，《续修四库全书》第 423 册，第 329 页。此段记述又见（宋）熊克著，顾吉辰、郭群一点校：《中兴小纪》卷 4，建炎二年八月条，福州：福建人民出版社，1985 年，第 43 页。

⑦ （宋）刘一止：《苕溪集》卷 30《知枢密院事沈公行状》，《景印文渊阁四库全书》第 1132 册，第 158 页。

第一章
南宋时期新学与理学的消长

一、南宋时期王安石新学衰落的历史轨迹

王安石新学既是王安石变法的指导思想，也是北宋中期儒学复兴运动中的主要学派，特别是熙宁八年（1075）七月《三经新义》（亦称《三经义》）正式由朝廷颁发到全国各级公立学校后，直到北宋末年，新学作为官学在儒家诸学派中独领风骚达五六十年之久，“熙宁以来，学者非王氏不宗”[①]，“自熙宁、元丰以来，士皆宗安石之学，沉溺其说”[②]，“当大观、政和间，士唯王氏《三经义》《字说》是习”[③]，“自王氏之学达于天下，其徒尊之与孔子等，动之以卓诡之行，而矜之以华丽之文，如以锦绣蒙覆陷阱悦而从之，鲜不坠者，行之六十余年”[④]。

随着南宋初年王安石变法遭到彻底否定，新学亦受到相当大的冲击。虽说新学在南宋初年遭到很大的冲击，但作为一种学术流派却并没有很快退出历史舞台，这是因为：①“士之习王氏学取科第者，已数十年”，他们反对完全抛弃王安石的学说，“忽闻以为邪说，议论纷然”[⑤]。②创建于熙丰之际的理学，其传人虽趁南宋初时局转变之际力倡理学，理学由此兴起，但是由于长期以来理学的传播多限于理学的门人和一批反对王安石变法的政客，因而在其兴起之时，在社会上还缺乏替代新学所必需的影响和坚实基础。③在相当长的一段时间里南宋最高统治集团还没有把王安石的新学与王安石“变乱祖宗法度”的政事完全等同起来，即所谓“安石政事虽不善，学术尚可取”[⑥]，宋孝宗也认为“安石前后毁誉不同，其文章亦何可掩”[⑦]。有鉴于这三个原因，新学在南宋孝宗乾道、淳熙以后才真正走向式微，而被彻底否定，则要到宋理宗淳祐以后。这可从以下三方面得到验证。

（一）从朝野士人对新学的议论看新学在南宋的地位

绍兴年间，理学的传人胡宏曾对孔孟儒学的正传有一段议论：

---

①（宋）汪藻：《浮溪集》卷17《胡先生言行录序》，《景印文渊阁四库全书》第1128册，第154页。
②（宋）刘一止：《苕溪集》卷30《知枢密院事沈公行状》，《景印文渊阁四库全书》第1132册，第158页。
③（宋）周必大：《鸿庆居士集》序，（宋）孙觌：《鸿庆居士集》，《景印文渊阁四库全书》第1135册，第1页。
④（宋）陈渊撰，沈度编：《默堂集》卷12《十二月上殿札子》，《景印文渊阁四库全书》第1139册，第371页。
⑤《宋史》卷428《杨时传》，第12742页。
⑥《宋史》卷379《陈公辅传》，第11694页。
⑦（宋）李心传撰，徐规点校：《建炎以来朝野杂记》乙集卷4《元丰至嘉定宣圣配飨议》，北京：中华书局，2000年，第569页。

> 大宋之兴，经学倡明，卓然致力于士林者，王氏也、苏氏也、欧阳氏也。王氏盛行，士子所信，属之王氏乎？曰：王氏支离，支离者不得其全也。曰：欧阳之文典以重，且韩氏之嗣矣，属之欧阳氏乎？曰：欧阳氏浅于经，浅于经者不得其精也。曰：苏氏俊迈超世，名高天下，属之苏氏乎？曰：苏氏纵横，纵横者不得其雅也。然则属之谁乎？曰：程氏兄弟，明道先生，伊川先生也……①

虽然，胡宏此段文字的宗旨是要为二程争孔孟儒学的正统传人，但他也不能不承认“王氏盛行，士子所信”，这从一个侧面说明，绍兴时期理学在社会上的影响，尚不能完全与新学相匹敌。

乾道、淳熙间，四川士大夫员兴宗曾论及洛学（即理学）、蜀学、新学的优劣：

> 昔者国家右文之盛，蜀学如苏氏，洛学如程氏，临川如王氏，皆以所长经纬吾道，务鸣其善，鸣者也。程师友于康节邵公，苏师友于参政欧阳公，王同志于南丰曾公，考其渊源，皆有所长不可废也。然学者好恶，入乎彼则出乎此，入者附之，出者污之，此好恶所以萌其心者，苏学长于经济，洛学长于性理，临川学长于名数，诚能通三而贯一，明性理，以辨名数，充为经济，则孔氏之道满门矣，岂不休哉……②

先师漆侠先生在《宋学的发展和演变》一文中引用此段材料后说：“员兴宗对三家所学之长的评论是否正确，是另一问题，但他认为三家各有所长，不可偏废，则值得注意。……从这一侧面也反映了，荆公之学即使到宋孝宗时在社会上仍然有它的重要影响。”③

乾道、淳熙以后，因张栻、朱熹、吕祖谦等人对理学的传承，程朱学派已臻成熟，并在社会上传播日益广泛，从而也扩大了它的影响（详见后论）。加之，理学家们对王安石新学不懈地批判，乾淳以后，新学便呈式微之势，理学的影响终于超过了新学，宁宗嘉定十三年（1220）九月，理学信徒胡卫有一段关于宋代文风三变的议论：

> 臣闻河洛由文兴，六经由文起……皇朝承五季陵夷之后，士气卑弱，二三圣人作而新之，朝廷之上号大手笔如杨亿、王元之，虽尚拘昆体，而场屋间，王曾试有物混成赋，识者即以公辅期之。自后欧阳修、尹洙专以古文相尚，天下竟为模楷，于是风一变，遂跨于唐矣。
>
> 熙宁以来，凡典章号令若王安石之造意平雅，苏轼之发语纯明，体律之至，弗可及已，譬犹艺木，在扶质以立干，不止于垂条而结叶也；程颢、程颐又以洙泗之源流，兴于伊洛间，士之所趋一归于正，于是文风再变，遂越于汉矣。
>
> 南渡之后，视草代言之任，间有作者，大抵属对精密，加之温丽，而其弊至以颂上之辞为谄下之语。近在淳熙，惟文祖嘉尚正学，粤有洪儒，所传益粹，薰陶渐染，一时学者，皆根抵乎义理，发明乎章句，文风三变，几至于道……④

胡卫在这里虽然讲的是宋朝文风变化的三个阶段，但由于他开章即说“河洛由文兴，

---

①（宋）胡宏撰，（宋）胡大时编：《五峰集》卷3《程子雅言全序》，《景印文渊阁四库全书》第1137册，第152页。
②（宋）员兴宗：《九华集》卷9《苏氏、王氏、程氏三家之学是非策》，《景印文渊阁四库全书》第1158册，第68页。
③ 漆侠：《宋学的发展和演变》，《文史哲》1995年第1期，第17页。
④（清）徐松：《宋会要辑稿》选举6之40、41，北京：中华书局，1957年，第4349—4350页。

六经由文起”，因而这三个阶段实则也是儒学发展的三个阶段，亦即宋初至仁宗时代是儒学复兴阶段，熙宁以后则形成了王氏新学、苏氏蜀学和二程理学，而至淳熙前后，理学得到极大发展，文风至此三变，这恰好说明淳熙前后是新学、苏学与理学并峙向理学一尊转捩的时期。

宋宁宗时期，方大琮在《本朝诸儒之学》中论及北宋以来的儒家诸学派，已不再言及王氏新学。

> 国朝道统一正，师儒辈出，视昔为盛。粤自柳仲涂以先秦之文倡天下，尹公继之，欧文忠公又继之，而古作大振；陈图南以先天之学授种明逸，一传而穆伯长，再传而李挺之，又再传而邵康节，学始有源；伯长又以太极图授周廉溪，二程子师之，杨、谢、尹、游辈其流也。性理之学广矣。安定之门如刘彝以善水利称，其他如钱、如孙、如范间以渊笃、纯明、直温、简亮名世，率皆发明体用之极致。眉山之学，雄伟博洽，门人如六君子者，从而光大之，卓卓为一时冠。横渠张氏、徂徕石氏、泰山孙氏与司马氏、刘，或崇经学，或阐理窟，或以力行，笃实为之倡，承学者和之，翕然丕变矣。夷而考之，自大道既隐，扶持羽翼之功，齐驱并驾，诚未易窥涯涘。①

方大琮所论的诸儒之学虽然大体是理学的起源和发展，但他还是提到苏氏之学，却只字不提王氏之学，说明王氏之学已被从儒学的流派中剔出，这与淳熙以后新学被斥为异端邪说的发展序列在时间上是大致相吻合的，大致成书于理宗后期的《大事记讲义》即是把王安石之学作为异端邪说加以批判的。

从胡宏、员兴宗以王学与理学、苏学并峙于绍兴、乾道、淳熙，到宁宗以后士人或不再把王氏新学列入儒学流派，或将其视作异端邪说，这啻新学在南宋时期社会影响逐渐消退的一个缩影。

（二）从官办学校的课程和教材的废罢看新学在南宋的地位

王安石新学在北宋后期的官学地位，主要是通过熙宁八年（1075）以后将《三经新义》《字说》颁行于官办学校作为科举考试的教材和取士标准得以确立的。宋钦宗以后，开元祐学术之禁，王氏新学独尊地位不复存在，但在南宋前期，宋高宗至孝宗朝，王安石新学仍与洛学相互参用。

靖康元年（1126）五月十日，左谏议大夫冯澥奏：“愿陛下明诏有司，训敕中外，凡学校科举考校去取，不得专主元祐之学，亦不得专主王氏之学，或传注，或己说，惟其说之当理而已”②，奉圣旨依奏。南渡以后直到淳熙依然如此。

绍兴二十六年（1156）六月乙酉，叶谦亨曾向宋高宗报告科举考试的情况：“学术粹驳，系于主司去取之间，向者朝论专尚程颐之学，有立说稍异者，皆不在选。前日，大臣则阴佑王安石，而取其说，稍涉程学者，一切摈弃。……愿诏有司精择而博取，不拘一家

---

①（宋）方大琮：《铁庵集》卷27《本朝诸儒之学》，《景印文渊阁四库全书》第1178册，第285—286页。
②（宋）不著撰人：《靖康要录》卷6，台北：文海出版社，1967年，第398页。

之说……上曰：‘赵鼎主程颐，秦桧尚安石，诚为偏曲，卿所言极当’。”[①]于是降旨行下。

淳熙五年（1178），侍御史谢廓然言：“近来掌文衡者，主王氏之说，则专尚穿凿；主程氏之说，则务为虚诞。……今省闱引试，乞诏有司公心考校，毋得徇私，专尚程、王之末习。”[②]从之。

以上三例是新学在科举考试中与理学相互参用而争衡的表现。在官办学校的课程和教材上，王安石新学也有很大影响，据研究，建炎至开禧之际，公立学校的主要课程是经术、诗赋、论策。主要经学教材、经典为《诗》、《书》、《易》、《春秋》、《周礼》、《礼记》、《论语》和《孟子》，而注疏则有孔颖达《五经正义》、徐彦《公羊传疏》、杨士勋《谷梁传疏》，贾公彦《周礼注疏》和王安石《论语解》等。[③]可见王安石的经学著作在宁宗前期仍是学校的主要参考书之一，而同时期理学家们的经学著述还没有在公立学校登堂入室。

绍兴十二年（1142）六月，有举子上书乞用王安石《三经新义》，因宋高宗反对而未果。[④]但据林之奇的奏言，绍兴后期则一度恢复过《三经新义》的教学地位，“某伏见近有请于朝者，欲以王氏《三经义》复使学者参用其说，而有司视以升沉多士，朝廷已有新降指挥行下”[⑤]。绍兴后期，新学一度成为公立学校专授的课程。

在教学方法上，浙东学派主将陈亮更是主张兼容并取，他说：“昔庆历有胡翼之学法，熙宁有王文公学法，元祐有程正叔学法。今当请诸朝廷，参取而用之。”[⑥]而在使用教材设置课程上，理学大师朱熹与陈亮可谓是同调，他也主张兼容并蓄，朱熹在《学校贡举私议》长文中说：

> 近年以来，习俗苟偷，学无宗主，治经者不复读其经之本文与夫先儒之传注……今欲正之，莫若讨论诸经之说，各立家法，而皆以注疏为主。如《易》则兼取胡瑗、石介、欧阳修、王安石、邵雍、程颐、张载、吕大临、杨时，《书》则兼取刘敞、王安石、苏轼、程颐、杨时、晁说之、叶梦得、吴棫、薛季宣、吕祖谦，《诗》则兼取欧阳修、苏轼、程颐、张载、王安石、吕大临、杨时、吕祖谦，《周礼》则刘敞、王安石、杨时，《仪礼》则刘敞，《二戴礼记》则刘敞、程颐、张载、吕大临，《春秋》则啖助、赵正、陆淳、孙明复、刘敞、程颐、胡安国，《大学》、《论语》、《中庸》、《孟子》则又

①（宋）李心传编撰，胡坤点校：《建炎以来系年要录》卷173，绍兴二十六年六月乙酉条，第3307—3308页。
②（宋）佚名撰，孔学辑校：《皇宋中兴两朝圣政辑校》卷56，淳熙五年三月条，北京：中华书局，2019年，第1283页。
③（宋）晁公武：《郡斋读书志》卷1下，《景印文渊阁四库全书》第674册，第179页载：“《王介甫论语解》十卷……绍兴后亦行于场屋。”又参见袁征：《宋代教育——中国古代教育的历史性转折》，广州：广东高等教育出版社，1991年，第70页。
④（宋）佚名撰，孔学辑校：《皇宋中兴两朝圣政辑校》卷28，绍兴十二年六月癸未条，第907—908页。
⑤（宋）林之奇：《拙斋文集》卷6《上陈枢密论行三经事》，《景印文渊阁四库全书》第1140册，第410页。事又见《宋史》卷433《林之奇传》，第12861页。尤值得注意的是在廖行之的《省斋集》卷6《代上武冈守书》（《景印文渊阁四库全书》第1167册，第349—350页）有一段关于新学教官的记述：“某之父顷为新学教官，实以朝命来，辛勤于溪山之中，与猺獠居逾三载，幸无阙事，新学教官法满三载有文学之赏，昔郡既列上于朝，而有司持之未决，今又有审核之命，须大府保实，则其济否在此举也。……”按武冈在荆湖路邵阳军。廖行之（1137—1189），其父廖知彰任右朝散郎通判荆湖军府事，“廖氏世有力于学校”，淳熙十一年廖行之进士及第已年届四十八岁，从廖行之生平材料来看，这篇《代上武冈守书》最早应作于宋高宗绍兴后期，最迟当在淳熙年间。参见（宋）廖行之：《省斋集》卷首《永嘉戴溪原序》，《景印文渊阁四库全书》第1167册，第272页；（宋）廖行之：《省斋集》附录《宋故宁乡主簿廖公行状》，《景印文渊阁四库全书》第1167册，第407—409页。
⑥（宋）陈亮著，邓广铭点校：《陈亮集》卷12《策·变文格》，北京：中华书局，1987年，第136页。

皆有《集解》等书，而苏轼、王雱、吴棫、胡寅等说亦可采。[1]

陈亮、朱熹同为文化巨擘，他们对王安石新学均持否定态度，但他们又都主张兼容并取王氏新学中的合理部分，说明新学在孝宗时期的学校教育、科举取士方面有着不可低估的社会影响。乾淳以后，随着理学地位的日益提高，特别是宁宗嘉定以后，理学家的著作被列为官学教材，理学在学校教育、科举取士中的影响不断扩大，王氏新学才渐次沉寂。

（三）从祀享孔庙的兴废看新学在南宋的地位

以孔子儒学有德行和贡献的传人祀享孔庙始自唐朝开元年间，而以本朝人从祀孔庙大致始自宋人。李心传在《元丰至嘉定宣圣配飨议》中对王安石祀享孔庙的兴废过程有一简要的记述：

> 自唐以来，学校以周公为先圣，孔子为先师，后以孔子为先圣，颜子为先师。至元丰间，乃封孟子为邹国公，与颜子并配，而荀、扬、韩子列于从祀，足以补前世之未及矣。蔡京得政，乃封王介甫为舒王，与颜、孟并，而王雱在扬、韩之次。其后陈莹中诸公，但改荆公坐像为僭，而不知三代之礼，大飨先王，功臣皆与飨焉，则尸像必不立受。今不论其学术之乖戾，而第以坐视人主之拜为逆理，此学术不醇之过也。
>
> 靖康间，杨文靖公为谏议大夫，首论荆公不当配飨，降于从祀。
>
> 绍兴六年冬，张魏公独相，始用陈公辅言，禁临川学。明年春，胡文定公以祠官上疏，乞追爵二程、邵、张四贤，列于从祀，不报。
>
> 乾道五年春，魏元履以布衣为太学录，复请去荆公父子，而以二程从祀。陈正献公为相，难之。淳熙三年冬，赵叔达（粹中）为吏部侍郎，论王安石奸邪，乞削去从祀。上谓辅臣言安石前后毁誉不同，其文章亦何可掩。时李仁父为礼部侍郎，上与共议，欲升范仲淹、欧阳修、司马光、苏轼而黜王雱。仁父乞取光、轼而并去安石父子。上又欲升光、轼于堂，仁父上章称赞。且言若亲酌献，则暂迁其坐于他所。疏入，上命三省、密院议之。密院王季海依违其词。赵温叔言仲淹自以功业名当时，修亦有微玷，不若止用光、轼。而三省龚实之、李秀叔皆以为不可，事遂不行。久之，但除临川伯雱画像而已（四年七月癸丑降旨）。
>
> 嘉定二年，仲贯甫为著作佐郎，转对，请追爵周、二程、张，列于从祀，未克行。[2]

透过李心传的记述，可以得出两点认识：一是自靖康至嘉定二年（1209），王安石祀享孔庙的地位不断下降，即由配飨到从祀，从从祀到罢去王雱画像。如果把确定配飨、从祀至圣文宣王孔子视作官方对儒家学派正统地位认定的重要标志，那么虽然王安石飨祀孔子地位在下降，但直到嘉定二年，新学的创立者王安石仍是宋廷最高统治集团确认的孔子儒家学说的正统传人。二是要求罢去王安石从祀与要求确认理学奠基者从祀的呼声此伏彼起，反映了理学与新学争官学地位的斗争是相当激烈的，理学真正取代新学不仅经历了较为漫长的时

① （宋）朱熹：《晦庵先生朱文公文集》卷69《学校贡举私议》，《朱子全书》第23册，上海、合肥：上海古籍出版社、安徽教育出版社，2010年，第3360页。

② （宋）李心传撰，徐规点校：《建炎以来朝野杂记》乙集卷4《元丰至嘉定宣圣配飨议》，第568—569页。

间，而且经过了艰难曲折的斗争。新学的社会影响直到宋宁宗嘉定时期仍在延续。

二、南宋时期理学的兴起、发展与新学衰落的关系

理学建立于北宋熙丰之际，虽然理学与王安石新学都是讲道德性命之理，但在对待儒家的一些基本观念，如义利之辩等问题上相互对立，而在新学居于官学独尊地位的北宋后期，理学还是一个影响不大的新儒学派。但理学自建立之初就很重视师道和通过教育讲学在民间传道，因而当新学失去官学地位，学术上又呈现多元色彩时，理学便在南宋初期最高统治者打击王安石学说、表彰元祐学术之时，乘机扩大了它的影响，从此走上了显学的道路。

编于理宗端平前后的类书《群书会元截江纲》对理学的兴起与发展有一简要叙述，现摘录于下：

> 本朝朱熹夫子大抵治无常，盛崇极而圮，从古固然，而道学之盛衰，亦犹之。天朝天圣、嘉祐以来，文化极矣，道学盛矣。未几，而王金陵以新经之似，乱儒学之真，人心失所师向，道统无与维持，上赖天相斯文，硕果不食，有若周濂溪者，独探无极、太极之妙，深得孔孟以来心传之学，倡道东南，而二程、横渠从而和之，自是道统传授，文教兴行。
>
> 虽厄于崇、观，厄于宣、靖，而不能不复萌蘖于炎、绍，又不能不复枝干华实于乾道、淳熙。吾观乾淳之际，异人辈出，正学大明，张之教行于荆，吕之教行于浙，朱之教行于闽。如笙簧之并奏，无非雅乐之正条也。迄今朱子之学尤盛，上之人表章而至再、至三，下之人崇信而且敬且慕者也，朝廷节惠之典，犹有所待，近年曰宣、曰成、曰文之谥，以周、程、张、吕数先生皆以子见称矣。①

此段对理学兴废的概述，其主旨是从发扬理学的正统思想而言，但也透露出理学在南宋经历了三个发展阶段的消息。

其一，建炎、绍兴时期是理学兴起的阶段，它争得了与新学、苏学并峙的地位，且呈现出显学的发展态势，所谓“蘖于炎、绍”，其用词是十分恰当的。其二，乾道、淳熙时期是理学在民间大发展并臻于鼎盛的阶段。其三，嘉定至淳祐是理学确立一尊官学地位的时期。

但是理学由兴起到定于一尊，这条发展道路并不是一帆风顺的。李心传在《道学兴废》一文中就简要勾勒了理学几起几落的过程，现摘录于下：

> 自熙宁、元丰间，河南二程先生始以道学为天下倡。……中立（杨时）、彦明（尹焞）遭遇靖康，建炎、绍兴之间，致位通显。天授（谯定）入朝于靖康而不合，绍兴中，再召不起，后隐青神山中。建安胡康侯（胡安国）学《春秋》于伊川而不及见，以杨、谢为师友。绍兴初，秦会之为亚相，引康侯侍经席。一时善类，多聚于朝，俄为吕元直、朱藏一所逐。朱、吕罢，赵元镇（赵鼎）相，彦明以布衣入侍讲，经生、

---

①（宋）佚名：《群书会元截江纲》卷35《法祖嘉猷》，《景印文渊阁四库全书》第934册，第501—502页。

学士多召用焉。元镇罢，张德远（张浚）独相，陈司谏公辅首上章力排程氏之学，以为狂言怪语，淫说鄙论，镂榜下郡国切禁之。……其后，（秦）会之再得政，复尚金陵，而洛学废矣。中立传郡人罗仲素，仲素传郡人李愿中，愿中传新安朱元晦。康侯传其子仁仲，仁仲传广汉张敬夫。乾道、淳熙间，二人相往来，复以道学为己任，学者号曰晦庵先生、南轩先生。东莱吕伯恭，其同志也。南轩侍经筵不久而去，晦庵屡召不起，上贤之。久之，王丞相淮当国，不喜晦翁，郑尚书丙始创为“道学”之目。王丞相又擢太府陈寺丞贾为监察御史，俾上疏言：“近日搢绅有所谓‘道学’者，大率假其名以济其伪，望明诏中外，痛革此习。……”晦翁遂得祠。

又数年，周洪道为集贤相，四方学者稍立于朝。会晦翁除郎，以疾未拜，而林侍郎栗劾其欺慢，且诋道学之士，乃乱臣之首，宜加禁绝。林虽罢去，而士大夫讥贬道学之说，迄不可解，甚至以朋党诋之，而邪正几莫能辨。至绍熙末，赵子直当国，遂起晦翁侍经筵，而其学者益进矣。晦翁侍经筵，数十日而去位。子直贬永州。何参政澹为中执法，复上击道学之章，刘枢密德秀在谏列，又申言之，于是始有伪学之禁矣。先是，光宗登极，刘德秀为殿中侍御史，上疏极言两议交攻之祸。诏下其章，后五年，伪学乃禁。①

从上可知，宋廷南渡以后，理学伴随着南宋政治的发展，在80余年当中，成为统治者借否定理学打击政敌的口实，这种政治斗争与理学发展绾结在一起的严酷现实，是理学在相当长一段时间内不能取代新学的重要因素之一。

就理学的发展而言，笔者以为，理学发展的第二阶段，既是理学得以完成建构庞大体系的阶段，也是从与新学、苏学并立脱颖而出、独领风骚的关键阶段，这可从两个方面得到验证。

其一，二程洛学传至乾道、淳熙时期，张栻、朱熹在继承的前提下，又有新的重大发展。朱子的门人黄榦曾总结说，理学的传承“由孟子而后，周、程、张子继其绝，至熹而始著”②。陈龙川说：“（乾道、淳熙）二十年之间，道德性命之说一兴，迭相唱和，不知其所从来。后生小子读书未成句读，执笔未免手颤者，已能拾其遗说，高自誉道，非议前辈以为不足学矣。”③“新安朱熹元晦讲之武夷，而强立不反，其说遂以行而不可遏止。齿牙所至，嘘枯吹生，天下之学士大夫贤不肖，往往系其意之所向背，虽心诚不乐而亦阳相应和。”④楼钥也曾说：“乾道、淳熙间，儒风日盛。晦庵朱公在闽，南轩张公在楚，而东莱吕公讲道婺女。是时以学问著述为人师表者相望，惟三先生天下共尊仰之。”⑤以上三人关于乾道、淳熙时期理学的发展状况的论说，归纳起来不外是说明朱熹等人的道德性命之说已取得前所未有的成就得到社会上的广泛承认，并在社会上广泛传播。这应是理学取代新学而成为主流学派的经学基础。王安石新学之所以在北宋中叶诸学派中脱颖而出，是与王安石在阐释道德性命之理方面，取得了超迈前人和同时代学者的成就分不开。南宋晁公武

① （宋）李心传撰，徐规点校：《建炎以来朝野杂记》甲集卷6《道学兴废》，第137—138页。
② 《宋史》卷429《朱熹传》，第12769—12770页。
③ （宋）陈亮著，邓广铭点校：《陈亮集》卷24《送王仲德序》，第270页。
④ （宋）陈亮著，邓广铭点校：《陈亮集》卷36《钱叔因墓碣铭》，第483页。
⑤ （宋）楼钥撰，顾大朋点校：《楼钥集》卷52《东莱吕太史祠堂记》，杭州：浙江古籍出版社，2010年，第970页。

于《郡斋读书志》中的《王介甫临川集》下和《读书后志》中的《王氏杂说》下，都引录了蔡卞所作《王安石传》中的一大段话，已故邓广铭先生曾稍加并合，引录如下：

> 自先王泽竭，国异家殊，由汉迄唐，源流浸深。宋兴，文物盛矣，然士习卑陋，不知道德性命之理。安石奋乎百世之下，追尧舜三代，通乎昼夜阴阳所不能测而入于神。
>
> 初著《杂说》数万言，世谓其言与孟轲相上下。于是天下之士始原道德之意，窥性命之端云。
>
> 晚以新学，考字画奇耦横直，深造天地阴阳造化之理，著《字说》，包括万象。与《易》相表里。①

邓广铭先生认为，从王安石对儒家学说的贡献及其对北宋后期的影响来看，王安石应为北宋儒家学者中高居首位的人物。因而王安石学说不仅可以风行于北宋后期，而且在南宋前期与思想体系还未完善的理学并峙，然而在两个学派并争之时，新学后继乏人，而理学传人辈出，及至张栻、朱熹集理学各家之大成，兼收并取，从而使道德性命之理的学说发展到一个新阶段，正如近人冯友兰先生所言："到了朱熹，程朱学派或理学的哲学系统才达到顶峰。"②所以，朱熹等人对理学的大发展，不能不是结束理学与新学并峙局面的重要因素之一。也就是说，在乾淳以后，程朱一派的理学家的思想和著述，在社会上占据了绝对优势，被贬斥的新学自然不可能继续受到学术界和思想界的重视。

其二，与程朱理学门生众多成反比例相对应的是，新学再传弟子不多，日渐零落。《宋元学案》所附《荆公新学略》开列的新学体系大致到北宋末年。造成这种状况的原因可归纳为两点：一是南宋初年最高统治集团竭力将北宋亡国的罪责加于王安石身上，政治上的否定给新学的传播造成了极为不利的环境。尽管绍兴以后，乃至乾道、淳熙时期为了考取功名仍有士子温习荆公新学，但没有一人敢于公开打着王安石的旗号继承和发扬新学。邓广铭先生曾做过一个假设："假如王安石不曾参预大政，不曾变法改制，他的那些学术思想见解，在他生前虽未必能那样风行于一时，到他的身后，却必定还要被治经术的儒家们长久传承的。"③二是王安石新学的兴起固然与王安石在阐释道德性命之理上取得了超过前人及同时代人的成就分不开，但也不可否认，王安石的经学思想更侧重于为现实服务，为社会变革奠定理论基础。即所谓"内之在知命厉节，外之在经世致用，凡其所以立身行己与夫施于有政也"④，因而从学新学者不可避免地多带有政治功利的目的，一旦政治环境转变就容易出现张舜民《哀王荆公》其一、其二所写的那种零落局面：

> 门前无爵罢张罗，玄酒生刍亦不多。
> 恸哭一声唯有弟，故时宾客合如何?
> 乡闾匍匐苟相哀，得路青云更肯来。

---

① 转引自邓广铭：《王安石在北宋儒家学派中的地位——附说理学家的开山祖问题》，《北京大学学报（哲学社会科学版）》1991 年第 2 期。
② 冯友兰：《中国哲学简史》，北京：北京大学出版社，1996 年，第 251 页。
③ 邓广铭：《邓广铭学术论著自选集》，北京：首都师范大学出版社，1994 年，第 286 页。
④ 梁启超：《王安石传》，海口：海南出版社，2001 年，第 294 页。

若使风光解流转，莫将桃李等闲栽。①

这与理学重师道传承，有所谓“程门立雪”故事的流布形成鲜明对照，发人深省。

要之，从新学的衰落和理学的复兴来看这两个学派在南宋的发展，概言之，新学自绍兴中期至乾道、淳熙在社会上仍有巨大的影响力，特别是官方把王安石的政事不尽等同于学术的观念一直持续到宁宗嘉定年间，但值得一提的是，就新学传承而言，新学在南宋已构不成一个主流学派，在大多数场合下，新学成为政客们打击政敌的一种工具和士林考取功名的阶梯而已。理学乘南宋初政局转变之际扩大了自身的社会影响，但其发展常与政治斗争缩结在一起，因而几起几落，颇为不顺，直到宋理宗宝庆以后才可说理学完全取代了新学的地位。而乾道、淳熙时期，朱熹、张栻等人对理学各家的集大成，则是理学最终取代新学并成为定于一尊官学地位的关键时期。

三、南宋时期诸理学家对王安石新学及新法的批判

在学术发展史上，学派间为追求自身的存在价值，排挤其他学派乃是一种正常的历史现象，特别是新学作为北宋中叶儒学复兴运动中脱颖而出的主流学派，不仅被视作孔孟思想的正统学派，祀享孔庙，而且为天下士林所宗。因而，理学要想扩大自己的影响，传播自己的学术思想，就必须战胜或取代新学，战胜或取代的方法不外乎两种，一是建构超越新学的庞大思想体系，标榜自己为继孔孟绝学的正统，并得到官方的认可。在这方面，一部理学从小到大、从弱到强、从民间走向官方科考场屋的发展史，即说明了理学家们建构庞大思想体系所做的努力。二是标榜自己的正确，必斥他说为非。在当时的历史条件下，只有打倒尚未被官方抛弃的荆公新学，才能确立自身在学术思想界的主导地位，因而否定王安石新学便成为南宋时期理学家们发展理学的重要方面，而否定王安石新学又往往是以否定王安石变法为嚆矢。

南宋理学家对王安石变法及新学的否定，主要集中在两个方面，一是斥王安石新学为异端邪说，“于学不正”、“杂糅佛道”或“学本出于刑名度数”；二是把新学作为变乱祖宗法度而致北宋亡国的理论思想根源，予以无情打击，借以配合宋高宗以后宋廷对王安石变法否定的政治需要。而对王安石变法及新学进行较系统批判的理学家主要有杨时、朱熹、黄震。朱熹对王安石变法及新学的批判在后世产生了莫大影响，故后面将专题讨论，此处不赘述。这里先主讲杨时、黄震。

南宋初，公开站出来批判新学、否定王安石变法的程门弟子杨时，字中立，福建南剑将乐人。新学演变阶段，理学兴盛，洛学南传和福建闽学道学化，中间的重要环节就是杨时，他对南宋理学走向鼎盛起了重要作用。②《宋史》本传云：“凡绍兴初崇尚元祐学术，而朱熹、张栻之学得程氏之正，其源委脉络皆出于时。”③杨时力排荆公新学始于北宋二程

① （宋）张舜民：《画墁集》卷4《哀王荆公》，《景印文渊阁四库全书》第1117册，第25页。

② 参见杨渭生：《杨时与道学——龟山学术述论之一》，邓广铭、漆侠主编：《国际宋史研讨会论文选集》，保定：河北大学出版社，1992年，第158—174页。

③ 《宋史》卷428《杨时传》，第12743页。

在世之时，他所撰《周礼辨疑》、《毛诗辨疑》和《神宗日录辨》、《王氏字说辨》①等，尤其是后两种较系统反对新学，被称为“于新学极精”②。

其一，杨时斥王安石新学为异端邪说，他说：“然以其（王安石）博极群书，某固谓其力学；溺于异端以从夷狄，某固谓其不知道。”③“自佛入中国，聪明、辨智之士多为其所惑，鲜不从者……如王荆公晚年深取其言，自谓已知之，而知有不尽，此非同乎流俗也。盖其于儒者之道未尝深造，故溺焉，而不即悟耳，是以为世大害。”④杨时的大弟子陈渊在与宋高宗面对时更是直言新学的不正，宋高宗说：“以《三经义解》观之，具见安石穿凿。”陈渊对曰：“穿凿之过尚小，至于道之大原，安石无一不差。推行其学，遂为大害。”宋高宗曰：“差者何谓？”陈渊说：“圣学所传止有《论》、《孟》、《中庸》，《论语》主仁，《中庸》主诚，《孟子》主性，安石皆暗其原。仁道至大，《论语》随问随答，惟樊迟问，始对曰：‘爱人。’爱特仁之一端，而安石遂以爱为仁。其言《中庸》，则谓中庸所以接人，高明所以处己。《孟子》七篇，专发明性善，而安石取扬雄善恶混之言，至于无善无恶，又溺于佛，其失性远矣。”⑤朱熹对杨时攻王安石新学评价甚高，说杨时“指其离内外，判心迹，使道常无用于天下，而经世之务皆私智之凿者，最为近之”，认为自杨时批判安石学术“至今又几百年，而其是非之原终未明白。往者虽不足论，而来者之监，亦学者之所不可不知也”⑥。

其二，杨时特别论证了王安石学术与北宋亡国之间的关系，他说：

> 蔡京用事二十余年，蠹国害民，几危宗社，人所切齿，而论其罪者，莫知其所本也。盖京以继述神宗为名，实挟王安石以图身利，故推尊安石，加以王爵，配飨孔子庙庭。今日之祸，实安石有以启之。
>
> 谨按安石挟管、商之术，饬六艺以文奸言，变乱祖宗法度。当时司马光已言其为害当见于数十年之后，今日之事，若合符契。其著为邪说以涂学者耳目，而败坏其心术者，不可缕数，姑即一二事明之。
>
> 昔神宗尝称美汉文惜百金以罢露台，安石乃言：“陛下若能以尧、舜之道治天下，虽竭天下以自奉不为过，守财之言非正理。”曾不知尧、舜茅茨土阶，禹曰“克俭于家”，则竭天下以自奉者，必非尧、舜之道。其后王黼以应奉花石之事，竭天下之力，号为享上，实安石有以倡之也。其释《凫鹥》守成之诗，于末章则谓：“以道守成者，役使群众，泰而不为骄，宰制万物，费而不为侈，孰弊弊然以爱为事。”《诗》之所言，正谓能持盈则神祇租（祖）考安乐之，而无后艰尔。自古释之者，未有泰而不为骄、费而不为侈之说也。安石独倡为此说，以启人主之侈心。后蔡京辈轻费妄用，以侈靡为事。安石邪说之害如此。⑦

---

① 另有《三经义辨》未收入《龟山集》。

②（宋）程颢、程颐著，王孝鱼点校：《二程集·河南程氏遗书》卷 2 上，北京：中华书局，1981 年，第 28 页。

③（宋）杨时撰，林海权校理：《杨时集》卷 17《答吴国华（其一）》，北京：中华书局，2018 年，第 470 页。

④（宋）陈渊撰，沈度编：《默堂集》卷 17《又论龟山墓志中事·攻王氏一章行状不载墓志载之》，《景印文渊阁四库全书》第 1139 册，第 449 页。

⑤《宋史》卷 376《陈渊传》，第 11630 页。

⑥（宋）朱熹：《晦庵先生朱文公文集》卷 70《读两陈谏议遗墨》，《朱子全书》第 23 册，第 3384、3385 页。

⑦《宋史》卷 428《杨时传》，第 12741—12742 页；事又见（宋）杨时撰，林海权校理：《杨时集》卷 1《上钦宗皇帝（其七）》，第 29—30 页，文字略有不同。

其三，杨时对王安石新法的点评。

因论荆公法云：青苗、免役亦是法，然非藏（富）于民之道。如青苗取息虽不多，然岁散万缗，则夺民二千缗入官。既入官，则民间不复可得矣。免役法取民间钱，雇人役于官，其得此钱用者，盖皆州县市井之人，不及乡民。乡民惟知输而已，而不得用，故今乡民多乏于财也。

青苗二分之息，可谓轻矣，而不见有利于百姓，何也？今民间举债，其息少者亦须五七分，多者或倍，而亦不觉其为害。曰：惟其利轻，且官中易得，人徒知目前之利，而不顾后患，是以乐请。若民间举债则利重，又百端要勒，得之极难，故人得已且已。又青苗虽名取二分之息，其实亦与民间无异。盖小民既有非不得已而请者，又有非不得已用之。且如请钱千，或遇亲旧于州县间，须有酒食之费，不然，亦须置小小不急之物。只使二百钱，已可比民间四分之息。又请纳时往来之用，与官中门户之赂遗，至少亦不下百钱，况又有胥吏追呼之烦，非贷不行。而公家期限又与私家不同，而民之畏法者，至举债以输官，往往沿此遂破荡产业者固多矣，此所以有害而无利也。

或云：官中息轻，民得之，可以自为经营，岁岂无二分之息乎？盖未之思也。若用之商贩，则钱散而难集，至公家期逼，卒收不聚，失所指准，其患不细。往年富家知此患也，官中派之请，不得已请而藏之；比及期，出私钱为息，输之官，乃无患。然使民如此，是无事而侵扰之也，何名补助之政乎？①

杨时对青苗法、免役法的批判，实际上是祖述熙丰时期苏轼、苏辙等人的反对意见，即维护和鼓吹私人高利贷的贷放。

黄震，字东发，浙江慈溪人，学者称其为于越先生，死后门人尊之为文洁先生。《宋元学案》卷八十六《东发学案》称黄震是浙江宁波宗朱熹之学的代表人物，而且他与何基等“北山四先生”同为宋代端平以后闽、浙、赣地区朱熹后学中的翘楚。同时指出黄震具有程朱理学修正者的思想风格。②黄震对王安石变法及新学的批判，主要见于《黄氏日钞》（即《慈溪黄氏日抄分类》）。此书本九十七卷，其中前六十八卷系黄震阅读经史子集诸书的札记，四库馆臣称“是编以所读诸书随笔札记，而断以己意”③。在卷五十《读史五·名臣言行录·王荆公（安石）》的札记中，黄震是这样断以己意的：

王安石以文行称天下，历事三朝，仁宗恶其诈不用。英宗建立，时有异议，自慊不求用。愈不用，名愈显。神宗立，遂骤用之。天下方翘首望太平，乃尽坏祖宗法度，聚敛毒民，生事开边，卒乱天下，何哉？正坐博学自矜，视天下无人而行其独耳。愚谓此其为安石之不学与！夫学者，将以明理而施之用。《六经》治道之根源，诸史行事之龟鉴，固非山经海志、野史小说、神仙传、天竺书索隐务奇之为博也。……故愚尝谓，安石本效商鞅而才不及，鞅虽负小人不世出之才，亦借秦积威，人心素胁息，凛凛而后令必行。使鞅生我仁厚之世，人心素恃上恩，虽鞅之才尚不能行，况安石乎？犹赖我朝仁厚，根本深固，国以再延，安石亦赖以免。不然，其弟安国盖预尝忧其灭

① （宋）杨时撰，林海权校理：《杨时集》卷12《语录三·余杭所闻二·二十六》，第338—339页。
② 侯外庐、邱汉生、张岂之主编：《宋明理学史》，第622页。
③ （清）永瑢等：《四库全书总目》卷92《子部二·儒家类二》，第786页。

门矣。嘻！若安石果读书，何至是耶？（安石字介甫，平生执拗……）[①]

显然，在朱熹寓褒贬的《名臣言行录》的基础上，对王安石的学术不纯、不正的讥訾溢于言表。

在《读文集六·王荆公》一卷中，黄震对王安石的思想及文学逐一做了系统的点评。其中对王安石思想的批判主要有以下三点：

（1）关于《商鞅诗》。"'自古驱民在信诚，一言为重百金轻。今人未可非商鞅，商鞅能令政必行。'荆公平生心事，尽见此诗矣。然荆公虽博学，而不明理。'诚'之一字，固未易言；信之为义，必有其实。徙木三丈而酬金百斤，天下宁有此理？此正商鞅矫情以行诈耳，顾谓之信诚，可乎？果诚信，民将不令而从，谓诚信为驱民之具，何耶？"

（2）关于王安石上万言书。"《上仁宗皇帝言事书》谓方今患在不知法度，陛下虽欲更革，而方今天下之人才不足，须复古者教之、养之、取之、任之之道，而后得其人。古之人欲有所为，未尝不先之以征诛。文王先征诛而后得意于天下；孔子所至，使君臣捐所习，虽排逐而终不变。在上之圣人莫如文王，在下之圣人莫如孔子，欲有变革，则其事如此。愚读之骇然，盖公之昏愎妄作，尽见此书。使吾君仁宗而少售其言，岂待熙、丰而后天下骚动哉！愚闻之：有治人，无治法。而公首言不知法度，何也？何世不生材，何材不足用于世，而公首言人才不足，何也？文王不长夏以革；孔子非甚不得已之事，亦惟从众，鲁人为长府，则曰："何必改作！"而公诬文王以征诛得志，诬孔子虽排逐而不变，何也？昔贾谊尝言治安于汉文之世矣，事理精确，议论伟然，文帝尚不为之动，况乎我仁祖重厚之德又过文帝？而荆公陋弱之论，远惭贾生，薄而弃之，正不待食钓饵而后知其诈也。奈何公清苦之行，该博之学，纳交韩、吕，徉退求进，言不用而名益显，及神宗以锐意斯世之心而卒听之，公遂得以鄙夷当世之人才，效尤王莽之法度，朝廷竟以征诛为威，公亦卒为排逐而不变，悉如前日所言。悲夫！"

（3）评议王安石的异端思想。"《礼乐论》以道家修养法，释先王立礼乐之意，则公溺于异端之见也。《大人论》亦涉异端。""《答曾子固书》谓小说无所不读，然后能知大体。呜呼！此公之所以不能知大体欤！又谓方今乱俗，不在于佛。呜呼！此公之所以自误而乱俗者欤！"

尽管黄震批判王安石学术不纯不正，属异端邪说，且误国害民，但必须指出黄震对王安石变法及新学的批判亦深受朱熹影响而具有两重性，特别是对王安石的文学、节操给予充分的肯定。他在读《王安石文集》之后的总按语中即表现了这种两重性：

文人不护细行，世有是言矣，亦孰知博学能文，其清修苦节有如荆公者乎？然公之文，有论理者，必欲兼仁与智，而又通乎命；有论治者，必欲养士、教士、取士，然后以更天下之法度。其文率暧昧而不彰，迂弱而不振，未见其有犁然当人心，使人心开目明、诵咏不忘者。或者辨析义理之精微，经纶治道之大要，固有待于致知之真儒耶？惟律诗出于自然，追踪老杜；记、志极其精彩，仿佛昌黎。虽有作者，莫之能及。公其文人之护细行者乎？呜呼，文亦何补于世！乃因细行而致大用，以其论理、

① （宋）黄震：《黄氏日抄》卷50《读史五·名臣言行录·王荆公（安石）》，（宋）黄震著，张伟、何忠礼主编：《黄震全集》第5册，杭州：浙江大学出版社，2013年，第1657页。个别标点略有调整。

论治之差者而施之天下，则所伤多矣！

蜀人黄制参有大，年且九十，作书抚州，求荆公集，云："人虽误国，文则传世。"此确论也，因附此。然公论治讲理之文与题咏记偈之文，如出两手，又不当例观也。咸淳八年十月再书。①

以上所述杨时、黄震（包括后面述及的朱熹）对王安石变法及新学的批判，只是南宋时期理学家们中的代表者，而其他理学家实际上也都有不同程度的批判，只是比较零散而已，为了全面了解理学家们的批判，下面再举一些零散的议论。

（1）罗从彦，字仲素，福建南剑人，以累举恩为惠州博罗县主簿。学者称其为豫章先生，曾从杨时学。"时弟子千余人，无及从彦者"，绍兴中卒。罗从彦对王安石变法及新学的态度，乃承杨时衣钵，只是他的态度是通过编撰《遵尧录》表现出来的。《宋史》本传云：

尝采祖宗故事为《遵尧录》，靖康中，拟献阙下，会国难不果。尝与学者论治曰："祖宗法度不可废，德泽不可恃。废法度则变乱之事起，恃德泽则骄佚之心生。……"又曰："君子在朝则天下必治，盖君子进则常有乱世之言，使人主多忧而善心生，故治。小人在朝则天下乱，盖小人进则常有治世之言，使人主多乐而怠心生，故乱。"又曰："天下之变不起于四方，而起于朝廷。譬如人之伤气，则寒暑易侵；木之伤心，则风雨易折。故内有林甫之奸，则外必有禄山之乱；内有卢杞之奸，则外必有朱泚之叛。"②

可以说罗从彦编撰《遵尧录》就是在这种思想指导下进行的，因而除了北宋前中期诸皇帝外，司马光是治世君子，在《遵尧录》中单列司马光以褒扬其治世思想，而王安石则被视作乱臣贼子。《遵尧录别录》云：

熙宁初，粤有儒者，起自江宁，以孔孟之道倡于时，以管商之法施于政，颠倒舜跖，夺其义心；混一庄杨，荡于不法；正道荒芜，士风一变；使蔡氏阶之以济其乱，则其为害不特释老与杨墨尔。所以发天下之聩聩，莹天下之晦晦者，当在陛下比虽诏毁其像，未能扩如，故臣别录司马光、陈瓘二人之言以著其罪。③

在《司马光论王安石》之后，罗从彦加有1000多字的按语，剖析王安石沽名钓誉，欺世盗名，并用吕诲论王安石十事来佐证王安石之奸诈误国，最后以陈瓘论蔡京结束《遵尧录》。由此可知，罗从彦也把北宋亡国之罪追溯至王安石变法，而王安石也就被钉在历史的耻辱柱上，成为后世欲行尧舜之道的反面教材。

（2）胡宏，字仁仲，胡安国的少子，学者称之为五峰先生。胡宏是南宋著名的理学家，全祖望以为南宋"绍兴诸儒，所造莫出五峰之上……卒开湖湘之学统"④。胡宏论王安石学术时说："自秦焚书坑儒以后，章句紊乱，六经之义浸微、浸昏，重以本朝丞相王安石专用

① 以上均见（宋）黄震：《黄氏日抄》卷64《读文集六》，（宋）黄震著，张伟、何忠礼主编：《黄震全集》第6册，第1946—1958页。
② 《宋史》卷428《罗从彦传》，第12743—12744页。
③ （宋）罗从彦：《豫章文集》卷9《遵尧录别录》，《景印文渊阁四库全书》第1135册，第722—723页。
④ （清）黄宗羲原著，（清）全祖望补修，陈金生、梁运华点校：《宋元学案》卷42《五峰学案》，北京：中华书局，1986年，第1366页。

己意，训释经典，倚威为化，以利为罗。化以革天下之英才，罗以收天下之中流，故五十年间，经术颓靡，日入于暗昧、支离，而六经置于空虚无用之地方。”①胡宏论王安石变法时又说：

……王安石轻用己私纷更法令，不能兴教化、弭奸邪心，以来远人，乃行青苗、建市易、置保甲、治兵将，始有富国强兵、窥伺边隅之计，弃诚而怀诈，兴利而忘义，尚功而悖道，人皆知安石废祖宗法令，而不知其并与祖宗之道废之也。邪说既行，正论屏弃，故奸谀敢挟绍述之义，以逞其私，下诬君父，上欺祖宗，诬谤宣仁，废迁隆祐，使我国家、父子、君臣、夫妇之间顿生疵厉，三纲废坏，神化之道泯然将灭，纲纪文章扫地尽废。遂致邻敌外横，盗贼内讧，天师伤败，中原陷没，二圣远栖于沙漠，皇舆僻寄于东吴，嚣嚣万姓未知攸底祸至酷也。②

（3）真德秀、魏了翁是南宋后期重要的理学家。宋理宗褒崇理学，理学思想开始确立统治地位，这时的真德秀、魏了翁对确立理学统治地位起了重要作用。真德秀，字景元，后更景希。建宁浦城（今属福建）人，理宗朝官至参知政事，学者称之为西山先生。真德秀在政治上极力推崇宋仁宗之治，而贬斥熙宁新政，所谓“熙宁之世以新法为不可行者，公论也，王安石违而咈之，终以误国”③。他认为熙宁新政的最大害处是只求兵力、财用，而不顾人心向背，他在《馆职策》中云：

盖尝泛观古今之变，大抵盛衰强弱之分，不在兵力而在国势，不在财用而在人心，诚使国势尊，安人心，豫附运掉伸缩，惟所欲为，以之治财，则财可丰，以之治兵，则兵可强。其机易回，而其事易察也。惟夫吾之所恃者国势也，而操持不定，无以遏其趋；吾之所恃者人心也，而系属不加，无以保其固，百度抢攘，众志涣散，天下之患，方怅然未知底止之地，虽兵财之画日计月，究何益哉。思昔宝元、庆历间中外多故，夏人畔命，兵事繁兴……一时事变殆类岌岌，而仁宗潜回默制，迄成万世之安，盖其纲维国势统系人心，有出于兵财之外故也。熙丰大臣罔克知此，徒见嘉祐末年，事类少弛，思一蹴而新之，志于强兵，则保甲、户马之法立，志于裕财，则均输、手实之令行，一意纷更，立图近效，抑不思国势已摇，财将焉用，人心弗固，兵岂足恃哉。④

显然真德秀是从道德主义至上的角度来审视北宋以来的政治变迁，而王安石“汲汲财利”的做法与之大相径庭，自然是与之不合拍的。魏了翁对王安石变法及新学的看法也与真德秀大致相似。

魏了翁在《周礼折衷》中说：

王荆公常以道揆自居，而元不晓道与法不可离，如舜为法于天下可传于后世，以

①（宋）胡宏撰，胡大时编：《五峰集》卷3《程子雅言后序》，《景印文渊阁四库全书》第1137册，第153页。
②（宋）胡宏撰，胡大时编：《五峰集》卷2《上光尧皇帝书》，《景印文渊阁四库全书》第1137册，第107页。
③（宋）真德秀：《西山文集》卷4《除江东漕十一月二十二日朝辞奏事札子一》，《景印文渊阁四库全书》第1174册，第60页。
④（宋）真德秀：《西山文集》卷32《馆职策》，《景印文渊阁四库全书》第1174册，第499—500页。

其有道也，法不本于道，何足以为法，道而不施于法，亦不见其为道，荆公以法不豫道揆，故其新法皆商君之法，而非帝王之道，所见一偏，为害不小。①

魏了翁在《师友雅言》中又云：

王介甫错看膳夫一义，以为王者受天下之奉，后王黼等专置应奉司，以为当受四海九州之奉，不知他经元无此义。独《周礼》膳夫一职，有备享之事，介甫差处只为大荒大札不举，今无此可以备享，解经如此最关利害，政宣之误至于亡国，皆膳夫一句误之，古人只说恭俭非饮食底事，此一职，几乎开后世人主之心，释经者可不严哉。②

（4）理学家对王安石新学的批判，其目的就是消除新学的社会影响，必置新学于死地而后快。胡安国曾对杨时《上钦宗皇帝（其七）》的奏章评论说："此是取王氏心肝底刽子手段，何可不书？书之则王氏心肝悬在肉案上，人人见得，而诐淫邪遁之辞皆破矣。"③于此可见理学家们对新学憎恨之一斑。张栻则更进一步要把新学斩草除根，他说："《传》曰：为国家见恶如农夫之务去草焉，芟夷蕴崇之，绝其本根，勿使能殖，则善者信矣，正误国之罪，推原安石，所谓芟其本根者，绍兴诏书有曰：荆舒祸本，可不惩乎！大哉王言也。"④可以说，理学家们一代代坚持不懈地贬斥王安石及新学，其效果是明显的，他们的观点日益为宋最高统治者所接受，宋高宗就说："安石之学，杂以伯道，取商鞅富国强兵。今日之祸，人徒知蔡京、王黼之罪，而不知天下之乱，生于安石。"⑤这段话几与杨时给宋钦宗所上奏折的意旨如出一辙。宋理宗在淳祐元年（1241）下诏，以周濂溪、程颢、程颐、张载、朱熹五人从祀孔庙的同时，撤销了王安石的从祀地位，并指斥"王安石谓天变不足畏，祖宗不足法，人言不足信，此三语为万世之罪人，岂宜从祀孔子庙庭，合与削去，于正人心，息邪说关系不小，令国子监日下施行"⑥。可以断言，理学家们打倒新学是理学兴起发展的重要因素之一。

① （宋）魏了翁：《鹤山集》卷104《周礼折衷》，《景印文渊阁四库全书》第1173册，第501页。
② （宋）魏了翁：《鹤山集》卷109《师友雅言》，《景印文渊阁四库全书》第1173册，第593页。
③ （清）黄宗羲著，（清）全祖望补修，陈金生、梁运华点校：《宋元学案》卷25《龟山学案》附录，第956页。
④ （宋）张栻撰，朱熹编：《南轩集》卷33《题李光论冯澥札子》，《景印文渊阁四库全书》第1167册，第695页。
⑤ （宋）李心传编撰，胡坤点校：《建炎以来系年要录》卷87，绍兴五年三月庚子条，第1673页。
⑥ 咸淳《临安志》卷11《太学》，《宋元方志丛刊》第4册，第3451—3452页。

第二章 朱熹论王安石

王安石在历史上是一位有多方面成就的人物，清人陆心源说："三代而下，直（有）经济之学，有经术之学，有文章之学，得其一皆可以为儒。……自汉至宋，千有余年，能合经济、经术、文章而一之者，代不数人，荆国王文公其一焉。"①此言不为过，而朱熹对王安石的评论也不是仅从某一方面来论定王安石，即使是就某一方面评论，也往往含有二重性，不明乎此，则易失之偏颇。所以在讨论朱熹对王安石的评论时不宜以简单的思维方式去看待。总括地讲，朱熹对王安石的评论，主要集中在对王安石新学的批判、王安石变法的评议以及个人操守的评价三个方面。先看朱熹批判新学。

一、朱熹对王安石新学的批判

新学既是王安石创立的儒家学派，也是王安石变法的指导思想。理学则与反变法派有着千丝万缕的联系，及至南宋又与新学一同成为宋学中相互排斥的两大学派。如前所述，南宋时期，新学常被政客作为打击理学家的工具，而在理论上理学则对新学进行了严厉的批判和攻击。首先，公开站出来批判荆公新学的是程门弟子杨时，此后理学的传人在其著作中大都少不了批判荆公新学；其次，但对荆公新学的批判最为彻底的还是对理学的发展有集大成之功的朱熹。南宋理学家对新学的批判主要集中在两个方面：一是斥王安石新学为异端邪说，"于学不正"、"杂糅佛道"或"学本出于刑名度数"；二是把新学作为变乱祖宗法度而致北宋亡国的理论根源，予以无情打击。朱熹对荆公新学的批判，也主要体现在这两个方面：

> 然其为人，质虽清介而器本偏狭，志虽高远而学实凡近，其所论说，盖特见闻亿度之近似耳。顾乃挟以为高，足已自圣，不复知以格物致知、克己复礼为事，而勉求其所未至以增益其所不能。是以其于天下之事，每以躁率任意而失之于前，又以狠愎徇私而败之于后。此其所以为受病之原……
>
> 若夫道德性命之与刑名度数，则其精粗本末虽若有间，然其相为表里如影随形，则又不可得而分别也。今谓安石之学独有得于刑名度数，而道德性命则为有所不足，是不知其于此既有不足，则于彼也，亦将何自而得其正耶？夫以佛老之言为妙道而谓礼法事变为粗迹，此正王氏之深蔽……
>
> 若其释经之病，则亦以自处太高而不能明理胜私之故，故于圣贤之言既不能虚心

① （宋）詹大和等撰，裴汝诚点校：《王安石年谱三种》，北京：中华书局，1994 年，第 644—645 页。

静虑以求其立言之本意，于诸儒之同异又不能反复详密以辨其为说之是非，但以己意穿凿附丽，极其力之所通而肆为支蔓浮虚之说。至于天命人心、日用事物之所以然，既已不能反求诸身以验其实，则一切举而归之于佛老。及论先王之政，则又骋私意，饰奸言，以为违众自用、剥民兴利、斥逐忠贤、杜塞公论之地。唯其意有所忽而不以为事者，则或苟因旧说而不暇择其是非也。①

朱熹对王安石新学的批判，表面上是为维护孔孟正统的纯正性，但实际上很大程度与争取理学在南宋的正统地位分不开。如前所说，在学术发展史上学派间为追求自身的存在价值，排挤其他学派乃是常见的一种现象，特别是新学作为北宋中叶儒学复兴运动中脱颖出来的主流学派，不仅被视作孔孟思想的正统学派，祀享孔庙，而且为天下士林所宗，因而理学要想扩大自己的影响，传播自己的学术思想，就必须战胜或取代新学，战胜或取代的方法不外两种，一种是建构超越新学的庞大思想体系，标榜自己为继孔孟绝学的正统，并得到官方的认可。关于这个方面学界的讨论已有很多，不必再多言。二是为标榜自己的正确，必斥他说为非。朱熹作为理学的集大成者，斥新学为非，自然是他传播理学、扩大理学影响所不可推卸的责任。正是从这个意义而言，朱熹不仅斥新学为非，而且对当时另一大儒学流派苏学（由苏轼、苏辙兄弟创立）亦斥之为非，而且更甚于对新学的批判。朱熹云：

至于王氏、苏氏，则皆以佛老为圣人，既不纯乎儒者之学矣……至若苏氏之言，高者出入有无而曲成义理，下者指陈利害而切近人情，其智识才辨、谋为气概，又足以震耀而张皇之，使听者欣然而不知倦，非王氏之比也。然语道学则迷大本，论事实则尚权谋，衒浮华，忘本实，贵通达，贱名检，此其害天理、乱人心、妨道术、败风教，亦岂尽出王氏之下也哉？②

二公之学皆不正，但东坡之德行那里（哪）得似荆公！③

即便是欧阳修、司马光之学，朱熹也有微词，不甚满意。“盖欧阳、司马之学，其于圣贤之高致，固非末学所敢议者，然其所存所守，皆不失儒者之旧，特恐有所未尽耳。”④可见，在朱熹眼里，除了理学系统继孔孟之绝学外，其他学派都在他指斥、訾议的范围之内，所以朱熹对王安石新学的批判，带有很浓的学派、门户之争的色彩，不宜以此一概而论。其实朱熹一旦置身于学派之争以外，对王安石的学术的评价，则是另一番景象。《朱子语类》载：

“王氏新经尽有好处，盖其极平生心力，岂无见得著处？”因举书中改古注点句数处，云：“皆如此读得好。此等文字，某尝欲看一过，与摭撮其好者而未暇。”⑤

朱熹在《学校贡举私议》长文中，亦认为王安石对儒家经典的注释甚有可取之处。他说：“近年以来，习俗苟偷，学无宗主，治经者不复读其经之本文与夫先儒之传注……今欲

① 以上皆见（宋）朱熹：《晦庵先生朱文公文集》卷 70《读两陈谏议遗墨》，《朱子全书》第 23 册，第 3380—3384 页。
②（宋）朱熹：《晦庵先生朱文公文集》卷 30《答汪尚书（七月十七日）》，《朱子全书》第 21 册，第 1300—1301 页。
③（宋）黎靖德：《朱子语类》卷 130《本朝四 • 自熙宁至靖康用人》，（宋）朱熹：《朱子全书》第 18 册，第 4039 页。
④（宋）朱熹：《晦庵先生朱文公文集》卷 30《答汪尚书（七月十七日）》，《朱子全书》第 21 册，第 1300 页。
⑤（宋）黎靖德：《朱子语类》卷 130《本朝四 • 自熙宁至靖康用人》，（宋）朱熹：《朱子全书》第 18 册，第 4038 页。

正之，莫若讨论诸经之说，各立家法，而皆以注疏为主。”如王安石注的《易》《书》《诗》《周礼》，以及王雱（王安石之子）所注经典“等说亦可采”①。

由此可见，朱熹是从孔孟正统学派的角度对荆公新学予以坚决的否定，同时跳出学派之争的圈子，对王安石的经学著述给予中肯的评价，这是朱熹论王安石两重性的一种具体表现。

二、朱熹对王安石变法的评议

朱熹对王安石变法的评议亦如他对荆公新学的批判，具有两重性。他对王安石变法的否定性评议表现在以下四点：

其一，《朱子语类》载：“先生论荆公之学所以差者，以其见道理不透彻。因云：‘洞视千古，无有见道理不透彻而所说所行不差者。但无力量做得来，半上落下底，则其肤浅。如庸医不识病，只胡乱下那没紧要底药，便不至于杀人。若荆公辈，他硬见从那一边去，则如不识病症，而便下大黄、附子底药，便至于杀人！’”“刘叔通言：‘王介甫其心本欲救民，后来弄坏者，乃过误致然。’曰：‘不然。正如医者治病，其心岂不欲活人？却将砒霜与人吃，及病者死，却云我心本欲救其病，死非我之罪，可乎？介甫之心固欲救人，然其术足以杀人，岂可谓非其罪？’”②“论来介甫初间极好，他本是正人，见天下之弊如此，锐意欲更新之，可惜后来立脚不正，坏了。”③

其二，是王安石变法“汲汲以财利兵革为先务”④而不先正人心，“看来荆公亦有邪心夹杂，他却将《周礼》来卖弄，有利底事便行之，意欲富国强兵，然后行礼义。不知未富强，人才风俗已先坏了”⑤。“格君之本、亲贤之务、养民之政、善俗之方，凡古之所谓当先而宜急者，曷为不少留意，而独于财利兵刑为汲汲耶？”⑥

但以上所述只是朱熹评议王安石变法的一个方面，另一方面却对变法的具体措施多有肯定。首先，朱熹对王安石变法之前的社会背景有正确的认识和分析。他曾指出：“向见何万一之少年时所著数论，其间有说云，本朝自李文靖公、王文正公当国以来，庙论主于安静，凡有建明，便以生事归之，驯至后来天下弊事极多。此说甚好。且如仁宗朝是甚次第时节，国势却如此缓弱，事多不理。”⑦“向见何一之有一小论，称荆公所以办得尽，行许多事，缘李文靖为相日，四方言利害者尽皆报罢，积得许多弊事，所以激得荆公出来，一齐要整顿过。荆公此意便是庆历范文正公诸人要做事底规模。”⑧因此朱熹认为熙宁变法是历史的必然，“盖那时也是合变时节”，“熙宁更法，亦是势当如此”⑨，“只当是时非独荆

---

①（宋）朱熹：《晦庵先生朱文公文集》卷69《学校贡举私议》，《朱子全书》第23册，第3360页。

②（宋）黎靖德：《朱子语类》卷130《本朝四・自熙宁至靖康用人》，（宋）朱熹：《朱子全书》第18册，第4036—4037页。

③（宋）黎靖德：《朱子语类》卷130《本朝四・自熙宁至靖康用人》，（宋）朱熹：《朱子全书》第18册，第4054页。

④《宋史》卷327《王安石传》，第10553页。

⑤（宋）黎靖德：《朱子语类》卷71《易七・无妄》，（宋）朱熹：《朱子全书》第16册，第2401页。

⑥（宋）朱熹：《晦庵先生朱文公文集》卷70《读两陈谏议遗墨》，《朱子全书》第23册，第3382页。

⑦（宋）黎靖德：《朱子语类》卷130《本朝四・自熙宁至靖康用人》，（宋）朱熹：《朱子全书》第18册，第4033页。

⑧（宋）黎靖德：《朱子语类》卷71《易七・无妄》，（宋）朱熹：《朱子全书》第16册，第2401页。

⑨（宋）黎靖德：《朱子语类》卷130《本朝四・自熙宁至靖康用人》，（宋）朱熹：《朱子全书》第18册，第4040页。

公要如此，诸贤都有变更意”[①]。其次，朱熹认为祖宗之法是可以变的，“祖宗之所以为法，盖亦因事制宜以趋一时之便，而其仰循前代、俯徇流俗者尚多有之，未必皆其竭心思、法圣智以遗子孙，而欲其万世守之者也，是以行之既久而不能无弊，则变而通之，是乃后人之责。故庆历之初，杜、范、韩、富诸公变之不遂，而论者至今以为恨”[②]。当朱熹与门人论及荆公，门人说：“他当时不合于法度上理会”，朱熹则说：“法度如何不理会？只是他所理会非三代法度耳。”[③]显然祖宗之法是可以“理会”的。“既有个天下，兵须用练，弊须用革，事须用整顿，如何一切不为得？”[④]

其三，对新法的诸项措施，朱熹多从正面予以肯定：

青苗法：“青苗者其立法之本意固未为不善也。”[⑤]乾道年间，朱熹在浙东推行的社仓制即是取法于“青苗法”的立法精神。

免役法：“温公忠直，而于事不甚通晓。如争役法，七八年间直是争此一事。他只说不合令民出钱，其实不知民自便之。”[⑥]“温公论役法疏略，悉为章子厚所驳，只一向罢逐，不问所论是非，却是太峻急。”[⑦]

保甲法：“王介甫锐意欲行保伍法，以去天下坐食之兵，不曾做得成。”[⑧]“京畿保甲之法，荆公做十年方成。至元祐时，温公废了，深可惜。盖此是已成之事，初时人固有怨者，后来做得成，想人亦安之矣。却将来废了，可惜！”[⑨]“人杰云：‘荆公保甲行于畿甸，其始同（固）咈人情，元祐诸公尽罢之，却是坏其已成之法。’曰：‘固是。……’”[⑩]

开熙河是王安石变法时期的重要举措，一向受到反对派和后世否定王安石变法者的非议，但朱熹却用赞成的口吻说当时“若非荆公力主于内，则群议动摇，决难成功”[⑪]，并讥讽元祐大臣“弃地与西夏……恨不得纳诸其怀，其意待西夏倔强时，只欲卑巽请和耳”[⑫]。

王安石改革科举制度，罢诗赋，策经义对后世影响颇大。朱熹说：“所以必罢诗赋者，空言本非所以教人，不足以得士，而诗赋又空言之尤者，其无益于设教取士章章明矣。然熙宁罢之而议者不以为是者，非罢诗赋之不善，乃专主王氏经义之不善也。”[⑬]显然朱熹是赞成王安石“罢诗赋”的改革的。他还指出，熙宁变法之前“士之所以为学者，不过章句文义之间，亦有浅陋驳杂之弊。故当时先觉之士往往病其未足以明先王之大道，而议所以新之者。……非独王氏指以为俗学而欲改之也。”[⑭]王安石废《春秋》不与科举考试，备受反变法派和后世一些理学家的訾议，但朱熹却在一定程度上表示理解，一次他在与门人讨论科举之弊时说：“如他经尚是就文义上说，最是《春秋》不成说话，多是去求言外之意，

---

① （宋）黎靖德：《朱子语类》卷 130《本朝四・自熙宁至靖康用人》，（宋）朱熹：《朱子全书》第 18 册，第 4052 页。
② （宋）朱熹：《晦庵先生朱文公文集》卷 70《读两陈谏议遗墨》，《朱子全书》第 23 册，第 3381 页。
③ （宋）黎靖德：《朱子语类》卷 130《本朝四・自熙宁至靖康用人》，（宋）朱熹：《朱子全书》第 18 册，第 4037 页。
④ （宋）黎靖德：《朱子语类》卷 130《本朝四・自熙宁至靖康用人》，（宋）朱熹：《朱子全书》第 18 册，第 4045 页。
⑤ （宋）朱熹：《晦庵先生朱文公文集》卷 79《婺州金华县社仓记》，《朱子全书》第 24 册，第 3777 页。
⑥ （宋）黎靖德：《朱子语类》卷 130《本朝四・自熙宁至靖康用人》，（宋）朱熹：《朱子全书》第 18 册，第 4043 页。
⑦ （宋）黎靖德：《朱子语类》卷 130《本朝四・自熙宁至靖康用人》，（宋）朱熹：《朱子全书》第 18 册，第 4045 页。
⑧ （宋）黎靖德：《朱子语类》卷 111《朱子八・论民》，（宋）朱熹：《朱子全书》第 18 册，第 3563 页。
⑨ （宋）黎靖德：《朱子语类》卷 130《本朝四・自熙宁至靖康用人》，（宋）朱熹：《朱子全书》第 18 册，第 4042 页注引《广录》。
⑩ （宋）黎靖德：《朱子语类》卷 130《本朝四・自熙宁至靖康用人》，（宋）朱熹：《朱子全书》第 18 册，第 4041 页。
⑪ （宋）朱熹：《晦庵先生朱文公文集》卷 60《答王南卿》，《朱子全书》第 23 册，第 2880 页。
⑫ （宋）黎靖德：《朱子语类》卷 130《本朝四・自熙宁至靖康用人》，（宋）朱熹：《朱子全书》第 18 册，第 4042 页。
⑬ （宋）朱熹：《晦庵先生朱文公文集》卷 69《学校贡举私议》，《朱子全书》第 23 册，第 3358 页。
⑭ （宋）朱熹：《晦庵先生朱文公文集》卷 34《与东莱论白鹿书院记》，《朱子全书》第 21 册，第 1498 页。

说得不成模样。某说道，此皆是‘侮圣人之言’，却不如王介甫样，索性废了，较强。”①

其四，朱熹对当时反变法派因个人恩怨而攻王安石的事实作过比较客观的分析。苏洵是否作过《辨奸论》现仍是一桩未有定论的公案，但自《邵氏闻见录》首次披露以后，南宋人多信之不疑，朱熹虽然也信之不疑，但他分析王安石与苏洵的关系却颇耐人寻味：“老苏《辨奸》，初间只是私意如此，后来荆公做不着，遂中他说。……老苏之出，当时甚敬崇之，惟荆公不以为然，故其父子皆切齿之。然老苏诗云‘老态尽从愁里过，壮心偏傍醉中来’，如此无所守，岂不为他荆公所笑？”②张方平在熙宁时亦是反王安石集团中的重要成员，朱熹则从他的为人考察了张方平与王安石交恶的缘故：“方平尝托某人买妾，其人为出数百千买妾，方平受之而不偿其直，其所为皆此类也。安道（张方平字）是个秦不收魏不管底（的）人，他又为正人所恶，那边又为王介甫所恶。盖介甫是个修饬廉隅孝谨之人，而安道之徒平日苟简放恣惯了，才见礼法之士，必深恶。如老苏作《辨奸》以讥介甫，东坡恶伊川，皆此类耳。”③对苏轼反王安石，朱熹讥讽苏轼在改革时局上的出尔反尔：“东坡初年若得用，未必其患不甚于荆公。但东坡后来见得荆公狼狈，所以都自改了。初年论甚生财，后来见青苗之法行得狼狈，便不言生财。初年论甚用兵，如曰‘用臣之言，虽北取契丹可也’，后来见荆公用兵用得狼狈，更不复言兵。他分明有两截底议论。荆公后来所以全不用许多儒臣，也是各家都说得没理会。如东坡以前进说许多，如均户口、较赋役、教战守、定军制、倡勇敢之类，是煞要出来整理弊坏处。后来荆公做出，东坡又却尽底翻转，云也无一事可做。”④另外，南宋初年最高统治者把亡国罪责由蔡京追及王安石，认为蔡京乱政系绍述王安石新法，但朱熹却明确指出：“蔡京虽名推尊王氏，然其淫侈纵恣，所以败乱天下者，不尽出于金陵也。”⑤

以上是朱熹对王安石变法正反两方面的评价，那么，朱熹既然能正确分析熙宁变法的历史必然性，对王安石的新法措施又多加赞成，却为什么在总体上否定王安石变法呢？究其原因，大致与朱熹和王安石的治国思想方法大相径庭相关。朱熹说：

> 今世有二弊：法弊，时弊。法弊但一切更改之，却甚易；时弊则皆在人，人皆以私心为之，如何变得？嘉祐间法可谓弊矣，王荆公未几尽变之，又别起得许多弊，以人难变故也。⑥

显然在朱熹看来，王安石在更革制度性的弊端方面有所作为，而在变革人们的私欲方面却很难有所作为。而且在朱熹的治世理论中，更革人的私欲，即正人心占据首要的位置，他在给汪应辰的信中说道：

> 明公若察其愿忠之意，而宽其忘分之诛，则愿深考圣贤所传之正，非孔子、子思、

---

①（宋）黎靖德：《朱子语类》卷109《朱子六·论取士》，（宋）朱熹：《朱子全书》第17册，第3535页。

②（宋）黎靖德：《朱子语类》卷130《本朝四·自熙宁至靖康用人》，（宋）朱熹：《朱子全书》第18册，第4050—4051页。

③（宋）黎靖德：《朱子语类》卷130《本朝四·自熙宁至靖康用人》，（宋）朱熹：《朱子全书》第18册，第4054页。

④（宋）黎靖德：《朱子语类》卷130《本朝四·自熙宁至靖康用人》，（宋）朱熹：《朱子全书》第18册，第4039—4040页。

⑤（宋）朱熹：《晦庵先生朱文公文集》卷30《答汪尚书（七月十七日）》，《朱子全书》第21册，第1301页。

⑥（宋）黎靖德：《朱子语类》卷108《朱子五·论治道》，（宋）朱熹：《朱子全书》第17册，第3523页。

孟、程之书不列于前，晨夜览观，穷其指趣而反诸身，以求天理之所在。既以自正其心，而推之以正君心，又推而见于言语政事之间，以正天下之心，则明公之功名德业，且将与三代王佐比隆。①

可见朱熹把“正其心”“正君心”“正天下之心”相提并论，以作为治世的基本理念，而其中又以“正君心”为首要，他在与门人论治道时，曾反复强调“正君心”的重要性：

治道别无说，若使人主恭俭好善，“有言逆于心，必求诸道；有言孙于志，必求诸非道”，这如何会不治。这别无说，从古来都有见成样子，直是如此。

天下事有大根本，有小根本，正君心是大本。……

天下事，须是人主晓得通透了，自要去做，方得。②

从朱熹的这个治世思想出发，来衡量“乃汲汲以财利兵革为先务”的王安石变法，自然是很难符合朱熹的评判标准的，而前引朱熹否定王安石变法的言论，指斥王安石“意欲富国强兵，然后行礼义。不知未富强，人才风俗已先坏了”。不首先留意“格君之本、亲贤之务、养民之政、善俗之方”等“凡古之所谓当先”理的事业，却“独于财利兵刑为汲汲耶”，所以“大本不正，名是实非，先后之宜又皆倒置，以是稽古，徒益乱耳”③。在这里朱熹已明确地指出，王安石变法的最大错误就在于把“正人心”与“兵革财利”的关系颠倒了。因而，当有门人问及“设使横渠、明道用于当时，神宗尽得其学，他日还自做否？”朱熹回答说：“不然。使二先生得君，却自君心上为之，正要大家商量，以此为根本。君心既正，他日虽欲自为，亦不可。”④可见朱熹认为熙宁变法应首先从“正君心”开始，才是正确的变法思路。为了更好地说明这个问题，不妨看看朱熹对“义利”先后和“为政以德”的论述：

古圣贤之言治，必以仁义为先，而不以功利为急，夫岂固为是迂阔无用之谈，以欺世眩俗，而甘受实祸哉！盖天下万事本于一心，而仁者，此心之存之谓也。此心既存，乃克有制。而义者，此心之制之谓也。诚使是说著明于天下，则自天子以至于庶人，人人得其本心以制万事，无一不合宜者，夫何难而不济？不知出此，而曰事求可，功求成，吾以苟为一切之计而已。是申、商、吴、李之徒所以亡人之国而自灭其身，国虽富，其民必贫；兵虽强，其国必病；利虽近，其为害也必远。⑤

虽然朱熹也引述过董仲舒的“仁人者，正其义不谋其利”⑥之类的话，但他并不完全反对“谋其利”，而只是如上引要以“仁义”为先，“功利”为后。当然，朱熹要以“仁义”来“制万事”，就是以道德规范来制约财利等经济问题。否则，以利为先，那便是申不害、商鞅、吴起、李悝之徒，其结果是亡国灭身，害近“利”远。

---

①（宋）朱熹：《晦庵先生朱文公文集》卷24《与汪尚书书（己丑）》，《朱子全书》第21册，第1097—1098页。
②（宋）黎靖德：《朱子语类》卷108《朱子五·论治道》，（宋）朱熹：《朱子全书》第17册，第3511—3512页。
③（宋）朱熹：《晦庵先生朱文公文集》卷70《读两陈谏议遗墨》，《朱子全书》第23册，第3382页。
④（宋）黎靖德：《朱子语类》卷130《本朝四·自熙宁至靖康用人》，（宋）朱熹：《朱子全书》第18册，第4034页。
⑤（宋）朱熹：《晦庵先生朱文公文集》卷75《送张仲隆序》，《朱子全书》第24册，第3623页。
⑥（宋）朱熹：《周易本义》卷1《周易上经第一》，《朱子全书》第1册，第52页。

再看朱熹是如何解释“为政以德”的。

或问“为政以德”。曰：“‘为政以德’，不是欲以德去为政，亦不是块然全无所作为，但德修于己而人自感化。然感化不在政事上，却在德上。盖政者，所以正人之不正，岂无所作为。但人所以归往，乃以其德耳，故不待作为而天下归之，如众星之拱北极也。”

“为政以德”，非是不用刑罚号令，但以德先之耳。以德先之，则政皆是德。

众问“为政以德”章。曰：“此全在‘德’字。‘德’字从‘心’者，以其得之于心也。如为孝，是心中得这个孝；为仁，是心中得这个仁。若只是外面恁地，中心不如此，便不是德。”①

可见朱熹对“为政以德”的阐释同他的“义利”观是一脉相承的，即朱熹主张为政不仅要讲求财利、刑罚，而且要有所作为，但它们与修德、正人心相比，则是居于第二位的，只有以德为先，其政才是合乎圣贤的仁政。朱熹正是基于这样的思想认识来批判王安石变法的，王安石改革“法弊”的出发点是好的，改革措施也有可取之处，但王安石不首先从正人心、正君心、正天下之心入手进行变法，而是把“君心”“天下之心”导向求利的误区，在朱熹看来，王安石变法的最大坏处是坏了人才风俗，坏了天下的“心”，使私欲泛滥。关于这一点，程颢早在熙宁时期就特别关注到了，对此他有一段颇值得注意的议论：

浮屠之术，最善化诱，故人多向之。然其术所以化众人也，故人亦有向有不向者。如介甫之学，他便只是去人主心术处加功，故今日靡然而同，无有异者，所谓一正君而国定也。此学极有害。以介甫才辩，遽施之学者，谁能出其右？始则且以利而从其说，久而遂安其学。今天下之新法害事处，但只消一日除了便没事。其学化革了人心，为害最甚，其如之何！故天下只是一个风，风如是，则靡然无不向也。②

把程颢的这段话与前揭朱熹批判王安石变法的论述相对照，实际上他们反对的都是王安石以“利”字为先，以“利”诱惑了人，“化革了人心”，而“兴利除弊”③恰恰是王安石新学及其变法的核心所在，显然，在程、朱反对或否定王安石变法的后面，反映着理学与新学两种“义利”观对立斗争的实际。至此，可以明了朱熹之所以在相当大程度上肯定王安石变法的动机和措施，因为这是政治问题，“天下制度无全利而无害底（的）道理”④，同理，王安石的新法措施也不可能全是有害而无利，所以只要王安石做对了的就应该肯定。朱熹之所以又否定王安石变法的“兴利”思想，是因为这是一个认识问题或者说是一个学说邪正的问题，从维护程朱理学的正统地位出发，对王安石变法必须予以否定，因为只有否定王安石变法才能达到证明指导王安石变法的新学是误国殄民的异端邪说的目的。

---

①（宋）黎靖德：《朱子语类》卷23《论语五・为政篇上・为政以德章》，（宋）朱熹：《朱子全书》第14册，第788页。
②（宋）程颢、程颐著，王孝鱼点校：《二程集・河南程氏遗书》卷2下，第50页；又（宋）程颢、程颐著，王孝鱼点校：《二程集・河南程氏粹言》卷1《论政篇》，第1217页亦有一段相似记载。
③（宋）王安石著，唐武标校：《王文公文集》，上海：上海人民出版社，1974年，第96—97页。
④（宋）黎靖德：《朱子语类》卷108《朱子五・论治道》，（宋）朱熹：《朱子全书》第17册，第3513—3514页。

三、朱熹对王安石人品的评价

朱熹对王安石的人品及操守称赞有加，有门人问朱熹“万世之下，王临川当作如何评品？”朱熹回答说：“陆象山尝记之矣，何待它人。”[①]朱熹所言陆象山尝记之，即是指陆象山（九渊）所作《荆国王文公祠堂记》，在该篇记文中，陆象山对王安石的人品和道德文章给予高度的赞扬：“英特迈往，不屑于流俗，声色利达之习，介然无毫毛得以入于其心，洁白之操，寒于冰霜，公之质也。扫俗学之凡陋，振弊法之因循，道术必为孔孟，勋绩必为伊周，公之志也。不蕲人之知，而声光烨奕一时，巨公名贤，为之左次，公之得此，岂偶然哉！”[②]朱熹用“何待它人”来回复弟子的问话，则表明他完全赞同陆象山对王安石人品和道德文章所做的中肯评品。而朱熹本人也不止一次地称赞王安石的德识和才学，“荆公德行”[③]，“介甫之见，必竟高于世俗之儒”[④]，“王介甫为相，亦是不世出之资”[⑤]，“欲凌跨扬、韩，掩迹颜、孟”[⑥]，“安石行己立朝之大节在当世为如何？而其始见神宗也，直以汉文帝、唐太宗之不足法者为言，复以诸葛亮、魏玄成之不足为者自任，此其志识之卓然，又皆秦汉以来诸儒所未闻者，而岂一时诸贤之所及哉！”[⑦]此类赞语可举出许多，因文繁不赘。

在高度赞扬王安石人品的同时，朱熹也指出了王安石性格上的弱点：“其为人，质虽清介而器本偏狭，志虽高远而学实凡近。”[⑧]“天资亦有拗强处。”[⑨]宋神宗当年曾问程颢：“王安石是圣人否？”程颢回答说“‘公孙硕肤，赤舄几几’，圣人气象如此。王安石一身尚不能治，何圣人为?”朱熹认为此段对话“最说得荆公著”[⑩]。这里大致是指王安石平素不拘生活小节和不注重衣着、仪表的整洁。有关王安石性格强拗、褊狭和不修边幅之事，朱熹曾特别留意将当时人笔记小说和野史的传闻收录到他所编撰的《宋名臣言行录》中，现举三个示例：

其一引《邵氏闻见录》云：

> 司马温公尝曰：“昔与王介甫同为群牧司判官，包孝肃为使，时号清严。一日，群牧司牡丹盛开，包公置酒赏之，公举酒相劝，光素不喜酒，亦强饮之，介甫终席不饮，包公不能强也。光以此知其不屈。”

其二引《涑水记闻》云：

> 初，韩魏公知扬州，介甫以新进士签书判官事。魏公虽重其学，而不以吏事许之。介甫秩满去。会有上韩公书者，多用古字，韩公笑而谓僚属曰：“惜王廷评不在此，其

---

① （宋）黎靖德：《朱子语类》卷 130《本朝四 • 自熙宁至靖康用人》，（宋）朱熹：《朱子全书》第 18 册，第 4040 页。
② （宋）陆九渊：《陆象山全集》卷 19《荆国王文公祠堂记》，第 148 页。
③ （宋）黎靖德：《朱子语类》卷 130《本朝四 • 自熙宁至靖康用人》，（宋）朱熹：《朱子全书》第 18 册，第 4036 页。
④ （宋）黎靖德：《朱子语类》卷 128《本朝二 • 法制》，（宋）朱熹：《朱子全书》第 18 册，第 4015 页。
⑤ （宋）黎靖德：《朱子语类》卷 127《本朝一 • 神宗朝》，（宋）朱熹：《朱子全书》第 18 册，第 3972 页。
⑥ （宋）朱熹：《晦庵先生朱文公文集》卷 30《答王尚书（十一月既望）》，《朱子全书》第 21 册，第 1303 页。
⑦ （宋）朱熹：《晦庵先生朱文公文集》卷 70《读两陈谏议遗墨》，《朱子全书》第 23 册，第 3380 页。
⑧ （宋）朱熹：《晦庵先生朱文公文集》卷 70《读两陈谏议遗墨》，《朱子全书》第 23 册，第 3380 页。
⑨ （宋）黎靖德：《朱子语类》卷 130《本朝四 • 自熙宁至靖康用人》，（宋）朱熹：《朱子全书》第 18 册，第 4040 页。
⑩ （宋）黎靖德：《朱子语类》卷 130《本朝四 • 自熙宁至靖康用人》，（宋）朱熹：《朱子全书》第 18 册，第 4036 页。

人颇识难字。”介甫闻，以为轻己，由是怨之。

其三引《邵氏闻见录》云：

知制诰。一日，赏花钓鱼宴，内侍各以金楪盛钓饵药置几上，安石食之尽。明日，仁宗谓宰辅曰：“王安石诈人也。使误食钓饵一粒则止矣。食之尽，不情也。”①

上引三例，其一是表明王安石倔强、执拗；其二是表明王安石器量小、褊狭；其三则表明王安石狡诈。朱熹批评王安石性格弱点，其用意主要在于说明这是导致王安石“学术不是”和做事不成的根源所在。《朱子语类》曰：“介甫每得新文字，穷日夜阅之。喜食羊头鱠，家人供至，或值看文字，信手撮入口，不暇用箸，过食亦不觉，至于生患。且道将此心应事，安得会不错？”②“每以躁率任意而失之于前，又以狠愎徇私而败之于后。此其所以为受病之原”③，在这里，朱熹对王安石的人品的评价亦表现出二重性。当然，这种二重性最终是以排斥和否定新学绍继孔孟之道的正统地位为皈依。

以上说朱熹论王安石往往含有二重性，那么朱熹的评论是以否定的为主，还是以肯定的为主？回答这个问题之前，先看看朱熹是如何在总体上把握对人物的评论的。朱熹曾说：

品藻人物，须先看它大规模，然后看它好处与不好处，好处多与少，不好处多与少。又看某长某短，某有某无；所长所有底是紧要与不紧要，所短所无底是紧要与不紧要。如此互将来品藻，方定得它分数优劣。④

先师漆侠先生说，朱熹这段品藻人物的文字，充满了辩证的分析方法。⑤依据这个方法来看朱熹对王安石的评论，显然不难得出是以否定性评论为主的结论。因为王安石虽然有“好处”和“所长”，但相对于他的“不好处”和“所短”而言则是“不紧要”的。这可从朱熹对元祐时期旧党不能彻底证实王安石等人的罪所表现出的叹惋略见一斑：

如王安石罪既已明白，后既加罪于蔡确之徒，论来安石是罪之魁，却于其死，又加太傅及赠礼皆备，想当时也道要委曲周旋他。如今看来，这般却煞不好。要好，便合当显白其罪，使人知得是非邪正，所谓“明其为贼，敌乃可服”。须是明显其不是之状。若更加旌赏，却惹得后来许多群小不服。今又都没理会，怕道要做朋党，那边用几人，这边用几人，不问是非，不别邪正，下梢还要如何？某看来，天下事须先论其大处，如分别是非邪正、君子小人，端的是如何了，方好于中间酌量轻重浅深施用。⑥

朱熹是理学的集大成者，程朱理学自南宋以降不仅是影响中国人思想的正统哲学，而且成为支配中国人信仰和判断道德是非的基本准则。因而朱熹对王安石的评论自然也成为

① 以上均见（宋）朱熹：《三朝名臣言行后录》卷6《王安石荆国文公》，（宋）朱熹、李幼武：《宋名臣言行录五集（一），台北：文海出版社，1967年》，第564—566页。

②（宋）黎靖德：《朱子语类》卷130《本朝四・自熙宁至靖康用人》，（宋）朱熹：《朱子全书》第18册，第4041页。

③（宋）朱熹：《晦庵先生朱文公文集》卷70《读两陈谏议遗墨》，《朱子全书》第23册，第3380页。

④（宋）黎靖德：《朱子语类》卷13《学七・力行》，（宋）朱熹：《朱子全书》第14册，第411页。

⑤ 漆侠：《朱熹与史学》，《历史教学问题》2002年第1期。

⑥（宋）黎靖德：《朱子语类》卷123《陈君举》，（宋）朱熹：《朱子全书》第18册，第3869页。此条材料系先师漆侠先生提示，特此说明。

后世所遵奉的圭臬。下面举两个具有代表性的例子：

其一，《宋史》卷三百二十七《王安石传》论曰：

> 朱熹尝论安石“以文章节行高一世，而尤以道德经济为己任。被遇神宗，致位宰相，世方仰其有为，庶几复见二帝三王之盛。而安石乃汲汲以财利兵革为先务，引用凶邪，排摈忠直，躁迫强戾，使天下之人，嚣然丧其乐生之心。卒之群奸嗣虐，流毒四海，至于崇宁、宣和之际，而祸乱极矣”。此天下之公言也。①

其二，四库馆臣为《临川集》所作提要云：

> 朱子《楚辞后语》谓安石致位宰相，流毒四海，而其言与生平行事心术，略无毫发肖。夫子所以有於予改是之叹，斯诚千古之定评矣。②

这两个具有代表性的评论，都是依据朱熹《楚辞后语》卷六《寄蔡氏女第四十七》，但又有所删节。为准确把握朱熹对王安石的评论，录其原文于下：

> 《寄蔡氏女》者，王文公之所作也。公以文章节行高一世，而尤以道德经济为己任。被遇神宗，致位宰相。世方仰其有为，庶几复见二帝三王之盛。而公乃汲汲以财利兵革为先务，引用凶邪，排摈忠直，躁迫强戾，使天下之人嚣然丧其乐生之心，卒之群奸嗣虐，流毒四海。至于崇宣之际，而祸乱极矣。公又以女妻蔡卞，此其所予之词也。然其言平淡简远，翛然有出尘之趣，视其平生行事心术，略无豪发肖似，此夫子所以有“於予改是”之叹也欤？晁氏录其少作两赋，而独遗此，盖不可晓。故今特收采，而并著其本末，亦使读书无疑于宜陵绝命之章云。③

据此可知朱熹虽否定王安石“汲汲以财利兵革为先务”的变法思想和实践，但对王安石的政治操守、道德文章给予充分的肯定。这大致是朱熹编撰《三朝名臣言行后录》时仍把王安石列入北宋名臣行列的主要缘故。同时，也大致是崇奉道学的元史臣修《宋史》时，未把王安石与吕惠卿、曾布、章惇等变法派主将一同列为奸臣的原因。但元史臣在引述朱熹的评论时，把“然其言平淡简远，翛然有出尘之趣，视其平生行事心术，略无豪发肖似”一段截去，显然容易给后世未读到朱熹评论原文的读者造成朱熹全盘否定王安石的错觉。对于这一点应予以充分的注意。

---

①《宋史》卷327《王安石传》论曰，第10553页。
②（清）永瑢等：《四库全书总目》卷153《集部·别集类六》，第1325页。
③（宋）朱熹：《楚辞后语》卷6《寄蔡氏女第四十七》，《朱子全书》第19册，第304页。

第三章 南宋浙东学派对王安石变法的批判

浙东学派是南宋时期宋学发展过程中出现的一个新学派，几与当时的显学——程朱理学、陆氏心学相鼎足。一般地讲，浙东学派以永嘉叶适、永康陈亮、金华吕祖谦等人为代表，他们在经学思想上强调经世致用，讲求务实，在政治上则主张积极改革时政，从事功的角度而言，他们与北宋范仲淹、王安石很有相似之处，但是浙东学派对王安石变法却持基本的否定态度，为何同样主张务实精神，力图改革社会，而后者却否定前者呢？下面就这个问题做一些探讨。

一、薛季宣、陈傅良对王安石新法的评议

浙东永嘉学派的学术渊源较久远，一般可追溯至北宋仁宗时王开祖和神宗时的周行己。但形成以事功之学为特色的永嘉学派，则是由薛季宣、陈傅良、叶适等人创立和发展而来。[①]因而在论及叶适、陈亮之前先看看薛季宣和陈傅良对王安石新法的评议。

薛季宣（1134—1173），字士龙，又作士隆，号艮斋。“其学主礼乐制度，以见于事功。”[②]薛季宣对王安石新法的评议主要见于他在《策问二十道（其三）》中关于免役法利弊的分析：“近世以衙前押纲运主和买而民始困于为吏，保正职催科承文引而民始困于差徭。熙丰以来更法以救其弊者屡矣，而弊日滋甚。盖尝赋钱免役矣，则有役不免而钱之出也如故，且州县有吏豪之病，又尝官雇者户长矣，则有雇直上供而民之徭也自若，重之以里胥侮弄之奸，法之扰民无甚于此。”[③]薛季宣批评免役法使民出钱而役不免。

陈傅良（1137—1203），字君举，学者称其为止斋先生。陈傅良在永嘉学派的发展过程中起了承上启下的作用。他对王安石及其变法的批判主要有以下三个方面：

1. 以为南宋初以来赋敛苛重导源于熙宁新法

> 臣闻熙宁以来，用事者始取艺祖之约束一切纷更之，驯至于今而民力之困极矣。
>
> 盖自祥符奏立诸路上供岁额，熙宁新法，增额一倍。崇宁重修上供格颁之天下，率一路之增至（十）数倍，迄今为额，是特上供耳。而其他杂敛皆起，熙宁则以常平宽剩，禁军阙额之类，令项封桩，迄今为额。至于元丰，则以坊场、盐、酒、香、矾、铜、锡、斗、秤、披剃之类，凡十数色，合而为无额上供，迄今为额。至于宣和……州县无以供，则豪夺于民，于是取之斛面，取之折变，取之科敷，取之抑配，取之赃

① 参见方如金、方同义、陈国灿：《陈亮与南宋浙东学派研究》，北京：人民出版社，1996年，第47—48页。

②（清）黄宗羲原著，（清）全祖望补修，陈金生、梁运华点校：《宋元学案》卷52《艮斋学案》，第1690页。

③（宋）薛季宣撰，薛旦编：《浪语集》卷28《策问二十道（其三）》，《景印文渊阁四库全书》第1159册，第431页。

罚，无所不至，而民困极矣。①

2. 关于免役法

又尝论役法，谓“免役钱者，本以恤民，使出钱雇役而逸其力也。自罢募户长壮丁而取其钱，今隶总制之类，于是役者白著，而法不得不坏。保正长催科，是以保甲法乱役法而行之也。熙宁自有役法，五等簿是也。自有保甲法，鱼鳞簿是也。五等则通县计之，鱼鳞以比屋计之。保甲但以讥察盗贼，与免役初不相关。熙宁七年，始以保丁充甲头催税，而耆户长壮丁之属以次罢募，利其雇钱，而封桩之法起矣。元丰遂著为令，以甲头同大保长催科。元祐匆匆复旧，随即纷更。至绍圣二年，催科悉用大保长，役法转而为保甲。嘉祐以前，固无此法，至此又非王安石之旧，特章厚为之。今士大夫耻言安石之为人，指章厚为罪魁，而方世守其变乱之余，以为成宪。万古设法，一安石能改之，章厚能力行之，此斯民最大之害，乃若出于三代之旧而莫敢议。有议之者，则付之有司，不过检坐见行条法申严行下，此臣尤所未喻也。诚能不以保甲法乱役法，虽未足以尽宽民力，亦可谓至恩矣。”②

“盖自熙宁变古役法，不以主户敏愿之士上公给事，而浮食与政者类皆恶少，州县不胜其敝，里居者同患之，然自好非讪与齿也。”③陈傅良对免役法的抨击有三点值得注意：一是陈傅良不只是就免役法而论免役法，而是也关注免役法的流变过程；二是保甲法与免役法在王安石之后的合流，而这种合流正是免役法弊害滋生的重要原因；三是批评南宋初以来，士大夫“耻言安石之为人，指章厚为罪魁，而方世守其变乱之余，以为成宪”言行不一的士风。另外有关免役法在摧抑兼并上的作用，陈傅良有一段颇耐人寻味的描述：

自国初以行举诱致偏方之士，而聚之中都，向之为闽、蜀、唐、汉伪官者，往往慕化从顺，愿仕于本朝。由是家不尚谱牒，身不重乡贯，以此得人，而其流弊则在今日。又自熙丰变役法，而乡邑之豪无以自见，鬻度牒而隐逸之路塞，罢学究而椎鲁之徒无所入，若此类不可偏举，于是举世悉由于进士。合四渎之流为一川而归之海，其不放而被原野乎！今其势极矣，度其变不远，上之抑扬阖辟，恐非人事也。④

陈傅良把免役法实施的后果与中唐以来社会阶层、身份的变动联系起来考察宋代的社会变迁，应当说是独具只眼的。

3. 关于王安石以《周礼》变法

陈傅良以为王安石用《周礼》行新法的错谬之处有二：一是所用《周礼》非圣人所作，而是后世人作的传注。

谓《周礼》为非圣人之书者，则以说之者之过，尝试之者不得其传也。《周礼》说

① （宋）陈傅良著，周梦江点校：《陈傅良先生文集》卷 20《吏部员外郎初对札子三》第二，杭州：浙江大学出版社，1999 年，第 283 页。

② （宋）陈傅良著，周梦江点校：《陈傅良先生文集》附录二《宋故宝谟阁待制赠通议大夫陈公神道碑》，第 687 页。事又见（宋）陈傅良著，周梦江点校：《陈傅良先生文集》卷 21《转对论役法札子》，第 288—291 页，记载不同。

③ （宋）陈傅良著，周梦江点校：《陈傅良先生文集》卷 47《承务郎陈公墓志铭》，第 593 页。

④ （宋）陈傅良著，周梦江点校：《陈傅良先生文集》卷 35《答林宗简》，第 453 页。

甚众，独郑氏学至今行于世。郑经生，志以为之传焉耳。于其说不合，即出己见，附会穿凿其举而措之斯世。可不可复古，郑虑不及此也。故曰说之者过。自刘歆以其术售之新室，民不聊生。东都之舆服，西魏之官制，亦颇采《周礼》，然往往抵牾。至本朝熙宁间，荆公王安石又本之为青苗、助役、保甲之法，士大夫争以为言。安石谓俗儒不知古谊，竟下其法，争不胜，自是百年天下始多故矣。故曰尝试之者不得其传也。以是二者，至非《周礼》，此与因噎废食者何异。①

陈傅良的这个看法与前揭魏了翁的观点很相似。二是假借圣人之书，售富强之术："熙宁用事之臣，经术舛驳，顾以《周礼》一书理财居半之说，售富强之术，凡开基立国之道，斫丧殆尽，而天下日益多故。迄于夷狄乱华，中原化为左衽。"②

陈傅良的事功之学原本于儒家的民本思想，他认为儒家学说的基本精神就是"民为本""公天下"，要实践圣人的事业，就必须具备这种精神，致力于"天下之功""百姓之利"。因而重事功、求功利正是圣人民本思想的最好体现。从这种思想认识出发，陈傅良对王安石变法及新学的批判主要集中表现了他欲"结民心""宽民力""救民穷"的事功主张。因而他反对不分青红皂白全盘否定王安石变法的做法："余每读章氏论役法札子，言温公有爱君爱国之心，而不知变通之术。尝叹息于此。使元祐君子不以人废言，特未知后事如何耳？"③显然他认为司马光尽废王安石新法，是对北宋不利的，如果能变通王安石新法措施而保留合理部分，"特未知后事如何耳？"也就是说北宋的历史可以改写。就这一点而言，陈傅良比他的后学叶适，乃至陈亮的认识更具史识。

二、陈亮、叶适不赞成王安石变革祖宗之法

浙东学派中的金华吕祖谦在思想上与程朱理学最相近④，有关理学家对王安石变法的批判已如前揭，故在这里所言浙东学派，只涉及陈亮和叶适。

陈亮、叶适否定王安石变法的第一个问题是，王安石变乱了祖宗法度。但他们的看法又不尽相同。陈亮认为王安石虽处于变革的时代，但没有把握准宋立国的基本大势，没有认清宋的弊政所在，不仅没能改革当时的弊政，反而使弊政更趋严重，陈亮在《上孝宗皇帝第一书》中说：

王安石以正法度之说，首合圣意。而其实则欲籍天下之兵尽归于朝廷，别行教阅以为强也；括郡县之利尽入于朝廷，别行封桩以为富也。青苗之政，惟恐富民之不困也；均输之法，惟恐商贾之不折也。罪无大小，动辄兴狱，而士大夫缄口畏事矣；西北两边，至使内臣经画，而豪杰耻于为役矣。徒使神宗皇帝见兵财之数既多，锐然南征北伐，卒乖圣意，而天下之势实未尝振也。彼盖不知朝廷立国之势，正患文为之太密，事权之太分，郡县太轻于下而委琐不足恃，兵财太关于上而重迟不易

① （宋）陈傅良著，周梦江点校：《陈傅良先生文集》卷40《夏休井田谱序》，第507页。
② （宋）陈傅良著，周梦江点校：《陈傅良先生文集》卷40《进周礼说序》，第505页。
③ （宋）陈傅良著，周梦江点校：《陈傅良先生文集》卷42《跋苏黄门论章子厚疏》，第530页。
④ 《宋明理学史》第十一章专讲吕祖谦的理学思想及其后学，参见侯外庐、邱汉生、张岂之主编：《宋明理学史》，第340—367页。

> 举。祖宗惟用前四者以助其势，而安石竭之不遗余力。不知立国之本末者，真不足以谋国也。①

显然，陈亮认为王安石变法没能改革宋初以来集权的弊端："文为之太密，事权之太分，郡县太轻于下而委琐不足恃，兵财太关于上而重迟不易举。"而是在错误的道路上走得更远。

叶适关于王安石变乱祖宗法度的否定意见与陈亮有所不同，而与元祐旧党反对王安石变法的观点相近，即祖宗法度"以言其井地牧民、税赋均一，则不如周；群臣才智，赴功遵力，则不如汉；蓄积富厚，国用沛然，则不如隋！拓地沙漠，冠带夷蛮，则不如唐。然而天下之势，周密而无间，附固而无隙，不忽治而乍乱，几亡而仅存，可以传之后世，垂之无极，则远过于前代。夫学者之言治也，其远而在尧、舜，则常苦于迂阔而不信；其近而在汉、唐而可信也，则又以其不能久安长治而不足称。然则祖宗之天下，亦可谓盛治而无以加矣"②。由此叶适将祖宗法度视作宋立国的国本，他在论宋的国本时说："继世而有天下，其中才者固能守祖宗之意，其贤圣者则增益祖宗之意，其好谋而寡德者徒以变乱祖宗之意，而昏童不肖者则又不知祖宗之意。故其为兴、亡、治、乱，皆可考而无疑。"③既然叶适对祖宗法度有这样的认识，因而他对王安石变乱祖宗法度持否定意见也就不足为奇。叶适从三个方面批评王安石变乱祖宗法度：

其一，是关于财政方面。

> 夫当仁宗四十二年，号为本朝至平极盛之世，而财用始大乏，天下之论扰扰，皆以财为虑矣。……是以熙宁新政，重司农之任，更常平之法，排兼并，专敛散，兴利之臣四出候望，而市肆之会，关津之要，微至于小商、贱隶什百之获，皆有以征之。盖财无乏于嘉祐、治平，而言利无甚于熙宁、元丰，其借先王以为说而率上下以利，旷然大变其俗矣。崇、观以来，蔡京专国柄，托以为其策出于王安石……然后靖康之难作矣。④

其二，是关于兵制方面。

> 康定、庆历，谋国日误，恃兵为固之说大炽不禁，而后天下始有百万之兵；弱天下以奉兵，而其治无可为者矣。……故王安石为神宗讲所以销兵之术，知兵之不胜养，而犹不悟籍兵之不必多，教诸路保甲至四五十万，阴欲以代正兵。正兵不可代，而保甲化天下之民皆为兵，于是虚耗之形见而天下之势愈弱。元祐废罢保甲，史臣以为"太祖设阶级之法，什伍壮士以销奸雄之心，兵制最明，而百余年无祸乱，王安石不足以知此"。《实录》所载，盖当时议论之本原也。虽然，王安石则信不足以知此，而不为王安石者岂能知之哉！⑤

---

①（宋）陈亮著，邓广铭点校：《陈亮集》卷1《上孝宗皇帝第一书》，第6页。

②（宋）叶适著，刘公纯、王孝鱼、李哲夫点校：《叶适集·水心别集》卷1《治势中》，北京：中华书局，1961年，第640页。

③（宋）叶适著，刘公纯、王孝鱼、李哲夫点校：《叶适集·水心别集》卷2《国本上》，第645页。

④（宋）叶适著，刘公纯、王孝鱼、李哲夫点校：《叶适集·水心别集》卷11《财总论二》，第772—773页。

⑤（宋）叶适著，刘公纯、王孝鱼、李哲夫点校：《叶适集·水心别集》卷11《兵总论二》，第781—782页。

其三，是关于宋的对外关系方面。

> 渡江以前，百六十余年而无事者，与二虏约和之力也。两汉及唐，不待与虏和而亦能无事，此其所以加于我一等也。渡江以后，亦且百年而亦无事者，亦约和之力也；一日不和，则不胜其事矣。安危之数，何可预定，存亡之机，必为厉阶，安石所不能知也；而必以纷更乱其俗，以大有为要其君，以祖宗百年无事为天幸而不足恃，而不知其一旦有事而不可救者，职安石为之也。①

从叶适对王安石变法的否定来看，他较陈亮保守，尽管陈亮批评王安石变法没能体会宋太祖经略天下的本意，而使中央集权制度程式化走向极端，并不一定符合王安石变法的实际情况，但他毕竟指出了王安石变法期间封建国家权力较之前有了较大的强化这一事实，尽管陈亮不赞成王安石变法的方针和措施，但在要求变革的精神上与王安石“祖宗不足法”有相似之处，他说：“艺祖皇帝经画天下之大略，太宗皇帝已不能尽用……维持之具既穷，臣恐祖宗之积累亦不足恃也。”②

因而在政治改革思想上表现较为激进，陈亮在著名的《中兴论》中提出的改革主张就很能说明这一点。

> 今宜清中书之务以立大计，重六卿之权以总大纲；任贤使能以清官曹，尊老慈幼以厚风俗；减进士以列选能之科，革任子以崇荐举之实；多置台谏以肃朝纲，精择监司以清郡邑；简法重令以澄其源，崇礼立制以齐其习；立纲目以节浮费，示先务以斥虚文；严政条以核名实，惩吏奸以明赏罚；时简外郡之卒以充禁旅之数，调度总司之赢以佐军旅之储。择守令以滋户口，户口繁而财自阜；拣将佐以立军政，军政明而兵自强。置大帅以总边陲，委之专而边陲之利自兴；任文武以分边郡，付之久而边郡之守自固。右武事以振国家之势，来敢言以作天下之气；精间谍以得虏人之情，据形势以动中原之心。③

叶适则不然，尽管他也批评宋初集权走向极端的弊病，“天下之弱势，历数古人之为国，无甚于本朝者”④。但他从维护宋朝专制主义中央集权统治的利益出发，认为对祖宗法度的最好继承是“增益祖宗之意”，在法祖的前提下，他认为克复南宋最急的四事为“财以多为累而至于竭”“兵以多为累而至于弱”“法度以密为累而治道不举”“纪纲以专为患而至于国威不立”，其救治的方法则如下所云：

> 财以多为累，则莫若少之；故四总领为户部之害，经总制、折帛钱为诸州之害，板帐、月桩为诸县之害，则不可以不更也。兵以多为累，则莫若少之；故四屯驻大军耗总领之财计，厢禁、土兵耗诸州县之财计，则不可以不更也。法度以密为累，则莫若疏之；故兵、财、民政分任而不一者，不可以不更也。纪纲以专为累，则莫若分之；故四边无所付，外无郛郭则内无堂室，故处不可以守，出不可以取者，不可以不

---

①（宋）叶适：《习学记言序目》卷48《吕氏文鉴》，北京：中华书局，1977年，第723页。

②（宋）陈亮著，邓广铭点校：《陈亮集》卷1《上孝宗皇帝第一书》，第7页。

③（宋）陈亮著，邓广铭点校：《陈亮集》卷2《中兴论》，第23页。

④（宋）叶适著，刘公纯、王孝鱼、李哲夫点校：《叶适集·水心别集》卷14《纪纲三》，第814页。

更也。①

陈亮和叶适的改革方案，均涉及了政治、经济、财政、军事、法制、风俗等各个方面，但他们又都没有越过改良主义的界限，只不过是叶适的改良思想更浓厚一些而已。

先师漆侠先生说："吕祖谦当是理学转向事功之学的一个代表人物，处于理学向事功之学转化的中间环节。陈亮则是浙东事功学派中最为激进的一个……永嘉诸子如薛季宣、陈傅良和叶适，算是事功派中的温和派。"②在看待社会问题上，叶适与陈亮的差异也可如是说。

三、陈亮、叶适对王安石经济改革措施的批判

浙东学派讲实际、重事功，在义与利的关系问题上，陈亮、叶适继承了北宋中叶李觏、王安石的义利统一观，而反对把义与利相对立的传统观念。但对熙丰时期的经济改革措施，陈亮、叶适多给予批判。

陈亮、叶适对王安石的理财动机予以否定。陈亮在《书欧阳文粹后》中说：

> 公于是时，独以先王之法度未尽施于今，以为大阙。其策学者之辞，殷勤切至，问以古今繁简浅深之宜，与夫周礼之可行与不可行。而一时习见百年之治，若无所事乎此者，使公之志弗克遂伸，而荆国王文公得乘其间而执之。神宗皇帝方锐意于三代之治，荆公以霸者功利之说，饰以三代之文，正百官，定职业，修民兵，制国用，兴学校以养天下之才。是皆神宗皇帝圣虑之所及者，尝试行之，寻察其有管晏之所不道，改作之意盖见于末命，而天下已纷然趋于功利而不可禁。③

陈亮认为王安石理财的思想杂有伯者功利之说，用吕祖谦为陈亮所改动的话语来说，即是"荆国王文公得乘其间而执之，以伯者功利之说饰以三代之文，正百官，定职业，修兵民，制国用，兴学校，百度交举，而其实有管晏之所不道"④。

叶适则从区分理财与聚敛相异，来否定王安石的理财，他说："理财与聚敛异，今之言理财者，聚敛而已矣。……故君子避理财之名，而小人执理财之权。"⑤"王政之坏，始于管仲，而成于商鞅、李斯。若桑弘羊，又管、商所不屑。至唐之衰，取民无所不尽，又弘羊所不屑为。"⑥而王安石理财比管仲、桑弘羊更甚，"自王安石始正言财利……前有薛向，后有吴居厚，可谓刻薄矣……盖王安石之法，桑弘羊、刘晏之所不道"⑦，"王安石大挈利柄，封桩之钱，所在充满"⑧。

陈亮、叶适主张义利统一，讲求事功和重视理财，但他们不赞成管仲、商鞅、桑弘羊、

---

①（宋）叶适著，刘公纯、王孝鱼、李哲夫点校：《叶适集·水心别集》卷10《实谋》，第768页。
② 漆侠：《宋学的发展和演变》，《文史哲》1995年第1期。
③（宋）陈亮著，邓广铭点校：《陈亮集》卷23《书欧阳文粹后》，第246页。
④（宋）陈亮著，邓广铭点校：《陈亮集》卷23附《答陈同甫书》，第248页。
⑤（宋）叶适著，刘公纯、王孝鱼、李哲夫点校：《叶适集·水心别集》卷2《财计上》，第657—658页。
⑥（清）黄宗羲原著，（清）全祖望补修，陈金生、梁运华点校：《宋元学案》卷55《水心学案下》，第1803页。
⑦（宋）叶适著，刘公纯、王孝鱼、李哲夫点校：《叶适集·水心别集》卷11《经总制钱一》，第775页。
⑧（宋）叶适著，刘公纯、王孝鱼、李哲夫点校：《叶适集·水心文集》卷1《上宁宗皇帝札子（开禧二年）》三，第8页。

刘晏、王安石等人采用封建国家经营生产和贸易方式以增加其经济收入的理财方法，他们把这种方法视作聚敛，因而加以反对，其中他们尤其反对王安石新法中的青苗法、均输法、市易法。陈亮说："青苗之政，惟恐富民之不困也；均输之法，惟恐商贾之不折也。"①叶适则说："当熙宁之大臣，慕周公之理财，为市易之司以夺商贾之赢，分天下以债而取其什二之息……今天下之民，不齐久矣。开阖、敛散、轻重之权不一出于上，而富人大贾分而有之，不知其几千百年也，而遽夺之，可乎？夺之可也，嫉其自利而欲为国利，可乎？"②

青苗法是抑制高利贷活动的，其矛头直指宋代城乡的高利贷者，均输法、市易法则是将开阖、敛散之权，从富商大贾手中夺归封建国家，它们都是王安石变法过程中体现其摧抑兼并的重要举措。陈亮、叶适否定这些措施，表明他们为富商大贾和放债取息的高利贷者作辩护，是新兴富商大贾阶层利益的代言人，这更是浙东学派重商思想的反映。

陈亮、叶适生活的浙东地区自北宋以来，就是宋代最早发达的经济区域之一，商业资本和手工业尤为发达，这种社会现实反映到思想领域，而出现重商观念当不是历史的偶然。陈亮在《四弊》一文中就表现了对商人的重视：

> 古者官民一家也，农商一事也。上下相恤，有无相通，民病则求之官，国病则资诸民。商借农而立，农赖商而行，求以相补，而非求以相病……通其有无，官民农商，各安其所而乐其生，夫是以为至治之极……后世官与民不复相知，农与商不复相资以为用，求以自利，而不恤其相病。故官常以民为难治，民常以官为厉己；农商眄眄相视，以虞其龙断而已。利之所在，何往而不可为哉。③

叶适更是旗帜鲜明地反对传统的抑末思想，"夫四民交致其用而后治化兴，抑末厚本，非正论也"④，"县官不幸而失养民之权，转归于富人，其积非一世也。小民之无田者，假田于富人，得田而无以为耕，借资于富人；岁时有急，求于富人；其甚者，庸作奴婢，归于富人；游手末作，俳优伎艺，传食于富人；而又上当官输，杂出无数，吏常有非时之责无以应上命，常取具于富人。然则富人者，州县之本，上下之所赖也。富人为天子养小民，又供上用，虽厚取赢以自封殖，计其勤劳亦略相当矣"⑤。叶适正是从这种观点出发，斥责那些"欲抑兼并破富人以扶贫弱者"，不过是一批"俗吏"而已。这是叶适对王安石的青苗法、市易法的批评，而且这个批评还把王安石归之为俗吏一流，这不能不是他代表的阶级利益之使然。⑥

四、浙东学派与熙丰时期反变法派思想比较

虽然，浙东学派在讲求实际，注意事功的学风上，与王安石荆公新学有许多相似之处，但就社会改革方面而言，则与熙丰时期的反变法派的一些思想主张相暗合。

---

①（宋）陈亮著，邓广铭点校：《陈亮集》卷1《上孝宗皇帝第一书》，第6页。

②（宋）叶适著，刘公纯、王孝鱼、李哲夫点校：《叶适集·水心别集》卷2《财计上》，第658—659页。

③（宋）陈亮著，邓广铭点校：《陈亮集》卷12《四弊》，第140页。

④（宋）叶适：《习学记言序目》卷19《史记一·书》，第273页。

⑤（宋）叶适著，刘公纯、王孝鱼、李哲夫点校：《叶适集·水心别集》卷2《民事下》，第657页。

⑥ 参见漆侠：《宋代经济史》下册，上海：上海人民出版社，1988年，第1180—1181页。

其一，从阶级立场来看，陈亮、叶适与司马光、苏辙等人站在富人立场为其辩护，何其相似乃尔。当年范镇《论青苗之害疏》和司马光《乞罢条例司常平使疏》①，正是从豪强兼并和高利贷者的利益出发，为富民喊冤叫屈而反对青苗法的，苏辙在其晚年所作的《诗病五事》中更是对二十多年前的青苗法耿耿于怀：

王介甫，小丈夫也。不忍贫民而深疾富民，志欲破富民以惠贫民，不知其不可也。方其未得志也，为《兼并》之诗……及其得志，专以此为事，设青苗法，以夺富民之利。民无贫富，两税之外，皆重出息十二，吏缘为奸，至倍息，公私皆病矣。②

以司马光、苏辙的言论与上引陈亮、叶适的言论相对照，显然是一脉相承的。

其二，在理财方法上，陈亮、叶适与司马光、苏轼等人也是如出一脉，司马光说："善治财者，养其所自来，而收其所有余。故用之不竭，而上下交足也。不善治财者反此。夫农工商贾者，财之所自来也。农尽力，则田善收而谷有余矣。工尽巧，则器斯坚而用有余矣。商贾流通，则有无交而货有余矣。彼有余而我取之，虽多不病矣。"③苏轼则认为，"广取以给用，不如节用以廉取之为易"，所以他主张"省费用"是解决财政困难的重要途径。一方面，他要求帝王节用，并主张汰除冗官和冗兵，特别是汰除冗兵，他认为这是减省开支的最好办法。另一方面，他要求减轻各种征敛，国家所控制的各项专利制度应该废掉。④

再看浙东学派代表人物陈亮、叶适在财政改革上，也是强调裁减冗杂之费，控制支出增长，实施宽民之政。陈亮说："养兵之外，百官有司之奉，郊祀宾客之费，不能以十之一，财于何而可节？"⑤他也强调省费用应从皇帝节欲始，皇帝不能"自纵其欲"，也必须有一定的节制，使"民无冻馁"⑥，然后才可节制天下，节制人们的欲望："故天下不得自徇其欲也，一切惟君长之为听。君长非能自制其柄也，因其欲恶而为之节而已。"⑦叶适说："使国用司详议审度，何名之赋害民最甚，何等横费裁节宜先；减所入之额，定所出之费，不须对补，便可蠲除；小民蒙自活之利，疲俗有宽息之实。"⑧

对照浙东学派与司马光、苏轼、苏辙等人的理财思想，他们之所以一脉相承，主要原因在于他们在恪守儒家传统的财政思想上是一致的，也就是说无论是司马光等反变法派还是浙东学派的理财思想，都体现了孔子以来理财思想的基本原则，即提倡节用、反对聚敛；强调培养税源的租税观点，不同意竭泽而渔的征课方式⑨；反对管、商以来的干涉经济理论。这是他们虽处于不同时代，而在否定王安石经济改革方面却惊人地相似的思想渊源。

---

① 傅增湘：《宋代蜀文辑存》卷8《论青苗之害疏》，台北：新文丰出版社，1974年，第138—139页；（宋）司马光著，王根林点校：《司马光奏议》卷26《乞罢条例司常平使疏》，太原：山西人民出版社，1986年，第292—296页。

②（宋）苏辙著，陈宏天、高秀芳点校：《苏辙集·栾城三集》卷8《诗病五事》，北京：中华书局，1990年，第1230页。

③（宋）司马光著，王根林点校：《司马光奏议》卷8《论财利疏》，第86—87页。

④（宋）苏轼撰，（宋）郎晔注：《经进东坡文集事略》卷18《进策别下》，上海：商务印书馆，1926年，第1—10页。

⑤（宋）陈亮著，邓广铭点校：《陈亮集》卷13《问理财》，第155页。

⑥（宋）陈亮著，邓广铭点校：《陈亮集》卷9《勉强行道大有功》，第101—102页。

⑦（宋）陈亮著，邓广铭点校：《陈亮集》卷4《问答下》，第42页。

⑧（宋）叶适著，刘公纯、王孝鱼、李哲夫点校：《叶适集·水心文集》卷1《上宁宗皇帝札子（开禧二年）》三，第8页。

⑨ 胡寄窗：《中国经济思想史简编》，北京：中国社会科学出版社，1981年，第47—48页。

其三，叶适不仅在阶级立场上、经济思想的渊源上与熙丰时期的反变法派观点相似，而且在看待北宋以来的社会历史问题乃至哲学思想上也与司马光等人很相近。

叶适在《司马温公祠堂记》中十分推崇司马光，认为司马光反王安石变法的所作所为为后来的历史所验证是正确的。他说：

> 余读《实录》，至靖康元年二月壬寅诏赠公太师，未尝不感愤泪落也。盖是非邪正，久郁不伸，至使夷狄驾祸以明之而后止。然则公独夫之力岂能动天，而天人之际何其可畏若是哉！余是以因侯之作，并论次，以明圣贤之德业不在彼而在此也。①

李焘是南宋著名的历史学家，他所编撰的《续资治通鉴长编》受到历代史家的肯定。但李焘的政治思想与司马光相近，编撰熙丰时期的变法活动基本上是以元祐本《神宗实录》和绍兴本《神宗实录》是元祐非熙丰的观点为基调，“惟是直书安石之罪”。叶适在读了《续资治通鉴长编》后，给予高度评价：“李氏《续通鉴》，《春秋》之后，财有此书。”对其所述历史表示赞同：“旁互参审，毫发不使遁逸，邪正心迹，随卷较然。”②这里所谓的“邪正心迹”，自然是包括熙丰时期变法与反变法的斗争史实，由此亦可看出叶适对熙丰以后历史问题的基本看法之一斑。

叶适否定王安石变法从其哲学思想上与司马光亦有相同之处，即他们都十分奉行儒家的“中庸”“中和”之说，强调矛盾调和的一面。

关于司马光对中庸之道的解释，先师漆侠先生有很精彩的议论，他说司马光在经学上是足以成家的，他对宋学的发展起了重要作用，就是他对《中庸》的论述和阐释。这些论述和阐释，构成司马光哲学的独具色彩，宋人论述《中庸》的论文、著作不下百余种，司马光是其中较早的一位，他著有《中庸广义》《中和说》《易说》《法言注》等，司马光对中庸学说的发展，是他首先抓住了“诚”，认为要正心，必须要“诚”。“正心，诚意，这是中庸之道论述个人修养的两个基本环节，而这两个基本环节也是首先由司马光抓住，并被理学家所继承。”③

叶适的中和观与司马光的中庸思想极为相似，并且大大发挥了从“诚”字入手来治心的基本思想。他说：“‘致中和，天地位焉，万物育焉’，何谓也？曰：‘此明其所以为诚也。’未发之前非无物也，而得其所谓中焉，是其本也枝叶悉备；既发之后非有物也，而得其所谓和焉，是其道也幽显感格；未发而不中，既发而不和，则天地万物，吾见其错陈而已矣。……中和足以养诚，诚足以为中庸，中庸足以济物之两而明道之一，此孔子之所谓至也。”④

很显然，叶适所持阶级立场、社会历史观，乃至哲学思想都与熙丰时期的反变法派有相似之处，由此再看他对王安石变法的否定性批判，也就不难以理解了。

---

①（宋）叶适著，刘公纯、王孝鱼、李哲夫点校：《叶适集·水心文集》卷9《司马温公祠堂记》，第146页。
②（宋）叶适著，刘公纯、王孝鱼、李哲夫点校：《叶适集·水心文集》卷12《巽岩集序》，第210页。
③ 漆侠：《中庸之道与司马光哲学》，张政烺先生九十华诞纪念文集编委会编：《揖芬集——张政烺先生九十华诞纪念文集》，北京：社会科学文献出版社，2002年，第688页。
④（宋）叶适著，刘公纯、王孝鱼、李哲夫点校：《叶适集·水心别集》卷7《中庸》，第733页。

第四章
南宋时期主要官私史书对王安石变法的否定

王安石变法的史实主要是通过宋人的历史著述流传后世。宋朝史学家对王安石变法的看法和选材，直接影响了后人对王安石变法的评价和研究。因而梳理宋人历史著述中有关评议王安石变法的观点即是研究王安石变法研究史的基础。下面依照编写体裁分述如下。

一、绍兴本《神宗实录》的重修

按照宋代修史制度规定，每代皇帝“祔庙之后，即诏国史院修纂实录”[①]。实录以日历为根底，日历主要取材于记述皇帝生活的起居及君臣商讨军国大事的时政记；修撰实录同时参考行状、碑铭、玉牒、官署档案；以及臣民私家记录。在实录基础上改作为纪传体国史。所以实录是宋代编史的主要依据。所谓“实录之作，史之基也。史之所录，非借此无所措其笔削矣”[②]，即指此。

王安石变法贯穿于神宗一朝，因而《神宗实录》材料的取舍和观点之臧否，对后世评议王安石变法有极大的影响。《神宗实录》是宋朝历代皇帝实录编修反复最多的一部，其反复的主要原因即是围绕如何看待王安石变法。据研究，《神宗实录》反复重修过五次[③]，但比较有定论和成书的是三次，即元祐元年（1086）二月诏修，元祐六年（1091）三月成书，凡二百卷。主修元祐本《神宗实录》的提举官，先后有蔡确、司马光、吕公著、吕大防，而先后参加修撰的有邓润甫、陆佃、林希、曾肇、范祖禹、苏颂、赵彦若，以及黄庭坚、司马康、秦观、晁补之等人。这些史官除蔡确、陆佃少数人外，或是元祐更化的主力大臣，或是新法的反对者，因而编修《神宗实录》的主旨，就贯穿了元祐大臣们否定王安石变法的更化思想，而且为了便于选编自身所需的资料，当时朝廷曾严厉控制修史机构。据《续资治通鉴长编》记载：“三省言：‘旧置编修院，专掌国史、实录，修纂日历。元丰四年，废罢本院入史馆。奉行官制，隶属秘书省国史案。缘史事最为机密，付之秘书省未便。’诏移国史案就见今置局处，专掌国史、实录，编修日历，以国史院为名，隶门下省，更不隶秘书省。见权著作官，除改抹乐词等及供检非机密故事、迎候车驾，并轮宿依旧外，只于

① （清）徐松：《宋会要辑稿》职官 18 之 70，第 2789 页。
② （宋）高似孙：《史略》卷 3《实录·五代实录》，上海：商务印书馆，1939 年，第 62 页。
③ 蔡崇榜：《宋代修史制度研究》，台北：文津出版社，1993 年，第 82—98 页。

本院供职。”①

元祐八年（1093）高太后去世，哲宗亲政，次年改元绍圣，欲承神宗之遗志，恢复熙丰新法。变法派重新上台，反变法的修史官吕大防、范祖禹、赵彦若、黄庭坚等人大都被罢或贬官。变法派认为元祐本神宗“实录所纪，类多疑似不根，乞验索审订，重行刊定，使后世考观，无所迷惑”②。于是哲宗命新党章惇、蔡卞、曾布以及林希等人重新修撰《神宗实录》，至绍圣三年（1096）十一月完成，仍为200卷，此为绍圣本《神宗实录》。它贯穿了褒扬王安石变法的思想倾向，当是不言自明的。宋徽宗时期徐勣曾就元祐本和绍圣本的政治倾向说道：

> 盖由元祐、绍圣史臣好恶不同，范祖禹等专主司马光家藏记事，蔡京兄弟纯用《王安石日录》，各为之说，故论议纷然。③

宋高宗时范冲亦曾指出：“先臣修《神宗实录》，首尾在院，用功颇多。大意止是尽书王安石过失，以明非神宗之意。其后安石婿蔡卞怨先臣书其妻父事，遂言哲宗皇帝绍述神宗，其实乃蔡卞绍述王安石。”④因而绍圣后有两个本子即朱墨本传于世，陈振孙说：“绍圣中，中书舍人莆田蔡卞元度、长乐林希子中等重修。其朱书系新修，黄字系删去，墨字系旧文，其增改删易处则又有签贴。”⑤

第三次重修是在宋高宗绍兴年间，宋廷南渡后，宋高宗及理学家们为宋徽宗、钦宗父子开脱亡国罪责，而归于蔡京等人绍述神宗朝王安石变法。在熙丰党争的重大问题上，宋高宗明确地表现了尊奉元祐的政治态度，而重修《神宗实录》正是在为高太后正名的借口之下开始的。⑥建炎四年（1130）十二月，哲宗孟皇后诞日“置酒宫中，从容语及前朝事。后曰：‘……吾逮事宣仁圣烈皇后，求之古今，母后之贤，未见其比。因奸臣快其私愤，肆加诬谤，有玷盛德。建炎初虽尝下诏辨明，而史录所载，未经删定，岂足传信后世？吾意在天之灵，不无望于官家也。’上（高宗）闻之惕然”。李心传在此记述下说：“其后更修神宗、哲宗两朝实录，盖张本于此。”⑦绍兴四年（1134）五月，宋高宗对宰臣朱胜非等人说：“神宗、哲宗两朝史录，事多失实，非所以传信后世，当重别刊定。著《唐鉴》范祖禹有子名冲者，已有召命，可促来，令兼史事。”朱胜非亦说：“《神宗史》缘添入《王安石日录》，《哲宗史》经蔡京、蔡卞之手，议论多不公。今蒙圣谕，命官删修，足以昭彰二帝盛美，天下幸甚。”⑧于是过了两天，左朝奉大夫范冲守宗正少卿兼直史馆，便正式开始了重撰工作。虽然范冲等人在处理《神宗实录》朱墨本所记史实上，采取了较为谨慎的态度，但是编撰

---

①（宋）李焘撰，上海师范大学古籍整理研究所、华东师范大学古籍整理研究所点校：《续资治通鉴长编》卷449，元祐五年十月癸卯条，北京：中华书局，2004年，第10791—10792页。

②《宋史》卷472《蔡卞传》，第13728页。

③《宋史》卷348《徐勣传》，第11025页。

④（宋）李心传编撰，胡坤点校：《建炎以来系年要录》卷79，绍兴四年八月戊寅条，第1487页。

⑤（宋）陈振孙撰，徐小蛮、顾美华点校：《直斋书录解题》卷4《〈神宗实录〉朱墨本二百卷》，上海：上海古籍出版社，1987年，第129—130页。

⑥ 参见许沛藻：《宋高宗与神哲实录》，《庆祝邓广铭教授九十华诞论文集》，石家庄：河北教育出版社，1997年，第625—632页。

⑦（宋）李心传编撰，胡坤点校：《建炎以来系年要录》卷40，建炎四年十二月己卯条，第881页。

⑧（宋）李心传编撰，胡坤点校：《建炎以来系年要录》卷76，绍兴四年五月癸丑条，第1440页；事又见（宋）佚名撰，孔学辑校：《皇宋中兴两朝圣政辑校》卷15，绍兴四年五月癸丑条，第466页，略有不同。

的主导思想则以否定王安石变法为基调。

绍兴四年八月戊寅朔，宗正少卿兼直史馆范冲入见。立未定，宋高宗说："以史事召卿。两朝大典，皆为奸臣所坏，若此时更不修定，异时何以得本末。"范冲"因论熙宁创制、元祐复古，绍圣以降，张弛不一，本末先后各有所因，不可不深究而详论"，并且说："王安石自任己见，非毁前人，尽变祖宗法度，上误神宗皇帝。天下之乱，实兆于安石，此皆非神祖之意。"宋高宗曰："极是，朕最爱元祐。""惟是直书安石之罪，则神宗成功盛德，焕然明白。"①

又过一年零八个月，"《重修神宗实录》，通成二百卷"②。监修官赵鼎在《重修神宗皇帝实录缴进表》中记其事曰：

> ……恭以神宗皇帝躬刚健笃实之美，禀聪明睿知之资，志大有为，功收不宰，布诸典册，灿若日星。逮绍圣之改元，彼《日录》之来上，假名继述，公肆诋欺，尽虚美熙宁变更之臣，反归坐元祐谤讪之罪，用以胁持于上下。岂惟攘窃具猷为人不敢言史成此祸，忠臣义士抱憾积年，仰惟陛下肇开中兴，克绍先烈，虽干戈未定，居尝愤记史之诬。而岁月寖深，大惧失贻谋之实载，颁明诏复俾儒臣。念兹皇祖之弥文，有待翼子之所燕，臣谬膺揆路兼领史权，猥资僚属之能，获与纂修之首，朱书新录，墨本旧文，凡去取之不同，皆存留于考异，详原私意，灼见奸言……③

由此可以得知，《神宗实录》的修撰，虽然几经反复，但最终以否定王安石变法的基调而告完成。朱熹就说："然亦颇有偏处：才是元祐事便都是，熙丰时事便都不是。"④

宋廷的这一定谳对后世产生了深远的影响，其后李焘、洪迈等修神宗、哲宗、徽宗、钦宗四朝国史，李焘撰《续资治通鉴长编》中的神宗朝史事，大都以范冲《神宗实录》为基准。而元朝史臣所修《宋史》又以宋的国史为基准，因而一部《宋史》充满了对王安石变法的诋毁和贬斥（详论见后）。《神宗实录》无论是朱墨本还是绍兴本，至今都已全佚，但在李焘的《续资治通鉴长编》中有较多保留，下面在讲述李焘笔下的王安石变法时再举例说明。

二、《宋朝诸臣奏议》的编撰与反变法派观点的裒辑

赵汝愚编纂的《宋朝诸臣奏议》（原名《皇朝名臣奏议》，又名《国朝诸臣奏议》）150卷是迄今所见最大的一部北宋奏议选集。全书共收241位大臣的1630篇奏议。有关该书的编纂过程、史料价值及流传，邓广铭先生和陈智超先生在为此书校点本所做的弁言和序言中有很详尽的论述，对使用这部书有莫大的裨益。赵汝愚编纂该书对王安石变法的态度及奏议的选取可从以下两个方面进行讨论。

---

①（宋）李心传编撰，胡坤点校：《建炎以来系年要录》卷79，绍兴四年八月戊寅条，第1487页。事又见（宋）佚名撰，孔学辑校：《皇宋中兴两朝圣政》卷15，绍兴四年八月戊寅条，第473—474页，略有不同。

②（宋）佚名撰，孔学辑校：《皇宋中兴两朝圣政》卷19，绍兴六年正月癸未条，第601页。

③（宋）赵鼎：《忠正德文集》卷4《重修神宗皇帝实录缴进表》，《文渊阁四库全书》第1128册，第687页。绍兴五年九月，赵鼎上《重修神宗实录》。见《宋史》卷28《高宗本纪五》，第522页。

④（宋）黎靖德：《朱子语类》卷127《高宗朝》，（宋）朱熹：《朱子全书》第18册，第3984页。

（一）《宋朝诸臣奏议》的基本政治倾向

赵汝愚编纂《宋朝诸臣奏议》所表现出的基本思想倾向，可以概括为四点。其一，赵汝愚在《乞进皇朝名臣奏议札子》中说："去其复重与不合者。"[①]何谓"去其复重"？当然是为了删繁就简，极易理解。但何谓"不合者"呢，这恐怕是指不合于编辑这部名臣奏议宗旨的一些奏议而言。那么，此书的编辑宗旨又是什么呢？这在赵汝愚的《进皇朝名臣奏议序》中已有所说明：

> 恭惟我宋艺祖开基，累圣嗣业……凡以开广聪明，容受谠直，海涵天覆，日新月益（异），得人之盛，高掩前古。逮至王安石为相，务行新法，违众自用，而患人之莫己从也，于是指老成为流俗，谓公论为浮言，屏弃忠良，一时殆尽。自是而后，谄谀之风盛而朋党之祸起矣。臣伏睹建隆以来诸臣章奏，考寻岁月，盖最盛于庆历、元祐之际，而莫弊于熙宁、绍圣之时。[②]

由此不难看出，赵汝愚所谓合与不合，其主要依据由是否为熙丰新法的参与者来决定，也就是说以否定王安石变法作为厘定全书选编奏议的标准。关于这一点，刊行这部奏议集的福建路提点刑狱史季温在跋语中说得更直截了当："夫以先朝名公巨卿，章疏联（连）篇累牍，未易管窥，然要其大纲，则畏天命也，法祖宗也，恤人言也。而或者乃以三不足之说反之，遂使小人祖述其说以祸天下，始作俑者未尝不痛恨于荆舒也。明鉴之垂，前车之戒，凡有志于国家者，其可舍是而他求哉？"[③]

其二，正是从是元祐而非熙宁的是非标准选录奏议，因而有关熙宁新法主持者、倡导者、参与者的奏议，如章惇、吕惠卿、曾布、薛向、王韶等一概被排斥在选录范围之外，王安石的奏议虽然也选录了六篇，但是其中四篇《上神宗乞追还陈习误罚诏示信令》（卷二十二《君道门·诏令上》）、《上神宗论孙觉令吏人书写章疏》（卷五十二《百官门·台谏二》）、《上仁宗论舍人不得申请除改文字》（卷五十六《百官门·给舍上》）、《上神宗议僖祖祧迁》（卷八十七《礼乐门·宗庙上》）都是就某一临时性的具体事件而发，不涉及治国大政方针。而剩下两篇，即《上神宗论本朝百年无事》（卷一百九《财赋门·新法一》）、《上神宗乞戒耳目之欲而自强以赴功》（卷一百九《财赋门·新法一》）也是为反对新法的奏议提供历史背景。在这两道奏议之下，赵汝愚用小字分别附注云："熙宁元年四月上，时新除翰林学士。先是，诏安石越次入对。……上曰：'卿今所言已多，朕恐有遗忘，试录今日所对以进。'安石唯而退，讫不复奏。后纷争政事，皆本此书，故具录焉。""熙宁二年五月，王安石为参知政事，欲行新法，故为此奏，以坚上意。"[④]紧跟在这两道奏疏之后的便是吕诲的奏疏《上神宗论王安石奸诈十事》，可见选录王安石的奏疏只是为后面反变法派指斥、驳正新法的奏疏作铺垫。

---

①（宋）赵汝愚：《乞进皇朝名臣奏议札子》，（宋）赵汝愚编，北京大学中国中古史研究中心校点整理：《宋朝诸臣奏议》附录，上海：上海古籍出版社，1999年，第1724页。

②（宋）赵汝愚：《进皇朝名臣奏议序》，（宋）赵汝愚编，北京大学中国中古史研究中心校点整理：《宋朝诸臣奏议》附录，第1725页。

③（宋）史季温：《跋》，（宋）赵汝愚编，北京大学中国中古史研究中心校点整理：《宋朝诸臣奏议》附录，第1726页。

④（宋）王安石：《上神宗论本朝百年无事》（宋）赵汝愚编，北京大学中国中古史研究中心校点整理：《宋朝诸臣奏议》卷109，第1179页；（宋）王安石：《上神宗乞戒耳目之欲而自强以赴功》，（宋）赵汝愚编，北京大学中国中古史研究中心校点整理：《宋朝诸臣奏议》卷109，第1180页。

其三，集中荟萃了熙丰至元祐时期反对新法者的奏议。赵汝愚“以司马光、富弼、韩琦、范仲淹自期”[①]，因而与前述选录王安石集团奏议形成鲜明对照的是，仅司马光一人的奏议就达146篇，约占1630篇总数的9%，其他人如富弼44篇、韩琦32篇、王岩叟45篇、吕诲45篇、范祖禹42篇、刘挚34篇、吕公著36篇、苏辙26篇、苏轼23篇。

其四，不仅熙宁新法倡导者、参与者的奏议不合选录标准，而且对在元祐时期反对全盘否定新法的奏议，也视作“不合标准”而一概不予以选录，如苏轼、范纯仁等的奏议，尽管这些人在熙宁时期是坚定的反新法者。

（二）反变法派观点的大裒辑

自南宋初否定王安石变法成为定谳以降，虽然有李焘《续资治通鉴长编》比较系统引用了反变法派的奏疏，但是《续资治通鉴长编》仍远不如《宋朝诸臣奏议》选录得多，这是因为：①《宋朝诸臣奏议》在《财赋门・新法》类中共引用98篇奏议，其中至少有30余篇未被《续资治通鉴长编》引用。②限于编写体例，《续资治通鉴长编》引用奏议时须符合编年体要求，不能尽数引用全篇，而更多的引用属于摘要性质。③系时系事的划分，不便于集中概览对某一新法的批判，而《宋朝诸臣奏议》分门别类，一目了然，因而《宋朝诸臣奏议》更多更集中体现了司马光等人反对新法的观点，同时它也代表了生活于南宋中后期的选编者赵汝愚褒扬元祐而非熙宁的看法，并以此作为警示当时和后世统治者治道的借鉴。那么，南宋人是如何认定王安石新法误国的呢？下面就根据赵汝愚的分类梳理如下：

1. 对王安石及其同道的针砭

熙宁时期上书论王安石的奏议，《宋朝诸臣奏议》共收6篇，吕诲的两道奏议《上神宗论王安石奸诈十事》第一状、第二状，被置于反王安石变法诸奏议之首，可见赵汝愚编排的良苦用心。

吕诲攻王安石“大奸似忠，大诈似信”“外示朴野，中藏巧诈，骄蹇慢上，阴贼害物，斯众所共知者”。所论十事是：倨傲不恭，慢上无礼；见利忘义，好名欲进；要君取名；用情罔公；挟私报怨；怙势招权；专威害政；任性凌轹同列；朋奸之迹甚明；商榷财利，其实动摇于天下。[②]并认为王安石更张祖宗法度是为了满足自己的权势欲望，“王安石者，本以文章进，岂意遽为辅弼？惟逢迎陛下之意，张皇一时之事。祖宗法度首议变更，天下利源皆欲摇动，斥逐近侍，盗弄威权，倾危老臣，欲速相位”[③]。在吕诲的笔下，王安石可以说是一个十恶不赦的伪君子。

李常论王安石则认为宋神宗推行新法危害天下，都是受王安石蒙蔽所致。

> 夫政莫酷于剥民以无度，祸莫大于知过而不改。……安石不知虑此，陛下又从而不悟。何也？臣亦略闻其所以遂非而不改者有三焉。不堪怨仇与士大夫之所讥议而不改，一也。狭中自信，悦谄谀，恶诚直，遂不以为非而不改，二也。凭依小人，日满

---

① 《宋史》卷392《赵汝愚传》，第11989页。

② （宋）吕诲：《上神宗论王安石奸诈十事》，（宋）赵汝愚编，北京大学中国中古史研究中心校点整理：《宋朝诸臣奏议》卷109，第1180—1181页。

③ （宋）吕诲：《上神宗论王安石奸诈十事（第二状）》，（宋）赵汝愚编，北京大学中国中古史研究中心校点整理：《宋朝诸臣奏议》卷109，第1183页。

其门，进退荣悴，系于事之兴废，竞为谄辞以悦之，忿言以怒之，使其持之益坚，期于必胜，不问义理之所在，因以不改，三也。此三者，皆安石自为也。①

范纯仁说：“王安石以文学自负，以议论得君，专任己能，不晓时事，而又性颇率易，轻信难回，举意发言，自谓中理。”②在李常、范纯仁笔下，王安石是一个刚愎自用、性格执拗的人。

杨绘论王安石则云：“今居宰相之任者，独王安石。臣谓其人之文章，之德行，之政事，信为宰相。唯于知人之道，或恐不能无失焉。以臣之愚而观之，其失在于以一己之爱憎而定人之贤否而已。”然后他举吕公著、陈升之、韩绛、薛向均被王安石先荐后排，“其始徇我，则爱之荐之以为贤；其终违我，则憎之排之以为不贤”③。在杨绘的笔下，王安石是一个唯我独尊，固执己见，听不得半点不同意见的人。

王岩叟论王安石则曰：“臣谨按王安石，性非忠良，心不造道，徒能著空文而欺世，谈高致以要君，可谓借凤羽翰以文枭音者矣。”他不仅指责王安石，而且笔锋一转，直攻王安石集团均为小人：“司农曰（曾）布，强悍而险刻；中丞曰（邓）绾，善柔而阴谗；曰（薛）向，剥下附上；曰（沈）起，很深；曰（韩）绛，苛佞；曰绎、曰琥，险回忮忌；曰（李）定、曰（常）秩，藏奸包慝；曰（唐）坰、曰（蔡）确，狂诞轻狡；曰（章）惇、曰（许）将，阿谀辩巧；曰宦官（程）昉，暴横凶忍，荼毒一方，威焰所向，人莫敢指；曰唯（吕）惠卿，奸邪之才，又冠其党。”④在王岩叟的笔下，王安石是一个结党营私之徒，而他领导的政治集团也尽是奸佞小人。这些“奸佞小人”又以吕惠卿为首。李常说：“况安石忽事而轻信，徒有忿克之心，因其性蔽而阴导之者，吕惠卿也。今安石喜怒好恶，事之用舍，唯惠卿之听，则是生民之忧乐，国家之安危，亦不独系于安石之一言，又系于惠卿矣。”⑤陈襄亦在《上神宗论青苗》中说：“然则天下之人皆知误陛下者王安石也，误安石者吕惠卿也。以陛下聪明，观天下之论议，其法利害固已灼然可知。奈何安石持强辩以荧惑于前，惠卿画诡谋以阴助于后，加以反覆比周之小人随时观望，平日公论则举知其法之非，一揉于利则又言其法之是？”⑥以上弹击大致就是后世说王安石用小人，又为小人所误的本源。

司马光论王安石，虽然从自责昧于识人说起，但都借他人之评论，为王安石盖棺论定：

臣之不才，最出群臣之下，先见不如吕诲，公直不如范纯仁、程颢，敢言不如苏轼、孔文仲，勇决不如范镇。诲于安石始知政事之时，已言安石为奸邪，谓其必败乱天下。臣以谓安石止于不晓事与很愎尔，不至如诲所言。今观安石引援亲党，盘据津要，挤排异己，占固权宠，常自以己意阴赞陛下内出手诏，以决外廷之事，使天下之

---

①（宋）李常：《上神宗论王安石》，（宋）赵汝愚编，北京大学中国中古史研究中心校点整理：《宋朝诸臣奏议》卷114，第1244页。

②（宋）范纯仁：《上神宗论刘琦等责降》，（宋）赵汝愚编，北京大学中国中古史研究中心校点整理：《宋朝诸臣奏议》卷109，第1190页。

③（宋）杨绘：《上神宗论王安石》，（宋）赵汝愚编，北京大学中国中古史研究中心校点整理：《宋朝诸臣奏议》卷115，第1258页。

④（宋）王岩叟：《上神宗论王安石》，（宋）赵汝愚编，北京大学中国中古史研究中心校点整理：《宋朝诸臣奏议》卷116，第1270页。

⑤（宋）李常：《上神宗论王安石》，（宋）赵汝愚编，北京大学中国中古史研究中心校点整理：《宋朝诸臣奏议》卷114，第1246页。

⑥（宋）陈襄：《上神宗论青苗》，（宋）赵汝愚编，北京大学中国中古史研究中心校点整理：《宋朝诸臣奏议》卷114，第1247页。

> 威福在己，而谤议悉归于陛下，臣乃自知先见不如诲远矣。
>
> 纯仁与颢皆与安石素厚，安石拔于庶僚之中，超处清要。纯仁与颢睹安石所为，不敢顾私恩废公议，极言其短。臣与安石，南北异乡，取舍异道。臣接安石素疏，安石待臣素薄。徒以屡尝同僚之故，私心眷眷，不忍轻绝而预言之，因循以至今日。是臣不负安石而负陛下甚多，此其不如纯仁与颢远矣。
>
> 臣承乏两制，逮事三朝，于国家义则君臣，恩犹骨肉。睹安石专逞其狂愚，使天下生民被荼害之苦，宗庙社稷有累卵之危，臣畏懦惜身，不早为陛下别白言之。轼与文仲皆疏远小臣，乃敢不避陛下雷霆之威，安石虎狼之怒，上书对策，指陈其失，隳官获谴，无所顾虑。此臣不如轼与文仲远矣。
>
> 人情谁不贪富贵，恋俸禄。镇睹安石荧惑陛下，以佞为忠，以忠为佞，以是为非，以非为是，不胜愤懑，抗章极言，自乞致仕，甘受丑诋，杜门家居。臣顾惜禄位，为妻子计，包羞忍耻，尚居方镇。此臣不如镇远矣。①

但是这篇奏议不见于今传司马光文集和《传家集》。朱熹编撰《宋名臣言行录》时曾摘引。从中不难看出司马光对王安石由失望到愤怒再转变为憎恨的心路历程。

以上所引，使后世读者不难产生这样一个印象，像王安石这样一个小人，伪君子，十恶不赦的坏人，主持朝政，主持变法，他能为大宋王朝，为宋神宗，为天下人谋利益吗？显然是不可能的。

2. 对熙宁新法的驳难

（1）对新法的全盘否定。每一道新法颁行，都遭到反对派的大力攻击，其中尤以攻击青苗法为最，收入《宋朝诸臣奏议》单论青苗法的奏议就达 27 道之多，占新法类宋神宗朝 74 篇奏议近 2/5。司马光在元丰八年（1085）十二月《上哲宗乞议革新法之不便者》中对新法的总论，可以视作熙宁时期反对新法诸奏议观点的总结：

> 及神宗继统，材雄气英，以幽、蓟、云、朔沦于契丹，灵夏河西专于拓跋，交趾日南制于李氏，不得悉张置官吏，收籍赋役。比于汉、唐之境，犹有未完，深用为耻，遂慨然有征伐开拓之志。于是边鄙武夫，窥伺小利，敢肆大言，只知邀功，不顾国患，争贾余勇，自谓卫、霍不死；白面书生，披文按图，玩习陈迹，不知合变，竞献奇策，自谓良、平更生；聚敛之臣，捃拾财利，剖析秋毫，以供军费，专务市恩，不恤残民，各陈遗利，自谓研桑复出。相与误惑先帝，自求荣位。
>
> 于是置提举官，强配青苗，多收免役，以聚货泉；又驱畎亩之人为保甲，使舍耒耜，习弓矢；又置都作院，调筋皮角木，以多造军器；又养保马，使卖耕牛，市驵骏；而农民始愁苦矣。
>
> 部分诸军，无问边州、内地，各置将官以领之，自知州军、总管、钤辖、都监、监押皆不得关预。舍祖宗教阅旧制，诵射法，效胡服，机械阵图，竞为新奇，朝晡上场，罕得休息，而士卒始怨嗟矣。置市易司，强易榷取，坐列贩卖，增商税色件，下及菜果，而商贾始贫困矣。
>
> 又立赊贷之法，诱不肖子弟破其家。又令民封状增价以买坊场，致其子孙邻保籍

① （宋）司马光：《上神宗论王安石》，（宋）赵汝愚编，北京大学中国中古史研究中心校点整理：《宋朝诸臣奏议》卷 115，第 1255 页。

没赀产，不能备偿。又增茶盐之额，贱买贵卖，强以配民，食用不尽，迫以威刑，破产输钱。又设措置河北籴便司，广积粮谷于临流州县，以备馈运。教兵既久，积财既多，然后用之。而承平日久，人已忘战。将帅愚懦，行伍骄惰。加以运筹决胜者乃浮躁巧伪之士，不知彼己，妄动轻举。是以顿兵灵武，力疲食尽，自溃而归。执兵之士，荷粮之夫，暴骨塞外且数十万。筑堡永乐，怠忽无备，纵寇延敌，阖城之人翦为鱼肉。曾未足以威服戎狄，而中国先自困矣。①

司马光这篇奏议几乎就是一篇全面声讨熙丰新法的檄文，新法以图强为目标，但结果是以“中国先自困”而告终，这就是司马光的结论。

（2）对新法实施过程中出现的弊端和有违初衷的责难。这方面主要有陈襄《上神宗乞罢均输》（卷一百九）、吕公著《上神宗乞罢制置三司条例司》（卷一百十）、韩琦《上神宗论条例司画一申明青苗事》（卷一百十二）、刘挚《上神宗论助役》（卷一百十六）和《上神宗分析曾布札子》（卷一百十六）、文彦博《上神宗论市易》（卷一百十六）、苏辙《上神宗论新法画一》（卷一百十七）。

（3）反对新法的臣僚乞责降和求赴外任的奏议。这类奏议有七道之多，如范纯仁《上神宗论新法乞责降》和《上神宗论刘琦等责降》（卷一百九）、吕公著《上神宗论新法乞外任》（卷一百十三）、张戬《上神宗论新法不敢赴台供职》（卷一百十四）、程颢《上神宗论新法乞降责》（卷一百十四）和《上神宗辞提刑》（卷一百十四）、富弼《上神宗论亳州青苗狱乞独降责》（卷一百十五）。这些奏议一方面表明了反变法派与变法派之间斗争的尖锐激烈，反变法派宁愿“居家待罪”或到地方任职，也不愿与变法派合作。另一方面也是为了表明王安石一意孤行，驱逐不同政见者，在错误的道路上越走越远。赵抃《上神宗乞罢条例司及提举官》就表达了这种意见：

近制置司所差官，如张次山、吴师孟、范世京等七八人，恳辞勇退，唯恐不得所请。夫要职显任，人之所欲，彼不愿就者，盖知事悉乖戾，不敢当之。昨日安石再举西川、福建提点官四员，其愎如此，而欲止烦言，是所谓“恶醉而强酒”也。近臣、侍从、台谏官力言制置司不便，司马光因罢枢密副使之命，中外人情莫不惊骇。李常家居待罪多日，孙觉、张戬、程颢三人各与安石论列于中书，又悉尝上殿乞罢言职，今日吕公著、范镇俱请郡。朝廷事有轻重，体有大小。以言乎财利，于事为轻，而天下之民心得失为重。以言乎提举官，于体为小，而禁近与耳目之臣用舍为大矣。今夫不罢财利而失天下民心，是去重而取轻也；不罢提举官而弃禁近耳目之臣，是失大而得小也。②

（4）反映反变法派通过反新法表现出的基本政治主张。第一，他们反对与民争利，坚持孔孟以来耻言财利而高颂仁义的传统。陈襄“以为兴利之道，非当今之所宜行”③。范纯

①（宋）司马光：《上哲宗乞议革新法之不便者》，（宋）赵汝愚编，北京大学中国中古史研究中心校点整理：《宋朝诸臣奏议》卷118，第1289—1290页。事又见（宋）司马光：《温国文正司马公文集》卷49《革弊札子》，上海：商务印书馆，1922年，第46页；（宋）司马光撰：《传家集》卷49《上哲宗乞革弊札子》，《景印文渊阁四库全书》第1094册，第460页，略有不同。

②（宋）赵抃：《上神宗乞罢条例司及提举官》，（宋）赵汝愚编，北京大学中国中古史研究中心校点整理：《宋朝诸臣奏议》卷113，第1234页。

③（宋）陈襄：《上神宗乞罢均输》，（宋）赵汝愚编，北京大学中国中古史研究中心校点整理：《宋朝诸臣奏议》卷109，第1183页。

仁说："臣闻传称先王之化民曰：'陈之以德义而民兴行，先之以恭廉而民不争，导之以礼乐而民和睦，示之以好恶而民知禁。'今使贪鄙之吏，多引其类，习商贾之态，以市道诱民，固异先王陈德义示好恶之意，而欲民之兴廉知禁，不可得矣。且成汤不殖货利，孔子罕言利，孟轲亦曰'何必曰利'。圣人非以财利为不可用也，盖恶其诱导民心，以滋贪欲之风耳。"[①]李常《上神宗论青苗》强调以义理财的观点：

臣闻《易》曰："何以守位？曰仁；何以聚人？曰财。理财正辞，禁民为非，曰义。"繇伏羲以来，治天下者，未有不以仁守位，以财聚人，以义理财者也。知非仁不可以守位，则凡法度之设，号令之施，苟不仁，不可用矣。知非财不可以聚民，则夫家之众，鳏寡之穷，食不足，不可保矣。知非义不可以理财，则租赋之入，敛散之方，失其宜，不可行矣。自设罔罟，作耒耜，至井牧田野，十一而税之，其为法必本于仁，其养民必厚于财，其理财必主于义，上下交足而治道成矣。……故曰："百姓足，君孰与不足？"又曰："财散则民聚，财聚则民散。"又冉求赋粟倍他日，则孔子欲鸣鼓而攻之，曰："与其有聚敛之臣，宁有盗臣。"[②]

吕诲《上神宗论新法》在发扬儒家仁义理财思想的同时，还以历史上所谓兴利之臣亡国害政为史鉴，认为新法不过是商鞅、王莽等人之所为。[③]苏轼亦云："惟商鞅变法，不顾人言，虽能骤致富强，亦以召怨天下。使其民知利而不知义，见刑而不见德，虽得天下，旋踵而失也。至于其身，亦卒不免，负罪出走而诸侯不纳，车裂以徇而秦人莫哀。"[④]

第二，道德主义至上。苏轼有一段话颇有代表性：

国家之所以存亡者，在道德之浅深，不在乎强与弱。历数之所以长短者，在风俗之薄厚，而不在乎富与贫。道德诚深，风俗诚厚，虽贫且弱，不害于存而长；道德诚浅，风俗诚薄，虽强且富，不救于短而亡。[⑤]

第三，《周礼》是变法派不法祖宗而行新法的主要理论来源。但反变法派认为王安石曲解了《周礼》的原意，因而多从辨《周礼》的角度斥责新法。李常云：

……又妄取经据，傅会其说，谓周人国事之财用取具于息钱，而不知泉府实受廛人之五布。臣考之《周官》，凡周所以佐国用者，有九赋敛财贿，有九贡致邦国之用，又以九式均节之。大府以关市之赋待王之膳服，邦中之赋以待宾客，四郊之赋以待稍秣，家削之赋以待匪颁，邦甸之赋以待工事，邦县之赋以待币帛，邦都之赋以待祭祀，山泽之赋以待丧纪，币余之赋以待赐予，而不言贷民之息待邦用者。今曰周之国事取

① （宋）范纯仁：《上神宗乞罢均输》，（宋）赵汝愚编，北京大学中国中古史研究中心校点整理：《宋朝诸臣奏议》卷109，第1185页。
② （宋）李常：《上神宗论青苗》，（宋）赵汝愚编，北京大学中国中古史研究中心校点整理：《宋朝诸臣奏议》卷113，第1227页。
③ （宋）吕诲：《上神宗论新法》，（宋）赵汝愚编，北京大学中国中古史研究中心校点整理：《宋朝诸臣奏议》卷115，第1250—1253页。
④ （宋）苏轼：《上神宗论新法》，（宋）赵汝愚编，北京大学中国中古史研究中心校点整理：《宋朝诸臣奏议》卷110，第1195页。
⑤ （宋）苏轼：《上神宗论新法》，（宋）赵汝愚编，北京大学中国中古史研究中心校点整理：《宋朝诸臣奏议》卷110，第1198页。

具息钱，亦已罔矣，上以惑陛下之聪明，下以欺天下之耳目，而贻笑后世，可为痛悼，可为太息。①

孙觉则认为《周礼》泉府所谓贷民取息与周代的各项制度健全密切相关，同时周代取息实际与变法派的解释不尽相同。②

第四，法祖守旧，反对大的社会变革。吕诲说："古语曰：'利不十，不变常；利不百，不易业。'庶人犹戒其轻举，况天下之重乎？在《易》之《革卦》曰：'巳日乃孚，利贞，悔亡。'言巳日不孚，革不当也，悔吝生乎动，革而当则其悔乃亡。又《常卦》曰：'浚常凶。'言圣人久于其道而天下化成，处其初而浚常求深，物无余蕴，害正而无攸利也。"③司马光在重新被擢为门下侍郎后，更是直言宣称：

昔夏遵禹训，商用汤法，周循文、武之典，盖创业垂统之王，贻厥孙谋，后世所宜谨守，不可失也。若凡百措置，率由旧章，但使政事悉如熙宁之初，则民物熙熙，海内太平，更无余事矣。④

正是出于这种维护祖宗法度的思想，他对新法非常痛恨，必欲置之于死地而后快，他说："议者必曰：'革弊不可仓猝，当徐徐有渐。'此何异使医治疾而曰：'勿使遽愈，且勿除其根原使尽也。'其为医者谋则善矣，其为疾者谋奚利哉？"⑤于此可见司马光革除新法迫切心情之一斑。

第五，主张节流，恭俭，反对开源。陈襄《上神宗乞罢均输》的议论很具代表性：

陛下若以国用空虚，调度滋广，不榷利无以继公上之给，臣切以为不然。陛下尊为天子，富有方夏，四海九州之赋入，不为不多。第以承平百年，因循奢靡而制用无节，此今日不足之患也。近者朝廷深鉴其失，亲命近臣辟选官属制置三司条例，固已救其深弊矣。但令所司取天下会计之籍，度县官供给之数，百度为之均节而归之俭约，至于无名之费，不急之务，一切禁之而不得行；诸路财赋之有无，令有司得以便宜移用，与凡籴买上供之物，皆得以徙贵就贱，用近易远，使无害于公私而止于备用可也。而后陛下身先恭俭节用爱人而率之于上，小大之臣畏法遵绳而守之于下，如此，则浮费自省而财物不可胜用矣。又何必收轻重敛散之权归之公上，与民争锥刀之利，而失王政之体乎！⑥

---

①（宋）李常：《上神宗论青苗》，（宋）赵汝愚编，北京大学中国中古史研究中心校点整理：《宋朝诸臣奏议》卷113，第1228页。

②（宋）孙觉：《上神宗论条例司画一申明青苗事》，（宋）赵汝愚编，北京大学中国中古史研究中心校点整理：《宋朝诸臣奏议》卷112，第1225页。

③（宋）吕诲：《上神宗论新法》，（宋）赵汝愚编，北京大学中国中古史研究中心校点整理：《宋朝诸臣奏议》卷115，第1251页。

④（宋）司马光：《上哲宗乞议革新法之不便者》，（宋）赵汝愚编，北京大学中国中古史研究中心校点整理：《宋朝诸臣奏议》卷118，第1290页。

⑤（宋）司马光：《上哲宗乞议革新法之不便者》，（宋）赵汝愚编，北京大学中国中古史研究中心校点整理：《宋朝诸臣奏议》卷118，第1290页。

⑥（宋）陈襄：《上神宗乞罢均输》，（宋）赵汝愚编，北京大学中国中古史研究中心校点整理：《宋朝诸臣奏议》卷109，第1184页。

第六，为富民辩护。新法的一个宗旨是摧抑兼并，但司马光、范镇站在维护“富人”利益的立场上与变法派针锋相对，司马光《上神宗乞罢条例司及常平使者》的议论是非常著名的：

> 夫民之所以有贫富者，由其材性愚智不同。富者智识差长，忧深思远，宁劳筋苦骨，恶衣菲食，终不肯取债于人，故其家常有赢余而不至狼狈也。贫者呰窳偷生，不为远虑，一醉之外，无复赢余，急则取债于人，积不能偿，至于鬻妻卖子，冻馁填沟壑而不知自悔也。是以富者常借贷贫民以自饶，而贫者常假贷富民以自存，虽苦乐不均，然犹彼此相资以保其生。今县官乃自出息钱以春秋贷民，民之富者皆不愿请，贫者乃欲得之。而提举官欲以多散为功，故不问民之贫富，各随户等抑配与之。富者与债仍多，贫者与债差少；多者至十五缗，少者不减千钱。州县官吏恐逋欠为负，必令贫富相兼，共为保甲，仍以富者为之魁首。贫者得钱，随手皆尽，将来粟麦小有不登，二税且不能输，况于息钱固不能偿，吏督之急，则散而之四方。富者不去，则独偿数家所负，力竭不逮，则官必为之倚阁。春债未毕，秋债复来，历年寝深，债负益重。或值凶年则流转死亡，幸而丰稔则州县之吏并催积年所负之债，是使百姓无有丰凶，长无苏息之期也。贫者既尽，富者亦贫，臣恐十年之外，富者无几何矣。富者既尽，若不幸国家有边隅之警，兴师动众，凡粟帛军须之费，将从谁取之？①

三、徐自明《宋宰辅编年录》对王安石事迹的选录（附论《丁未录》）

《宋宰辅编年录》20 卷记载了自北宋太祖建隆元年（960），迄于南宋宁宗嘉定八年（1215）十三朝 250 余年间宰辅的任免史实。徐自明，字诚甫，号慥堂，永嘉（今浙江温州）人，生平事迹不详。校补《宋宰辅编年录》的作者王瑞来先生对徐自明自淳熙年间至嘉定后期的任官履历进行钩沉考证，使人们对徐自明的生平有了较为清晰的认识。②

关于《宋宰辅编年录》的政治倾向，几位宋人的序跋归纳得很清楚。宝祐五年（1257）龙图阁学士、朝奉大夫、新知西外宗正事赵某序曰：

> 国朝自建隆以至嘉祐，赵韩王普、李公昉、宋公琪、张公齐贤、吕公蒙正、吕公端、李公沆、向公敏中、毕公士安、寇公准、李公迪、王公旦、王公曾、晏公殊、杜公衍、富公弼、文潞公彦博、韩忠献王琦，又何其彬彬然盛也。中间不幸而王安石相，奸庸相继。庸则陈升之、吴充、韩绛，奸则王珪、蔡确、韩缜。元祐更化，幸而有司马文正公光、吕正献公公著、范忠宣公纯仁数人。又不幸而章子厚相，奸凶复相继。③

同年中奉大夫、福建路转运判官章铸序云：“观庆历之盛，则杜、富、韩、范之事业在所勉；观熙、丰之事，则荆舒之学在所惩。下不负所学，则景行先哲，区别邪正，以丕寅

---

①（宋）司马光：《上神宗乞罢条例司及常平使者》，（宋）赵汝愚编，北京大学中国中古史研究中心校点整理：《宋朝诸臣奏议》卷 111，第 1212 页。
②（宋）徐自明撰，王瑞来校补：《宋宰辅编年录校补》代前言，北京：中华书局，1986 年，第 2—11 页。
③（宋）徐自明撰，王瑞来校补：《宋宰辅编年录校补》附录《诸家序跋・赵序》，第 1830 页。

亮之规……则是书有补于世。”[①]于此可见，是书的编著倾向亦反映了南宋时期对王安石及新法的基本评价，而是书所摘引的史料即反映了这种政治倾向和基本评价。

关于《宋宰辅编年录》的取材依据，据徐自明注明的引用书名统计大致有50种，但基本材料“本之以《长编》、《系年录》，纬之以《大诏令》、《拜罢录》，与夫《玉堂制草》诸书，而一时黜陟之由，群公评品之论，奉常行实之考，旁引曲汇，靡有漏略，其用心亦勤矣”[②]。亦即北宋部分基本是以《续资治通鉴长编》《东都事略》《丁未录》《宰辅拜罢录》为主；南宋部分，前期是以《中兴小历》《中兴遗史》为主，孝宗朝以后则是杂采各种史书而成。

《续资治通鉴长编》与《东都事略》对王安石及新法的针砭后面将有详述，不赘。而徐自明编撰北宋部分宰相编年依凭的另一部基本材料书《丁未录》，今已佚。但据宋目录书尚可知其大概，晁公武《郡斋读书志》卷五上《附志》载：“《丁未录》二百卷，左修职郎监临安府都盐仓李丙所编也。上帙起召王安石为翰林学士，迄于神宗皇帝升遐；中帙起宣仁圣烈垂帘除吕公著侍读，迄于宣仁圣烈祔庙；下帙起李清臣进策题，迄于诛童贯。安石之召实治平丁未之所始，故以丁未名之。”[③]陈振孙《直斋书录解题》曰：“左修职郎昭武李丙撰。自治平丁未王安石初召用，迄于靖康童贯之诛，故以‘丁未’名之。每事皆全载制诏章疏，甚详。（笔者注：靖康亦丁未也）。”[④]由此可知，虽然晁、陈二氏未介绍《丁未录》的成书时间及编撰宗旨，但李丙将王安石之召与童贯被诛作为起讫时间，显然其用意是把宋徽宗时期蔡京、童贯乱国的根源追溯至王安石变法，这正是南宋政权建立以后，朝野上下在追究北宋亡国原因时，由“崇宁”而上溯到熙宁的一种具体表现。

虽然《丁未录》今已佚，但在《宋宰辅编年录》中保留了些许资料，从中可看出《丁未录》对王安石变法针砭之一斑。先看李丙笔下的王安石。在《宋宰辅编年录》熙宁二年（1069）二月庚子王安石参知政事；熙宁七年（1074）四月丙戌王安石罢相；熙宁八年（1075）二月癸酉，王安石再入相；熙宁九年（1076）十二月（应为十月）丙午王安石罢左相四个条目下介绍王安石履历时分别引用了《续资治通鉴长编》、《东都事略》和《丁未录》，其中引用文字以《丁未录》居多，现转录如下：

（熙宁二年二月）庚子，王安石参知政事。（自翰林学士、工部侍郎兼侍讲迁右谏议大夫除。）

安石，字介甫，抚州临川人。韩琦为相，请立英宗为皇嗣，尚未定，时安石纠察在京刑狱，争刑名□□□□□□□忧，后服除，英宗异召□□□□□，时琦犹在相位，又不起。于□□□□□□，颇为不恭。宰臣曾公亮□□□□□□□令德，宜膺大用，真辅相之才。□□□□□□。臣尝与安石同领群牧，备悉其不近人情，所为迂阔，万一用之，必紊乱国政。安石再奉诏，召知江宁府。其时安石为翰林院学士，安石闻琦既罢相，甚喜。上即欲用王安石为参知政事，曾公亮因□之。□□唐介曰：“安石恐难大任。”上

① （宋）徐自明撰，王瑞来校补：《宋宰辅编年录校补》附录《诸家序跋·章序》，第1832页。
② （宋）徐自明撰，王瑞来校补：《宋宰辅编年录校补》附录《诸家序跋·陆序》，第1829页。
③ （宋）晁公武：《郡斋读书志》卷5上《附志》，《景印文渊阁四库全书》第674册，第313页。
④ （宋）马端临著，上海师范大学古籍研究所、华东师范大学古籍研究所点校：《文献通考》卷193《经籍考二十·丁未录》，北京：中华书局，2011年，第5614页。

曰："卿谓文学不可任耶？经术吏事不可任耶？"介曰："非谓此也。安石好学而泥古，议论迂阔，若使为政，多所变更，必扰天下。"退诣中书，谓公亮等曰："异日安石之言果用，天下困扰，诸公当自知之耳。"韩琦罢相出守相州，陛辞，神宗曰："卿去，谁可属国者？王安石何如？"琦曰："安石为翰林学士则有余，处辅弼之地则不可。"神宗颔之。上尝与司马光论诸大臣，上曰："王安石何如？"光曰："人言安石奸邪，则毁之太过，但不晓事，执拗，此其实也。"是岁二月，安石除右谏议大夫、参知政事，知制诰李大临草制，有曰："与其明察为公，莫若严重而有制；与其将顺为美，莫若规正而有守。循纪纲，本教化，以辑宁之久，其在兹乎。"无甚褒异优借之辞。安石乃怒。先是，安石见上，论天下事。上曰："此非卿不可为朕推行，朕须以政事烦卿。"安石对曰："臣固愿助陛下有所为，然天下风俗法度一切颓坏，庸人则安于习故而无所知，奸人则恶直丑正而有所忌，恐未及功效而为异论所胜尔。"上曰："朕知卿久，非今日也。人皆不能知卿，以为卿但知经术，不可以经世务。"对曰："经术者所以经世务也，非知经术，无可以经世务者。"上曰："宜有以助朕。"至是，遂除参知政事。安石入谢，上复问今设施以何为先，对曰："变风俗、立法度，最方今所急也。凡欲美风俗，在长君子，消小人。"上纳其言。自此安石取祖宗法度变更之。天下骚然不安，咸指安石矣。初，治平中邵雍与客偕行，闻杜鹃而惨然不乐，客问其故，雍曰："不二三年，上用南士为相，多引南人，专务变更天下，自此多事矣。"(《丁未录》)[①]

此段下引《东都事略》略。

安石既用事，日变更祖宗法度，行新法，辅弼异议不能回，台谏侍从力争不能得。于是，富弼罢相判亳州，曾公亮罢相为集禧观使，司马光极辞枢密副使不拜、知永兴军，吕公著罢御史中丞、知颍州，程颢罢监察御史为澶州签判，韩维罢开封府、知河阳。初，安石与韩、吕二家兄弟韩绛、韩维与吕公著友，三人皆游扬之。名始盛，安石又结一时名德之士卓著者，皆厚善。富弼、曾公亮咸喜之，至其后，游扬之人俱退斥不用。(《丁未录》)

上曰："外间之人，议论不可听，如王安石之公忠，以一身当流俗毁谤，亦何由能安职守。卿在相位，当与协心施为。"公亮曰："王安石草莽新进，仰蒙圣知如此，虽杀身报陛下，自其至性。臣惟相与各欲致其义而已。"上曰："伊尹相汤，任天下之至重，自以为天民之先觉，其志盖如此。"曾公亮故与安石善。安石得政，多所更张，人心不宁。范纯仁召自陕西，即言于上曰："愿陛下图不见之怨。"上曰："何谓也？"纯仁曰："杜牧所谓天下之人不敢言而敢怒者，即不见之怨也。"及居谏职，数言事，大抵皆忤安石意。刘琦等罢御史，纯仁又力争请速解安石机务，以慰天下之望。并言曾公亮、赵抃等不能救正。词气甚厉，遂罢同知谏院，为起居舍人、同修起居注。纯仁固辞，遂录所上章，申中书。其略曰："王参政以文学自负，议论得君，专任己能，不晓时事，而又性颇率易，轻信奸回，欲求近功，忘其旧学。尚法令则称商鞅，言财利则背孟轲。鄙老成为因循之人，弃公论为流俗之语。加以曾相公一切依随，赵参政不能匡救。"见之，怒以白上，纯仁遂出。上论王安石曰："闻有'三不足'之说否？"

---

①（宋）徐自明撰，王瑞来校补：《宋宰辅编年录校补》卷7《神宗皇帝上》，第382—384页。

王安石曰："不闻。"上曰："陈荐言，外人云：'今朝廷以为天变不足惧，人言不足恤，祖宗法令不足守。'作□□□□□，指此三事，此是何理？""□□□□□下气事，唯恐伤民，此即□□□□□□□言何足恤，至于祖宗之法，□□□□□，仁宗在位四十年，凡数次□□□□世守之，则祖宗何故屡□变□？"初，制书秘阁学士司马光所草也。初，眉山苏洵来游京师，欧阳修一见之，大称叹，由是名动天下。时王安石名亦盛，修亦善之。修劝洵与安石游，安石亦愿交于洵。洵曰："吾知其人矣。是不近人情者，鲜不为天下患。"作《辩（辨）奸论》以刺之。此论既出，安石始衔洵。安石既得政，每赞上以独断，上专信任之。洵子直史馆苏轼发策云："晋武平吴，以独断而克；苻坚伐晋，以独断而亡。齐威专任管仲而霸，燕哙专任子之而灭，事同功异，何也？"安石见之不悦。上数欲用轼，安石必沮毁之。刘攽、刘恕皆与安石有旧，安石既得政，恨攽、恕不肯同己，乃交恶。安石尝欲引恕为条例司属官，恕固辞，因言天子方属公政事，不应以利为先。吕诲罢中丞，恕见安石，条陈所更法令行之不便者，宜复其旧，则议论自息。安石遂与之辨。广坐，恕对安石之党公言安石过失，无所避。闻者或掩耳。攽寻通判蔡州，恕监南康军酒，皆不得留京师。初，李定从学于王安石，故安石使右正言孙觉荐之。定至京师，因谒李常，常问南方之民以青苗为如何？定曰："民俱便之，无不喜色者。"常谓曰："今朝廷方争此，君见人，勿为此言也。"定即诣安石白其事，曰："定惟知据实而言，不知京师不得言青苗之便也。"安石喜，谓曰："君今被旨上殿，当具为上道之。"因密荐召对。称旨，遂除太子中允、权监察御史里行。（《丁未录》）①

又有宁州倅邓绾者，上书言陛下得伊吕之佐，作青苗、免役等法，百姓无不歌舞圣泽。臣以所见宁州观之，知一路皆然。以一路观之，见天下皆然。此诚百世之良法，愿陛下坚守行之，勿移于浮议也。又与王安石书及颂。安石大喜，白于上，使乘驿诣阙，又累诏趣之。既召对，上问："识王安石否？"曰："不识。"上曰："今之古人也。"又问："识吕惠卿否？"曰："不识。"上曰："今之贤人也。"绾退，见安石，欣然如旧交。累除兵部员外郎、兼侍御史知杂。（《续资治通鉴长编》）

安石尝欲置其党一二人于经筵，以防察奏对者。吕惠卿既遭父丧，安石未得腹心所托。著作佐郎、编修中书条例曾布巧黠善迎合，安石悦之，故以布代惠卿入侍经筵，遂除太子中允、崇政殿说书。以资序浅，后改集贤校理，迁检正五房公事。布每事白安石即行之。或谓布当白参政，指冯京及王珪也。布曰："丞相已议定，何问彼为！俟敕出，令押字耳。"（《续资治通鉴长编》）②

初，常秩不肯仕宦，世以为必退者。安石更定法令，士大夫沸腾，以为不便。秩见所下令，独以为是，被召遂起，对垂拱殿。常秩曰："臣才不适用，愿得复归。"上曰："卿来，安得不少留？异日不能用卿，然后有去就可尔。"遂除右正言、直集贤院、管勾国子监。李常与吕惠卿同检详三司条例，常本安石所引用者，后除谏官，言常平取息非便。吕惠卿谓常曰："君何得负介甫？"上尝谓司马光曰："李常非佳士属者，安石家居，常求对，极称其贤，以为朝廷不可一日无也。以臣异议青苗之故，宁可逐

---

①（宋）徐自明撰，王瑞来校补：《宋宰辅编年录校补》卷7《神宗皇帝上》，第386—388页。
②（宋）徐自明撰，王瑞来校补：《宋宰辅编年录校补》卷7《神宗皇帝上》，第388—389页。

臣，不可罢安石也。既退，使人具以此言告安石以卖恩。”光曰：“若尔，诚罪人也。”安石之求分司也，常虽言安石不当去，又言青苗不当取息二分，且乞罢之。安石既出，面责常曰：“君本出条例司，未尝预青苗议，今又见攻，何以异于蒋之奇也。”初，淮南转运判官蒋之奇尝与安石书，言百姓列状乞蚤行助役新法曰：“上推不赀之惠，下受罔极之恩。”安石具以白上曰：“百姓如此，或称人情不安者，妄也。”之奇遂除副使。后之奇乃反攻安石。初，安石立制置三司条例司，上命枢密院陈升之同安石制置三司例条，及升之拜相，遂言制置三司条例难以签书，欲与安石白上并归中书，而安石以为恐不须并之，以为并之无益。御史中丞吕公著奏言，罢条例司签书为是。已而实亦无条例司之不当特立。安石语文彦博曰：“俟群言稍息，然后以签书归中书。”于是，条例司言常□新□□□，命吕惠卿同判司农寺。后五年冬，诏中书有置局取文字烦扰官司无补事实者悉罢之。于是，司农条例司始罢，时熙宁三年五月也。(《丁未录》)①

先是，安石既执政，首取三司条例司别设一局，聚文章之士数人与相谋议，遂议行青苗之法，并置诸路提举官，上从之。自此，青苗法遂行于天下。使者冠盖相望，遇事风生。于是，范镇、吕公著、李常等俱奏，以为青苗法当罢，所遣使者当追还，而安石传经义出己意，辨论辄数百言，牢不可解。宰相曾公亮、陈升之皆争以为不便。廷论方汹汹，而判大名府韩琦亦自外数条青苗害天下之状来上，于是上感悟，始欲罢之。安石惶遽自失，家居，累表乞分司。吕惠卿惧失势，亟上表请对。既对，自往传宣起安石。安石既起，乃以琦疏送条例司疏驳之。于是，上欲稍修改其□以合众论。安石曰：“陛下方欲以道胜流俗，无以敌方战自却，即坐为敌所胜矣。”以故范镇、吕公著、韩琦相继罢逐，而翰林学士司马光亦辞枢密使。而安石意犹未快，又以判亳州富弼谏新法，落使相，判汝州。久之，吏有不奉者，安石益欲深罪之。上不可，安石固争之曰：“不尔，新法不行矣。”上曰：“闻民间亦颇苦新法。”安石曰：“祁寒暑雨，民犹怨咨，无足顾也。”上曰：“岂若并祁寒暑雨之怨亦无耶？”安石不悦，退而属疾，居家数日，上遣使慰之乃出。是岁熙宁七年也。自新法行，常平钱散之略尽。旱灾日广，流民无以周给之。上大忧，谕中书，令常平钱谷常留一半，其见倚阁户口分给之。安石虽甚不乐，然上意不可回矣。(《丁未录》)②

此段下引《续资治通鉴长编》略。

三年十二月，初行保甲之法，用五百家为一大保，人极劳弊。未几，庆卒因之为乱。其后，上亦浸知保甲之策为民患，至有质衫袄而买弓箭者，又有自相残而避团结者。□□□□□□□□□□，上深念之，以责执政，久之河平。安石因诧以为功，又自谓青苗之令已行，独保甲、市□、免役者在得其人而行之，乃复□□陈又一年。上诏中书曰：“京城门外草市，保甲□□，居民逐利求之，排之亦无所用，可速罢。”既而以自冬及春旱暵为灾，欲悉保甲□□□□，以为水旱常不足贻圣忧。上曰：“此岂细事。”卒令罢之。司农言，今岁秋成，请复编排保甲，而终难行矣。(《丁未录》)③

---

①（宋）徐自明撰，王瑞来校补：《宋宰辅编年录校补》卷7《神宗皇帝上》，第389—390页。
②（宋）徐自明撰，王瑞来校补：《宋宰辅编年录校补》卷7《神宗皇帝上》，第390—391页。
③（宋）徐自明撰，王瑞来校补：《宋宰辅编年录校补》卷7《神宗皇帝上》，第392页。

此段下引《石林燕语》略。

（熙宁七年）甲寅四月丙戌，王安石罢相。（自礼部侍郎、同平章事罢为吏部尚书、观文殿大学士、知江宁府，转九资。）

制曰：

入则冠宰路之重，百辟之所仪刑；出则寄师垣之尊，万邦之所宪法。苟非令德，奚称异恩。粤予端揆之臣，久托机衡之任。锡之宠渥，均厥贤劳。（具官王安石）禀明哲之资，蹈柔嘉之则。学问渊博，为时儒者之宗；议论坚明，有古直臣之烈。间畴伟望，升冠近司。忱勤百为，夷险一节。方借壮猷之助，且观盛化之流。遽上封章，愿还政事。确诚莫夺，茂典载加。正位天官之联，升华殿幄之侍。仍加赋邑，以重藩维。於戏！纳忠告猷，卿所素尚。尊德乐道，朕岂或忘。毋怠乃心，而不予辅。

安石自熙宁三年十二月拜相，是年四月罢，居相位凡五年。先是，安石秉政，更新天下之法。宿望旧人，屏逐殆尽。所用俱新进少年，天下不与之。上一日侍太后至太皇太后宫，时宗祀不远，太皇太后曰："吾闻民间甚苦青苗助役钱，宜因赦罢之。"上不怿曰："此以利民，非苦之也。"太皇太后曰："安石诚有才学，然怨之者甚众。欲爱惜保全，不若暂出之于外，岁余复召用可也。"至是久旱，上以百姓流离，忧见容色，每辅臣进见，未尝不嗟叹恳恻，始深疾新法之不便，欲罢之。安石曰："水旱常数，尧、汤不能免也。但当修人事以应天灾尔。"上曰："此岂细事！朕今所以恐惧如此者，正为人事有所未修也。"安石以常数为言，上终不以常数为是。安石乃求去位，上固留之。请益坚，故有江宁之命。上因出手诏谕之。麻既出，吕嘉问、张璪持安石而泣，安石慰之曰："已荐吕惠卿矣。"（《丁未录》）①

此段下引《宰辅拜罢录》《续资治通鉴长编》略。

同日，吕惠卿参知政事。（自翰林学士、右正言、兼侍讲迁右谏议大夫除。）

惠卿，字吉甫，泉州晋江人。初，设制置三司条例司，王安石固请以著作佐郎、编修集贤书籍吕惠卿为检详。安石对上曰："愿陛下于近臣中择其能上副陛下所欲为，与臣所学不异者，与之共政。"因极称吕惠卿，上许之。惠卿最为安石所贤。初至自江宁即屡荐于上，事无大小必与之谋。方是时，建青苗、助役、水利、均输之政，置提举官行其法于天下，谓之"新法"，一时奏请，皆惠卿发之。时议学校贡举，惠卿乞选通经术临政事之人主判太学，令侍从举有学术行艺者为教授，自京师至诸州皆建学，取以经义，策以时务，殿试专以策问，而学校贡举法俱以次推行。于是，王安石乞罢制举，冯京以为不可废。惠卿谓制科止于记诵，非义理之学，制科遂罢。初，为条例司检详官，寻又命看详中书编修条例。上尝历问群臣于司马光，至吕惠卿，光曰："惠卿憸巧非佳士，使安石负谤于中外者，俱惠卿所为也。近日不次进用，大不合众心。"上曰："惠卿应对明辨，亦似美才。"光曰："惠卿文学辨慧诚如圣旨，然用心不端，陛下更徐察之。江充、李训若无才，何以能动人主？"光尝于迩英进读萧何、曹参事，因言曹参以无事镇抚海内，故天下晏然。居数日，吕惠卿进讲，乃遂言法不可不变，

① （宋）徐自明撰，王瑞来校补：《宋宰辅编年录校补》卷8《神宗皇帝下》，第434—435页。

先王之法，有一岁一变者，有五岁及一世一变者，有百世不变者。前日司马光言汉守萧何之法则治，变之则乱。光之意必以国家近日多更张旧政，又以臣制置三司条例及看详中书条例，故发此论也。光与惠卿更相辨难，惠卿至排光令去。既退，于是御史张戬言惠卿奸邪，不可留之左右。后光既辞枢密副使，连章极谏青苗之病民，又移书安石，且言："谄谀之人，欲依附介甫，因缘改法以为进身之资，于介甫当路之时，诚有顺适之快。一旦失势，必有卖介甫以自售者矣。"书三往，安石卒不听。光在经筵读《资治通鉴》，上尝谓光曰："安石不好官职及自奉养，可谓贤者。"光曰："安石诚贤矣，但不当信任吕惠卿。惠卿真奸邪，而为安石谋主，安石为之力行，故天下并指安石为奸邪也。"上笑。光又曰："今条例司所为，独安石、韩绛、吕惠卿以为是，天下俱以为非。陛下岂独与三人共为天下邪！"乃退。

上欲修《起居注》，安石荐吕惠卿，遂除天章阁待制、同修起居注，后又荐为翰林学士。安石尝与惠卿论新法，安石弟安国吹笛于内。安石遣人谕曰："请学士放郑声。"安国立应曰："愿相公远佞人。"惠卿深衔之。后竟为惠卿所陷，放归田里。安石将罢相，遂荐惠卿为参知政事。初，惠卿谄安石如子事父。安石当国，不可一日而无惠卿也。安石将罢去，念能善吾后者莫有如惠卿，故力引惠卿辅政。惠卿既辅政，富弼时退居于洛，闻之有忧色。邵雍以问弼，弼曰："度弼之忧安在？"雍曰："岂以王安石罢相，吕惠卿参知政事，惠卿凶暴过安石乎？"弼曰："然。"雍曰："公无忧，安石、惠卿本以势利合，势利相敌，将自为仇矣，不暇害他人也。"未几，惠卿得志怙权，果叛安石，惟虑安石之复来也。因郊，乃荐安石为节度使、平章事。方进熟状，上察见其情，遽问曰："王安石去不以罪，何故用赦复官？"惠卿惭甚，无以对。既而遽起郑侠、李逢狱，苟可以倾安石者，无所不为。如雍之言也。(《丁未录》)①

惠卿虑中外因王安石罢相言新法不便，以书遍遗诸路监司郡守，使陈利害。至是白上，降七年闰四月己丑诏申明之。诏曰："朕不以吏或违法之故，而辄为之废法。要当博谋广听，案违法者而深治之。间有未安者，令修完，期底至当。"遂命惠卿提举编修司农条例，又诏五日一赴经筵。时曾布、吕惠卿同根究市易事，凡三五日一对。王安石恳求去位，惠卿忧沮形于色，安石引惠卿执政，上既许之。布后与惠卿会，惠卿颇有得色。诟骂行人及胥吏，以语侵布，布不敢校也。八年五月，御史蔡承禧言惠卿弟吕升卿招权慢上，并及吕惠卿。是日进呈。安石时与惠卿俱对，上顾安石，称其独无私，盖为惠卿发也。明日，惠卿求去。安石独奏事，上曰："惠卿不济事，非助卿者也，忌能好胜不公。"又曰："观惠卿兄弟，但才能逼己便忌嫉。"安石曰："臣尝屡劝彼，令勿如此。"又为上言："人材如惠卿，陛下不宜以纤芥见于辞色，使其不安。如对惠卿数称'臣无适莫，独无私'，使惠卿何敢安位？国家所赖，恐不宜如此遇之。"上令安石敦勉惠卿就位，安石曰："此在陛下，陛下不加恩礼，臣虽敦勉何补也。"六月，王安石得疾，上固留之。谕以吕惠卿甚怪卿不为升卿辨事，言卿前为人所诬，极力为卿辨。今臣为人所诬，卿无一言。朕说与极为卿兄弟解释。辛亥，吕惠卿加给事中，与安石父子并以修《诗》、《书》、《周礼义解》，推恩也。安石辞雱新除龙图阁直学士，惠卿亦辞给事中，后雱又辞所迁职，上欲终命之。惠卿以为雱引疾罢，宜听，故

① (宋) 徐自明撰，王瑞来校补：《宋宰辅编年录校补》卷8《神宗皇帝下》，第438—440页。

从之。由是，王、吕之怨益深。先是，吕惠卿言安石弟秘书丞、直集贤院王安礼任馆职日狎游无度。于是安礼乞出，即从之，差知润州。安石犹以惠卿昔家居在润州，使安礼求过失故也。始，惠卿事安石父子，安石弟安国负气恶其憸巧，数面折之。惠卿切齿。及安石罢相，引惠卿辅政，惠卿遂欲代安石，恐其复来，乃因郑侠狱陷安国，亦以沮安石也。安国既贬，上降诏谕安石。安石对使者泣。及再入相，安国犹在国门，由是安石与惠卿交恶。苏轼徙汝州过金陵，因访王安石。轼曰："轼欲有言于公。"安石色动。轼曰："所言天下事也。"安石色定，曰："姑言之。"轼曰："西方用兵，连年不解，东南数起大狱，公独无一言以救之乎？"安石举两指示轼曰："二事悉惠卿启之，安石在外安敢言？"轼曰："固也，然在朝则言，在外则不言，事君之常礼尔。上所以待公者非常礼，公所以事上者，岂可以常礼乎？"安石厉声曰："安石须说！"又曰："出在安石口，入在子瞻耳。"盖安石犹畏惠卿也。(《丁未录》) ①

通篇都在指斥王安石奸邪无状，结党营私，排陷忠良及新法害民，不得人心。至于对吕惠卿、章惇、曾布、蔡卞等人的攻击之词更是有过之而无不及，因文繁不具引。由此可见，李丙《丁未录》是一部彻头彻尾批判王安石变法、褒扬元祐更化，为宋徽宗推卸亡国罪责的书。

徐自明不仅以坚决反对王安石及新法的著作《续资治通鉴长编》、《东都事略》和《丁未录》来表达自己区别邪正以期有补于世的编撰思想，而且他本人对王安石及新法亦有传论性的评语。《宋宰辅编年录》卷十三，靖康元年（1126）三月，童贯自太师、广阳郡王、徐豫国公责授左卫上将军致仕、池州居住条下论道：

初，太祖尝以幽燕地图示赵普，问以取燕之策。普对以曹翰虽可取可守而难其代。帝自此绝口不言伐燕。至太宗因平河东，乘胜欲捣燕蓟，时赵普镇邓州，立疏谏止，太宗下诏褒之。熙宁间王安石用事，始复劝神考用兵，以鞭笞四夷。先用王韶取熙河以断夏人右臂，又欲取灵石以断燕人右臂，又结高丽欲图幽燕。已而永乐败报至，神宗临朝恸哭，自此厌兵。然亦由是感疾，至弃天下。以故司马光、吕公著辅相元祐，推原先帝厌兵之意，不赏边功，专务怀柔。至章惇作相，诸路复进筑。徽宗登极初，弃湟鄯等州。蔡京为相，又取之。又遣赵良嗣为海上之盟，结大金以取燕云。以（童）贯为太师，领枢密院事，充陕西河东河北路宣抚使，蔡攸副之。王黼年少凶愎，务欲其功高蔡京，以燕云自任，置经抚房，下族诛之令，禁言北事者。……呜呼！赵普从祖宗定天下，尚以取幽燕为难，而蔡京、王黼、童贯凶德参会，乃独谓幽燕可谈笑取至。使神州陆沉，两宫北狩，遗千古无穷之恨，推其祸端，自王安石始，可胜痛哉！②

四、吕中《类编皇朝大事记讲义》的反思与批判

吕中《类编皇朝大事记讲义》二十三卷，一本作二十四卷，亦简称《大事记讲义》，是

①（宋）徐自明撰，王瑞来校补：《宋宰辅编年录校补》卷8《神宗皇帝下》，第440—441页。个别标点有调整。
②（宋）徐自明撰，王瑞来校补：《宋宰辅编年录校补》卷13《钦宗皇帝》，第843—844页。

一部为应试读书人学习使用的历史教科书。吕中约生活于宋理宗朝，淳祐七年（1247）中进士，曾先后任肇庆府学教授、国子监丞兼崇政殿说书、主管成都玉局观。据《宋史》卷四百二十《朱熠传》，吕中与徐清叟、尤焴、马廷鸾等人被时人誉为“名士”①。

四库馆臣在为《大事记讲义》作的提要中云：

其书卷一论三篇，卷二纪宋太祖事，卷三至卷五纪太宗事，卷六至卷七纪真宗事，卷八至卷十二纪仁宗事，卷十三纪英宗事，卷十四至十七纪神宗事，卷十八至二十纪哲宗事，卷二十一至二十二记徽宗事，卷二十三纪钦宗事。事以类叙，间加论断，凡政事制度及百官贤否，具载于编。论中所议选举资格及茶盐政制诸条，颇切宋时稗政。又所载铨选之罢常参……皆《宋史》各志及马端临《文献通考》所未备者。又所载朋党诸人事实，及议新法诸人辩论，皆与《宋史》列传多有异同，亦足资史学之参证。②

可见四库馆臣对《大事记讲义》的价值给予较高的评价。由前揭新学与理学的消长知理宗朝是理学得到官方全面认可的时期，程朱理学的经典进入学校成为教科书，而王安石新学遭到进一步衰落。吕中处在这样的学术氛围下，为应试读书人编撰教科书，理所当然地要尊奉时势潮流。吕中在是书中专门列有《周濂溪之学》《邵康节之学》《张横渠之学》《二程之学》等子目，并在《周濂溪之学》题下加有按语：

朱文公曰：“道之在，天下未尝亡，惟其托于人者，或绝或续。故其行于世者，有晦有明，是皆天命之所为，非人智力之所及也。孟轲没而此道之传不续，更秦及汉，历魏、晋、隋、唐以至于我宋，艺祖受命，五星聚奎，开文明之运，然后气之清者淳，判者合，清明之禀，得以全付于人，而先生出焉。不由师傅，默契道体，建图属书，撮极领要，当时见而知之者，有程氏，遂广而推明之。使夫天理之明，人伦之著，事物之众，鬼神之幽，莫不洞然毕贯于一。呜呼盛哉！非天之所畀，其孰能与于此？”③

可知吕中服膺理学，刘实甫在序中亦称吕中“此书之作，其有本乎!”④，这个“本”正是吕中服膺的理学，理学是吕中编撰《大事记讲义》的指导思想。因而《大事记讲义》反映了当时对王安石变法的指斥、否定的基本观点。《大事记讲义》从两个方面对王安石变法做了批判。

其一，从总体上即反映在是书开篇的《治体论》《制度论》《国势论》三论中。吕中说：“国之修短，当观其治体。治乱，当观其制度。强弱，当观其国势。”⑤所以这三论是把王安石变法放在北宋九朝历史发展演变过程中加以评议的，其评议概言之有七点：

（1）变革社会应因循渐进，反对“急政”。

论者曰：我朝自建隆至于淳化、至道之间，则治体类于严。自景德至于嘉祐、治

① 参见张其凡：《〈大事记讲义〉初探》，《暨南学报（哲学社会科学版）》1999 年第 2 期。
②（清）永瑢等：《四库全书总目》卷 88《史部四十四 • 史评类》，第 753 页。
③（宋）吕中撰，张其凡、白晓霞整理：《类编皇朝大事记讲义》卷 14《神宗皇帝 • 周濂溪之学》，上海：上海人民出版社，2014 年，第 273 页。
④（宋）吕中撰，张其凡、白晓霞整理：《类编皇朝大事记讲义》序，第 32 页。
⑤（宋）吕中撰，张其凡、白晓霞整理：《类编皇朝大事记讲义》卷 1《国势论》，第 42 页。

平之际，则治体类于宽。故熙宁专欲法太祖之严，而深惩仁祖之宽。岂知太祖之所谓严者，纪纲整肃而仁意未尝不流行于其间。仁祖之所谓宽者，仁意浃洽而纪纲亦未尝有所更变。特以国家承平百年之久，则人情玩弛，吏习因循，其间纪纲固有废，而不举之处，辟之室焉，岁月既深，旁风上雨，则不能无一木之朽，一墙之倾，一瓦之毁。为工师者，不过杜其隙，补其漏，加葺治之功而已。奈何熙宁大臣不以振起为心，而以更变为心，以少许之阙漏，而乃并与四围堂宇而撤之。[①]

吕中很赞赏范仲淹的庆历新政，“呜呼！使庆历之法尽行，则熙丰、元祐之法不变，使仲淹之言得用，则安石之口可塞。今仲淹之志不尽行于庆历，安石之学乃尽用于熙、丰。神宗锐然有志，不遇范仲淹而遇王安石，世道升降之会，治体得失之几，于是乎决矣”[②]。

（2）肯定王安石对时弊的分析是正确的，“其论本朝不任信大臣，不尽行古制，亲细务而循弊法，用君子而参小人，皆当时士大夫之所知而不敢言者，而安石独敢言之。学校也，贡举也，科名资历也，监司郡守也，又皆庆历大臣所尝更变而不敢举行者，而安石独敢行之。农之贫，兵之冗，宗室之费，上下俱以为困而未有策以处之者，安石独敢任之”。但他认为制度固然有弊，但不可因弊而废法，所以他说王安石“言法之弊则是，而自为变法则非”[③]。

（3）熙丰尽变祖宗之法是错误的，但元祐尽变熙丰之法也是不对的。

盖我艺祖之法，则修举其大纲而阔略其节目者也。安石之法，则纤悉于节目而阔略其大纲者也。至元祐时，又欲尽变熙、丰之法矣。熙、丰之法，则在所当变，而必欲尽变之，则又过矣。盖熙、丰之小人，不可以不尽去，而熙、丰之法，则不可以尽变。去熙、丰之小人，不可以不急，变熙、丰之法，则不可以太急。青苗、均输之法可罢，而雇役之所宜，独不可乎？保马、户马可罢，而保甲之法，则因其已成，蠲其租，复其役，教阅于农隙，以省养兵之费，独不可乎？《新经字说》固可废，而罢诗赋，取经义，独不可因之以崇经学乎？至治之世，不能无弊法，至弊之法，亦必有美意。

国初，惟不尽变前代之法，而惟变其意，所以为一代凭借扶持之地。熙、丰惟欲尽变祖宗之法，元祐惟欲尽变熙、丰之法，所以激而为绍圣以后之纷纭。[④]

（4）熙丰新法与绍圣崇宁的绍述之政不尽相同。“章子厚则因荆公之所未为者而为之，蔡京则因子厚之所未甚者而甚之”[⑤]；“安石不能原祖宗立国之初意，而轻于变更，章子厚、蔡京诸人，又不能原安石立法之意，而托于绍述，法愈更而愈下。而中兴以来，学校、贡举，大抵皆蔡京之法，而差役、雇役之并行，经总制钱之立额，又王安石诸人之所未为也”[⑥]。

---

①（宋）吕中撰，张其凡、白晓霞整理：《类编皇朝大事记讲义》卷1《治体论》，第37页。
②（宋）吕中撰，张其凡、白晓霞整理：《类编皇朝大事记讲义》卷1《治体论》，第38页。另汪圣铎点校：《宋史全文》卷9下《宋仁宗六》，北京：中华书局，2016年，第556页，引此段话为“世道升降之机，识者又于此而三致意焉”。
③（宋）吕中撰，张其凡、白晓霞整理：《类编皇朝大事记讲义》卷1《制度论》，第40—41页。
④（宋）吕中撰，张其凡、白晓霞整理：《类编皇朝大事记讲义》卷1《制度论》，第41页。断句有更改。
⑤（宋）吕中撰，张其凡、白晓霞整理：《类编皇朝大事记讲义》卷1《治体论》，第37页。
⑥（宋）吕中撰，张其凡、白晓霞整理：《类编皇朝大事记讲义》卷1《国势论》，第41页。

（5）攘外不能安内。吕中认为，王安石变法前，宋的国势内强外弱，外弱的原因有三：一是失幽冀之地而无险可守；二是中央集权过甚，郡县太轻而委琐不足恃；三是任将选官重资历，“将帅知畏法而已，不敢法外以立功，士大夫知守法而已，不敢法外以荐士”①，又尤以议论为政，是为国势之弱的重要原因。至王安石变法之后，其国势则外强内弱。“庆历以前，在外之国势似弱，而在内之国势实强。熙宁以后，在外之国势似强，而在内之国势已弱。盖安石不能改弱势而为强势，乃欲因弱势而为强势。”②换言之，宋的国势在表面上比以前“似强”，但因把以前国内的强势变弱，最终在外的强势因无内在强势依托也不能长久保持，致使内外都成了弱势。

（6）王安石的最大罪责莫过于主开边。“安石变法之罪小，而兴利之罪大，兴利之情犹可恕，而开边之罪为可诛矣。何者？元丰小人，不过固禄位耳，及其患失则兵困于灵武；绍圣小人，不过反元祐耳，及其得志，则兵兴于湟鄯；蔡京始谋，亦不过钳制上下耳，及其求悦，则荐童贯以帅西师。王黼始谋，又不过叛蔡京耳，及其势利相轧，则必复燕蓟以邀功名。是皆安石有以启之也。”③

（7）王安石“教小人”“用小人”是败坏政体的主要原因。

> 或曰：子之三篇，皆不满于熙宁，无乃已甚之论乎？曰：古今治乱之机，皆决于君子、小人之进退。熙宁以前，非尽无小人也。然祖宗所培植之君子为甚多，故维持治体，遵守制度，振起国势。自建隆一阳之复，积而至于庆历，则为三阳之泰矣。熙宁以后，非尽无君子也，然安石所教之小人，方来而未艾，故治体以坏，制度以变，国势以衰。自熙宁一阴之遇，极而至于宣和，则为三阴之否矣。此愚因论本朝之事，尤于君子、小人进退之际而有感焉。④

其二，对王安石变法作具体的批判。《大事记讲义》记神宗朝事共 4 卷、86 个子目。其中 57 个子目主讲王安石变法。这 57 个子目的标题是：论安石才学、论安石坐讲之制、安石变法、书生得君自安石始、役法、浚河、遣使察水利、开边自此、理财之意始露、鬻爵鬻牒、坏风俗、三不足之说、安石逐谏臣、罢谏院、排中丞、罢中丞、贬御史、罢旧相、用新进、护奸党、引用奸人、创制置三司条例司、置提举常平司、置检正五房并习学、增京官观官、行保甲户马法、行均输法、行青苗法、行交子法、行保甲上番法、坏常平法、鬻广惠仓、更科举法（新经、字说）、行李定三舍法、行市易法、立宗室应举法、立宗室补外官法、役法之行皆惠卿为安石所定、议新法者罢、严刑狱报私仇、谤法者罪之、司马留台后不敢言新法、诸君子争论新法、王安国非兄安石所为、数安石十罪、郑侠图献新法不便奏乞罢以消天变、神宗悔新法之非、罢市易法、罢官卖盐法、安石巧于进退、安石虽退而附党者进、惠卿行手实法、又行方田均税法、安石复相、安石托交趾以文天变、惠卿叛安石、安石复罢相。从大多数标题来看，便知是对王安石新法的指斥和非议。虽然《大事记讲义》只对标题作提纲挈领式的评议，但除开边事宜未多讲外，熙宁诸项新法基本被囊括殆尽。

---

①（宋）吕中撰，张其凡、白晓霞整理：《类编皇朝大事记讲义》卷 1《国势论》，第 43 页。
②（宋）吕中撰，张其凡、白晓霞整理：《类编皇朝大事记讲义》卷 1《国势论》，第 44 页。
③（宋）吕中撰，张其凡、白晓霞整理：《类编皇朝大事记讲义》卷 1《国势论》，第 45 页。
④（宋）吕中撰，张其凡、白晓霞整理：《类编皇朝大事记讲义》卷 1《制度论》，第 45 页。

吕中亦秉承了绍兴本《神宗实录》“尽书王安石之过，以明神宗之圣”[①]的编纂宗旨，在讲述王安石变法祸国殃民之前，已先行讲述了神宗的圣政：新政事，持心治国，尊重臣，选监司、参政，正官名，定官制，建储，求直言等。

要之，虽然吕中“皆不满于熙宁”，但是在宋廷全面否定王安石变法、否定王安石新学的历史条件下，吕中客观地肯定了王安石对熙宁前弊政的认识，对元祐党人一意孤行，全盘否定熙丰新法的批评，以及把王安石变法与绍圣以后的绍述之政区别看待，不能不说是颇具史识的，当然他的这些看法是直接继承和总结了元祐时期范纯仁、苏轼、苏辙以及朱熹、陆九渊等人的观点。

五、南宋时期王安石传记源流考

元祐元年（1086）四月，王安石去世之时，正值反变法派大肆更化之际，在一派斥责王安石变乱祖宗法度的政治压力之下，当时竟无人敢为王安石撰写《墓志》《行状》，不能说不是一个遗憾。现今我们能看到出自宋人之手编撰的王安石传记，大致有三：一是王称《东都事略·王安石传》；二是杜大珪《名臣碑传琬琰之集》下集卷十四收入的《神宗实录·王荆公安石传》；三是成于洪迈等人之手的《四朝国史·王安石传》。据裴汝诚先生的考证，这三个传的源头均出自元祐时期首次编撰的《神宗实录·王安石传》。[②]

前揭《神宗实录》的编修在元祐、绍圣反复编修后，到绍兴初方在高宗的支持下由赵鼎、范冲等人完成，并最后定谳。因而杜大珪收录的《王荆公安石传》应是绍兴本《神宗实录·王安石传》，因为该传叙事一直到绍兴四年（1134）“有诏追所赠王爵”[③]。而《东都事略·王安石传》又是直接参考了绍兴本《神宗实录·王安石传》。据李心传讲：“其书（即《东都事略》）特掇取《五朝史传》及《四朝实录附传》，而微以野史附益之，尤疏驳。”[④]另外，王称的父亲王赏在绍兴年间为实录修撰。洪迈在淳熙十三年（1186）十一月完成《四朝国史》列传一百三十五卷后，于次年三月乞予王称推恩，其中就说道：“臣比承乏四朝史院，玩岁引日仅能奏篇……王称之父赏在绍兴中亦为实录修撰，称承其绪余，刻意史学，断自太祖至于钦宗，上下九朝，为《东都事略》一百三十卷……皆信而有证，可以据依，臣之成书，实于二者有赖（另一部为龚敦颐《列传谱述》）。”[⑤]由此可知，杜大珪收录的实录王安石传、王称《东都事略·王安石传》和洪迈《四朝国史·王安石传》在史源上有着密不可分的关系。当然正因为如此，这三个传都贯彻了绍兴本《神宗实录》唯是直书安石之罪的宗旨。为了便于说明问题，现将《东都事略·王安石传》和《神宗实录·王安石传》转载于下。

《东都事略》卷七十九《王安石传》云：

---

①《宋史》卷435《范冲传》，第12905页。

② 裴汝诚：《论宋、元时期的三个王安石传》，《半粟集》，保定：河北大学出版社，2000年，第110—135页。

③（宋）杜大珪：《名臣碑传琬琰集》下集卷14《王荆公安石传》，台北：文海出版社，1969年，第1475页。

④（宋）李心传撰，徐规点校：《建炎以来朝野杂记》甲集卷4《续资治通鉴长编（九朝事略 东都事略）》，第113—114页。

⑤（清）徐松：《宋会要辑稿》崇儒5之41，第2267页。

王安石字介甫，抚州临川人也，父益都官员外郎。安石蚤有盛名，博闻强记，为文动笔如飞，观者服其精妙，举进士高第。佥书淮南节度判官。召试馆职，固辞，乃知鄞县。安石好读书，三日一治县事。起堤堰，决陂塘，为水陆之利；贷谷于民，立息以偿，俾新陈相易；兴学校，严保伍，邑人便之。通判舒州。文彦博为相，荐安石恬退，不次进用，可以激奔竞之风。寻再召试，又固辞，乃以为群牧判官，出知常州。由是名重天下。

提点江东刑狱，入为三司度支判官，献书万余言，极陈当世之务。居顷之，除直集贤院，累辞，不获命，始就职。除同修起居注，固辞不拜，遂除知制诰，自是不复辞官矣。以母忧去，服除，英宗朝累召不起。

神宗即位，除知江宁府，召为翰林学士。初入对，神宗曰："方今治当何先？"安石曰："以择术为先。"神宗曰："唐太宗何如？"安石曰："陛下当以尧、舜为法，太宗所知不远，所为不尽合先王，但乘隋乱，子孙又皆昏愚，所以独见称述。尧、舜所为，至简而不烦，至要而不迂，至易而不难。但末世学者不能通知，常以为高不可及，不知圣人经世立法，以中人为制也。"神宗曰："卿所谓责难于君，朕自视眇然，恐无以副卿此意。可悉意辅朕，庶同济此道。"

一日讲席，群臣退，神宗留安石坐，曰："有欲从容与卿论议者。"因言："唐太宗必得魏郑公，刘备必得诸葛亮，然后可以有为，二子诚不世出之人也。"安石曰："陛下诚能为尧、舜，则必有皋、夔、稷、卨；陛下诚能为高宗，则必有傅说、魏郑公、诸葛亮，皆有道者所羞，何足道哉！以天下之大，人民之众，百年承平，学者不为不多，然常患无人可以助治者，以陛下择术未明，推诚未至，虽有皋、夔、稷、卨、傅说之贤，亦必为小人所蔽，因卷怀而去耳。自古患朝廷无贤者，以人君不明，好近小人故也。好近小人，则贤人虽欲自达无由矣。"神宗曰："自古治世，岂能使朝廷无小人？虽尧、舜之时，不能无四凶。"安石曰："惟能辨四凶而诛之，此乃所以为尧、舜也。若使四凶得肆其谗慝，则皋、夔、稷、卨亦安肯苟食其禄以终身乎！？"

未几，除右谏议大夫、参知政事。安石既执政，神宗曰："人皆不能知卿，以为卿但知经术，不可以经世务。"安石曰："经术者，所以经世务也。后世所谓儒者，大抵皆庸人，故世俗皆以经术不可施于世务。"神宗曰："朕察人情，比于卿有欲造事倾摇者。朕常以吕诲为忠实，毁卿于时事不通。赵抃、唐介数以言捍塞，惟恐卿进用。卿当立变此风俗，不知卿所施设以何为先？"安石曰："变风俗，立法度，最方今所急也。"于是设制置三司条例司，与知枢密院陈升之同领之。而青苗、免役、市易、保甲等法相继兴矣。

常平仓法，以丰岁谷贱伤农，故增价收粜，使蓄积之家无由抑塞，农夫须令贱粜；凶岁谷贵伤民，故减价出粜，使蓄积之家无由邀勒，贫民须令贵粜。物价常平，公私两利也。安石以常平法为不善，更将粜本作青苗钱，散与人户，令出息二分，置提举官以督之。古者，百姓出力以供在上之役，安石以为百姓惟苦差役破产，不惮增税，乃请据家赀高下，各令出钱，雇人充役。向者，役人皆上等户得之，其下等、单丁、女户及品官、僧道本来无役，安石乃使之一概输钱，于是赋敛愈重。市易之法，听人赊贷县官货财，以田宅或以金帛为抵当，三人相保则给之，皆出息什分之二，过期不输，息外每月更加罚钱百分之二。保甲之法，始因戎狄骄傲，侵据汉、唐故地，有征伐开拓之志，故置保甲。乃借乡村之民，二丁取一，皆授以弓弩，教之战阵，又令河北、陕西、河东三路，皆五日一教阅，每一丁教阅，一丁及诸县，弓手，亦皆易以保甲，其保甲习于游惰，不复务农。京东西两路保甲养马，仍各置提举官，权任比监司。自是四方争言农田水利，古陂废堰悉务兴复。又立赊贷之法，又令民封状增价以买坊场，又增茶盐之额，又设措置河北籴便司，广积粮谷于临流州县，以备馈运。而天下骚然矣。

自安石变法以来，御史中丞吕诲首论其过失，安石求去位，神宗为出诲。御史刘琦、钱颉、刘述又交论安石专肆胸臆，轻易宪度；殿中侍御史孙昌龄亦继言，皆坐贬。同知谏院范纯仁亦论安石欲求近功，忘其旧学，罢谏职。吕公著代吕诲为中丞，亦力请罢条例司并青苗等法，谏官孙觉、李常、胡宗愈，御史张戬、王子韶、陈襄、程颢，皆论安石变法非是，以次罢去。

前宰相韩琦上疏论青苗之害，乞罢诸路提举官，依常平旧法行之。奏至，安石称疾，求分司，神宗不许。时翰林学士司马光当批答，安石指言光有“士夫沸腾，黎民骚动”之语，神宗谕安石曰：“诏中二语，乃为文督迫之过，而朕失于详阅，当令吕惠卿谕旨。”翌日，安石入谢，因为神宗言中外大臣、从官、台谏、朝士朋比之情，且曰：“陛下欲以先王之正道胜天下流俗，故与流俗相为轻重。流俗权重，则天下之人归流俗；陛下权重，则天下之人归陛下。权者与物相为轻重。虽千钧之物，所加损不过铢两而移。今奸人欲败先王之正道，以沮陛下之所为。是于陛下与流俗之权适争轻重之时，加铢两之力，则用力至微，而天下之权已归于流俗矣，此所以纷纷也。”神宗以为然。安石乃视事。

熙宁三年，拜礼部侍郎、同中书门下平章事、监修国史。御史中丞杨绘、御史刘挚陈免役之害坐黜，御史林旦、薛昌朝、范育皆以忤安石罢，知杂御史谢景温初附安石，亦以不合去。

六年，命知制诰吕惠卿修撰经义，以安石提举，而以子雱兼同修撰。王韶取熙、河、洮、岷、叠、宕等州，安石率群臣入贺，神宗解玉带赐之，以旌其功。慈圣光献皇后、宣仁圣烈皇后间见神宗，流涕言新法之不便者，且言：“王安石乱天下。”神宗亦流涕，退，命安石裁损之。安石重为解，乃已。七年，神宗以久旱，益疑新法之不便。安石不悦，求避位，遂拜吏部尚书、观文殿大学士、知江宁府。明年，复拜同中书门下平章事、昭文馆大学士。《三经义》成，拜尚书左仆谢兼门下侍郎。

初，吕惠卿为安石所知，骤引至执政，安石去位，惠卿遂叛安石。洎安石再相，苟可以中安石无不为也。会安石子雱卒，安石力求去。九年，拜镇南军节度使、同平章事、判江宁府。安石丐奉祠，以使相为集禧观使，封舒国公。又辞使相，乃以左仆射为观文殿大学士。元丰三年，封特进，改封荆国公。安石退居金陵，始悔恨为吕惠卿所误，每叹曰：“吾昔交游，皆以国事相绝。”意甚自愧也。哲宗即位，拜司空。明年，薨，年六十六，赠太傅。绍圣初，谥曰文，配享神宗庙廷。崇宁二年，配享文宣王庙。政和三年，封舒王。靖康元年，停文宣王配享，列于从祀；后又罢安石配享神宗庙，而夺其王爵。

初，安石提举修撰经义，训释《诗》《书》《周官》，既成，颁之学官，天下号曰“新义”。晚岁为《字说》二十四卷，学者争传习之，日以经试于有司，必宗其说，少异辄不中程。先儒传注既尽废，士亦无复自得之学，故当时议者谓：“王氏之患，在好使人同己。”安石又著《日录》七十卷，如韩琦、富弼、文彦博、司马光、吕公著、范镇、吕诲、苏轼及一时之贤者，重为毁诋，而安石不恤也。

安石性强忮，遇事无可否，自信所见，执意不回。至议变法，而在廷交执不可，安石传经义，出己意，辨论辄数百言，众皆不能诎。甚者谓“天变不足畏，祖宗不足法，人言不足恤”。罢黜中外老成人几尽，多用门下儇慧少年。久之，以旱引去，洎复相，岁余罢，终神宗世，八年不复召，而恩顾不久衰云。弟安国、安礼，子雱。……

臣称曰：“安石之遇神宗，千载一时也。而不能引君当道，乃以富国强兵为事，摈老成，任新进，黜忠厚，崇浮薄，恶鲠正，乐谀佞，是以廉耻汩丧，风俗败坏，孟子所谓‘作于其心，害于其事；作于其事，害于其政’者，岂不然哉？乌乎！安石之学既行，则奸宄得志，假绍述之说以胁持上下，立朋党之论以禁锢忠良，卒之民愁盗起，夷狄乱华，其祸有不可胜言者，悲夫！”①

《新刊名臣碑传琬琰之集》卷十四《王荆公安石传》载：

元祐元年四月癸巳，观文殿大学士、守司空、充集禧观使、荆国公王安石薨。安石字介甫，抚州临川人。父益都官员外郎。安石少有大志，庆历二年，登进士甲科，签书淮南节度判官厅公事，代还，例当进所业，试馆职，安石独不进，特召试，亦固辞。知明州鄞县，通判舒州。除知建昌军，不赴。召为群牧判官，差提点府界诸县镇公事。出知常州。

提点江南东路刑狱，入为三司度支判官，献《万言书》，极陈当世之务。居顷之，除直集贤院，累辞，不获命，始就职，嘉祐五年四月，除同修起居注，固辞不拜。十一月，申前命，章又五上，不许，遂除知制诰、纠察在京刑狱，移判三班院同知。嘉祐八年，贡举，丁母忧，服除，英宗朝累召不赴。

神宗在藩邸，见其文异之，及即位，就除知江宁府，召为翰林学士。初入对，上曰：“方今治当何先？”安石曰：“以择术为先。”上曰：“唐太宗何如？”安石曰：“陛下当以尧、舜为法，太宗所知不近，所为不尽合先王，但乘（隋乱），子孙又皆昏恶，所以独见称述。尧、舜所为，至简而不烦，至要而不污，至易而不难。但末世学者不能通知，常以为高不可及，不知圣人经世立法，以中人为制也。”上曰：“卿可谓责难于君，朕自视眇然，恐无以副卿此意。可悉意辅朕，庶同济此道。”

一日讲席，群臣退，上留安石坐，曰：“有欲从容与卿议论者。”因言：“唐太宗必得魏郑公，刘备必得诸葛亮，然后可以有为，二子诚不世出之人也。”安石曰：“陛下诚能为尧、舜，则必有皋、夔、稷、契；陛下诚能为高宗，则必有傅说。魏郑公、诸葛亮皆有道者所羞，何足道哉！以天下之大，人民之众，百年承平，学者不为不多，然常患无人可以助治者，以陛下择术未明，推诚未至，虽有皋、夔、稷、契之贤，亦必为小人所蔽，因卷怀而去耳。自古患朝廷无贤者，以人君不明，好近小人故也。好

① （宋）王称：《东都事略》卷 79《王安石传》，台北：文海出版社，1979 年，第 1205—1213、1216—1217 页。

近小人，则贤人虽欲自达无由矣。”上曰：“自古治世，岂能使朝廷无小人？虽尧、舜之时，岂能无四凶？”安石曰：“惟能辨四凶而诛之，此乃所以为尧、舜也。若使四凶得肆其谗慝，则皋、夔、稷、契亦安能苟食其禄以终身乎？”

未几，除谏议大夫、参知政事。安石既执政，上曰：“人皆不能知卿，以为卿但知经术，不可以经世务。”安石曰：“经术者，所以经世务也。后世所谓儒者，大抵皆庸人，故世俗皆以为经术不可施于世务。”上曰：“朕察人情，比于卿有欲造事倾摇者。朕尝以吕诲为忠实，尝毁卿于时事不通。赵抃、唐介数以言捍塞，惟恐卿进用。卿当力变此风俗，不知卿所施设以何为先？”安石曰：“变风俗，立法度，最方今所急也。”于是青苗、市易、坊场、保甲、保马、导河、免役之政相继并兴，设制置三司条例司，与知枢密院事陈升之同领之。

御史中丞吕诲论安石十事，以为慢上无礼，见利忘义，要君取名，用情罔公，以私报怨，怙势招权，专政害国，凌轹同位，朋奸害政，商榷财利，以动摇天下。疏奏，安石求去位，上为出诲。知杂御史刘述、侍御史刘琦、侍御史里行钱颉，又交论安石专肆胸臆，轻易宪度，与陈升之合谋侵夺三司吏柄，愿罢免以慰天下。殿中侍御史孙昌龄亦继言，皆坐贬。同知谏院范纯仁既抗疏论辨，又申中书，谓安石欲求近功，忘其旧学，尚法令则称商鞅，言财利则背孟轲，鄙老成为因循之人，弃公论为流俗之语，异己者指为不肖，合意者即谓才能。且谓宰相曾公亮依随，参知政事赵抃不能力救。请罢安石机务，留之经筵。诏罢纯仁谏职。吕公著代吕诲为中丞，亦请罢条例司并青苗等法。谏官孙觉、李常、胡宗愈，御史张戬、王子韶、陈襄、程颢，皆论列安石变法非是，以次罢去。

前宰相韩琦上疏论青苗法，乞罢诸路提举官，委提点刑狱官依常平旧法行之。奏至，安石称疾，求分司，上不许。时，翰林学士司马光当批答，安石指言有“士大夫沸腾，黎民骚动”之语，上以手诏谕曰：“诏中二语，乃为文督迫之过，而朕失于详阅，当令吕惠卿谕旨。”翌日，安石入谢，因为上言中外大臣、从官、台谏、朝士朋比之情，且曰：“陛下欲以先王之正道胜天下流俗，故与流俗相为轻重。流俗权重，则天下之人归流俗；陛下权重，则天下之人归陛下。权者与物相为轻重，虽千钧之物，所加损不过铢两而移。今奸人欲败先王之正道，以沮天下。与流俗之权适争轻重之时，加铢两之力，则用力至微，而天下之权已归于流俗矣，此所以纷纷也。”上以为然。安石乃视事。

熙宁三年十二月，拜礼部侍郎、同中书门下平章事、监修国史。御史中丞杨绘陈免役有难行者五，御史刘挚陈十害，坐黜。御史林旦、薛昌朝、范育皆以言李定忤安石罢。知杂御史谢景（温）初附安石，亦以不合去。

六年三月，命知制诰吕惠卿修撰经义，以安石提举，而子雱兼同修撰，固辞，弗听。王韶取熙、河、洮、岷、叠、宕等州，安石率群臣入贺，上解所服玉带赐安石，遣内侍谕旨曰：“洮、河之举，小大并疑，惟卿启迪，迄有成功。今解所御带赐卿，以旌卿功。”安石再拜，固辞，不许。安石益自任，时论卒不与，上疑之。慈圣光献、宣仁圣烈皇后间见上，流涕言新法之不便者，且曰：“王安石乱天下。”上亦流涕，退，命安石议裁损之。安石重为解，乃已。熙宁七年四月，上以久旱，百姓流离，忧形颜色，每辅臣进见，嗟叹恳恻，益疑法之不便。安石不悦，求避位，上固留之，请愈坚，遂拜吏部尚书、观文殿大学士、知江宁府，仍诏出入如二府仪，大朝会缀中书门下班，依旧提举修撰经义。明年二月，拜同中书门下平章事、昭文馆大学士。六月，《三经义》成，拜尚书左仆射、门下侍郎。

初，吕惠卿为安石所知，骤引至执政，安石去，惠卿遂背之。安石再相，于是起华亭诏狱，而徐禧、王古、蹇周辅三辈按之，惠卿情不得缘。练亨甫、吕嘉问以邓绾所条惠卿事，交斗其间，复为惠卿所中，语连安石。子雱既病，坐此愤恚而卒。安石忧伤益不堪，祈解机务。九年十月，拜检校太傅，依前尚书左仆射、镇南节度、同中书门下平章事、判江宁府。安石恳辞，丐以本官领宫观。上遣内侍王从政赍诏敦谕，须视事乃还，从政留金陵累月，安石请不已，许以使相为集禧观使，又累辞使臣，乃以本官为观文殿大学士，领使如故。元丰三年九月，拜特进，封荆国公。哲宗即位，拜司空。明年四月癸巳薨，年六十六，再辍视朝，赠太傅，推遗表恩七人，诏所在给葬事。绍圣初，谥文公，配享神宗庙廷，用子旁郊祀恩赠太师。崇宁二年，诏配祀文宣王庙。政和三年，封舒王。靖康元年，从谏议大夫兼国子祭酒杨时言，停文宣王庙配享，列于从祀。建炎二年夏，以久阴不解，诏百职事赴都堂，给札条具时政阙失。司勋员外郎赵鼎言："自绍圣以来，学术政事败坏残酷，祸贻社稷，其源实出于安石。今安石之患未除，不足以言政。"于是罢安石配享神宗庙廷。靖康初，廷臣有建议乞罢安石配享者，争议纷然，卒无定论，至是始决。绍兴四年八月，吏部员外郎吕聪问请夺安石谥，有诏追所赠王爵。

初，安石提举修撰经义，训释《诗》《书》《周官》，既成，颁之学官，天下号曰"新义"。晚岁居金陵，为《字说》二十四卷，学者争传习之，凡以经试于有司，必宗其说，少异辄不中程。先儒传注既尽废，士亦无复自得之学，故当时议者谓："王氏之患，在好使人同。"靖康初，始诏有司取士，择经说优长者，无专王氏。安石早有盛名，其学以孟轲自许，荀况、韩愈不道也。

性强忮，遇事无可否，信所见，执意不回。司马光谓其泥古，所为迂阔。吴奎谓："尝与安石同领群牧，备见其自用护前。"嘉祐末，韩琦作相，安石纠察在京刑狱，争刑名不当，有旨释罪，安石坚不入谢，意琦抑之。会以忧去职，服除，三召，终琦在相位不至。神宗谓："人言安石奸邪则过，但太执不晓事耳！"唐介谓："安石好学，惟护前。"初，除安石为翰林学士，命下数日琦罢相，安石始造朝。其初执政也，宰相在告，进除目出侍从官，赵抃引故事争，安石辨（辩）益强，卒从之。至议变法，上未尝不从，在廷臣交执不可，安石傅经义，出己意，辨论辄数百言，众人不能诎。甚者谓天变不足畏，祖宗不足法，又以人言是非一归之流俗。故二年间，遍谏官、御史以安石去者凡二十人，而安石不恤也。久之，上闻两宫言，意感悟，安石因旱引去，洎复相，岁余罢，终神宗朝不复召者凡八年云。子雱、旁。①

先看《神宗实录·王荆公安石传》对王安石变法的否定和批判。首先，本传告诉人们变乱祖宗法度的人是王安石，对此本传刻意表现了三点：①用较多篇幅描述王安石从为宋神宗择术论治到变风俗立法度的过程，意在说明神宗是在王安石的导引下变乱祖宗法度。

①（宋）杜大珪：《名臣碑传琬琰集》下集卷14《王荆公安石传》，第1469—1476页。

②当新法受到时论批评和神宗听母后言安石乱天下，对新法产生动摇和疑虑，并命王安石裁损新法时，本传重点描述王安石以罢官去位、强辩、蛊惑等手法促使神宗继续推行新法。③本传最后说“久之，上闻两宫言，意感悟，安石因旱引去，洎复相，岁余罢，终神宗朝不复召者凡八年”，表明神宗幡然悔悟，其熙丰施政所为均系为王安石所误。

其次，对王安石在熙宁时期的变法活动，只说了一句“于是青苗、市易、坊场、保甲、保马、导河、免役之政相继并兴，设制置三司条例司，与知枢密院事陈升之同领之”，就一笔带过，然后重点阐述从新法推行伊始到熙宁六年（1073）为开熙河功毕“时论卒不与”的过程，意在说明新法不得人心。另，值得注意的是，虽然对王安石变法活动一笔带过，但借神宗谕旨特别强调“洮、河之举，小大并疑，惟卿启迪，迄有成功”，表面上看是在表彰王安石，实际上另有深意，因为至绍兴重修《神宗实录》时，“熙河开边”已被指斥为导引北宋末年“夷狄乱华”①的祸源，既然“惟卿启迪，迄有成功”，那么王安石就不能脱去干系。

最后，着重描述了王安石性格方面的弱点，性强忮，遇事无可否，信所见执意不回，泥古，所为迂阔“自用护前”，“好学，惟护前”，“善强辩”，“甚者谓天变不足畏，祖宗不足法，又以人言是非一归之流俗。故二年间，遍谏官、御史以安石去者凡二十人，而安石不恤也”。

《东都事略·王安石传》除抄袭《神宗实录·王荆公安石传》具有上述相同内容和特征外，还有两点稍异：

（1）较实录本传的内容有所增补，一是增补了嘉祐年以前王安石知鄞县的政绩。“安石好读书，三日一治县事。起堤堰，决陂塘，为水陆之利；贷谷于民，立息以偿，俾新陈相易；兴学校，严保伍，邑人便之”。二是增入王安石著日录攻击“韩琦、富弼、文彦博、司马光、吕公著、范镇、吕诲、苏轼及一时之贤者，重为毁诋，而安石不恤也”。三是增入王安石晚年悔悟的内容：“安石退居金陵，始悔恨为吕惠卿所误，每叹曰：‘吾昔交游，皆以国事相绝。’意甚自愧也。”

（2）对熙宁诸项新法做了简要抨击。如果将二传相比较，在否定王安石变法的措辞上，《东都事略》本传较《神宗实录》本传更严厉，那就是王称以“臣称曰”的方式对王安石做了否定性的盖棺论定，而《神宗实录》本传没有。不过需要指出的是，脱胎于绍兴本《神宗实录》本传，而又参考了《东都事略》本传的《四朝国史·王安石传》所加的传论又较《东都事略》的“臣称曰”更进一步：

> 史臣曰：“呜呼！安石托经术立政事，以毒天下。非神宗之明圣，时有以烛其奸，则社稷之祸，不在后日矣。今尚忍言之。‘天变不足畏，祖宗不足法，人言不足恤’，此三者，虽少正卯言伪而辨，王莽诵六艺以文奸言，盖不至是也。所立几何？贻害无极。悲夫！”②

把王安石与历史上逆臣之尤的少正卯、王莽相提并论，且有过之而无不及，可说其评论也是到了极致。至于《四朝国史·王安石传》与以上二传有何异同，将在后面论及元朝人以国史本传为主干编撰的《宋史·王安石传》时再详述。

---

①（宋）王称：《东都事略》卷79《王安石传》臣称曰，第1217页。

② 转引自（宋）赵与时撰，姜汉椿整理：《宾退录》卷7，上海师范大学古籍整理研究所：《全宋笔记》第6编第10册，郑州：大象出版社，2013年，第96页。

第五章
李焘笔下的王安石变法

李焘编撰的《续资治通鉴长编》是研究北宋历史的重要参考书，其中记述王安石变法始末之翔实，在现存宋代文献中无出其右者。史料是治史的基础，因而，李焘记述王安石变法过程所具有的思想倾向和取材，无疑对今人研究王安石变法具有不容忽视的重要影响。对于这个问题，目前学界就李焘取舍《神宗实录》等问题发表了一些很有意义的意见①，但还没有充分展开讨论，特别是人们多注重李焘对历史事实考订的严谨精神，而对李焘描写王安石变法的主导思想和由此对史料取舍的态度，似未引起人们的重视，本章想就此作较全面的探讨。

一、李焘编撰王安石执政时期历史的主导思想

虽说客观、公正地叙述历史事实，是良史的基本要求，而李焘治史严谨、广征博采、订其疑误、考证详慎，自《续资治通鉴长编》成书以来，得到历代史学家及近人的首肯，但是历史学家修史不能不受到其生活的社会环境和自身思想政治观点的制约，古今中外的历史学家概不能例外。李焘当然也不能例外。

李焘生于北宋徽宗政和五年（1115），卒于南宋孝宗淳熙十一年（1184），其生活的时代，正值北宋灭亡、南宋动荡、宋金对峙的时期。这一时期宋高宗等人为开脱宋徽宗的亡国罪责，由蔡京追溯至王安石及其主持下的变法活动，从而在政治上否定了北宋中期以来的变法运动，王安石新学也受到抑制。李焘长于这样的时代，“博览经传，独不乐王安石学”②，“耻读王氏书”③，主张“黜王安石父子”从祀孔子。④在政治上则主张“存旧章，畏天变”⑤。宋孝宗初年，起用虞允文“既任恢复，未免更张”，李焘则上言：“二典若稽古，夏有典则，商云成宪，周云旧章，汉云故事，子孙莫之敢废。王安石变更法度，厉阶

---

① 裴汝诚、许沛藻：《续资治通鉴长编考略》，北京：中华书局，1985 年；胡昭曦：《〈宋神宗实录〉朱墨本辑佚简论》，《四川大学学报（哲学社会科学版）》1979 年第 1 期，后收入《胡昭曦宋史论集》，第 191—206 页，题目修改为《〈宋神宗实录〉及其朱墨本辑佚简论》；燕永成：《今七朝本〈续资治通鉴长编〉探源》，《古籍整理研究学刊》1994 年第 5 期。

②（宋）周必大：《敷文阁学士李文简公焘神道碑》，（宋）李焘撰，上海师范大学古籍整理研究所、华东师范大学古籍整理研究所点校：《续资治通鉴长编》，第 23 页。

③《宋史》卷 388《李焘传》，第 11914 页。

④《宋史》卷 388《李焘传》，第 11917 页。

⑤（宋）李壁：《巽岩先生墓刻》，（宋）李焘撰，上海师范大学古籍整理研究所、华东师范大学古籍整理研究所点校：《续资治通鉴长编》，第 21 页。

可鉴。”并劝诫宋孝宗不要“欲速变古”①，临死前还在遗表中告诫宋孝宗，“经远以艺祖为师，用人以昭陵（宋仁宗）为法”②。可以说，在对待王安石及其变法的是非问题上，李焘的态度是极为鲜明的，即与司马光、宋高宗是相一致的。

李焘是一位颇有政治抱负的人，“方公少年，遭王国多难，慨然有志驰驱”，但北宋很快在金人的攻击下覆亡，而南宋初期的最高统治集团，对金人奉行投降政策，“值权臣力主和议”③，李焘驰驱之志难以实现，便把毕生精力投入他所热爱的史学研究中。李焘无论是撰著前朝史，还是编修本朝史，其为政治服务的目的都显而易见，他曾对南北朝历史有过专门研究，写过《司马氏本支》《六朝通鉴博议》等著作，“取其近于时机者而论之，取其失者而监之，则于谋谟为有补矣”④。很明显他研究南北朝史，就是力图为南宋王朝提供历史得失借鉴，撰著本朝史《续资治通鉴长编》更是如此。

李焘在隆兴元年（1163）进奏编撰《续资治通鉴长编》前17卷时说过：“如建隆、开宝之禅授，涪陵、岐魏之迁殁，景德、庆历之盟誓，曩霄、谅祚之叛服，嘉祐之立子，治平之复辟，熙宁之更新，元祐之图旧，此最大事，家自为说。臣辄发愤讨论，使众说咸会于一。”⑤那么李焘“使众说咸会于一”的目的何在呢？清人孙原湘曾指出：“至于熙宁之更新，元祐之图旧，则尤旁参互审，辨异析同，使邪正心迹，纤毫莫隐。”⑥孙氏所言“使邪正心迹，纤毫莫隐”十分准确地说明了李焘描述王安石变法始末的真实意图和主导思想。事实上也是如此，翻检《续资治通鉴长编》有关王安石变法的史实，在取材上，李焘虽然对各种纷乱的官私史，比对异同，力求其是，但在对待变法派与反变法派的是非问题上，李焘有明显是元祐诸贤而非王安石集团的倾向。为了说明问题，下面就李焘对《神宗实录》《王安石日录》等史料的取舍倾向作具体的讨论。

二、李焘对三种《神宗实录》的取舍

宋朝国史、实录是李焘《续资治通鉴长编》的首选资料，神宗一朝史实主要取自《神宗实录》和《四朝国史》。但宋朝国史凡几易⑦，而这种情况在《神宗实录》的编修上尤显突出，《神宗实录》前后修过数次，今人有四修、五修之说⑧，但李焘所征引的，大致是元祐、绍圣、绍兴所修三录。于注文中标明出处时，称作“墨本”“朱本”“新本”，或直称为“墨史”“朱史”“新史”，或直称为元祐本、绍圣本和绍兴本。何以有这几种不同称谓呢？其主要原因是，三个时期所修实录代表着三个时期对王安石变法运动的不同看法，特别是

① （宋）周必大：《敷文阁学士李文简公焘神道碑》，（宋）李焘撰，上海师范大学古籍整理研究所、华东师范大学古籍整理研究所点校：《续资治通鉴长编》，第27页。

② （宋）周必大：《敷文阁学士李文简公焘神道碑》，（宋）李焘撰，上海师范大学古籍整理研究所、华东师范大学古籍整理研究所点校：《续资治通鉴长编》，第32页。

③ （宋）李壁：《巽岩先生墓刻》，（宋）李焘撰，上海师范大学古籍整理研究所、华东师范大学古籍整理研究所点校：《续资治通鉴长编》，第22页。

④ 傅增湘：《宋代蜀文辑存》卷52《进六朝通鉴博议疏》，第676页。

⑤ （宋）马端临著，上海师范大学古籍研究所、华东师范大学古籍研究所点校：《文献通考》卷193《经籍考二十·续通鉴长编举要》，第5611页。

⑥ （清）孙原湘：《天真阁集》卷43《李氏〈续通鉴长编〉跋》，《续修四库全书》第1488册，第339页。

⑦ （宋）周密撰，张茂鹏点校：《齐东野语》自序，北京：中华书局，1983年，第4页。

⑧ 参阅蔡崇榜：《宋代修史制度研究》，第82—98页。

朱墨本反映了以王安石为代表的新党和以司马光为代表的旧党两种对立政见。

元祐初修《神宗实录》时，反变法派已执掌朝政，“多取司马文正公《涑水记闻》，如韩（琦）、富（弼）、欧阳（修）诸公传，及叙刘永年家世，载徐德占母事，王文公之诋宋常山，吕正献之评曾南丰，邵安简借书多不还，陈秀公母贱之类，所引甚多”①。绍圣时变法派上台掌权重修《神宗实录》，“中书舍人莆田蔡卞元度、长乐林希子中等重修”②，“于是《裕陵（神宗）实录》皆以朱笔抹之，且究问前日史臣，悉行迁斥，尽取王荆公《日录》无遗，以删修焉，号‘朱、墨本’”③。“其朱书系新修，黄字系删去，墨字系旧文，其增改删易处则又有签贴。”④这即是朱墨本的来历。绍兴时，以范冲为宗正少卿兼直史馆，朱胜非监修，重修《神宗实录》，这次重修由于是元祐非绍圣的基调，已由宋高宗与朱胜非等人确定，因而绍兴本《神宗实录》基本上反映了元祐本否定王安石变法而取舍史实的倾向，“朱书新录，墨本旧文，凡去取之不同，皆存留于考异，详原私意，灼见奸言”⑤，“惟是直书安石之罪，则神宗成功盛德，焕然明白”⑥。

通过上述文字明了了三种《神宗实录》对王安石变法是非的基本取向，现在再看李焘是如何取舍的。有论者认为：“李焘在史学上力求继承司马光，在政治立场和许多观点上也和司马光基本一致，因而在《(续资治通鉴）长编》中，往往是以司马光为代表的保守观点、主张为正文，以王安石为首的变法派观点、主张为注文，并在注文的倾向性意见上对变法派持否定态度。”⑦这个看法无疑是正确的，但李焘对王安石变法史实的记述并不仅限于此，实际上李焘《续资治通鉴长编》与绍兴本《神宗实录》在“惟是直书安石之罪”这一点上并无二致，甚至可以说有过之而无不及。今存《续资治通鉴长编》卷210至卷277记述了王安石第二次罢相前的变法活动史实，并标明征引墨本、朱本、新本等170条左右，这170条或是存取朱本、朱史，或是存取墨本、新本。存取朱本、朱史主要有三个方面的原因，以下举例说明。

一是属于史实考异。

卷二百一十一，熙宁三年（1070）五月“甲辰，诏近设制置三司条例司，本以均通天下财利，今大端已举，惟在悉力应接，以趣成效，其罢归中书。先是，文彦博等皆请罢制置条例司，上谓彦博曰：‘俟群言稍息，当罢之。’不欲亟罢，恐伤王安石意故也。既罢，又以手札谕安石。有司结绝所施行事久之，乃罢”。李焘注云：

> 朱本签贴云：勘会指挥，罢局月日在前，后来却有申请事，故增入“有司结绝所施行事久之，乃罢”等语，新本削去，今复存之。上久欲罢之，恐伤王安石意及

---

①（宋）王明清撰，戴建国、赵龙整理：《玉照新志》卷1，上海师范大学古籍整理研究所：《全宋笔记》第6编第2册，郑州：大象出版社，2013年，第126页。

②（宋）陈振孙：《直斋书录解题》卷4“《神宗实录》朱墨本二百卷”条，第129—130页。

③（宋）王明清撰，戴建国、赵龙整理：《玉照新志》卷1，上海师范大学古籍整理研究所：《全宋笔记》第6编第2册，第126页。

④（宋）陈振孙：《直斋书录解题》卷4“《神宗实录朱墨本》二百卷”条，第130页。

⑤（宋）赵鼎：《忠正德文集》卷4《重修神宗皇帝实录缴进表》，《景印文渊阁四库全书》第1128册，第687页。

⑥（宋）李心传编撰，胡坤点校：《建炎以来系年要录》卷79，绍兴四年八月戊寅条，第1487页。

⑦ 裴汝诚、许沛藻：《续资治通鉴长编考略》，第69页。

谓文彦博云云，并吏人恩例，此据《司马光日记》删修。①

卷二百三十一，熙宁五年（1072）三月辛丑，枢密院奏："详定编敕所言近降朝旨，三宫亲属恩泽……"②李焘注云：

旧本：欲送重详定，上曰："两宫奏荐，岁有定数，如何以服纪？恐太皇太后心有不足。"王安石等曰："请以后如有特旨，即不用此条。"今从朱本，朱本虽据《日录》，辞有抑扬，然却可见此段曲折也。③

卷二百四十八，熙宁六年（1073）十二月庚辰，"上善李靖结队法，召贾逵问之……"李焘注云：

旧本十八日丁亥，又书诏贾逵、郭固教习比试队伍法，及令程昉于沿河采车材。按贾逵、郭固比试队伍法，已具此矣，今依朱本削去丁亥日所书。④

卷二百六十一，熙宁八年（1075）三月丙午，上批："河北教阅厢军已议增置……"李焘注云：

闰四月二日孝宽等乃上言，诏可。朱本去彼存此。新本两存之，误也，今从朱本。⑤

二是属于《续资治通鉴长编》的"宁失于繁，无失于略"的编写体例，而存取朱本。卷二百一十八，熙宁三年（1070）十二月己未，"内出开封府界及诸路兵更戍之法……"李焘注云：

更戍法，墨本太简，今从朱本。⑥

卷二百三十六，熙宁五年（1072）闰七月，集贤校理、同知礼院赵彦若言："太庙止有八室，欲乞候有司议定祧……"李焘注云：

朱本云不报，即事无施行，墨本删去，今复存之。⑦

卷二百五十一，熙宁七年（1074）三月戊午，手诏："闻齐、郓等州比多盗贼，转运、

---

①（宋）李焘撰，上海师范大学古籍整理研究所、华东师范大学古籍整理研究所点校：《续资治通鉴长编》卷211，熙宁三年五月甲辰条，第5128页。

②（宋）李焘撰，上海师范大学古籍整理研究所、华东师范大学古籍整理研究所点校：《续资治通鉴长编》卷231，熙宁五年三月辛丑条，第5618页。

③（宋）李焘撰，上海师范大学古籍整理研究所、华东师范大学古籍整理研究所点校：《续资治通鉴长编》卷231，熙宁五年三月辛巳条，第5621页。

④（宋）李焘撰，上海师范大学古籍整理研究所、华东师范大学古籍整理研究所点校：《续资治通鉴长编》卷248，熙宁六年十二月庚辰条，第6056—6057页。

⑤（宋）李焘撰，上海师范大学古籍整理研究所、华东师范大学古籍整理研究所点校：《续资治通鉴长编》卷261，熙宁八年三月丙午条，第6359—6360页。

⑥（宋）李焘撰，上海师范大学古籍整理研究所、华东师范大学古籍整理研究所点校：《续资治通鉴长编》卷218，熙宁三年十二月己未条，第5292—5293页。

⑦（宋）李焘撰，上海师范大学古籍整理研究所、华东师范大学古籍整理研究所点校：《续资治通鉴长编》卷236，熙宁五年闰七月乙丑条，第5748页。

提刑司并不具奏闻。……”李焘注云：

> 新本以事小削去，今从朱本。①

三是以朱本议论、记事为非，存于注文。

卷二百一十八，熙宁三年十二月乙丑，“中书言，司农寺定《畿县保甲条制》……”李焘注云：

> 四年三月九日朱本于此下云：上始欲更立法度，即毅然以措置民兵为急务，然甚重其事，其与执政反覆相论难义勇、弓社、民兵等事者数矣。至是，始集其意，更创保甲法，命行之。既而保甲之法备，故义勇等条约亦率会归于一焉。新本并削去，今从新本。②

卷二百二十，熙宁四年（1071）二月丁巳朔，中书言：“古之取士皆本于学校……今欲追复古制以革其弊……”从之。李焘注云：

> 朱本云：自诗赋取士以来，学者雕敝聪明，及其中选，施于有政，无所用之，其弊所从来久，然莫能革也。自上即位，稽合先王，造立法度，而议者不深维其意，群起而非之。上以为凡此皆士不知义故也。故罢黜声律，而修明庠序之教，由是人务经术而识义理者多矣。从之以下九十八字，并朱史所增议论非是，《新录》已削去，今姑存。③

卷二百三十七，熙宁五年（1072）八月癸卯，“贬太子中允、同知谏院、权同判吏部流内铨唐坰为潮州别驾。……”李焘注云：

> 朱本云：坰数论事非理，不见听。或绐以执政怀怒，欲罢其职者。坰素性急，乃越次请对。朱本盖为王安石讳也。新本削去，今附注此。④

卷二百四十，熙宁五年十一月癸亥，“诏宣徽南院使、雄武军留后、判渭州郭逵落宣徽南院使，知潞州；通判秦州、太常少卿冯洁己……罚铜八斤”。李焘注云：

> 朱本云：逵坐奏劾王韶盗贷官钱不实，洁己等以附会逵，推勘不直，韶以违朝旨与元瓘改名，及状内虚妄，具狱上，虽皆会赦降去官，特责之。与墨本差不同，今附注此。⑤

从上述举例来看，李焘取朱本入正文主要是因为墨本记事有误或过于简略，而涉及

---

①（宋）李焘撰，上海师范大学古籍整理研究所、华东师范大学古籍整理研究所点校：《续资治通鉴长编》卷 251，熙宁七年三月戊午条，第 6124 页。

②（宋）李焘撰，上海师范大学古籍整理研究所、华东师范大学古籍整理研究所点校：《续资治通鉴长编》卷 218，熙宁三年十二月乙丑条，第 5297—5299 页。

③（宋）李焘撰，上海师范大学古籍整理研究所、华东师范大学古籍整理研究所点校：《续资治通鉴长编》卷 220，熙宁四年二月丁巳条，第 5334—5335 页。

④（宋）李焘撰，上海师范大学古籍整理研究所、华东师范大学古籍整理研究所点校：《续资治通鉴长编》卷 237，熙宁五年八月癸卯条，第 5778—5780 页。

⑤（宋）李焘撰，上海师范大学古籍整理研究所、华东师范大学古籍整理研究所点校：《续资治通鉴长编》卷 240，熙宁五年十一月癸亥条，第 5832—5833 页。

王安石和新法是非问题时，则只存于注文，这是他对朱本的基本态度。

再看李焘对墨本存取的态度与存取朱本大不相同，其存取墨本的做法可以分作如下五类。

一是与存取朱本相似的原因，即属考证记事和“宁失于繁，无失于略”的编写体例。

卷二百二十一，熙宁四年（1071）三月戊戌，上批：“陈留县见行保甲……”王安石进呈不行。李焘注云：

> 四年三月十三日上批：陈留保甲骚扰，执政进呈不行。此墨本所书，与《御集》手札同，而《日录》乃绝无此事。朱本辄删改手札，仍取五年闰十月十四日《日录》上因议河东保甲，说及开封典作袄置弓箭，并安石对“陛下当为天子所为”等语，附四年三月十三日周结陈留骚扰事，盖误也。三丁两丁，各有不易，乃安石欲编排河东保甲，故有是言，与陈留事殊不相干。又云六月却令人教阅，亦非是。四年三月间所当言者，反覆推寻，朱本误明甚。今仍依《日录》，附此段语言于五年闰七月十四日，削朱本四年三月十三日所书。①

卷二百五十二，熙宁七年（1074）四月壬辰，检正中书刑房公事沈括言：“察访浙东温、台等州，自熙宁四年以后，监司未尝巡历州县，事废弛无人点检。……”李焘注云：

> 朱本削去墨本，云：方下本路相度，至九年三月乃诏分路，合并入九年。按七年九月十二日丁未匆复分路诏，则是年四月二十六日癸巳，即从沈括所请矣。朱本考之未详，遽削去墨本。今依墨本，仍具本月日。②

卷二百七十，熙宁八年（1075）十一月庚辰，枢密使吴充言：“熙河展置，今且四年，经略虽定，然军食一切犹仰东州。……”从之。李焘注云：

> 朱本削。墨本此年十一月二十二日所书，却于明年正月十二日略载。新本乃两存之，殊为错误。今但依墨本载于此，仍取朱本明年正月十二日所书稍增入之。③

以上是以墨本纠考朱本记事之误。

卷二百一十四，熙宁三年（1070）八月辛巳，“翰林学士司马光言：‘奉职考试武举人，而法当先试弓马，若合格即试策。……卒如中书所奏”。李焘注云：

> 朱本以为不曾施行，遂削去。今依新本复存之。若谓不曾施行即削去，则当削去者，又何止此也。④

卷二百二十一，熙宁四年（1071）三月丁未，韩绛言：“伏睹德音……西讨方略一以委绛。”李焘注云：

---

①（宋）李焘撰，上海师范大学古籍整理研究所、华东师范大学古籍整理研究所点校：《续资治通鉴长编》卷221，熙宁四年三月戊戌条，第5380—5381页。

②（宋）李焘撰，上海师范大学古籍整理研究所、华东师范大学古籍整理研究所点校：《续资治通鉴长编》卷252，熙宁七年四月壬辰条，第6175页。

③（宋）李焘撰，上海师范大学古籍整理研究所、华东师范大学古籍整理研究所点校：《续资治通鉴长编》卷270，熙宁八年十一月庚辰条，第6625页。

④（宋）李焘撰，上海师范大学古籍整理研究所、华东师范大学古籍整理研究所点校：《续资治通鉴长编》卷214，熙宁三年八月辛巳条，第5221页。

韩绛言伏睹德音至西讨方略一以委绛。朱本签帖云：绛章文过，不曾施行，并削去。今依新本仍存之。[①]

以上属于《续资治通鉴长编》“宁失之于繁，而不失之于简”的编写体例。

二是在墨本、新本与朱本记事相矛盾，而又没有其他凭据或依据不足时，则取信前者。

卷二百一十，熙宁三年（1070）四月壬午，宋敏求罢知制诰，上批敏求“文学荒疏，旷其职业，不能者止，于义可从……”李焘注云：

墨本云上批十六字。朱本云元无上批，止是《司马记事》云有此语，不可便为上批，改云舍人院草制。新本复用墨本，今从之。[②]

卷二百四十七，熙宁六年（1073）九月丙辰，“赐屯田员外郎侯叔献、太常丞杨汲府界淤田各十顷。叔献等引河水淤田，决清水于畿县、澶州间，坏民田庐冢墓，岁被其患。他州县淤田类如此，而朝廷不知也”。李焘注云：

此墨史所书，朱史签贴云：取问到前史官，并无照据，既无田庐坟冢岁被其患之事，显是前史官诬罔，合行删去，添入《王安石日录》内语。按朱史所删去，《新史》已复存之。[③]

卷二百五十二，熙宁七年（1074）四月己丑，诏曰：“朕嘉先王之法，泽于当时而传于后世，可谓盛矣。……”“先是，吕惠卿虑中外因王安石罢相言新法不便，以书遍遗诸路监司、郡守，使陈利害。至是，又白上降此诏申明之。”李焘注云：

元祐本“白”字下脱漏，绍兴本因之，当求别本考定，恐尚有他语也。今但云“白上降此诏申明之”，朱史削去吕惠卿“虑中外”以下三十余字，却先书上以朝廷所降法令，官吏推行，多失其意，乃下诏申明之。签贴云，系黄庭坚手笔，并无底本照据；并《起居注》、《时政记》元不如此，故削去。《时政记》、《起居注》亦何尝能说事意，朱史私为惠卿讳耳，今复存之。[④]

卷二百五十六，熙宁七年九月丙申，“赐右班殿直、同管勾修内司杨琰度牒三十，永不磨勘。琰本杭州木工，有巧思，宋用臣所领营造，琰必预其事，故得出入禁中。尝命修感

① （宋）李焘撰，上海师范大学古籍整理研究所、华东师范大学古籍整理研究所点校：《续资治通鉴长编》卷221，熙宁四年三月丁未条，第5389—5390页。类似情形又见（宋）李焘撰，上海师范大学古籍整理研究所、华东师范大学古籍整理研究所点校：《续资治通鉴长编》卷222，熙宁四年四月丁卯条，第5404页；（宋）李焘撰，上海师范大学古籍整理研究所、华东师范大学古籍整理研究所点校：《续资治通鉴长编》卷223，熙宁四年五月己酉条，第5434—5435页；（宋）李焘撰，上海师范大学古籍整理研究所、华东师范大学古籍整理研究所点校：《续资治通鉴长编》卷232，熙宁五年四月丙辰条，第5630页；（宋）李焘撰，上海师范大学古籍整理研究所、华东师范大学古籍整理研究所点校：《续资治通鉴长编》卷244，熙宁六年四月辛卯条，第5938页；（宋）李焘撰，上海师范大学古籍整理研究所、华东师范大学古籍整理研究所点校：《续资治通鉴长编》卷254，熙宁七年六月癸丑条，第6222页。

② （宋）李焘撰，上海师范大学古籍整理研究所、华东师范大学古籍整理研究所点校：《续资治通鉴长编》卷210，熙宁三年四月壬午条，第5105—5106页。

③ （宋）李焘撰，上海师范大学古籍整理研究所、华东师范大学古籍整理研究所点校：《续资治通鉴长编》卷247，熙宁六年九月丙辰条，第6013页。

④ （宋）李焘撰，上海师范大学古籍整理研究所、华东师范大学古籍整理研究所点校：《续资治通鉴长编》卷252，熙宁七年四月己丑条，第6172页。

慈塔……其后，琰用营造劳迁官未尝止也”。李焘注云：

> 朱史签贴云：杨琰何尝出入禁中，此言诬罔。己未，朝旨下逐官取会，并无照据，合删。又删“琰后用营造迁官未尝止”，却增“上于用人，虽微者必尽其所长，赐予纤悉，各当其分，不容侥幸如此。”新史悉依旧本，今从之。①

卷二百六十，熙宁八年（1075）二月壬申，“同商量河东地界吕大忠言：‘臣与刘忱再会北人大黄平，萧素、梁颖词理俱屈，虽议论反覆，迷执不回，窃原其情，技亦止此。……’”李焘注云：

> 朱史签贴云：吕大忠所言，《时政记》等处皆不见，只是刘忱供到，难凭虚实，又事理无可取，删去。今依新本复存之。②

三是复存墨本直书责难和反对王安石及其新法的言论和记事。

卷二百一十，熙宁三年（1070）四月己卯，“太子中允、权监察御史里行程颢权发遣京西路提点刑狱。颢先上疏言：‘……盖自古兴治，虽有专任独决能就事功者，未闻辅弼大臣人各有心，睽戾不一，致国政异出，名分不正，中外人情交谓不可，而能有为者也。……’故罢”。李焘注云：

> 朱本削去颢疏，云：《时政记》不载。颢被责非缘此疏，前史官妄载。改书云：以数言常平新法乞责降，故有是命。按：颢此疏岂非言新法？绍圣史官猥为王安石讳，遂欲盖抹正论，辄加删修，今仍从元祐新本。③

卷二百一十四，熙宁三年八月辛巳，翰林学士司马光言：“奉职考试武举人，而法当先试弓马，若合格即试策。……”中书请如旧制，上批：“再相度。”卒如中书所奏。李焘注云：

> 朱本以为不曾施行，遂削去。今依新本复存之。若谓不曾施行即削去，则当削去者，又何止此也。④

卷二百二十二，熙宁四年（1071）四月丁卯，侍御史知杂事邓绾言：“乞下诸路提举官，凡行移青苗文字，止以贷助粮种、钱谷为名。”不行。李焘注云：

> 朱史以不施行删去，新本谓绾乞改青苗文字，是自知此法为非，复存之，今从

① （宋）李焘撰，上海师范大学古籍整理研究所、华东师范大学古籍整理研究所点校：《续资治通鉴长编》卷256，熙宁七年九月丙申条，第6246页。

② （宋）李焘撰，上海师范大学古籍整理研究所、华东师范大学古籍整理研究所点校：《续资治通鉴长编》卷260，熙宁八年二月壬申条，第6334—6335页。

③ （宋）李焘撰，上海师范大学古籍整理研究所、华东师范大学古籍整理研究所点校：《续资治通鉴长编》卷210，熙宁三年四月己卯条，第5103—5104页。

④ （宋）李焘撰，上海师范大学古籍整理研究所、华东师范大学古籍整理研究所点校：《续资治通鉴长编》卷214，熙宁三年八月辛巳条，第5221页。

新本。[1]

四是李焘认为墨本记事可以揭示新法扰民、欺罔，非便者而予以复存。

卷二百三十五，熙宁五年（1072）七月戊子，诏："雄州归信、容城县弓级，自今无故不得乡巡，免致骚扰人户。……""朝廷既罢乡巡，而北界巡马亦不为止，盗贼滋多，州县不能禁。"李焘注云：

> 巡马亦不为止，而盗贼滋多，州县不能禁，此墨本旧语，盖因密院《时政记》也，朱本遂削去，今附存之，庶不失事实。[2]

卷二百五十三，熙宁七年（1074）五月甲辰，"诏熙河路岁计用钱，令秦凤等路转运司、熙河路经略司，用具无事时各一年收支数申中书。自开建熙河，岁费四百万缗，七年以来，财用出入稍可会，岁常费三百六十万缗"。李焘注云：

> 此据《赵思忠传》，朱史削去，签贴云：河湟故地，方二千里，新造之邦，费用固不为多，至于今日，已不烦朝廷供亿。前史官意以广费为非，故妄书此。又云：自合于裁减边费处，相照修入。然讫不曾修入，今撰取附见"具无事时一年收支数"下。[3]

卷二百五十五，熙宁七年八月丙寅，上批："提举市易司奏，市易二年收息钱九十六万余缗，累准朝旨，已支九十五万缗。可契勘何月日指挥，支往何处。"李焘注云：

> 讫无行遣。朱史削去，以为支拨息钱不合书，新本亦削去。今复存之，此亦可见市易司为欺也。[4]

卷二百五十九，熙宁八年（1075）正月戊午，"同管勾外都水监丞程昉言，开滹沱、葫卢（芦）河直河淤田、系浮桥、回闭水澨等部役官吏劳绩，别为三等，乞推恩。从之"。李焘注云：

> 朱本签贴云：部役赏功常事，法不当书，遂削去。新本仍存之，此可见程昉邀功生事也。[5]

五是李焘认为朱本为王安石缘饰或避讳而删削墨本的文字，复存之。

卷二百一十一，熙宁三年（1070）五月癸卯，"诏杭州洞霄宫……舒州灵仙观置管勾或提举官。时以诸臣历监司、知州，有衰老不任职者，令与闲局，王安石亦欲以处异议者，

---

① （宋）李焘撰，上海师范大学古籍整理研究所、华东师范大学古籍整理研究所点校：《续资治通鉴长编》卷222，熙宁四年四月丁卯条，第5404页。

② （宋）李焘撰，上海师范大学古籍整理研究所、华东师范大学古籍整理研究所点校：《续资治通鉴长编》卷235，熙宁五年七月戊子条，第5700、5703页。

③ （宋）李焘撰，上海师范大学古籍整理研究所、华东师范大学古籍整理研究所点校：《续资治通鉴长编》卷253，熙宁七年五月甲辰条，第6191页。

④ （宋）李焘撰，上海师范大学古籍整理研究所、华东师范大学古籍整理研究所点校：《续资治通鉴长编》卷255，熙宁七年八月丙寅条，第6230页。

⑤ （宋）李焘撰，上海师范大学古籍整理研究所、华东师范大学古籍整理研究所点校：《续资治通鉴长编》卷259，熙宁八年正月戊午条，第6324页。

故增宫观员”。李焘注云：

> 朱本削去王安石欲处异议者，又为之说曰，因使人各得便乡里，且以优老示恩。今并用初本。①

卷二百一十四，熙宁三年八月己卯，“斩环庆路钤辖李信、庆州东路都巡检刘甫。……”李焘注云：

> 《实录》云夏人犯大顺城，复圭命信等出战。按：信等败处乃荔原堡北，非大顺城也。荔原堡北事在五月，犯大顺城在八月。方敌犯大顺城时，信等久已下狱，且将诛矣。朱本以王安石故，多为复圭讳，辄改墨本，云信等违复圭教令取败。其附传又云信等逗留违师期。皆非事实。……今并从元祐墨本及《司马光日记》删修。②

卷二百三十五，熙宁五年（1072）七月戊子，“遣御史蔡确劾秦凤路经略司、缘边按抚司互诉事于秦州”。李焘注云：

> 朱史云：以前勘官杜纯丁父忧，故再遣确。按：王安石欲变纯所劾，故再遣确，纯虽不丁父忧，固亦当罢去。朱史似为安石讳也，今不取。③

卷二百三十五，熙宁五年七月，“前处州缙云县尉、编修三司敕并诸司库务岁计及条例删定官郭逢原上疏曰：‘……臣尝闻陛下固以师臣待安石矣……’疏奏，上甚不悦。他日，谓安石曰：‘逢原必轻俊。’……”李焘注云：

> 郭逢原书，墨本附六月二十六日甲戌，然李评罢去乃七月二十一日戊戌，此时未也。朱本削去逢原书，盖为王安石讳，今复存之，移入七月。④

卷二百四十一，熙宁五年十二月己丑，御史盛陶言：“兵部员外郎、判流内铨李复圭昨守庆州，骄众轻敌，以败国事。……”上语陶曰：“卿知李信、刘甫所受剑否？即复圭当受。”李焘注云：

> 元祐史官既于五年十二月己丑书盛陶疏，又于六年四月乙未书之，其疏则同，但文稍详耳。朱史削己丑所书，并书于乙末日，且删去上语。上语安可删去也？盖王安石主李复圭，故史官私为安石讳耳，今复存之。⑤

卷二百五十四，熙宁七年（1074）六月甲戌，“权知开封府孙永言：‘昭化军节度使、康国公承显多以金钱与僧本立，请求迁官。乞从别差官推治。’诏开封府依公结绝，如事干

---

①（宋）李焘撰，上海师范大学古籍整理研究所、华东师范大学古籍整理研究所点校：《续资治通鉴长编》卷211，熙宁三年五月癸卯条，第5128页。

②（宋）李焘撰，上海师范大学古籍整理研究所、华东师范大学古籍整理研究所点校：《续资治通鉴长编》卷214，熙宁三年八月己卯条，第5218—5219页。

③（宋）李焘撰，上海师范大学古籍整理研究所、华东师范大学古籍整理研究所点校：《续资治通鉴长编》卷235，熙宁五年七月戊子条，第5700页。

④（宋）李焘撰，上海师范大学古籍整理研究所、华东师范大学古籍整理研究所点校：《续资治通鉴长编》卷235，熙宁五年七月丙午条，第5721—5722页。

⑤（宋）李焘撰，上海师范大学古籍整理研究所、华东师范大学古籍整理研究所点校：《续资治通鉴长编》卷241，熙宁五年十二月己丑条，第5880—5881页。

承显，即牒大宗正司会问。本立尝属宰臣王安石子雱，永屡上殿及此，上察永意，欲以及安石也"。李焘注云：

> 朱本削"本立尝属王雱"以下，今复存之。①

卷二百六十五，熙宁八年（1075）六月丁未，"同修经义吕升卿言：'《周礼》、《诗义》已奏尚书，有王雱所进议，乞不更删改。'从之。时升卿辄删改安石、雱《诗义》，安石、雱皆不悦，故升卿有是言，然亦不能解也"。李焘注云：

> 此据墨本九月十二日所书，朱本削去，今移入此。②

卷二百六十，熙宁八年二月乙酉，河北察访使曾孝宽言："庆历八年，尝诏河北州军坊郭第三等、乡村第二等，每户养被甲马一匹，以备非时官买，乞检会施行。"户马法始于此。李焘注云：

> 墨史记马法始于此。朱史签贴云：先帝仿三代寓兵于农意，立保马法。法未完，遭变。前史官以为户马法始于此，实为妄诞，删去。朱史但务谄谀，不知史法，《新史》已复存之，今从《新史》。③

要之，根据上述举例，不难看出，李焘取舍三种《神宗实录》有他严谨的一面，即在考订有关事件、人物、时间秩序、场景以及叙事行文、官职等问题上，或以朱本正墨本之失，或以墨本纠朱本之失，尽量减少史实错误，因而《续资治通鉴长编》较之三种实录有很大进步。除此之外，也不可否认，囿于政治偏见，他不能公正客观地对待朱本所记述的熙宁时期的历史活动，因而以反变法派观点编撰的元祐本、绍兴本《神宗实录》在李焘笔下得到充分利用，而被绍圣史官删修的所谓墨本《神宗实录》得到最大限度的恢复，与此相反，绍圣本《神宗实录》则受到摒斥和怀疑，可以说在针砭、非议王安石变法上，李焘《续资治通鉴长编》与元祐、绍兴本《神宗实录》是一脉相承的。④

三、李焘对《王安石日录》的取舍

《宋史·艺文志》云：皇帝有"日历"和"实录"，大臣有日录，分别记载一日一月一年间之行事与奏对。《王安石日录》"本熙宁间荆公奏对之辞，私所录记"⑤。

据以反驳《王安石日录》为宗旨而编写《尊尧集》的陈瓘所说，《王安石日录》共80卷，蔡卞编辑，但读过《王安石日录》的朱熹认为："其词锋笔势纵横捭阖，炜烨谲诳，又

---

① （宋）李焘撰，上海师范大学古籍整理研究所、华东师范大学古籍整理研究所点校：《续资治通鉴长编》卷254，熙宁七年六月甲戌条，第6207页。

② （宋）李焘撰，上海师范大学古籍整理研究所、华东师范大学古籍整理研究所点校：《续资治通鉴长编》卷265，熙宁八年六月丁未条，第6487—6488页。

③ （宋）李焘撰，上海师范大学古籍整理研究所、华东师范大学古籍整理研究所点校：《续资治通鉴长编》卷260，熙宁八年二月乙酉条，第6346页。

④ 燕永成：《今七朝本〈续资治通鉴长编〉探源》亦从诸本《神宗实录》运用状况及排比分析中，得出《长编·神宗朝》正文多存元祐《神宗实录》旧文的结论，载《古籍整理研究学刊》1994年第5期。

⑤ （宋）岳珂撰，吴企明点校：《桯史》卷11《尊尧集表》，北京：中华书局，1981年，第128页。

非安石之口不能言，非安石之手不能书也。以为蔡卞撰造之言，固无是理。”①《王安石日录》在北宋南宋之交时，已在世间广为流布，据说宋徽宗被金人俘掠至五国城时，“一日燕坐，闻外有货《日录》者，亟辍衣易之，曹功显（勋）亲纪其事”②。

李焘编写熙宁时期的历史活动，大量引用了《王安石日录》，李焘自幼“耻读王氏书”，却在《续资治通鉴长编》中大段征引《王安石日录》，据此，有许多学人以为这是李焘不因人废言的良史做派。毋庸讳言，从订正史实的角度而言，李焘并不偏废《王安石日录》，且能与其他典籍一视同仁，但是具体到事关变法是非以及针砭变法方面，李焘引用《王安石日录》则别有一番意味。一般来说，历史学家在论证和叙述历史时，如果他提供的材料越是详尽，越是原始，那么他所论证的结论和叙述的历史就越具有说服力和可信性，无论是肯定还是否定某一件事或人物，使用当事人的原始记录，其论证的效果就更为显著。李焘编撰《续资治通鉴长编》使用《王安石日录》即是如此。也就是说，在王安石的诸项新法措施、用人开边等都被否定的前提下，用王安石自己的记录来说明错误乃至罪过的形成过程，不仅有很强的说服力，而且更能达到“厉阶可鉴”的目的。《续资治通鉴长编》卷210至272，在正文之后所附注中，明确标明与《王安石日录》相关的事条达240余处，这240余处按其内容大致有以下两种情况，现举例说明。

一是属于用《王安石日录》考订他书之误，或以他书纠《王安石日录》之误。

（1）并书、附见，以明史文主次。卷二百一十一，熙宁三年（1070）五月戊戌，“是日，上问王安石，条例司可并入中书否？……”李焘注云：

> 此据《日录》，在五月六日，今附见。③

卷二百一十四，熙宁三年八月己卯，“斩环庆路钤辖李信、庆州东路都巡检刘甫。……既而（文）彦博等欲牒夏人以复圭擅出界事，且乞降诏”。李焘注云：

> ……文彦博欲移牒，降手诏，据《日录》在二十六日，今并书。④

（2）考订史实。卷二百二十一，熙宁四年（1071）三月乙未，“降工部郎中、宝文阁待制王广渊为度支员外郎，依旧职知庆州……”李焘注云：

> 《实录》云：庆州兵乱，徙广渊永兴，及叛兵随定，广渊止坐降官，复领庆州。按：

---

①（宋）朱熹：《晦庵先生朱文公文集》卷70《读两陈谏议遗墨》，《朱子全书》第23册，第3378页。

②（宋）岳珂撰，吴企明点校：《桯史》卷11《尊尧集表》，第130页。但今传《北狩记》（四库全书作《北狩见闻录》）并无此段记载，恐脱漏。参见（宋）蔡絛：《北狩行录》，《续修四库全书》第423册，第329页。

③（宋）李焘撰，上海师范大学古籍整理研究所、华东师范大学古籍整理研究所点校：《续资治通鉴长编》卷211，熙宁三年五月戊戌条，第5122页。

④（宋）李焘撰，上海师范大学古籍整理研究所、华东师范大学古籍整理研究所点校：《续资治通鉴长编》卷214，熙宁三年八月己卯条，第5218—5219页。类似情形又见（宋）李焘撰，上海师范大学古籍整理研究所、华东师范大学古籍整理研究所点校：《续资治通鉴长编》卷223，熙宁四年五月癸巳条，第5419—5420页；（宋）李焘撰，上海师范大学古籍整理研究所、华东师范大学古籍整理研究所点校：《续资治通鉴长编》卷228，熙宁四年十二月甲寅条，第5551页；（宋）李焘撰，上海师范大学古籍整理研究所、华东师范大学古籍整理研究所点校：《续资治通鉴长编》卷241，熙宁五年十二月丁亥条，第5879页；（宋）李焘撰，上海师范大学古籍整理研究所、华东师范大学古籍整理研究所点校：《续资治通鉴长编》卷245，熙宁六年六月丁丑条，第5966页；（宋）李焘撰，上海师范大学古籍整理研究所、华东师范大学古籍整理研究所点校：《续资治通鉴长编》卷263，熙宁八年闰四月乙巳条，第6437页。

广渊徙永兴，乃二月七日，此时庆州兵未尝乱，《实录》误也。广渊附传及本传皆误，今按《御集》并《日录》删修。①

卷二百二十三，熙宁四年五月辛亥，“先是，判亳州富弼四上章乞解使相，不许，又乞给假就西京养疾，未报。会青苗狱起……乃复乞养疾西京。是日诏与弼假”。李焘注云：

许给假就西京养疾，《实录》在五月十八日，误也，今从《会要》及《王安石日录》。②

卷二百二十九，熙宁五年（1072）正月丁未，“先是曾孝宽为王安石言：‘有军士深诋朝廷，尤以移并营房为不便，至云今连阴如此……’（吴）充曰：‘如庆州事，令属户在前，募兵在后，当矢石者属户也，于募兵无所苦，而反，何也？’”李焘注云：

朱史乃以吴充、张琥所言系之三月二十二日韩绛贬后，误矣。史官初不知王安石因禁卒诋并营事，故专以募兵为不可恃。其言殊激切不平，非主韩绛崇奖蕃部也。今依《日录》，仍见于此。③

（3）存疑、待考。卷二百一十四，熙宁三年（1070）八月戊寅，“初，删定编敕官曾布上《肉刑议》……”李焘注云：

《王安石日录》四年二月五日乃有上问曾布所论肉刑可行否，朱史却附见三年八月二十一日戊寅，不知孰是，当考。今姑从朱史。④

卷二百二十四，熙宁四年（1071）六月丁巳，又诏：“罢委官看详臣僚所上封章，令中书看详以闻。”李焘注云：

初命馆职看详，在三年五月戊戌，今罢之必有故，《日录》亦无其说，当考。⑤

卷二百六十一，熙宁八年（1075）三月辛酉晦，“召回谢辽国使沈括、副使李评对资政殿。……”李焘注云：

《实录》系召对沈括等于三月二十六日戊午，今移见二十九日辛酉晦，此据括《自志》，当考。又《王安石日录》：八年四月二日，上怒刘忱与契丹议地界不分明，余为

---

①（宋）李焘撰，上海师范大学古籍整理研究所、华东师范大学古籍整理研究所点校：《续资治通鉴长编》卷221，熙宁四年三月乙未条，第5377页。

②（宋）李焘撰，上海师范大学古籍整理研究所、华东师范大学古籍整理研究所点校：《续资治通鉴长编》卷223，熙宁四年五月辛亥条，第5437页。

③（宋）李焘撰，上海师范大学古籍整理研究所、华东师范大学古籍整理研究所点校：《续资治通鉴长编》卷229，熙宁五年正月丁未条，第5579—5580页。

④（宋）李焘撰，上海师范大学古籍整理研究所、华东师范大学古籍整理研究所点校：《续资治通鉴长编》卷214，熙宁三年八月戊寅条，第5213—5215页。

⑤（宋）李焘撰，上海师范大学古籍整理研究所、华东师范大学古籍整理研究所点校：《续资治通鉴长编》卷224，熙宁四年六月丁巳条，第5440页。

上明忱无罪，乃吕大忠作图不分明有罪也。不知大忠所图如何不分明，当考。①

（4）以《王安石日录》加详正文。卷二百六十，熙宁八年二月甲申，诏：“比令以宽剩钱买田募役，须契勘准灾伤等支用，无得妨阙，其价高处罢买。”李焘注云：

王安石八年四月三日《日录》：安石论给田募役有十余害，上曰：“苟如此，初何以有此议？议者必有所利。”翌日，检初议，乃李承之言募弓手宜如弓箭手为便，遂作此法，余无所利。安石曰：“只以田募弓箭手，已不如募弓手之便。……”上乃令废以田募役法。②

（5）朱本《神宗实录》引《王安石日录》删修墨本，李焘多不以为然，常加有“朱本乃云：先帝实录不应载元祐文字，并加删削，全用《（王）安石日录》，今仍存元祐旧本”。“新本《考异》云，岂有冯京、谢景温二人言薛向，而上独谓冯京疏疏谬，此《王安石日录》私意去朱书，从旧文”。绍圣本又专以《王安石日录》为据，“但朱本多所删削，如安石存形迹等语，皆依《日录》添”，“朱本虽据《日录》，辞有抑扬，然却可见此段曲折也”，“绍圣史官专以《日录》为主”③等带有否定性质的按语，以示对朱本据《王安石日录》删修墨本的不满和不信任。

二是《续资治通鉴长编》在引用国史、实录之外，专据《王安石日录》而入正文者，有数十条，据其内容大致可分如下几种情况。

（1）直书保甲等新法系由王安石主导。卷二百二十一，熙宁四年（1071）三月丁未，“上与王安石论保甲事，以为诚有斩指者，中官历十三县探麦苗问得如此，然百姓亦多会得见。……此极是好法，要当缓为之。……”安石曰：“今保甲固疑有断指以避丁者。然臣召八乡人问保甲事，皆以为便。……”李焘注云：

此据《日录》，全载此，所以见保甲不罢，由安石纳说不一而已也。④

卷二百二十二，熙宁四年四月甲戌，“是日，王安石白上：‘保甲习武艺新法如何？’上曰：‘候秋冬闲，差役事了当颁行。’又谓安石曰：‘人不能无过失，卿见朕有过失，但极口相救正，勿存形迹。’安石谢曰：‘当尽死力，不敢存形迹。’上虑难济，安石曰：‘此在陛下，不可以他求。观今年人情，听上所为，不敢侮慢，孰与去年？’又曰：‘陛下圣德日跻，风俗会丕变，何忧难济！’” 李焘注云：

---

①（宋）李焘撰，上海师范大学古籍整理研究所、华东师范大学古籍整理研究所点校：《续资治通鉴长编》卷261，熙宁八年三月辛酉条，第6367页。

②（宋）李焘撰，上海师范大学古籍整理研究所、华东师范大学古籍整理研究所点校：《续资治通鉴长编》卷260，熙宁八年二月甲申条，第6345页。

③（宋）李焘撰，上海师范大学古籍整理研究所、华东师范大学古籍整理研究所点校：《续资治通鉴长编》卷210，熙宁三年四月戊辰条，第5099页；（宋）李焘撰，上海师范大学古籍整理研究所、华东师范大学古籍整理研究所点校：《续资治通鉴长编》卷212，熙宁三年六月辛巳条，第5157页；（宋）李焘撰，上海师范大学古籍整理研究所、华东师范大学古籍整理研究所点校：《续资治通鉴长编》卷229，熙宁五年正月己丑条，第5568页；（宋）李焘撰，上海师范大学古籍整理研究所、华东师范大学古籍整理研究所点校：《续资治通鉴长编》卷231，熙宁五年三月辛丑条，第5621页；（宋）李焘撰，上海师范大学古籍整理研究所、华东师范大学古籍整理研究所点校：《续资治通鉴长编》卷242，熙宁六年二月辛丑条，第5906页。

④（宋）李焘撰，上海师范大学古籍整理研究所、华东师范大学古籍整理研究所点校：《续资治通鉴长编》卷221，熙宁四年三月丁未条，第5391—5392页。

此据《日录》。新法之行否，端在此际。而《实录》、朱墨本及新本皆阙不书，今特书之。①

（2）朝廷为变法派成员王韶、李定、薛向、章惇等人活动排除异议，给予全力支持，尤以支持王韶开边最具代表性，《续资治通鉴长编》专据《王安石日录》入正文有八处直接涉及王韶。王韶在熙宁初“知天子智勇，有志于天下，乃上《平戎策》”②。王韶开拓熙河的建议得到宋神宗和王安石的赞赏，遂任命他为管勾秦凤路经略司机宜文字。王韶至陕西后筑渭源上下两城屯兵以为前进基地。当时，河湟蕃部大族俞龙珂（一作裕罗格勒）渭源羌与夏人皆欲羁属之，王韶亲抵俞龙珂帐下，说其所属十二万口归附宋朝。王韶还建议开垦渭源至秦州沿渭河两岸弃置未耕的闲田，在古渭寨设置市易司，以官钱为本，借给商贾，使与各部族贸易，以所得利息充作军费。但王韶在陕西作进兵准备，以及开拓熙河，并不是一帆风顺，他遭到来自李师中、向宝和文彦博等边帅和廷臣的反对。《续资治通鉴长编》所引《王安石日录》入正文的正是王安石在朝廷力排众议，一意支持王韶的史实。

熙宁三年（1070）六月丙寅，“王韶之议开边也，（李）师中赞成之，及韶改提举蕃部兼营田、市易，（小字注：二月十一日。）师中始言其不便。向宝言：‘蕃部不可以酒食甘言结也，必须恩威并行，且蕃部可合而不可用。’议与韶异。朝廷更命宝兼提举，王安石恐沮韶事，亟罢之。（小字注：四月十八日。）韶及高遵裕并为提举，（小字注：四月二十三日。）两人共排宝，数有违言。时宝方为师中所信任，安石雅不喜师中，尝白上曰：‘师中前后论奏多侮慢，今于韶事又专务龃龉。陛下若欲保全，宜加训饬，使知忌惮。当云：“付卿一路，宜为朕调一将佐……”’上遣使谕师中如安石所陈（小字注：此据《日录》四月二十六日事）。”③

熙宁三年八月辛未，“于是，上令安石作书谕韶，且曰：‘事当申经略司者，但令奏来。’安石因言：‘韩缜虽粗有材气，然非欲建立功名者，陛下与一待制已满惬。内迫大臣议论，外又困于众人语言……今陛下主张王韶，议者必有以为因此更令人转嫉韶，适所以害之，此大不然。……陛下刚健之德长，则天下不命而自随；若陛下不能长刚德，则流俗群党日强，陛下权势日削。以日削之权势欲胜日强之群党，必不能也’（小字注：此段见十五日《日录》，今因之。）”④。

李定“少受学于王安石”⑤，熙宁初支持新法，受到王安石赏识，但亦受到反变法派的

---

①（宋）李焘撰，上海师范大学古籍整理研究所、华东师范大学古籍整理研究所点校：《续资治通鉴长编》卷222，熙宁四年四月甲戌条，第5409页。

②（宋）王称：《东都事略》卷82《王韶传》，第1254页。

③（宋）李焘撰，上海师范大学古籍整理研究所、华东师范大学古籍整理研究所点校：《续资治通鉴长编》卷212，熙宁三年六月丙寅条，第5144—5145页。

④（宋）李焘撰，上海师范大学古籍整理研究所、华东师范大学古籍整理研究所点校：《续资治通鉴长编》卷214，熙宁三年八月辛未条，第5206—5207页。事又见（宋）李焘撰，上海师范大学古籍整理研究所、华东师范大学古籍整理研究所点校：《续资治通鉴长编》卷213，熙宁三年七月丙辰条，第5189页；（宋）李焘撰，上海师范大学古籍整理研究所、华东师范大学古籍整理研究所点校：《续资治通鉴长编》卷224，熙宁四年六月丙子条，第5458页；（宋）李焘撰，上海师范大学古籍整理研究所、华东师范大学古籍整理研究所点校：《续资治通鉴长编》卷243，熙宁六年三月己未条，第5920页；（宋）李焘撰，上海师范大学古籍整理研究所、华东师范大学古籍整理研究所点校：《续资治通鉴长编》卷243，熙宁六年三月丁卯条，第5924页；（宋）李焘撰，上海师范大学古籍整理研究所、华东师范大学古籍整理研究所点校：《续资治通鉴长编》卷250，熙宁七年二月辛卯条，第6102页。

⑤《宋史》卷329《李定传》，第10601页。

攻击，《续资治通鉴长编》卷二百一十三，熙宁三年（1070）七月丁酉载《王安石日录》一段文字，即是王安石为李定辩诬：

> 王安石白上曰："陛下初除李定作谏官，定诚非高才，既不能为陛下济天下务，然近岁谏官，谁贤于李定？而宰相不肯用定者，正以定私论平直，不肯阿其朋党，故沮抑之。陛下听其说，改命为御史，已是一失。此陛下予夺之权所以分，而正论之士所以不敢恃陛下为主也。……又苏颂辈攻李定终不敢言其不服母丧，独陈荐言者，荐亦知李定无罪，但恃权中丞得风闻言事故也。事已明白不可诬……（小字注：王安石云云，《日录》在此月十七日）。"①

为薛向、章惇等人所辩，类此，不赘。②

（3）用王安石指责反变法派攻击新法的言论，以显示王安石乱祖宗之法的思想根源。熙宁三年九月己丑，王安石与宋神宗讨论司马光攻击新法是非混淆之后说："近世执政务进朋党、蔽塞人主、排抑才士、不可驾御者，故今侍从有实材可用者极少，而其相阿党不修职事趣功实者则如一焉。"宋神宗患异论者不悛，曰："或引党锢时事以况今，如何？"王安石曰："人主昏乱，宦官奸利，暴横士大夫，污秽朝廷，故成党锢之事。今日何缘乃如党锢时事？陛下明智，度越前世人主，但刚健不足，未能一道德以变风俗，故异论纷纷不止。若能力行不倦，每事断以义理，则人情久自当变矣。陛下观今秋人情已与春时不类，即可以知其渐变甚明……（小字注：此段并见九月二日《日录》。）"③

熙宁四年（1071）六月甲戌，富弼落使相，唐諲、萧傅、徐衮、石夷庚与永城七县令佐等十八人皆冲替，"坐不行新法，置狱劾治"，宋神宗因与王安石论曰："常平事，壮家所为，吏独不能为，是不能为吏也。不能为吏，虽废为民未为过。"安石曰："诚如此。民所能而吏不能，虽废为民不为过。凡命有德，讨有罪，皆天也，人主奉若天道，患所讨不当而已。（小字注：此段据《日录》，七月十四日备载其言，可见安石无忌惮之甚也。）"④

由李焘所加"可见安石无忌惮之甚也"的按语，不难明了李焘引述王安石言论的真实意图是要展示王安石变乱祖宗法度的思想根源。

（4）荐引吕惠卿、曾布、吕嘉问担任朝廷要职。熙宁四年二月辛酉，宋神宗以"陈绎制辞不工，欲用曾布，疑布所领事已多。王安石曰：'布兼之亦不困。'遂以布直舍人院。……（小字注：此据《王安石日录》。）"⑤

熙宁五年（1072）九月丁未，宋神宗因论许将直舍人院而文字不佳，问王安石："起居注见阙，何人可修？"安石曰："吕惠卿丧欲除。"上曰："惠卿最先宣力。"安石曰："非为

---

①（宋）李焘撰，上海师范大学古籍整理研究所、华东师范大学古籍整理研究所点校：《续资治通鉴长编》卷213，熙宁三年七月丁酉条，第5173—5174页。

②（宋）李焘撰，上海师范大学古籍整理研究所、华东师范大学古籍整理研究所点校：《续资治通鉴长编》卷232，熙宁五年四月乙亥条，第5639—5640页；（宋）李焘撰，上海师范大学古籍整理研究所、华东师范大学古籍整理研究所点校：《续资治通鉴长编》卷245，熙宁六年五月辛未条，第5963页。

③（宋）李焘撰，上海师范大学古籍整理研究所、华东师范大学古籍整理研究所点校：《续资治通鉴长编》卷215，熙宁三年九月己丑条，第5232页。

④（宋）李焘撰，上海师范大学古籍整理研究所、华东师范大学古籍整理研究所点校：《续资治通鉴长编》卷224，熙宁四年六月甲戌条，第5454—5455页。

⑤（宋）李焘撰，上海师范大学古籍整理研究所、华东师范大学古籍整理研究所点校：《续资治通鉴长编》卷220，熙宁四年二月辛酉条，第5341—5342页。

其宜力，如此人自当擢用。”上曰：“惠卿胜曾布。（注：此段见《王安石日录》七月二十七日，今附见。）”①

熙宁八年（1075）三月己未，王安石复相后不久，与宋神宗讨论新法官员不够称职，推行新法不力，因此称赞吕嘉问称职尽力，“上曰：‘嘉问已与复差遣。’安石曰：‘李直躬之徒作转运，却令嘉问提举便籴，此岂官人之宜。’上曰：‘与移一路转运。’安石曰：‘陛下必欲修市易法，则须却令嘉问领市易。’上曰：‘恐吴安持忌其来，又复失安持心。’安石曰：‘臣以女嫁安持，固当为其审处。今市易事重，须嘉问与协力乃可济，不然他时有一阙失，必更上烦圣虑。’又荐嘉问及张安国可为宰属，上皆以为可。（注：此据《王安石日录》）。”②

曾布、吕惠卿、吕嘉问都是熙丰时期变法派中的活跃分子，但同时也是备受反变法派攻击者，特别是南宋初年以后又被视作“小人”，李焘引用《王安石日录》荐引他们的记载入正文，一方面可补国史、实录之缺；另一方面也全力展现李焘尽力描述王安石变法全貌的“厉鉴”意图。

要之，以上事例充分说明，李焘对《王安石日录》的取舍，除了属于《续资治通鉴长编》编写体例辩证异同的需要外，其主导思想有两个鲜明的特点：①李焘在否定王安石变法的前提下，运用当事人王安石自己的记述，越是详尽描述新法出台的全过程，就越能证明王安石是变乱祖宗之法的罪魁祸首，即所谓“王安石变更法度，厉阶可鉴”。②证明变乱祖宗之法并非神宗本意，而是受王安石的蒙蔽和误导，即如朱子所云：“凡安石之所以惑乱神祖之聪明而变移其心术，使不得遂其大有为之志，而反为一世祸败之原者。”③

四、从《续资治通鉴长编》注文看李焘对王安石及其新法的态度

《续资治通鉴长编》的注文是《续资治通鉴长编》一书的重要组成部分，在某种意义上《续资治通鉴长编》萃一代典籍的广博特点，主要是从其注文表现出来，李焘本人在总结司马光制作长编方法时说：“事亦有与正史、实录不同者。盖所见所闻所传闻之异，必兼存以求是，此文正长编法也。”④

据研究，李焘《续资治通鉴长编》的注文可以分作四种情况，一是从其内容来分，大致有四点：①注明史料来源者；②注明人物初见年月、邑里、谱系者；③注释和加详正文者；④并书、附见，以明史文主次者。二是考异。三是存疑待考。四是李焘略作评议之笔。⑤

具体到李焘在注文中对王安石及其新法的态度，大致有两种情况：一是对正文事关王安石及其新法略作评议；二是通过加详正文或考异史实以他人之笔来展现他对王安石及其新法的态度。先说第一种情况，以下有两个典型例子。

王安石执政时期，曾发生宋辽交涉边地的纠纷，邵伯温、苏辙等人鼓吹王安石弃地说，

---

① （宋）李焘撰，上海师范大学古籍整理研究所、华东师范大学古籍整理研究所点校：《续资治通鉴长编》卷238，熙宁五年九月丁未条，第5790页。

② （宋）李焘撰，上海师范大学古籍整理研究所、华东师范大学古籍整理研究所点校：《续资治通鉴长编》卷261，熙宁八年三月己未条，第6366页。

③ （宋）朱熹：《晦庵先生朱文公文集》卷70《读两陈谏议遗墨》，《朱子全书》第23册，第3378页。

④ （宋）马端临著，上海师范大学古籍研究所、华东师范大学古籍研究所点校：《文献通考》卷197《经籍考二十四·温公日记》，第5683页。

⑤ 裴汝诚、许沛藻：《续资治通鉴长编考略》，第79—82页。

李焘对此深信不疑。熙宁八年（1075）四月癸亥，王安石白上曰："契丹无足忧者，萧禧来是何细事……"安石又言："萧禧不当满所欲，满所欲则归而受赏，是开契丹之臣以谋中国求赏，非中国之利也。"又言："外敌强则事之，弱则兼之，敌则交之。宜交而事之则纳侮，纳侮而不能堪则争，争则启难，故曰示弱太甚，召兵之道也。"此段话李焘引自《王安石日录》，但他不相信王安石与神宗皇帝对话的原始记录，怀疑蔡卞修改了《王安石日录》，因而在这段话加了"然安石本谋，实主弃地，虽对语云尔，竟弗克行"①，又在附注中引录了《邵氏闻见录》和苏辙《龙川别志》为证。

《邵伯温闻见录》云："敌争河东地界，韩琦、富弼、文彦博等答诏，皆主不与之论。"会王安石再入相，独言"将欲取之，必固与之"，以笔画地图，命韩缜悉与之，盖东西弃地五百余里。韩缜承安石风旨，视刘忱、吕大忠诚有愧。苏氏《龙川别志》亦云：安石谓咫尺地不足争，朝廷方置河北诸将，后取之不难。

然后李焘概言之，"据此，则弃地实安石之谋。今《日录》四月二日对语，乃谓许萧禧不当满其欲，与苏、邵所记持异，疑蔡卞等后来增加，实非当日对语也，今姑存之，仍略著安石本谋，庶后世有考云"②。

关于熙宁时期宋弃地于辽的责任是否应由王安石来负责的问题，自邵氏说王安石独言"将欲取之，必姑与之"之后，为后来很多史家采用。③直到近世邓广铭先生给予坚决的反驳。④当时李焘没有把邵氏的言论写入《续资治通鉴长编》正文，对此，有人认为这是李焘没有附会邵氏那般臆说，也有人说李焘虽然相信邵伯温的那段记载，但是又察觉到邵伯温的记载未必全可信据，因而采取了谨慎态度。笔者以为这两种看法似可再作探讨。因为李焘之所以不直接把邵氏之说引入正文，主要是受《续资治通鉴长编》以国史、实录等官修史书为史文，旁采异闻，如果纪事与正史、实录不合，则兼存以求是的编写体例所限。也就是说邵氏所言，既不见于朱墨本《神宗实录》，又不见于当事人王安石的日录，因而邵氏的言论作为异闻只能"兼存以求是"，但李焘对邵氏的记述是深信不疑的，"然安石本谋，实主弃地"，就表明了李焘的基本态度，甚至不顾《王安石日录》未载的事实，而宁愿怀疑蔡卞仿造，硬要把邵氏的诬构之词强加于王安石。

再看熙宁九年（1076）十月丙午，王安石第二次罢相，李焘于正文论述王安石罢相缘故时云："又有一云：'勿令上知。'由是上以安石为欺，故复用（冯）京，仍诏京抚定蕃部讫。"⑤李焘这一记载来自墨本《神宗实录》，朱熹就这件事曾发表过一番议论："'勿令上知'之语，世所共传，终以手笔不存，故使陆佃得为隐讳，虽以元祐众贤之力、争辩之苦而不能有以正也。"⑥虽然这一传闻"不能有以正"，但由于元祐史官载入《神宗实录》，李焘便

① （宋）李焘撰，上海师范大学古籍整理研究所、华东师范大学古籍整理研究所点校：《续资治通鉴长编》卷262，熙宁八年四月癸亥条，第6372—6373页。
② （宋）李焘撰，上海师范大学古籍整理研究所、华东师范大学古籍整理研究所点校：《续资治通鉴长编》卷262，熙宁八年四月癸亥条，第6373页。
③ 参见陶晋生：《宋辽关系史研究》，台北：联经出版事业公司，1984年，第159—161页。
④ 邓广铭：《北宋政治改革家王安石》，北京：人民出版社，1997年，第230—233页。
⑤ （宋）李焘撰，上海师范大学古籍整理研究所、华东师范大学古籍整理研究所点校：《续资治通鉴长编》卷278，熙宁九年十月丙午条，第6804页。
⑥ （宋）朱熹：《晦庵先生朱文公文集》卷70《读两陈谏议遗墨》，《朱子全书》第23册，第3378页。

以“盖（陆）佃尝从安石学故也”，置陆佃的辩驳于不顾，“《佃集》要不可信，姑存之”①。

从这两例不难看出，凡是诬陷王安石虽属捏造或传闻，李焘也是宁可信其有，不信其无。

第二种情况，李焘在注文中以他人之笔来表现其对王安石否定观点的做法，主要是大量征引和汇集否定王安石及其新法的“异闻”，如司马光本人的日记和《涑水记闻》、范镇《东斋记事》、魏泰《东轩笔录》、邵伯温《邵氏闻见录》、苏辙《龙川别志》、林希《林氏野史》、陈瓘《四明尊尧集》等，其中尤以征引陈瓘《四明尊尧集》和林希《林氏野史》为典型。《续资治通鉴长编》卷二百一十至二百七十征引《四明尊尧集》四十余处，征引林希《林氏野史》三十余处。

陈瓘，字莹中，号了翁，历仕神、哲、徽三朝。四库馆臣为《四明尊尧集》所撰提要云：

> 是书《书录解题》著录止一卷，此本十一卷，乃后人并其原表、序、跋合而编之者也。瓘以绍圣史官专据《王安石日录》改修《神宗实录》，变乱是非，不可传信，因作是书以辨其妄……此书分为八门，曰圣训、论道、献替、理财、边机、论兵、处己、寓言，始力斥王安石之诬，皆摘《实录》原文，而各著驳论其下，共六十五条，坐此羁管台州。其总论中所云：安石退居钟山，著此讪书以授蔡卞，卞当元祐之时，增损润色，九年笔削云云。②

对于陈瓘谓《王安石日录》由蔡卞撰造之说，朱熹在《读两陈谏议遗墨》一文中曾予以驳斥：“尝即其书（即《王安石日录》）而考之，则凡安石之所以惑乱神祖之聪明而变移其心术，使不得遂其大有为之志，而反为一世祸败之原者，其隐微深切皆聚此书，而其词锋笔势纵横捭阖，炜烨谲诳，又非安石之口不能言，非安石之手不能书也。以为蔡卞撰造之言，固无是理。”③

通观李焘引用陈瓘《四明尊尧集》尊神宗而非王安石的主要观点大致可分作四个方面。

其一，熙宁时期改祖宗之法系王安石诱导，并为贻害后世的渊薮。熙宁五年（1072）七月丙申，李焘记王安石与宋神宗议定保甲法：

> 先是，王安石白上曰：“臣前欲以近畿郡为畿辅，因推行保甲者，利在使赵子几等按察官吏差易耳。若付之诸路，即恐诸路推行灭裂，无以使四方观法。”上曰：“不如令属兵部，置属官，令出入点检。”……既而安石又言：“令兵部管保甲，恐百姓心疑将刺以为兵，不如令司农领之，仍使差官编近畿数州保甲，且增置丞、主簿，令更迭出入案察保甲，即农田、水利、常平、差役皆可使案察也。”上皆从之。④

在此正文下，李焘注云：

---

①（宋）李焘撰，上海师范大学古籍整理研究所、华东师范大学古籍整理研究所点校：《续资治通鉴长编》卷278，熙宁九年十月丙午条，第6805页。

②（清）永瑢等：《四库全书总目》卷89《史部四十五・史评类存目一》，第757页。

③（宋）朱熹：《晦庵先生朱文公文集》卷70《读两陈谏议遗墨》，《朱子全书》第23册，第3378页。

④（宋）李焘撰，上海师范大学古籍整理研究所、华东师范大学古籍整理研究所点校：《续资治通鉴长编》卷235，熙宁五年七月丙申条，第5710页。

陈瓘《尊尧集·圣训门》论曰：神考欲置尚书省，安石以为不须；安石欲建四辅，神考以为不可。三十余年，先训未远。乃者都省之毁，谁不流涕；四辅之成，谁不寒心！此岂一（蔡）京之罪乎？……然而四辅之所以必成者，因《日录》而成也；都省之所以必毁者，因《日录》而毁也。……又论毁析都省曰：尝谓（蔡）卞等初意专以熙宁宰相为圣，而不以元丰独断为是，故其所以继述者熙宁而已。……①

熙宁五年（1072）十月壬辰，王安石因中书与枢密院赏李宪功不一，与神宗论用人，宋神宗以为，“近习亦有忠信者，不皆为欺”，“小人不过以邪谄合人主，人主有好邪谄，即为其所中”。王安石则认为，人主仅分辨君子、小人以及不好邪谄、好正直还不够，最重要的是人主要闻道，“自古惟大无道之君，乃以恣睢致乱亡”，“要揆君子、小人情状，决天下大计，须闻道；苟能闻道，即声色玩好不能累其心”，“三公以论道为职者，必以为治天下国家，不可以不闻道故也”②。

在此正文下，李焘注曰：

陈瓘论曰：宦者四星在皇居之侧，其人近至尊，国家安宁则其身亦安，尤当自异于疏远之臣也。……神考谓近习亦有忠信者，此圣主公平之训也。……当时谋者，正谓其人都不可听，故欲以此而代彼也。《新经义》既取其说，而《日录》又欲变乱旧规，自以为此乃宗庙社稷久长之计。……呜呼！太祖皇帝规模宏远，保全内外，国本强固，私家亦宁，一百五十年矣，长久之计何以加此，何为而忽欲变更也？自有《经义》以来，凡三十余年，而王氏学术始见窟穴，计谋秘奥，包藏深远，章惇不知也，蔡京虽凶果敢行，而亦不能深察其谋，主此谋者，蔡卞而已矣。序辰、洵武，其心腹也，阴挟计数，用《新经》、《日录》之术，算人于谈笑之中，陷人于简册之内，使人习之而不觉，信之而不疑，积日累年，然后令人大悔恨也。既往之事不可追矣，未来之事岂可不以为鉴哉？然则今当何鉴，莫如忠信爱国而已矣。③

其二，宋神宗欲施仁政，而王安石则尽沮神宗本意。熙宁五年四月丙子，“先是，三司起请市易十三条，其一云‘兼并之家，较固取利，有害新法，令市易务觉察申三司，按置以法’。御批：‘减去此条，余悉可之。’御史刘孝孙言：‘于此见陛下宽仁爱民之至。’因言宜约束市易务。王安石曰：‘孝孙称颂此事，以为圣政。臣愚窃谓此乃是圣政之阙。天付陛下九州四海，固将使陛下抑豪强、伸贫弱，使贫富均受其利，非当有所畏忌不敢也……’”④

在此正文下，李焘注云：

陈瓘论曰……臣窃谓神考不欲于律外立较固之条，可谓仁厚爱民之意，刘孝孙将

① （宋）李焘撰，上海师范大学古籍整理研究所、华东师范大学古籍整理研究所点校：《续资治通鉴长编》卷235，熙宁五年七月丙申条，第5710—5711页。

② （宋）李焘撰，上海师范大学古籍整理研究所、华东师范大学古籍整理研究所点校：《续资治通鉴长编》卷239，熙宁五年十月壬辰条，第5815页。

③ （宋）李焘撰，上海师范大学古籍整理研究所、华东师范大学古籍整理研究所点校：《续资治通鉴长编》卷239，熙宁五年十月壬辰条，第5815—5816页。

④ （宋）李焘撰，上海师范大学古籍整理研究所、华东师范大学古籍整理研究所点校：《续资治通鉴长编》卷232，熙宁五年四月丙子条，第5640—5641页。

顺圣美不为过也。《日录》之内，但为显扬嘉问，故不以御批为是，不以孝孙为然。于是，造神考之言曰："若设法倾之，则兼并不能为害。"……神考爱民守法而指为阙政，力主嘉问，遂至于侮薄君父，不亦悖乎？①

又，李焘于熙宁五年（1072）十一月丁巳在易法条下注云：

陈瓘论曰：神考圣训谓市易法苛细，恐其有害细民，故初欲罢之，所以怀保小民也。而安石则曰"非帝王大体"，此《书》所谓"元首丛脞"也。神考沮抑吕嘉问，所以去蟊贼而养嘉谷也，义之用明，何以加此？安石则曰"俊民不章"矣。借《典》、《谟》、《洪范》之言以文私意，岂独此哉！②

其三，所谓"是则掠美于己，非则敛怨于君"③。熙宁六年（1073）四月戊寅，"新知桂州沈起，乞自今本路有边事，依陕西四路止申经略司专委处置及具以闻，从之。起又乞差人出外界勾当，上顾王安石曰：'如何指挥？'安石请依所乞，札与监司，上曰：'可。'安石私记又云：'上令起密经制交趾事，诸公皆不与闻，凡所奏请皆报听。'"④在此正文下，李焘注云：

陈瓘论曰：安石入告之言曰："兵无时不可用。"神考曰："用兵安可无名？"安石曰："陛下若果欲用兵，何患无名？"于是七年执政而四作边事，神考垂拱仰成，任其所为，事成则归功于安石，事不成则引咎于己。韩绛西事既败，神考降诏罪己，未尝责安石也。熙河奏功，则解玉带以赐安石曰："非卿主谋于内，无以成此。"梅山用兵，章惇受旨于安石，及其奏功，则神考擢惇而骤用之。广西之事，沈起亦受旨于安石，及其败也，神考掩护中书生事之过，曲从安石，贷起之死，而亦未尝责安石也。神考之于安石，可谓厚矣，安石之所以报上者，宜如何哉？

臣今考《日录》，安石于熙河、梅山先书李若愚妄沮王韶，而神考崇长若愚；又先书经制成算已付章惇，而神考为人游说，即欲改授蔡烨，然后言王韶、章惇必可任使之意，以谓能知王韶者安石也，非神考也。矜主谋之功，返复张大，至于数十万言，自谓有天地以来无此功矣。至于韩绛败事，则曰："陛下于一切小事劳心，于一大事独误。"……沈起引惹蛮事……罪悉在起。然起之所以得不死者，良以安石护起，神考重违其请，不欲尽行耳。安石退而著书，追记其事，则谓沈起经制，皆上密谋，诸公皆不与闻，起所奏乞，上皆许之。呜呼！四作边事，二败二胜，二胜则掠美于己，二败则敛怨于君，吕诲之言，辨之早矣。⑤

---

①（宋）李焘撰，上海师范大学古籍整理研究所、华东师范大学古籍整理研究所点校：《续资治通鉴长编》卷232，熙宁五年四月丙子条，第5641—5642页。

②（宋）李焘撰，上海师范大学古籍整理研究所、华东师范大学古籍整理研究所点校：《续资治通鉴长编》卷240，熙宁五年十一月丁巳条，第5829页。

③（宋）李焘撰，上海师范大学古籍整理研究所、华东师范大学古籍整理研究所点校：《续资治通鉴长编》卷247，熙宁六年九月癸亥条，第6017页。

④（宋）李焘撰，上海师范大学古籍整理研究所、华东师范大学古籍整理研究所点校：《续资治通鉴长编》卷244，熙宁六年四月戊寅条，第5933页。

⑤（宋）李焘撰，上海师范大学古籍整理研究所、华东师范大学古籍整理研究所点校：《续资治通鉴长编》卷244，熙宁六年四月戊寅条，第5933—5934页。

其四，王安石借神宗之“圣训”以兜售新法之私。熙宁五年（1072）六月辛未，王安石欲辞相位，神宗挽留不许，并说：“朕与卿相知，近世以来所未有，所以为君臣者形而已，形固不足累卿；然君臣之义，固重于朋友……”[①]在此正文下，李焘注云：

陈瓘《尊尧余言》曰：臣窃考《日录》，安石书神考圣训曰：“所以为君臣者形而已，形固不足以累卿。朕既与卿为君臣，卿宜为朕少屈。”呜呼，果自神考之训乎？托训如此，纵而不辨，臣恐自今以后，事君以形者颦笑进止，皆无真实之心矣；自尊大者骄很傲上，皆有难屈之气矣。此等托训之言，为臣子者安可以不辨哉！[②]

熙宁七年（1074）二月壬申，辽遣使萧禧将与宋议边界，宋神宗甚感为难和畏惧，王安石为之开导：“以今日土地、人民、财力，无畏契丹之理。”[③]在此正文下，李焘注云：

陈瓘论曰：“安石所欲建立，所欲排陷，必造神考圣训，欲以文饰前非，归过宗庙，其言其事，不可以一二数也。至于‘何尝理曲’之言，归于神考，则矫诬乖悖，尤为甚矣。”[④]

以上举证虽是大段征引，但也仅是一小部分。四库馆臣云，陈瓘《四明尊尧集》申斥王安石及其新法计65条，今据《四库存目丛书》所收明代天一阁藏本相验基本一致。《续资治通鉴长编》仅从熙宁三年（1070）四月至王安石第二次罢相，便征引陈瓘论点40余处，这还不包括熙宁二年（1069）任参知政事近一年已佚部分，说明李焘几乎合盘将陈瓘对王安石及其新法批判的论点全部收入《续资治通鉴长编》，由此不难得出李焘就是用陈瓘的论点，以加注的方式道出自己对熙宁新法是非论定的结论。

李焘在注文中引用较多的另一部书是《林氏野史》。林希，字子中，福州人，据《宋史》本传，历任神宗、哲宗、徽宗三朝，官至同知枢密院，绍圣时曾参与修《神宗实录》兼侍读，时人“疏其行谊浮伪，士论羞薄，不足以玷从列”[⑤]。所撰《林氏野史》为《直斋书录解题》卷五著录，其“《林氏野史》八卷”条下云：

同知枢密院长乐林希子中撰。希不得于元祐，起从章惇，甘心下迁西掖，草诸贤谪词者也。而此书记熙宁、元丰以来事，颇平直，不类其所为。或言此书作于元祐之前，其后时事既变，希亦随之，书藏不毁。久而时事复变，其孙懋于绍兴中始序而行之耳。[⑥]

陈振孙推测《林氏野史》作于元祐之前，据《续资治通鉴长编》于熙宁四年（1071）

---

①（宋）李焘撰，上海师范大学古籍整理研究所、华东师范大学古籍整理研究所点校：《续资治通鉴长编》卷234，熙宁五年六月辛未条，第5685页。

②（宋）李焘撰，上海师范大学古籍整理研究所、华东师范大学古籍整理研究所点校：《续资治通鉴长编》卷234，熙宁五年六月辛未条，第5686页。

③（宋）李焘撰，上海师范大学古籍整理研究所、华东师范大学古籍整理研究所点校：《续资治通鉴长编》卷250，熙宁七年二月壬申条，第6084页。

④（宋）李焘撰，上海师范大学古籍整理研究所、华东师范大学古籍整理研究所点校：《续资治通鉴长编》卷250，熙宁七年二月壬申条，第6084页。

⑤《宋史》卷343《林希传》，第10913页。

⑥（宋）陈振孙：《直斋书录解题》卷5，“《林氏野史》八卷”条，第151页。

四月甲戌记事条下引《林氏野史》中有“今上即位”，应是正确的。是书今大部已佚，仅存一卷，书名《鞠堂野史》，为《说郛》所收。故《续资治通鉴长编》注文所引弥足珍贵。虽然陈振孙说“此书记熙宁、元丰以来事，颇平直，不类其所为”，但通检《续资治通鉴长编》所引《林氏野史》的文字来看，大致以丑化王安石及其新法为基调。李焘注引《林氏野史》主要有两种情况：

一是所记事与正史、实录不合，兼存以求是，须别考详。熙宁四年八月丁卯，“屯田员外郎、知阳武县李琮权利州路转运判官。役法初下，琮处之有理，畿内敷钱独轻，邻县挝登闻鼓，愿视阳武为比，故召对擢用焉”[1]。在此正文下，李焘注云：

此据诏旨内所载，琮本传，《实录》因之。……《林希野史》云：李琮知阳武县，素为王安石所知，人意其首当进用。琮自以为赤心裨赞，尝讽其改作不当。安石大怒，同类尽用而不与语。三年，琮为推行青苗、役法为畿邑之最，始召对，除梓路运判。此事当考。[2]

熙宁四年（1071）九月丁亥，“光禄寺丞崔公度为崇文院校书。公度再除彰德军节度推官，充国子监直讲，辞不赴，作《一法百利论》万余言，论久任众职之事以进。召对，擢光禄寺丞、知阳武县”。在此正文下，李焘注云：

《林希野史》云：直讲崔公度旧为（韩）琦所荐。母服除，安石不喜其来，公度曲致诚意，复召为直讲，乃上《熙宁稽古一法百利论》。安石大喜，引与握手，解衣燕语，即除光禄丞、知阳武县。……日夜造安石，或踞厕以对，公度亦不惭。一日，从安石后而执带尾，安石愕然，公度笑曰：“相公带有垢，谨以袍拭去之。”客皆见。按今《实录·公度传》，载公度本末甚美。希云云当考。[3]

熙宁七年（1074）正月甲子，“上言：‘（程）昉昨修漳河，闻漳河岁岁决；修滹沱河，又却无下尾。’安石曰：‘修漳河出却三县民田，百姓群至京师，经待漏院出头，谢朝廷差到程昉开河，除去百姓三二十年灾害。’”[4]在此正文下，李焘注云：

《林希野史》云：原武等县民因淤田浸坏庐舍坟墓，又妨秋种，相率诣阙诉。使者闻之，急责其令追呼，将杖之，民即缪云：“诣阙谢耳。”使者因代为百姓谢淤田表，遣吏诣鼓院投之，状有二百余名，但二吏来投之。安石大喜，上亦不知其妄也。今附注此，当考。[5]

---

① （宋）李焘撰，上海师范大学古籍整理研究所、华东师范大学古籍整理研究所点校：《续资治通鉴长编》卷226，熙宁四年八月丁卯条，第5505页。

② （宋）李焘撰，上海师范大学古籍整理研究所、华东师范大学古籍整理研究所点校：《续资治通鉴长编》卷226，熙宁四年八月丁卯条，第5505页。

③ （宋）李焘撰，上海师范大学古籍整理研究所、华东师范大学古籍整理研究所点校：《续资治通鉴长编》卷226，熙宁四年九月丁亥条，第5511—5512页。又《宋史》卷353《崔公度传》，第11152—11153页，其记载与《林氏野史》相吻合。

④ （宋）李焘撰，上海师范大学古籍整理研究所、华东师范大学古籍整理研究所点校：《续资治通鉴长编》卷249，熙宁七年正月甲子条，第6074页。

⑤ （宋）李焘撰，上海师范大学古籍整理研究所、华东师范大学古籍整理研究所点校：《续资治通鉴长编》卷249，熙宁七年正月甲子条，第6074页。

尽管这三例与实录记事不尽相同，且李焘也采取了较为谨慎的态度，属以当考，但由《林氏野史》来看，王安石所用之人如李琮、崔公度之类都是善于钻营、投机的“小人”，而王安石本人也是好大喜功、欺上瞒下之徒，这种叙事基调与南宋以后对王安石变法的否定批判是前后一脉相承的。《宋史》的编撰者对王安石及其新法是全盘否定的，值得注意的是《林氏野史》对崔公度的描述与《宋史》本传的资料如出一辙。虽然《林氏野史》在《续资治通鉴长编》注引中属“旁采异闻”，但对这种“异闻”，李焘还是颇为欣赏的，或者说《林氏野史》表达了他自己想要说的话。熙宁四年（1071）六月丙寅，李焘先是在正文中记“录系囚，杂犯死罪以下第降一等，杖以下释之。时雨愆亢故也”。在此正文下，李焘又紧接着注云：

> 时雨愆亢，据《御集》。《林希野史》云：赵子几以司农旨谕诸县升降等第，以就助役。东明民二百诣丞相诉，又诉御史。上闻之惊，安石亦惶恐。上手批付中书：“民之不愿出钱者仍旧供役。”内外欢然，以此解诉者。中丞（杨）绘、谏官（孙）洙犹以为非便，而助役之议直可罢也。而（曾）布、（邓）绾言于安石曰：“助役为众所摇，不可成矣。”安石悔，又纳御批而不行，疑东明令贾蕃诱民来诉。……自四年以来，手批多不行矣。按希云安石屡纳御批，今附注此，当考。孙洙自谏院出知海州，在五月二十二日，盖从洙所乞，不闻洙论助役当罢，并合考详。[①]

林希所记这段文字，既与李焘《续资治通鉴长编》正文不甚相关，而且属于“风闻”，并无其他史料依凭，但李焘却宁肯信其有，而不信其无，尽管他说还要“并合考详”，这实际上是李焘对待变法或否定变法文字言论的一种基本取舍倾向。

二是用以加详正文。李焘对与正史、实录不合的《林氏野史》已如上揭，而当《林氏野史》与正史、实录所载相类时，李焘更是不惜笔墨大段征引，用来作为正文的详细注解。当然这种记事相类的另一一致处，在于正文与注文都在刻意贬斥王安石及其新法。由于文繁，下面仅举一例。

熙宁四年十月壬申，“前武昌军节度推官王安国为崇文院校书。安国常非其兄安石所为，为西京国子监教授，溺于声色。安石在相位，以书诫之曰：‘宜放郑声。’安国复书曰：‘安国亦愿兄远佞人也。’官满至京师，上以安石故召对……又问：‘安石秉政，外论谓何？’对曰：‘但恨聚敛太急，知人不明耳。’上默然不悦。安国初召对，人以为必得经筵，由是别无恩命，久之乃得馆职。安国尝力谏安石，以天下汹汹不乐新法，皆归咎于兄，恐为家祸。安石不听，安国哭于影堂，曰：‘吾家灭门矣！’又尝责曾布以误惑丞相更变法令。布曰：‘足下，人之子弟，朝廷变法，何预足下事？’安国勃然怒曰：‘丞相，吾兄也。丞相之父，即吾父也。丞相由汝之故，杀身破家，僇及先人，发掘邱垄，岂得不预我事邪？’”[②]

在此正文下，李焘注云：

> 此据安国本传及司马光《纪闻》删修。《林希野史》云：富弼知河阳，陈襄为属县，

---

①（宋）李焘撰，上海师范大学古籍整理研究所、华东师范大学古籍整理研究所点校：《续资治通鉴长编》卷224，熙宁四年六月丙寅条，第5452页。

②（宋）李焘撰，上海师范大学古籍整理研究所、华东师范大学古籍整理研究所点校：《续资治通鉴长编》卷227，熙宁四年十月壬申条，第5531—5532页。

弼甚礼之。富自并门入相，襄在京师，迓富于中牟。安石笑曰："以道事人，乃若是邪？"自是薄之，及安石执政，士夫伺从阁下，谀佞百端，安石喜之为贤，随其佞媚厚薄，量授官职。有日至而夜不出者，有间日而至者，有安石据厕而见之者。平时故人以道义相期者，由是渐疏，小人谗曰："此乃立异者。"安石果怒，书至不省，来亦不见。其弟安国学业文章与安石相上下，任气强悍，论事未尝少屈。安礼夸诞浇薄，尤能卑辞以结雱，安石于上前誉礼而毁国。二人召对，国不沾一命，礼即日改命，充校书。章望之、曾巩、孙侔三人者，忘形之交，其诗书相赞美，天下皆传之。安石既相，佞媚者日进，而三人者犹如平时，以语言诋忤之，书至不复视，径抵于地。布见其兄书未发封者，怀之而去。望之将死，为书谄安石，且祈赒其后。安石大笑曰："群儿妄为尔。"国从旁曰："望之二字，似其手迹，曷少赒之？"安石不答，左右目其仆使急去。①

《林氏野史》关于王安国与其兄王安石关系的文字虽与国史安国本传、司马光《涑水记闻》有所不同，但在表现王安石亲近、喜用小人、佞人的意旨上则是一致的。值得注意的是，关于王安国与王安石的关系，并不仅见于司马光《涑水记闻》，魏泰《东轩笔录》亦有较详细的记载：

王安国性亮直，嫉恶太甚。王荆公初为参知政事，闲日因阅读晏元献公小词而笑曰："为宰相而作小词，可乎？"平甫曰："彼亦偶然自喜而为尔，顾其事业岂止如是耶！"时吕惠卿为馆职，亦在坐，遽曰："为政必先放郑声，况自为之乎！"平甫正色曰："放郑声，不若远佞人也。"吕大以为议己，自是尤与平甫相失也。

……选人郑侠监安上门，遂画《流民图》，及疏言时政之失，其辞激讦讥讪，往往不实。书奏，侠坐流窜，而中丞邓绾、知谏院邓润甫言"王安国尝借侠奏稿观之，而有奖成之言，意在非毁其兄"。是时平甫以著作佐郎、秘阁校理判官告院，坐此放归田里。逾年，起为大理寺丞，监真州粮料院，不赴而卒。平甫天下之奇才，黜非其罪，而又不寿，世甚叹息。台官希执政（指吕惠卿）之旨，且将因此以浼荆公也。

……平甫博学，工文章，通古今，达治道，劲直寡合，不阿时之好恶，虽与荆公论议亦不苟合，故异时执政得以中伤，而言事者谓非毁其兄，遂因事逐之，天下之人

① （宋）李焘撰，上海师范大学古籍整理研究所、华东师范大学古籍整理研究所点校：《续资治通鉴长编》卷227，熙宁四年十月壬申条，第5532页。相关事见（宋）李焘撰，上海师范大学古籍整理研究所、华东师范大学古籍整理研究所点校：《续资治通鉴长编》卷211，熙宁三年五月庚戌条，第5136页；（宋）李焘撰，上海师范大学古籍整理研究所、华东师范大学古籍整理研究所点校：《续资治通鉴长编》卷213，熙宁三年七月癸巳条，第5170页；（宋）李焘撰，上海师范大学古籍整理研究所、华东师范大学古籍整理研究所点校：《续资治通鉴长编》卷222，熙宁四年四月甲戌条，第5407—5408页；（宋）李焘撰，上海师范大学古籍整理研究所、华东师范大学古籍整理研究所点校：《续资治通鉴长编》卷226，熙宁四年八月己卯条，第5507—5510页；（宋）李焘撰，上海师范大学古籍整理研究所、华东师范大学古籍整理研究所点校：《续资治通鉴长编》卷228，熙宁四年十一月戊申条，第5546页；（宋）李焘撰，上海师范大学古籍整理研究所、华东师范大学古籍整理研究所点校：《续资治通鉴长编》卷229，熙宁五年正月辛丑条，第5572页；（宋）李焘撰，上海师范大学古籍整理研究所、华东师范大学古籍整理研究所点校：《续资治通鉴长编》卷230，熙宁五年二月辛亥条，第5585—5586页；（宋）李焘撰，上海师范大学古籍整理研究所、华东师范大学古籍整理研究所点校：《续资治通鉴长编》卷231，熙宁五年三月丁酉条，第5614—5616页；（宋）李焘撰，上海师范大学古籍整理研究所、华东师范大学古籍整理研究所点校：《续资治通鉴长编》卷247，熙宁六年九月丙辰条，第6013页。

皆以为冤。①

显然，魏泰所记与宋国史王安国传、司马光《涑水记闻》、《林氏野史》有很大出入，不尽相同。按《续资治通鉴长编》“旁采异闻”的编写体例，则理应兼存以求是，但李焘并没有这样做，为何如此？大抵是因为魏泰对王安石及其新法的评论毁誉参半，而《涑水记闻》《林氏野史》则以丑化王安石及其新法为基调，对这两者的选择，李焘当然是更倾向于后者，这也就不难看出李焘揭批王安石及其新法的主观意图。

提到魏泰《东轩笔录》，还有一个值得注意的现象，即李焘在《续资治通鉴长编》注文中也多次注引魏泰的记载，尤其是有关王安石与吕惠卿的关系引用较多。我们知道，曾布与吕惠卿同是王安石变法的主要助手，曾布是魏泰的姐夫，曾布与吕惠卿因市易法的实施意见不合而遭贬，因而魏泰在《东轩笔录》中对吕惠卿多痛加揭露贬斥。而李焘注引魏泰的记载又恰恰多是涉及吕惠卿与曾布反目、王安石与吕惠卿交恶之事。王安石集团内部矛盾多为元祐以后否定王安石变法的论者所乐道，并被大肆渲染，因为在他们看来王安石变法乱祖宗法度的重大过失之一，就在于王安石始用小人，终为小人所误，吕惠卿、曾布、章惇等人即是误王安石的“小人”。所以，李焘用不完全否定王安石及其新法的《东轩笔录》叙事，来印证和揭批王安石集团的“内部倾轧”，当更有说服力。

至于在注文中直接引用其他批评王安石及其新法的言论，如熙宁五年（1072）三月丙午颁行市易法，正文下注云：“四月七日检继宗文字，《国是论》曰：‘兴利之中，其罪亦有轻重。青苗、均输、助役，世以是为安石大罪，犹可恕也。何者？安石之始学在此而始谋出此也。市易、免役，征利及于琐屑，皆小人之附安石者为之，而安石以为王政，将谁欺乎？’”②还有许多，因文繁不再复赘。

要之，对以上所述，有如下三点认识。

第一，李焘对熙宁时期王安石及其新法的描述有5个特点：

（1）基本史实，多存元祐本《神宗实录》旧文。

（2）为达到“历阶可鉴”的目的，对变乱祖宗法度的各项新法之出台始末、变法派的活动、开边战争做了巨细无遗的详尽描述。

（3）刻意证明变乱祖宗之法的元凶是王安石，为宋神宗辨。与绍兴本《神宗实录》的“惟是直书安石之罪，则神宗成功盛德，焕然明白”宗旨别无二致。

（4）王安石所用新进之人，大都是品行不端、心术不正、善谄媚、好投机之“小人”。

（5）特别留意网罗新法“害民、扰民”之事实和抨击指责新法的言论。

第二，李焘被历代旧史家誉为“史才”“良史”，的确，通览《续资治通鉴长编》，其取材之丰赡，叙事之谨严，给人留下至为深刻的印象。但是李焘囿于对王安石及其新法固有的成见，在取材、叙事方面均不可避免地打上了他的思想烙印。《宋史·陆佃传》云，元祐编撰《神宗实录》时，陆佃“数与史官范祖禹、黄庭坚争辨，大要多是安石，为之晦隐。庭坚曰：‘如公言，盖佞史也。’佃曰：‘尽用君意，岂非谤书乎！’”③那么李焘编撰《续资

① （宋）魏泰撰，李裕民点校：《东轩笔录》卷5，北京：中华书局，1983年，第52、56页。
② （宋）李焘撰，上海师范大学古籍整理研究所、华东师范大学古籍整理研究所点校：《续资治通鉴长编》卷231，熙宁五年三月丙午条，第5623页。
③ 《宋史》卷343《陆佃传》，第10918页。

治通鉴长编》无疑是尽用元祐史官之意，从这个角度而言，称其为谤书也并不为过。因而，今天在依据《续资治通鉴长编》研究王安石变法时，对此要有清醒的认识。

第三，虽然李焘主观上要揭露和贬斥王安石及其新法，即所谓力辩“邪正心迹”，但是为了达到这一目的，他不仅保留了有利于反变法派的各种资料，而且兼存了大量以供“历阶可鉴”的变法派活动的历史资料，其中许多散失的资料，因《续资治通鉴长编》才得以保存些许片段，如《王安石日录》。就研究王安石变法的资料的丰赡而言，在今传宋人资料中无出其右者。所以抛开李焘个人的政治成见，运用现代科学的理论和方法，重新诠释李焘用以证明王安石变法乱祖宗法度罪责的珍贵资料，从而更真切地认识王安石变法的本来面貌，这大抵是李焘所始料未及的，这也正是客观历史不以人的主观意志为转移的历史辩证法。

附论:《续资治通鉴长编》节本与王安石及其变法

（一）杨仲良《续资治通鉴长编纪事本末》

《续资治通鉴长编纪事本末》，南宋杨仲良撰，150 卷。杨仲良据李焘《续资治通鉴长编》分门别类，以北宋九朝，各为事目，取李焘原文，首尾连贯，依年月顺序，采缀成篇。据考证，“仲良之名不见于书中，卷端有宝祐丁巳庐陵欧阳守道序，亦不言著书人姓名，而陈均《九朝编年（备要）》引用书目中有之，云：《长编纪事本末》杨公仲良，故知此事出仲良手。然其书不见于《宋史 • 艺文志》。而赵希弁、陈振孙、马端临诸家亦皆不著录。近代藏书家惟季振宜、徐乾学两家有之。徐目云：阙一百十四卷至一百十九卷，今此旧钞本亦阙六卷，又阙六、七两卷，而五、八两卷亦非完帙，较乾学藏本盖又多阙佚矣。据守道序，此书宝祐元年刻于庐陵郡斋，贡士徐琥重为校刻，则宝祐五年也”①。

纪事本末体始创于南宋袁枢的《通鉴纪事本末》，四库馆臣以为：“自汉以来，不过纪传、编年两法，乘除互用。然纪传之法，或一事而复见数篇，宾主莫辨；编年之法，或一事而隔越数卷，首尾难稽。枢乃自出新意。”②其特点有二：一是区别门目，以类排纂，每事各详起讫，自为标题，每篇各编年月，自为首尾；二是经纬明晰，节目详具，前后始末，一览了然。遂使纪传、编年通为一贯，前古之所未见也。章学诚也认为纪事本末体“按本末之为体也，因事命篇，不为常格；非深知古今大体，天下经纶，不能网罗隐括，无遗无滥”③。正是因为纪事本末体有如此特点，它在寓褒贬于叙事，或评价治乱兴亡的历史时就较纪传体、编年体、典志体有更多的优越性和更大的直观性，它可以使读者：“如生乎其时，亲见乎其事，使人喜，使人悲，使人鼓舞未既而继之以叹且泣也。”④通观《续资治通鉴长编纪事本末》不难看出杨仲良深知李焘叙北宋九朝史事的大体和经纶，网罗檃栝，一览了然，尤其是深能体会李焘对王安石变法“历阶可鉴”和“惟是直书王安石之罪”的编纂宗旨。其具体表现有以下四个要点：

---

①（清）永瑢等：《四库全书总目》附录《四库未收书目提要》，第 1845 页。
②（清）永瑢等：《四库全书总目》卷 49《史部五 • 纪事本末类》，第 437 页。
③（清）章学诚著，叶瑛校注：《文史通义校注》卷 1《书教下》，北京：中华书局，1985 年，第 51 页。
④（宋）杨万里：《通鉴纪事本末叙》，（宋）袁枢：《通鉴纪事本末》，北京：中华书局，2015 年，第 1 页。

（1）所编神宗一朝史事篇幅最大，该书150卷，其中太祖和太宗各7卷、真宗14卷、仁宗24卷、英宗4卷、神宗34卷、哲宗26卷、徽宗28卷、钦宗6卷。神宗在位不足19年，比太宗、真宗、仁宗、徽宗在位时间短，不是北宋在位时间最长的皇帝；而今传520卷本《续资治通鉴长编》神宗朝缺治平四年（1067）四月至熙宁三年（1070）三月，共计145卷（209—354卷），哲宗朝缺元祐八年（1093）七月至绍圣四年（1097）三月，元符三年（1100）二月至十二月纪事，共计165卷（355—520卷）。神宗朝亦不是《续资治通鉴长编》篇帙最多的，但杨仲良却以34卷的篇幅记述神宗朝的史实，显然是对神宗一朝最为关注，而神宗一朝的大事即在于变法。

（2）仅从标题即能看出杨仲良把李焘在编年体著作中不宜直陈的观点，用是非分明的语言表述出来，如卷五十八吕诲弹王安石；卷五十九、卷六十王安石事迹上下；卷六十一吕惠卿奸邪、李定奸恶；卷六十三王安石毁去正臣；卷六十四王安石用小人；卷六十五常秩擢用。对于新法杨仲良专列了卷六十八、六十九青苗法上下，卷七十役法，卷七十一保甲，卷七十二市易务（附免行），这几项新法是熙宁时期反变法派认为最为害民的。

（3）卷八十一标题有圣听、政绩两个节目。“圣听”一节中主要记述神宗终身不受尊号，关心民众疾苦、蠲免天下欠贷、生活俭朴、不尚奢华、对两宫恪尽孝道。“政绩”一节则记述神宗增天下选人廪给、诏定职田、设提举太医局救死扶伤、重修都城、从善如流等，只字不提变法。对于宋神宗来说他的一生荣辱都与支持王安石变法和主持元丰新政紧密相关，神宗一朝政绩的高低莫过于变法的成功与否，但杨仲良却把神宗的“圣听”和“政绩”与变法活动割裂开来，其目的只有一个，即体现绍兴本《神宗实录》、李焘《续资治通鉴长编》“尽书王安石过失，以明神宗之圣”的撰写原则和方法。

（4）如前揭李焘在《续资治通鉴长编》注文中引陈瓘和林希的观点来表明自己对王安石及新法的褒贬态度，杨仲良在编撰《续资治通鉴长编纪事本末》时在保留不多的原注文中，特别保留了元祐本《神宗实录》、绍兴本《神宗实录》及国史、陈瓘《四明尊尧集》、林希《林氏野史》对新法的辩证批判文字，这样做既继承了李焘治史的严谨风格，同时也加大了抨击王安石及新法的力度。

（二）陈均《九朝编年备要》

《九朝编年备要》（又作《皇朝编年纲目备要》），陈均撰，30卷。陈均，福建莆田人。绍定二年（1229），真德秀为该书作序云：

> 莆田陈君均，以其所辑《皇朝编年举要》与《备要》之书合四十八卷，踵门而告，曰均之幼也，侍从祖丞相正献公，获观国朝史录诸书及眉山李氏《续通鉴长编》，意酷嗜之，独患篇帙之繁，未易识其本末，则欲删烦撮要为一书，以便省阅。时方从事举子业未之能也，晚滞场屋决意退藏林壑间，又以出入当世名流之门，得尽见先儒所纂次，若司马文正公之《稽古录》、侍郎徐公度之《国纪》，以及《九朝通略》等书，亡虑十数家，博考而互订之，于是辑成此编。大纲本李氏，而其异同详略之际，则或参以他书。昔尝读朱文公《通鉴纲目》，叹其义例之精密，盖所谓纲者，春秋书事之法也，而所谓目者左氏备言之体也。自司马公目录举要之作，至是始集大成，观者亡复余憾。

均窃不自揆辄放而依之，然文公所述前代之史，故其书法或寓褒贬于其间，均今所书则惟据事实录而已，不敢尽同文公之法也。愿一言以序之，何如某读某书弥月始尽卷，则喟然曰："美哉书乎"，圣祖神孙之功德，元臣故老之事业，赫赫乎，煌煌乎，备于此矣。然综其要而求之，则自艺祖以来，凡所以祈天永命垂万世无疆之休者，大抵弗越数端。盖其以仁立国而不杂五霸权利之谋；以儒立教而不溷百家邪诐之说；求治宁悠缓而不为一朝迫切之计；用人宁朴钝而不取小夫轻锐之才。嘉祐、治平以前廊庙之讦谟，缙绅之论建，相与藻卫扶植，如恐失之，此其所以大治也。自熙宁辅臣出新意改旧法，高谈古始，阴祖管商而国脉病矣，名为尊经，实尚空寂而学术乖矣。谓参苓蓍术不急于起疾而一切杂进者，皆决肠破胃之药，根本安得而弗伤，谓鼎鼐琮璧不足以便用，而错然前程者，皆奇诡淫靡之具，风俗安得而弗坏，章、吕鼓其波，二蔡炽其焰，更倡递述至于䵝贯极矣，此其所以致乱也。凡百有六十七年之行事，可喜、可慕、可愕者一揽而尽得之，真我宋千万年之龟鉴也……[①]

真德秀的这篇序文很好地向读者介绍了《九朝编年备要》，由此可知：①该书取材主要来自《续资治通鉴长编》，兼取国史、实录等十数种文献；②编写体例仿照朱熹《通鉴纲目》；③虽然陈均自言不敢尽依朱熹寓褒贬的编写手法，但在按实录所载史实的叙述中，已经充分表现出了他的编写宗旨和目的，诚如真德秀"综其要"所概述的，把王安石变法作为致乱祸源钉在了历史的耻辱柱上。在这一点上，他与李焘别无二致，且较李焘有过之而无不及。纲目体的编写方式比编年体对新法及王安石的攻击更直接、更集中。譬如：

卷十八，己酉，熙宁二年（1069）春二月，纲：王安石参知政事。

目……初，上问孙固曰："安石可相否？"固曰："安石文行甚高，侍从献纳其选也。宰相自有度，安石为人少容，恐不可。"

安石既执政，士大夫素重其名，以为太平可立致，虽司马光亦以是望之。吕诲任中丞，将对，光为学士侍讲，亦将趋资善堂，相遇并行，司马光密问曰："今日言何事？"诲曰："袖中弹文乃新参也。"光曰："介甫命下之日，众喜得人，奈何论之？"诲正色曰："君实亦为此言耶？安石好执偏见，喜人佞己。听其言则美，施于用则疏。为从官则可，登政府则天下必受其弊。"语未竟，阁门追班。光退，终日思之，不得其说。既而，缙绅间有传其疏，光往往疑其太过也。

初，治平中，邵雍与客散步天津桥上，闻杜鹃声，惨然不乐。客问其故，雍曰："杜鹃洛阳旧无之，今始至，有所主。"客曰："何也？"雍曰："不二年，上用南士为相，多引南人，专务变更，天下自此多事矣！"客曰："闻杜鹃，何以知此？"雍曰："天下将治，地气自北而南；将乱，自南而北。今南方地气至矣，禽鸟飞类，得气之先者也。《春秋》书'六鹢退飞'，'鸲鹆来巢'，气使之也。"至是雍言果验云。[②]

以上对王安石初任执政的评议文字，大致始见于《邵氏闻见录》，陈均单选这三条旨在

---

① （宋）真德秀：《西山先生真文忠公文集》卷27《皇朝编年举要备要序》，《宋集珍本丛刊》第76册，第213页；事又见（宋）刘爚撰，（明）刘梗编：《云庄集》卷5《皇朝编年举要备要序》，《景印文渊阁四库全书》第1157册，第402—403页，记载大致相同。

② （宋）陈均编，许沛藻等点校：《皇朝编年纲目备要》卷18《神宗皇帝》，北京：中华书局，2006年，第415页。

攻王安石的“遗闻”，其目的一眼便知，即为直书王安石变乱祖宗法度作铺垫。

另外，对反变法派的言论记载颇详，如熙宁二年（1069）“六月，吕诲罢”，“八月，贬刘琦、钱颉”，“范纯仁罢”，“苏辙罢”；熙宁三年（1070）“三月孙觉、程颢罢”，“四月吕公著、张戬等罢”，“七月徙欧阳修知蔡州、治秀州狱、贬祖无择”，“出苏轼”，“九月曾公亮罢”，“司马光罢”，“十月陈升之罢”，“范镇致仕”；熙宁四年（1071）六月欧阳修致仕，“富弼坐格青苗法，徙判汝州”，七月“杨绘、刘挚罢”。在这些纲下，陈均用较大的篇幅记述了他们反对王安石新法的过程和所上论章，这些论章无不以声讨和指斥新法为宗旨，至于具体内容已在讨论《宋朝诸臣奏议》中详述，不复赘。与此相对应，在述及变法派时，笔锋一转，把他们都描述成一帮小人，且看在熙宁三年四月“李定为监察御史里行，罢徙宋敏求等职”纲下云：“范育前后七奏定不服母丧，且乞罢免台职，其言曰：‘天下之恶，当先治其大者，而定背丧讳母，法所当治。今置不孝之人在天子左右，臣职在纠弹，此而不正，焉暇其他？今王安石上诬天心，下塞公议，朝廷虽可惑，李定之心安可欺？’亦自御史里行迁崇文院校书。”①

又如在熙宁四年“以常秩为右正言”纲下，曰：

> 秩，颍川人，举进士不中，退在陋巷，为学自得。尤长于《春秋》，尝谓：“孙复所学，商君法耳。步过六尺与弃灰于道者有诛，不近人情甚矣。”皇祐中，欧阳修为州，刘敞、王回与之游，闻秩居里巷有节行，间亦与之燕集，由此知名。嘉祐五年，用胡宿荐，命为本州教授，英宗召之，以疾辞。……秩时已有仕进意，二公与秩谈时政，秩以时政为是，修随折之。安石命本郡以人船送秩赴阙，至京师，馆于太学。召对，上问所以久不起之意，秩对：“先帝召臣以官，故臣不敢至；陛下不以官召臣，臣所以起。”上大悦，又问安石、公著优劣，及时政是非，秩对：“青苗等事皆合古义，安石知经、知道，公著不知经、不知道，修于浮文为长。”明日，遂除。修自去颍，每为诗思颍，无不及秩，公著荐之尤力，一旦秩为安石所诱，二人大失望，遂不复与相见。初，吕惠卿、章惇辈事修亦甚谨，及修老失势不复顾，修归颍又失秩，终自身咎，以为知人之缪。②

这段记述实则是李焘《续资治通鉴长编》卷二百二十二熙宁四年四月甲戌条正文后的注文中所引《林氏野史》的一段话，李焘尚不作为可信的史料而入正文，陈均却以此来作为注解常秩的主要材料，于此亦可见陈均在抨击王安石集团方面较李焘走得更远、更彻底。

又如在熙宁四年（1071）七月“王雱为崇政殿说书”纲下，曰：

> 雱，安石子也，为人剽悍，无所顾忌。安石与弟安国白首穷经，雱从旁剽闻而下笔贯穿，未冠已著书数十万言。年十三时，得秦州卒言洮河事，叹曰：“此可抚而有也。”故安石力主王韶议。雱既登第，安石暴进用，执政多少年，雱尤欲与选，乃与父谋曰：“执政子虽不可与事，惟经筵可处。”安石欲上知而自用，乃以雱所作策三十篇及注《道德经》镂鬻于市，遂传达于上，而邓绾、曾布等又力荐之，遂有是命。人谓

---

①（宋）陈均编，许沛藻等点校：《皇朝编年纲目备要》卷18《神宗皇帝》，第429—430页。

②（宋）陈均编，许沛藻等点校：《皇朝编年纲目备要》卷19《神宗皇帝》，第445—446页。

安石必辞，乃殊不然，但为雳一状申堂，便出受敕。[①]

此段记载“……力主王韶议”之前文字取自《续资治通鉴长编》卷二百二十六，熙宁四年八月己卯条正文，之后文字则取自李焘在注文中所引《林氏野史》政府客篇的记述。陈均将《续资治通鉴长编》的正文和注文糅合在一起作为他所依凭的事实根据，显然在选择史料的态度上是不够严谨的，同时也反映他有意把变法派人物视作见利忘义、不忠不孝的乌合之众的一种主观动机。

要之，朱熹在评价自己编著的《通鉴纲目》时说：“纲举而不烦，目张而不紊，国家之理乱、君臣之得失，如指诸掌。”[②]通观陈均的编著可以说也是忠实地贯彻了这一宗旨，即王安石乱国，如指诸掌。

（三）彭百川《太平治迹统类》

《太平治迹统类》，彭百川撰。据魏了翁《鹤山集》卷五十九所载《跋丹稜彭君墓志铭》，可知彭百川是眉州丹棱人。“百川之通赡，当有以卒其志者。”[③]南宋赵希弁的《郡斋读书附志》著录了《太平治迹统类》四十卷、《中兴治迹统类》三十五卷。解题云：“右仿《通鉴纪事本末》条例统而类之，事撮其纲，辞举其要。上自艺祖而下至于孝宗，凡二百门云，眉山彭百川编集。”[④]陈振孙《直斋书录解题》亦著录：“《皇朝治迹统类》七十三卷，眉山彭百川叔融撰。略用袁枢《通鉴本末》条例，为《前集》四十卷，中兴后事为《后集》三十三卷。”[⑤]两者均未注明《治迹统类》的成书时间，邓广铭先生据《宋史·艺文志》史部·故事类中有“彭百川《治迹统类》以下，不著录七部”，推测“《治迹统类》之进御最早当为理宗初年，而其完稿之期，最早亦须在宁宗末年”[⑥]。但该书一向只是抄本流传，至明代已残缺，篇卷断烂，文字讹夺，四库馆臣采录为底本的是江苏巡抚采进之三十卷本。自民国以来，有人即把该书视作李焘《续资治通鉴长编》的另一种《纪事本末》，吴兴张均衡跋是书云：

> 又，初看是书时……疑其从《长编》钞出者。校勘一过，方知其从《元祐党事始末》之下直接《契丹、女真用兵始末》具见史识。（章实斋《湖北通志·明季社事》后即继以《流寇》用意俱同。）《长编》所缺熙宁元年至三年，绍圣元、二、三年事实，屡见后《祖宗圣学》《祖宗制科取人》《累朝任用逸民》《祖宗科举取人》《祖宗用度损益》《官制沿革》《兵制损益》七篇中，亦至徽、钦止，方知崇宁、政和诸事，撰者以非治迹去之矣。其为原书无疑，而浙局撰《长编拾补》未搜及此，亦足见是书之难得……[⑦]

近人邓广铭先生则更加明确地断言“《太平治迹统类》是李焘《续资治通鉴长编》的

①（宋）陈均编，许沛藻等点校：《皇朝编年纲目备要》卷19《神宗皇帝》，第449—450页。
②（清）王懋竑撰，何忠礼点校：《朱熹年谱》卷1，北京：中华书局，1998年，第57页。
③（宋）魏了翁：《鹤山集》卷59《跋丹稜彭君墓志铭》，《景印文渊阁四库全书》第1173册，第9页。
④（宋）晁公武：《郡斋读书志》卷5上《附志》，《景印文渊阁四库全书》第674册，第330页。
⑤（宋）陈振孙：《直斋书录解题》卷5，“《皇朝治迹统类》七十三卷”条，第167页。
⑥ 邓广铭：《对有关〈太平治迹统类〉诸问题的新考索》，《邓广铭治史丛稿》，第349页。
⑦ 转引自（宋）彭百川：《太平治迹统类》附录，台北：成文出版社，1966年，第2233页。

另一种《纪事本末》”[①]。

对这种意见，虽然现也有不同意见，但以《太平治迹统类》与《续资治通鉴长编》相对照，前者主要摘抄后者则是无疑的。该书编撰的价值倾向，四库馆臣认为：“此书于朝廷大政及诸臣事迹，条分缕析，多可与史传相参考。”[②]此与杨仲良《续资治通鉴长编纪事本末》的价值取向“汴京百七十年礼乐兵刑之沿革，制度政令之举废”[③]稍有差异，但这种差异不是很大，实际上是可以互补的。在条分缕析神宗朝王安石及新法上，该书与《续资治通鉴长编纪事本末》一样，忠实地保留了李焘记述王安石变法要旨，只是从标题上看，彭百川的语气没有像杨仲良那样直白褒贬，而是较平缓，请看卷十二《神宗圣政》、卷十三《神宗任用安石》、卷十四《神宗朝臣议论新法》、卷十八《宣仁垂帘圣政》、卷十九《宣仁保祐哲宗》、卷二十一《熙宁元祐议役法变更（淮海文附）》、卷二十二《熙宁元祐议论青苗》、《熙宁元祐议论市易》、《熙宁元祐议保甲保马变更》、卷二十三《元祐党事始末》上、卷二十四《元祐党事始末》下。

综观《太平治迹统类》对王安石变法史实的归纳亦有三个特点。第一，它与《续资治通鉴长编纪事本末》一样把神宗与王安石分而叙之，即“尽书王安石之过失，以明神宗之圣”。卷十二《神宗圣政》一节主要记述宋神宗虚心纳谏、关爱老臣、勤政求治、劝课农桑、终生不受尊号等政绩，以此与卷十三《神宗任用安石》的变法活动相区分。第二，彭百川把“神宗朝臣议论新法”与“熙宁元祐议论役法变更”、“青苗、市易、保甲、保马变更”分开记述，其用意显然是在比较熙宁新法与元祐更化之得失，虽然他认为王安石变乱祖宗法度非治国之道，但新法并不是一无可取，他在卷二十一《熙宁元祐议役法变更（淮海文附）》一节中的元祐七年（1092）九月三日三省议役法之后，引秦观进奏的一段文字即表达了他的这种观点。

> 役法之议不决久矣，有司阅四方之牍，牵制优柔，相视而不断者二年。虽稍复笔削著为一切之令，取济期月卒未确定，可服人情传万世不弊也。所以然者无他，士大夫偏独各有系，吝不能至公为心耳。夫役法者，科条品目，虽曲折不同，不过差免二法而已。差役之法虽曰迭任府吏胥徒之士，数年一更，然捕盗者奔命不遑，主藏者备赏无等。囷仓竭于飞挽，资产破于厨传，至事患其敝，而变为免役之法。虽曰岁使中外之民悉输僦直以免身，然平括至于室庐，检括及于车马，裒多以为宽剩，厚积以为封桩，弊又甚于差役矣。盖差役之法不弊，免役不作，免役之法不弊，则今议不兴。士大夫用于嘉祐前，则以差为是、免为非，用于熙宁后则以免为得、差为失。私意先摇于中，公议遂移于外。呜呼，岂特二年无定论哉，虽十年而不足怪。愿诏有司，毋牵于故新之论，心必差免之名，悉取二法可用于今者，别为一书，谓之元祐役法，则嘉祐、熙宁之臣，皆默然心服矣。[④]

第三，彭百川似对绍圣以后绍述之政，与王安石新法有所区别，即王安石新法虽然有

---

① 邓广铭：《对有关〈太平治迹统类〉诸问题的新考索》，《邓广铭治史丛稿》，第350页。

②（清）永瑢：《四库全书总目》卷51《史部七·杂史类》，第465页。

③（宋）杨仲良：《皇宋通鉴长编纪事本末·四库未收书提要》，《宛委别藏·史部》第30册，南京：江苏古籍出版社，1998年。

④（宋）彭百川：《太平治迹统类》卷21《熙宁元祐议役法变更（淮海文附）》，第1532—1533页。

很大过失，但毕竟属于“治迹”，而绍述之政不仅继续了王安石变法的过失，而且走得更远，已不属“治迹”范围。故在《太平治迹统类》中很少提及绍圣绍述，而徽宗崇宁政和之事则连标题都没有。前引近人张钧衡所言“从《元祐党事始末》之下直接《契丹、女真用兵始末》，具见史识（章实斋《湖北通志·明季社事》后即继以《流寇》用意俱同）《续资治通鉴长编》所缺熙宁元年至三年，绍圣元、二、三年事实，屡见后《祖宗圣学》《祖宗制科取人》《累朝任用逸民》《祖宗科举取人》《祖宗用度损益》《官制沿革》《兵制损益》七篇中，亦至徽、钦止，方知崇宁、政和诸事，撰者以非治迹去之矣”。斯言极是。

总之，《太平治迹统类》虽然也秉承了李焘对王安石变法的偏见和取材，但与《续资治通鉴长编纪事本末》、《九朝编年备要》相比，对王安石变法的是非问题采取较为平缓而不是偏执的态度。

（四）不著撰人《宋史全文》

《宋史全文》不著撰人名氏，大致成书于元初。现存部分包括宋初到宋理宗朝史实，度宗以后有目无文，北宋部分主要编自《续资治通鉴长编》，故亦附论于下。四库馆臣为是书所作提要云：

> 其书自建隆以迄咸淳，用编年之体，以次排纂，其靖康以前，亦本于焘之《长编》，而颇加删节。高、孝二代则取诸留正之中兴圣政草，今以《永乐大典》所载圣政草相与参校，其文大同小异，留正等所附案语，亦援引甚多。至光、宁以后，则别无蓝本可据，为编书者所自缀辑。故《永乐大典》于光、宁二宗下亦全收此书之文，勘对并合。其于诸家议论，采录尤富，如吕中讲义、何俌龟鉴、李沆太祖实录……诸书，虽其立说不尽精醇，而原书世多失传，亦足以资参考也。①

是书第十一、十二卷记述神宗一朝史实，对王安石变法的态度集中表现在两个方面。一是此书篇幅较短，取舍材料标准主要有两点：①以反变法为是，变法则不是；②攻击王安石个人品行的言论尽力撮要收录。二是用陈瓘、胡安国、吕中等人极力仇视王安石新法的言论，作为史论对王安石新法进行点评。下面摘引三个例子予以说明：

熙宁元年（1068）冬十月壬寅，“诏讲筵权罢讲《礼记》。先是，王安石讲《礼记》数难记者之非是，上以为然。是日，上因留安石坐曰：‘且欲得卿议论。’上曰：‘唐太宗必得魏郑公，刘备必得诸葛亮，然后可以有为。’安石对曰：‘陛下诚能为尧舜，则必有咎夔稷契。陛下诚能为高宗，则必有傅说。魏郑公、诸葛亮皆有道者所羞，何足道哉’”。在此段正文下引《讲议》曰：

> 三代以来，书生得君自安石始。其始见神宗也，直以文帝、太宗之不足法者为言，复以魏证（征）、诸葛亮之不足为者自任。此其智识之卓然，又皆秦汉以来诸儒所未闻者。所谓择术讲学之方，虽孟子告君，殆不是过，人主安得不信其知道哉。神宗诘其设施之方，而再三不肯条对者，盖其所施设之方，止于青苗、助役之类，而遽条陈之，

① （清）永瑢等：《四库全书总目》卷47《史部三·编年类》，第428页。

则人必不我信。故粗言一二而不肯录进，欲使人主之深听，而后举朝听其所为也。未几，读吴申谨奉成宪之疏，于是谓成宪不足道，流俗不足听，劳民非所恤，严刑非所缓，人主当示人以好恶，当惧人以不测。且谓劳民重刑，三代亦然。而安石施设之蕴、理财之法、变法之心尽露矣。①

熙宁二年（1069）二月，“富弼以足疾未能入见，有于上前言灾异皆天数，非人事得失所致者，弼闻之叹曰：‘人君所畏惟天，若不畏天，何事不可为者，去乱亡无几矣。……’”在此段正文下引胡安国《春秋传序》曰：

《春秋》非五经比也。“洚水警予”与“凤皇来仪”并载于《虞书》，“大木斯拔”与“嘉禾合颖”同垂于《周史》，《春秋》不书祥瑞而尽书灾异。史外传心之要典也。自安石建议以《春秋》为腐烂朝报，经筵不以进读，科目不以取士，驯至崇观之间，奸臣用事，一卉一木之异指为嘉瑞，天地灾变，隐而不言，是与《春秋》正相反也。胡氏之论，盖攻安石学术之乱天下也。②

熙宁五年（1072）三月丙午诏颁市易法。在此正文下引《国是论》曰：

兴利之中，其罪亦有轻重。青苗、均输、助役，世以是为安石大罪，犹可恕也。何者？安石之始学在此，而始谋出此也。市易、免行征利及于琐屑，此皆小人之附安石者为之，而安石亦以为王政，将谁欺乎。③

由上可见，是书秉承了南宋中后期以来，李焘、吕中等人对王安石及其变法否定的编撰宗旨。

① 汪圣铎点校：《宋史全文》卷11《宋神宗一》，第643—644页。
② 汪圣铎点校：《宋史全文》卷11《宋神宗一》，第646页。
③ 汪圣铎点校：《宋史全文》卷12《宋神宗二》，第683页。

第六章
宋代笔记小说中的王安石形象

笔记小说作为一种史料载体，产生的时代甚早，“小说”一词至迟已见诸《汉书·艺文志》。而“笔记”体裁的产生一般认为是在北宋前期，但产生于北宋前期的“笔记”体裁，实际上是从秦汉以来的“小说”分离出来的。因为“小说”在宋以前是指除列于大雅之堂的文章以外的各类文体的统称，而宋以后则为泛指传说、志怪、传奇、平话一类故事文体的专称。明人胡应麟把“笔记小说”分为六类，一曰志怪、二曰传奇、三曰杂录、四曰丛谈、五曰辨订、六曰箴规，若按宋代笔记、小说分流而言，胡应麟所分前二类以小说为主，后四类则称为“笔记”更合适。①

宋人笔记小说流传至今的数量相当可观。按《现存宋人著述总录》的统计，史部琐记之属 61 种，杂学类杂论、杂考之属 146 种，小说类杂录之属 167 种，共计 374 种。而其中记述王安石变法和王安石轶事、事迹的笔记小说有近百部，可见研究王安石及其变法，笔记小说亦是基本的重要史料。对于笔记小说所载王安石及其变法的事实，从清人蔡上翔编撰《王荆公年谱考略》至今学人曾就其真伪作过一些考辨，但从总体上全面考察笔记小说中的王安石形象，似还未有人进行论述。对此笔者拟从王安石轶闻、事迹的流布，笔记小说作者对王安石及其变法的态度，笔记小说对王安石个人形象的塑造三个方面做初步的探讨。

一、王安石轶闻、事迹的流布

唐宋以降，人物传记资料的流传主要有两个方面，一是正史本传和墓志铭（行状、神道碑）；二是笔记小说所记的逸闻趣事及相关传记资料。前者多载人物的履历、业绩和对生前死后的品评定位，而后者多再现人物的个性、情趣、交游、爱好，具有浓重的文学色彩。但笔记小说的记述分散零碎，只有将零散的材料裒辑成编，才能观其堂奥。从笔记小说中裒辑王安石轶闻趣事的工作自南宋已开始做起，这就是朱熹首次以笔记小说为主编辑的《三朝名臣言行后录》，四库馆臣把名臣言行录收入史部传记类。王安石事迹被编入《三朝名臣言行后录》卷 6《王安石荆国文公》，共计 36 条，引用笔记小说 14 种②，具体引用情况见表 6-1。

---

① 参见吴凤雏、傅林辉：《宋代笔记概论·导论》，南昌：百花洲文艺出版社，1999 年；宁欣、史明文：《笔记小说的演变与唐宋社会研究》，《西北师范大学学报（社会科学版）》2002 年第 5 期。对“小说”的起源与发展、小说入史与笔记小说的分流等有较详细的论述，可参阅。

②（宋）朱熹：《三朝名臣言行后录》卷 6《王安石荆国文公》，（宋）朱熹、李幼武：《宋名臣言行录五集（一）》，第 563—593 页。

表 6-1 《三朝名臣言行后录》引用笔记小说所载王安石条目表

引用书名	引用次数	引用书名	引用次数
司马光《温公琐语》	2	《晁以道论配享札》	1
邵伯温《邵氏闻见录》	9	《卮史》	1
司马光《涑水记闻》	3	刘安世《元城语录》	2
吕祖谦《吕氏家塾记》	3	谢良佐《上蔡语录》	1
魏泰《东轩笔录》	7	程颐《程氏遗书》	1
王安石《语录》	1	杨时《龟山先生语录》	3
陈师道《后山谈丛》	1	《郑侠言行录》	1

明朝人唐顺之《历代史纂左编》卷二十六《宋·王安石》在汇编《宋史·王安石传》、《宋史纪事本末·王安石变法》等资料外，亦裒辑了相当多的宋人笔记小说资料，但均未注出处，且如蔡上翔说："明有唐应德著《史纂左编》，传安石至二万六千五百余言，而亦无一美言一善行。"①清朝初年全祖望补作《宋元学案》时在《荆公新学略》末附逸事 28 条，主要采自反变法派和理学家的笔记。清人顾栋高在雍正初年编撰《司马光年谱》后，接受玉停的意见，以司马光与王安石为乘除，遂作《王安石年谱》旨在证明司马光之是、王安石之非，互相衬托编为合谱②。谱后附《王荆国文公遗事》1 卷，共收录 105 条，引用笔记小说及其他典籍 34 种③，具体引用情况见表 6-2。

表 6-2 顾栋高《王荆国文公遗事》引用有关王安石条目表

引用书名	引用次数	引用书名	引用次数
朱熹《朱子语类大全》	22	刘道原《言行录》	3
《宋名臣言行录》	3	《宋史》	2
程颐《程氏遗书》	1	朱熹《朱子文集》	2
谢良佐《上蔡语录》	1	《宋稗类钞》	11
杨时《龟山先生语录》	5	陆游《老学庵笔记》	10
刘安世《元城语录》	2	《道山清话》	3
《赵清献公神道碑》	1	庄绰《鸡肋编》	1
邵伯温《邵氏闻见录》	2	苏轼《调谑编》	2
邵博《邵氏闻见后录》	1	费衮《梁溪漫志》	1
魏泰《东轩笔录》	2	胡仔《苕溪渔隐丛话》	1
《韩献肃行状》	2	王辟之《渑水燕谈录》	1
《韩持国行状》	1	王士祯《香祖笔记》	3
蔡絛《西清诗话》	1	沈括《梦溪笔谈》	3
朱彧《萍洲可谈》	2	《墨客挥犀》	1
龚颐正《芥隐笔记》	3	苏轼《东坡志林》	3
孙宗鉴《东皋杂录》	2	孙升《孙公谈圃》	1
朱弁《曲洧旧闻》	5	惠洪《冷斋夜话》	1

①（宋）詹大和等撰，裴汝诚点校：《王安石年谱三种》，第 168 页。
②（宋）詹大和等撰，裴汝诚点校：《王安石年谱三种》点校说明，第 2—3 页。
③（宋）詹大和等撰，裴汝诚点校：《王安石年谱三种》，第 134—163 页。

近人丁传靖《宋人轶事汇编》从笔记小说、诗话、文集、方志、杂史等辑录宋代600余人的传记资料，其中王安石（包括王雱、王安国）共有157条，引用各类典籍64种，其中笔记小说50余种①，具体引用情况见表6-3。

表6-3 《宋人轶事汇编》引用有关王安石条目表

引用书名	引用次数	引用书名	引用次数
陆游《老学庵笔记》	5	王铚《默记》	8
邵伯温《邵氏闻见录》	22	司马光《涑水记闻》	5
周辉《清波杂志》	3	晁说之《晁氏客语》	1
《道山清话》	2	孙升《孙公谈圃》	6
赵彦卫《云麓漫钞》	1	叶梦得《石林燕语》	3
张端义《贵耳集》	1	蔡绦《西清诗话》	3
蔡绦《铁围山丛谈》	5	吴坰《五总志》	1
陈师道《后山谈丛》	1	《墨客挥犀》	3
魏泰《东轩笔录》	17	《潘子真诗话》	1
王辟之《渑水燕谈录》	2	《宋稗类钞》	1
岳珂《桯史》	4	洪迈《容斋随笔》	1
张师正《倦游杂录》	1	苏轼《调谑编》	1
张邦基《墨庄漫录》	7	曾慥《高斋漫录》	3
范正敏《遁斋闲览》	1	吴宏《独醒杂志》	2
沈括《梦溪笔谈》	2	楼钥《攻媿集》	1
朱弁《曲洧旧闻》	3	叶梦得《石林诗话》	1
曾纡《南游记旧》	1	惠洪《冷斋夜话》	3
李壁《王荆公诗注》	1	蔡天启《蔡宽夫诗话》	1
侯延庆《退斋笔谈》	1	吕本中《师友杂志》	1
周遵道《豹隐纪谈》	1	苏籀《栾城遗言》	1
阮阅《诗话总龟》	3	《续墨客挥犀》	1
朱彧《萍洲可谈》	3	《汉皋诗话》	1
徐度《却扫编》	1	晁说之《晁氏客语》	1
赵令畤《侯鲭录》	1	叶梦得《避暑录话》	1
吕希哲《吕氏杂记》	1	王巩《闻见近录》	1
吴聿《观林诗话》	1	文莹《玉壶清话》	1
赵与时《宾退录》	1	方勺《泊宅编》	2
王明清《挥麈后录》	1	魏泰《临汉隐居诗话》	1
陆游《入蜀记》	1	陈师道《后山诗话》	1
章如愚《山堂考索》	1	吴处厚《青箱杂志》	1
孔平仲《谈苑》	1	胡仔《苕溪渔隐丛话》	1
张舜民《画墁录》	1	钱愐《钱氏私志》	1

江西省抚州市杨华林先生为纪念王安石诞辰980周年，编辑《王安石轶事汇编》，正文

① 丁传靖：《宋人轶事汇编》卷10《王安石》，北京：中华书局，1981年，第475—511页。

分五个专题："青少年时代""小臣生涯""当国时期""晚年生活""身后风云"，采录宋、元、明、清典籍乃至今人著作计 183 种①，其中引用宋人笔记小说 100 余种，引用次数达 2 次及以上的宋人笔记小说、诗话计 62 种，详情见表 6-4：

表 6-4 《王安石轶事汇编》引用笔记小说所载王安石条目表

引用书名	引用次数	引用书名	引用次数
吴曾《能改斋漫录》	16	王铚《默记》	11
邵伯温《邵氏闻见录》	50	司马光《涑水记闻》	22
蔡绦《铁围山丛谈》	6	龚明之《中吴纪闻》	4
张端义《贵耳集》	2	沈括《梦溪笔谈》	2
魏泰《东轩笔录》	35	徐度《却扫编》	4
叶梦得《石林燕语》	8	李心传《旧闻证误》	3
叶梦得《避暑录话》	6	方勺《泊宅编》	5
蔡绦《西清诗话》	3	《道山清话》	8
庄绰《鸡肋编》	2	杨时《龟山先生语录》	6
张邦基《墨庄漫录》	9	邵博《邵氏闻见后录》	4
王楙《野客丛书》	2	王明清《挥麈录》	5
惠洪《冷斋夜话》	11	周辉《清波别志》	6
胡仔《苕溪渔隐丛话》	31	高晦叟《珍席放谈》	2
赵令畤《侯鲭录》	8	朱熹《朱子语类》	13
《墨客挥犀》	2	刘安世《元城语录》	6
罗大经《鹤林玉露》	10	苏辙《龙川别志》	2
孙升《孙公谈圃》	5	曾慥《高斋漫录》	6
朱熹《名臣言行录》	2	袁文《瓮牖闲评》	3
刘克庄《后村诗话》	2	程颐《程氏遗书》	2
蔡天启《蔡宽夫诗话》	4	《司马光日记》	2
叶梦得《石林诗话》	7	谢良佐《上蔡语录》	2
陆游《老学庵笔记》	15	《宋稗类钞》	3
朱弁《曲洧旧闻》	7	朱翌《猗觉寮杂记》	3
《林氏野史》	11	施德操《北窗炙輠录》	2
陈师道《后山谈丛》	3	刘道原《言行录》	3
曾敏行《独醒杂志》	5	陈长方《步里客谈》	2
王林《燕翼诒谋录》	2	王辟之《渑水燕谈录》	2
岳珂《桯史》	6	洪迈《容斋随笔》	4
吴垌《五总志》	3	吕希哲《吕氏杂志》	2
朱彧《萍洲可谈》	4	孔平仲《谈苑》	3
《续墨客挥犀》	2	范正敏《遁斋闲览》	2

以上是王安石轶事流布、裒辑的基本情况，其中显著的特点是宋代笔记小说有关王安石轶事的记载日益受到重视，被注意的轶事数量有明显的增长趋势。

① 杨华林：《王安石轶事汇编》，内部资料，2001 年。

二、笔记小说作者对王安石及其变法的基本态度

虽然笔记小说保留了大量珍贵的人物传记资料，但其资料的来源多是传闻，“随意录载”，如四库馆臣论小说家时所说：“迹其流别，凡有三派：其一叙述杂事；其一记录异闻；其一缀辑琐语也。唐宋而后作者弥繁，中间诬谩失真，妖妄荧听者固为不少。然寓劝戒、广见闻、资考证者亦错出其中。”①所以鉴别笔记小说的史料真伪是使用和探取笔记小说的首要工作，特别是持不同政见者，对政敌轶事的登载多带有个人恩怨的色彩，对这些资料更要注意鉴别，否则就会差之毫厘，谬之千里，直至谬种流传。以上所举五种王安石轶事汇编，除今人杨华林先生外，其余四种就是如此。这是因为，一是宋人笔记小说中关于王安石的轶事多出自他的政敌，或持否定新法的人之手（后面详论），对此不加以辩鉴，笼统裒辑在一起，使本身就存在的事实错误以讹传讹，丁传靖先生所辑，即属于这种情况。二是编辑者本身对王安石就心存偏见，否定其所作所为，他们对笔记小说失实的记载不仅不予以鉴别，还利用错误的事实来证明自身否定王安石的正确，顾栋高所编王荆国文公轶事的出发点即在于此。顾栋高认为王安石“使宋室斫丧，而其身列于千古之罪人”②，前揭顾栋高编撰王安石年谱主要是以王安石与司马光相乘除，旨在证明司马光之是，顾氏“又用司马光《涑水记闻》，邵伯温《邵氏闻见录》，魏泰《东轩笔录》，刘安世《元城语录》，杨时《龟山语录》，《朱熹文集》、《语类》等，作《遗事》一卷，收集了两宋时期主要攻击王安石的文字，与年谱相呼应，给人一种从正史到稗史，无不否定王安石的印象”③。

为了准确透析笔记小说中的王安石轶事，了解笔记小说作者们对王安石的基本态度是必要的。就目前所见，登录王安石轶事的笔记小说的作者们对王安石的态度大致有五种情况：

一是北宋神宗朝至南宋绍兴初反变法派对王安石变法持否定意见者，如《温公琐语》《温公日记》《涑水记闻》的作者司马光，《邵氏闻见录》《邵氏闻见后录》的作者邵伯温、邵博，《东斋记事》的作者范镇，《龙川略志》的作者苏辙，《孙公谈圃》的作者孙升，《泊宅编》的作者方勺，《道山清话》的作者王暐，《元城语录》的作者刘安世，《龟山先生语录》的作者杨时，《曲洧旧闻》的作者朱弁，《后山谈丛》的作者陈师道等。

二是与变法集团有密切联系，但对变法又持批评意见，如《东轩笔录》的作者魏泰，是变法集团的骨干分子曾布的内弟，“魏泰的思想倾向颇似曾布，对变法持一定的批评意见，对王安石肯定居多，对吕惠卿则痛加揭露贬斥”④。《铁围山丛谈》《西清诗话》的作者蔡絛系蔡京之子，四库馆臣以为：“其罪盖与京等，曾敏行《独醒杂志》则载絛作《西清诗话》，多称引苏、黄诸人，竟以崇尚元祐之学……而丁仙现一条，乃深诋王安石新法。”⑤

三是生活在南宋时代，虽已远离变法和党争，但在思想上秉承绍兴本《神宗实录》对王安石及其变法持否定态度，如《容斋随笔》的作者洪迈，《桯史》的作者岳珂，《栾城遗言》的作者苏籀，《云麓漫钞》的作者赵彦卫。理宗宝庆三年（1227），《燕翼诒谋录》的作

---

①（清）永瑢等：《四库全书总目》卷 140《子部五十 • 小说家类一》，第 1182 页。
②（宋）詹大和等撰，裴汝诚点校：《王安石年谱三种》，第 76 页。
③（宋）詹大和等撰，裴汝诚点校：《王安石年谱三种》点校说明，第 3 页。
④（宋）魏泰撰，李裕民点校：《东轩笔录》点校说明，第 1 页。
⑤（清）永瑢等：《四库全书总目》卷 141《子部五十一 • 小说家类二》，第 1194、1195 页。

者王栐在自序中就说得很有代表性：

> 仰惟艺祖皇帝肇造区夏，宏规远略，传之万世。太宗皇帝、真宗皇帝、仁宗皇帝嗣守丕基，善继善述；凡所更张设施，无非忠厚。……人皆知罪熙、丰以来用事之臣，而不原祖宗立国之本旨，苟非规摹宏远，德泽深厚，则其效验尚不能如汉、唐之季世，何以再肇中兴之基？夷考建隆迄于嘉祐，良法美意，灿然具陈，治平以后，此意泯矣。今备述如后，与识者商榷之，以稽世变云。①

四是只登载逸闻轶事，没有明显的政治倾向，如《渑水燕谈录》的作者王辟之，《鸡肋编》的作者庄绰，《癸辛杂记》《齐东野语》的作者周密，《宾退录》的作者赵与时，《能改斋漫录》的作者吴曾，《墨庄漫录》的作者张邦基等。

五是与变法集团有亲缘联系，被四库馆臣视作对王安石有所回护者，如《珍席放谈》的作者高晦叟，四库馆臣说："又当王氏学术盛行之时，于安石多曲加回护，颇乖公议。"②《挥麈录》的作者王明清，四库馆臣说："明清为王铚之子，曾纡之外孙，纡为曾布第十子，故是录于布多溢美，其记王安石没，有神人幢盖来迎……"③《清波杂志》的作者周辉，四库馆臣曰："所记皆宋人杂事，方回《桐江续集》力诋其尊王安石之非，考书中称辉之曾祖与安石为中表，盖亲串之间，不无回护。"④《老学庵笔记》的作者陆游，四库馆臣曰："惟以其祖陆佃为王安石客，所作《埤雅》，多引《字说》，故于《字说》无贬词，于安石亦无讥语，而安石龙睛事并述《埤雅》之谬谈，不免曲笔。"⑤《扪虱新话》的作者陈善，四库馆臣曰："大旨以佛氏为正道，以王安石为宗主……观其书颠倒是非，毫无忌惮，必绍述余党之子孙，不得志而著书者也。"⑥

上述五类若从资料蕴含的褒贬品评来分，前三类带有贬的性质，后两类虽可划属褒的范围，但所叙遗闻轶事很少关涉变法得失，这与前三类政治倾向明显有很大的不同。正如四库馆臣所云：对王安石无讥语而已。若再从资料载录的数量来看，前三类要远远多于后两类，前三类以《邵氏闻见录》《涑水记闻》《东轩笔录》为例，在杨华林《王安石轶事汇编》中被引用 107 个条目，后两类以《老学庵笔记》《能改斋漫录》《清波杂志》《清波别志》为例，在同书中只引用 37 个条目。不特如此，朱熹、顾栋高是否定王安石的，所采更是多引自前三类。丁传靖先生从汇辑宋人人物传记资料的角度所引用的资料亦是以前三类为多。由此可见，王安石及其新法不仅在《神宗实录》《续资治通鉴长编》以及其他南宋史学著述中被否定，就是在稗史中其个人的形象在很大程度上也是被扭曲的。

三、笔记小说对王安石个人形象的塑造

以上就笔记小说的作者对王安石及其变法的态度做了大致的勾勒，现再简要看看笔记

---

①（宋）王栐撰，诚刚点校：《燕翼诒谋录》附录《宋朝燕翼诒谋录序》，北京：中华书局，1981 年，第 57 页。

②（清）永瑢等：《四库全书总目》卷 141《子部五十一 • 小说家类二》，第 1194 页。

③（清）永瑢等：《四库全书总目》卷 141《子部五十一 • 小说家类二》，第 1197 页。

④（清）永瑢等：《四库全书总目》卷 141《子部五十一 • 小说家类二》，第 1198—1199 页。

⑤（清）永瑢等：《四库全书总目》卷 121《子部三十一 • 杂家类五》，第 1046 页。

⑥（清）永瑢等：《四库全书总目》卷 127《子部三十七 • 杂家类存目四》，第 1093 页。

小说载述王安石及其变法有哪些内容。通观地说，大致主要包括政治生活、思想作风、社会交游、文学创作、个性特征、生活兴趣等方面。从品藻人物来讲，王安石个人形象的塑造比较复杂，他不像笔记小说记述司马光、苏轼等人基本是以一边倒地肯定轶闻趣事，而是褒贬毁誉参半，甚或毁大于誉。所以，有关贬毁性质的逸闻趣事，往往成为后世否定王安石及其变法的有力素材，如魏源在《再书宋名臣言录后》一文中所提示的：

> （杨）用修最不喜朱子……至谓“朱子列安石《名臣言行录》，缁素易位”，则尤不可无辨。朱子跋两陈谏议，罪状安石，缅缅三四千言，不啻九鼎铸魑魅。而兹录安石十余事，则皆心若公孙弘，学若商君，愎若阳处父（不臣若王处仲），怙子若石季龙，皆取元祐诸君子攻安石语，正犹纂《楚辞》附扬雄《反骚》，以借著洪氏、苏氏贬词，明大谊也。即较范氏《列女》不遗文姬，汝愚奏议兼收惇、蔡，尚区以别。故临川李穆堂侍郎深憾录中安石言行之为诬。①

为了较全面地透视笔记小说对王安石个人形象的塑造，下面选录凸显王安石个性特征、生活兴趣及社会交游的片段轶事说明其毁誉参半甚或毁大于誉的情况。

先看一下赞誉王安石的形象塑造。

1. 不迩声色

> 王荆公知制诰，吴夫人为买一妾，荆公见之，曰：“何物也？”女子曰：“夫人令执事左右。”安石曰：“汝谁氏？”曰：“妾之夫为军大将，部米运失舟，家资尽没犹不足，又卖妾以偿。”公愀然曰：“夫人用钱几何得汝？”曰：“九十万。”公呼其夫，令为夫妇如初，尽以钱赐之。②

2. 淡泊名利

> 庆历二年，御试进士，时晏元献（殊）为枢密使。杨察，晏婿也，时自知制诰，避亲，勾当三班院。察之弟寘时就试毕，负魁天下望。未放榜间，将先宣示两府，上十人卷子。寘因以赋求察问晏公己之高下焉。晏公明日入对，见寘之赋已考定第四人，出以语察。察密以报寘。而寘试罢与酒徒饮酒肆，闻之，以手击案叹曰：“不知那个卫子夺吾状元矣！”不久唱名，再三考定第一人卷子进御。赋中有“孺子其朋”之言，不怿曰：“此语忌，不可魁天下。”即王荆公卷子。第二人卷子即王珪，以故事，有官人不为状元；令取第三人，即殿中丞韩绛；遂取第四人卷子进呈，上欣然曰：“若杨寘可矣。”复以第一人为第四人。寘方以鄙语骂时，不知自为第一人也。然荆公平生未尝略语曾考中状元，其气量高大，视科第为何等事而增重耶！③

3. 性酷嗜书

> 舒王性酷嗜书，虽寝食间手不释卷，昼或宴居默坐，研究经旨。知常州，对客语，

---

①（清）魏源：《魏源集》上册《再书宋名臣言录后》，北京：中华书局，2009 年，第 218—219 页。

②（宋）邵伯温撰，李剑雄、刘德权点校：《邵氏闻见录》卷 11，北京：中华书局，1983 年，第 121 页。事另见（宋）刘斧撰，李国强整理：《青琐高议》后集卷 2《王荆公（不以军将妻为妾）》，朱易安、傅璇琮等主编：《全宋笔记》第 2 编第 2 册，郑州：大象出版社，2006 年，第 122 页，略有不同。

③（宋）王铚撰，朱杰人点校：《默记》卷下，北京：中华书局，1981 年，第 38—39 页。

未尝有笑容。一日，大会宾佐，倡优在庭，公忽大笑，人颇怪之。乃共呼优人厚遗之，曰："汝之艺能使太守开颜，真可赏也。"有一人窃疑公笑不由此，因乘间启公，公曰："畴日席上，偶思《咸》、《恒》二卦，豁悟微旨，自喜有得，故不觉发笑耳。"①

舒王嗜佛书，曾子固欲讽之，未有以发之也。居一日，会于南昌，少顷，潘延之亦至。延之谈禅，舒王问其所得，子固熟视之。已而又论人物，曰："某人可秤。"子固曰："弇用老而逃佛，亦可一秤。"舒王曰："子固失言也，善学者读其书，惟理之求。有合吾心者，则樵牧之言犹不废；言而无理，周、孔所不敢从。"子固笑曰："前言第戏之耳。"②

4. 清廉朴素

王荆公在相位，子妇之亲萧氏子至京师，因谒公，公约之饭。翌日，萧氏子盛服而往，意谓公必盛馔。日过午，觉饥甚而不敢去。又久之，方命坐，果蔬皆不具，其人已心怪之。酒三行，初供胡饼两枚，次供彘脔数四，顷即供饭，傍置菜羹而已。萧氏子颇骄纵，不复下箸，惟啖胡饼中间少许，留其四傍。公顾取自食之，其人愧甚而退。人言公在相位，自奉类不过如此。③

王荆公妻越国吴夫人，性好洁成疾，公任真率，每不相合。自江宁乞骸归私第，有官藤床，吴假用未还，吏来索，左右莫敢言。公一旦跣而登床，偃卧良久，吴望见，即命送还。④

5. 适性忘虑

《遁斋闲览》云："荆公棋品殊下，每与人对局，未尝致思，随手疾应，觉其势将败，便敛之，谓人曰：'本图适性忘虑，反苦思劳神，不如且已。'与叶致远敌手，尝《赠致远诗》云：'垂成忽破坏，中断俄连接。'是知公棋不甚高。又云：'讳输宁断头，悔误仍搏颊。'是又未能忘情于一时之得丧也。"苕溪渔隐曰："介甫有《绝句》云：'莫将戏事扰真情，且可随缘道我赢。战罢两奁收黑白，一枰何处有亏成。'观此诗，则图适性忘虑之语，信有证矣。若鲁直于棋则不然，如'心似蛛丝游碧落，身如蜩甲化枯枝'，则苦思忘形，较胜负于一着，与介甫措意异矣。"⑤

6. 恬淡的晚年生活

王荆公再罢政，以使相判金陵，到任，即纳节让同平章事，恳请赐允，改左仆射。未几，又求宫观，累表得会灵观使。筑第于南门外七里，去蒋山亦七里，平日乘一驴，从数僮游诸山寺。欲入城，则乘小舫，泛潮沟以行，盖未尝乘马与肩舆也。所居之地，四无人家，其宅仅蔽风雨，又不设垣墙，望之若逆旅之舍，有劝筑垣墙，辄不答。元

①（宋）彭□辑撰，孔凡礼点校：《墨客挥犀》卷4《手不释卷》，北京：中华书局，2002年，第318页。
②（宋）惠洪撰，陈新点校：《冷斋夜话》卷6《曾子固讽舒王嗜佛》，北京：中华书局，1988年，第47页。
③（宋）曾敏行著，朱杰人标校：《独醒杂志》卷2，上海：上海古籍出版社，1986年，第12页。
④（宋）朱彧撰，李伟国点校：《萍洲可谈》卷3，北京：中华书局，2007年，第163页。
⑤（宋）胡仔纂集，廖德明校点：《苕溪渔隐丛话》前集卷33《半山老人》一，北京：人民文学出版社，1962年，第223页。

丰末，荆公被疾，奏舍此宅为寺，有旨赐名报宁。既而荆公疾愈，税城中屋以居，竟不复造宅。①

王荆公领观使归金陵，居钟山下，出即乘驴。予（王巩）尝谒之，既退，见其乘之而出，一卒牵之而行。问其指使，相公何之。指使曰："若牵卒在前听牵卒，若牵卒在后即听驴矣，或相公欲止即止，或坐松石之下，或田野耕凿之家，或入寺随行。未尝无书，或乘而诵之，或憩而诵之。仍以囊盛饼十数枚。相公食罢，即遗牵卒。牵卒之余，即饲驴矣。或田野间人持饭饮献者，亦为食之。"盖初无定所，或数步复归，盖近于无心者也。②

下面再看讥毁王安石的形象塑造，这主要集中在性格强忮、不修自身和大诈似信等方面。

1. 性格强忮

司马温公尝曰："昔与王介甫同为群牧司判官，包孝肃公为使，时号清严。一日，群牧司牡丹盛开，包公置酒赏之；公举酒相劝，某素不喜酒，亦强饮，介甫终席不饮，包公不能强也。某以此知其不屈。"③

嘉祐末，王介甫以知制诰纠察在京刑狱。有少年得斗鹑，其同侪借观之，因就乞之；鹑主不许，借者恃与之狎昵，遂携去；鹑主追及之，踢其肋下，立死。开封府捕按其人，罪当偿死。及纠察司录问，介甫驳之曰："按律，公取、窃取皆为盗。此不与而彼强携以去，乃盗也。此追而殴之，乃捕盗也。虽死当勿论，府司失入平人为死罪。"府官不伏，事下审刑、大理详定，以府断为是。有旨，王安石放罪。旧制，放罪者皆殿门谢。介甫自言，我无罪，不谢。御史台及阁门累移牒趣之，终不肯谢。台司因劾奏之，执政以其名重，遂不问，介甫竟不谢。④

王荆公平生，养得气完，为他不好做官职。作宰相，只吃鱼羹饭。得受用底不受用，缘省便去就自在。尝上殿进一札子，拟除人，神宗不允，对曰："阿除不得"；又进一札子，拟除人，神宗亦不允，又曰："阿也除不得。"下殿出来便乞去，更留不住，平生不屈也奇特。⑤

王荆公在半山，使一老兵，方汲泉扫地当其意，誉之不容口；忽误触灯檠，即大怒，以为不力，逐去之。参寥在坐，私语他客云："公以喜怒进退一老兵，如在朝廷，以喜怒进退士大夫也。"⑥

2. 不修自身

神宗尝问明道云："王安石是圣人否？"明道曰："'公孙硕肤，赤舄几几'，圣人

① （宋）魏泰撰，李裕民点校：《东轩笔录》卷12，第139页。
② （宋）王巩：《甲申闻见二录补遗》，《景印文渊阁四库全书》第1037册，第220页。
③ （宋）邵伯温撰，李剑雄、刘德权点校：《邵氏闻见录》卷10，第108页。
④ （宋）司马光：《温公琐语》，转引自李裕民校注：《司马光日记校注》，北京：中国社会科学出版社，1994年，第188页。
⑤ （宋）谢良佐撰，（宋）曾恬、胡安国录，（宋）朱熹删定：《上蔡语录》卷1，《景印文渊阁四库全书》第698册，第570页。
⑥ （宋）邵博撰，刘德权、李剑雄点校：《邵氏闻见后录》卷20，北京：中华书局，1983年，第157页。

气象如此。王安石一身尚不能治，何圣人为？”先生曰：“此言最说得荆公著。”①

神宗尝问文定识王安石否？曰：“安石视臣大父行也。臣见其大父日，安石发未丱，衣短褐布，身疮疥，役洒埽事，一苍头耳。”故荆公亦畏其大，不敢与之争辩。《日录》中尽诋前辈诸公，独于文定无讥云。②

王荆公性不善缘饰，经岁不洗沐，衣服虽弊，亦不浣濯。与吴冲卿同为群牧判官，时韩持国在馆中，三数人尤厚善，无日不过从。因相约：每一两月，即相率洗沐。定力院家，各更出新衣，为荆公番，号“折洗”。王介甫云：出浴见新衣辄服之，亦不问所从来也。③

荆公、禹玉熙宁中同在相府。一日，同侍朝，忽有虱自荆公襦领而上，直缘其须。上顾之而笑，公不自知也。朝退，禹玉指以告公，公命从者去之。禹玉曰：“未可轻去，辄献一言，以颂虱之功。”公曰：“如何？”禹玉笑而应曰：“屡游相须，曾经御览。”荆公亦为之解颐。④

公面黧黑，门人忧之，以问医，医曰：“此垢污，非疾也。”进澡豆令公颒面，公曰：“天生黑于予，澡豆其如予何？”⑤

3. 大诈似信

仁宗皇帝朝，王安石为知制诰。一日，赏花钓鱼宴，内侍各以金楪盛钓饵药置几上，安石食之尽。明日，帝谓宰辅曰：“王安石诈人也。使误食钓饵，一粒则止矣；食之尽，不情也。”帝不乐之。后安石自著《日录》，厌薄祖宗，于仁宗尤甚，每以汉文帝恭俭为无足取者，其心薄仁宗也。故一时大臣富弼、韩琦、文彦博而下，皆为其毁诋云。⑥

（王荆公）及为执政，或言其喜食獐脯者，其夫人闻而疑之，曰：“公平日未尝有择于饮食，何忽独嗜此？”因令问左右执事者，曰：“何以知公之嗜獐脯耶？”曰：“每食不顾他物，而獐脯独尽，是以知之。”复问：“食时，置獐脯于何所？”曰：“在近匕箸处。”夫人曰：“明日姑易他物近匕箸。”既而果食他物尽而獐脯固在。而后人知其特以其近故食之，而初非有所嗜也。人见其太甚，或者多疑其伪云。⑦

4. 欺世盗名

王安石在主持变法之前，甚得士林推崇，所谓“名重天下，士大夫恨不识其面”⑧，但在邵伯温笔下的王安石却是一个大奸似忠、大诈似信的伪君子。这一形象的描述主要是出自他载录的两个“遗闻”，一是苏洵撰写《辨奸论》，二是司马光赞誉吕诲论王安石十事有先见之明。

---

①（宋）黎靖德：《朱子语类》卷130《本朝四·自熙宁至靖康用人》，（宋）朱熹：《朱子全书》第18册，第4036页。
②（宋）邵博撰，刘德权、李剑雄点校：《邵氏闻见后录》卷20，第155—156页。
③（宋）叶梦得撰，（宋）宇文绍奕考异，侯忠义点校：《石林燕语》卷10，北京：中华书局，1984年，第154页。
④（宋）彭□辑撰，孔凡礼点校：《墨客挥犀》卷4《颂虱之功》，第326页。
⑤（宋）沈括撰，金良年点校：《梦溪笔谈》卷9《人事一》，北京：中华书局，2015年，第95页。
⑥（宋）邵伯温撰，李剑雄、刘德权点校：《邵氏闻见录》卷2，第13—14页。
⑦（宋）朱弁撰，孔凡礼点校：《曲洧旧闻》卷10《王荆公性简率》，北京：中华书局，2002年，第231页。
⑧（宋）朱熹：《三朝名臣言行后录》卷6《王安石荆国文公》，（宋）朱熹、李幼武：《宋名臣言行录五集（一）》，第563页。

苏洵《辨奸论》的核心内容是将王安石比作历史上欺世盗名的奸臣王衍、卢杞。此文始见于邵伯温的《邵氏闻见录》。关于此文的真伪亦是学界一大公案。自《邵氏闻见录》载此文后，宋元明人未见有疑，清李绂、蔡上翔始断言《辨奸论》为邵伯温伪作，至今多有争议。刘乃昌、邓广铭先生赞同李、蔡的观点，而章培恒、曾枣庄先生则予以反驳，以为《辨奸论》确为苏洵所作。[①]对这个问题的孰是孰非，笔者不拟作评论，但需要指出的是，自邵伯温登录《辨奸论》在后世流布甚广，先是绍兴年间收入苏洵文集，后又被清人吴楚材、吴调侯两人编入《古文观止》，可以说这篇文字作为否定王安石的佐证材料，对后世认识王安石产生了相当大的影响。

熙宁二年（1069）六月，吕诲上章论王安石。蔡上翔就此评论说："安石文章风节，天下称贤，及相神宗行新法，而举朝哗然攻之，其斥为奸邪而先见于章奏者，吕诲也。"[②]吕诲所论十事，指责王安石"慢上无礼""见利忘义""要尽取名""用情罔公""徇私报怨""怙势招权""专威害政""任性凌轹同列""朋奸""动摇天下"。熙宁时期反对派章奏攻击，评议新法甚多，但唯吕诲此奏章传播甚广，是与邵伯温对这件事的引申发挥分不开，邵伯温写道：

> 帝方励精求治，一日，紫宸早朝，二府奏事久，日刻宴，例隔登对官于后殿，须上更衣复坐，以次赞引。献可待对于崇政，司马温公为翰林学士，侍读延英阁，亦趋赞善堂待召，相遇朝路，并行而北。温公密问曰："今日请对，何所言？"献可举手曰："袖中弹文，乃新参政也。"温公愕然曰："王介甫素有学行，命下之日，众皆喜于得人。奈何论之？"献可正色曰："君实亦为此言耶？安石虽有时名，好执偏见，不通物情，轻信奸回，喜人佞己。听其言则美，施于用则疏。若在侍从，犹或可容；置诸宰辅，天下必受其祸矣！"温公又谕之曰："与公相知，有所怀不敢不尽。未见其不善之迹，遽论之不可。"献可曰："上新嗣位，富于春秋。朝夕谋议者，二三执政耳。苟非其人，则败国事，此乃腹心之疾，治之惟恐不及，顾可缓耶？"语未竟，阁门吏抗声追班，乃各趋以去。温公自经筵退，默坐玉堂，终日思之不得其说。既而缙绅间寖有传其疏者，多以为太过。未几，中书省置三司条例司，相与议论者以经纶天下为己任，始变祖宗旧法，专务聚敛，私立条目，颁于四方，妄引《周官》，以实诛赏。辅弼异议不能回，台谏从官力争不能夺，州郡监司若奉行微忤其意，则谴责从之。所用皆憸薄少年，天下骚然。于是昔之怀疑者始愧仰叹服，以献可为知人。温公与安石相论辨尤力。神宗欲两用之，命温公为枢密副使，温公以言不从，不拜。以三书抵安石，冀其或听而改也。安石如故所为，终不听，乃绝交。温公既出，退居于洛，每慨然曰："吕献可之先见，吾不及也。"[③]

---

① 刘乃昌：《苏轼同王安石的交往》，《东北师范大学学报（哲学社会科学版）》1981年第3期；邓广铭：《〈辨奸论〉真伪问题的重提与再判》，袁行霈评主编：《国学研究》第3卷，北京：北京大学出版社，1995年，第425—450页；邓广铭：《邓广铭全集》第9卷，石家庄：河北教育出版社，2005年，第456—483页；章培恒：《〈辨奸论〉非邵伯温伪作——兼论〈王荆公年谱考略〉中的有关问题》，《古典文学论丛》，上海：上海人民出版社，1980年，第138—194页；曾枣庄：《苏洵〈辨奸论〉真伪考》，《四川大学学报丛刊》第15辑《古典文学论丛》，1982年。

②（宋）詹大和等撰，裴汝诚点校：《王安石年谱三种》，第432页。

③（宋）邵伯温撰，李剑雄、刘德权点校：《邵氏闻见录》卷10，第106—107页。

由于司马光是否定王安石变法的元祐诸贤之首领，因而“献可之先见，自温公有言，而后世多称之”①，可谓影响甚大。

5. 针砭交游

熙宁之前的二三十年间，王安石与当时名臣巨公有较多交往，韩琦曾是王安石的上司，欧阳修、富弼、文彦博都曾推荐过王安石，韩维、吕公著与安石自青年时期就有文字来往，司马光与安石则互相推许。熙宁变法后，这些名臣或成为王安石的政敌，或成为持不同政见者，这一转变在笔记小说中有较多的载录，但载录的故事多带有非议王安石的性质。如前揭王安石自仁宗嘉祐以来已名重士林，“学问文章，知名当世”②，但在邵伯温的笔下王安石却是善于攀附名士以自重的人。

> 安石在仁宗时，论立英宗为皇子与韩魏公不合，故不敢入朝。安石虽高科有文学，本远人，未为中朝士大夫所服，乃深交韩、吕二家兄弟。韩、吕，朝廷之世臣也，天下之士，不出于韩，即出于吕。韩氏兄弟绛字子华，与安石同年高科；维字持国，学术尤高，不出仕，用大臣荐入馆。吕氏公著字晦叔，最贤，亦与安石为同年进士。子华、持国、晦叔争扬于朝，安石之名始盛。安石又结一时名德之士如司马君实辈，皆相善。先是治平间，神宗为颍王，持国翊善，每讲论经义，神宗称善。持国曰：“非某之说，某之友王安石之说。”至神宗即位，乃召安石，以至大用。③

关于王安石是否借韩吕以取重的问题，蔡上翔曾引欧阳修《再论水灾状》推重知池州包拯、知襄州张瑰、崇文院检讨吕公著、群牧判官王安石的事实后说：“公著方与安石并荐，岂能重安石哉？即此可证其妄矣。”④

韩琦是三朝重臣，尤反青苗法。笔记小说所传王安石与韩琦交往的故事中，王安石是一个气度狭小的人物：

> 初，韩魏公知扬州，介甫以新进士签书判官事，韩公虽重其文学，而不以吏事许之。介甫数引古义争公事，其言迂阔，韩公多不从。介甫秩满去。会有上韩公书者，多用古字，韩公笑而谓僚属曰：“惜乎王廷评不在此，其人颇识难字。”介甫闻之，以韩公为轻己，由是怨之。⑤
>
> 韩魏公自枢密副使以资政殿学士知扬州，王荆公初及第为佥判，每读书至达旦，略假寐，日已高，急上府，多不及盥漱。魏公见荆公少年，疑夜饮放逸。一日从容谓荆公曰：“君少年，无废书，不可自弃。”荆公不答，退而言曰：“韩公非知我者。”魏公后知荆公之贤，欲收之门下，荆公终不屈，如召试馆职不就之类是也。故荆公《熙宁日录》中短魏公为多，每曰：“韩公但形相好尔。”作《画虎图》诗诋之。⑥

明眼人一看就知这两条材料相抵牾之处甚为明显，同时记韩琦知扬州时与王安石产生

① （宋）詹大和等撰，裴汝诚点校：《王安石年谱三种》，第437页。
② （宋）詹大和等撰，裴汝诚点校：《王安石年谱三种》，第48页。
③ （宋）邵伯温撰，李剑雄、刘德权点校：《邵氏闻见录》卷3，第24—25页。
④ （宋）詹大和等撰，裴汝诚点校：《王安石年谱三种》，第287页。
⑤ （宋）司马光撰，邓广铭、张希清点校：《涑水记闻》卷16，北京：中华书局，1989年，第311页。
⑥ （宋）邵伯温撰，李剑雄、刘德权点校：《邵氏闻见录》卷9，第94页。

嫌隙，但一是因韩琦误解王安石年少放逸不读书，另一却是韩琦因王安石饱读诗书迂阔而调侃，两者相距甚远，显然这种“遗闻”之不实是不难想象的。

当然以上是较突出的示例，其他还有很多，因文繁，不再具引。

6. 生死谶语

关于王安石的诞生，笔记小说的记述颇为离奇，而离奇的背后又暗含着深意，试看下面四条记述：

> 傅献简云：“王荆公之生也，有獾入其室，俄失所在，故小字獾郎。”①
>
> 昔与小王先生者言：“王舒公介甫何至于无后？”小王先生曰：“介甫，上天之野狐也。又安得有后？”吾默然不平，归白诸鲁公。鲁公曰：“有是哉！”吾益骇。鲁公始乃为吾言，曰：“顷有李士宁者，异人也。一旦因上七日入醴泉观，独倚殿所之楯柱，视卿大夫络绎登阶拜北神者。”适睹一衣冠，亟问之曰：“汝非獾儿乎？”衣冠者为之拜，乃介甫也。士宁谓介甫：“汝从此去，逾二纪为宰相矣。其勉旃。”盖士宁出入介甫家，识介甫之初诞生，故竟呼小字曰“獾儿”也。②
>
> 王荆公之生也，有獾出于市。一道人首常戴花，时人目为戴花道人，来访其父，曰：“此文字之祥，是儿当之，他日以文名天下。”因述其出处甚详，俟至执政，自当见之。荆公父书于册，自后休证不少差，荆公甚神之。洎拜两地，戒阍者，有戴花道人来，不问早暮即通。一日，道人果来，荆公见之，述父所记、渴见之意，道人曰：“自此益得君，谨无复仇。”荆公扣之，曰：“公前身，李王也，戒之。”遂辞去。③
>
> 荆公在钟山读书，有一长老曰：“先辈必做宰相，但不可念旧恶，改坏祖宗格法。”荆公云：“一第未就，奚暇问作宰相，并坏祖宗格法，僧戏言也？”老僧云：“曾坐禅入定，见秦王入寺来，知先辈秦王后身也。”④

獾，原本是一种穴居山野、昼伏夜出的哺乳动物，宋人笔记传闻中把它与王安石的出生连在一起别有一番意义，因为无论是说“獾入其室”，还是说“出于市”，都预示着王安石的诞生好像是一个野性十足的异类闯入人世，宋王朝因之将要有某种变异。而由此顺理成章的逻辑表述，便是指王安石是南唐李后主和秦王赵廷美的转世投胎。关于宋太宗继位之谜的问题，一向为治宋史学者所关注。无论是说太宗阴谋篡权，还是继位合法，意见虽不统一，但太宗为确立自己一系的传位，的确是算尽机关，数开大狱。太宗胞弟秦王赵廷美⑤之死，就是宋太宗一手制造的一大政治冤案⑥。因此后世对宋太宗此举颇多议论。《贵耳集》所谓王安石为“秦王后身”，显然是意指欲降祸于宋，以报前世冤。说王安石前身是李王（即南唐李后主），其意与此相同，也是喻欲降祸于宋。尤值得注意的是獾在《说文解字》中又释作“野豕”，而在宋人“说话”中的小说则有以猪称呼王安石的情节（见后详述），显然这种贬称的由来与笔记小说的“传闻”不无关系。

---

①（宋）邵博撰，刘德权、李剑雄点校：《邵氏闻见后录》卷30，第237页。
②（宋）蔡絛撰，冯惠民、沈锡麟点校：《铁围山丛谈》卷4，北京：中华书局，1983年，第72页。
③（宋）赵彦卫撰，傅根清点校：《云麓漫钞》卷4，北京：中华书局，1996年，第62页。
④（宋）张端义：《贵耳集》卷中，《景印文渊阁四库全书》第865册，第435页。
⑤ 宋徽宗时改封魏悼王，参见《宋史》卷244《宗室一·魏王廷美》，第8666页。
⑥ 详见吴天墀：《烛影斧声传疑》，《史学季刊》1941年第2期。

以上是说王安石的诞生，至于说王安石的死也是死有余辜，阴谴怪异之事，不知凡几。《孙公谈圃》卷中载：

> 荆公薨之前一岁，凌晨，阍者见一蓬头小青衣送白杨木笏，裹以青布。荆公恶甚，弃之墙下，曰："明年祖龙死。"①

张邦基《墨庄漫录》卷二载：

> 荆公病革甚，吴夫人令蔡元度诣茅山谒刘混康问状，刘曰："公之病不可为已。适见道士数十人往迎公，前二人执幡，幡面有字，若金书然。左曰'中函法性'，右曰'外习尘纷'。"元度自言如此。或者又云："荆公临薨，颇有阴谴怪异之事。"与此不同，未知孰是？②

何湘妃女士据此分析说："这些乍看下情节颇为光怪陆离的说法，却仍寓有深刻的批判安石之意。因为民间传说颇杂神道迷信，报应不爽的观念。从上述二则的故事中，一是通过蓬头小青衣来咒诅安石；二则以盖棺论定的方式，由冥王出来批判安石一生的是非功过。所谓的'中函法性'，仍是部份（分）地肯定安石的耿介清纯之风，而'外习尘纷'，则不外从安石新法的事业上给予评断了。"③斯言甚是得当。

四、小说话本、讲史小说中的王安石形象④

上面论述的都是记载奇闻、掇拾旧闻或述说近事的笔记小说，现在再看深受市井民众欢迎的小说话本、讲史小说是怎样塑造王安石形象的。虽然严格地讲小说话本和讲史小说与笔记小说不尽相同，但是笔记小说的记事、记闻范围广泛，且有很强的故事性以及与现实生活相关的情节，往往成为讲史小说和小说话本的重要素材来源，从这个角度来讲，它们之间又有着千丝万缕的联系，所以不能忽略讲史小说和小说话本。

现今传世的讲史小说和小说话本中有描写王安石形象的，仅见于《京本通俗小说》残本中的第十四卷《拗相公》和《宣和遗事》中的相关部分。这两部小说的时代断限目前还有一定的争议。《京本通俗小说》编者不详，首见于近人江东老蟫缪荃孙 1915 年所刊《烟画东堂小品》丛书中。鲁迅、郑振铎、胡士莹等人都将《京本通俗小说》残本中的《拗相公》定为宋人旧话本。⑤但新近又多否定之说，"整体文风不似宋元小说"⑥。在断限问题上，其所以存在争议，笔者以为萧相恺《宋元小说史》的分析比较中肯："正因为没有宋元

---

① （宋）孙升口述，（宋）刘延世笔录：《孙公谈圃》卷中，（宋）潘汝士撰，杨倩描、徐立群点校：《丁晋公谈录（外三种）》，北京：中华书局，2012 年，第 123 页。

② （宋）张邦基撰，孔凡礼点校：《墨庄漫录》卷 2《荆公临终事》，北京：中华书局，2002 年，第 75—76 页。

③ 何湘妃：《南宋高孝两朝王安石评价的变迁过程与分析》，台湾大学 1984 年硕士学位论文，第 230 页。

④ 本部分主要参考了何湘妃《南宋高孝两朝王安石评价的变迁过程与分析》第六章"通俗文学中所反映的王安石评价"。

⑤ 鲁迅：《中国小说史略》，上海：上海古籍出版社，1998 年，第 75 页；郑振铎：《中国文学研究》，北京：人民文学出版社，2000 年，第 343 页；胡士莹：《话本小说概论》，北京：中华书局，1980 年，第 204—205 页。

⑥ 程毅中辑注：《宋元小说家话本集》，济南：齐鲁书社，2000 年，第 810 页。另，相关情况参见程毅中：《宋元小说研究》，南京：江苏古籍出版社，1999 年，第 319—322 页。

旧本印证，再加上这批作品本身一般都比较短，文本中时代的印迹既容易抹去，也易于窜入，所以，往往有些学者从这个角度肯定为宋元作品，而另一些学者又从另一个角度加以否定，很难形成一致的意见。而且，无论哪一位学者，都难免因一点小小的疏漏或不周而造成判断上的失误。”①而先师漆侠先生对于明清时期小说集《三言二拍》与宋代文献之间的关系所作研究的意见甚为可取，漆先生以为《三言二拍》共计有62篇是描写宋代社会状况的。这62篇与宋代旧话本及文献的关系可分为四类情况：“（1）有直接脱胎于宋人话本的；（2）自宋人记载中演绎而来；（3）来自于宋元杂剧；（4）根据宋人话本或某些记载进行改编或演绎。”②由这个分类再看《拗相公》，应当说即使不是直接脱胎于宋人话本，也属于第二、第四种分类，所以在这里仍把《拗相公》视作宋人作品来看待。

《拗相公》在冯梦龙编辑的《警世通言》第四卷又作《拗相公饮恨半山堂》。宋代小说话本，通常每篇小说都有篇首诗或词，并讲些与本篇相类的故事，作为引子贯穿下文，其后再叙入正传或正话。《拗相公》一文的体制即援其例。小说以四句唐诗为篇首小引“周公恐惧流言日，王莽谦恭下士时。假使当年身便死，一生真伪有谁知？”③道出本篇小说的主题，以陪衬故事的内容，紧接着对这首诗加以解释，尔后便话归正传。正传或正话分作三部分：

其一是概括性的序文，其文曰：

> 如今说先朝一个宰相，他在下位之时，也着实有名有誉的。后来大权到手，任性胡为，做错了事，惹得万口唾骂，饮恨而终。假若有名誉的时节，一个瞌睡死去了不醒，人还千惜万惜，道国家没福，恁般一个好人，未能大用，不尽其才。却到也留名于后世。及至万口唾骂时，就死也迟了。这到是多活了几年的不是！那位宰相是谁？在那一个朝代？这朝代不近不远，是北宋神宗皇帝年间，一个首相姓王名安石，临川人也。④

其二是简要叙述了王安石的早年仕履，旷世才华；及至宋神宗朝受赏识，拜相，虽然当时有李承之、苏老泉等人识破其奸邪真相，但无人可信。此是作为他日必乱天下的伏笔。王安石当政后，立起一套新法，专信小人，斥逐忠良，拒绝直谏，自以为是，复倡三不足之说，“因他性子执拗，主意一定，佛菩萨也劝他不转，人皆呼为‘拗相公’”⑤。遂使祖制纷更，万民失业，国事不堪。后因爱子王雱病疽而死，王安石痛思之甚，昏梦中王雱在阴曹地府受酷刑泣求安石不要再行新法，及早回头。受此咒詈，王安石醒来后便一连十来道表章告病辞职。

其三是本篇小说的重点，主要讲述王安石罢相之后，微服由京师到江宁，沿途所见老百姓对他深恶痛绝的情形。在情节结构上，作者精心安排王安石带亲吏江居与童仆在途中与老百姓看似平淡的对话，却深刻反映出新法对人民的压抑和盘剥，对话场景共有三幕。

---

① 萧相恺：《宋元小说史》，杭州：浙江古籍出版社，1997年，第103页。
② 漆侠：《知困集》，石家庄：河北教育出版社，1992年，第267页。另外，漆侠先生也同意把《京本通俗小说》残本所收断为宋元旧话本。
③（明）佚名：《京本通俗小说》卷14《拗相公》，第54页。
④（明）佚名：《京本通俗小说》卷14《拗相公》，第55—56页。
⑤（明）佚名：《京本通俗小说》卷14《拗相公》，第57页。

第一，在钟离与一经纪人家的主人对话：

主人迎接上坐，问道："客官要往那里去？"荆公道："要往江宁，欲觅肩舆一乘，或骡或马三匹，即刻便行。"主人道："如今不比当初，忙不得哩！"荆公道："为何？"主人道："一言难尽。自从拗相公当权，创立新法，伤财害民，户口逃散。虽留下几户穷民，只好奔走官差，那有空役等雇？况且民穷财尽，百姓饔飧不饱，没闲钱去养马骡。就有几头，也不够差使。客官坐稳，我替你抓寻去。寻得下莫喜，寻不来莫怪。只是比往常一倍钱要两倍哩！"江居问道："你说那拗相公是谁？"主人道："叫做王安石，闻说一双白眼睛，恶人自有恶相。"荆公垂下眼皮，叫江居莫管别人家闲事。①

第二，在某村舍与一老叟对话：

因问老叟："高寿几何？"老叟道："年七十八了。"荆公又问："有几位贤郎？"老叟扑簌簌泪下，告道："有四子，都死了！与老妻独居于此。"荆公道："四子何为俱夭？"老叟道："十年以来，苦为新法所害，诸子应门，或殁于官，或丧于途。老汉幸年高，得以苟延残喘；倘若少壮，也不在人世了。"荆公惊问："新法有何不便，乃至于此？"老叟道："官人只看壁间诗可知矣。自朝廷用王安石为相，变易祖宗制度，专以聚敛为急；拒谏饰非，驱忠立佞。始设青苗法以虐农民；继立保甲、助役、保马、均输等法，纷纭不一。官府奉上而虐下，日以棰掠为事；吏卒夜呼于门，百姓不得安寝，弃产业，携妻子，逃于深山者，日有数十。此村百有余家，今所存八九家矣！寒家男女共一十六口，今只有四口仅存耳！"说罢，泪如雨下。荆公亦觉悲酸。又问道："有人说新法便民，老丈今言不便，愿闻其详。"老叟道："王安石执拗，民间称为拗相公。若言不便，便加怒贬；说便，便加升擢。凡说新法便民者，都是谄佞辈所为。其实害民非浅。且如保甲上番之法，民家每一丁教阅于场，又以一丁朝夕供送。虽说五日一教，那做保正的，日聚于教场中，受贿方释；如没贿赂，只说武艺不熟，拘之不放。以致农时俱废，往往冻馁而死。"言毕，问道："如今那拗相公何在？"荆公哄他道："见在朝中辅相天子。"老叟唾地大骂道："这等奸邪，不行诛戮，还要用他，公道何在！朝廷为何不相了韩琦、富弼、司马光、吕诲、苏轼诸君子，而偏用此小人乎？"江居等听得客座中喧嚷之声，起来看时，见老叟说话太狠，咤叱道："老人家不可乱言。倘王丞相闻知此语，获罪非轻了！"老叟矍然怒起道："吾年近八十，何畏一死！若见此奸贼，必手刃其头，刳其心肝而食之。虽赴鼎镬刀锯，亦无恨矣！"②

第三，在某树林茅屋间与一老妪对话：

将次天明，老妪起身，蓬着头，同一赤脚蠢婢赶二猪出门外。婢携糠秕，老妪取水，用木杓搅于木盆之中，口中呼："啰，啰，啰，拗相公来！"二猪闻呼，就盆吃食。婢又呼鸡："朔朔，朔朔，王安石来！"群鸡俱至。江居和众人看见，无不惊讶。荆公心愈不乐，因问老妪道："老人家何为呼鸡豕之名如此？"老妪道："官人难道不知王安石即当今之丞相？拗相公是他的浑名。自王安石做了相公，立新法以扰民，老妾二

①（明）佚名：《京本通俗小说》卷 14《拗相公》，第 59—60 页。
②（明）佚名：《京本通俗小说》卷 14《拗相公》，第 63—64 页。

十年孀妇，子媳俱无，止与一婢同处，妇女二口，也要出免役助役等钱。钱既出了，差役如故。老妾以桑麻为业，蚕未成眠，便预借丝钱用了；麻未上机，又借布钱用了。桑麻失利，只得畜猪养鸡，等候吏胥里保来征役钱。或准与他，或烹来款待他，自家不曾尝一块肉。故此民间怨恨新法，入于骨髓，畜养鸡豕，都呼为拗相公、王安石，把王安石当做畜生。今世没奈何他，后世得他变为异类，烹而食之，以快胸中之恨耳！”荆公暗暗垂泪，不敢开言。左右惊讶荆公容颜改变，索镜自照，只见须发俱白，两目皆肿，心下凄惨。①

这三幕对话集中抨击了王安石变法中的免役法、青苗法、保甲法、保马法及均输法等新法“蠹国害民，怨气腾天”，以及老百姓对王安石的愤恨。当然作者刻意地安排这种血泪控诉出自善良的匹夫匹妇，这对于说书的听众而言，自能受到极大的共鸣与说服力。

此外，值得注意的有三点：一是作者运用一些浅俗的诗词来间接地对王安石加以奚落，例如文中叙述一路上的茶坊、道院以至村镇人家，处处皆有诗词讥诮安石，致使安石归而忧愤，其诗词云：

祖宗制度至详明，百载余黎乐太平。白眼无端偏固执，纷纷变乱拂人情。

五叶明良致太平，相君何事苦纷更？既言尧舜宜为法，当效伊周辅圣明。排尽旧臣居散地，尽为新法误苍生。翻思安乐窝中老，先识天津杜宇声。

初知鄞邑未升时，为负虚名众所推。苏老辨奸先有识，李丞劾奏已前知。斥除贤正专威柄，引进虚浮起祸基。最恨邪言三不足，千年流毒臭声遗！

文章谩说自天成，曲学偏邪识者轻。强辩鹑刑非正道，误餐鱼饵岂真情？奸谋已遂生前志，执拗空遗死后名。亲见亡儿阴受梏，始知天理报分明。

生已沽名炫气豪，死犹虚伪惑儿曹。既无好语遗吴国，却有浮辞诳叶涛。四野逃亡空白屋，千年嗔恨说青苗。想因过此来亲睹，一夜愁添雪鬓毛。

富、韩、司马总孤忠，恳谏良言过耳风。只把惠卿心腹待，不知杀羿是逢蒙。

高谈道德口悬河，变法谁知有许多。他日命衰时败后，人非鬼责奈愁何？②

二是用轮回报应的观念鞭笞王安石。宋代由于善有善报、恶有恶报的观念已深入民间，因而既然王安石的所作所为伤天害理，自然也就会遭到天的报应，《拗相公》在正文开头和结尾都着意叙述了神鬼的报应。如讲安石辞相的原因时有一段文字描写安石爱子雱病疽而死，安石悲痛欲绝，遂招天下高僧斋醮，图荐亡灵，当安石于斋醮后，焚香送佛之际，忽然昏倒于拜毡上，直到五更后，方如梦初醒，回忆当时情形：

荆公眼中垂泪道：“适才昏愦之时，恍恍忽忽到一个去处，如大官府之状，府门尚闭；见吾儿王雱荷巨枷，约重百斤，力殊不胜，蓬首垢面，流血满体；立于门外，对我哭诉其苦道：‘阴司以儿父久居高位，不思行善，专一任性执拗，行青苗等新法，蠹国害民，怨气腾天。儿不幸阳禄先尽，受罪极重，非斋醮可解。父亲宜及早回头，休

①（明）佚名：《京本通俗小说》卷14《拗相公》，第65—66页。
②（明）佚名：《京本通俗小说》卷14《拗相公》，第60、62、65、66页。

得贪恋富贵。’说犹未毕，府中开门吆喝，惊醒回来。”[①]

在这里小说着重强调王安石因行青苗等新法而祸及子孙，它透过说话人的生动描述，市井小民们极易深信王雱受病痛折磨及早夭确实是对王安石新法祸民的现世之报应，从而达到最大限度批判王安石变法的目的。

三是除了以上所揭三幕对话场景外，作者撷取宋人笔记小说中攻击王安石的片段记闻作为小说情节发展的铺垫或造成意境烘托特定的情绪。如前揭所引王安石与韩琦的交游、仁宗时误食鱼饵、李承之言安石双眼多白，还有邵雍在天津桥闻杜鹃声而预言天下从此乱，王安石晚年悔恨为吕惠卿所陷、所误等均出自《邵氏闻见录》，至于王雱阴间受酷刑则见于《孙公谈圃》和《泊宅编》，于此可见王安石的形象之所以在南宋以后被极大地扭曲，是与攻击王安石变法的笔记小说广为流布密不可分。[②]

宋人话本一般都有一个煞尾，它是连接在情节结局以后，直接由说话人自己出场，总结全篇大旨，或对听众加以劝诫，含有明确的目的性，通常是用说白作评论，再加诗词的。《拗相公》也不例外，其篇尾说道：

至今世间人家，多有呼猪为拗相公者。后人论我宋元气，都为熙宁变法所坏，所以有靖康之祸。有诗为证：熙宁新法谏书多，执拗行私奈尔何！不是此番元气耗，虏军岂得渡黄河？[③]

再看《宣和遗事》。《宣和遗事》又称作《大宋宣和遗事》，其版本很多，分两个系统：一为二卷本；二为四卷本。[④]前人多认为是宋人作品，鲁迅说："抑宋人旧本，而元时又有增益，皆不可知。"[⑤]胡士莹则断为宋人旧编元人增益者[⑥]。但萧相恺认为"成书却确实在元"，但观其论证似不足以推翻"宋人旧编元人增益者"之说，因为他所列六条证据，五条是延伸胡士莹用以证宋人旧编元人增益之说的，其不足为凭不言而喻，唯一的一条新证据又有误，"书中叙徽宗亲佞臣，章惇、蔡京相继拜相，一时童贯等先后得进一大段，全本《宋史·徽宗本纪》，有许多句子且与《宣和遗事》相同"[⑦]。虽然《宣和遗事》与《宋史·徽宗本纪》语句相同，但并不能以此就说《宣和遗事》是引自《宋史》，因为史学界公认《宋史》取材主要是宋的旧官史，而宋神宗、哲宗、徽宗、钦宗《四朝国史》早在南宋孝宗淳熙十三年（1186）已编写完毕。[⑧]所以《宣和遗事》叙事与《宋史》记载相同，是均取自宋修国史之使然，以此证《宣和遗事》出自元人之手似不足为凭。

《宣和遗事》的内容相当丰富，历史、政治和社会生活熔于一炉，既概括了北宋的政治演变，又着重反映了南宋军民痛恨权奸和抗金爱国的思想感情。但该书并非创作，大抵是

---

① （明）佚名：《京本通俗小说》卷 14《拗相公》，第 57—58 页。
② 参见谭正璧：《三言两拍资料·警世通言》卷 4《拗相公饮恨半山堂》，上海：上海古籍出版社，1980 年，第 242—251 页。
③ （明）佚名：《京本通俗小说》卷 14《拗相公》，第 68 页。
④ 详见程毅中：《宋元小说研究》，第 297—298 页。
⑤ 鲁迅：《中国小说史略》，第 82 页。
⑥ 胡士莹：《话本小说概论》，第 714—719 页。
⑦ 参见萧相恺：《宋元小说史》，第 87 页。
⑧ 详见蔡崇榜：《宋代修史制度研究》，第 126—138 页；本书编委会编著：《二十五史导读辞典·〈宋史〉的史料来源》，北京：华龄出版社，1991 年，第 758—764 页。

掇拾前人的诗文、笔记、稗编、杂录、官私史书、市人小说等凑集而成。其内容大致可分为十部分，或十段，其中第二、第三段专讲王安石及其变法。第二段讲宋神宗用王安石为相，因变法引起祸害，其论调大抵承袭北宋末士论之常套，如采用《邵氏闻见录》有关其父邵雍闻杜鹃声而预言王安石乱天下的记述作为序言，暗示王安石登上政治舞台将是宋王朝的大不幸，是书写道：

> 英宗升遐，神宗即位。神宗是个聪明的官家，朝廷上大纲小纪，一一要从新整理一番，恰有那曾参政名做公亮的，荐那王安石为丞相，神宗准奏，召王安石拜相。正宣麻时分，有唐介——做着谏官——上疏论奏："王安石泥古迂儒，若用为相，必多更变，重扰天下。"那时有吕诲亦上疏弹劾安石。①

在唐介、吕诲大肆批判安石的人品之后，作者又经由范镇与韩琦的上疏来表达对新法的不满，文中最后则刻画出王安石在众叛亲离下的独夫嘴脸。作者借王安石弟王安国之力谏，而王安石不听，遂使王安国哭于影堂，并道出："是吾家灭门矣！"的话语，来衬托出王安石的拒谏与寡情。同时又以王雱成为地狱中拘囚的重犯，来说明王安石的罪不可恕，不仅自身罪孽深重，而且累及子孙受难。于是经由笔记杂录或见闻传奇的汇集，再加上被视为正人君子的元祐老臣的谏疏，作者就轻而易举地把一个奸佞的形象牢牢套在王安石身上，而讲史小说中的王安石形象，自此就被歪曲了。

第三段讲王安石引蔡京入朝当权。据研究，《宣和遗事》作者的构思立意，与吕中《大事记讲义·宣和讲篇》的主旨如出一辙。吕中认为："宣和之患，自熙宁至宣和，小人用事六十余年，奸幸之积久矣。"②而《宣和遗事》的开场即点明了这一主题："误国欺君罪不轻，阴司报应自分明。奸邪凡事怀私险，却告金仙洗恶名。"随即展开对王安石的声讨：

> 话说宋朝失政，国丧家亡，祸根起于王安石引用婿蔡卞及姻党蔡京在朝，陷害忠良，奸佞变诈，欺君虐民，以致坏了宋朝天下。③

"作者盛赞《宣和讲篇》'说得宣和过失，最是的当'。作者正是按照吕中的思想和《宣和讲篇》中所提及的许多事情来选取材料，结构篇章，旨在反映宋'自熙宁至宣和'六十余年间'小人用事'、'奸幸之积久矣'的历史真实。"④在这里小说按照精选的历史史实，层层累进，王安石不仅是一个奸佞之臣，而且是祸害宋王朝的元凶。不特如此，《宣和遗事》透过讲史人年复一年的述说讲论，则其对王安石塑造的"佞臣""元凶"形象便深入民间，打动人心，而王安石则被牢牢地钉在历史的耻辱柱上。

---

①（宋）佚名撰，黎烈文标点：《大宋宣和遗事》，上海：商务印书馆，1934年，第7页。
② 参见萧相恺：《宋元小说史》，第89页。
③（宋）佚名撰，黎烈文标点：《大宋宣和遗事》，第9—10页。
④ 参见萧相恺：《宋元小说史》，第89页。

第二编
元明清时期对王安石变法的评议

第七章 元朝史家笔下的王安石与王安石变法

一、马端临论王安石变法

马端临论王安石变法主要见于《文献通考》一书。《文献通考》共计 348 卷，是一部论述从三皇至宋宁宗嘉定末年的典章制度通史。作者马端临，字贵与，饶州乐平（今属江西）人，南宋末丞相马廷鸾之子。马廷鸾曾任南宋国史院编修官与实录院检讨官，著有《六经集传》《语孟会编》《楚辞补记》《洙泗裔编》《读庄笔记》等书。[①]马端临深受父亲的影响，他说："业绍箕裘，家藏坟索，插架之收储，趋庭之问答，其于文献盖庶几焉。尝恐一旦散轶失坠，无以属来哲，是以忘其固陋，辄加考评。"[②]他在仿唐杜佑《通典》体例的基础上，加以发掘和补充，共作 24 考：田赋、钱币、户口、职役、征榷、市籴、土贡、国用、选举、学校、职官、郊社、宗庙、王礼、乐、兵、刑、经籍、帝系、封建、象纬、物异、舆地、四裔。因马端临这部名著直到元英宗在位期间时始行刊出，故把他列入元代中期的思想来叙述。

《文献通考》的编著方法，本着"会通因仍之道"的原则，用他自己的话来说就是：

> 凡叙事则本之经史，而参之以历代会要，以及百家传记之书，信而有证者从之，乖异传疑者不录，所谓"文"也。凡论事则先取当时臣僚之奏疏，次及近代诸儒之评论，以至名流之燕谈、稗官之记录，凡一话一言可以订典故之得失，证史传之是非者，则采而录之，所谓"献"也。其载诸史传之纪录而可疑，稽诸先儒之论辨而未当者，研精覃思，悠然有得，则窃著己意，附其后焉。[③]

马端临编撰《文献通考》之时，正处在史学注重对历史进行总结的宋元之际，他在《文献通考》自序中谈到编撰这部卷帙浩博的著作的目的是："后之君子倘能芟削繁芜，增广阙略，矜其仰屋之勤，而俾免于覆车之愧，庶有志于经邦稽古者或可考焉。"[④]《文献通考》虽注重对三皇以来历史的总结，以有裨于"经邦稽古者"，但他的叙述重点在两宋的历史兴亡，"又其所载宋制最详，多《宋史》各志所未备，案语亦多能贯穿古今，折衷至当"[⑤]。在记述北宋典章制度沿革时，马端临不能不对王安石变革祖宗法度的新法给予特别关注。

---

① 《宋史》卷 414《马廷鸾传》，第 12436—12439 页。

② （宋）马端临著，上海师范大学古籍研究所、华东师范大学古籍研究所点校：《文献通考》自序，第 2 页。

③ （宋）马端临著，上海师范大学古籍研究所、华东师范大学古籍研究所点校：《文献通考》自序，第 3 页。

④ （宋）马端临著，上海师范大学古籍研究所、华东师范大学古籍研究所点校：《文献通考》自序，第 3 页。

⑤ （清）永瑢等：《四库全书总目》卷 81《史部三十七·政书类一》，第 697 页。

从经济思想来说：“他的经济观点是很不少的，但由于他未能完全摆脱儒家传统的束缚，故在对待经济问题的基本态度上有时重唱儒者的老调，有时又陷于新旧思想矛盾的困惑之中。”①从总结历史的角度来说，他强调厚今薄古，“反古实难”而要“知时适变”②，“先王之意之法不存，而强慕美名，则适足以为祸乱之阶耳”③，并注重探究变通张弛之故，理乱与兴衰相因的关系，具有较高的史识。因而马端临的思想既有保守的一面，又有较为进步的一面。这反映在他对王安石变法的评价上，即是在整体上从坚持儒家传统的经济观点出发而反对王安石变法，如他在《宗庙考》中所作的一段按语就说：“熙宁初，王介甫当国，每事务欲纷更……盖其务排众议，好异遂非，与行新法等固无怪也。”④但对待具体问题时，他又能坚持“知时适变”的原则，实事求是地客观评价新法措施的利弊。

第一，马端临肯定王安石勇于改革弊政的精神。“（熙宁）四年，上召二府对资政殿，冯京言：‘修差役，作保甲，人极劳敝。’上曰：‘询访邻近百姓，亦皆以免役为喜。盖虽令出钱，而复其身役，无追呼刑责之虞，人自情愿故也。’文彦博言：‘祖宗法制具在，不须更张，以失人心。’上曰：‘更张法制，于士大夫诚多不说，然于百姓何所不便？’彦博曰：‘为与士大夫治天下，非与百姓治天下也。’”⑤在这段对话后面，马端临加了一段按语云：

> 潞公此论失之。盖介甫之行新法，其意勇于任怨而不为毁誉所动，然役法之行，坊郭、品官之家尽令输钱，坊场、酒税之入尽归助役，故士夫豪右不能无怨，而实则农民之利，此神宗所以有“于百姓何所不便”之说。而潞公此语与东坡所谓“凋敝太甚，厨传萧然”云者，皆介甫所指以为流俗干誉，不足恤者，是岂足以绳其偏而救其弊乎？⑥

第二，马端临认为青苗、免役法的立意是好的，可谓良法，“然熙宁之行青苗也，既有二分之息，提举司复以多散为功，遂立各郡定额而有抑配之弊。其行助役也，既取一分之宽剩，而复征头子钱，民间输钱日多，而雇人给直日损，遂至宽剩积压。此皆其极弊处”⑦。因此马端临指出：“盖荆公新法大概主于理财，所以内而条例司，外而常平使者，所用皆苛刻小人，虽助役良法，亦不免以聚敛亟疾之意行之，故不能无弊，然遂指其法为不可行，则过矣。”⑧“青苗钱所以为民害者三：曰征钱也，取息也，抑配也。今观条例司所请，曰随租纳斗斛，如以价贵愿纳钱者听，则未尝专欲征钱也。曰凡以为民，公家无利其入，则未尝取息也。曰愿给者听，则未尝抑配也。盖建请之初，姑为此美言，以惑上听，而厌众

---

① 胡寄窗：《中国经济思想史简编》，第374页。
②（宋）马端临著，上海师范大学古籍研究所、华东师范大学古籍研究所点校：《文献通考》卷180《经籍考七》，第5347页。
③（宋）马端临著，上海师范大学古籍研究所、华东师范大学古籍研究所点校：《文献通考》卷275《封建考十六》，第7523页。
④（宋）马端临著，上海师范大学古籍研究所、华东师范大学古籍研究所点校：《文献通考》卷94《宗庙考四》，第2879页。
⑤（宋）马端临著，上海师范大学古籍研究所、华东师范大学古籍研究所点校：《文献通考》卷12《职役考一》，第347页。
⑥（宋）马端临著，上海师范大学古籍研究所、华东师范大学古籍研究所点校：《文献通考》卷21《市籴考二》，第348页。
⑦（宋）马端临著，上海师范大学古籍研究所、华东师范大学古籍研究所点校：《文献通考》卷21《市籴考二》，第629页。
⑧（宋）马端临著，上海师范大学古籍研究所、华东师范大学古籍研究所点校：《文献通考》卷12《职役考一》，第345—346页。

论，而施行之际，实则不然也。”①

第三，对保甲法，马端临予以全盘否定。

按籍民为兵，古法也，虽唐府兵犹然。今熙宁之保甲，则无益而有害。言其无益者，则曰田亩之民，不习战斗，不可以代募兵；言有害者，则曰贪污之吏，并缘渔猎，足以困百姓。然民之未谙者，可以教练而能，而吏之为奸者，则虽加之禁戢，而不能止。故元祐诸贤，议更化瑟而首欲罢此者，以其厉民也。②

第四，马端临认为王安石的新法未能贯彻摧抑兼并，也未实现取商贾之利以助国用的初衷。他在《文献通考》自序中说：“善言利者，则曰山海天地之藏，而豪强擅之，关市货物之聚，而商贾擅之，取之于豪强、商贾，以助国家之经费，而毋专仰给于百姓之赋税，是崇本抑末之意，乃经国之远图也。”基于这种认识，他在分析王安石新法弊害时指出，均输法、市易法虽然名为取之于商贾，以助国家之经费，但实际上官府过于垄断利源和利权，不仅没有取之于商贾而得利，反而使商业萧条，商税大亏，名不符实。

介甫志于兴利，苟慕前史均输之名，张官置吏，废财劳人，而卒无所成，误矣。至于市易，则假《周官》泉府之名，袭王莽五均之迹，而下行黠商豪家贸易称贷之事，其所为又远出桑、刘之下。今观其法制，大概有三：结保贷请，一也；契要金银为抵，二也；贸迁物货，三也。是三者桑、刘未尝为之，然自可以富国，则其才岂后世所能及？然贷息、抵当、贸迁之事，使富家为之，假以岁月，岂不获倍蓰千万之利？今考之熙宁五年赐内藏库及京东路钱为市易本，共一百八十七万缗，至九年，中书言市易息钱并市利钱仅总收百三十三万二千缗有奇。呜呼！以县官而下行黠商豪家之事，且贸迁图利，且放偿取息，以国力经营之，以国法督课之，至使物价腾踊，商贾怨讟，而孳孳五年之间，所得子本盖未尝相称也，然则是岂得为善言利乎！桑、刘有知，宁不笑人地下？③

值得注意的是，马端临对汉代桑弘羊、唐代刘晏等“兴利大臣”的财政经济政策多给予适当的肯定，但在以王安石的新法与之比较时，却作出王安石在桑、刘之下的判断，何以有这种差异呢？在马端临看来，错不在于兴利，而在于如何兴利。他在剖析新法出现种种弊端而害民的原因时，就指出王安石曲解《周礼》理财思想的原意是其中重要原因之一。

按：《周礼》主财之官虽多，而专掌钱布则惟外府、泉府二官，外府掌赍赐之出入，泉府掌买卖之出入。自王介甫以郑注国服为息之说行青苗误天下，而后儒之解此语者，或以“息”为生息之息，或以“息”为休息之息，然于义皆无所当。盖古人创泉布之本意，实取其流通。缘货则或滞于民用，而钱则无所不通；而泉府一官最为便民，滞则买之，不时而欲买者则卖之，无力者则赊贷与之。盖先王视民如子，洞察其隐微，而多方济其缺乏，仁政莫尚于此，初非专为谋利取息设也。不原其立官之本意，而剿

① （宋）马端临著，上海师范大学古籍研究所、华东师范大学古籍研究所点校：《文献通考》卷 21《市籴考二》，第 619 页。

② （宋）马端临著，上海师范大学古籍研究所、华东师范大学古籍研究所点校：《文献通考》卷 153《兵考五》，第 4586—4587 页。

③ （宋）马端临著，上海师范大学古籍研究所、华东师范大学古籍研究所点校：《文献通考》卷 20《市籴考一》，第 579 页。

其一语以断天下大事，可乎？[①]

第五，在科举、学校改革上，马端临虽赞成以策论取进士的做法，但他坚决反对“一道德”。

> 变声律为议论，变墨义为大义，则于学者不为无补。然介甫之所谓“一道德”者，乃是欲以其学使天下比而同之，以取科第。夫其书纵尽善无可议，然使学者以干利之故，皓首专门，雷同蹈袭，不得尽其博学详说之功，而稍求深造自得之趣，则其拘牵浅陋，去墨义无几矣，况所著未必尽善乎？至所谓“学术不一，十人十义，朝廷欲有所为，异论纷然，莫肯承听”，此则李斯所以建焚书之议也，是何言欤？[②]
>
> 今熙宁之建太学，苏嘉言变法事忤介甫，则学官并坐其罪，而改用李定、常秩之徒，试文则宗新经，策时务则夸新法。今又立飞语谤朝政者以学规殿罚之条。则太学之设，乃箝制罗织之具耳，以是为一道德，可乎？[③]

马端临对几项新法变革弊端的分析，总括起来说，他赞成为佐国家财政而与商贾、豪强争利，但反对官府直接控制利源和用垄断利权的手段干预经济过程。

二、《宋史》对王安石及其变法的盖棺论定

《宋史》修于元末，由丞相脱脱和阿鲁图先后主持修撰，铁木儿塔识、贺惟一、张起岩、欧阳玄等七人任总裁官。全书本纪47卷，志162卷，表32卷，列传255卷，共496卷，是二十四史中最庞大的一部官修史书。这部卷帙浩繁的大书，是以程朱理学为编纂指导思想的。清代的《四库全书总目提要》说：“(《宋史》) 大旨以表章道学为宗，余事皆不甚措意。”钱大昕也说：“《宋史》最推崇道学，而尤以朱元晦（熹）为宗。”这是符合实际的。在《宋史》修撰中起主要作用的那些人物，都是道学的忠实信徒。例如，对于《宋史》修撰“多所协赞”的铁木儿塔识，就对“伊洛诸儒之书，深所研究”。张起岩对“宋儒道学源委，尤多究心”。特别是在《宋史》的修撰中“尤任劳勋”的欧阳玄，更是一个对“伊洛诸儒源委，尤为淹贯”的道学家。《宋史》的修撰原则是，遵循“先儒性命之说”，“先理致而后文辞，崇道德而黜功利。书法以之而矜式，彝伦赖是以匡扶”。在这个原则下，欧阳玄为《宋史》定下的体例和他所撰写的论、赞、序以及《进〈宋史〉表》，都集中地贯彻了道学的思想。《宋史》鼓吹道学，不仅在于创立了《道学传》，以“推崇程朱之学”，更加严重的是，《宋史》把道学当作判断是非的标准。[④]“取舍材料、褒贬人物、评论事件的书法用遵守这项原则得以统一，人伦秩序赖这项原则而得到挽救和扶助。这是贯彻修撰原则

① (宋) 马端临著，上海师范大学古籍研究所、华东师范大学古籍研究所点校：《文献通考》卷8《钱币考一》，第191页。

② (宋) 马端临著，上海师范大学古籍研究所、华东师范大学古籍研究所点校：《文献通考》卷31《选举考四》，第908页。

③ (宋) 马端临著，上海师范大学古籍研究所、华东师范大学古籍研究所点校：《文献通考》卷42《学校考三》，第1225页。

④ 《宋史》出版说明，第3—4页。

的要求和目的。”[①]

在这种判断是非的标准和原则的前提下，王安石及其变法活动遭到了历史上最大限度的批判和歪曲，其表现有以下四个方面：

其一，遵从绍兴本《神宗实录》对王安石变法所定的“惟是直书安石之罪”的撰写和评价基调，“考夫建隆、淳化之经营，景德、咸平之润色，庆历、皇祐以忠厚美风化，元丰、熙宁以聪明紊宪章，驯致绍圣纷纭，崇宁荒乱”[②]。《宋史·王安石传》就是在《四朝国史·王安石传》的基础上，又增入元祐党人及其门生的诬谤轶事。[③]对此，裴汝诚先生在《论宋、元时期的三个王安石传》中有详尽的考述，其“二、‘尽取诸贤之论’——三传之取材”总结说：

> 元祐本《神宗实录》及其以后的三传，在取材上所谓的“尽取诸贤之论”，实际上是尽取王安石反对派的伪造诋诬之辞，而且尽出于反对派所作之私书、杂史。清人蔡上翔即云：“安石史传采之私书甚多，而未有一字出于门生故吏之手，即其所见称于当世大贤者，本传亦不存一字。”他还说“公（王安石）之没，去今七百余年，其始肆为诋毁者多出于私书，既而采私书为正史，而此外事实愈增，欲辩尤难”。从宋至元，作传者正是靠尽取诋诬之辞、采私史入正史，才完成了对王安石的彻底否定，并造成从野史到正史无不否定王安石的印象。[④]

其二，将王安石集团的主要成员，甚或元丰、绍圣时期的变法中坚人物打入《奸臣传》，所谓“奸臣”是“逞其狡谋，壅阏上听，变易国是，贼虐忠直，屏弃善良”[⑤]者，被打入《奸臣传》与新法、绍述有关的人员依次是蔡确（附吴处厚）、邢恕、吕惠卿、章惇、曾布、蔡京（附蔡卞、蔡攸、蔡翛）。

其三，“尽书王安石之过”。这主要表现在以下五个方面：

一是性格执拗。“安石性强忮，遇事无可否，自信所见，执意不回。至议变法，而在廷交执不可，安石傅经义，出己意，辩论辄数百言，众不能诎。”[⑥]与这个概括性评语相应的是在传中又加入“开封民避保甲”“东明县民诉助役钱”“少年斗鹑案”“争舍人院得否申请除改文字”“与韩琦争刑名”“辩论登州妇杀夫案”“独定议还僖祖于祧庙”等数则“逸闻趣事”作为佐证“史实”。

二是不修边幅，不能治身。儒家政治理想讲求“修身、齐家、治国、平天下”，而王安石“一身尚不能治，何圣人为？”[⑦]故元史臣写道：“安石未贵时，名震京师，性不好华腴，自奉至俭，或衣垢不浣，面垢不洗，世多称其贤。蜀人苏洵独曰：‘是不近人情者，鲜不为大奸慝。’作《辩（辨）奸论》以刺之，谓王衍、卢杞合为一人。”[⑧]

---

① 裴汝诚：《略评〈宋史〉“崇道德而黜功利”的修撰原则》，《半粟集》，第1页。

②（元）阿鲁图：《进宋史表》，《宋史》附录，第14254页。

③《宋史》取材主要采自宋国史，对此前辈学者已多有考论，而前面第四章已专门讨论《神宗实录》《四朝国史》《东都事略》三个王安石传之间的渊源关系，故在此不赘。

④ 裴汝诚：《论宋、元时期的三个王安石传》，《半粟集》，第123—124页。

⑤《宋史》卷471《奸臣传序》，第13697页。

⑥《宋史》卷327《王安石传》，第10550页。

⑦（宋）黎靖德：《朱子语类》卷130《本朝四·自熙宁至靖康用人》，（宋）朱熹：《朱子全书》第18册，第4036页。

⑧《宋史》卷327《王安石传》，第10550页。

三是攻击王安石理财为“聚敛”：

> 青苗法者，以常平籴本作青苗钱，散与人户，令出息二分，春散秋敛。均输法者，以发运之职改为均输，假以钱货，凡上供之物，皆得徙贵就贱，用近易远，预知在京仓库所当办者，得以便宜蓄买。保甲之法，籍乡村之民，二丁取一，十家为保，保丁皆授以弓弩，教之战阵。免役之法，据家赀高下，各令出钱雇人充役，下至单丁、女户，本来无役者，亦一概输钱，谓之助役钱。市易之法，听人赊贷县官财货，以田宅或金帛为抵当，出息十分之二，过期不输，息外每月更加罚钱百分之二。保马之法，凡五路义保愿养马者，户一匹，以监牧见马给之，或官与其直，使自市，岁一阅其肥瘠，死病者补偿。方田之法，以东、西、南、北各千步，当四十一顷六十六亩一百六十步为一方，岁以九月，令、佐分地计量，验地土肥瘠，定其色号，分为五等，以地之等，均定税数。又有免行钱者，约京师百物诸行利入厚薄，皆令纳钱，与免行户祗应。自是四方争言农田水利，古陂废堰，悉务兴复。又令民封状增价以买坊场，又增茶盐之额，又设措置河北籴便司，广积粮谷于临流州县，以备馈运。由是赋敛愈重，而天下骚然矣。①

四是攻击引小人逐君子并说这是王安石性格上的“好人同己”，“安石与光素厚，光援朋友责善之义，三诒书反覆劝之，安石不乐。帝用光副枢密，光辞未拜而安石出，命遂寝。公著虽为所引，亦以请罢新法出颍州。御史刘述、刘琦、钱顗、孙昌龄、王子韶、程颢、张戬、陈襄、陈荐、谢景温、杨绘、刘挚，谏官范纯仁、李常、孙觉、胡宗愈皆不得其言，相继去。骤用秀州推官李定为御史，知制诰宋敏求、李大临、苏颂封还词头，御史林旦、薛昌朝、范育论定不孝，皆罢逐。翰林学士范镇三疏言青苗，夺职致仕。惠卿遭丧去，安石未知所托，得曾布，信任之，亚于惠卿”，“罢黜中外老成人几尽，多用门下儇慧少年”②。《宋史》卷三百五十五论曰：

> 神宗好大喜功之资，王安石、吕惠卿出而与之遇合，流毒不能止也。哲、徽之世，一变而为蔡确、章惇、曾布，又变而为蔡京、蔡卞，日有甚之，而天下亡矣。乘时起而附之者甚众，若崔台符、杨汲以狱杀民；吕嘉问以均输困民；董必肆酷，欲害流人以取悦；李南公以反覆诡随；虞策以心持两端；郭知章迎合时好，且发实录之诬。观诸人所学与其从政，已多可尚，何乐而为此恶哉？不过视一时君相之好尚，将以取富贵而已。③

五是诬谤王安石爱子王雱，“慓悍阴刻，无所顾忌”。安石主开熙河，“更张政事，雱实导之……言不诛异议者法不行”④。

其四，为王安石盖棺论定。《宋史·神宗本纪》赞云：

> 帝天性孝友……其即位也，小心谦抑，敬畏辅相；求直言，察民隐，恤孤独，

①《宋史》卷327《王安石传》，第10544—10545页。
②《宋史》卷327《王安石传》，第10546、10551页。
③《宋史》卷355《郭知章传》，第11197页。
④《宋史》卷327《王安石传》，第10551页。

养耆老，振匮乏；不治宫室，不事游幸，励精图治，将大有为。未几，王安石入相。安石为人，悻悻自信，知祖宗志吞幽蓟、灵武，而数败兵，帝奋然将雪数世之耻，未有所当，遂以偏见曲学起而乘之。青苗、保甲、均输、市易、水利之法既立，而天下汹汹骚动，恸哭流涕者接踵而至。帝终不觉悟，方断然废逐元老，摈斥谏士，行之不疑。卒致祖宗之良法美意，变坏几尽。自是邪佞日进，人心日离，祸乱日起，惜哉！①

《宋史·王安石传》论曰：

朱熹尝论安石"以文章节行高一世，而尤以道德经济为己任。被遇神宗，致位宰相，世方仰其有为，庶几复见二帝三王之盛。而安石乃汲汲以财利兵革为先务，引用凶邪，排摈忠直，躁迫强戾，使天下之人，嚣然丧其乐生之心。卒之群奸嗣虐，流毒四海，至于崇宁、宣和之际，而祸乱极矣。"此天下之公言也。昔神宗欲命相，问韩琦曰："安石何如？"对曰："安石为翰林学士则有余，处辅弼之地则不可。"神宗不听，遂相安石。呜呼！此虽宋氏之不幸，亦安石之不幸也。②

附录：《宋史·王安石传》

王安石字介甫，抚州临川人。父益，都官员外郎。安石少好读书，一过目终身不忘。其属文动笔如飞，初若不经意，既成，见者皆服其精妙。友生曾巩携以示欧阳修，修为之延誉。擢进士上第，签书淮南判官。旧制，秩满许献文求试馆职，安石独否。再调知鄞县，起堤堰，决陂塘，为水陆之利；贷谷与民，出息以偿，俾新陈相易，邑人便之。通判舒州。文彦博为相，荐安石恬退，乞不次进用，以激奔竞之风。寻召试馆职，不就。修荐为谏官，以祖母年高辞。修以其须禄养言于朝，用为群牧判官，请知常州。移提点江东刑狱，入为度支判官，时嘉祐三年也。

安石议论高奇，能以辨博济其说，果于自用，慨然有矫世变俗之志。于是上万言书，以为："今天下之财力日以困穷，风俗日以衰坏，患在不知法度，不法先王之政故也。法先王之政者，法其意而已。法其意，则吾所改易更革，不至乎倾骇天下之耳目，嚣天下之口，而固已合先王之政矣。因天下之力以生天下之财，收天下之财以供天下之费，自古治世，未尝以财不足为公患也，患在治财无其道尔。在位之人才既不足，而闾巷草野之间亦少可用之才，社稷之托，封疆之守，陛下其能久以天幸为常，而无一旦之忧乎？愿监苟且因循之弊，明诏大臣，为之以渐，期合于当世之变。臣之所称，流俗之所不讲，而议者以为迂阔而熟烂者也。"后安石当国，其所注措，大抵皆祖此书。

俄直集贤院。先是，馆阁之命屡下，安石屡辞；士大夫谓其无意于世，恨不识其面，朝廷每欲畀以美官，惟患其不就也。明年，同修起居注，辞之累日。閤门吏赍敕就付之，拒不受；吏随而拜之，则避于厕；吏置敕于案而去，又追还之；上章至八九，乃受。遂知制诰，纠察在京刑狱，自是不复辞官矣。

① 《宋史》卷16《神宗本纪三》，第314页。
② 《宋史》卷327《王安石传》，第10553页。

有少年得斗鹑，其侪求之不与，恃与之昵辄持去，少年追杀之。开封当此人死，安石驳曰：“按律，公取、窃取皆为盗。此不与而彼携以去，是盗也；追而杀之，是捕盗也，虽死当勿论。”遂劾府司失人。府官不伏，事下审刑、大理，皆以府断为是。诏放安石罪，当诣閤门谢。安石言：“我无罪。”不肯谢。御史举奏之，置不问。

时有诏舍人院无得申请除改文字，安石争之曰：“审如是，则舍人不得复行其职，而一听大臣所为，自非大臣欲倾侧而为私，则立法不当如此。今大臣之弱者不敢为陛下守法；而强者则挟上旨以造令，谏官、御史无敢逆其意者，臣实惧焉。”语皆侵执政，由是益与之忤。以母忧去，终英宗世，召不起。

安石本楚士，未知名于中朝，以韩、吕二族为巨室，欲借以取重。乃深与韩绛、绛弟维及吕公著交，三人更称扬之，名始盛。神宗在颍邸，维为记室，每讲说见称，辄曰：“此非维之说，维之友王安石之说也。”及为太子庶子，又荐自代。帝由是想见其人，甫即位，命知江宁府。数月，召为翰林学士兼侍讲。熙宁元年四月，始造朝。入对，帝问为治所先，对曰：“择术为先。”帝曰：“唐太宗何如？”曰：“陛下当法尧、舜，何以太宗为哉？尧、舜之道，至简而不烦，至要而不迂，至易而不难。但末世学者不能通知，以为高不可及尔。”帝曰：“卿可谓责难于君，朕自视眇躬，恐无以副卿此意。可悉意辅朕，庶同济此道。”

一日讲席，君臣退，帝留安石坐，曰：“有欲与卿从容论议者。”因言：“唐太宗必得魏征，刘备必得诸葛亮，然后可以有为，二子诚不世出之人也。”安石曰：“陛下诚能为尧、舜，则必有皋、夔、稷、卨；诚能为高宗，则必有傅说。彼二子皆有道者所羞，何足道哉？以天下之大，人民之众，百年承平，学者不为不多。然常患无人可以助治者，以陛下择术未明，推诚未至，虽有皋、夔、稷、卨、傅说之贤，亦将为小人所蔽，卷怀而去尔。”帝曰：“何世无小人，虽尧、舜之时，不能无四凶。”安石曰：“惟能辨四凶而诛之，此其所以为尧、舜也。若使四凶得肆其谗慝，则皋、夔、稷、卨亦安肯苟食其禄以终身乎？”

登州妇人恶其夫寝陋，夜以刃斫之，伤而不死。狱上，朝议皆当之死，安石独援律辨证之，为合从谋杀伤，减二等论。帝从安石说，且著为令。

二年二月，拜参知政事。上谓曰：“人皆不能知卿，以为卿但知经术，不晓世务。”安石对曰：“经术正所以经世务，但后世所谓儒者，大抵皆庸人，故世俗皆以为经术不可施于世务尔。”上问：“然则卿所施设以何先？”安石曰：“变风俗，立法度，最方今之所急也。”上以为然。于是设制置三司条例司，命与知枢密院事陈升之同领之。安石令其党吕惠卿任其事。而农田水利、青苗、均输、保甲、免役、市易、保马、方田诸役相继并兴，号为新法，遣提举官四十余辈，颁行天下。

青苗法者，以常平籴本作青苗钱，散与人户，令出息二分，春散秋敛。均输法者，以发运之职改为均输，假以钱货，凡上供之物，皆得徙贵就贱，用近易远，预知在京仓库所当办者，得以便宜蓄买。保甲之法，籍乡村之民，二丁取一，十家为保，保丁皆授以弓弩，教之战阵。免役之法，据家赀高下，各令出钱雇人充役，下至单丁、女户，本来无役者，亦一概输钱，谓之助役钱。市易之法，听人赊贷县官财货，以田宅或金帛为抵当，出息十分之二，过期不输，息外每月更加罚钱百分之二。保马之法，凡五路义保愿养马者，户一匹，以监牧见马给之，或官与其直，使自市，岁一阅其肥瘠，死病者补偿。方田之法，以东、西、南、北各千步，当四十一顷六十六亩一百六十步为一方，岁以九月，令、佐分地计量，验地土肥瘠，定其色号，分为五等，以地之等，均定税数。又有免行钱者，约京师百物诸行利入厚薄，皆令纳钱，与免行户祇应。自是四方争言农田水利，古陂废堰，悉务兴复。又令民封状增价以买坊场，又增茶盐之额，又设措置河北籴便司，广积粮谷于临流州县，以备馈运。由是赋敛愈重，而天下骚然矣。

御史中丞吕诲论安石过失十事，帝为出诲，安石荐吕公著代之。韩琦谏疏至，帝感悟，欲从之，安石求去。司马光答诏，有"士夫沸腾，黎民骚动"之语，安石怒，抗章自辨，帝为巽辞谢，令吕惠卿谕旨，韩绛又劝帝留之。安石入谢，因为上言中外大臣、从官、台谏、朝士朋比之情，且曰："陛下欲以先王之正道胜天下流俗，故与天下流俗相为重轻。流俗权重，则天下之人归流俗；陛下权重，则天下之人归陛下。权者与物相为重轻，虽千钧之物，所加损不过铢两而移。今奸人欲败先王之正道，以沮陛下之所为。于是陛下与流俗之权适争轻重之时，加铢两之力，则用力至微，而天下之权，已归于流俗矣，此所以纷纷也。"上以为然。安石乃视事，琦说不得行。

安石与光素厚，光援朋友责善之义，三诒书反覆劝之，安石不乐。帝用光副枢密，光辞未拜而安石出，命遂寝。公著虽为所引，亦以请罢新法出颍州。御史刘述、刘琦、钱颉、孙昌龄、王子韶、程颢、张戬、陈襄、陈荐、谢景温、杨绘、刘挚，谏官范纯仁、李常、孙觉、胡宗愈皆不得其言，相继去。骤用秀州推官李定为御史，知制诰宋敏求、李大临、苏颂封还词头，御史林旦、薛昌朝、范育论定不孝，皆罢逐。翰林学士范镇三疏言青苗，夺职致仕。惠卿遭丧去，安石未知所托，得曾布，信任之，亚于惠卿。

三年十二月，拜同中书门下平章事。明年春，京东、河北有烈风之异，民大恐。帝批付中书，令省事安静以应天变，放遣两路募夫，责监司、郡守不以上闻者。安石执不下。

开封民避保甲，有截指断腕者，知府韩维言之，帝问安石，安石曰："此固未可知，就令有之，亦不足怪。今士大夫睹新政，尚或纷然惊异；况于二十万户百姓，固有蠢愚为人所惑动者，岂应为此遂不敢一有所为邪？"帝曰："民言合而听之则胜，亦不可不畏也。"

东明民或遮宰相马诉助役钱，安石白帝曰："知县贾蕃乃范仲淹之婿，好附流俗，致民如是。"又曰："治民当知其情伪利病，不可示姑息。若纵之使妄经省台，鸣鼓邀驾，恃众侥幸，则非所以为政。"其强辩背理率类此。

帝用韩维为中丞，安石憾曩言，指为善附流俗以非上所建立，因维辞而止。欧阳修乞致仕，冯京请留之，安石曰："修附丽韩琦，以琦为社稷臣。如此人，在一郡则坏一郡，在朝廷则坏朝廷，留之安用？"乃听之。富弼以格青苗解使相，安石谓不足以阻奸，至比之共、鲧。灵台郎尤瑛言天久阴，星失度，宜退安石，即黥隶英州。唐坰本以安石引荐为谏官，因请封极论其罪，谪死。文彦博言市易与下争利，致华岳山崩。安石曰："华山之变，殆天意为小人发。市易之起，自为细民久困，以抑兼并尔，于官何利焉。”阕其奏，出彦博守魏。于是吕公著、韩维，安石借以立声誉者也；欧阳修、文彦博，荐己者也；富弼、韩琦，用为侍从者也；司马光、范镇，交友之善者也；悉排斥不遗力。

礼官议正太庙太祖东向之位，安石独定议还僖祖于祧庙，议者合争之，弗得。上元夕，从驾乘马入宣德门，卫士诃止之，策其马。安石怒，上章请逮治。御史蔡确言：“宿卫之士，拱扈至尊而已，宰相下马非其处，所应诃止。”帝卒为杖卫士，斥内侍，安石犹不平。王韶开熙河奏功，帝以安石主议，解所服玉带赐之。

七年春，天下久旱，饥民流离，帝忧形于色，对朝嗟叹，欲尽罢法度之不善者。安石曰：“水旱常数，尧、汤所不免，此不足招圣虑，但当修人事以应之。”帝曰：“此岂细事，朕所以恐惧者，正为人事之未修尔。今取免行钱太重，人情咨怨，至出不逊语。自近臣以至后族，无不言其害，两宫泣下，忧京师乱起，以为天旱更失人心。”安石曰：“近臣不知为谁，若两宫有言，乃向经、曹佾所为尔。”冯京曰：“臣亦闻之。”安石曰：“士大夫不逞者以京为归，故京独闻此言，臣未之闻也。”监安上门郑侠上疏，绘所见流民扶老携幼困苦之状，为图以献，曰：“旱由安石所致。去安石，天必雨。”侠又坐窜岭南。慈圣、宣仁二太后流涕谓帝曰：“安石乱天下。”帝亦疑之，遂罢为观文殿大学士、知江宁府，自礼部侍郎超九转为吏部尚书。

吕惠卿服阕，安石朝夕汲引之，至是，白为参知政事，又乞召韩绛代己。二人守其成模，不少失，时号绛为“传法沙门”，惠卿为“护法善神”。而惠卿实欲自得政，忌安石复来，因郑侠狱陷其弟安国，又起李士宁狱以倾安石。绛觉其意，密白帝请召之。八年二月，复拜相，安石承命，即倍道来。《三经义》成，加尚书左仆射兼门下侍郎，以子雱为龙图阁直学士。雱辞，惠卿劝帝允其请，由是嫌隙愈著。惠卿为蔡承禧所击，居家俟命。雱风御史中丞邓绾，复弹惠卿与知华亭县张若济为奸利事，置狱鞫之，惠卿出守陈。

十月，彗出东方，诏求直言，及询政事之未协于民者。安石率同列疏言：“晋武帝五年，彗出轸；十年，又有孛。而其在位二十八年，与《乙巳占》所期不合。盖天道远，先王虽有官占，而所信者人事而已。天文之变无穷，上下傅会，岂无偶合。周公、召公，岂欺成王哉。其言中宗享国日久，则曰‘严恭寅畏，天命自度，治民不敢荒宁’。其言夏、商多历年所，亦曰‘德’而已。裨灶言火而验，欲禳之，国侨不听，则曰‘不用吾言，郑又将火’。侨终不听，郑亦不火。有如裨灶，未免妄诞，况今星工哉？所传占书，又世所禁，誊写讹误，尤不可知。陛下盛德至善，非特贤于中宗，周、召所言，则既阅而尽之矣，岂须愚瞽复有所陈。窃闻两宫以此为忧，望以臣等所言，力行开慰。”帝曰：“闻民间殊苦新法。”安石曰：“祁寒暑雨，民犹怨咨，此无庸恤。”帝曰：“岂若并祁寒暑雨之怨亦无邪？”安石不悦，退而属疾卧，帝慰勉起之。其党谋曰：“今不取上素所不喜者暴进用之，则权轻，将有窥人间隙者。”安石是其策。帝喜其出，悉从之。时出师安南，谍得其露布，言：“中国作青苗、助役之法，穷困生民。我今出兵，欲相拯济。”安石怒，自草敕榜诋之。

华亭狱久不成，雱以属门下客吕嘉问、练亨甫共议，取邓绾所列惠卿事，杂他书下制狱，安石不知也。省吏告惠卿于陈，惠卿以状闻，且讼安石曰：“安石尽弃所学，隆尚纵横之末数，方命矫令，罔上要君。此数恶力行于年岁之间，虽古之失志倒行而逆施者，殆不如此。”又发安石私书曰“无使上知”者。帝以示安石，安石谢无有，归以问雱，雱言其情，安石咎之。雱愤恚，疽发背死。安石暴绾罪，云“为臣子弟求官及荐臣婿蔡卞”，遂与亨甫皆得罪。绾始以附安石居言职，及安石与吕惠卿相倾，绾极力助攻惠卿。上颇厌安石所为，绾惧失势，屡留之于上，其言无所顾忌；亨甫险薄，谄事雱以进，至是皆斥。

安石之再相也，屡谢病求去，及子雱死，尤悲伤不堪，力请解几务。上益厌之，罢为镇南军节度使、同平章事、判江宁府。明年，改集禧观使，封舒国公。屡乞还将相印。元丰二年，复拜左仆射、观文殿大学士。换特进，改封荆。哲宗立，加司空。

元祐元年，卒，年六十六，赠太傅。绍圣中，谥曰文，配享神宗庙庭。崇宁三年，又配食文宣王庙，列于颜、孟之次，追封舒王。钦宗时，杨时以为言，诏停之。高宗用赵鼎、吕聪问言，停宗庙配享，削其王封。

初，安石训释《诗》、《书》、《周礼》，既成，颁之学官，天下号曰“新义”。晚居金陵，又作《字说》，多穿凿傅会。其流入于佛、老。一时学者，无敢不传习，主司纯用以取士，士莫得自名一说，先儒传注，一切废不用。黜《春秋》之书，不使列于学官，至戏目为“断烂朝报”。

安石未贵时，名震京师，性不好华腴，自奉至俭，或衣垢不浣，面垢不洗，世多称其贤。蜀人苏洵独曰：“是不近人情者，鲜不为大奸慝。”作《辩（辨）奸论》以刺之，谓王衍、卢杞合为一人。

安石性强忮，遇事无可否，自信所见，执意不回。至议变法，而在廷交执不可，安石傅经义，出己意，辩论辄数百言，众不能诎。甚者谓“天变不足畏，祖宗不足法，人言不足恤”。罢黜中外老成人几尽，多用门下儇慧少年。久之，以旱引去，洎复相，岁余罢，终神宗世不复召，凡八年。子雱。

雱字元泽。为人慓悍阴刻，无所顾忌。性敏甚，未冠，已著书数万言。年十三，得秦卒言洮、河事，叹曰：“此可抚而有也。使西夏得之，则吾敌强而边患博矣。”其后王韶开熙河，安石力主其议，盖兆于此。举进士，调旌德尉。

雱气豪，睥睨一世，不能作小官。作策三十余篇，极论天下事，又作《老子训传》及《佛书义解》，亦数万言。时安石执政，所用多少年，雱亦欲预选，乃与父谋曰：“执政子虽不可预事，而经筵可处。”安石欲上知而自用，乃以雱所作策及注《道德经》镂板鬻于市，遂传达于上。邓绾、曾布又力荐之，召见，除太子中允、崇政殿说书。神宗数留与语，受诏撰《诗》、《书义》，擢天章阁待制兼侍讲。书成，迁龙图阁直学士，以病辞不拜。

安石更张政事，雱实导之。常称商鞅为豪杰之士，言不诛异议者法不行。安石与程颢语，雱囚首跣足，携妇人冠以出，问父所言何事。曰：“以新法数为人所阻，故与程君议。”雱大言曰：“枭韩琦、富弼之头于市，则法行矣。”安石遽曰：“儿误矣。”卒时才三十三，特赠左谏议大夫。①

---

①《宋史》卷327《王安石传》，第10541—10551页。

附论：明陈邦瞻《宋史纪事本末》

《宋史纪事本末》109 卷，它是继杨仲良《续资治通鉴长编纪事本末》以后，用纪事本末的体裁记述宋代历史的书。作者陈邦瞻，字德远，高安（今属江西）人，明神宗万历二十六年（1598）进士，曾任南京吏部稽勋司郎中，后官至兵部左侍郎，《明史》卷二百四十二有传。

《宋史纪事本末》对王安石变法的记述，基本上承袭了《宋史》的观点，但统揽全书亦有几点值得注意：①首次将王安石等人从事的改革活动，以“王安石变法”为标题而载入史册，从而凸显了王安石在宋神宗朝改革祖宗旧制的作用和地位。②陈邦瞻不仅撮要概述《宋史》记述的王安石变法之史事，而且特别转录了《宋史》编撰者和其他人对王安石变法的议论，这表明他赞成《宋史》编撰者为王安石变法所作的盖棺论定。如卷三十七王安石变法中述安石上万言书后，引吕祖谦的话说：“安石变法之蕴，亦略见于此书。特其学不用于嘉祐，而尽用于熙宁，世道升降之机，盖有在也。”[①]卷四十一熙河之役一章最后引“史臣曰：‘吐蕃之裔，守护西塞，为不侵不叛之臣，固尝宣力王家，奋击夏虏。而王安石主王韶，章惇主王赡，蔡京主王厚，三用师于其国，唃氏子孙无罪而就覆亡，功虽讫成，边患不息。及金人得秦、陇，乃能求其后而续其血食，孰谓夷无人哉！’”[②]③陈邦瞻对神宗朝的兴学和科举改革似不完全否定，因为卷三十八学校科举之制，他是将庆历、熙宁、崇宁三次兴学运动放在一起一并叙述，使人看到兴学和改革科举的连续性[③]，这与他将王安石变法、绍述、蔡京擅国分别编排大不相同。

---

①（明）陈邦瞻：《宋史纪事本末》卷 37《王安石变法》，北京：中华书局，1977 年，第 324 页。
②（明）陈邦瞻：《宋史纪事本末》卷 41《熙河之役》，第 408 页。
③（明）陈邦瞻：《宋史纪事本末》卷 38《学校科举之制》，第 369—380 页。

第八章
明清史家笔下的王安石及其变法

一、明清时期事涉王安石及其变法的史学著作概述

总括地讲大致有以下六类。

（一）改订《宋史》之作

元代因仓促修成《宋史》，为明清史家所诟病。或因正统问题，或因繁芜粗糙，欲重订讹补阙，删繁存简改订之作颇多。金毓黻《中国史学史》第七章“唐宋以来私修诸史”曾钩沉所有改修与订补《宋史》之书，但较有影响的大致有 6 种：①明王洙《宋史质》100 卷；②明柯维骐《宋史新编》200 卷；③明王惟俭《宋史记》250 卷；④明钱士升《南宋书》60 卷；⑤清陈黄中《宋史稿》219 卷；⑥清陆心源《宋史翼》40 卷。[①]其中《宋史质》卷 81，把王安石列入《权奸传》第一，《宋史记》卷 69 有《王安石传》，《宋史新编》卷 106 有《王安石传》。

（二）编年体

（1）元明之际陈桱《通鉴续编》24 卷，其中卷 10 有王安石简略生平 1 篇。

（2）明丘濬《世史正纲》32 卷，其中卷 25 宋世史述宋神宗、哲宗朝变法事。

（3）明薛应旂《宋元通鉴》180 卷，其中卷 40 有王安石简略生平 1 篇。

（4）明顾锡畴《纲鉴正史约》36 卷，卷 31、32 述宋神宗朝、哲宗朝变法事。

（5）清《御定历代纪事年表》100 卷，其中卷 85、86 述英宗、神宗、哲宗三朝历史，有王安石简略生平 1 篇。

（6）清徐学乾《资治通鉴后编》184 卷，其中卷八十六述宋神宗朝史实。

（7）清吴乘权《纲鉴易知录》107 卷，其中卷 71、72 述宋神宗、哲宗朝史实，有王安石生平纲目 1 篇。

（8）清毕沅《续资治通鉴》220 卷，其中卷 77 述宋神宗朝史实，有赞论王安石 1 篇。

（三）史评、史论类

（1）明刘定之《宋论》3 卷（印须子《尚论》编 7 卷，卷 7 刘定之论王安石）。

---

① 金毓黻：《中国史学史》，石家庄：河北教育出版社，2000 年，第 199—207、222—223 页。

（2）明许浩《宋史阐幽》1卷，评神宗熙宁二年（1069）以王安石为参知政事行新法。

（3）明范光宙《史评》10卷，卷9王安石变法。

（4）明于慎行《读史漫录》14卷，卷12宋神宗至宋徽宗，评王安石变法。

（5）明张溥《历代史论》2编10卷，卷4宋神宗，评宋神宗用王安石。

（6）明杨时伟《狂猲裁中》10卷，卷9评王安国。

（7）不著撰人《宋史笔断》12卷，卷5至卷7宋英宗、宋神宗、宋哲宗，评王安石变法及元祐更化。

（8）清《御批历代通鉴辑览》116卷，卷76、77乾隆皇帝点评王安石及其变法。

（9）清华庆远《论世八编》12卷，卷11论北宋世，评王安石。

（10）清张彦士《读史矕疑》10卷，卷9王安石。

（四）笔记大观

传统分类法一般将笔记置于“史部·杂史”和“子部·杂家类”。明清笔记史料甚多，清人全祖望说，明代野史不下千家，清代笔记无论就其数量还是内容来说都较前代有很大的发展。笔记资料的来源一般有两种途径，一是就一代、一朝、一地的各类见闻，随时笔录笺记；二是读书心得，经史子集无所不包。虽然明清笔记流传至今的甚多，但有关王安石及其变法的评议，因其“见闻”祖渊于宋人的笔记和其他史乘，其评议又多是有感而发，并不专注于基本史实，故有价值的评议并不算很多。依据中华书局出版的《元明史料笔记丛刊》、《明清笔记丛刊》和《清代史料笔记》即可概见。

（五）文集

明清人的文集留传下来的有三四千种，其中亦有片段论及王安石及其变法的文章，其情形与明清笔记相类，主要祖渊于宋人的论述。笔者主要翻阅了《四库全书》和《丛书集成》所收录的明清文集300余种。

（六）其他

（1）纪事本末体。明陈邦瞻《宋史纪事本末》109卷，卷37《王安石变法》，卷38《学校科举之制》，卷41《熙河之役》，卷42《泸夷》，卷43《元祐更化》，卷44《宣仁之诬》，卷45《洛蜀党议》，卷46《绍述》。

（2）年谱。清顾栋高《王荆国文公年谱附遗事》上中下3卷，遗事1卷。清蔡上翔《王荆公年谱考略》25卷，卷首3卷，杂录2卷。

（3）别史。清纪昀校订《续通志》640卷，卷347《王安石传附王雱、王安礼、王安国》。清邓元锡《函史》上编81卷，下编22卷，上编卷53宋英宗、神宗帝纪主述王安石及其变法。

（4）传记。明魏显国《历代相臣传》168卷，宋相臣卷13王安石。明李廷机《刻汉唐宋名臣录》5卷，王安石未入选。明吴甡《安危注》4卷，王安石未入选。

（5）史钞。明唐顺之《历代史纂左编》124 卷，卷 26 宋王安石（附吕诲、唐介、郑侠）。

（6）奏议。明黄淮、杨士奇《历代名臣奏议》350 卷，收录王安石奏议 10 余篇。明黄汝亨《古奏议》不分卷，收王安石《上仁宗皇帝言事书》加按语。明姚文蔚《右编补》10 卷，卷 1 收王安石《时政疏》《上治乱疏》。

（7）考异札记。清钱大昕《十驾斋养新录》，（清）赵翼《廿二史札记》。

二、明清史家述评王安石及其变法的特点和基本观点

（一）关于取材的特点

第一，凭据《宋史》依样画葫芦者为多。如《宋史记·王安石传》《宋史新编·王安石传》《续通志·王安石传》《资治通鉴后编·宋神宗论赞》几乎是照抄《宋史·神宗本纪》和《宋史·王安石传》。

第二，征引“不能赅博”，如《资治通鉴后编》所辑北宋事迹，大都以李焘残秩为稿本，“援据不能赅博”①。《宋元资治通鉴》甚至连宋代基本文献都未能征引，“如王称、李焘、杨仲良……诸家之书多未寓目”②。

第三，宋人笔记，特别是元祐名臣和理学家如司马光、程颢、程颐、刘挚、刘安世、吕诲、张方平、郑侠、范镇、杨时、陈瓘、朱熹等人有关熙丰变法的“见闻”和意见得到最大程度的光大和传播。顾栋高在《王荆国文公年谱》后所附遗事 1 卷，明唐顺之《历代史纂左编》宋相王安石均以较大篇幅汇集了宋人旨在歪曲王安石形象的逸闻趣事。

第四，朱熹《宋名臣言行录》把王安石与司马光等人一道列入名臣。《宋史》未把王安石列入《奸臣传》。但到明清时期，王安石在宋代政治史中的地位明显下降。明人王洙《宋史质》把王安石列入《权奸传》，而熙丰时期的新党人物吕惠卿、章惇、李定、崔公度、常秩、沈起、熊本、徐禧、吕嘉问、蔡确、吴处厚、舒亶、龚原等人通通被打入《小人传》。明人李廷机刻《汉唐宋名臣录》、吴甡辑《安危注》只收入新法反对派张方平、文彦博、韩琦、富弼、司马光等名臣而没有王安石。清人朱轼《史传三编》不仅不入选王安石，而且在收录宋名臣时竟以能否批判王安石为标准，因而痛骂王安石的吕诲、郑侠、陈瓘都被选为名臣，而他们的名臣事迹除了反对王安石外，别无他取。

由以上四点不难看出，王安石变法的基本史实，自南宋以降直至明清时期，在被扭曲的道路上越走越远。

（二）总评

前面在讨论南宋理学与新学消长时已说明，随着理学到南宋后期渐次成为官学，朱熹

①（清）永瑢等：《四库全书总目》卷 47《史部三·编年类》，第 431 页。
②（清）永瑢等：《四库全书总目》卷 48《史部四·编年类存目》，第 434 页。

对王安石及其变法的评论便成为定谳。元承宋祚，理学至元也起了变化。首先，朱子学在元代被列为科场程式开始成为官学；其次，程朱提倡的“道德说”在理学上的影响直至于明清。①明人何良俊就曾说：“太祖时，士子经义皆用注疏，而参以程朱传注，成祖既修五经四书大全之后，遂悉去汉儒之说，而专以程朱传注为主。……自程朱之说出，将圣人之言死死说定，学者但据此略加敷演，凑成八股，便取科第，而不知孔孟之书为何物矣。”②在这样的学术氛围下，朱熹对王安石变法的定谳，不能不对元明清史家产生深刻的影响，而事实也的确如此。前面曾引元人欧阳玄在《进〈宋史〉表》中说：“矧先儒性命之说，资圣代表章之功，先理致而后文辞，崇道德而黜功利，书法以之而矜式，彝伦赖是以匡扶”③，就清楚地表达了朱熹强烈的义理道德观念。因而明清修前代史中事涉评议王安石及其变法，不是就王安石及其变法而评王安石及其变法，而是通过评议王安石及其变法来达到“崇道德而黜功利”“彝伦赖是以匡扶”的目的。于是王安石变法几乎成了史家们宣扬义理道德观念最有说服力的“反面教材”，必欲置之死地而后快。相反地，熙丰时期的反变法派成了“卫道”的英雄名臣，元祐更化成了崇道德而黜功利的光辉典范，极尽歌功颂德之能事。顾栋高在雍正初年完成《司马光年谱》之后，接受家玉停的意见，是以司马光与王安石为乘除，遂作《王荆国文公年谱》旨在证明司马光之是、王安石之非，互相衬托，编为合谱，这是一个很典型的事例。所以，明清史家直接受程朱理学影响而对王安石及其变法的否定性评议，乃是这一时期的主流。但在此主流之外不可否认亦还有一些史家自己独特的批评意见。

（1）刘定之论王安石。

王安石为神宗变法，大取民财与力，而用之也，在于兵。兵之所用，至于破辽而志愿毕矣。取民财之法，曰青苗，春贷而秋偿之，收息十二，秋又贷而春偿之，亦收息十二，岁再收息，则名为十二，其实十四也，名为贷偿，其实无故岁取民财也；曰免役，凡民出力以役为官者，皆无出力而但输钱，官自以钱雇民应役，名为均役，而其实欲自操其雇钱之奇赢也。夫民孰皆不贷偿而自足哉，私贷偿焉治世之所不免，今也禁其贷偿而官自为之，以利其息钱之入。民孰皆不雇募而自役哉，私雇募焉亦治世之所不免，今也免其自役而官代募之，以利其雇钱之余。即此二端言之，其他取民财之法，无遗巧矣。而又编保伍以练兵，则民自为兵，而养兵之费不以烦官，是曰保甲；编保伍以养马，则马皆在民，而养马之费亦不以烦官，是曰保马。岂不以古者寓兵于农也，然今有保甲矣，而待哺之兵何尝为之废，亦岂不谓汉常括民马，今第使其养之而已，无害也。然民既增保马之劳，而他劳何尝为之损，是其取民力几于竭矣。

民财与力悉归于我，自以为欲用于兵而复汉唐之故疆，无不可也。然畏辽之大，故先于夏，又先于群小夷狄，自小至大，尝试以图之。安石君臣相与深谋密意，而悉扫异己者之论，无非此心也。于是王韶试于熙河，章惇试于湖北，熊本试于泸夷，郭逵试于交趾，皆能略有所得。而试于夏，则驯至徐禧之死，得不偿其失矣。彼辽知其情，故不待试而先来求地，安石低回无策，谬为欲取固与之说，遣韩维与地七百里，

① 参见侯外庐、邱汉生、张岂之主编：《宋明理学史》绪论，第16—17页。
②（明）何良俊：《四友斋丛说》卷3《经三》，北京：中华书局，1959年，第22页。
③（元）欧阳玄：《圭斋文集》卷13《进〈宋史〉表》，《景印文渊阁四库全书》第1210册，第149页。

无得而有失焉，若猎者置狐兔，刺鹿豕，而辟易于虎，失其所操以归。盖安石之技穷，而神宗亦惭以阻悔矣。

然所援引共事之人，固在也，踵其故智，以用之哲徽之时，适值辽有衅，跃然攻之以卒安石之所图，而遽以国毙焉。故前宋之亡，本于安石为神宗谋破辽而已。向使其不谋破辽，则不用兵，不用兵，则不大取民财与力，不大取民财与力，则何至俾群小为之交撄（缨）互噬于天下也。抑原其始谋，何异唐太宗计擒颉利可汗。然太宗用魏征，先以养民为务，而兵乃自强，安石顾先自敝其民，不及魏征远矣，仍动以尧舜周公借口，不诬甚哉。①

刘定之把王安石变法的根源，新法的立意，新法的失败，乃至北宋的亡国，统统归咎于王安石与宋神宗谋攻破辽，即“在于兵”，这与熙丰反变法派和理学家们把王安石变法的一切过失归咎于“兴利”有所不同。

（2）许浩《宋史阐幽》卷一神宗熙宁二年（1069）以王安石为参知政事行新法，又从另外一个角度对王安石变法做了如下解释：

尝观王安石立朝，风节凛然，而卒以变更法制困扰天下，驯致祸乱，心恒惜之。盖他人之得政，或嗜乎利，或嗜乎权，惟己私是济，而于国计不恤，则其致乱固宜。安石食不兼味，衣垢不浣，非嗜利也，每上札子而不见听，退即求去，非嗜权也，权利不嗜，则其谋必为国而宜有益于国矣。而何以致乱耶，此安石之所以能固其位，以用其术而成乎乱也。盖人苟嗜利，嗜权则其上必不信，不信而人非之，不得用矣。其心必自歉，自歉而人非之，不敢用矣。安石惟不嗜利嗜权，故神宗信之，而人非之不入，己亦自负，而人非之不恤。故其术得以尽展，莫之沮矣。夫惟得以尽展而遂执其偏见，故言守财则曰人君能法尧舜，则虽竭天下之财以奉乘舆，亦不为过，曾谓尧舜之道而以天下奉己乎？言财赋则曰古不止于什一；曾谓天下中正而古人乃过之乎？言天灾则曰水旱常数，尧汤不免，曾谓非常之灾而可以为常数乎？！此皆其见之偏也。其见既偏而复固执之，故逐其异己者而进其同己者，卒之君子尽去，小人竞进。置制条例提举之职以设，青苗、免役、均输、方田、保甲、保马之法以立，熙河、交趾、银川之役以举，而天下困扰，生灵涂炭，宋日残矣。已而传法者传，护法者护，既成熙宁之弊政，复遗熙宁之小人，而驯至于靖康不可救矣。揆其所自皆安石之不嗜权利，而有以取信于神宗，而安石亦以此而自负，而能固其位，以用其术耳。向使其于权利，尝注于意而形于外，则神宗必不深信而笃任之，安石亦不敢以自负而必用其术也，岂遽至于乱哉，夫不嗜权利，而不屈于物盛，德事也，而以之自负，其害乃至于此。孔子曰：如有周公之才之美，使骄且吝，其余不足观也矣，安石之谓也，岂不可惜矣夫。②

许浩以王安石不嗜权和利作为王安石新法害民乱国并蒙蔽宋神宗的主要原因的观点，虽在历代评议王安石变法史上属仅见，但亦如四库馆臣所云：“其是非皆不谬于圣贤，然特

① （明）不著撰者：《尚论编》卷7《王安石》，《四库全书存目丛书·史部》第289册，第799—800页。
② （明）许浩：《宋史阐幽》卷1《神宗熙宁二年以王安石参知政事行新法》，《四库全书存目丛书·史部》第281册，第427—428页。

举古来论定之说，敷衍成篇”[①]，亦属敷衍之见。

（3）张彦士对明朝以前历代对王安石变法评议的评议。

> 一人立标，万人射之，强者嫌其近，弱者恶其远。岂标有远近哉，亦射者之力不同耳。安石敢为异议而不顾，其才力气勇，必有大过人者，特急于见功，知有己而不知有人，知有利而不知有害，故其为法也，即无不善，以刚狠暴戾之心行之，宁有不为民害者乎，况乎其未能尽善也。
>
> 恕之者，方以管仲、子产之行，而惜其无齐郑之功。尊之者，以为有思患豫防之智，而讥他人有阻挠之罪，是皆强作解事，左袒荆公者也。但即其行事观之，异己者则排之，岂众论之皆非耶。附己者则任之，岂阿比者之皆贤耶，此犹可言也，宁不知民为邦本，本固邦宁之道。而多方以剥削之，辗转流亡而不之顾，其如百姓不足，君孰与足，何民不聊生，则思乱，思乱不已则召寇，孰谓靖康之祸非新法酿之也。图患于未然，教民于当下，是犹治疾者，恐痼疾□□伤生而先投之以鸩毒也。虑盗者恐窃其玉帛，而先聚而焚之也，安石之新法不过聚敛之术，掊克之尤耳，何足以为治，后世遵之，贻害无穷。安石真小有才，未闻君子之大道也，岂非万世之罪人哉。[②]

（三）祖述宋人评价王安石及其变法观点之异同

（1）关于王安石个人政治品质的评价，主要有两种观点，一是源自吕诲《论王安石十事》和《邵氏闻见录》中所载的《辨奸论》。如《宋史笔断》在治平四年（1067）闰月以王安石知江陵府条下所加按语云：

> 嗟乎！宋之邪臣，莫王安石之比，安石为人设心不臧，阴险万状。言称尧舜，而实反于尧舜之道，心非孔子，而盗窃孔子之名。原其恶，乃丧国之斧斤，究其凶，实残民之鸩毒。故吴奎论其迂阔护忌，万一见用必乱纪纲，愚以为未尽其愚也。孙固言其文行甚高，侍从献纳则其任宰相自有度，王安石为人少容，恐不可用，愚以为未悉其实也。司马光曰：人言安石奸邪，则毁之太过，但不晓事又执拗耳，愚以为适助其虐也。惟吕诲曰安石大奸似忠，大诈似信。……[③]

二是源自朱熹《楚辞集注》后语对王安石的评价，如《宋元通鉴》卷四十论曰：“朱子谓安石以文章节行高一世，而尤以道德经济为己任，初亦岂遽有邪心，斯言诚不没人善而痛惜之意，亦切矣。”[④]丘濬《世史正纲》卷二十五在元祐元年（1086）王安石死条下解释：“王安石直偏拗耳，非奸恶也，今书以死何。”[⑤]就转述了朱熹的评语。

（2）关于王安石始用小人，终被小人所误。这是宋人批评王安石较普遍的一种观点，

---

① （清）永瑢等：《四库全书总目》卷 89《史部四十五・史评类存目一》，第 760 页。
② （清）张彦士：《读史矕疑》卷 9《王安石》，《四库全书存目丛书・史部》第 290 册，第 846—847 页。
③ （明）不著撰者：《宋史笔断》卷 5《宋英宗》，《四库全书存目丛书・史部》第 289 册，第 601 页。
④ （明）薛应旂：《宋元通鉴》卷 40《宋纪四十・哲宗一》，《四库全书存目丛书・史部》第 10 册，第 216 页。
⑤ （明）丘濬：《世史正纲》卷 25《哲宗皇帝》，《四库全书存目丛书・史部》第 6 册，第 527 页。

明清史家大多都遵奉此说。如顾栋高就说："荆公本君子，因行新法而欲借小人以敌君子，其始为小人所朋附，继为小人所反噬，追其没身复为小人所祖述，遂使宋室斫丧，而其身列于千古之罪人。用小人而卒为小人用，择术之不慎至于如此，吁，可畏哉！"①

（3）关于为宋神宗开脱"罪责"。神宗推行熙丰新法系为王安石所误，这一观点亦贯穿于大多数明清史家的著述中。如张溥说："（宋神宗）始知尧舜之可为而不可为也，皆安石一人误之，忧悸成疾，而轮台悔过之诏已不及下，是故安石之负神宗，与方士之欺武帝，视法有加而于情犹一也。"②但也有少数史家对宋神宗提出批评，如明朝人顾锡畴《纲鉴正史约》卷三十一在标题"神宗皇帝上"后加小字注："宋天下亡于此子。"③卷三十二在哲宗皇帝标题后加小字注："昏君肖子。"④虽然明代学者杨升庵把宋神宗比作历史上的最大昏君，但作为史家有如此评议还不多见。而赵翼则比较委婉地对宋神宗提出了批评："然则非安石之误帝，实帝一念急功名之心自误也。"⑤

（4）关于王安石变法在地域上所能适应的大小范围问题。宋人以为王安石的新法多本于他在知明州鄞县的诸项便民措施，"然荆公知行于一邑则可，不知行于天下不可也"⑥。明人唐顺之《历代史纂左编》卷二十六《宋王安石》中，清人顾栋高《王荆国文公年谱》卷上庆历七年（1047）十一月丁丑为《鄞县经游记》后加的按语，都转述了这个观点。⑦而明人汤显祖则在此基础上又有所阐发：

> 赵君可谓善医国者，问者曰能医天下乎，曰有命，国小而天下大，管仲、子产、吴起、申不害、商鞅、诸葛亮、王猛皆以药瞑眩，其国下疑而上信，故胜而成功。王安石信于其君，所用药物亦种种当宋人病，而其时与为瞑眩者，韩、富、司马公诸人也，此皆所谓惠君良吏者，卒以不胜而止，世遂谓安石无能医天下矣，而其治鄞也固效，彼固称用尧舜之道者……⑧
>
> 至王荆国以用宋，而效异者，何也，势不行也。伯者审势急可以趣其国，不可以卒治天下。国狭吾之所得急，为天下大非吾之所得急为也。如以王公自治其县，青苗固效，专之方岳则均输、方田无不可者，专之边郡，则保甲、保马无不可者，何也？势所得为也。是故举天下而急为之，安石不能用宋……⑨

（5）关于王安石用《周礼》作为变法理论根据的问题。宋人一般认为王安石用《周礼》，但曲解了《周礼》原意。清人钱大昕对此做了新的论述：

---

①（宋）詹大和等撰，裴汝诚点校：《王安石年谱三种》，第76页。

②（明）张溥：《历代史论一编》卷4《宋神宗论》，《四库全书存目丛书·史部》第289册，第109页。

③（明）顾锡畴：《纲鉴正史约》卷31《神宗皇帝上》，《四库全书存目丛书·史部》第18册，第389页。

④（明）顾锡畴：《纲鉴正史约》卷32《哲宗皇帝》，《四库全书存目丛书·史部》第18册，第409页。

⑤（清）赵翼著，王树民校证：《廿二史札记校证》卷26《王安石之得君》，北京：中华书局，1984年，第561页。

⑥（宋）李焘撰，上海师范大学古籍整理研究所、华东师范大学古籍整理研究所点校：《续资治通鉴长编》卷367，元祐元年二月丁亥条，第8834页。

⑦（明）唐顺之：《历代史纂左编》卷26《宋王安石》，《四库全书存目丛书·史部》第133册，第688页；（宋）詹大和等撰，裴汝诚点校：《王安石年谱三种》，第37页。

⑧（明）汤显祖：《玉茗堂全集》卷3《赵子瞑眩录序》，《四库全书存目丛书·集部》第181册，济南：齐鲁书社，1997年，第34页。

⑨（明）汤显祖：《玉茗堂全集》卷3《滕侯赵仲一实政录序》，《四库全书存目丛书·集部》第181册，第31页。

世称王安石误用《周礼》而宋以亡，非也。安石曷尝用《周礼》哉！《记》云："《经礼》三百，《曲礼》三千。"《经礼》者，《周官》也；《曲礼》者，《仪礼》也。晋韩宣子观《易象》与鲁《春秋》，而知《周礼》之尽在鲁。安石立经义法，废《仪礼》、《春秋》不用，至诋圣人之经为"断烂朝报"，而驱士大夫以习其所为《新经义》者，其妄且诞如此，安知所谓《周礼》哉！所以尊《周礼》者，将以便其新法也。

六官之中，大纲细目，无所不备，独取《泉府》一官，以证其青苗、市易之法，安石曷尝用《周礼》哉！安石之入对也，劝神宗每事当以尧、舜为法，而讥唐太宗所为不尽合法度，可谓责难于君矣。及观其诗，有云"今人未可轻商鞅，商鞅能令政必行"，而其子雱遂亟称鞅为豪杰之士。夫鞅之所为，三尺童子耻之，安石将以经术致君尧、舜而称鞅不置，何为乎？

安石平生好为大言欺当世，一旦得君，欲去旧臣及异己者，而惟其所欲为，于是乎亟变法令，而以富强之说进。又以为不托于圣人之法，则无以坚人主之信、而箝异己者之口，此即商鞅之挟三术以钻孝公者也。其托于用《周礼》者，安石之伪也。

予尝论安石之学出于商鞅，而鞅之法专而一，安石之法繁而纷，则才已不逮。鞅自言其治之不如三代，而安石借口讲学，动必称先王，以掩其言利之名，则鞅犹不若是之诈也。此所以败坏决裂，不如鞅之尚有小效也。范纯仁申中书状，谓其"舍尧、舜知人安民之道，讲五伯富国强兵之术，尚法令则称商鞅，言财利则背孟轲"，盖切中安石之病。后之人重其文辞，因欲末减其误国之罪，如公议何！①

（四）关于荆公新学

荆公新学是王安石变法的理论基础。自宋理宗取缔王安石配享孔庙之后，荆公新学所遭受的抨击之严厉，要远甚于新法措施遭受的否定，所谓"王安石学术之偏，已得罪于孔、孟"②，"得罪于名教"③。柯维骐在论王安石学术时恨得甚至有点咬牙切齿了："欺世孰甚焉，昔少正卯鲁之闻人，仲尼察其心其言其学术足以乱国，故亟诛之。安石与若人酷相类，幸不遭仲尼，得享宠荣，保首领以没，而宋不幸受其植党乱政之祸，延数世而弥烈也。"④不特如此，王安石的新学不仅受到遵奉理学的史家们的抨击，而且得不到那些有"异端"或称为进步思想学者的宽容，如李贽、王夫之等。

（五）对新法在后世沿行的肯定

王安石新法虽然大都在元祐时被推翻，但元祐以后不仅在绍圣、崇宁时期得到一定程度的恢复，而且在明清时期得以继续推行或改进，但明、清人对这种现象一般是抨击前者而对后者给予充分肯定，法式善《陶庐杂录》述"朱子社仓"和"黄子正保甲论"就很耐

① （清）钱大昕：《潜研堂文集》卷2《王安石论》，陈文和主编：《嘉定钱大昕全集》第9册，南京：江苏古籍出版社，1997年，第31—32页。
② （明）于慎行著，（清）黄恩彤参订，李念孔等点校：《读史漫录》卷12《宋神宗至徽钦》，第425页。
③ （清）钱大昕著，陈文和、孙显军校点：《十驾斋养新录》卷7《王安石狂妄》，第155页。
④ （明）柯维骐：《宋史新编》卷106《王安石传》论曰，《续修四库全书》第310册，第61页。

人寻味：

朱子社仓，即王安石青苗之法。然而青苗害民，社仓便民，何也？青苗以钱贷民，而收二分之息钱。社仓以谷贷民，而收二分之息谷，钱与谷不同也。青苗钱必贷于县，社仓谷则贷于乡，县与乡不同也。青苗之出纳，官吏掌之，社仓之出纳，乡人士君子掌之，官吏之与乡人士君子不同也。青苗意主于富国，故岁虽不歉，民虽不急，亦必强之而贷取其息。社仓意主于救荒，故必俭岁贫民愿贷而后与之。强贷与愿贷不同也。青苗虽帑藏充溢，犹收息钱，社仓始惟借府谷六百石，至十四年之后，还六百石外，尚余三千余石。足以备荒，遂不复取息，但每石加耗米三升而已，取息与耗米不同也，此利害之所由分欤。（刘鲁田预备仓贷谷私议。）①

黄子正保甲论。夫保甲之设，所以弭盗逃而严奸宄，法至善也。惟行之者不得其要。且视为具文，而又纷纷焉日见其奉令之扰，究无其取效之实，遂以保甲为厉民之具而弛之，其不与因噎而废食者等乎。所谓保甲者，有古寓兵于农之意焉，有古比闾师胥之制焉。……②

夫所谓保甲之害者，如王荆公抽民兵以远事征伐，妨农稼以简阅戎伍。使百姓军装糇粮而自备，死亡穷困而莫哀，是其所以为害也。所谓保甲之利者，如王文成公之抚赣，命州邑设保甲以综理一乡，立甲长以稽查十户，清排门使奸宄之无可藏，选壮丁使防御之有足恃，是其所以为利也。推原其故，荆公驱民以为兵，以之远战于边隅。文成简壮以为民。以之近守其闾里，其利害之相去倍蓰，不较然乎。……③

（六）对王安石变法的“折中”和“左袒”

前揭清人张彦士曾说：“安石秉政，后人论者纷纷，王敬所谓所更之法利害相半，攻之者众，故无成也，章汝明剌剌千言，曲为回护，陈九川谓安石洞见幽远，图患未形，虽圣人不易也，人各有口，果熟为折衷与？……恕之者，方以管仲、子产之行，而惜其无齐郑之功；尊之者，以为有思患豫防之智，而讥他人有阻挠之罪，是皆强作解事，左袒荆公者也。”④由此段话可知，宋以后在一派攻击、否定王安石变法的合唱中，还有一些与之不协调的声音，那么这是一些什么样的声音呢，请看下面的议论。

明朝人胡居仁论保甲法说：“王介甫保甲法非不善，但小人为官，虐害百姓，训练频数，有违农时，骚然成扰，民不堪苦，若得人行之，因农隙田狩，以讲武事，有何不可。”⑤

明朝人于慎行说：

王介甫所变新法，固多苛扰，然亦有利害相半，斟酌损益，可以施行者，未必尽非也。但安石行之太骤，而不问其难易，诸贤持之太急，而不察其便否，两相激而求为相胜，故至于误国尔！何也？如均输、方田、青苗、市易等法，乃桑、孔故智，固

① （清）法式善撰，涂雨公点校：《陶庐杂录》卷5，北京：中华书局，1959年，第148页。
② （清）法式善撰，涂雨公点校：《陶庐杂录》卷6，第200页。
③ （清）法式善撰，涂雨公点校：《陶庐杂录》卷6，第201—202页。
④ （清）张彦士：《读史蠡疑》卷9《王安石》，《四库全书存目丛书·史部》第290册，第846—847页。
⑤ （明）胡居仁：《居业录》卷5《古今第五》，《景印文渊阁四库全书》第714册，第56页。

不可行，至于募役之法，即今之均徭，保甲之法，即今之坊保，保马之法，即今之种马，均税之法，即今之税粮，行之数百年，未见其弊。而以经义论策代辞赋之法，乃选士之良规，永为后法，则其所行，岂尽非哉！①

明朝人范光宙总评王安石变法曰："荆公之文章、节行高一世，而又以道德经济为己任。其所更法非无一二可损益行者……荆公以古之道，变今之俗无不可者，顾一代成法扫地无存焉，其更张既聚，而其执拗又甚，攻之愈众而持之愈坚，余故曰荆公之法非尽不善也，荆公之拗而执以为是者，则天下后世之乱首也。"②

明朝人刘定之论王安石云：

介甫新法，惟雇役一项差可行第，不善行之，亦将使民间输钱日多，而雇人给值日损，甚至给不以时，浸至干没所不免矣，如果量征役钱，不及下户，不取宽剩，不令积压，又何不可之有。不特此也，当时最称不便者，无如青苗，若果不取重息，不立定额，不抑配人户，奚至遽逊常平。即能罢青苗为常平，而积滞不能散，侵移他用不能禁，亦安见其出青苗上也。夫青苗如此而况他乎？③

明朝人于慎行肯定王安石的科举改革："盖宋初学校之制原未大备，而科举试士，惟以明经词赋为主，安石以为，古之取士必本于学，请兴建学校，讲三代教育之法，专以经术取士，而科场之法遂为近代创始矣。此岂可以新法少之哉！"④

明朝人魏显国说："矧如保甲、保马至今行之无弊，青苗、助役晚近亦时仿焉，论者谓其烦琐，以为奉行非人，则可。概以为弊政，毋乃过矣。"⑤

明朝人王琼充分肯定熙河之役："宋偏安不振，境土内蹙，所以屡困于夷狄而竟至灭亡。如洮、岷河不守，则陇右不可保，而关中不得安矣。王安石主议，命王韶破西羌以安陇右，所以诘戎兵强，宋室将为复仇之举，而史臣乃以安石为开边生事，是何偏私之甚邪。"⑥

---

①（明）于慎行著，（清）黄恩彤参订，李念孔等点校：《读史漫录》卷12《宋神宗至徽钦》，第426页。
②（明）范光宙：《史评》卷9《王安石新法》，《四库全书存目丛书·史部》第281册，第832页。
③（明）不著撰者：《尚论编》卷7《王安石》，《四库全书存目丛书·史部》第289册，第801页。
④（明）于慎行撰，吕景琳点校：《谷山笔麈》卷8《选举》，北京：中华书局，1984年，第91页。
⑤（明）魏显国：《历代相臣传·宋相臣传》卷13《王安石》，《四库全书存目丛书·史部》第97册，第4页。
⑥（明）王琼：《西番事迹》，《四库全书存目丛书·子部》第31册，济南：齐鲁书社，1995年，第32页。

第九章
明清著名思想家以及最高统治者论王安石

一、丘濬《大学衍义补》论王安石

丘濬（1420或1421—1495）是明代的著名学者，琼州（今海南省海口市）人，官至内阁大学士，一生著述颇丰。《明名臣录》称其“理学之博、著述之富，无出其右者”[①]，其中尤以《大学衍义补》影响最著。《大学衍义补》多处涉及对王安石变法的评价，为了准确把握丘濬的观点，先看一下《大学衍义补》是一部什么性质的书。四库馆臣为是书所作提要云：

> 《大学衍义补》一百六十卷……濬以宋真德秀《大学衍义》止于格致诚正修齐，而阙治国平天下之事。虽所著《读书》乙记，采录史事，称为是书之下编，然多录名臣事迹，无与政典。又草创未完，乃采经传子史辑成是书，附以己见，分为十有二目……真氏原本，实属阙遗，濬博综旁搜，以补所未备，兼资体用，实足以羽翼而行，且濬学本淹通，又习知旧典，故所条列，元元本本，贯串古今，亦复具有根柢。[②]

可见四库馆臣对是书的评价颇高，不过从现今的角度来看，这部书实际上是为统治者提供“治国平天下”的统治要术。通览全书，笔者赞同胡寄窗先生对其经济思想的基本看法，“丘濬继承了早期儒家的经济教条，特别遵循宋代道学家的注释并奉为至高无上的原则。……从经济思想的范围来看，他所接触的范围恐怕算是十九世纪中叶以前的中国学者中最广阔的一个”，丘濬的经济观点“可以看作是十三到十四世纪一般儒家的经济思想系统的表现。丘濬绝大多数的经济观点都是过去儒家，尤其是被两宋道学家神秘化和僵硬化了的传统经济教条的不断地反刍”[③]。

明确了《大学衍义补》一书的性质，再回过头来审视丘濬对王安石变法的评价，对其从理学家或当时反对派的立场否定王安石变法也就不难理解了。如青苗法的按语：

> 青苗之法，谓青苗在田，则贷民以钱，使之出息也。……虽曰不使富民取民倍息，其实欲专其利也。……夫奄有四海之大，亿兆之众，所以富国之术，义无不可，而取举贷出息之利，则是万乘而为匹夫之事也。假令不征钱，不抑配，有利而无害，尚且

---

① （明）徐咸：《皇明名臣言行录》后集卷4《丘濬文庄公》，《续修四库全书》第520册，第268页。

② （清）永瑢等：《四库全书总目》卷93《子部三・儒家类三》，第790—791页。

③ 胡寄窗：《中国经济思想史简编》，第380页。

不可，况无利而有害哉。神宗用王安石而行此法，其流祸至于民离散而国破败，后世英君硕辅，宜鉴宋人覆辙。尚其以义为利，而毋专利以贻害哉。①

丘濬对青苗法的批评，不仅祖述了宋人韩琦、欧阳修等人的反对意见，而且由此阐发了理学家用以抨击王安石的基本理论——义利观在治国理财中的重要性。

但必须指出，丘濬在用传统儒家思想否定王安石变法的同时，并不因人废言，因人否定一切，对那些直接或间接影响到明朝社会的新法措施，采取了较为客观的评议态度。

（1）关于王安石的科举改革，在叙述了王安石提出改革科举的缘由和措施后，丘濬所加按语曰：

此后世经义之始。前此所谓明经者，试其墨书、帖义，但取其记诵而已，未尝考其义理，求其文采也。王安石为人固无足取，及其自作三经，专用己说，欲以此一天下士子，使之遵己，固无是理。然其所制经义之式，至今用之以取士，有百世不可改者。是固不可以人废言也。及其所谓“士当少壮时，正当讲求天下正理，乃闭门学作诗赋，及其入官，世事皆所不习”，切中今世学者习科举之弊。今世举子所习者，虽是五经濂洛之言，然多不本之义理。发以文采，徒缀缉敷演，以应主司之试焉耳。名虽正理，其实与前代所习之诗赋，无大相远也。欲革其弊，在择师儒之官，必得人如胡瑗者，以教国学。慎主司之选，必得人如欧阳修者，以主文柄。则士皆务实用以为学，本义理以为文。而不为无益之空言矣。他日出而为国家用，其为补益，盖亦不小。②

看来丘濬对王安石把学术探索同社会实践结合起来，力图在社会改革上表现经世致用之学的主张是颇有好感的，并以此反思和批评“今世学者习科举之弊”。

（2）关于置军器监。丘濬引述熙丰时的记述：

神宗时，有臣僚上言曰：“方今外御两边之患，内虞盗贼之变，而天下岁课弓弩甲胄之类，入充武库之积以千万数，乃无一坚好精利，实可以为武备者。臣尝观诸州作院，有兵匠乏少而拘市人以备役，所作之器，但形质具而已矣，武库吏亦惟计其多寡之数藏之，未有责其实用者，故所积虽多，大抵敝恶。为政如此，而欲抗威决胜，外慑夷狄之强犷，内沮奸凶之窃发，未见其可。臣私计，其便莫若更制法度，敛数州之作，而聚以为一处，每监择知工事之臣，使专于其职，且募天下之良工散为匠师，而朝廷内置工官以总制其事，察其精窳而赏罚之，则人人务胜，不加责而皆精矣。”③

在此段正文后，丘濬加按语曰：“此王雱所上之疏，其言虽为宋神宗时发，然今日亦可依此而行焉。”又在熙宁六年（1073）置军器监一段正文后亦加按语曰：“设官以造军器，是诚严武备之要务。”④

（3）对于差役法及免役法的性质和作用亦未轻率地全盘否定或肯定，而是采取了一种

① （明）丘濬：《大学衍义补》卷25《制国用·市籴之令》，《景印文渊阁四库全书》第712册，第351页。
② （明）丘濬：《大学衍义补》卷9《正百官·清入仕之路》，景印文渊阁四库全书》第712册，第128页。
③ （明）丘濬：《大学衍义补》卷122《严武备·器械之利》，景印文渊阁四库全书》第713册，第431—432页。
④ （明）丘濬：《大学衍义补》卷122《严武备·器械之利》，印文渊阁四库全书》第713册，第432页。

折中的态度，对其利弊做了具体的分析。

臣按：吕中谓二法利害相半，因其利而去其害，二役皆可行也。臣窃以谓，古今役民之法，必兼用是二者，然后行之不偏。非特利害相半而已，盖实相资以为用也。夫自古力役之征，贫者出力，富者出财，各因其有余而用之。不足者不强也。各随其所能而任之，不能者不强也。彼有力者而无财，吾则俾之出力。财有不足者，人助之。彼有财者而无力，吾则俾之出财。力有不能者，人代之。若夫事巨而物重，费多而道远，则必集众力，裒众财，使之运用而不至于顿踬。资给而不至困乏。则民无或病，事无不举矣。惟今差役之法，有所谓里长、甲首、老人者，即宋里正、户长、耆长也。有所谓弓兵、民壮者，即宋弓手、壮丁也。有所谓皂隶、禁子者，即宋承符人力、手力也。有所谓称子、铺户者，即宋人拣掐也。有所谓库子、斗级、纳户、解户者，即宋人衙前也。宋之诸役，衙前最重。今之杂役，亦惟纳户、解户、斗级为难。此二役者，必须家道殷实，丁口众多，平日有行检者充之，然后上不亏于官，下不破其家也。若夫皂隶之设，除监狱守库外，凡直厅守门跟随者，皆可用雇役之法。而在两京，尤为切要。今后各府州县，签皂隶解京者，于民间应役人户，选其驯谨强健耐劳者，以身供监狱守库之役。……①

丘濬上述议论有两个层面的意义：一是表明王安石新法不因元祐更化被推翻而退出历史舞台；二是王安石新法的利弊得失对后世仍有借鉴作用。

如前所述，丘濬《大学衍义补》是对真德秀《大学衍义》的补充和阐发。而明人夏良胜《中庸衍义》17卷，湛若水《格物通》100卷以及清顺治帝《御定孝经衍义》100卷，大致都是仿《大学衍义》对“古经之义，括举条目，而推衍其说者”②。而这些“推衍其说者”，往往恪守传统儒家思想，用理学家的观点阐发“古经之义”，其中均不同程度涉及对王安石及其变法的评议，自然也都是遵奉理学家的观点予以全盘否定。下面所举三例即可窥其一斑。

一是《中庸衍义》卷四《致中和之义》云：“宋神宗尝以灾异避正殿……臣良胜曰：从古人君未有不畏天者，至于遇灾修省有实有文而未尝不以为惧也。……至安石则直曰：灾异天数。又曰：水旱尧汤不免。启人君不畏天、法祖而轻人言，自安石始。……安石谓三言（笔者按：即天变不足畏，祖宗不足法，人言不足恤）为万世祸。然哉，然哉。”③

二是《格物通》卷五十二《治国格·正朝廷下》载：“宋神宗熙宁三年文彦博久居枢密，以王安石多变旧典，言于神宗曰：‘朝廷行事务合人心，宜兼采众论，以静重为先，陛下励精求治，而人心未安，盖更张之过也。’臣若水通曰：‘镇之以静重，兼之于众论，协之于人心，则朝廷正矣，朝廷正则政出于一而天下治矣。文彦博老成忠厚之论，足以破纷更乱政之惑矣，惜乎，神宗之心溺于功利之说，而不知大不利者，在朝廷尔。’”④

三是《御定孝经衍义》卷四十六《天子之孝·法祖宗》记：“《论语》：鲁人为长府。闵子骞曰：仍旧贯如之何，何必改作。子曰：夫人不言，言必有中。王氏曰：改作劳民伤财

①（明）丘濬：《大学衍义补》卷31《制国用·傅算之籍》，《景印文渊阁四库全书》第712册，第406—407页。
②（清）永瑢等：《四库全书总目》卷93《子部三·儒家类三》，第793页。
③（明）夏良胜：《中庸衍义》卷4《致中和之义》，《景印文渊阁四库全书》第715册，第384—385页。
④（明）湛若水：《格物通》卷52《治国格·正朝廷下》，《景印文渊阁四库全书》第716册，第454—455页。

在于得已。臣按：朱熹《集注》王氏乃安石也，安石释经有当于朱子之意，而取之其于六艺之学，勤矣。而新法之行，变乱旧章，骚动天下，胡其弗思之甚也。”①

虽说以上所引实与南宋理学家抨击王安石新学及新法别无二致，但从中亦可看出南宋理学家们批判王安石对后世影响之基本脉络。

二、杨慎论王安石

宋代诬诋王安石的人，大致莫过于吕诲和《辨奸论》的作者，在明代对王安石最具偏见的人大致要数杨慎。先看看杨慎在《宋人议论不公不明》中是怎样议论王安石的：

> 弘治中，余杭有周德恭，评王安石为古今第一小人，又曰：“神宗之昏惑，合赧、亥、桓、灵为一人者也，王安石之奸邪，合莽、操、懿、温为一人者也。”此言最公最明矣，予尝谓王安石之为相，大类商鞅。鞅之进由阉人景监，王安石之得君，由宦者蓝元震；商鞅设诽谤之禁，而安石置逻卒之察；鞅力排甘龙、杜挚之议，安石力战言新法之人；秦之亡由商鞅，宋之亡由安石。安石尝有诗云：“今人未可非商鞅，商鞅能令人必行。”是其本相尽露矣，先奸后奸其揆一也。朱子以安石为名臣，与司马公并列，审如此，商鞅亦当与孟子齐名矣，程子谓新法之行，吾辈激成之，此言亦非。譬如醉者，酗酒击人，醒者必群起力救，不能止醉之酗，而反罪醒之救可乎！谚云：无奈冬瓜何，捉着瓠子磨。其言虽俚，其事实类也，此言一出，遂为后日调停张本。陆象山作《王安石祠堂记》，全祖此意，终宋之世，安石父子配享孔庙，而无人公言，至理宗独见，乃黜去之，以此等议论有以入之深也。安石之误国，生遇孔子，必膺少正卯之诛，而其死也，公享之于庙庭，私祠之于州县，是宋人之议论不公不明，举世皆迷且邪矣，宋人迷邪，今世犹聋可乎，不可因程朱之言，而贯此古今第一小人也。②

除以上引述之外，杨慎还有多处论王安石奸邪的文字，大意不外是王安石媚迷宋神宗，大兴党论，启成党籍碑，宋之南迁，安石为罪之魁等，文繁，不具引。

有关杨慎的偏见，清人蔡上翔《王荆公年谱考略》杂录卷二《杨氏丹铅录》五条中已一一进行了驳正，兹不赘。近有我国台湾学者林天蔚先生《考“三不足说”之伪，析杨升庵之偏——为王安石辩诬二事》一文就杨升庵对王安石之偏见的“特殊背景”有颇为精到的剖析。读来颇有玩味之处，故录于下：

> 杨慎（1488—1559），字用修，号升庵，四川新都人，书香世家，祖杨春，进士及第，为湖广提学佥事，父廷和（1459—1529），成化十四年（1478）三甲进士，正德二年（1507）为文渊阁大学士，武宗无子，驾崩时，廷和为首相，先诛宦官江彬，策立世宗有功权倾一时，杨慎诞生于京邸，时其父为翰林院检讨，幼时“歧嶷颖达”，聪敏过人，读书过目不忘，祖父认为“吾家之贾谊也”。年十八，已能助其父选拔遗材崔铣，被称“小座主”。正德丁卯（二年，即1507），归四川应乡试擢魁，六年（1511），遂以状元及第，大魁天下，时年仅二十四，廷和时为宰相，为杨氏父子黄金时代，此后十

① （清）叶方蔼等奉敕编：《御定孝经衍义》卷46《天子之孝·法祖宗》，《景印文渊阁四库全书》第718册，第513页。
② （明）杨慎撰，梁佐编：《丹铅总录》卷9《宋人议论不公不明》，《景印文渊阁四库全书》第855册，第417—418页。

三年间，杨慎由翰林院修撰，而经筵讲官，纂修“武宗实录”等，在京为清要之官，嘉靖元年，大礼之议起，廷和反对嘉靖尊其生父为“兴献皇帝”，有违帝意，而熊浃认为嘉靖继武宗（同辈）及孝宗（已有子，无须继）均不合，故宜尊生父，而史道更劾廷和，因此引起朝廷争论，嘉靖一意孤行，尊生父母为帝后，嘉靖三年，廷和力争无效，于是致仕，并削籍为民，大礼议之事仍未息，杨慎时为翰林院修撰，继承父志，率领群臣于左顺门哭谏，大呼“高皇帝”、“孝宗皇帝”，似有要胁之意，帝大怒，下杨慎等百余人于诏狱，杨慎在狱中两被廷杖，毙而复苏，继而谪戍云南永昌，最后卒于戍所（1559），统计被放逐于云南凡四十五年，故杨慎之遭遇甚悲，其情绪自然不平，月旦人物之际，难免有所偏激，但其对王安石之偏见，似乎另有其特殊背景。

（一）大礼议与濮议相似

按：杨升庵父子均是“大礼议”的受害者，嘉靖以藩邸入继大统，与宋英宗之入继仁宗而引起“濮议”相同，宋时，王珪、司马光、吕公著等主张英宗生父应称皇伯，因英宗已入继仁宗，而韩琦、欧阳修等则主张称濮王（英宗生父）为“皇考”，引起“濮议”之争。事实上王珪之主张“皇伯”乃司马光之主意，而明世宗初至京，即以“吾嗣皇帝非为太子”为词，下议为崇祀其父与献王典礼，杨廷和即以汉定陶王、宋濮王的故事持反对的意见，当然，宋英宗与明世宗即位时有不同的背景。

甲、宋仁宗未逝世前，已迎英宗入宫封为皇子，明武宗崩后，遗诏世宗入继大统。

乙、宋英宗于仁宗为侄辈，明世宗于武宗为兄弟辈。

丙、宋英宗入继仁宗，仍有兄弟继承濮王，明世宗为兴献王独生子，不能无后。

廷和据“礼”而争，世宗以“情”而断然拒绝，因而被削籍为民，与司马光因“濮议”而被免职遭遇相同，而升庵因附和乃父意见而获罪，故对司马光因同情而仰慕，自然对王安石难免有所不满而具偏见了。

（二）大礼议之争与北宋之党争相类

杨廷和因反对世宗生父兴献王应称“皇伯”不应称“皇考”，忤世宗之意而遭削籍为民，廷和去职后，世宗进而为生父“兴献皇帝”立太庙于大内，用八佾乐舞，杨慎率百官痛哭于金水桥，结果，一百三十四人系于诏狱，六十五人侍罪。时有逃匿者，锦衣卫追捕之，共达二百二十人，其中一百八十人廷杖，十九人因杖致死，另一方面，正德十六年夏四月，世宗初即位（未改元）时，礼部侍郎王瓒之乡人张璁在京应试（公车举人），首倡“世宗入继大统，与汉哀、宋英不同的意见”，六月，张璁进士及第，逐（遂）正式上书，意见与世宗“吾嗣为皇帝非为太子”相同，逐（遂）为世宗所赏识，更进而迎合帝意，主张帝之生母入京，迎之以母后驾仪，谒宗庙，时兵部主事霍韬见璁言欲用而附和之，于是与杨廷和成反对派系，以后附和张璁者有席书、桂萼、熊浃等，世宗欲为生父立宗庙，用八佾乐舞；朝议汹汹，交章劾张璁等，但世宗视作朋党，致使杨升庵等二百余人，或廷杖，或远谪，而张璁自举进士后，仅八年便由主事、翰林学士飞跃升至少傅兼太子太傅，逢迎进取，类似北宋时的吕惠卿、章惇、蔡京等，故升庵对元祐诸贤之遭遇，有相怜之同情，对“党籍碑”之压抑“正人君子”，如身同感受有所感慨矣。

杨升庵处境与北宋时新旧党争相类似，而升庵个人遭受朋党之压抑，比之元祐诸贤有过之，故在情绪上对元祐诸贤，尤其是对司马光有所爱，因而对王安石自然有所偏，其论“宋人不公不明”、“党籍碑”，论“王安石”，即基于此种偏见而立论，谓王安石合“莽操懿温为一人”，愤慨之语而已，谓宋神宗为“赧亥灵献”，似有暗示明世宗之昏，论“亡国之君必刚愎明察”，似责世宗于“大礼议”时，即使朝议汹汹，帝仍刚愎自用，但又不敢明言而假托周德恭而表达己意而已，王世贞序丹铅录（四库行本四集）论：

（升庵）其工于证经而疏于解经，详于稗史而忽于正史，详于诗事而略于诗旨，求之于宇宙之外，而失之耳目之内，亦确论也，又好伪撰古书，以证成己说。

升庵平生著述百余种几三千卷，为学博洽，然遭遇可悲，情有所抑郁，性有所孤偏，有时为达目的，“伪撰古书以证成己说”，如引用周德恭之言，改曹社诗等，此是其对王安石有所偏见之合理解释。①

不过有趣的是，尽管杨慎对王安石怀有过激的偏见，但他对王安石变法期间的所作所为的看法也不是铁板一块，如对章惇在王安石支持下开梅山却另有一番看法：

宋章惇《开梅山》诗云：

开梅山，梅山万仞摩星躔。扪萝鸟道十步九曲折，时有僵木横崖颠。负麻直上视南岳，回首蜀道犹平川。人家迤逦列板屋，火耕硗确名畬田。穿堂之鼓堂穿壁，两头击鼓歌声传。长藤吊酒跪而饮，何物爽口盐为先。马郎酣歌苗女和，不待媒妁自相牵。白巾缠髻衣绕颓，野花山果青垂肩。如今丁口渐蕃息，世界虽异非桃源。熙宁天子廑圣虑，命将传檄令开边。给牛货种使耕垦，植桑插稻输缗钱。人人欢呼愿归顺，裹头异语淳风旋。不特得地一千里，王道荡荡尧为天。汉皇黩武竟何益，性命百万涂戈鋋。李广自杀马援死，寂寞铜柱并燕然。伊溪之源最沃壤，择地作邑民争先。大开庠序明礼乐，抚柔新俗威无专。小臣作诗谐乐府，梅山之崖石可镌。此诗可勒不可泯，颂声万古长潺湲。②

杨慎评论说：

惇之此诗，专颂开梅山之利。又按济北晁无咎《开梅山》一篇云：“开梅山，梅山开自熙宁之五年。其初连峰上参天，峦崖盘巇阂群峦，南北之帝凿混元，此山不圮藏云烟。跻攀鸟道出荟蔚，下视蛇脊相夤缘。穷南山，南山石室大如屋，黄闵之记盘瓠行迹今依然。高辛氏时北有犬戎寇，国中下令购头首。妻以少女金盈斗，遍国无人有畜狗。厥初得之病耳妇，以盘覆瓠化而走。堪嗟吴将军，屈死犷犷口。帝皇下令万国同，事成违信道不容。竟以女妻之，狗乃负走逃山中。山崖幽绝不复人迹通，帝虽悲思深，往来辄遇雨与风。更为独力之衣短后裙，六男六女相婚姻。木皮草实五色文，武溪赤髀皆子孙。侏离其声异言语，情黠貌痴喜安土，自以吾父有功母帝女。凌夷夏商间，稍稍病侵侮。周宣昔中兴，方叔几振旅。春秋绝笔逮战国，一负一胜安可数。

① 《纪念司马光与王安石逝世九百周年学术研讨会论文集》，台北：文史哲出版社，1986年，第218—221页；林天蔚：《宋代史事质疑》第3章“为王安石辨诬二事”，台北：台湾商务印书馆，1987年，第106—108页。

② 吴文治主编：《明诗话全编》第3册《杨慎诗话》，南京：江苏古籍出版社，1997年，第2683页。

迩来梅山恃险阻，黄茅竹箭霪露雨。南人颠踣妮溪弩，据关守隘类穴鼠。一夫当其厄，万众莫能武。欲知梅山开，谁施神禹斧。大使身服儒，宾客盈幕府。檄传傜初疑，叩马卒欢舞。坦然无障碍，土石填溪渚。伊川被发祭，一变卒为虏。今虽关梁通，失制后谁御。开梅山，开山易，防猺难，不如昔人闭玉关。”则言不必开。盖因章惇小人专其事，为清议所不与也。然梅山地今为长沙府之安化县五寨，自熙宁至今永无蛮猺之患，则惇之此举，一秦之长城也。不然，则为长沙之害，岂减于广西之傜僮哉。①

三、李贽论王安石

李贽（1527—1602）是晚明著名的思想家、文学家，号卓吾，泉州晋江（今属福建）人，公开以“异端”自居，著作有《焚书》《续焚书》《藏书》《史纲评要》《李温陵集》等。

《藏书》68 卷，以“此书但可自怡，不可示人”②故名，体裁采用纪传体，论述战国至元亡时历史人物 800 人。其中选录熙丰时变法派和反变法派人物颇多。李贽的义利观在晚明思想学界是颇有与传统义利观相决裂的时代特征。他曾明确指出：

> 夫欲正义，是利之也。若不谋利，不正可矣。吾道苟明，则吾之功毕矣。若不计功，道又何时而可明也？今曰圣学无所为，既无所为矣，又何以为圣为乎？③

（1）王安石的义利观，可说是李贽新义利观的先河。他说：“（政事）所以理财，理财乃所谓义也。一部《周礼》，理财居其半，周公岂为利哉？”④同时，王安石还认为：“利者义之和，义固所为利也。”⑤虽然王安石与李贽都讲求事功，反对黜功利，但李贽对商鞅、桑弘羊和刘晏的理财倍加称赞，却否定王安石。李贽在《富国名臣总论》中说：

> 宋之王安石，吾不知何如人者，乃亦欲效之，可乎？夫安石不知其才之不能，而冒焉遽以天下之重自任。议者不以其才之不足以生财，而反咎其欲以夺民之财，则其所见又在安石下矣。夫安石之遇神宗，犹夷吾之于齐，商君子之于秦也，言听而计从之矣。然夷吾之行，迨二百余年以至威宣，犹享其利。商君相秦，不过十年，能使秦立致富强，成帝业者，乃安石欲益反损，欲强反弱，使神宗大有为之志，反成纷更不振之弊，胡为也哉，是非生财之罪也，不知所以生财之罪也，呜呼，桑弘羊者，不可少也。⑥

显然，李贽认为王安石新法是“不知所以生财”，对其新法效果评价甚低，“欲益反损，欲强反弱”，所以李贽不把王安石列入富国名臣，而是列入《文学门・词学儒臣》。实际上就是否定王安石的政治业绩，而让他与李白、韩愈、欧阳修、苏轼等文学名人为伍，这是李贽评价王安石的第一个方面。

---

① 吴文治主编：《明诗话全编》第 3 册《杨慎诗话》，第 2683—2684 页。

②（明）李贽：《藏书・世纪列传总目前论》，北京：中华书局，1959 年，第 1 页。

③（明）李贽：《藏书》卷 34《德业儒臣后论》，第 544 页。

④（宋）王安石著，唐武标点校：《王文公文集》卷 8《答曾公立书》，第 97 页。

⑤（宋）李焘撰，上海师范大学古籍整理研究所、华东师范大学古籍整理研究所点校：《续资治通鉴长编》卷 219，熙宁四年正月壬辰条，第 5321 页。

⑥（明）李贽：《藏书》卷 17《富国名臣总论》，第 291 页。

（2）李贽否定王安石的政治业绩，但对他的理财思想表示赞同，这可从他对司马光理财思想的批评得到验证。他在《行业儒臣·司马光》中记司马光与王安石争议理财的那段话“王安石曰：国用所以不足，以未得善理财者”后加注：“是，光曰：善理财者，不过头会箕敛耳。安石曰：不然，善理财者，不加赋而国用足”后加注“是是”，最后评论说：

> 光谓安石不晓理财可也。而谓不加赋而用足，不过设法阴夺民利，其害甚于加赋，以此谓桑弘羊欺武帝之言，则可笑甚矣。夫武帝岂易欺者哉。且光既知财货百物，皆天地之所生矣，生则乌可已也，而可以数计耶。今夫山海之藏，丽水之金，昆山之璧，铜、铅、银、锡五金百宝之产于地者，日入商贾之肆，时充贪墨之囊，不知凡几也。所贵乎长国家者，因天地之利，而生之有道耳。且大学之教，明言生财有大道矣。
>
> 又言生之众而为之疾，不专以节用言也。若专以节用言，则必衣皂绨之衣，惜露台之费，而后可以有天下而为天子也。夫汉文之恭俭，固有道之令主，然古今有天下者，亦何必皆如汉文而后可，若必皆孝文而后可，则是富有天下者，反不如千金之匹夫矣。人亦何惮而不为匹夫，何羡而必为天子也邪，固宜其不足以动安石之一顾，而遏神宗大有为之愿也，明道所谓当两分其过者，诚然哉。[①]

（3）李贽对被《宋史》列入《奸臣传》的吕惠卿和章惇表示出一定程度的理解，李贽在《词学儒臣·王安石》附吕惠卿、章惇传后做了这样的评论：“惠卿美才，王雱百计害之，惠卿以为皆安石所为也，发其私书，小人报复常态尔，况爱生恶死，人情之常，急功名，惧祸败，畏讥毁，不独惠卿然也，苏子由之疏过矣。……章惇刚狠，胆粗才赡，以众贤攻击，不得伸其志，辄尔乘时报复，使有圣主贤相爱而用之，亦足建功定国，非邢恕、蔡确比也。”[②]李贽的“宽容”性评论，可说是吕惠卿、章惇入《宋史·奸臣传》后，首次为他们鸣不平。

（4）就整体而言，李贽完全站在熙丰反对派的立场上，对王安石表现出不屑和鄙视，李贽在《史纲评要》中评论宋神宗和王安石逝世时说：“尝谓王安石乃神主之褒姒，妲姬也……可惜王安石，其病痛过失，当时诸君子言之殆尽。”“安石只为自是，坏了国是，坏了心术，坏了人品”[③]。

需要指出的是，李贽《藏书》《史纲评要》品评历史人物多依凭的是正史本纪和列传中的材料，所以他对王安石及其变法的看法必然受到《宋史·王安石传》中史实和观点的影响，也就是说在局部问题上表现出有别于《宋史》的看法，但在大的总体方面则不可能跳出《宋史》编纂者的窠臼。

四、顾炎武论王安石

顾炎武（1613—1682）是明清之际的大思想家。他的传世名著《日知录》是其一生学

---

①（明）李贽：《藏书》卷34《行业儒臣·司马光》，第585、587页。

②（明）李贽：《藏书》卷39《词学儒臣·王安石》，第680—681页。

③（明）李贽：《史纲评要》卷30《宋纪·宋神宗皇帝》，北京：中华书局，1974年，第851页；（明）李贽：《史纲评要》卷31《宋纪·宋哲宗皇帝》，第857页。

问和思想的结晶，“平生之志与业皆在其中”。是书内容涵盖甚广，其门人潘耒以为：“凡经义史学、官方吏治、财赋典礼、舆地艺文之属，一一疏通其源流，考正其谬误。……是书也，意惟宋元名儒能为之，明三百年来殆未有也。”①尤其是《日知录》紧紧围绕着明朝之所以灭亡这一现实问题，从历史和现实相结合的高度，反省“事关民生国命者必穷源溯本，讨论其所以然”，“其言经史之微文大义、良法善政，务推礼乐德刑之本，以达质文否泰之迁嬗，错综其理，会通其旨。……”②事关宋之兴亡的王安石变法，自然是在顾炎武关注、反省的范围内，但他的关注，基本属于否定性的批判。其表现有以下三点：

（1）关于财用。顾炎武的主张与熙丰时期反变法派的观点相类，他说：“财聚于上，是谓国之不祥。不幸而有此，与其聚于人主，无宁聚于大臣。”“而宋元祐中，苏辙为户部侍郎，则言：‘善为国者，藏之于民；其次藏之州郡；州郡有余，则转运司常足；转运司既足，则户部不困。’自熙宁以来，言利之臣不知本末，欲求富国，而先困转运司；转运司既困，则上供不继；上供不继，而户部亦惫矣。两司既困，虽内帑别藏积如丘山，而委为朽壤，无益于算也。”③他在《读隋书篇》中又说：“汉、隋二文帝皆以躬履朴俭富其国，汉文师黄老，隋文任法律，而所行暗合圣贤如此。后之谈孔、孟而引管、商者，乃曰：‘苟善理财，虽以天下自奉可也。’而其党遂倡为丰亨豫大，惟王不会之说，饰六艺，文奸言，以误人国家，至其富国强兵之效，不逮隋远甚，岂不缪哉。”④

（2）关于社会风俗。顾炎武认为“风俗者，天下之大事”⑤，风俗关乎国家命运大事，“论世而不考其风俗，无以明人主之功”⑥，因而他对晚周至明末的社会风俗一一做了历史考察，在《宋世风俗》中，他指斥王安石败坏宋初以来培育的淳厚风俗：

> 人君御物之方，莫大乎抑浮止竞。宋自仁宗在位四十余年，虽所用或非其人，而风俗醇厚，好尚端方，论世之士谓之君之道长。及神宗朝荆公秉政，骤奖趋媚之徒，深锄异己之辈。邓绾、李定、舒亶，蹇序辰、王子韶诸奸，一时擢用，而士大夫有“十钻”之目。干进之流，乘机抵隙。驯至绍圣、崇宁，而党祸大起，国事日非，膏肓之疾遂不可治。后之人但言其农田、水利、青苗、保甲诸法为百姓害，而不知其移人心、变士心为朝廷之害。其害于百姓者，可以一日而更，而其害于朝廷者历数十百年，滔滔之势一往而不可反矣。李应中谓：“自王安石用事，陷溺人心，至今不自知觉。人趋利而不知义，则主势日孤。”此可谓知言者也。《诗》曰：“毋教猱升木，如涂涂附。”夫使庆历之士风一变而为崇宁者，岂非荆公教猱之效哉。⑦

顾炎武指斥王安石败坏宋世风俗的表现，不仅如上述言及趋利而不知义，还包括抨击熙丰时的奔竞之风以及王安石的“矫情干誉之私”。而对苏轼宣扬的道德主义至上深表赞同，认为在熙丰时苏轼从淳厚风俗的角度疏谏神宗勿行新法，在众多论新法者中“未有若

---

①（清）顾炎武著，（清）黄汝成集释，秦克诚点校：《日知录集释》原序，长沙：岳麓书社，1994年，第2页。
②（清）顾炎武著，（清）黄汝成集释，秦克诚点校：《日知录集释》叙，第1页。
③（清）顾炎武著，（清）黄汝成集释，秦克诚点校：《日知录集释》卷12《财用》，第428、432页。
④（清）顾炎武著，（清）黄汝成集释，秦克诚点校：《日知录集释》卷12《财用》，第435—436页。
⑤（清）顾炎武著，（清）黄汝成集释，秦克诚点校：《日知录集释》卷13《廉耻》，第482页。
⑥（清）顾炎武著，（清）黄汝成集释，秦克诚点校：《日知录集释》卷13《周末风俗》，第468页。
⑦（清）顾炎武著，（清）黄汝成集释，秦克诚点校：《日知录集释》13《宋世风俗》，第473页。

此之深切者”。

（3）关于科举改革中的经义论策。顾炎武认为明代科举取士“愚不肖十率七八，古事不通，道理不明”的弊端实导源于王安石的科举改革，他说：

> 今之经义论策，其名虽正，而最便于空疏不学之人。唐宋用诗赋，虽曰雕虫小技，而非通知古今之人不能作。今之经义始于宋熙宁中，王安石所立之法，命吕惠卿、王雱等为之。……陈后山《谈丛》言：“荆公经义行，举子专诵王氏章句，而不解义。荆公悔之，曰：‘本欲变学究为秀才，不谓变秀才为学究也。’”岂知数百年之后，并学究而非其本质乎？此法不变，则人才日至于消耗，学术日至于荒陋，而五帝三王以来之天下，将不知其所终矣。赵鼎言：“安石设虚无之学，败坏人才。”陈公辅亦谓：“安石使学者不治《春秋》，不读《史》、《汉》，而习其所为《三经新义》，皆穿凿破碎无用之空言也。”若今之所谓时文，既非经传，复非子史，展转相承，皆杜撰无根之语。以是科名所得十人之中，其八九皆为白徒。而一举于乡，即以营求关说为治生之计。于是在州里则无人非势豪，适四方则无地非游客，而欲求天下之安宁，斯民之淳厚，岂非却行而求及前人者哉？①

在这个问题上，顾炎武把明代科场流于八股形式的罪责追溯至王安石改革科举，显然与当时大多数人认为王安石改革科举以经义策论罢诗赋是历史的进步因而有益于后世的观点很不相同。应当说明代科场的弊端要让数百年前的王安石负责，确实言之过矣。

五、王夫之《宋论》论王安石

王夫之（1619—1692），字而农，号姜斋，湖南衡阳人。因晚年隐居于湘西之石船山，被学者称作“船山先生”，是明末清初重要的思想家。一生著述宏富，晚年著史论二种：《读通鉴论》《宋论》，“盖读史有感，随事触发……而于上下古今兴亡得失之故，制作轻重之原，均有论列。又自以身丁末运，明帜已易，禹甸为墟，故国之痛，字里行间，尤三致意焉”②，“在史评一类书里头，可以说是最有价值的。他有他的一贯精神，借史事来发表”③。

《宋论》十五卷，专评宋代史事之史论著作，除末卷外，基本上是每帝一卷，每卷选择每朝历史事件、历史人物若干，进行分析和评论，于史实皆略而不载。书中对宋代统治者多所指责，许多评论皆中时弊。卷六《神宗》、卷七《哲宗》所论两朝史实基本以评论王安石及其变法、元祐更化、绍述为重点。王夫之对于宋明理学的总结有很大贡献，但他对王安石变法的评论不免宗法朱熹所谓“安石以其学术之误败国殄民”④的观点，即“立圣人之言于此以求似，无不可似也。……匿其所师之邪慝，而附以君子之治教，奚辨哉？揣时君之所志，希当世之所求，以猎取彝训，而迹亦可以相冒，当其崇异端、尚权术也，则弁髦圣人以

① （清）顾炎武著，（清）黄汝成集释，秦克诚点校：《日知录集释》卷16《经义论策》，第585—588页。
② （清）王夫之著，舒士彦点校：《宋论》点校例言，第4页。
③ 梁启超：《中国近三百年学术史》，朱维铮校注：《梁启超论清学史二种》，第184页。
④ （宋）朱熹：《晦庵先生朱文公文集》卷70《读两陈谏议遗墨》，《朱子全书》第23册，第3384页。

恣其云为。及乎君子在廷，法言群进，则抑掯拾尧、舜、周公之影似，招摇以自诡于正”①。

此外，王夫之对王安石及其变法评论的理论基础是他的“义利之辨”。“义利之辨”在王夫之的社会政治哲学中占有非常重要的地位。他以为：“天下之大防二，而其归一也。一者，何也？义、利之分也。”②而他所谓两大防，一是华夷之辨，二是君子小人之辨，而归根结底是个义利问题。对王安石变法的评价即由君子小人之辨而回到“义利之辨”。

具体地讲，王夫之对王安石及其变法有如下七个方面的评议：

（一）称王安石为“小人”

王夫之说：

> 君子之道，有必不为，无必为。小人之道，有必为，无必不为。执此以察其所守，观其所行，而君子小人之大辨昭矣。……故王安石之允为小人，无可辞也。安石之所必为者，以桑弘羊、刘晏自任，而文之曰《周官》之法，尧、舜之道；则固自以为是，斥之为非而不服。若夫必不可为者，即令其反己自攻，固莫之能遁也。夫君子有其必不可为者，以去就要君也，起大狱以报睚眦之怨也，辱老成而奖游士也，喜谄谀而委腹心也，置逻卒以察诽谤也，毁先圣之遗书而崇佛、老也，怨及同产兄弟而授人之排之也，子死魄丧而舍宅为寺以丐福于浮屠也。若此者，皆君子所固穷濒死而必不为者也。乃安石则皆为之矣。……唯是学而趋入于异端，行而沉没于好利，兴罗织以陷正人……唯然，则决安石之为小人，非苛责之矣。”③

（二）宋神宗的大有为与宋的国势

王夫之认为宋神宗欲改变仁宗朝以来的“积贫积弱”局面，其志定久矣，而“非安石导之也”。但宋神宗对时局症结的认识有偏差，“在急以贫为虑，而不知患不在贫”，“夫仁宗之过于弛而积弱也，实不在贫也”，而导致积弱——“财穷于荐贿，国危于坐困者”的根源“无他，无人而已矣”。“无人”则主要导源于太祖“怀黄袍加身之疑，以痛抑猛士”重文抑武的国策，是这一国策导致了北宋积弱之势，到宋神宗时“已难为矣”。若要改变这种弱势，只能从源头上“酌其所自弛以渐张之，犹可为也”，也就是说只有改变北宋初期以来的抑武重文政策，才能改变积弱之势，而要从头改变，亦非易事，“过此而愈难矣”。从这个角度王夫之慨叹道：“安石用而宋敝，安石不用而宋亦敝。”④

（三）对新法的针砭

值得注意的是，王夫之在抨击熙宁新法时采用了历史比较方法，除“害之已烈者，青

---

①（清）王夫之著，舒士彦点校：《宋论》卷6《神宗》，第121页。
②（清）王夫之著，舒士彦整理：《读通鉴论》，北京：中华书局，1975年，第373页。
③（清）王夫之著，舒士彦点校：《宋论》卷6《神宗》，第116—118页。
④（清）王夫之著，舒士彦点校：《宋论》卷6《神宗》，第119—120页。

苗、方田、均输、手实、市易，皆未久而渐罢”外，对保马、保甲、免役、科举经义取士等新法做了历史的纵向考察，“其元祐废之不能废，迄至于今，有名实相仍行之不革者，经义也，保甲也；有名异而实同者，免役也，保马也”。对于“元祐废之不能废”的新法，王夫之是这样评论的：“数者之中，保马之害为最烈”，保甲之法“溺古不通之士，无导民之化理、固国之洪猷，宝此以为三代之遗美，不已愚乎？”①

关于免役法，王夫之说北魏租庸调制以后，庸已是征了免役钱，其后两税法行“庸之名隐，而雇役无余资”，因而王安石行雇役法是“庸之外又征庸矣”。同时王夫之对司马光主差役法也进行了批评：“是安石之立法，已不念两税之已有雇赀；而温公之主差役，抑不知本已有役，不宜重差之也。此历代之积弊已极，然而民之愿雇而不愿差者，则脂竭髓干而固不悔也。”王夫之称王安石的免役法是“庸之外又征庸矣”，显然是从静态的角度来考察历史的变动，不免牵强。但王夫之第一次把免役法与此前唐代两税法和此后“朱英不审，而立‘一条鞭’之法”②，作通盘联系的考察，这在当时无疑是独具只眼的。

王夫之在总体上否定王安石变法，唯独肯定了王安石的经义取士的科举改革，“夫经义取士，则自隋进士科设以来，此为正矣”，“允为良法”。并认为不能把后世经义取士出现弊端的过错归之于王安石，“是经义之纳天下于聋瞽者，自成、弘始，而溃决无涯。岂安石之为此不善哉？”③在这一点上王夫之与同时代的顾炎武的看法可说是大相径庭。

（四）关于熙河之役

对王安石支持王韶开熙河，王夫之认为这是本末倒置，是遵奉老子“以奇用兵”的机械变诈徼幸之术。“王韶请击西羌、收河湟、以图夏，王安石称为奇策而听之。诚奇矣。唯其奇也，是以进无尺寸之功，而退有邱山之祸也。”因而他在分析熙河之役得失后，讥笑“安石之愚，不可砭矣”④。

不过，需要指出的是，王夫之所说“夏未尝恃西羌以为援，西羌未尝导夏以东侵，河、湟之于朔方，不相及也”，是与史实不相符的。⑤

（五）导致熙丰时期“苛政”的原因

王夫之把熙丰时期的变法称作“苛政”，“国民之交敝也，自苛政始”，熙丰时期之所以能够推行苛政，其原因在于：其一，苛政之兴易为小人钻营，“苛政之兴，众论不许，而主张之者，理不胜而求赢于势，急引与己同者以为援，群小乃起而应之，竭其虔矫之才、巧黠之慧、以为之效”，若此时不加抑制，便会泛滥，“善类一空，莫之能免”。就王安石本人

① （清）王夫之著，舒士彦点校：《宋论》卷6《神宗》，第123、124页。
② （清）王夫之著，舒士彦点校：《宋论》卷6《神宗》，第125页。
③ （清）王夫之著，舒士彦点校：《宋论》卷6《神宗》，第125、126页。
④ （清）王夫之著，舒士彦点校：《宋论》卷6《神宗》，第127、128页。
⑤ 参见拙著《宋夏关系史》第11章“宋夏对吐蕃、党项诸族的争夺”，石家庄：河北人民出版社，1998年，第383—430页。

而言，他与后来奉他为宗主的蔡京等人并不相同，“然而盈廷皆安石之仇仇，则呼将伯之助于吕惠卿、蔡确、章惇诸奸，以引凶人之旅进，固势出于弗能自已，而聊以为缘也”。其二，每个时代都有小人在朝，问题是君子胜则小人治，否则“其乱也，则惟小人胜也”，“其亡也，则惟通国之皆小人”。所以“苛政之兴，君子必力与之争；而争之之权，抑必有所归，而不可以泛”。但是王安石兴苛政之时，“非无社稷之臣，德重望隆，足以匡主而倚国是，若韩、富、文、吕诸公者，居辅弼之任，而持之不坚，断之不力”，一旦去国，而无可为矣，“然则宋之亡也，非法也，人也。无人者，无大臣也”①。

（六）对章惇的评价

对熙丰时期的变法派，王夫之一概斥为小人。但他对章惇的评价却能一分为二，“章惇之邪，灼然无待辨者。其请经制湖北蛮夷，探神宗用兵之志以希功赏，宜为天下所公非，亦灼然无待辩者。然而澧、沅、辰、靖之间，蛮不内扰，而安化、靖州等州县，迄今为文治之邑，与湖、湘诸郡县齿，则其功又岂可没乎？惇之事不终，而麻阳以西，沅、溆以南，苗寇不戢，至今为梗。近蛮之民，躯命、妻子、牛马，粟麦莫能自保。则惇之为功为罪，昭然不昧，胡为乐称人之恶，而曾不反思邪？乃若以大义论之，则其为功不仅此而已也。……惟然，而取蛮夷之土，分立郡县，其功溥，其德正，其仁大矣”②。不难看出对章惇开梅山的历史功绩，王夫之与明朝人杨慎同样采取了不因人废言的客观态度，给了中肯的评价。

（七）对元祐更化的评价

自南宋以降至明朝，元祐诸贤和元祐更化几乎得到士人学者的一致褒扬，而王夫之则独树一帜，给予严厉的批评，其批评主要集中在三个方面：

第一，元祐诸臣，特别是司马光不能因势利导，不能把握政治斗争已出现的有利条件和优势地位，“天方授我，而我不知，力与天争，而天且去之矣。夫岂有苍苍不可问之天哉？天者，理而已矣；理者，势之顺而已矣。此之不察，乃曰：‘天祚社稷，必无此虑。’天非不祚宋也，谋国者失之于天，而欲强之于人以居功而树德者为之也”③。王夫之把元祐诸臣一味攻击新党喻为“牛之斗虎，已毙而斗之不已，牛乃力尽而死”，倒有点形似。司马光之所以不能因势利导，主要是温公个人政治素质存在严重缺陷所致，即“其病有三：一曰惜名而废实，二曰防弊而启愚，三曰术疏而不逮”，“虽以温公经济之实学，上溯威烈，下迄柴氏，井井条条，一若目击而身与之；然至于此（指佐帝王治国），则有茫然若群川之赴海，徒见其东流，而不知归墟者何天之池矣。则虽欲胪列租税之所登，度支之所余，内府之所藏，州郡之所积，计其多寡，而度以应人主有为之需，固有莫扪朕舌而终以吃呐者。

---

①（清）王夫之著，舒士彦点校：《宋论》卷6《神宗》，第129、130、131页。

②（清）王夫之著，舒士彦点校：《宋论》卷6《神宗》，第131—132页。

③（清）王夫之著，舒士彦点校：《宋论》卷7《哲宗》，第136页。

则学之不适于用，而一听小人之妄为意计也，其能免乎？”[①]因而王夫之讽刺说元祐更化与王安石变法“何异两盲之相触于道，其交谇也必矣”[②]。

第二，元祐更化未能击中王安石变法的要害。王夫之认为宋神宗因不堪辽夏的欺辱而欲有所为，王安石乘机“以桑、孔之术动人主于所不察”，然而实际上宋神宗对宋的积弱国情并不知真相，元祐大臣欲更化，就首先应把宋初以来至宋神宗时国家的财政真相告知宋哲宗，“青苗、均输、农田、水利之所获，一部娄之于泰山”，以免哲宗重蹈神宗的旧辙，从而迷途知返。但事实上元祐大臣并没有这样做。于是，王夫之慨叹道：“诸君子不能举此以胜安石之党，且舌挢而不能下，徒以气矜，奚益哉？”[③]致使哲宗亲政后在错误的道路上越走越远。

第三，元祐更化革除熙丰弊政是对的，但更改的方法和途径不对。即举而仰高太后，以母改子甚为失策。他的理由是，宋神宗在熙宁后期已开始反悔为王安石所误，“新法之弊，神宗之暮年亦自知之矣”。因此元祐大臣应当“述神宗之志，以遗诏行之，蠲青苗之逋欠，弛保马之孳生，缓保甲之练习，以次而待哲宗于识知之后……而不掠美以归牝鸡之啼曙……故人谓温公守贞有道而未通乎变者，非也。温公之所不足者，正未能贞也。贞之大者，天之经也，地之义也，人之彝伦也，事之纲纪也。以阴御阳，以女制男，何殊乎以夷狄令中国，以小人治君子乎？”[④]显然王夫之对高太后主持更化，不是从她的政绩得失进行评价，而是从恪守三纲五常的价值观进行抨击，甚不足取。

六、黄宗羲、全祖望《宋元学案》论荆公新学

《宋元学案》100卷是明清之际思想家、史学家黄宗羲（1610—1695）原著，清初史学家全祖望（1705—1755）补续修成。其内容将宋元两代学术思想（主要是程朱理学）按不同派别，加以系统总结。每个学案先列一表，列举师友、弟子，以阐明学术渊源。并论述案主生平、著作、思想，末附逸事及后人评论。

是书以程朱理学为正宗，而将北宋中期兴起并有大影响的荆公新学和苏氏蜀学视作杂学，列于全书之后。全祖望在《荆公新学略序录》中谨案：“荆公《淮南杂说》初出，见者以为《孟子》。老泉文初出，见者以为《荀子》。已而聚讼大起。《三经新义》累数十年而始废，而蜀学亦遂为敌国。上下《学案》者，不可不穷其本末也。且荆公欲明圣学而杂于禅，苏氏出于纵横之学而亦杂于禅，甚矣，西竺之能张其军也！述《荆公新学略》及《蜀学略》。”整理《宋元学案》的王梓材在其后再案：“是条《序录》兼蜀学而言之，谢山以其并为杂学，故列之《学案》之后，别谓之《学略》云。”[⑤]

全祖望字绍衣，浙江鄞县人。《荆公新学略》是由全祖望补作。全祖望是一位史学家，他不像黄宗羲对各个学派及其代表人物的学术思想在介绍主要论点时还作适当的评论。他很少对思想家们探讨的许多理论问题作具体详论，“这就使本书看上去更多地带有现在

---

① （清）王夫之著，舒士彦点校：《宋论》卷7《哲宗》，第137—138页。
② （清）王夫之著，舒士彦点校：《宋论》卷7《哲宗》，第138页。
③ （清）王夫之著，舒士彦点校：《宋论》卷7《哲宗》，第138页。
④ （清）王夫之著，舒士彦点校：《宋论》卷7《哲宗》，第140页。
⑤ （清）黄宗羲原著，（清）全祖望补修，陈金生、梁运华点校：《宋元学案》卷98《荆公新学略序录》，第3237页。

所说的学术思想史资料选辑或资料汇编的性质”①。全祖望叙述王安石新学学术思想确实除序录外，“不轻下主观的批评”②，很少作具体评论。但作为史学家，他在选取材料和编排章节时，还是表现出他对作为王安石变法理论基础的新学的批评态度。一是如上揭视王安石新学为“杂学”，只作学略附于理学各家学案之后，贬落之意不言自明。其重点归纳选录王安石的思想为“王霸论”“性情论”“勇惠论”“仁知论”“中述”“行述”“原性”“原教”“原过”等。二是附录所辑王安石学术逸事及后人评论，取材多录自反变法派或元祐大臣们的后代的记述，多失“事实”和攻讦有加。③三是全祖望在附录中引刘静春曰：“介甫不凭注疏，欲修圣人之经；不凭今之法令，欲新天下之法，可谓知务，第出于己者，反不逮旧，故上误裕陵（宋神宗陵号），以至于今。后之君子，必不安于注疏之学，必不局于法令之文，此二者既正，则人材自出，治道自举。”④并加按语说：“此条最精。”说明刘静春的看法也代表了全祖望自己的观点。四是在叙述王安石生平时未取《宋史·王安石传》，而采自《东都事略·王安石传》，这种选录固然与《东都事略》比《宋史》的材料更原始有关，但也表明全祖望不完全同意《宋史·王安石传》的一种取舍态度。五是虽然全祖望视新学为“杂学”，但对王安石注经的学术意义则予以肯定。如他在附录中引林竹溪《鬳斋学记》曰：“半山《字说》，不足为穿凿。许慎识文识字，而求义太□，是可谓之穿凿。半山未能别文字也。某有三语曰：‘无义之理理之真，有义之理理之失，多义之理理之妄。’此言高矣哉！”⑤在其后全祖望加按语说：“此说似未可据。”依此，整理《宋元学案》的王梓材和冯云濠摘全祖望文集《荆公周礼新义题词》和《记荆公三经新义事》附其后，以明全祖望的意见，其文曰：

《三经新义》，尽出于荆公子元泽所述，而荆公门人辈皆分纂之。独《周礼》则亲出于荆公之笔，盖荆公生平用功此书最深，所自负以为致君尧、舜者俱出于此，是固熙、丰新法之渊源也，故郑重而为之。蔡絛以为政和秘阁所藏，其书法如斜风细雨，定为荆公手迹。其后国学颁行之板，为国子司业莆田黄隐所毁，世间流传遂少，仅见王氏《订义》所引而已。

荆公解经，最有孔、郑诸公家法，言简意该（赅），惟其牵缠于《字说》者，不无穿凿，是固荆公一生学术之秘，不自知其为累也。盖尝统荆公之经学而言之，《易传》不在《三经》之内，说者谓荆公不惬意而置之，然伊川独令学者习其书，容斋记《毛诗》“八月剥枣”，荆公一闻野老之言辄改其说，则亦非任情难挽者。朱子于《尚书》推四家，荆公与焉，且谓其不强作解事。而《礼记》之方、马数家，亦禀荆公之意而为之者，至今《礼记》注中不能废。《尔雅》成于陆氏，而以其余为《埤雅》，既博且精，彼其门人所著尚有不可掩者如此。至若《春秋》之不立学官，则公亦以其难解而置之，而并无断烂朝报之说，见于和靖《语录》中所辩。予观《宋志》，荆公尝作《左

---

①（清）黄宗羲原著，（清）全祖望补修，陈金生、梁运华点校：《宋元学案》点校前言，第5页。

② 梁启超：《中国近三百年学术史》，朱维铮校注：《梁启超论清学史二种》，第199页。

③ 详见本书第六章“宋代笔记小说中的王安石形象”。另须指出，全祖望把林希列入《荆公新学略》别附“文节林子中”是不妥的，因为林希不仅不得于元祐，也不得于熙宁，不为宋神宗、王安石所用，参见拙作《林希与〈林希野史〉》，《李埏教授九十华诞纪念文集》，昆明：云南大学出版社，2003年，第44—57页。

④（清）黄宗羲原著，（清）全祖望补修，陈金生、梁运华点校：《宋元学案》卷98《荆公新学略序录》，第3250页。

⑤（清）黄宗羲原著，（清）全祖望补修，陈金生、梁运华点校：《宋元学案》卷98《荆公新学略序录》，第3252页。

氏解》一卷，则非不欲立，明矣。荆公又尝与陈用之、许允成解《论》、《孟》，然则去其《字说》之支离而存其菁华，所谓《六艺》不朽之妙，良不可雷同而诋也，而况是书又荆公所最属意者乎！①

又《记荆公三经新义事》曰：

荆公《三经新义》，至南渡而废弃。元祐时不过曰经义兼用注疏及诸家，不得专主王氏之解，所禁者，《字说》耳。独莆田黄隐作司业，竟焚其书。当时在廷诸公不以为然，弹章屡上。案《山堂考索》所载，元祐元年十月癸丑，刘挚言："国子司业黄隐，学不足以教人，行不足以服众。故相王安石经训，视诸儒义说，得圣贤之意为多，故先帝立之于学，程式多士。而安石晚年《字说》，溺于释典，是以近制禁学者无习而已。至其经义，盖与先儒之说并存，未尝禁也。隐猥见安石政事多已更改，妄意迎合，欲废其学，每见生员试卷引用，辄加排斥，何以劝率学校！"同时吕陶亦言："经义之说，盖无古今新旧，惟贵其当。先儒之传注未必尽是，王氏之解未必尽非。隐之诵记王氏《新义》，推尊久矣，一旦闻朝廷议科举，则语太学诸生，不可复从王氏。或引用者，类多黜降。诸生有闻安石之死，而欲设斋致奠，以伸师资之报者，隐辄忿怒欲绳以法，尤可鄙也。"于是上官均等皆乞罢隐慰公论。由此观之，元祐诸贤平心，亦已至矣。②

以上表述甚为明白，无须多言。

七、颜元、龚自珍论王安石

颜元（1635—1704），清初思想家，字易直，又字浑然，号习斋，河北博野人。梁启超先生在《中国近三百年学术史》中把他的思想归为"实践实用主义"，并给予很高的评价："有清一代学术，初期为程朱陆王之争，次期为汉宋之争，末期为新旧之争。其间有人焉举朱陆汉宋诸派所凭借者一切摧陷廓清之，对于二千年来思想界，为极猛烈极诚挚的大革命运动。其所树的旗号曰'复古'，而其精神纯为'现代的'。其人为谁？曰颜习斋及其门人李恕谷（塨）。"③显然在学术思想上与程朱理学分道扬镳，对朱熹空谈性理、读书静坐而不务实的学风尤为痛恨，"千余年来率天下人故纸堆中，耗尽身心气力，作弱人、病人、无用人者，皆晦庵为之"④。或许是他否定程朱理学，对程朱理学否定的王安石，则颇有好感，给予很高的评价。他在《宋史评》中论王安石，曰：

（荆公）廉洁高尚，浩然有古人正己以正天下之意。及既出也，慨然欲尧、舜、三代其君，所行法如农田、保甲、保马、雇役、方田、水利、更戍、置弓箭手于两河，皆属良法，后多踵行，即当时至元祐间，范纯仁、李清臣、鼓汝砺等，亦讼其法以为不可尽变。惟青苗、均输、市易，行之不善，易兹弊窦。

---

①（清）黄宗羲原著，（清）全祖望补修，陈金生、梁运华点校：《宋元学案》卷98《荆公新学略序录》，第3252—3253页。

②（清）黄宗羲原著，（清）全祖望补修，陈金生、梁运华点校：《宋元学案》卷98《荆公新学略序录》，第3253页。

③ 梁启超：《中国近三百年学术史》，朱维铮校注：《梁启超论清学史二种》，第215页。

④（清）颜元著，王星贤、张芥尘、郭征点校：《颜元集·朱子语类评》，第251页。

然人亦曾考当日之时势乎？太宗北征中流矢，二岁创发而卒。神宗言之，惓焉流涕。夏本宋叛臣而称帝，此皆臣子所不可与共戴天者也。宋岁输辽、夏银一百二十五万五千两，其他庆吊聘问、赂遗近幸又倍是，宋何以为国？奉以岁币，求其容我为君，宋何以为名？又臣子所不可一日安者也。而宋欲举兵，则兵不足；欲足兵，饷又不足。荆公为此，岂得已哉！辟之仇仇戕吾父兄，吾急与之讼，遂至数责家赀，而岂得已哉！

宋人苟安日久，闻北风而战栗，于是墙堵而进，与荆公为难，极垢之曰奸、曰邪，并不与之商榷可否，或更有大计焉，惟务使其一事不行，立见驱除而后已，而乃独责公以执拗可乎！且公之施为，亦彰彰有效矣，用薛向、张商英等办国用，用王韶、熊本等治兵，西灭吐蕃，南平洞蛮，夺夏人五十二寨，高丽来朝，宋几振矣！

而韩琦、富弼等必欲沮坏之，毋乃荆公当念君父之仇，而韩、富、司马等皆当恝置也乎！矧琦之劾荆公也，其言更可怪笑，曰："致敌疑者近有七：一招高丽朝贡，一取吐蕃之地建熙河，一植榆柳树于西山制其蕃骑，一创团保甲，一筑河北城池，一置都作院，颁弓矢新式，大作战车，一置河北三十七将。皆宜罢之，以释其疑。"嗟乎！敌恶吾备则去备，若敌恶吾有首，将去首乎？此韩节夫所以不保其元也。且此七事，皆荆公大计，而史半削之，幸琦误以为罪状遂传耳，则其他削者何限？

范祖禹、黄庭坚修《神宗实录》，务诋荆公。陆佃曰："此谤书矣。"既而蔡卞重行刊定。元祐党起，又行尽改。然则《宋史》尚可信邪！其指斥荆公者是邪，非邪？虽然一人是非何足辨，所恨诬此一人，而遂忘君父之仇也，而天下后世遂群以苟安颓靡为君子，而建功立业，欲搘拄乾坤为小人也。岂独荆公之不幸，宋之不幸也哉！①

颜元的这段评语，既肯定了王安石变法的立意和效果，也说明了变法的社会必然条件。同时他严厉地批评了反变法派和充满诋诬诽谤之辞的《神宗实录》及《宋史》。

当然，颜元对王安石的肯定与他否定程朱理学不无关系，但更重要的是颜元是一个功利主义者，梁启超云："颜李也可以说是功利主义者。"

颜元说：

以义为利，圣贤平正道理也。《尚书》明以利用与正德、厚生并为三事。利贞，利用安身，利用刑人，无不利，利者义之和，《易》之言利更多。……后儒乃云"正其谊不谋其利"，过矣。宋人喜道之以文其空疏无用之学。予尝矫其偏，改云：正其谊以谋其利，明其道而计其功。②（《四书正误》卷一）

恕公（李塨，颜元的弟子）说：

董仲舒曰"正其道不谋其利，修其理不急其功"，语具《春秋繁露》，本自可通。班史（指《汉书》）误易"急"为"计"。宋儒遂酷遵此一语为学术，以为"事求可，功求成"，则取必于智谋之末而非天理之正。后学迂弱无能，皆此语误之也。请问行天理以孝亲而不思得亲之欢，事上而不欲求上之获，有是理乎？事不求可，将任其不可乎？功不求成，将任其不成乎？（《论语传注问》）

---

①（清）颜元著，王星贤、张芥尘、郭征点校：《颜元集·宋史评佚文》，第799—800页。
② 梁启超：《中国近三百年学术史》，朱维铮校注：《梁启超论清学史二种》，第235页。

> 这两段话所讨论，实学术上极重要之问题。老子说的“为而不有”，我们也认为是学者最高的品格。但是，把效率的观念完全打破，是否可能？况且凡学问总是要应用到社会的，学问本身可以不计效率，应用时候是否应不计效率？这问题越发复杂了。我国学界，自宋儒高谈性命鄙弃事功，他们是否有得于“为而不有”的真精神，且不敢说，动辄唱高调把实际上应用学问抹杀，其实讨厌。①

把梁启超引用的原文和评语与反变法派和元祐大臣批评王安石的变法为“兴利”，特别是朱熹批评王安石“汲汲以财利兵革为先务”相对照，就不难发现，颜元的事功思想与王安石何其相似乃尔。正因为这种学以致用思想的相近，他在政治上反对豪强兼并，主张“以七字富天下：垦荒、均田、兴水利（李塨《颜习斋先生年谱》)”，“学者须振萎惰，破因循，每日有过可改，有善可迁，即成汤‘日新’之学也……改国与天下之过，迁国与天下之善，谓之齐‘治平’”②，也与王安石的政治思想多有相吻合之处，由此也就不难理解颜元对王安石及新法的肯定。

龚自珍（1792—1841），一名巩祚，字璱人，号定盦，是19世纪前半期开风气的思想家，面对清王朝严重的社会危机，极力提倡“更法”，推崇王安石，“少好读王介甫《上宋仁宗皇帝书》，手录凡九通，慨然有经世之志”③。

虽然他不完全赞成王安石的新法，如清嘉庆十九年（1814）冬实行保甲法，龚自珍以为清实行的“保甲法”，与王安石的“保甲法”不尽相同，主张不能授民于“甲”，否则“不农不贾以习战，必乱民也；谓之兵乎？则不如明增兵额。是故安石新法竟不行，使不幸真行，则明季以来闽、粤械斗之风，宋世早有之；不但闽、粤，且遍寰中，寰中何能一日安？故曰：王安石之法，非古非今，古今亦无曾试之者”。但是他从内心膺服王安石：“或问曰：王安石（法），信如人口讥议者耶？答曰：何为其然？安石心三代之心，学三代之学，欲教训天下之人材，毕成三代之材者也。但其虑疏，其目疏，故集天下之口。”④

龚自珍去世的那年，是鸦片战争的第二年，他要求改革“更法”，以经术作政论的进步要求“因政治的剧变，酿成思想的剧变；又因思想的剧变，致酿成政治上的剧变”⑤，成为晚清思想界的先导，而他对王安石的高度肯定也成为严复、梁启超为王安石变法翻案的先河。

八、明清时期最高统治者眼中的王安石

学界对王安石及其变法的评议无论是褒还是贬，都属学人对历史事件和人物的不同见解，可谓仁者见仁，智者见智，但作为国家最高统治者对王安石及其变法的好恶，则在一定程度上影响着中国历史的发展进程。清人李慈铭说过，“自宋王安石变法，驯致大乱，后世以为大戒。少有更张，则群起而非之，曰又一王安石也。由是相率为循默，不敢少

① 梁启超：《中国近三百年学术史》，朱维铮校注：《梁启超论清学史二种》，第235页。
②（清）李塨纂，（清）王源订：《颜习斋先生年谱》卷下，（清）颜元著，王星贤、张芥尘、郭征点校：《颜元集》，第763页；（清）颜元：《颜习斋先生言行录》卷下，（清）颜元著，王星贤、张芥尘、郭征点校：《颜元集》，第669页。
③（清）龚自珍：《龚自珍全集》第11辑《定盦先生年谱外纪》，第633页。
④（清）龚自珍：《龚自珍全集》第1辑《保甲正名》，第96—97页。
⑤ 梁启超：《中国近三百年学术史》，朱维铮校注：《梁启超论清学史二种》，第123页。

出意见”①。此话验之史实不谬。

明太祖朱元璋对王安石及其变法深恶痛绝，据说明朝初期放弃“第二帝国开放性的财政设施，而采取一种保守性和收敛性的体制，与他个人对王安石的反感有关”②。先看一下明人是如何记载的：

> 洪武时近臣有言当理财以纾国用者，言之颇悉。太祖曰：“天地生财以养民，故为君者，当以养民为务。夫节浮费，薄税敛，犹恐伤人，况重为征敛，其谁不怨咨也。”近臣复言自天子至于庶人未有不储积而能为国家者，太祖言：“人君制财与庶人不同，庶人为一家之计，则积财于一家，人君为天下之主，当贮财于天下。岂可塞民之养，而阴夺其利乎？昔汉武帝用东郭咸阳、孔仅之徒为聚敛之臣，剥民取利，海内苦之；宋神宗用王安石理财，小人竞进，天下骚然，此可为戒。”言者愧悚。自是无敢以财利言者。③
>
> 太祖谓户部臣曰：“善理财者，不病民以利官，必生财以阜民。前代理财窃名之臣，皆罔知此道，谓生财裕国，惟事剥削蠹蚀，穷锱铢之利，生事要功，如桑弘羊之商贩，杨炎之两税，自谓能尽理财之术，殊不知得财有限，而伤民无穷。我国家赋税已有定制，撙节用度，自有饶余。”④

朱元璋对王安石的反感不仅影响到明朝的财政体制，而且影响到他的后代对王安石的态度。余继登这样记述明宣宗对王安石的看法：“宣宗谓侍臣曰：‘夷狄为患，自古有之，未有若宋之甚者。靖康之祸，论者以为不当通女真攻契丹取燕云之地，亦非根本之论。……若究祸之根本，盖是自熙宁至宣和五六十年，小人用事，变易法度，民苦征徭，军无纪律，国家政事，日凌月替，遂为夷狄所侮，致有此祸。’……”⑤另外，值得一提的是，张居正是明中后期著名的改革家，现今亦有学人写文章专门比较张居正与王安石改革之得失，但有一个奇怪的现象，在张居正的文集中竟没有留下片言只句论述王安石的文字，也许这是因为张居正大致不愿落一个被人指为“又一王安石也”，或者其他什么话吧。附志于此。

清朝皇帝对王安石及其变法的评断，主要见于乾隆时期编纂的《御批历代通鉴辑览》。是书一百六十卷，附南明唐桂二王本末三卷，兼取《资治通鉴》和《通鉴纲目》的体例，编年纪事，从上古到明末止。每一卷稿件都经清高宗“指示书法”并“详加评断”。皇帝对王安石及其变法的评断自然被当时的学界奉若“圣旨”。比《御定历代通鉴辑览》成书稍晚的官修《续通志》在《王安石传》中就夹注了清高宗的“御批”。《续通志·王安石传》十分之九的文字因袭《宋史·王安石传》，而清高宗的御批主要有以下八点：

（一）有关王安石嘉祐时累辞官不受，“遂知制诰”的“御批”

> 宋人动辄奏辞某官，恶习相仍，不复知有致身大义。安石新进小臣，乃贲敕就付

---

①（清）李慈铭撰，由云龙辑：《越缦堂读书记》，北京：中华书局，1963年，第993页。
② 黄仁宇：《赫逊河畔谈中国历史》，第168页。
③（明）余继登：《典故纪闻》卷4，第63—64页。
④（明）余继登：《典故纪闻》卷4，第73—74页。
⑤（明）余继登：《典故纪闻》卷9，第155页。

坚拒不已，甚且避之于厕，不恭实甚。迨径除制诰遂不更辞，则其狡黠邀荣心事毕露，乃仁宗与在廷诸臣方且想望丰采，惟恐其不就，何其傎也。①

（二）有关熙宁二年设置制置三司条例司的“御批”

什一而税方册可征，而谓之古非特什一，是知聚敛之臣必恃覆邦之利口，遂巧说以乱经而无所忌惮，至剥民财以增利禄。欲使人知自重可以省刑，尤为谬见，不思墨吏之所以病民者，以其贪得无厌也，即加之禄其贪犹是，及其既犯而绳之以法，庶几惩一儆百，乃豫竭万姓之膏以充百司之橐，何异畏猛虎之噬人，而先剜肉以啖之乎？！②

（三）有关颁行保甲法的“御批”

保甲本《周礼》比闾遗意，使民自相友助，以收诘奸禁盗之益。有司遍籍考稽期无懈弛旷废而已。若督责过严，人皆畏其束缚烦苦，则非，所以保民而适以厉民，且复授之弓弩、教之战阵、驱饮食耕凿之伦，使日从事于击刺，其为辍耒舍业者不少矣，柔懦者既无适于用，桀骜者或因而横行，尤无益而有损，是又泥寓兵于农之法，而未达乎古今异宜之故也。③

（四）有关颁行方田均税法的“御批”

张时泰广义谓方田均税在神宗诸政中犹为彼善于此，所见似是而非，不知五方土性不齐，所产亦异，岂能强而同之，则壤成赋上期无悖于十一而止，必欲方量均额，令佐履亩周行，农氓已不胜其扰，且自方帐以下多立科条，尤为烦琐无当，民间未得均赋之利，已受更张之害，善为政者，必不出此也。④

（五）关于司马光等人上章攻安石，安石抗章自辩的“御批”

安石抗章，神宗巽谢，成何政体。即安石果正人犹尚不可，而况不正乎？尝谓神宗之信安石有若病狂，此亦宋室治乱安危之所关，有非人力之所能为者至。赵抃素称骨鲠，宁不知新法病民何，未闻出一言以救正，及神宗因韩琦奏谕罢青苗机有可乘，抃仍请俟安石之出，是诚何心，迨后悔恨求去，所谓啜其泣矣，何嗟及矣。⑤

---

①（清）清高宗敕编：《续通志》卷347《王安石》，上海：商务印书馆，1935年，第5283页。
②（清）清高宗敕编：《续通志》卷347《王安石》，第5283页。
③（清）清高宗敕编：《续通志》卷347《王安石》，第5283页。
④（清）清高宗敕编：《续通志》卷347《王安石》，第5284页。
⑤（清）清高宗敕编：《续通志》卷347《王安石》，第5284页。

（六）关于熙宁八年十月彗出东方，诏求直言的“御批”

安石过恶所谓天变不足畏，祖宗不足法，人言不足恤三言尽之至。神宗强起，复出，专取帝所不喜之人，骤加进用，以示权势，其恶益明目张胆矣，无将之诛，尚可逭乎。[①]

（七）关于变法派内部相互倾轧的“御批”

惠卿投匦请留，盖揣知神宗方向用安石眷注未衰，欲借是以匈其援引，且所行新法又皆其一力赞成，故甘受护法善神之讥耳。后此得致执政，可以害安石者，无所不用其智。小人势尽交疏，相倾相轧情态实可憎鄙，不独蠹国鞅民，贻千古唾骂已也。[②]

（八）关于王安石的总评“御批”

以六艺文奸言者，王莽也；安石继之，莽流毒百姓二十余年，光武起而拯之，遂以宁谧。安石则祸肇熙宁，讫徽钦犹未艾，北狩南渡皆一人兆其机，即谓其罪浮于莽可也。[③]

以上虽是《续通志》编纂者所引《御批历代通鉴辑览》中对王安石及其变法的部分评断，但足以代表清高宗的基本观点。归纳言之，清高宗对王安石及其变法的评断并无多少新意和高明的见解，除了在字里行间表现他对王安石的切齿憎恶外，依然在祖述宋人以来对王安石变法的批判，即指斥新法“聚敛害民”“流毒四海”“败殄亡国”“剥民兴利”等。但有两点值得注意：一是清高宗对宋神宗与王安石的君臣关系尤为不满，特别指斥王安石“要君”和“不恭”，对神宗巽谢安石抗章则视作不成政体。这实际上是反映了中国封建社会专制主义至清代已发展到极致的一种表现，也就是说在宋朝地主阶级内部尚存的些许“民主”，到清朝已不容许再继续下去。二是关于方田均税法的评断，此前反对和否定此法的人多是从维护豪强的利益出发，而清高宗则从“土性不齐，所产亦异”，以及方量程序烦琐对其进行否定，虽是己见，但亦是庸俗之论，实际上是他没有好好阅读“方田均税法”关于土地肥瘠、色质形状等区分的具体内容，妄下评论说新法不关照“土性不齐，所产亦异”；而所谓方量程序烦琐，农氓不胜其扰的农氓只能是那些占有大土地的豪强地主，于佃客和小土地所有者有何不便，所以清高宗还是在维护豪强兼并的利益，为他们鸣不平。当然清高宗也不是一点见识都没有，比如他在批驳闻杜鹃声知南人乱天下的寓言时说：

史策所纪宰臣北人南人皆互有贤否，岂独一王安石。古称立贤无方，顾所以用之耳，至地气北南迁移，谓有关治乱尤不足信，果如所云，未闻郅治之世，南方皆坚冰

① （清）清高宗敕编：《续通志》卷 347《王安石》，第 5284 页。
② （清）清高宗敕编：《续通志》卷 347《王安石》，第 5284 页。
③ （清）清高宗敕编：《续通志》卷 347《王安石传》，第 5285 页；（清）傅恒等：《御批历代通鉴辑览》卷 76、卷 77、卷 78，《景印文渊阁四库全书》第 338 册，第 152、179、188、200、207、209—210、213、239 页。

沍寒也，盖地气视人气之盛衰，是时洛阳生聚蕃滋，人气极盛，故地气因之而变，花木禽鸟亦随地而异，即如深山穷谷气每先寒，通邑大都候常多燠，此可为征矣。若夫禽鸟得气之先，不过如鸠鹊呼鸣，预占来日晴雨，安能于数年之间明示前知乎？（邵）雍精于术数，或假杜鹃以寓言，然术虽精，而理实乖矣。[①]

① （清）傅恒等：《御批历代通鉴辑览》卷76，《景印文渊阁四库全书》第338册，第170页。

第十章
四库馆臣对王安石及其变法的评议

清乾隆时期纂修的《四库全书》，基本上收录了包括乾隆以前中国古代的重要著作，尤以元代以前的书籍更为完备。在纂修期间，由“四库全书馆”馆臣对采入《四库全书》的书籍和一些没有采入的书籍，都曾分别编撰内容提要，后来把这些提要分类编排，汇成一书，这就是《四库全书总目》（或称《四库全书总目提要》）。按照《四库全书》修纂凡例，提要的内容大致是：“今于所列诸书，各撰为提要。分之则散弁诸编，合之则共为总目。每书先列作者之爵里，以论世知人。次考本书之得失，权众说之异同，以及文字增删，篇帙分合。皆详为订辨，巨细不遗。而人品学术之醇疵，国纪朝章之法戒，亦未尝不各昭彰瘅，用著劝惩。”①可见，四库馆臣对乾隆以前中国古代的重要著作不仅论述“各书大旨及著作源流”“列作者之爵里”“考本书之得失”②，还要对书之作者的“人品学术之醇疵”和“国纪朝章之法戒”进行评议，“定千载之是非，决百家之疑似”③，以“用著劝惩”。如果说书籍是文化传播的主要载体，那么四库馆臣汇编的总目提要，在某种意义上即是对清乾隆以前中国古代文化的一次总清算和总结。

王安石变法是北宋历史的一件大事，南宋以后谈及宋之兴亡无不以议论王安石变法为荦荦大端，因而四库馆臣在汇辑北、南宋人著作时，自然也不能回避对王安石及其变法活动的议论。事实上四库馆臣在著录王安石变法当事人著作和部分论述王安石及其变法活动的典籍时所作之提要，就突显了四库馆臣的是非观，贯穿了四库馆臣对“人品学术之醇疵”“未尝不各昭彰瘅”的宗旨。为了全面了解清前期学界和官方对王安石及其变法的评议，下面略作探索。

一、对王安石总的评价

《四库全书》共收辑王安石三种著作，即经部《周官新义》16卷，附《考工记解》2卷，集部《临川集》100卷和《唐百家诗选》20卷。四库馆臣对王安石的总评主要见于对前两种的提要，而《唐百家诗选》主要是考订有关王安石选编是书的诸种传闻，未涉及王安石的人品学术。那么四库馆臣是如何评议王安石的呢？

《周官新义》提要云：

> 宋王安石撰。安石事迹详《宋史》本传。晁公武《读书志》曰：熙宁中置经义局，

① （清）永瑢等：《四库全书总目》卷首凡例，第17—18页。
② （清）永瑢等：《四库全书总目》出版说明，第1页。
③ （清）永瑢等：《四库全书总目》卷首凡例，第16页。

撰《三经义》，皆本王安石经说。三经：《书》《诗》《周礼》也。……《周礼新义》笔迹如斜风细雨，诚介甫亲书云云。然则《三经义》中，惟《周礼》为安石手著矣，安石以《周礼》乱宋，学者类能言之。然《周礼》之不可行于后世，微特人人知之，安石亦未尝不知也。安石之意本以宋当积弱之后，而欲济之以富强，又惧富强之说必为儒者所排击，于是附会经义以钳儒者之口，实非真信《周礼》为可行。迨其后用之不得其人，行之不得其道，百弊丛生，而宋以大坏，其弊亦非真缘《周礼》以致误。罗大经《鹤林玉露》，咏安石《放鱼诗》曰：错认苍姬六典书，中原从此变萧疏，是犹为安石所绐，未究其假借六艺之本怀也。因是而攻《周礼》，因是而攻安石所注之《周礼》，是宽其影附之巧谋，而科以迂腐之薄谴矣。故安石怙权植党之罪，万万无可辞，安石解经之说，则与所立新法各为一事。……①

《临川集》100卷，提要云：

宋王安石撰。……然此百卷之内，菁华具在，其波澜法度，实足自传不朽。朱子《楚辞后语》谓安石致位宰相，流毒四海，而其言与生平行事心术，略无毫发肖。夫子所以有于予改是之叹。斯诚千古之定评矣。②

从这两个提要不难看出四库馆臣对王安石及其变法的总评意见，大致有四点。一是承袭了朱熹的二重性定评，即把王安石的人品、节操、文学与安石的新法政事、心术区别对待。肯定归誉前者而否定贬斥后者。二是认为王安石变法的本意是欲改变宋之积弱而为富强，这无可厚非，但“其后用之不得其人，行之不得其道”，致使“百弊丛生，而宋以大坏”。三是把王安石解经注经的学问与王安石借《周礼》以变法的思想区分开来。“安石怙权植党之罪，万万无可辞，安石解经之说，则与所立新法各为一事”，这一点与宋元理学家批判王安石新学的观点不尽相同。③四是对王安石的文学成就给以充分的肯定，所谓“此百卷之内，菁华俱在，其波澜法度，实足自传不朽”。又如四库馆臣在为杨杰《无为集》所作提要中云：“杰及与欧阳修、王安石、苏轼游，故其诗虽兴象未深，而亦颇有规格。”④这显然是正面说明杨杰诗颇有规格，与受王安石影响有关。不特如此，在四库馆臣的眼里，王安石还是与李白、杜甫、韩愈、柳宗元、欧阳修、苏氏父子、曾巩并驾齐驱的文学大家，“其书并家弦户诵，虽村塾童竖，皆能知其为人”⑤。

总之，“《总目》对书籍的评价，是从封建主义的观点出发的。它一方面标榜当时盛极一世的‘汉学’……一方面又宣扬作为封建社会上层建筑的理论基础的孔孟之道，提要虽然在一些具体问题上不尽同意程颐、朱熹的意见，但实质上还是恪守程、朱理学，而对某些不合封建正统思想的著作竭力攻击”⑥。四库馆臣对王安石及其变法的总评，正是如此。即是以朱熹的二重性定评为基调。

① （清）永瑢等：《四库全书总目》卷19《经部十九 • 礼类一》，第149—150页。
② （清）永瑢等：《四库全书总目》卷153《集部六 • 别集类六》，第1325页。
③ 参见拙作《南宋理学家对王安石新学的批判》，《河北大学学报（哲学社会科学版）》2002年第1期。
④ （清）永瑢等：《四库全书总目》卷153《集部六 • 别集类六》，第1321页。
⑤ （清）永瑢等：《四库全书总目》卷首凡例，第18页。
⑥ （清）永瑢等：《四库全书总目》出版说明，第2页。

二、四库馆臣对论述王安石及其变法书籍的“彰善瘅恶”

既然四库馆臣对王安石变法持全盘否定的态度，因而凡是反对新法，揭批新法的书籍，即予以“彰善”。凡是赞成新法，或为王安石及其变法有所“回护”者，则予以“瘅恶”，下面试举例说明。

（一）经部

《东坡书传》十三卷，提要云：“宋苏轼撰……晁公武《读书志》称熙宁以后专用王氏之说，进退多士，此书驳异其说为多。”①

《春秋集解》十二卷，提要云：“宋苏辙撰，先是刘敞作《春秋意林》，多出新意，孙复作《春秋尊王发微》，更舍传以求经，古说于是渐废。后王安石诋春秋为断烂朝报，废之不列于学官，辙以其时经传并荒，乃作此书以矫之。”②

（二）史部

《谠论集》五卷，提要云：“宋陈次升撰……次升为太学诸生时，即斥王安石《字说》为秦学，坐是屏弃，通籍后三居言责，建议鲠切，为时所惮，其最大者在止吕惠卿之使岭南，刘安世谓其大有功于元祐诸臣。至其弹劾章惇、蔡京、蔡卞、曾布诸疏，尤为明白痛切，耸动耳目。虽其根株不能尽拔，卒为所中，以致垂老投荒，而刚直之气凛然犹可想见。”③

《四明尊尧集》十一卷，提要云：

> 宋陈瓘撰。……瓘以绍圣史官专据王安石《日录》改修《神宗实录》，变乱是非，不可传信，因作是书以辨其妄。其初窜廉州时所著，名《合浦尊尧集》。但著十论，犹未直攻安石。及北归后乃作此书，分为八门曰：圣训、论道、献替、理财、边机、论兵、处己、寓言。始力斥王安石之诬，皆摘《实录》原文，而各著驳论其下，共六十五条，坐此羁管台州。其总论中所云安石退居钟山，著此讪书以授蔡卞，卞当元祐之时，增损润色，九年笔削云云。……然朱子尚病其有所避就，未能直中安石隐微云。④

按：虽然陈瓘《四明尊尧集》充斥着对王安石及新法的攻击，本应属“瘅恶”之举，但四库馆臣凭朱子的议论，以他不能击中王安石误国的要害，竟不予以收录而置于存目中。由此亦可见四库馆臣对王安石变法以朱熹的评判为依归之一斑。

---

①（清）永瑢等：《四库全书总目》卷11《经部十一·书类一》，第90页。
②（清）永瑢等：《四库全书总目》卷26《经部二十六·春秋类一》，第216页。
③（清）永瑢等：《四库全书总目》卷55《史部·诏类奏议类》，第496—497页。
④（清）永瑢等：《四库全书总目》卷89《史部·史评类存目一》，第757页。

（三）子部

《师友谈记》一卷，提要云："宋李廌撰。……是书之成又当在元祐诸人尽罹贬斥之后，知其交由神契，非以势利相攀，且以潦倒场屋之人，于新经义盛行之时，曲附其说，即可以立致科第，而独载排斥笑谑之语，不肯少逊，穷视其所不为，亦可谓介然有守矣。寥寥数简之书，而至今孤行于天地间，岂偶然哉。"①

《曲洧旧闻》十卷，提要云："宋朱弁撰。……今考其书惟神怪谐谑数条不脱小说之体，其余则多记当时祖宗盛德及诸名臣言行。而于王安石之变法、蔡京之绍述，分朋角立之故，言之尤详。盖意在申明北宋一代兴衰治乱之由。深于史事有补，实非小说家流也……"②

（四）集部

《古灵集》二十五卷，提要云：

> 宋陈襄撰。……襄生平最可传者，一在熙宁中劾王安石，并极论新法，反复陈奏若目睹后来之弊，其文今俱载集中。一在居经筵时，神宗访以人才，遂条上所知司马光、韩维、吕公著、苏颂、孙觉、李常、范纯仁、苏轼……等三十三人，其时或在庶僚，或在谪籍，而一一品题，各肖其真，内惟林希一人后来附和时局，自隳生平，余则硕学名臣，后先接踵，人伦之鉴，可谓罕与等夷，其文今为集中压卷……③

按：陈襄所褒扬的三十三人全是熙宁时期著名的反变法派人物。

《净德集》三十八卷，提要云："宋吕陶撰。……陶秉性抗直，遇事敢言，所陈论多切国家大计，其初应制科时，值王安石方行新法，陶对策言，愿陛下不惑理财之说，不间老成之谋，不兴疆场之事，安石读卷，神色顿沮，神宗使冯京竟读称其有理，而卒为安石所抑。……至学论二篇，力攻王氏《字说》，不遗余力，尤为毅然自立，不附合时局者矣。……"④

《忠肃集》二十卷，提要云："宋刘挚撰。……挚忠亮骨鲠，于邪正是非之介，辨之甚严。终以见愠群小，贬死荒裔，其为御史时，论率钱助役之害，至王安石设难相诘，而挚反覆条辨，侃侃不挠，今其疏并在集中……"⑤

《西台集》二十卷，提要云："宋毕仲游撰。……又上司马温公书，称其欲废新法，而左右皆安石之徒，惧其祸之犹在，其后悉如所虑，是其深识远计，尤不可及，固非独文辞之工矣……"⑥

《龟溪集》十二卷，提要云：

---

①（清）永瑢等：《四库全书总目》卷120《子部·杂家类四》，第1038页。
②（清）永瑢等：《四库全书总目》卷121《子部·杂家类五》，第1039页。
③（清）永瑢等：《四库全书总目》卷152《集部·别集类五》，第1314页。
④（清）永瑢等：《四库全书总目》卷153《集部·别集类六》，第1319页。
⑤（清）永瑢等：《四库全书总目》卷153《集部·别集类六》，第1320页。
⑥（清）永瑢等：《四库全书总目》卷155《集部·别集类八》，第1337—1338页。

> 宋沈与求撰。……陈振孙《书录解题》曰：与求尝奏王安石之罪，大者在于取扬雄、冯道，当时学者惟知有安石，丧乱之际，甘心从伪，无仗节死义之风，实安石倡之，此论前未之及也云云。考熙宁以逮政和，王蔡诸人以权势奔走天下，诛锄善类，引掖宵人，其夤缘以苟富贵者，本无廉耻之心，又安能望以名节之事。其偷生卖国，实积渐使然，不必尽由于推奖扬雄，表章冯道，与求此奏，亦事后推索之词。然其说主持风教，振刷纲常，要不可不谓之伟论也。……①

从以上所引可知，只要在书籍中有旗帜鲜明反对和针砭王安石及新法篇章的，都受到四库馆臣的特别关注而给以肯定和褒扬，甚或对有的篇章虽伐鞑了王安石及新法，但若还不够“深刻”，四库馆臣还要据此加以申论，这是一种情况。另外对虽属王安石的门人或曾跟随新党的人，只要“幡然醒悟，反戈一击”，或者是对王安石新法不满而符合四库馆臣的评议标准，亦能得到四库馆臣的表彰。譬如：

《铁围山丛谈》六卷，提要云：“宋蔡绦撰。……其罪盖与（蔡）京等。曾敏行《独醒杂志》则载绦作《西清诗话》多称引苏、黄诸人，竟以崇尚元祐之学，为言者论列，盖虽盗权怙势而知博风雅之名者……至于元祐党籍不置一语，词气之间颇与其父异趣……而丁仙现一条，乃深诋王安石新法，则仍其《西清诗话》之旨也。……”②

《陶山集》十四卷，提要云：

> 宋陆佃撰……佃本受学于王安石，故《埤雅》及《尔雅新义》（案《尔雅新义》久佚，今散见《永乐大典》中，伪脱断烂，殆不可读），多宗《字说》，然新法之议，独龂龂与安石争，后竟入元祐党籍。安石之没，佃在金陵，为文祭之，推崇颇过。然但叙师友渊源，而无一字及国政。元祐初预修《神宗实录》，亦颇为安石讳，数与史官辨争，坐是外补。然徽宗初召还复用，佃乃欲参用元祐旧人，复与时宰龃龉而罢。盖其初误从安石游，故牵于旧恩，文字之间不得不有所假借，至于事关国计，则毅然不以私废公，亦可谓刚直有守者矣……③

《龟山集》四十二集，提要云：“宋杨时撰。……时于蔡京既败以后，即力持公论。集中载上钦宗第七疏，诋京与王黼之乱政，而请罢王安石配享，则尚非始终党附者比……”④

这些都是从不同角度反对王安石变法或不赞成王安石变法而得到四库馆臣的称许和褒扬的论著。那么，对那些赞成新法或为新法“回护”的人所写的著作，四库馆臣又是如何评议的呢？请看下面的举例：

《北狩行录》一卷，提要云：“旧本题蔡絛撰，絛蔡京之子，尚茂德帝姬，靖康元年从徽宗北行者也……书中多谀颂徽宗之词，在当时臣子之言自不得不尔，未足为异，惟称太上绍述神考之志，未尝忘怀……云云，则絛等坚护绍述之局，至败亡而不变，为可恨耳。”⑤

《扪虱新话》十五卷，提要云：“宋陈善撰。……其书考论经史诗文，兼及杂事，别类

---

①（清）永瑢等：《四库全书总目》卷157《集部·别集类十》，第1352页。

②（清）永瑢等：《四库全书总目》卷141《子部·小说家类二》，第1194—1195页。

③（清）永瑢等：《四库全书总目》卷154《集部·别集类七》，第1333页。

④（清）永瑢等：《四库全书总目》卷156《集部·别集类九》，第1344页。

⑤（清）永瑢等：《四库全书总目》卷52《史部·杂史类存目一》，第469页。

分门，颇为冗琐，持论尤多踳驳，大旨以佛氏为正道，以王安石为宗主……善，南北宋间人，其始末不可考，观其书颠倒是非，毫无忌惮，必绍述余党之子孙，不得志而著书者也。……”①

《避暑录话》二卷，提要云：“宋叶梦得撰。……惟本为蔡京之门客，不免以门户之故，多阴抑元祐而曲解绍圣，如论诗赋一条，为王安石罢诗赋解也。……至深斥苏洵《辨奸论》则尤其显然者矣，然终怵于公论，隐约其文，尚不似陈善《扪虱新话》颠倒是非，党邪丑正，一概肆其狂诋，其所叙录，亦多足资考证，而裨见闻，故善书竟从屏斥，而是编则仍录存焉。”②

由上引三个提要不难得出两点看法：一是凡属褒扬王安石变法或赞成绍述王安石变法的论著，均被四库馆臣视作“可恨”和“颠倒是非”。二是对王安石变法赞成与否竟成为四库馆臣采录书籍的重要标准，在上引著录书籍的提要中有三种仅存书目：《四明尊尧集》《北狩行录》《扪虱新话》，前一种因其攻王安石变法不得要领，后两种则因赞成绍述和褒扬王安石变法，而被摒斥于《四库全书》之外而仅存书目，由此不难看出四库馆臣对王安石变法痛恨之一斑。令人可悲的是王安石变法在南宋初被盖棺论定，后几七百年时，四库馆臣之对王安石变法所持是非观，犹如元祐党人再生。

三、有关王安石学术的评议

既然四库馆臣在全盘否定王安石变法的同时，亦能遵循朱熹肯定王安石道德文章的做法，因而在分辨王安石变法是非之外，四库馆臣也能不因人废言，对事涉王安石道德文章而能发明经义，训诂有得之著作则均给以中肯的评议，即所谓“安石解经之说，则与所立新法各为一事”。以下亦可分四种情况：

（一）辨判公之学的渊源

自南宋以降，在论及荆公之学的渊源时，往往说是源于刘敞《七经小传》，对此四库馆臣已多有辨正。《七经小传》三卷，提要云：

> 吴曾《能改斋漫录》曰：庆历以前，多尊章句注疏之学，至刘原甫为《七经小传》，始异诸儒之说，王荆公修经义，盖本于原甫（小字注：按读书志亦载此文，以为元祐史官之说）。晁公武《读书志》亦证以所说汤伐桀升自陑之类，与新经义同，为王安石剿取敞说之证。……其说亦往往穿凿，与安石相同。故流俗传闻，致遭斯谤，然考所著弟子记，排斥安石，不一而足，实与新学介然异趣。且安石刚愎亦非肯步趋于敞者，谓敞之说经，开南宋臆断之弊，敞不得辞，谓安石之学由于敞，则窃鈇之疑矣。③

当然，四库馆臣的上述辨正主要是为刘敞洗刷因误传王安石剿取而使《七经小传》蒙

---

①（清）永瑢等：《四库全书总目》卷127《子部·杂家类存目四》，第1093页。
②（清）永瑢等：《四库全书总目》卷121《子部·杂家类五》，第1041页。
③（清）永瑢等：《四库全书总目》卷33《经部·五经总义类》，第270页。

遭非议的“冤屈”，但这一辨正也客观上指出了荆公之学是王安石及其同道独立探索的学说，“是则荆公之学，系出自当时环境，非渊源于刘敞明矣”①。

（二）辨门户之见

南宋以后，王安石变法遭到彻底否定，评判当时人际关系及书林的标准往往是元祐而非熙宁，甚或不问青红皂白，著者只要稍涉王安石便会遭到持元祐观点人的抨击，亦即因门户之见而相互攻讦，对此四库馆臣亦能较公正地予以辨析。如：

《清波杂志》十二卷，提要云：“宋周辉撰。……所记皆宋人杂事，方回《桐江续集》力诋其尊王安石之非，考书中称辉之曾祖与安石为中表，盖亲串之间不无回护，犹之王明清《挥麈诸录》曲为曾布解耳，知其私意所在则可，以此尽废其书，则又门户之见矣。”②

《靖康缃素杂记》十卷，提要云：

> 宋黄朝英撰。……晁公武讥其为王安石之学，又讥其解诗芍药握椒为鄙亵，刘敞《七经小传》亦摭此条为谐笑。虽不出姓字，殆亦指朝英。今观其书，颇引《新经义》及《字说》，而尊安石为舒王。解诗绿竹一条，于安石之说尤委曲回护，诚为王氏之学者，然所说自芍药握椒一条外，大抵多引据详明，皆有资考证，固非漫无根柢，徒为臆断之谈，敞本与安石异趣，公武又自以元祐党家世与新学相攻击，故特摭其最谬一条以相排抑耳。③

（三）对虽宗王安石之学，但在学术上有所发明者，也多给以肯定

《南华真经新传》二十卷，提要云：“宋王雱撰，雱字元泽，临川人，王安石子也。……史称雱睥睨一世，无所顾忌，其很愎本不足道。顾率其傲然自恣之意，与庄周之滉漾肆论，破规矩而任自然者，反若相近，故往往能得其微旨……”④

《毛诗名物解》二十卷，提要云：

> 宋蔡卞撰。……自王安石《新义》及《字说》行，而宋之士风一变。其为名物训诂之学者，仅卞与陆佃二家。佃，安石客；卞，安石婿也。故佃作《埤雅》，卞作此书，大旨皆以《字说》为宗。陈振孙称卞书议论穿凿，征引琐碎，无裨于经义，诋之甚力。盖佃虽学术本安石，而力沮新法，龂龂异议，君子犹或取之。卞则倾邪奸险，犯天下之公恶，因其人以及其书，群相排斥，亦自取也。然其书虽王氏之学，而征引发明，亦有出于孔颖达《正义》，陆玑草木虫鱼疏外者，寸有所长，不以人废言也，且以邢昺

---

① 徐振亚：《王安石经学概论初稿》，《学艺》1935年第7号。
②（清）永瑢等：《四库全书总目》卷141《子部·小说家类二》，第1198—1199页。
③（清）永瑢等：《四库全书总目》卷118《子部·杂家类二》，第1017—1018页。
④（清）永瑢等：《四库全书总目》卷146《子部·道家类》，第1246页。

之金邪，而尔雅疏列在学官，则下书亦安得竟弃乎……[①]

《周礼详解》四十卷，提要云："宋王昭禹撰。……其附会穿凿，皆遵王氏《字说》，盖当时《三经新义》列在学官，功令所悬，故昭禹因之不改，然其发明义旨，则有不尽同于王氏之学者，如解泉府……皆为先儒所未发。……"[②]

《论语全解》十卷，提要云："宋陈祥道撰。祥道有礼书已著录，晁公武《读书志》云：'王介甫论语注，其子雱作口义，其徒陈用之作解，绍圣后皆行于场屋，为当时所重。'……惟其学术本宗信王氏，故往往杂据庄子之文，以作证佐，殊非解经之体。以其间征引详核，可取者多，故不以一眚掩焉。"[③]

《珍席放谈》二卷，提要云："宋高晦叟撰……可补史文之阙，特间加评论，是非轩轾，往往不能持平，又当王氏学术盛行之时，于安石多曲加回护，颇乖公议，然一代掌故，犹借以考见大凡，所谓识小人之流，于史学固不无裨助也。"[④]

（四）对非学术性的诬构或非议，亦能明辨曲委，采取较谨慎的评议态度

《春秋经解》十三卷，提要云："宋孙觉撰。……周麟之跋称，初，王安石欲释《春秋》以行于天下，而莘老之传已出，一见而有惎心，自知不能出其右，遂诋圣经而废之。邵辑序称，是书作于晚年，谓安石因此废《春秋》，似未必尽然，然亦可见当时甚重其书，故有此说也。"[⑤]

《儒言》一卷，提要云：

> 宋晁说之撰。……又不夺一条，心迹一条，及流品以下凡数条，并兼斥安石之居心行事，亦非但为学术辨也，当绍述之说盛行，而侃侃不挠，诚不愧儒者之言，至于因安石附会《周礼》而诋《周礼》，因安石尊崇孟子而抑孟子，则有激之谈，务与相反，惟以恩怨为是非，殊不足为训，盖元祐诸人实有负气求胜，攻讦太甚，以酿党锢之祸者，贤智之过，亦不必曲为讳也，取其大旨之正可矣。[⑥]

要之，四库馆臣对与王安石及变法有关的书籍，之所以有以上评议，主要原因大致是：第一，正如清末民初人刘声木在《四库提要推重程朱》中所说："纪文达公昀为昭代大儒，学问渊雅，志识高卓，未闻以程朱、陆王之学自囿也。其撰《四库提要》，于程朱之学，虽有微词，不过不服膺而已，未至于如陆王之学，则攻击不遗余力……"[⑦]第二，四库馆臣在编修《凡例》中说："是书卷帙浩博，为亘古所无，然每进一编，必经亲览，宏纲巨目，悉

① （清）永瑢等：《四库全书总目》卷15《经部・诗类一》，第122页；另，《埤雅》二十卷，见（清）永瑢等：《四库全书总目》卷40《经部・小学类一》，第342页。
② （清）永瑢等：《四库全书总目》卷19《经部・礼类一》，第150页。
③ （清）永瑢等：《四库全书总目》卷35《经部・四书类一》，第292—293页。
④ （清）永瑢等：《四库全书总目》卷141《子部・小说家类二》，第1194页。
⑤ （清）永瑢等：《四库全书总目》卷26《经部・春秋类一》，第216页。
⑥ （清）永瑢等：《四库全书总目》卷92《子部・儒家类二》，第779页。
⑦ （清）刘声木撰，刘笃龄点校：《苌楚斋续笔》卷1《四库提要推重程朱》，北京：中华书局，1998年，第232页。

禀天裁。定千载之是非，决百家之疑似。”①说明乾隆皇帝的好恶对四库馆臣的著录、评议有直接影响。虽然在《四库全书总目》卷首所表圣谕中，乾隆皇帝对与王安石变法有关的书籍没有发表具体的意见，但在《御批历代通鉴辑览》为王安石及其变法所加批语中明确表现出他对王安石的好恶，“以六艺文奸言者，王莽也，安石继之。莽流毒百姓二十余年，光武起而拯之，遂以宁谧。安石则祸肇熙宁，讫徽钦犹未艾，北狩南渡皆一人兆其机，即谓其罪浮于莽可也”②。由这两点而论，在清前期无论是学界还是官方都对王安石及新法持批判性的否定态度，当然在实学大盛、程朱理学日渐式微的时期，四库馆臣在否定王安石及其新法的前提下，亦能够尊重一些基本的史实，对王安石的学术和道德文章给以中肯评议，也是时代之使然。

① (清) 永瑢等:《四库全书总目》卷首凡例，第16页。
② (清) 清高宗敕编:《续通志》卷347《王安石传》，第5285页。

第十一章 “桑梓情深”：来自王安石故里对“乡贤”的褒扬

“乡贤”自古受到中国人的尊重和敬仰，因而自汉以降，“乡贤祠”的香火不断，“夫圣王之制祭祀也，法施于民则祀之，以死勤事则祀之，以劳定国则祀之，能御大灾则祀之，能捍大患则祀之”①。宋代“乡贤祠”已是“自一邑而推一郡，由一郡而推诸四方”②。明代“学宫祀乡贤，最为重典”③。清代，清廷更是大力提倡和推行立祠制度。④

南宋以降，王安石不论受到何种非议或诬谤，而在他的江西老家，人们还是以出了像他这样一位“乡贤”而感到自豪。他们不仅延绵不断地为他供祀香火，而且勇敢地站出来，为历史不公的评价鸣不平，为他所受的历史冤屈辩诬正名。可以说，在近代严复、梁启超为王安石翻案之前，大多为他喊冤叫屈的人都来自他的家乡（这里不包括对王安石文学成就的肯定）。

一、陆九渊的《荆国王文公祠堂记》

陆九渊（1139—1193），字子静，自号存斋，抚州金溪（今属江西）人，曾结茅讲学于浙江象山，故人称“象山先生”。陆九渊是宋明理学陆王学派的奠基者，他的学说称为“心学”，其生前学说，一度成为与朱熹理学并立的有影响的学派。他的学术观点在很多方面都与程朱理学不尽相同，在对王安石新学及变法的评价上也与程朱理学一派不尽相同。陆九渊《荆国王文公祠堂记》一文，可说是南宋初年以来第一篇公开对王安石身后所受不公正待遇大鸣不平的传世之作。

唐虞三代之时，道行乎天下。夏商叔叶，去治未远。公卿之间，犹有典刑。伊尹适夏，三仁在商，此道之所存也。周历之季，迹熄泽竭，人私其身，士私其学，横议蜂起。老氏以善成其私，长雄于百家。窃其遗意者，犹皆逞于天下。至汉而其术益行，子房之师，实维黄石，曹参避堂，以舍盖公，高惠收其成绩。波及文、景者，二公之余也。自夫子之皇皇，沮溺接舆之徒，固已窃议其后，孟子言必称尧舜，听者为之藐然，不绝如线，未足以喻斯道之微也，陵夷数千百载。而卓然复见斯义，顾不伟哉。

裕陵之得公，问唐太宗何如主。公对曰：“陛下每事，当以尧舜为法，太宗所知不

①《礼记正义》卷46《祭法》，（清）阮元校刻：《十三经注疏》，北京：中华书局，1980年，第1590页。

②（宋）韩琦：《韩魏公集》卷1《新修晋太尉嵇公庙记》，上海：商务印书馆，1936年，第10页。

③（明）沈德符：《万历野获编》卷13《礼部·乡贤》，北京：中华书局，1959年，第354页。

④ 参见程民生：《神人同居的世界——中国人与中国祠神文化》，郑州：河南人民出版社，1993年，第65—69页。

远，所为未尽合法度。”裕陵曰：“卿可谓责难于君。然朕自视眇然，恐无以副此意。卿宜悉意辅朕，庶同济此道。”自是君臣议论，未尝不以尧舜相期。及委之以政，则曰：“有以助朕，勿惜尽言。”又曰：“须督责朕，使大有为。”又曰：“天生俊明之才，可以覆庇生民，义当与之戮力，若虚捐岁月，是自弃也。”秦汉而下，南面之君，亦尝有知斯义者乎？后之好议论者之闻斯言也，亦尝隐之于心，以揆斯志乎？曾鲁公曰：“圣知如此，安石杀身以报，亦其宜也。”公曰：“君臣相与，各欲致其义耳。为君则自欲尽君道。为臣则欲自尽臣道，非相为赐也。秦汉而下，当途之士，亦尝有知斯义者乎？后之好议论者之闻斯言也，亦尝隐之于心，以揆斯志乎？！”

惜哉！公之学，不足以遂斯志，而卒以负斯志，不足以究斯义，而卒以蔽斯义也。昭陵之日，使还献书，指陈时事，剖析弊端，枝叶扶疏，往往切当，然核其纲领，则曰：“当今之法度，不合乎先王之法度。”公之不能究斯义，而卒以自蔽者，固见于此矣。其告裕陵，盖无异旨，勉其君以法尧舜是也，而谓每事当以为法，此岂足以法尧舜者乎。谓太宗不足法可也，而谓其所为未尽合法度，此岂足以度越太宗者乎？不知言，无以知人也。

公畴昔之学问，熙宁之事业，举不遁乎使还之书，而排公者，或谓容悦，或谓迎合，或谓变其所守，或谓乖其所学，是尚得为知公者乎？气之相迕，而不相悦，则必有相訾之言，此人之私也。公之未用，固有素訾公，如张公安道、吕公献可、苏公明允者，夫三公者之不悦于公，盖生于其气之所迕，公之所蔽，则有之矣，何至如三公之言哉。英特迈往，不屑于流俗，声色利达之习，介然无毫毛得以入于其心。洁白之操，寒于冰霜，公之质也。扫俗学之凡陋，振弊法之因循，道术必为孔孟，勋绩必为伊周，公之志也。不蕲人之知，而声光烨弈一时。巨公名贤，为之左次，公之得此，岂偶然哉，用逢其时，君不世出，学焉而后臣之，无愧成汤高宗，君或致疑，谢病求去，君为责躬，始复视事，公之得君，可谓专矣。

新法之议，举朝欢哗，行之未几，天下恟恟，公方秉执《周礼》。精白言之，自信所学，确乎不疑，君子力争，继之以去，小人投机，密赞其决，忠朴屏伏，憸狡得志，曾不为悟，公之蔽也。典礼爵刑，莫非天理，洪范九畴，帝实锡之，古所谓宪章法度典刑者，皆此理也。公之所谓法度者，岂其然乎。献纳未几，裕陵出谏院疏，与公评之，至简易之说，曰：“今未可为简易。”修立法度，乃所以简易也，熙宁之政，粹于是矣。此弗论，尚何以费辞于其建置之末哉。

为政在人，取人以身，修身以道，修道以仁。仁，人心也，人者，政之本也。身者，人之本也，心者，身之本也，不造其本，而从事其末，末不可得而治矣。《大学》不传，古道榛塞，其来已久，随世而就功名者，渊源又类出于老氏，世之君子，天常之厚，师尊载籍，以辅其质者，行于天下，随其分量，有所补益。然而不究其义，不能大有所为，其于当时之弊，有不能正，则依违其间，稍加润饰，以幸无祸。公方耻斯世不为唐虞，其肯安于是乎，蔽于其末，而不究其义，世之君子，未始不与公同，而犯害则异者，彼依违其间，而公取必焉故也。熙宁排公者，大抵极诋訾之言，而不折之以至理，平者未一二，而激者居八九，上不足以取信于裕陵，下不足以解公之蔽，反以固其意、成其事，新法之罪，诸君子固分之矣。元祐大臣，一切更张，岂所谓无偏无党者哉！所贵乎玉者，瑕瑜不相掩也。古之信史，直书其事，是非善恶，靡不毕见，劝惩鉴戒，后世所赖，抑扬损益，以附己好恶，用夫情实，小人得以借口而激怒，岂所望于君子哉。

绍圣之变，宁得而独委罪于公乎？熙宁之初，公固逆知己说之行，人所不乐，既指为流俗，又斥以小人，及诸贤排公已甚之辞，亦复称是，两下相激，事愈戾，而理益不明，元祐诸公，可易辙矣。又益甚之，六艺之正，可文奸言，小人附托，何所不至，绍圣用事之人，如彼其杰，新法不作，岂将遂无所窜其巧，以逞其志乎，反复其手，以导崇宁之奸者，实元祐三馆之储。元丰之末，附丽匪人，自为定策，至造诈以诬首相，则畴昔从容问学，慷慨陈义，而诸君子之所深与者也，格君之学，克知灼见之道，不知自勉，而戛戛于事为之末，以分异人为快，使小人得间顺投逆逞，其致一也。近世学者，雷同一律，发言盈庭，岂善学前辈者哉。

公世居临川，罢政徙于金陵。宣和间，故庐丘墟，乡贵人属县立祠其上。绍兴初，常加葺焉，逮今余四十年，隳圮已甚，过者咨叹，今怪力之祠，绵绵不绝，而公以盖世之英，绝俗之操，山川炳灵，殆不世有，其庙貌弗严，邦人无所致敬。无乃议论之不公，人心之畏疑，使至是耶。郡侯钱公，期月政成，人用辑和，缮学之既，慨然撤而新之，视旧加壮，为之管钥，掌于学官，以时祠焉。余初闻之，窃所敬叹，既又属记于余，余固悼此学之不讲，士心不明，随声是非，无所折衷，公为使时，舍人曾公复书，切磋有曰："足下于今，最能取于人以为善，而比闻有相晓者，足下皆不足之，必其理未有以夺足下之见也。"窃不自揆，得从郡侯，敬以所闻荐于祠下，必公之所乐闻也。

淳熙十有五年，岁次戊申正月初吉，邦人陆某记。[1]

这篇近两千字的祭文可说是反其道而行之，给王安石以极高的评价，他说王安石"英特迈往，不屑于流俗，声色利达之习，介然无毫毛得以入于其心。洁白之操，寒于冰霜"，"公以盖世之英，绝俗之操，山川炳灵，殆不世有"。但是，陆九渊为王安石所鸣之不平，只是从当时的伦理道德上分别"邪""正""君子""小人"，仅仅把王安石个人提到与那些称为"元祐君子"的反变法派分庭抗礼的地位，而对王安石变法及新学则同样是持否定的态度。只不过是他的否定从为王安石推诿过失而展开，即：

（1）王安石虽然有高超的志向，"扫俗学之凡陋，振弊法之因循，道术必为孔孟，勋绩必为伊周，公之志也"。但是"惜哉！公之学，不足以遂斯志，而卒以负斯志"，"昭陵之日，使还献书，指陈时事，剖析弊端，枝叶扶疏，往往切当，然核其纲领，则曰：'当今之法度，不合乎先王之法度。'公之不能究斯义，而卒以自蔽者，固见于此矣"。"典礼爵刑，莫非天理，洪范九畴，帝实锡之，古所谓宪章法度典刑者，皆此理也。公之所谓法度者，岂其然乎。"换句话说，他认为荆公法尧舜变法度的根本主张、理想或志趣是对的，问题只在于法尧舜的实际措施是否得当，新建立的法度本身是否合理而无弊病，在这点上陆九渊与朱熹的评论有相似之处。当然，陆九渊与朱熹的评论又有所不同，即他认为法尧舜的理想政治是应该提倡的，不可因荆公之失败而根本反对儒家法尧舜行仁政的王道理想，而陷于重私

①（宋）陆九渊：《陆象山全集》卷19《荆国王文公祠堂记》，第147—150页。

利的实际政治，同时他还认为单是理想是不够的，必须格物穷理，辅之以学问，庶几理想方可真正实现。①

（2）王安石新法之误国与元祐君子不救新法之弊和王安石为小人利用有密切关系，“继之以去，小人投机，密赞其决，忠朴屏伏，憸狡得志”，“新法之罪，诸君子固分之矣”，“曾不为悟，公之蔽也”。显然，陆九渊从褒奖乡贤的角度为王安石鸣不平，并对其治国志向给予很高的评价，但是他也指出了王安石学问和理论不纯不正，是导致王安石新法误国的主要原因。在这一点上，陆九渊与以朱熹为代表的理学家的认知别无二致。

陆九渊对王安石新法及新学的评价，就像朱熹的评论对后世所产生的影响一样，为后世辩诬性质的评论开了先河，甚至被誉为“乃是断百余年未了大公案”②。特别是为王安石故里的同乡奉为圭臬。宋元之际的著名学者吴澄及其门生虞集均是江西人，吴澄在为《临川王文公集》作序时就秉承了陆九渊的观点：“荆国文公才优学博而识高……公负盖世之名，遇命世之主，君臣密契殆若管葛，主以至公至正之心，欲尧舜其民，臣以至公至正之心，欲尧舜其君。然而公之学虽博，所未明者孔孟之学也，公之才虽优，所未能者伊周之才也。不以其所未明未能，自少；徒以其所已明已能，自多，毅然自任而不回，此其蔽也。”③他的门人虞集在《王文公祠堂记》中又尊奉其师的观点慨叹道：“卓然命世之大才者乎，陆、吴二子之言，既足以极公志之所存，今昔不足于公者，又有以尽破其偏私之蔽，而世俗口耳相承之议，遂无复容喙于其间，虽公复生亦将怃然于斯，可谓千载之定论矣。”④

二、章衮、陈汝锜对王安石新法得失的评议

如果说陆九渊、吴澄、虞集的祠堂记和序文大都着眼于王安石的人品和学说，那么明嘉靖丙午年（1546），章衮则主要是从新法的得失的角度为王安石正名。章衮，字汝明，临川人，嘉靖癸未年（1523）进士，官至陕西按察司副使，著有《章介菴集》11卷。是集《四库全书》未收录，有存目提要一篇。提要云：“序王临川集几万言，极论新法之善。谓元祐若能守而不变，孰非继述之善，又论公以瞑眩之药攻治之于先，司马公又以瞑眩之药溃乱之于后，遂使国论屡摇，民心再扰云云，毅然翻久定之案，可谓桑梓情深矣。”⑤

可见章衮为重刻《王临川文集》所作的序言，是《宋史》刊刻以后第一篇正面评价王安石新法的翻案文字。该文“几万言”文字较长，大致从三个方面分析了王安石新法的得失。

首先，分析变法前北宋的社会危机形势：“宋之有天下，燕云尽失，契丹已强于北；元昊继起，兵力又夺于西。不能数战，则其势不得不出于求和，转输金缯，每岁不赀，卑礼甘言，惟恐挑祸。……治平、熙宁之际，上剅下弊，纲纪法度，根本枝叶，无不受病。譬如中年之人，虽容色言动，无异少时，然纵恣之余，腹心肝鬲之疾，缠绵胶锢，待

① 参见贺麟：《陆象山与王安石》，《文化与人生》，第229—233页。
② （宋）詹大和等撰，裴汝诚点校：《王安石年谱三种》，第217页。
③ （元）吴澄撰，（元）吴当编：《吴文正集》卷20《临川王文公集序》，《景印文渊阁四库全书》第1197册，第220—221页。
④ （元）虞集：《道园学古录》卷35《王文公祠堂记》，《景印文渊阁四库全书》第1207册，第489页。
⑤ （清）永瑢等：《四库全书总目》卷177《集部·别集类存目四》，第1580页。

时而发。此盖断然不容怠忽玩愒之时也。”[①]说明王安石变法是当时社会危机的产物，势在必行。

其次，对青苗、保甲、雇役、市易、保马等新法的原意和大旨评议。关于青苗法。

> 今考当时常平仓，司马公所谓三代之良法，放青苗钱之害小，废常平仓之害大者也。然积滞不散，侵移他用，平时既无补于贫民，必待年凶物贵然后出粜，而所及者，又皆城市游手之辈。况谷贵则减价而粜，惟富民为能应其粜，谷贱则增价而籴，惟富民为能应其籴，贫民下户，既无可粜，又不能籴，势不免于借贷。苏颍滨（辙）曰："天下之人，无田以为农，无财以为商，禁而勿贷，不免转死于沟壑。使富民为贷，则用不仁之法，收太半之息，不然，亦不免脱衣避屋以为质，民受其困，而上不享其利。《周官》之法，使民之贷者，与其有司辨其贵贱，而以国服为息。今可使郡县尽贷，而任之以其土著之民。"颍滨此论，则公所行青苗钱之法也。……然则青苗钱之放，乃所以救常平之失，而修耕敛补助之政也。[②]

关于保甲法。

> 宋自雍熙、端拱以来，西北多事，朝廷争言募兵。既募征行之兵，又募力役之兵，大率非游手之徒，则亡命之辈。于是始聚百万之兵，而仰食于县官。非如汉、唐之初，有事则擐甲胄以蹈行阵，无事则服田积谷以广军储。冗而无制，则老弱参半，而不堪战斗。聚而不散，则偃蹇骄惰，而易于为乱。而上下以为得计。方且尽用衰世掊刻之术，剥吾民以啖之。及不可用，则又为之俯首以事骄虏，而使此辈自安于营伍之中。况是时京东、京西、淮南诸路剧盗，如王伦、张海辈，肆意横行，建旗鸣鼓，官吏逢迎入城与之宴饮，虽有番戍之兵，如入无人之境。制兵之坏，莫甚于此。此公保甲之法所由行也。其要在于训练齐民，使皆可战，稍复府兵之旧，以减募兵纾民力。当时苏东坡极言养兵之害，而欲训练州县之土兵，以省禁兵，意亦如此。然必畿甸就绪，乃以渐推之于天下。始但隶于司农，以捕盗贼相保任，继乃肄习武事，定其赏罚，而隶于兵部，其政令一听于枢密，盖公所以计之者审矣。[③]

关于免役法。

> 民情莫不欲富，亦莫不欲逸也。宋至中叶，役法大坏，产破家亡，视为常事，而衙前州役为甚。韩绛则言：民有父自经死冀免其子，逐嫁祖母与母析居以图避免者。司马公则言：自置乡户衙前以来，民益困乏，不敢营生，多种一桑，多置一牛，蓄二年之粮，藏十匹之帛，则已目为富户，抉充衙前。吴充则言：乡役之中，衙前为重，至有家赀已竭而逋负未除，子孙既没而邻保尤逮，田地不敢多耕，骨肉不敢义聚者。然则当役之家，出钱以雇役，坊郭、女户、品官之家，敛钱以助役，官又为之卖坊场、给闲田以充雇直，固先王致民财以禄庶人在官之意也。况公之为是法也，揭示一月，民无异词，乃著为令。令下之日，物情大快，于是始行诸天下，而亦各从其便以为法。

---

① （宋）詹大和等撰，裴汝诚点校：《王安石年谱三种》，第196—197页。

② （宋）詹大和等撰，裴汝诚点校：《王安石年谱三种》，第197—198页。

③ （宋）詹大和等撰，裴汝诚点校：《王安石年谱三种》，第198—199页。

此则雇役法之大略也。①

关于均输法、市易法。

诸路上供，岁有定数，年有丰凶，故出办有难易；道有远近，故劳费有多寡。典领之官，专务取赢，内外不相知，饶乏不相补，四方有倍蓰之输，中都有半价之鬻，徒使富商大贾，乘公私之急，以擅轻重敛散之权，而农民重困，国用无余，于是均输之法行焉。……今虽万室之邑，然货之滞而不售，民之欲赊且贷者已不赀矣，而况都会之地哉！公之所以创为市易之法者，固将抑兼并以厚商贾，备经制以利民用。而必量取一分二分之息者，亦欲其仁可继尔。②

关于保马法。

诸监既废，赋牧地以佐刍粟，诸兵骑战，仰给市马，而义勇、保甲之马，复从官给。番部养马，既不常行，各边市马，又患不足。此户马、保马之法所由以行也。然户马则蠲科赋，保马则蠲征役，而马又皆从官给也，借使尤或少厉于民，则亦斟酌修改之而已。国固可使乏马，马顾可使独在边番，而成周丘甸所出之马，岂皆官养之邪？③

关于熙河开边。“若夫熙河一带，西控吐番，东蔽泾、凉，夏人右臂，实维兹地。若使彼间而取之，则岂惟鄜延一路不解甲哉，将秦、陇复受兵矣！而西域之不可通无论也。此公所以锐意于王韶之策欤！”④

关于割地给辽朝。“宋之于北虏，虽惭于纳赂，亦怯于用兵。惟怯故彼得肆无厌之求，惟惭故此常怀愤恨之意。然既不能攻之以雪其惭，则亦骄之以图其后。未有不能攻之，又不能骄之，而睢盱以幸目前之安者，此公所以割地畀辽，且曰‘将欲取之，必固与之’也。”⑤

“他如销并军营，修复水利，罢诗赋，颁经义，与夫方田之法之类，虽若纷然并出于一时，然君以尧舜其民之心，坚主之于上，臣以尧舜其君之心，力赞之于下，要皆以为天下而非私己也。”⑥

“诸臣若能原其心以议其法，因其得以救其失，推广以究未明之义，损益以矫偏胜之情，务在协心一德，博求贤才以行新法，宋室未必不尚有利也。”⑦

最后，关于新法受阻乃至失败的原因。章汝明以为有两个方面的原因：一是若从当时的政治环境看有四点：①宋初以来养成因循老成的社会风尚，反对打破常规的革新；②王安石盖世英才，加以南人骤贵，遭到疏远之臣的嫉恨；③宋儒好据经泥古，轻实践；④坏于新旧党争。二是若从荆公自身的弊误看亦有四点：一是操之过急，“欲速之弊不免

---

①（宋）詹大和等撰，裴汝诚点校：《王安石年谱三种》，第 199 页。
②（宋）詹大和等撰，裴汝诚点校：《王安石年谱三种》，第 199—200 页。
③（宋）詹大和等撰，裴汝诚点校：《王安石年谱三种》，第 200 页。
④（宋）詹大和等撰，裴汝诚点校：《王安石年谱三种》，第 200 页。
⑤（宋）詹大和等撰，裴汝诚点校：《王安石年谱三种》，第 200 页。
⑥（宋）詹大和等撰，裴汝诚点校：《王安石年谱三种》，第 200—201 页。
⑦（宋）詹大和等撰，裴汝诚点校：《王安石年谱三种》，第 201 页。

矣”；二是谋划不周，“以道徇众则事功无必成之望”；三是不能善待“异议”者，反欲以诛罚胜之；四是始用小人，终为小人所误。①

章衮的这篇序文对王安石新法的评断，可谓是条分缕析，颇中要旨，并不失公允。特别是强调新法的重心在于“以救其失”，而批评反对派攻击王安石变法“恶公而半反其法”，都是很有史识的见解。

与章衮约同时代或稍晚的另一位“邦人”陈汝锜亦从反对派攻击新法的曲直为王安石做了辩护。陈汝锜，字伯容，江西高安人，嘉靖中由贡生，官建阳训导。他是《宋史纪事本末》的作者陈邦瞻的叔父，著有《国史总》《甘露园》长书 6 卷，短书 11 卷，其中“力为王安石辩冤作史谤一十九条”②。陈汝锜的观点与章衮相近，但有两点值得注意。

一是新法本身没有什么错，新法在执行过程中“用事诸臣，推行大过，浸违初旨者，比比有之，此则介甫所不得不任其咎者”③，但反对派不应因此而迁怒于王安石的新法政策，更不应迁怒于所与之人。

> 岂惟迁怒于其法，且并迁怒于其所与之人，而俾之无所容于天地，如李定是已。定之自秀州入也，举朝喙啮为匿服不孝，而定自辨实不知为仇氏所生，疑不敢服，故以父老侍养解官。本传亦谓定分财赈族，家无余资，得任子以与兄息，死之日诸子皆布衣，用情厚矣。世有厚于宗族与兄之子，而反薄于其母乎？世有能解官侍养父，而不能持所生母服乎？此事理之必不然者。今徒以附合新法之故，横而被之以不孝之名，不以本传求之，一往污蔑，无浣濯之路矣。呜呼！厚士而忍污蔑之甘心焉，又何怪良法而不哓哓争，曰罪之魁而祸之首也？④

二是一反南宋初以来把王安石作为北宋亡国的元凶的观点，而是把司马光推至北宋亡国之罪的被告席上，他首先批驳了靖康之祸源于新法的论点，因该篇文字系首次阐发这一观点，故引录原文于下：

> 杨中立当靖康初，论蔡京以继述神宗为名，实挟安石以图身利，故推尊加王配享孔庙。今日之事，虽成于蔡京，实酿于安石。此语既倡，口实翩翩，以熙宁为祸败靖康之始基，以安石为鼓舞蔡京之前茅。不惟下诬安石，抑亦上累神考。
>
> 今史牒具在，凡京所逢迎，如虚无是溺，土木是崇，脂膏朘剥于下，而惰慢盘乐于上，蠹国害民非一政，然何者为熙宁之政？凡京所交结，如内侍则童贯、李彦、梁师成，佞幸则冲、勔父子，执政则王黼、白时中、李邦彦辈，挑衅召乱非一人，然何者为熙宁之人？虽京弟卞馆甥介甫，而京不以卞故受知介甫、用事于熙宁元丰间也，何与介甫事？而以为致有今日之祸者王安石乎？推尊配享，特借此为欺君盗宠之地，而庶几弥缝其不肖之心耳。如篡汉为魏者，未尝不借口于舜、禹之事；造作符命弄孺子婴于股掌者，未尝不以周公之居摄为解。然岂可谓三让登坛，厉阶于让德稽首，而负扆南面，乃教后世以称假皇帝成即真之谋哉？

① （宋）詹大和等撰，裴汝诚点校：《王安石年谱三种》，第 202—206 页。
② （清）永瑢等：《四库全书总目》卷 125《杂家类存目二》，第 1075 页。
③ （宋）詹大和等撰，裴汝诚点校：《王安石年谱三种》，第 605 页。
④ （宋）詹大和等撰，裴汝诚点校：《王安石年谱三种》，第 605 页。

夫京惟不能继述熙宁之法，京而继述熙宁之法，即保甲一事，已足以尊武救败，杜南牧之萌，而寝北辕之衅矣，何者？宋武衰而积弱之国也。将权释于杯酒，而藩方之兵弱；天子之禁军以戍边备征讨，而王畿之兵弱；招游手而涅刺之，既违土著，兼困民供，而所在防御之兵弱。以故金虏一讧，陷朔、代，围太原，下燕、蓟，直捣汴京，有“南朝无人”之叹，而太后手诏亦有“人不知兵”之恨。使保甲不废，则训练以时，韬钤日熟，家有干橹，而人皆敌忾，纵胡马南嘶，亦何至掉臂行数千里，无一城一垒撄其锋者！而又何至纷纷召集，下哀痛勤王之诏哉！故吾以为编保甲，习民兵，已逆知他日之必有靖康，而靖康之所以河决鱼烂者，正以保甲之法坏，蒙其名而弃其实，额日广而锐日销，驱病妇弱子张空拳以与饿豺狼斗，而立碎于瓜吻之下耳！尚介甫之诅且詈乎？

抑又有疑熙宁新法，皆法所不得不新，而独增置宫观使以处异议落职之人，为崇左道而紊官制。然先后诸老靡不喋喋新法之争者，至于宫观有差，则以天子之心膂侍从匀管、昏淫之鬼而提举之，反安焉噤不闻出一语，而太一、神霄、醴泉、万寿之踵相望而奉祠者，皆前日扼腕新法之人也。岂祠禄实便于己，而诸法乃无一便于国，而更以为靖康祸本乎？信矣夫宋人之议论多也。[1]

其后，陈汝锜论证了司马光是“祸靖康”的元凶：

靖康之祸，论者谓始于介甫，吾以为始于君实。非君实能祸靖康，而激靖康之祸者君实也。夫新法非漫然而姑尝试之者，每一法立，其君其相，往复商订，如家人朋友相辨析，积岁弥月，乃始布为令甲。而神宗又非生长深宫，懵于闾里休戚之故者。推利而计害，原始而究终，法未布于方内，而情伪已了彻胸中如列眉。故虽以太后之尊，岐王之戚，上自执政，下迨监门，竞苦口焉而不为中止。虽其间奉行过当，容有利与害邻而实与名戾者，要在因其旧以图其新，救其疵以成其美，使下不厉民，而上不失先帝遗意，斯宵小无所乘其间，而报复之祸无从起矣。

安在悻悻自用，尽反前辙，前以太后诸人争之而不能得之于神宗者，今以范、苏诸人争之而亦不能得之于君实。一有逢己之蔡京则喜为奉法。盖先帝肉未冷，而诸法破坏尽矣。是欲以臣而胜君，而谋之数十年者，可废之一朝也，是谓己之识虑为能贤于先帝，而昔以为良法，今以为秕政也，不太横乎？

孔子何以称孟、庄子之不改父臣与父政乎？今其言曰：“先帝之法，其善者百世不可变，若王安石所建为天下害者，改之当如救焚拯溺。”夫以神宗之为君，岂政由宁氏听穿鼻于其臣者，而云安石所建立乎？安石免相居金陵者八年，新法之行如故也。安石建之，能使神宗终身守之，而不与手实、鬻祠俱报罢乎？且元祐之划除更张无孑遗，而所云百世不可变者，安在乎？吾恐先帝有灵，目不能一日瞑地下也。

又云“太皇太后以母改子，非以子改父”。夫一切因革，所为告之宗庙，颁而播之天下臣民者，吾君之子，不曰吾君之母也。君母而可废阁先帝行事，是吕后之所以灭刘，而武后之所以篡唐为周也。人臣而可挟母后之权，弁髦其主，是徐纥、郑俨、李

[1]（宋）詹大和等撰，裴汝诚点校：《王安石年谱三种》，第606—607页。

神轨之共相表里而势倾中外也。尚可训乎？况元祐之初，嗣君已十余龄矣，非遗腹褓褓而君者，朝廷进止，但取决于宣仁，而嗣君无与焉。虽嗣君有问，而大臣无对，此何礼也？苏子容危其事，每谓“诸老无太纷纭，君长谁任其咎？”而哲宗亦谓“惟苏颂知君臣之体。”盖哲宗之藏怒蓄愤，已不在绍圣亲政之日，而小人之逢君报怨，亦不待惇、京用事之时矣。何者？人臣而务胜其君以为忠，岂人子而不务继述父以为孝。上见其意，下将表异，一表之于章惇，而羁管窜逐无虚日，再表之于蔡京，而为妖为孽，外假绍述之名而以济其私，而宋事不可为矣。君实不当少分其咎哉！①

与此同时，陈汝锜对“史何以是君实而非介甫”的原因，从《神宗实录》的编撰始末，以及真实反映宋神宗与王安石君臣关系的《金陵日录》进行了分析，特别是对范冲《神宗实录》“书安石之过，以明神宗之圣”的做法所作的分析颇有几分道理：

曾公亮谓“上与介甫如一人。”神宗亦谓“自古君臣如朕与安石相知绝少。”而范氏父子皆尽书安石之过，以明神宗之圣。夫既君臣相知如一人矣，则有唱必和，既都且俞，神宗虽圣，安石得取分焉。而过安石，亦所以过神宗矣。又何必扬上休美，而聚诸不美之谈，敛之此一人之身也？徽、哲二宗，非神宗子乎？哲宗谓祖禹录神宗事非实，而刊定之以《金陵日录》。徽宗当失国播迁之余，闻有携《日录》来者，亟辍衣鬻而视之。是二君终不以安石为过也，知变法实先帝本意，而过不在安石也。先帝不以为过，先帝之二子不以为过，而秉笔者务索其瘢而求其疵，不少贷，何意哉？②

三、李绂、蔡上翔为王安石“辩诬”

李绂，字巨来，号穆堂，江西临川人，康熙己丑进士，官至内阁学士，兼礼部侍郎。著有《穆堂初稿》，为王安石“辨正诬罔事尤多”，后为蔡上翔《王荆公年谱考略》广为吸收，如《书辨奸论后》《书荆公不信春秋辨》《书〈邵氏闻见录〉后》《青苗社仓议》《跋朱子再定太极通书后序》等。钱穆先生指出：“今《考略》于《穆堂集》辨及荆公诸篇，均加钞录，则元凤（蔡上翔字）此书受影响于穆堂者当甚大矣。”③因而蔡上翔对李绂的辨正之功给予多方面的肯定，下面重点讨论蔡上翔《王荆公年谱考略》，故对李绂的辨正不再赘言。

光绪《抚州志·文苑传》云：

蔡上翔字元凤。别字东墅，金溪人。乾隆二十六年进士，授四川东乡知县。上翔生有异禀，早岁为文，别驱横骛，几欲陵轹古人。登第后，益沉潜于唐、宋大家之文，而得其意，发为古文词，务轨于法，晚岁格又少变。盖上翔博学而笃。故其文不可一格拘也。归田后，以王安石一代伟人，为新法受谤，慨然推本陆文安公之意，博考诸

---

①（宋）詹大和等撰，裴汝诚点校：《王安石年谱三种》，第607—609页。
②（宋）詹大和等撰，裴汝诚点校：《王安石年谱三种》，第610页。
③ 钱穆：《中国近三百年学术史》，第336页。此段话内加有一段按语：“穆堂集辨荆公诸端，皆有关政治心术，此于辨朱、陆是非亦有系。盖朱子于荆公，始终议论不一，或不免以爱憎徇俗见。”

书，参互证明，以辨《宋史》之诬，成《荆公年谱》一书，尤为不朽之业。……年九十四卒。①

《王荆公年谱考略》全书计卷首3卷、年谱25卷、杂录2卷，共30万言。蔡上翔著此年谱的动机和目的在他的序中有清晰的表述：

公之没，去今七百余年，其始肆为诋毁者多出于私书，既而采私书为正史，而此外事实愈增，欲辨尤难，由此更千百年，又将何所底止耶！所谓言有所不能尽者此也。

若其意尤有所不必达，因忆公有《上韶州张殿丞书》，其言曰："自三代之时，国各有史，而当时之史多世其家，往往以身死职，不负其意。盖其所传，皆可考据。后既无诸侯之史，而近世非尊爵盛位，虽雄奇俊烈，道德满衍，不幸不为朝廷所称，辄不得见于史。而执笔者又杂出一时之贵人，观其在廷论议之时，人人得讲其然不，尚或以忠为邪，以异为同，诛当前而不栗，讪在后而不羞，苟以餍其忿好之心而止耳。而况阴挟翰墨以裁前人之善恶，疑可以贷褒，似可以附毁，往者不能讼当否，生者不得论曲直，赏罚谤誉又不施其间，以彼其私，独安能无欺于冥昧之间耶？"呜呼尽之矣！此书不知作于何年，要必为先人而发，在乎庆历、皇祐间，当是时公已见称于名贤巨公，而未尝有非毁及之者也。然每读是书，而不禁歔欷累叹，何其有似后世诋公者，而公已先言之也。……

呜呼！以予之为斯谱，既不免类发愤者所为，然言有所不能尽，意有所不必达，终于公《上张殿丞书》，不能无感于斯文，后之览者，即以知予作是书之意可也。夫好而不知其恶，恶而不知其美，均辟也。予固好公者，然则予又焉敢居一于此也哉。②

显然全书的宗旨在于为王安石洗冤辨正。值得注意的是，在这篇序言中，他引录王安石《上韶州张殿丞书》，用王安石对记载史事的官私资料提出疑问的视角，作为他作谱的出发点，可以说是抓住了问题的要害。"何其有似后世诋公者，而公已先言之也。"不从史源上搞清王安石受冤受诬的脉络，就不可能真正为王安石洗冤辩诬。本着这个精神，《王荆公年谱考略》的主要内容大致有以下四点：

其一，卷首三卷。卷一《本传序言共八首》、卷二《传神记序共九首》，这两卷主要是钩沉自宋至清初对王安石人格、学问、经制的正面评价文字，以昭示王安石"正人君子"面目之所本。正如他在《序言总论》中所云："世人积毁荆公，几同于詈骂，不啻千万人矣。而六七百年来为之表扬盛美，亦未尝无人。"③这八首表扬盛美的篇目是：《荆公自题真赞二首》，宋人黄庭坚《书王荆公骑驴图》，陆游《入蜀记》，陆九渊《荆国王文公祠堂记》，明人邹尔瞻《崇儒书院记》《抚州府志书王文公祠记》，李石台《荆公故宅》《王荆公真赞》。《传神总论》云："人必有像，所以思其人也。像必有祠以栖神，犹生人必有宅以安其身也。像有时而灭，祠有时而圮，后人众恶荆公者，几于不欲有其人，而何以绵绵六七百年，像与祠至于今不毁？孔子曰：'不如乡人之善者好之。'以予所采录若而人，非后来称为善者

①（宋）詹大和等撰，裴汝诚点校：《王安石年谱三种》，第740页。
②（宋）詹大和等撰，裴汝诚点校：《王安石年谱三种》，第167—169页。
③（宋）詹大和等撰，裴汝诚点校：《王安石年谱三种》，第177页。

邪。后之览斯编者，其谓之何！纪《传神》并及于诸祠堂记，共九篇。”[①]卷三是例略。

其二，年谱25卷。撰谱方法是“因年以考事，考其事而辨其诬”[②]。考辨的主要事迹如下：

（1）辨《宋史》本传曰：“友生曾巩携以示欧阳修，修为之延誉，擢进士上第（卷2，第230页）。”

（2）辨造谤者谓：“荆公少怀刺见濂溪（卷2，第233页；卷8，第346页；卷18，第479—480页）。”

（3）辨安石作《画虎图》诗讥韩琦（卷3，第242—243页；卷19，第501页）。

（4）辨林德颂《源流至论》所谓“安石与程明道同学于濂溪，以不乐新法而绝”（卷3，第246页；卷8，第348页）。

（5）辨安石“名始盛”于结交韩吕二巨族（卷4，第264—265页）。

（6）辨范仲淹“谓王荆公长于知君子，短于知小人”（卷4，第266—267页）。

（7）考辨“他日若能窥孟子，终身何敢望韩公”之韩公为谁（卷5，第279—280页）。

（8）辨《东轩笔录》所云安石袒右李仲昌开六漯河事（卷5，第292页）。

（9）考《明妃曲》原意（卷8，第329页）。

（10）辨邵康节天津桥上闻杜鹃声知南人乱天下（卷9，第357—358页）。

（11）辨《辨奸论》（卷10，第363—367页）。

（12）辨安石误食钓饵（卷10，第368—369页）。

（13）辨安石诋毁《春秋》为断烂朝报（卷11，第388页）。

（14）辨安石始设宫观之官处异议者（卷12，第408—409页）。

（15）考濮议始末，以明朋党之祸（卷13，第417—421页）。

（16）辨吕诲论王安石十事（卷14，第429—437页）。

（17）辨《邵氏闻见录》载王雱事（卷15，第445—447页；卷19，第503页；卷23，第574—575页）。

（18）辨王安石诽谤欧阳修（卷17，第463—464页）。

（19）辨安石延誉王雱（卷17，第465—466页）。

（20）辨王安国“放郑声，不若远佞人”（卷18，第491页）。

（21）辨常秩仕履（卷19，第508—509页）。

（22）辨《香祖笔记》记王安石作《王平甫墓》（卷21，第538—539页）。

（23）辨王安石封舒、荆之意（卷21，第541页）。

（24）辨王安石悔用吕惠卿（卷21，第548—549页）。

（25）辨《邵氏闻见录》造吕惠卿离间王安石与苏轼关系（卷23，第571—573页）。

（26）辨元祐、绍圣、绍兴三修《神宗实录》之取材（卷25，第586—593页）。[③]

其三，谱后附杂录2卷，卷1收有《君臣考》《父子考》《兄弟考》《夫妇考》《朋友考》等五伦考，意在张扬王安石的道德、经济、文章及节行。收《原党》《陈氏甘露园长书四论》，意在表明致北宋亡国的元凶不是王安石而是司马光。卷2收明朝人杨慎《丹铅录》5条，蔡上翔加按语曰：

---

①（宋）詹大和等撰，裴汝诚点校：《王安石年谱三种》，第215—216页。

②（宋）詹大和等撰，裴汝诚点校：《王安石年谱三种》点校说明，第4页。

③ 以上卷数、页码均见（宋）詹大和等撰、裴汝诚点校之《王安石年谱三种》。

杨用修学极博，著书最多，《丹铅录》其一也。从来攻安石者多矣，其甚也，未有若周德恭斥神宗合赧、亥、桓、灵为一人；其和之，未有若用修斥安石合莽、操、懿、温、伯鲧、商鞅为一人之甚。及考其丹铅所录，则已不胜其支离诞妄。昔唐柳子厚作《非国语》，而宋、元人又有作《非非国语》者，用修作《丹铅录》，而陈耀文《正杨》之书又出，《正杨》之书出，而后人又有非之者，则必又有《正正杨》者矣。今予所录杨五条，近于《正杨》者，尤不无望于《正正杨》者后有其人也。①

其四，关于王安石新法，蔡上翔未能有大的建树，只对青苗法议论较多，但评价似不高："青苗之法，公始行之于鄞县，而百姓便之，行之天下，而大不便于百姓者，何也？以一县小而天下大也。且有治人无治法，得其人则治，不得其人则乱。公尝自言之矣。故一县者公之所得自为也，故其民安。天下者非公之所得自为，而必借其人以奉行之，于是有贪吏、蠹役乘势以行其私，此所以不得其人则乱，而为祸于天下也。""然见其利不见其害，则韩（琦）、欧（阳修）二公之言不可废也。"②

邓广铭先生曾说过：

在清代前期，虽有两个江西人，李绂和蔡上翔，立志为其乡贤王安石辩诬，为此而写了专题论文和书册，但因他们所见有关北宋的史书太少（《续资治通鉴长编》和《宋会要》的辑本，他们都未及见），对于整个熙宁、元丰年间（1068—1085年）以及其后的哲宗、徽宗两朝新旧两派的斗争实况，便不可能有充分的了解。更因蔡上翔乃是一个文人而非史家，他竟不承认司马光与王安石在政治上乃势不两立的敌人，自难做出实事求是的考证。③

漆侠先生亦说：

（蔡上翔）编纂王安石的年谱，旨在为王安石申冤辨诬，他的肯定变法的成效，以及对司马光集团的指责，乃至对王安石生活细节的烦琐无聊的考证，都是围绕这个主题而来的。通过这种申冤辨诬，他把宋神宗和王安石描绘成为圣君贤相，并把王安石说成为一个为国为民的伟人。显而易见，这是一种封建主义的歌功颂德。象（像）这样一个持有浓厚阶级偏见的人，当然不可能对王安石变法及王安石本人有真正的了解和正确的认识。④

附论：杨希闵《王文公年谱考略节要》和《熙丰知遇录》

蔡上翔《王荆公年谱考略》成书之后，江西新城人杨希闵将是书删节而作《王文公年谱考略节要》四卷，附存二卷。虽名为节要，但多有是正和补苴。民国十九年（1930），燕京大学国学研究所重订印行《王荆公年谱考略》时，将杨氏节要省略，而取附存二卷于蔡谱之后。余逊在其所作跋语中说："杨氏又尝博证群书，成《年谱推论》一卷；又采李焘《通

①（宋）詹大和等撰，裴汝诚点校：《王安石年谱三种》，第615页。
②（宋）詹大和等撰，裴汝诚点校：《王安石年谱三种》，第316、456页。
③ 邓广铭：《北宋政治改革家王安石》序言，第5页。
④ 漆侠：《王安石变法》代绪论，第2—3页。

鉴长编》（按：当是杨仲良《续资治通鉴长编纪事本末》），节取神宗、荆公问对之语，成《熙丰知遇录》一卷，亦足与年谱相表里。”①

杨希闵所作年谱推论采用的方法是：先征引文献而后逐条加注表明自己观点的按语进行推论。推论包括三部分，即补录、外录和博证。

（1）补录。主要补录有关王文公文集、序语、题跋。所谓“今除前已录其序语，更择有相发明者，补录数条于后，近人有王集题跋者，亦补附焉”。②

（2）外录。杨氏自云：“外录者，与本书事实无涉，然可互文见意者也。孟子曰：‘知其人，论其世’，此盖见其世之如此，则其人之功罪如何，自于言外见之。谓之曰外，别乎内之辞也。”③据此可知，杨氏的意图是让熙丰时期当事人之外的“旁观者”来说明熙丰变法的是与非。杨氏征引的外录书目和篇章有杨仲良《续资治通鉴长编纪事本末》，陆佃《陶山集》中的《神宗实录叙论》、《答李贲书》、《答崔子方秀才书》、《谢资善堂修定说文书成赐银绢表》、绍圣二年《谢落龙图阁待制表》、《元符三年二月蔡州召还上殿札子》，《黄山谷集》中的《湖南转运判官吴革墓志铭》、《次韵王荆公题西太一宫壁诗》，汪应辰《文定集》中的《答尤延之书》，朱熹《跋王荆公进邺侯遗事奏稿》《婺州金华县社仓记》《读两陈谏议遗墨》《学校贡举私议》，周必大《平园集》中的《跋闲乐居士陈师锡与了翁陈瓘论王氏日录书》，明人归有光《震川集》中的《与熊分司论水利书云》《四库书目提要》等。杨希闵在征引这些文献之后所加的按语，表达了两点推论：一是用宋人肯定王安石人品、学问、经制等方面的议论，进一步为王安石正名；二是通过辩驳宋人的偏见继续为王安石洗冤。虽然杨氏的结论与蔡上翔别无二致，但他在征引宋人文献和所作评论上均较蔡谱有所前进。

（3）博证。杨氏自云：“博证者，推类广求，明乎彼即证乎此也。自元祐之新政，继哲宗之绍述，党同伐异，小人不足责，责备贤者，庸无咎乎？以是叹专议王安石败坏宋事者，真不考故实，耳食之徒也。”④据此亦可知，杨氏的意图是用证元祐君子更化之非，来说明王安石新法之是，并由此把“败坏宋事者”的“桂冠”扣在元祐君子们的头上，从而为王安石恢复名誉。

在做了上述三个方面的推论后，杨希闵则从正面推出《熙丰知遇录》，试图恢复熙丰时期宋神宗和王安石运筹帷幄、革故鼎新的历史原貌。尤其是他在《熙丰知遇录》中加注的按语多具史识。如“文潞公以华山崩归咎于市易司卖果实，诚牵附可笑。荆公所对，乃正理也”“神宗资性赏善罚恶之间，每失于优游松懈”“论人者当合一生始终大局而权之，不可枝枝叶叶，疑似论人，又况水火交讧谬诬百出之时乎”⑤。裴汝诚先生认为：“这类按语表明，杨希闵对于熙丰变法时期历史的看法，又超过了蔡上翔。”⑥

---

①（宋）詹大和等撰，裴汝诚点校：《王安石年谱三种》点校说明，第7页。
②（宋）詹大和等撰，裴汝诚点校：《王安石年谱三种》，第641页。
③（宋）詹大和等撰，裴汝诚点校：《王安石年谱三种》，第646页。
④（宋）詹大和等撰，裴汝诚点校：《王安石年谱三种》，第673页。
⑤（宋）詹大和等撰，裴汝诚点校：《王安石年谱三种》，第720、729、735页。
⑥（宋）詹大和等撰，裴汝诚点校：《王安石年谱三种》点校说明，第7页。

第十二章
金元明清士人散论王安石

以上诸章谈及了元明清时期对王安石及其变法的评议，但还有一些散见于这一时期士人各类著述中对王安石的议论，未能采录。为了从多角度反映这一时期士人对王安石及其变法的评议，将散见的议论辑成篇亦属必要。下面按褒贬分成两类述之。[①]

先看对王安石表示同情和理解的议论。

元释大䜣《蒲室集》卷十四《题王荆公寻僧图》云：

> 荆公操守、学问以经济自任，及为相不酌，夫时世之异，取《周官·国服》为息之意，行青苗、市易之法，如唐相房琯用春秋车战而败也。公犹以望重，时君相如哲宗、温公莫敢终非之。始蒋山元老期公于早岁为能，甘淡泊如头陀，弃名利如脱发。故晚年闲居，若悟其失以应夫外者，既懲于用而是非荣辱复何足较，不若齐得丧一死生，以策勋于内，可穷天地振万世之为得也。乃日寻禅老游，有深旨矣，后人不能悼其才悲其志，广而用迂复过为诋毁，吾故取唐史论琯事，以见其义云。[②]

吴师道《礼部集》卷十八《跋王荆公手书》曰：

> 丞相荆公与人书，间每有匆匆字，先儒谓丞相何缘有许多忙迫时，今此帖亦云俗事纷纷，灭裂上问，岂以为信笔常语而不之察耶。公书，字学王濛，要为萧散高远，非余人所可及也。[③]

黄溍《文献集》卷四《跋荆公帖》载：

> 广汉张子言，公书如大忙中写，新安朱子以为切中其病。而又谓先君喜学公书，今观此帖，风神闲逸，韵度清美，临学之家宜有取焉。评书者未可以彼而废此也。[④]

赵汸《东山存稿》卷三《送葛元哲还临川序》记：

> 虽然余闻君之乡有王丞相、陆先生焉，其为道不同，然皆不苟安于流俗，所谓有善于此，不以有不善废者，圣人复起，其言不易。君归辨学正谊，有以发乡先生之蕴而极，夫是非之公，则予不足为君赠矣。[⑤]

---

① 南宋以后至晚清论王安石诗文优劣者甚多，不啻有数十万言之巨，故限于篇幅不在此辑录范围。
②（元）释大䜣：《蒲室集》卷 14《题王荆公寻僧图》，《景印文渊阁四库全书》第 1204 册，第 624—625 页。
③（元）吴师道：《礼部集》卷 18《跋王荆公手书》，《景印文渊阁四库全书》第 1212 册，第 253 页。
④（元）黄溍撰，（明）张俭编：《文献集》卷 4《跋荆公帖》，《景印文渊阁四库全书》第 1209 册，第 333 页。
⑤（元）赵汸：《东山存稿》卷 3《送葛元哲还临川序》，《景印文渊阁四库全书》第 1221 册，第 229—230 页。

明黄汝亨《古奏议·上仁宗皇帝言事书》云：

王荆公所上皇帝书数万言，大都以申韩之意行先王之法。而吃紧于陶成人才以变置天下之人，先之以征诛而后得其意，此乃公本色也。然以宋之敝弱振刷之以法，亦是当时救药之方，而恃才远众，独断行权，则荆公之学术所从来耳。然荆公清操刻励而江陵有其才而继之以私，宜其不免也。直泻横行，浩衍曲畅，如长江万顷，片帆千里，可谓长才。①

何良俊《四友斋丛说》卷三《经》载：

（章）介庵是临川人，想其学亦出于象山，然只谈经学，未尝旁及理性。其议论自立意见，不随人可否，尝言王荆公三不足之言皆是。盖为治当法尧舜，则祖宗何足法；能修德以弭灾，则天变何足畏；若我之所行果是，则人言何足惜。②

《四友斋丛说》卷二十四《诗》曰：

王荆公有唐人百家诗选，余旧无此书，常思一见之。近闻朱象和有抄本，曾一借阅。其中大半是晚唐诗，虽是晚唐，然中必有主，正所谓六艺无阙者也，与近世但为浮滥之语者不同。盖荆公学问有本，固是堂上人。③

《四友斋丛说》卷三十一《崇训》载：

元丰中，王荆公乞罢政，神宗未许，公唤老僧化成卜一课。更欲看命，化成曰："三十年前与公看命，今仕至宰相，复何问？"公曰："但力求去。上未许，且看旦夕便去得否？"化成曰："相公得意浓时正好休，要去在相公不在上，不疑何卜。"公怅然叹服，去意遂决。④

李日华《六研斋笔记》卷一记：

王介甫令吾浙之鄞，鄞滨海，其民冬夏乘筏采捕为生，有田率在山麓，取灌泉水，涝则泄以达海；旱则潴以养田。故民得指田为质，以贷豪右之金，豪右得乘急重息之，介甫特出官钱轻息以贷，至秋则田亩之入安然足偿，所谓青苗法也，于鄞实善政，及为相必欲推而遍于天下则非矣。鄞人至今德之，立祠陀山下，神亦至灵。⑤

陆容《菽园杂记》卷三云：

凡小说记载，多朝贵及名公之事，大抵好事者得之传闻，未必皆实。……若某诗话记司马温公私狎营妓，王荆公以诗戏之，其为污染名德甚矣。盖温公固不为此，

①（明）黄汝亨：《古奏议·上仁宗皇帝言事书》，《四库全书存目丛书·史部》第75册，第700页。
②（明）何良俊：《四友斋丛说》卷3《经三》，第29页。
③（明）何良俊：《四友斋丛说》卷24《诗一》，第216页。
④（明）何良俊：《四友斋丛说》卷31《崇训》，第283页。
⑤（明）李日华：《六研斋笔记》卷1，《景印文渊阁四库全书》第867册，第501页。

荆公端人，追之戏之，恐亦非其所屑为也。辟而不信为宜。[①]

靳学颜《讲求财用疏（选兵、铸钱、积谷）》载：

……治平以后又增十五六万，至熙宁以后又有女直之备，而兵益不胜纪矣，彼时财用不言绌乏，故佞人得以煽其丰亨豫大之说，是宋之患不在乎理财以困民，而坐夫御戎之无策……议者归咎于王安石之理财，夫敌强则增兵，兵增则食益，欲不言利得乎，而宋计又如此，即无安石未有能振之期也。[②]

顾起元《客座赘语》卷九《王荆公墓》曰：

志称荆公墓在蒋山东三里，与其子雱分昭穆而葬。绍圣初，复用元丰旧人，起吕吉甫知金陵。时待制孙君孚责知归州经过，吕燕待之礼甚厚。一日因报谒于清凉寺，问曾上荆公坟否？盖当时士大夫道金陵，未有不上荆公坟者。此可以知荆公墓地所在。[③]

清梁章钜《浪迹三谈》卷六《王荆公诗》载：

"周公恐惧流言日，王莽谦恭下士时；假使当时身便死，一生真伪有谁知？"诸书引者，皆以为王荆公之诗。郎仁宝曰："《临川集》不载此诗，不知究属何人？以格律论之，亦必宋人耳。"按：此是白香山诗，郎氏偶失考则可，必以格律定为宋诗，则未免武断也。[④]

李光地《榕村语录》卷三十《诗文》记：

王荆公一生长处，在孝友清节，故其诗一说到骨肉节概处，尽有精采，至论事，便隔壁。可见此事是发乎性情的。[⑤]

刘声木《苌楚斋四笔》卷二《论王安石》云：

北宋《尹和靖先生语录》三卷，上中二卷为门人祁宽居之录，下卷为门人吕坚中景实录，中有云："王介甫作舍人时，有《杂说》行于时，其粹处有曰：'莫大之恶，成于斯须不忍。'又曰：'道义重，不轻王公，志意定，不骄富贵。'有何不可？伊川尝曰：'若使介甫只做到给事中，谁看得破。'宽问：'介甫初时出得此语，晚年变了？'先生曰：'至于子路，在孔门许久，可谓之正，而谓正名为迂，伐颛臾则为之辞，只为所见差。'"云云。声木谨案：王荆公学问文章，足以高视千古，转以相业颓丧生平。他人以致位卿相为美谈，荆公独反是，然较之吕惠卿、蔡京等人，终胜一筹也。[⑥]

再看对王安石的口诛笔伐以及惋惜之论。

金赵秉文《滏水集》卷十七《少华崩石铭》云：

---

①（明）陆容：《菽园杂记》卷3，北京：中华书局，1985年，第29—30页。

②（清）黄宗羲：《明文海》卷54《奏疏八》，北京：中华书局，1987年，第439—440页。

③（明）顾起元撰，谭棣华、陈稼禾点校：《客座赘语》卷9《王荆公墓》，北京：中华书局，1987年，第293—294页。

④（清）梁章钜撰，陈铁民点校：《浪迹三谈》卷6《王荆公诗》，北京：中华书局，1981年，第500页。

⑤（清）李光地著，陈祖武点校：《榕村语录》卷30《诗文》，北京：中华书局，1995年，第540页。

⑥（清）刘声木撰，刘笃龄点校：《苌楚斋四笔》卷2《论王安石》，北京：中华书局，1998年，第718—719页。

熙丰之间，变乱旧章，少华崩石，兆宋之亡耶。①

王若虚《滹南集》卷二十九《臣事实辨》云：

王介甫诗云："今人未可非商鞅，商鞅能令政必行"；又曰："秦晋区区等亡国，可能王衍胜商君。"介甫初以唐虞之事责神庙、以皋夔稷契自任，汉唐而下皆所不道，何其高也，及其愤新法之不行，则甘心为商鞅而羡慕之，又何其卑也。②

《滹南集》卷三十一《著述辨惑》说：

王安石书解其所自见，而胜先儒者，才十余章耳，余皆委曲穿凿出于私意，悖理害教者甚多，想其于《诗》、于《周礼》皆然矣，谬戾如此。而使天下学者尽废旧说以从己，何其好胜而无忌惮也。③

元郝经《陵川集》卷三十二《立政议》载：

今自践阼以来……但恐害民余糵扳附奸邪，更相援引，比次以进，若不辨之于早……盖彼奸人易舍难去，诱之以甘言，承之以怡色，赂之以重宝，便辟迎合，无所不至，不辨之于早而拒之，皆坠其器，授之以柄，而随之耳。昔王安石拜参政，吕献可即以十罪章之，温公谓之太早，献可曰：去天下之害不可不速，异日诸君必受其祸。安石得政宋果以亡。温公曰：吕献可之先见，范景仁之勇决吾不及也。夫月晕而风，础润而雨，理有所必然，虽天地亦可先见，况于人乎。……④

元胡祗遹《紫山大全集》卷二十一《论臣道》曰：

古今大臣得君者其道有二：君子之得君，进以道，合以义，感以忠诚，语以仁义，如皋、夔、稷、契、伊尹、周公、傅说是也；小人之得君，揣知其意向，逢其欲，迎其志，导其所欲为，而未能逞尽其心者，必过其所期而后已，笼以权术，曲邀固结如哲妇妒女，巧谋钳其悟先，哀誓键于宠初。若战国之苏张，秦之李斯、赵高，汉之弘恭、石显，唐之卢杞，宋之王安石是也。……⑤

王恽《秋涧集》卷七十一《跋荆公墨迹》云：

予尝观寿国高公所藏心画水境，知此为临川所书无疑。虽风骨道劲而笔势散落，无绳削可据，殆似公当轴时，变新法调夸毗子，青苗助役无所纪极。噫，一念之差，至于笔墨间尚能仿佛，其为人如此，后之学者处心择术当如何哉！至元壬申重阳前四日书于平阳官舍。⑥

又，王恽《秋涧集》卷九十六《玉堂嘉话》卷四记：

---

①（金）赵秉文：《滏水集》卷17《少华崩石铭》，《景印文渊阁四库全书》第1190册，第247页。
②（金）王若虚：《滹南集》卷29《臣事实辨》，《景印文渊阁四库全书》第1190册，第426页。
③（金）王若虚：《滹南集》卷31《著述辨惑》，《景印文渊阁四库全书》第1190册，第432页。
④（元）郝经：《陵川集》卷32《立政议》，《景印文渊阁四库全书》第1192册，第362页。
⑤（元）胡祗遹：《紫山大全集》卷21《论臣道》，《景印文渊阁四库全书》第1196册，第369页。
⑥（元）王恽：《秋涧集》卷71《跋荆公墨迹》，《景印文渊阁四库全书》第1201册，第68页。

《王安石传》论：安石谓天变不足畏，祖宗不足法，人言不足恤，虽少正卯言伪而辩，行僻而坚，王莽以六经文奸言，不是过也。①

袁桷《清容居士集》卷四十一《修辽金宋史搜访遗书条列事状》载：

兵刑徭役、漕运度支，随俗施政莫敢偏废。赵元昊用兵，保甲、义勇、保马等制，群臣各有议论；王安石以雇役行于河北，司马温公以差役行于东南，各有不便，王安石青苗贷息大坏极弊，繇是驯致靖康之祸。②

又，袁桷《清客居士集》卷四十六《跋荆公帖》云：

吕嘉问以元丰元年自金陵改知润州，二年四月落职罢郡。方是时朝廷积息之弊极矣，公时家居然犹不悟其非，何哉？昔山谷老人尝言荆公不甚知人痛痒，余谓此说殊不近理。夫人之厚薄，皆生于情之好恶，方熙宁间，荆公之所恶者多矣，至于晚年而其所好者，又皆背叛构祸，宜其平昔简牍，漠然若无世俗之情。今观此帖，劳问勤恳，且忧其乏绝，噫，以嘉问之奸，何得公之深若此，余尝读荆公与嘉问诗，末章云：所怀在兮襟，藉草泪如洗。惜不为范蜀公、司马公诸贤发之。③

明代钱琦《钱公良测语》卷下载：

王安石行新法，众议腾沸，明道独曰天下事非一家私议，愿平气以听之，使宰相如明道，何以有熙宁之纷更，使诸君子如明道，何以有绍圣之（反噬）。④

胡居仁《居业录》卷四《帝王》曰：

大抵君臣相合各从其类。好道之君，方能用有道之臣，好利之君，必用计利之臣。宋神宗满朝君子独用安石者，以安石利心与神宗合也。如安石忧财力困穷而言治财之道，神宗即位初，便言当今以理财为急务，此二人者利心相契，其行泉府、青苗、市易等法，虽攻之者甚众，终不能破二人功利固结之心也。⑤

崔铣《士翼》卷一《述言上》曰：

宋元祐何反治之难，而复乱之易耶？王安石之祸天下，元城一语尽之，曰：侥幸路开。夫小人用其才已常受任，学者习其文已造成业，一旦失其所操能无争怨乎，诸臣知变法而无所正人心，申公而下畏其反噬，后创调停之论矣。古云：天下势而已，救偏于未形上也，将成而善救之次也，过此无次矣。⑥

刘宗周《人谱类记》卷下记：

---

①（元）王恽：《秋涧集》卷96《玉堂嘉话》，《景印文渊阁四库全书》第1201册，第363页。
②（元）袁桷：《清容居士集》卷41《修辽金宋史搜访遗书条列事状》，《景印文渊阁四库全书》第1203册，第552页。
③（元）袁桷：《清容居士集》卷46《跋荆公帖》，《景印文渊阁四库全书》第1203册，第610页。
④（明）钱琦：《钱公良测语》卷下《鉴远》，上海：商务印书馆，1936年，第62—63页。
⑤（明）胡居仁：《居业录》卷4《帝王》，《景印文渊阁四库全书》第714册，第39页。
⑥（明）崔铣：《士翼》卷1《述言上》，《景印文渊阁四库全书》第714册，第467—468页。

宋王安石，饶氏甥也，舅以安石肤理如蛟皮，轻诋之曰：此行货亦欲求官耶。安石后大显，以诗寄之曰："世人莫笑老蛟皮，已化龙鳞衣锦归。传语晋江饶八舅，如今行货正当时。"诸舅惭沮。①

湛若水《格物通》卷五十七《公好恶》云：

宋徽宗崇宁二年九月，令州县立党人碑，蔡京又自书奸党为大碑，颁于郡县，令监司吏厅皆刻石。有长安石工安民当镌字。辞曰：民，愚人，固不知立碑之意，但如司马相公者，海内称其正直，今谓之奸邪，民不忍刻也。府官怒，欲加之罪，民泣曰：被役不敢辞，乞免镌安民二字于石末，恐得罪后世。闻者愧之。

臣若水通曰：人之生也，直好恶之公，出于性生者也，孔子曰：斯民也，三代之所以直道而行也。蔡京以才智自雄，党碑之立，是无恻隐羞恶辞让是非之心矣。反不若一石工之明者，何哉？盖由安石学术之辟，故好恶之僻涂天下之耳目，蔽天下之聪明，故京迷而不自知也。夫岂其智弗若欤，其术使之然也。若安石者，所谓以学术杀天下后世者邪，或曰：京，狐媚也。岂足以人道齿之，后之人主见如此之人，尚谨所好恶焉。②

张弼《张东海集·读〈宋史〉》曰：

荆公不作相，名在司马上。可怜一得君，遂入吕蔡行。呜呼！凤凰随鸦腐鼠场，九苞五采无辉光。③

胡应麟《少室山房丛谈》卷39《华阳博议下》记：

宋人王介甫，在当时诸文士中号为究心问学者，抑亦隽才，假以年，讵可量？徒以新法流弊，并终身所善没之。④

沈德符《万历野获编》卷八《宰相时政记》载：

宋世宰相，俱有时政记，以记一时君臣可否商榷之语，以至军国兴革，人材进退亦及之，可备记注之缺。如王安石之实录，授之蔡卞者，至再撰国史，尽窜执笔旧臣，亦其遗害也。⑤

《万历野获编》卷二十六《司马温公》云：

余儿时在京师，与同侪嬉游北中，小儿每见出塾缓步详视者，必诽指曰：可来看假司马温公。予壮而再至，则此语渐希，今已绝不闻此。盖日久而言湮耳，因思宋人诮人儇狡者，必曰：好个司马家。而徽宗与王黼为微行，逾墙出，令黼以肩承其足，诃之曰：耸上来司马光。黼应曰：伸下来神宗皇帝。可见道君是非本明，其绍述亦为

①（明）刘宗周：《人谱类记》卷下，《景印文渊阁四库全书》第717册，第263页。
②（明）湛若水：《格物通》卷57《公好恶》，《景印文渊阁四库全书》第716册，第504页。
③（明）张弼：《张东海集·读〈宋史〉》，《四库全书存目丛书·集部》第307册，第172页。
④（明）胡应麟：《少室山房丛谈》卷39《华阳博议下》，上海：上海书店出版社，2001年，第404页。
⑤（明）沈德符：《万历野获编》卷8《内阁·宰相时政记》，第223页。

时势所劫耳。至若京师所云假司马者，盖自金元以来相传如此，又不止辽人中国相司马之语矣。①

张瀚《松窗梦语》卷四《商贾纪》曰：

古者圣王重本抑末，贵农贱商，故赋倍于农。自汉武用弘羊计，置均输官……迨安石秉政，行青苗、均输法，春散秋敛，专以富国为心。富商巨贾，皆疑畏骇愕，目视不敢动，而贸易之意穷矣。此皆本轻而末重，末重而不能支之患也。②

叶廷秀《诗谭》卷八《诗讥安石》云：

宋南迁，安石为罪之魁，虽后汉、晚唐，祸不若是其烈也，而反得列于名臣，何哉？刘文靖公因书事咏安石云："当年一线魏鲍穿，直到横流破国年。草满金陵谁种下，天津桥上听啼鹃。"宋子虚咏安石亦云："投老归耕白下田，青苗犹未罢民钱。半山春色多桃李，无奈花飞怨杜鹃。"二诗皆言宋祚之亡由于安石，而含蓄不露，可谓诗史矣。③

张燧《千百年眼》卷十《均输之害》载：

均输之说，始于桑弘羊，均输之事，备于刘晏，盖以其阴笼商贩之利，潜制轻重之权，未尝广置官属。峻立刑法，为抑勒禁制之举，迨其磨以岁月，则国富而民不知，所以《史记》《唐书》皆亟称之，以为后之言利者莫及。介甫志于兴利，苟慕前史均输之名，张官置吏，费财劳人，而卒无所成，误矣！

至于市易，则假《周官》泉府之名，袭王莽五均之迹，而下行黠商豪家贸易称贷之事，其所为，又远出桑刘之下，卒使物价腾踊、商贾怨讟，而孳孳五年之间，所得子本，盖未尝相称也，然则是岂得为善言利乎，桑刘有知，宁不笑人地下。④

又，张燧《千百年眼》卷十《青苗之害》记：

《周礼》一书，经制甚备，乃后世行之，必至于厉民而阶乱。王莽之王田市易，王介甫之清（青）苗、均输是也。然介甫所行，变常平而为青苗。常平者粜籴之法，青苗者赊贷之法也。按《左传》郑饥，子皮以子展之命饩国人粟户一钟。宋饥，司城子罕请于平公，出公粟以贷，使大夫皆贷，宋无饥人。齐陈氏以家量贷，而以公量收，则春秋之时，固已有官民赊贷之事矣。又何必诿于泉府之旧，而且谓《周礼》为不足信耶。然在春秋三国行之，谓之善政，以为美谈，而至于介甫，则弊端百出，诸贤极力争之不置，盖法制之琐碎烦密者，可行于封建之时，而不可行于郡县之后，势固然也。介甫不察时宜，不恤人言，而又假手惠卿之辈，宜其事势决裂，至此极也，故必

① （明）沈德符：《万历野获编》卷26《谐谑·司马温公》，第671页。
② （明）张瀚撰，盛冬铃点校：《松窗梦语》卷4《商贾纪》，北京：中华书局，1985年，第80—81页。
③ （明）叶廷秀辑评：《诗谭》卷8《诗讥安石》，《四库全书存目丛书·集部》第418册，第216页。
④ （明）张燧：《千百年眼》卷10《均输之害》，《笔记小说大观》第31册，扬州：江苏广陵古籍刻印社，1984年，第245页。

知时适变之儒，而后可语通经学古之事也。①

再，张燧《千百年眼》卷十《王介甫冥贬》云：

王介甫先封舒公，后改封“荆”。《诗》曰：“戎狄是膺，荆舒是惩。”识者谓宰相不学之过，张和仲曰：“京卞诸奸，所以媚附介甫者至矣。封至真王，祀至配享，岂吝此片字之褒乎！”况“荆舒”二语，章章《诗》传也，或者彼苍谓介甫滥竽已极，留此一线，少存饩羊耳。②

惠康野叟《识余》卷二《诗考》载：

元丰末，有以王介甫罢相归金陵，后资用不足，达裕陵睿听者，上即遣使以黄金二百两就赐之。介甫初喜意召己，既知赐金，不悦，即不受，举送蒋山修寺，为朝廷祈福。裕陵闻之，不喜。即有诗云“穰侯老擅关中事，尝恐诸侯客子来。我亦暮年专一壑，每闻车马便惊猜”之句，此未能忘情在丘壑者也。③

清王士禛《池北偶谈》卷八《谈献四·穆文简论王安石》曰：

堂邑穆文简公（孔晖），弘治中，乡举领解，出王文成公之门，为理学大儒。……予尤喜其与武城王文定公（道）论王介甫书，今录于此。

孔晖顿首纯甫先生足下：昨在阳明先生坐上，同观象山《荆国（王文公）祠堂记》，予时未敢谓然者，必象山之意，多为荆公恕；不为人之社稷计，不为天下生灵忧，不为后学虑。恕一夫而不悯天下后世，此何心哉？不然，乃象山之偏见自喜也。将以正名定罪，释天下苍生之愤，为社稷大计，不当姑随也。大舜殛鲧于羽山，鲧之恶不大于安石，安石之罪浮于鲧。予谓以安石拟鲧可也，鲧名重，安石亦名重；鲧悻直自用，安石亦悻直自用；鲧圮族，安石亦圮族；鲧堙汩，安石亦堙汩，鲧不能除天下之害，亦不能成功；安石祸及天下生灵，生灵何辜？宋之元气，遂不复振，其罪尚为不浮于鲧乎？夫以倾人社稷，流毒四海者，尚取其志，尧舜当取鲧之志矣。何者？鲧之志，欲平水土也。孟子曰：“食志乎？食功乎？”安石之操介，在古人一节之士甚多，未可以一节而掩元恶也。非圣人无法，圣人作《春秋》以训万世，安石独废之，此不容诛矣。安石秉《周礼》，盖功利之心胜也。何者？《周礼》之政，天无旷时，地无旷利，人无旷力，此圣王所以富天下者，尽三才之道者也。安石慕其近似，专以利言，又无管仲之才，所以万无一利，而害不可胜言矣。天下以为君子者，安石恶之；天下以为小人者，安石好之。好人之所恶，恶人之所好，此之谓拂人之性，辟则为天下僇矣。欲恕安石者，是求为过高之论，恐诬后学不浅。不审聪鉴以为何如？孔晖顿首。④

清陆世仪《思辨录辑要》卷三十四《史籍类》记：

①（明）张燧：《千百年眼》卷10《青苗之害》，《笔记小说大观》第31册，第245页。
②（明）张燧：《千百年眼》卷10《王介甫冥贬》，《笔记小说大观》第31册，第246页。
③（明）惠康野叟：《识余》卷2《诗考》，《笔记小说大观》第12册，第308页。
④（清）王士禛撰，靳斯仁点校：《池北偶谈》卷8《谈献四·穆文简论王安石》，北京：中华书局，1982年，第181—182页。

荆公万言书，一生学问尽见于此，其书几万余言，大约以立法任人为主，而归重于陶冶人才。大意俱本孟子，若与正人君子和同斟酌而力行之。不惟不至于乱，兼可大治。后来弊病在起手不讲学校而讲财利，舍众君子而谋于众小人，自悖其书之所言，非此书之言有不善也。

先王之法先于教养，安石先以泉府为言，亦此意也，但先王之世，人才众多，生养之道未备，故当先富后教，今则利孔已悉，所患者人心不古，不可与复三代之旧耳，决当自学校做起，安石入手遂谬，安得不坏。

安石与明道之学同本周官，但安石先理财，明道先学校，安石得其末，明道得其本，此为天壤耳，明道有言，有关雎麟趾之意，然后可以行《周官》法度，善哉斯言，安石心体未纯，要之即知重学校，亦不能致治也。①

赵翼《檐曝杂记》卷五云：

丘文庄《世史正纲》云："王安石行新法，欲去异议者。彼皆先朝旧人，素有闻望，去之无名，乃为祠禄处之。此安石增置之法，非祖宗故事也"云云。然王旦致仕后，已尝为玉清昭应宫使，则不自安石始矣，盖祖宗时本已有之，不过一二老臣以示尊礼崇奉之意。至安石则增置益滥耳。②

方濬师《蕉轩随录》卷七《王安石乖僻》曰：

王莽有五均、六管之条，王安石新法中青苗取息，类所祖述也。人谓安石事事学周公，不知但拾新莽唾余耳。安石《诗经义》成书，比神宗于文王，亦俨然以周公自命。其用事时，富郑公罢政过南京，谓张文定公曰："不料其如此，亦尝荐之。"文定操南音曰："富七独不惭惶乎！"公曰："吾丈待之何如？"文定曰："某则不然，初见其读书，亦颇有意于彼。既而同在试院，见其议论乖僻，自此疏之。"可见乖僻自是者，必误人家国也。③

王士禛《居易录》卷二十四载：

论王安石云：后世之变法者三人，商鞅、王莽与安石耳，商鞅变之而国富强，莽、安石变之而天下大乱。王莽变法于初定之新，故乱发十八年之速，安石变法于久安之宋，故乱成十数年之后云云。以安石与莽并论甚确，然非元祐诸贤，则安石之酿乱亦不待宣靖之日，使（章）惇、（蔡）卞诸奸不以绍述之说进，则北宋至今存可也，予爱其文而申其说于此。④

王士禛《古夫于亭杂录》卷二《王安石》记：

王安石之奸，文、富诸贤皆为所欺，其预识之者，惟苏、李二公耳。然《贵耳集》所载安石初读书钟山，一长老谓之曰："先辈必做宰相，但不可念旧恶，改坏祖宗格

①（清）陆世仪撰，张伯行编：《思辨录辑要》卷34《史籍类》，《景印文渊阁四库全书》第724册，第328—329页。
②（清）赵翼撰，李解民点校：《檐曝杂记》卷5，北京：中华书局，1982年，第84—85页。
③（清）方濬师撰，盛冬铃点校：《蕉轩随录》卷7《王安石乖僻》，北京：中华书局，1995年，第261页。
④（清）王士禛：《居易录》卷24，《景印文渊阁四库全书》第869册，第606页。

法。”则此僧识之又在二公之先矣。又谓安石为秦王后身，不知因果何以应尔。岂衔太宗之怨毒，必欲乱其天下，虽以真、仁、英三宗之贤，亦不能挽回邪？秦王报怨而为安石，钱王索土而都临安，宋欲不南渡，得乎？①

陆以湉《冷庐杂识》卷三《八君子图》曰：

王安石为误国小人，刘敏叔画《八君子图》，乃与韩王、魏公、潞公、欧阳公、温公、苏公、黄太史并列，未免薰莸相混。袁清容为作赞云：“矫矫贞姿，涅而不淄。吾将畴依，为学是师。”推崇失实，亦未得评论之公。②

李光地《榕村语录》卷二十二《历代》记：

富郑公、文潞公，看来不过是有学问的老实端正一边人。范文正事业不必胜人，而为第一流者，功在推奖人才，故陈止斋谓“百年用其余”也。王荆舒人品何尝不高，而罪不可赦者，以其摧残人才也。……

王介甫若治一郡，比东坡强。介甫事事留心，实欲立事。东坡轻财重义，清廉高阔，文采风流，至民生政务，不似介甫实心。

宋神宗之用荆公，明建文之用正学，皆非前代所有，惜其败事，令儒者短气。③

王昶《春融堂集》卷三十三《王安石论》云：

宋之天下孰亡之，曰：亡于王安石，安石曷以亡宋，曰安石引吕惠卿，惠卿之徒因而引蔡京、童贯、朱勔、郭药师等，遂迄宋祚。故曰宋亡亡于安石。考安石之心非欲以乱宋也，恃其学之博，逞其说之偏，欲以富国强兵为要结于君之术，知其说其术不为诸君子所许，乃引惠卿之徒以助己……推其祸首，盖由安石引用小人以驯致于此。吾故曰：安石之罪莫大乎用小人以亡宋，而新法病民次之，虽然安石讵不知惠卿之徒之为小人，彼欲行新法也坚，因以引用也力，始于自是，中于自私，卒于自用，其渐遂以亡天下，如是而犹欲为安石讼冤，则吾不取。④

刘声木《苌楚斋随笔》卷四《北宋王安石乱天下》载：

南宋沈忠敏公与求尝奏言：“王安石之罪，大者在于取扬雄、冯道。当时学者，惟知有安石，丧乱之际，甘心从伪，无仗节死义之风，实安石倡之。”云云。《四库提要》称其此为主持风教，振刷纲常，实为伟论。并云：“考熙宁……表章冯道。”云云。声木谨案：我朝之易社为屋，其情形与北宋极相类。⑤

---

①（清）王士禛撰，赵伯陶点校：《古夫于亭杂录》卷2《王安石》，北京：中华书局，1988年，第33—34页。
②（清）陆以湉撰，崔凡芝点校：《冷庐杂识》卷3《八君子图》，北京：中华书局，1984年，第146—147页。
③（清）李光地著，陈祖武点校：《榕村语录》卷22《历代》，第398—399页。
④（清）王昶：《春融堂集》卷33《王安石论》，《续修四库全书》第1438册，第30—31页。
⑤（清）刘声木撰，刘笃龄点校：《苌楚斋随笔》卷4《北宋王安石乱天下》，第81页。

第三编

20世纪中国王安石及其变法研究的学术史

引 言

20世纪前半叶，运用近世科学的观点和方法重新评价王安石及其变法，大致与出现相对独立的宋史研究一样，亦始于20年代。这一时期虽已渐次正面肯定王安石及其变法，但否定性评价似仍为许多论者所持有。如李盛铎云："考历朝理财之法，但有财政而无财学……后世多欲之君、言利之臣，不知阐究财学以宏抉五行百产之精，徒以掊克为能……如宋之手实、青苗……非但不知有财学，并不得为财政也。"①甘乃光说："汉后什么王莽、李觏、王安石以至最近的谭嗣同等等，实在无特别研究的价值。"②

进入20世纪30年代后，王安石及其变法研究出现了一个高潮，大致一直持续到20世纪40年代而不衰。③其主要标志是，据不完全统计，这一时期发表有关论文一百余篇，出版王安石传记及其变法的单行本著作（不含诗文选注及介绍）近10种。之所以会出现研究高潮，有两个原因：一是1931年商务印书馆出版了梁启超生前为王安石翻案而撰写的《王荆公传》，由于梁启超在社会和学界的巨大个人影响，他对王安石及其新法的肯定性评价，遂成为20世纪三四十年代研究的基调。二是蒋介石国民党政府的提倡。自1927年蒋介石发动四•一二政变以后，国民党统治中国22年，其中训政时期19年。"训政，在国民党的政治制度中起着主导的、支配的作用，规定了当时统治中国社会政治生活的基本形态。"④大致从20世纪30年代初推行训政伊始，国民党政府颁布了保卫团办法，其后在地方推行以重建保甲制度为核心内容的地方自治，因而王安石变法的保甲法受到重视，如当时出版的闻钧天《中国保甲制度》、叶木青《中国保甲制度之发展与运用》都辟有专门章节讨论，并给予高度评价。另，1935年蒋介石致电河南省政府王安石政略研究会熊公哲，令其"对王安石遗规，作一深切研究，作庐山训练（县政人员）教料之一"⑤。翌年春，国民党政府"内政部召各省县长、公安局长，聚之都城，讲习县市行政，赍资商请重印"⑥。其后，王安石及其变法的研究大约一直受到蒋介石国民党政府的重视。

中华人民共和国成立后，马克思主义的唯物史观在史学研究领域占据主导地位，最早运用唯物史观研究王安石变法并产生较大影响的学者，当推邓广铭先生和他的门人漆侠先生。他们的研究贯穿了20世纪后50年，这在王安石变法研究史上是很少见的。

---

① 胡均：《中国财政史•序》，上海：商务印书馆，1920年。

② 甘乃光：《先秦经济思想史•自序》，上海：商务印书馆，1926年，第1页。不过值得注意的是，在20世纪之初国外学者对王安石及其变法的评价，已采取了一种肯定的态度。如日本学者桑原骘藏《东洋史》称王安石为中国历史上的大政治家，俄国人А.и.иВАНОВ《王安石及其政治改革》（1909）似亦肯定了王安石及其新法，但这两本书笔者均未见到原著。

③ 日本学者柳田节子称"新中国成立后，王安石开始受到重视"，〔日〕山根幸夫主编，田仁隆、黄正健等译：《中国史研究入门》（增订本），北京：社会科学文献出版社，2000年，第521页。

④ 王金铻、陈瑞云主编：《中国现代政治史（1919—1949）》，第255页。

⑤ 詹寿山：《王安石之研究》绪言，《河南政治月刊》1935年第8期。

⑥ 熊公哲：《王安石政略》自序，第6页。

20世纪后半叶的王安石及其变法研究亦可分为两个时期。1950—1976年为第一个时期。在这一时期中，1950—1965年发表相关文章五六十篇，出版著作2部。以马克思主义为指导的史学工作者对王安石及其变法做了再评价，虽然对王安石及其变法亦作出了全面的肯定，但因其观点、立场不同，在肯定王安石及其变法的性质和时代上与蔡上翔、梁启超的肯定又不尽相同。其特点是：①注重强调王安石变法的思想性和阶级性，即把王安石变法置于宋代特定的封建时代的历史环境中，指出王安石变法是地主阶级的一个改革运动，王安石的新法代表着地主阶级的利益，尤以认为代表中小地主阶级利益的学者较多，王安石的政治哲学思想具有朴素的唯物主义色彩。②对王安石变法的效果基本持肯定态度，即王安石变法在实现其富国强兵，加强宋朝封建专制统治的目标的同时，还推动了宋代社会生产力的发展和历史的前进。③对司马光及其反对派的否定，认为以司马光为首的守旧派的政治运动阻碍了历史前进，这是对南宋初以来是司马光而非王安石的传统观点的彻底否定，也与梁启超以来的评价有所不同，梁启超对王安石变法的翻案并未否定司马光。④王安石变法的失败原因一般归结为保守势力的强大，变法派内部的分裂以及宋神宗的动摇和过早去世。另外，值得一提的是，在一派对王安石变法的肯定声中，蒙文通先生实事求是的批评意见别具一格。

1966年，“文化大革命”开始，历史研究和历史教学与其他的科学研究活动一样，基本陷于停滞状态，而作为阶级斗争工具的所谓“历史研究”却甚嚣尘上。1973年至1976年10月在“四人帮”掀起的“批儒评法”闹剧中，王安石及其变法也被置于儒法斗争之中而遭到严重的扭曲。这一时期，出版著作5种，发表论文138篇。这些论著和文章的作者大致可以分为三类：一是“四人帮”的宣传班子，专门为“四人帮”篡党夺权制造舆论，借此攻击周恩来、邓小平等老一辈无产阶级革命家。他们炮制的文章虽然不多，但分量甚重，犹如重磅炸弹，一时影响极大。二是工厂、学校、部队的理论小组和学习小组撰写的文章，这些文章都根据“四人帮”宣传班子的调子，加以发挥，上纲上线，在社会上只是制造声势，其实读者寥寥。三是一些专家、学者经受不住强大的政治压力，违心地跟着撰写了一些著作和文章。①

第二个时期是20世纪后23年（1977—2000年），以“扬马抑王”否定王安石变法和反否定的讨论颇引人注目，这一时期讨论分歧意见颇大，其讨论的深度和广度虽有所进步，但总的评价意见多未出前80年讨论的范围。另外，1949年以后，我国台湾、香港地区对王安石及其变法的研究亦有相当可观的成绩。这一时期据不完全统计，上述两地发表430余篇文章（不含文学艺术类），出版著作近70部。

① 朱瑞熙：《1900—1976年中国王安石及其变法的研究》，中国宋史研究会第十届年会（2002年）论文，后发表于《安徽师范大学学报（人文社会科学版）》2003年第2期，文章名改为《20世纪中国王安石及其变法的研究》。

第十三章
20世纪前半叶的王安石变法研究

一、严复、梁启超为王安石及其变法彻底翻案

虽说20世纪运用近世科学的观点和方法重新评价王安石及其变法大致始于20年代，但此前清末严复和梁启超的研究是其先河。

严复（1853—1921），近代启蒙思想家、翻译家，字又陵，又字几道，福建侯官（今闽侯）人。1894年中日甲午战争爆发后，他发表《论世变之亟》《原强》《救亡决论》等反对顽固保守，主张维新变法，大声疾呼“今日中国不变法则必亡是已”，揭露和批判程朱理学，宣扬“物竞天择，适者生存”的论点及庸俗进化论，传播西方资产阶级政治经济思想和逻辑学。著译编为《侯官严氏丛刊》《严译名著丛刊》《严复集》等。严复正是从上述进步思想对王安石及其变法给予充分肯定的，这种肯定主要见于其《〈王荆公诗〉评语》和《〈古文辞类纂〉评语》。下面摘其要点述评。

（一）《宋史》本传批语

严复曰：以余观之，吾国史书之中，其最宜为学者所深思审问，必得其实而求其所以然者，殆无如熙宁变法之一事。商君、王莽之所当，其致力之难，得效之不期，不如是之甚矣。夫其人之经术志愿文章节行，虽与异党，犹且称之，得君至专，而其君又有英明睿断之号，励精图治之诚。由来专制政府之权固为极尊，以言国力，则真、仁之后，足为善国，财赋犹未空也，人才方极盛也。而其所欲修举之八九事，至今核而言之，犹为善政。异党主之于前，来世师之于后，然而破众难行之矣，行之又不蒙其利，而其人则为累世所丛诟，言变法者或以之为殷鉴焉。此岂非载籍所传至奇之事，而人事所至不期者哉！后之论者，或訾其人为邪，此不足辩已，即或以为执拗，或以为矜己，或以为躁迫强戾，甚且谓其不宜以财政兵革为先务，而平情为思，似皆未得其症结也。且以余观之，新法之害，必不如攻者所言之已甚也；果如攻者言，则他日绍述之说必无从起。盖使行其法而举国上下皆若焦溺如彼，由幡然废罢，乃由事验，佥众同声，尚何有于洛蜀之争雁纹与章蔡之复燃死灰乎？有敢言绍述，则必有可绍可述者存焉故也。

嗟夫！民生而有妒忌之性，故权与名常为众矢之的，而苟且习惯本不易祛，故俗之变，常在乱亡之余，贞元之际。而荆公之大蔽二：一不知政之宜于一郡一州者不必宜于天下，犹之今日之法，其宜于甲国者不必宜于乙国也；一不知人之攻我而立异者，

不必皆奸人；而其助我而和同者，亦不必皆吾利。微论吾所重者非也，就令而是，而智量相殊，吾之所及知及见者，彼有不及知不及见也。至于学术不同，信守互异，由是愤好之趣，烦然大殊，吾出死力以与之争，幸胜而所伤已众矣。是故西人有言，将为宰相，必知其国，而调停众异之际，尤必有操纵动静之术焉。相时而后可，得人而后行，徒自信吾道而任众人之汹汹，吾未见其能济也。辛亥七月廿八夜识。（此批在传后，总评王安石变法。）

荆公所谓变风俗，即今人所谓开民智。（此批在“上问：然则卿所施设以何先？安石曰：变风俗，立法度，正方今之急也”数句上。）

即今公债，在野则为青苗，在邑则为市易。（此批在“市易之法，听人赊贷，县官财货以田宅或金帛为抵当，出息十分之二，过期不输息外，每月更加罚钱百分之二”数句上。）

开标法。（此批在“又令民封状增价，以买坊场”句上。）

公不知天下之欲败吾法者，固不必皆奸人，而助吾法者，又未必非奸人，是其哲学逊处。（此批在“今奸人欲败先王之正道，以沮陛下之所为，于是陛下与流俗之权适争轻重之时，加铢两之力，则用力至微而天下之权已归于流俗矣，此所以纷纷也”数句上。）

此亦非所宜言。（此批在“安石白帝曰：知县贾蕃，乃范仲淹之婿，好附流俗，致民如是”数句上。）

此又非所宣言。（此批在“安石曰：修附丽韩琦，以琦为社稷臣，如此人，在一郡则坏一郡，在朝廷则坏朝廷，留之安用”数句上。）

效尤之言。（此批在“文彦博言，市易与下争利，致华岳山崩。安石曰：华山之变，殆天意为小人发，市易之起，自为细民久困以抑兼并尔，于官何利焉”数句上。）

此则近于相诟矣。（此批在“帝曰……自近臣以至后族无不言其害。两宫泣下，忧京师乱起……安石曰：近臣不知为谁？……冯京曰：臣亦闻之。安石曰：士大夫不逞者以京为归，故京独闻其言，臣未之闻也。”一段之上。）

治三代下国，试问不以财利兵革为先务，当以何者为先务耶？民生方困，而国时时有亡灭之忧，当此之时而云道德风俗，所论则诚高矣，而果有效耶？（此批在朱熹评语“而安石乃汲汲以财利兵革为先务，引用凶邪，排摈忠直，躁迫强戾，使天下之人嚣然丧其乐生之心，卒之群奸肆虐，流毒四海”一段上）①

（二）王介甫《上仁宗皇帝言事书》批语

全篇间架大抵谓：言变法必赖人才，时事难为，正坐人才之少。人才由在上之陶成。陶成不外教、养、取、任四者之得其道。今之教、养、取、任，未能得其道也，故人才乏。苟欲陶冶成之，则必留神于向者之四事；而虑之以谋，计之以数，为之以渐，又必勉之以至诚恻怛，断之于吾心，而无夺于侥幸者之邪说。虽至征诛，不可以已。虽有文王之为君，孔子之为相，其所为者如是而已。（此批在篇首，总评

① 严复：《〈王荆公诗〉评语》，王栻主编：《严复集》第4册，北京：中华书局，1986年，第1150—1152页。

全篇。）

人才不足为通篇主脑。（此批“方今天下之人才不足故也。”）

此“故曰”二字无根。（此批“故曰陶冶而成之者。”）

执此篇之言以勘今世诸文明国之所为，则其用意、操术之异众矣。盖此篇所谓陶冶人才者，凡以为国家之用而已，凡以为人主之所取任而已。而今世文明国之所为不然。彼谓人道有宜完之分量，而人群以相生养而存。非教则无以合群，非学则无以完为人之量；是故教育者，欲人人知职分之所当为、性分之所固有已耳，非必拔植其躬以为人才、以为国家所官使，而修政临人也。顾就令为此，将其人不过为通功易事之一涂，于以善其群之相养、相生已耳，未见其于余民为独重也。国诚不可以无士，而无农商工贾焉，亦未见其能国也。苟谓士之所为，礼乐政刑，方有事于教、学，而农商工贾之业，凡所以善其事者，有待于教、学，尤无穷也。然则一国之民既莫不待教矣，而养之、取之、任之者又谁属也？是故今文明国之于民也，教与养所同也，而取、任之道归之众举，视功给禄，无所谓饶之以财，器与名俱，无所谓约之以礼，而法之所施，上下平等，则裁之以法者，固不仅于士而后然也。惟中国以专制为人群惟一无二之治体，其所以为教化者，遂与今日文明之治无所往而恰合。若此篇所云云，其于士也，政不异欧洲三百年前之所以待宗教之徒，其于人群之进步，虽为之綦久，犹无功也。自庚子以来，中国废科举、立学校，而责人才于斯，大抵取法西国；然不知其本原之甚异而不同，故愈益为之而弊辄见。呜呼，可忧也已！（此批总评全篇。）

以“至诚恻怛思念而行”透下“虑之以谋、计之以数、为之以渐”。（此批“人主又能与其大臣悉其耳目心力，至诚恻怛、思念而行之。”）

突厥之焚书也，其说正如此，舍《哥澜经》而外，皆异说也。（此批“夫人之才，成于专而毁于杂。故先王之处民才，处工于官府，处农于畎亩，处商贾于肆，而处士于庠序。使各专其业而不见异物，惧异物之足以害其业也。所谓士者，又非特使之不得见异物而已，一示之以先王之道，而百家诸子之异说，皆屏之而莫敢习者焉。”）

课试所为仅能及此，不必訾也。（此批“今士之所宜学者，天下国家之用也。今悉使置之不教，而教之以课试之文章，使其耗精疲神，穷日之力以从事于此。及其任之以官也，则又悉使置之，而责之以天下国家之事……宜其才之足以有为者少矣！”）

此真为书所证。（此批“昔周之人拘群饮而被之以严刑者，以为酒之末流生害，有至于死者众矣。故重禁其祸之所自生；重禁其祸之所自生，故其施刑极省，而人之抵于祸败者少矣！”）

资序易见而才具难知，固无足怪。（此批“天下之人，亦渐渍于失教，被服于成俗。见朝廷有所任使，非其资序，则相议而讪之，至于任使之不当其才，未尝有非之者也。”）

公所言如此，然他日当国，亦未闻于陶成人才之道有如何特具手眼之处，不可怪乎？（此批“臣愿陛下鉴汉、唐、五代之所以乱亡，惩晋武苟且因循之祸，明诏大臣，思所以陶成天下之才，虑之以谋，计之以数，为之以渐，期为合于当世之变，而无负于先王之意，则天下之人才不胜用矣！”）

申明所以注重成才之故。（此批“人才不胜用，则陛下何求而不得？何欲而不成哉？”）

成天下之才是全篇目的。（此批“虑之以谋……又勉之以成，断之以果，然而犹不能成天下之才，则以臣所闻，盖未有也。”）①

（三）关于王安石五首诗的批语

《兼并》批语：“荆公相术如此。所谓清纯专制，到极好时便是父母朝廷。此在当时已做不到也。盖如大江然，既至荆扬而欲束之归峡，如在瞿唐滟滪之间，可复得耶？至于今日愈不必言矣。（此批在‘三代子百姓，公私无异财。人主擅操柄，如天持斗魁。赋予皆自我，兼并乃奸回。奸回法有诛，势亦无自来。后世始倒持，黔首遂难裁。秦王不知此，更筑怀清台。礼义日已偷，圣经久堙埃。法尚有存者，欲言时所咍。俗吏不知方，掊克乃为材。俗儒不知变，兼并无可摧。利孔至百出，小人私阖开。有司与之争，民愈可怜哉！’之上。）”

《和吴御史汴渠》批语：“此诗，今之计臣与谈中央集权者不可不读。（此批在‘漕引天下半，岂云独荆扬。货入空外府，租输陈太仓。东南一百年，寡老无残粻。自宜富京师，乃亦窘盖藏。征求过夙昔，机巧到莛芒。御史闵其然，志欲穷舟航。此言信有激，此水存何伤？救世讵无术，习传自先王’之上。）”②

《酬王詹叔奉使江南访茶利害》批语：

抵得万言书读。（此批在该诗题目下，总评此诗。）

欲不必征榷而王府自有，于是均输青苗之法遂行。（此批在该诗“止能权轻重，王府则多有。岂尝榷其子，而为民父母”数句上。）③

荆公胸中社会主义甚富。（此批在该诗“至尊空独忧，不敢乐饮酒。竒矣富阡陌，哀哉此无糗。乡闾人所怀，今或弃而走。岂无济时术，使尔安畎亩”数句上。）

入茶法。（此批在该诗“永惟东南害，茶法盖其首。私藏与窃贩，犴狱常纷纠”数句上。）

孔之均无贫，均得而各富也。荆之意乃欲均取而以富国。（此批在该诗“孔称均无贫，此语今可取。譬欲轻万钧，当令众人负”数句上。）

吾不谓此老为无误，然有经世力虑，则唐以来一人而已。使公而生于今，移其所信于古以信于今，加以询谋，中国尚有豸乎！（此批在该诗之末。）④

《寓言九首》批语：“青苗均输之法本此。（此批在《寓言九首》之四‘婚丧孰不供，贷钱免尔萦。耕收孰不给，倾粟助之生。物赢我收之，物窘出使营……’之上。）”

《彼狂》批语：“此篇是王氏天演论。（此批在‘上古杳默无人声，日月不忒山川平，人与鸟兽相随行，祖孙一死十百生。万物不给乃相兵，伏羲画法作后程。渔虫猎兽宽群争，势不得已当经营，非以示世为聪明。方分类别物有名，夸贤尚功列耻荣。蛊伪日巧雕元精，

① 严复：《〈古文辞类纂〉评语》，王栻主编：《严复集》第4册，第1209—1212页。
② 严复：《〈王荆公诗〉评语》，王栻主编：《严复集》第4册，第1156页。
③ 严复：《〈王荆公诗〉评语》，王栻主编：《严复集》第4册，第1156页。
④ 严复：《〈王荆公诗〉评语》，王栻主编：《严复集》第4册，第1156—1157页。

至言一出众辄惊。上智闭匿不敢呈，因时就俗救刖黥……’之上。）”①

从以上三方面，不难看出严复对王安石的思想、政术、文章和节操都给以很高评价。1963年福州曾克耑先生刊行《侯官严氏评点王荆公诗》所作序言，对严复评点王荆公诗所表现出的大手笔多加赞赏，认为严复类比王安石所作的分析是很有见地的。从中即可明了严复积极肯定王安石及变法的原委。

> 独侯官严氏，以通儒雄笔，通贯中西学，既评释老庄以通其邮，复以其余力手公诗而评骘之，其于公格律声色，既有以发其微，而于学术本源之发于诗，而与西哲相通贯，浅学所不知者，则反复称道之曰：此王氏之天演论也，此马尔图之人口蕃息论也，此老胸中社会主义固其富也，其识见既非同时诸公所及。则以公诗而较苏、黄，苏、黄适成为诗人之诗，而非所语于政学之大者也。氏钻研既久，所获益深，思所以发其微，圈识之不足则评赞之，评赞之不足，乃复取其谈禅论古之作，一一而追和之，魂游魄恋，上下千古，若非公无足以发其意、厌其望者。噫！何氏向往公之至于斯极邪？曰二子者皆千古不常见之人也。
>
> 荆公当北宋积弱之初，知非变法不足图强，时君用之，则阻于曲学陋儒不之助，而反攻诽之，其说未尽行而国以敝。严氏睹清政不纲，又知非变法不足图存，时君未之用，而曲学陋儒盈天下叫嚣鼓噪，犹北宋之末也，其说不行而国亦以敝。遇不遇，虽若有维纲施设者存，而二公破俗警顽救世泽民之旨，终悬于冥漠而莫之喻也。然则生千载之后，举世无喻之者，仰望千载之前有先觉焉，其闳识孤怀若与吾同焉，则气类相感，若唯诺一堂，有不咨嗟咏叹以向往之者邪？心神既接，旷世鲜遘，有不相喻于意言之表，而发其心声、兴其叹喟而疏通证明之者邪？氏于公治学之广，择术之正，用心之微，既有以深察而默契之矣，则本其通识，深赏以批却导窾，抉其精，发其真，以示来兹，有不涣然冰释，怡然理顺者邪？而岂世之沾沾以笺疏自喜、寻章摘句之流所可望者哉？呜呼远矣！②

当然，严复对王安石及其变法也不是一直给予美誉，而是在美誉的同时也给以适时而中肯的批评，如批评王安石执拗和不修边幅：

《众人》批语：“此老执拗之名所以著也。（此批在‘众人纷纷何足竞，是非吾喜非吾病。颂声交作莽岂贤，四国流言旦犹圣。唯圣人能轻重人，不能铢两为千钧。乃知轻重不在彼，要之美恶由吾身’之上。）”③

《和王乐道烘虱》批语：“吾国人于洁清视为儿女家事，以此浊秽遂成性习，昧者且自以为高雅，不屑以之凌人，真去畜生道不远。嗟乎！治国亦犹此身而已，囚首垢面而谈相业，吾知其无能为也。（此批在该诗上。）”④

严复对王安石加强中央集权，垄断天下利源以及新法失败的原因，亦表示了独到的见解：

《法意》按语云：“读王介甫《度支副使厅壁题名记》，中谓吏不良，法不善，则财莫理；

---

① 严复：《〈王荆公诗〉评语》，王栻主编：《严复集》第4册，第1162—1163页。
② 严复：《〈古文辞类纂〉评语》，王栻主编：《严复集》第4册，第1178—1179页。
③ 严复：《〈王荆公诗〉评语》，王栻主编：《严复集》第4册，第1163页。
④ 严复：《〈王荆公诗〉评语》，王栻主编：《严复集》第4册，第1163页。

财莫理，则贱人私取与之势，以与人之争黔首云云。是名理财，实以禁制天下之发财。既禁发财，而又望天下之给足，而安吾政，所谓多所抵牾者也。”①

《原强》云：“王介甫之变法，如青苗，如保马，如雇役，皆非其法之不良，其意之不美也，其浸淫驯致大乱者，坐不知其时之风俗人心不足以行其政故也。而昧者已见其敝而訾其法，故其心不服，因而党论纷淆，至于亡国而后已。而后世遂鳃鳃然，举以变法为戒，其亦不达于理矣。”②

梁启超的《王荆公传》是20世纪研究王安石及其新法影响最为持久的著作。从1908年（光绪三十四年）上海广智书局初次印行《中国六大政治家》第五篇《王荆公》后，有多种版本行世，包括1930年商务印书馆以《王荆公传》为名出版单行本，世界书局《王安石评传》（上海，1935）、中华书局《王荆公》（上海，1943）、广智书局《王安石政治论》（上海，1908）、广智书局《王安石评传》（香港，1958）、中华书局《王荆公》（台北，1966）、海南出版社《王安石传》（海口，1993、2001）。前面提到自南宋以降至元明清对王安石及其变法的评议一直以否定性为主，直到梁启超的《王荆公传》才改变南宋初以来的这种局面，为王安石及其变法翻了案，从而突破了封建主义的樊篱。梁启超在政治上主张改良主义运动，早在戊戌变法之前，在回答“法何以必变”这一问题时，他便说：“上下千岁，无时不变，无事不变，公理有固然，非夫人之为也”③，“法者，天下之公器也；变者，天下之公理也”④。可以说《王荆公传》是他以改良主义思想考察历史的一个组成部分。但梁启超为王安石翻案并不是单纯地从属于他的政治选择，而是建立在先进的研究方法和科学态度上。梁启超是20世纪初推动传统史学向近代史学转变的主要人物之一，在新史学思想的指导下，梁启超首先冲开封建主义史学的局限，给王安石变法以多方面的说明，因而在这个问题的研究上，是具有开创之功的。

第一，梁启超给王安石以全新的评价：“其德量汪然若千顷之陂，其气节岳然若万仞之壁，其学术集九流之粹，其文章起八代之衰，其所设施之事功，适应于时代之要求而救其弊，其良法美意，往往传诸今日莫之能废，其见废者，又大率皆有合于政治之原理，至今东西诸国行之而有效者也。呜呼，皋夔伊周，遐哉邈乎，其详不可得闻，若乃于三代下求完人，惟公庶足以当之矣。”⑤第二，从史源上澄清《宋史》对王安石的诬谤。他说：“《宋史》在诸史中，最称芜秽……而其舛谬最甚，而数百年来未有人起而纠之者，莫如所记关于王荆公之事。”⑥《宋史》虽成于元人之手，但欲辩《宋史》当先辩其所据之资料，而《宋史》所据资料主要是绍兴本《神宗实录》，“自绍圣至绍兴，元祐党人，窜逐颠播者凡三十余年，深怨积愤。而范冲又为祖禹之子，继其父业，变本加厉以恣报复。而荆公自著之日录，与绍圣间朱墨本之实录，悉从毁灭，无可考见。《宋史》遂据一面之词，以成信谳，而沉冤遂永世莫白矣。凡史中丑诋荆公之语，以他书证之，其诬蔑之迹，确然可考见者十之六七。……吾非敢谓绍圣本之誉荆公者，遂为信史。然如元祐、绍兴本欲以一手掩盖天下

① 严复：《〈法意〉按语》，王栻主编：《严复集》第4册，第1002页。
② 严复：《原强》，王栻主编：《严复集》第1册，第13页。
③ 梁启超：《变法通议·自序》，《饮冰室合集·文集》第1册，第1页。
④ 梁启超：《论不变法之需》，《饮冰室合集·文集》第1册，第8页。
⑤ 梁启超：《王安石传》，第22页。
⑥ 梁启超：《王安石传》，第29页，部分标点有调整。

目，则吾虽欲无言，又乌可得也。……荆公所以受诬千载而莫能白者，皆由元祐诸贤之子孙及苏程之门人故吏，造为已甚之词。及道学既为世所尊，而蜚语遂变铁案”①。第三，首次运用近代经济学和政治学原理考察了王安石的诸项“政术”，把新法分为民政及财政、军政、教育及选举、武功等，并逐一进行剖析和批判，总结其是非得失（后面将详述）。第四，从封建伦理道德上区分“邪”“正”“君子”“小人”的观点评判王安石的功过，是梁启超之前历代学者所不能摆脱的羁绊，即使极力推崇王安石的人也将新法与王安石用小人或被小人所蔽联系起来，如推崇王安石至极的清人陆心源说“自汉至宋，千有余年，能合经济、经术、文章而一之者，代不数人，荆国王文公其一焉”之后，也要附加“惜乎其昧于知人也”②。因而如何正确评价变法派便成为真正为王安石及其变法翻案所不能回避的问题。对此，梁启超“平心以察”荆公的用人和交友凡39人，“即以此四十人者论之，其贤才泰半，不肖者仅十之二三。其所谓不肖者，其罪状盖犹未论定也”③。虽然梁启超的考察就史实而言，不免有粗疏之嫌，但这是第一次全面论述王安石政治集团的功与过，迄今仍未有人继续更系统地做这项工作，尤其是为变法派的核心人物——被元史臣列入《宋史·奸臣传》的吕惠卿、章惇、曾布的昭雪，是把王安石及其变法研究引向深入的一种表现。

柯昌颐《王安石评传》是继梁启超《王荆公传》之后研究王安石及其变法的又一内容更为丰富的著作。在尊崇王安石上，柯氏与梁启超别无二致，孟森在其书序中就说柯氏“尊荆公甚至”④。与梁启超《王荆公传》相比，柯氏的论述更为系统细致，篇幅也增加不少，如所论述的荆公哲学、经学、文字学、文学、书法著作之存佚等，即是梁启超涉猎不多的内容。又如柯氏特别辨析王安石的思想系以儒家为主，而非法家，亦是梁启超所未言及的。柯氏还在书后汇辑了南宋至清对王安石的谤议及赞誉的资料，但是就总体的史识而言，柯氏的著作略逊梁启超一筹。其他王安石传记所叙内容大致不出梁、柯二氏的范围。

熊公哲《王安石政略》虽然是一部类似教科书的政治教材，论述的范围仅限于王安石的变法，且在肯定王安石变法的精神方面也略同于梁启超、柯昌颐，即称其为良法美意。但对王安石新法的实行及作用的评价却与梁、柯二氏不尽相同，而是与司马光、朱熹的批判相近：“呜呼，吾读荆公答曾公立书，究观其立法之意，未尝不叹以彼其杰，款款之忱，莫谅于人，以致困于无助，又激于一念急切之情，事多失序，恤农之政，竟流烦苛，为可惜也。”⑤他在此书附录三选录了数篇有关议论新法利弊的文章，“熙丰新法，为利为病，诸儒聚讼，纷纷莫决，兹择其最要者数篇，录之于此，以便省览”⑥。这数篇文章包括《司马君实致王介甫书（三首录一）》《朱晦庵书（读）两陈谏议遗墨后》《陆象山荆公祠堂记》《苏子瞻上神宗书（熙宁四年上）》《韩琦论青苗第一疏（熙宁三年上）》《韩琦论青苗第二疏》。这些文章除陆象山的文章之外，大都是抨击新法的，尤以《朱晦庵书（读）两陈谏议遗墨后》抨击新法为突出，但熊公哲则认为朱熹的态度较公允，显然他是赞成司马光、苏

---

① 梁启超：《王安石传》，第31—32页。
② （清）蔡上翔：《王荆公年谱考略》引语，（宋）詹大和等撰，裴汝诚点校：《王安石年谱三种》，第645、646页。
③ 梁启超：《王安石传》，第265页。
④ 柯昌颐：《王安石评传》序，第1页。
⑤ 熊公哲：《王安石政略》自序，第5页。
⑥ 熊公哲：《王安石政略》附录三，第231页。

轼、韩琦、朱熹或者说他膺服于司马光、朱熹等人对新法的批判。至于对新法的具体评价将在后面讨论。

钱穆与熊公哲先生的看法相近，他在编写于20世纪40年代的《国史大纲》中认为王安石是有伟大抱负与高远理想的人，但他批评王安石的财政政策偏重开源，而且有些地方几近为政府敛财，“安石推行新法，又增出许多冗官闲禄，冗官不革，政治绝无可以推行之理”，“安石不主节省”，“新政的又一缺点，在于只知认定一个目标，而没有注意到实际政治上连带的几许重要事件，而且还带有急刻的心理”，“安石未免自视过高，而结果为群小所包围”，王安石的最大弊病，还在于仅看重死的法制，而忽视了活的人事。他的这些观点给人以似曾相识的感觉，即重复元祐反变法派的论调，同时他在总结王安石变法时引了陈龙川亮的一段评语：“安石竭之不遗余力，不知立国本末，其不足以谋国也。”①因此不难看出钱穆对王安石的新法持一种否定的态度。

这一时期，初步接受马克思主义唯物史观的历史学家在编大型中国通史类著作时，如周谷城《中国通史》②、吕振羽《简明中国通史》③、范文澜《中国通史简编》④，大都辟专章节论述王安石变法。周谷城认为“王安石是变法图强运动的主要人物”，“大政治家，有新见识”，并全面肯定王安石诸项新法。吕振羽从阶级分析的角度，说王安石变法主要在于缓和农民和地主的阶级矛盾，适应中间阶层的要求，特别是符合中小地主的经济利益，也反映了自由商人和手工业者的一点要求，同时在于发展生产、整理国家财政收入，这些政策的实行，虽在执行上发生了不少偏差和毛病，不良分子也从中制造不少弊端，但人民还是享受了一些好处，所以民皆便之。同时财政也大有起色，京师有七年之储，对北宋社会危机的挽救，也起了不小作用。然新政却妨害了地主集团的特权利益，对神宗及士大夫诚多不便，因此司马光、吕公著、韩琦、程颢、苏轼等人都拼命反对新政。神宗死后，新政被推翻，大地主特权全部恢复，他们便向改良派和中间阶层反攻，更猛烈地压榨人民，社会矛盾重新扩大。范文澜则对王安石新法存有较多的批评意见，认为赵顼和王安石厉行新政的宗旨，显然只求增加收入、整顿军队来保护自己临危的地位，他们并不想改革官僚政治和人民生活，反而加重了穷人的负担，他们“与旧官僚派政见分歧处，止在对原来享受免赋免税特权的各阶层是否应该受些限制这一点上”。

另外值得一提的是两部未正式出版的著作：一部是陈登原《王荆公新法考》，据他发表于《金陵学报》1936年第2期的序言说：“自民国十八年以后，常蓄志饱读宋史，期为荆公事迹略明真相，匆匆至今，盖已十年。中间除一度幽居苏州以外，风雪之夜，霜露之晨，凡故书雅记之有关荆公者，靡不录其概要！至今年四月，旅食金陵，时日颇暇。乃取积稿为定，都四十万言。窃幸其得辟十伪二舛之论也。遂列为前考四卷，本考十二卷，后考五卷，余考五卷，四凡二十六卷。即名之曰：王荆公新法考。”从本序所列二十六卷的篇目可谓是极其详尽的，且四十万言的皇皇巨著是迄今研究王安石及其变法部头最大的著作，其主旨与蔡上翔相同，即为王安石及其变法辩诬。而陈登原先生又精于考证，现有四本《国史旧闻》行于世，可惜未获出版，实为憾事。另一部是王毓铨先生所著《王安石》，此书有

① 钱穆：《国史大纲》（修订本），北京：商务印书馆，1994年，第569—579页。
② 周谷城：《中国通史》，上海：开明书店，1939年。
③ 吕振羽：《简明中国通史》，北京：人民出版社，1959年。
④ 范文澜：《中国通史简编》，北京：人民出版社，1964年。

部分内容分别以《北宋社会经济与政治（王安石传之第一章上）》《北京社会经济与政治（王安石传之第一章下）》《王安石的改革政策（一）》《王安石的改革政策（二）》为题发表于《食货半月刊》1936年11—12期和《政治经济学报》1936年第1、2期，从这两篇已刊内容可以看出，王先生对王安石新法有独到的研究，涉及王安石新法的方方面面，但他颇受魏特夫东方专制主义学说的影响，因而对王安石变法所代表的阶级、性质的评议均与当时的讨论不尽相同。

二、对王安石变法时代、动机及其指导思想的讨论

（一）对于王安石变法时代的两种认识

一是自宋朝建立于唐末五代之后，凡一切制度典章因仍苟且，真、仁宗以后，遂成积贫积弱之局。梁启超认为，这主要是宋初以防晚唐五代藩镇跋扈之患采取弱将、养兵政策所致，遂使“积弱一至此极”，在外不能抗契丹、西夏，“其不能不靦颜屈膝以求人之容我为君，亦固其所”。而在内养兵政策又导致财政见绌，“洎荆公执政之始，而宋之政府及国民，其去破产盖一间耳”[①]。具体地说，即是第一外患的深重，主要表现是契丹的猖獗和西夏的顽强，第二内政的腐化，则表现在军政的废弛。财政的竭蹶则包括军费的日渐增加，宗室吏员受禄者之众多、郊祀之耗费、辽夏之岁币、教育有不合实际需要等。[②]

二是社会矛盾尖锐。陶希圣认为王安石的改革并不是偶然的变化，他在改革以前，已经有一种渐进改革运动。方田法、青苗法等在熙宁以前曾经局部试行过，有些反对王安石改革的人，在熙宁以前曾经主张渐进改革，或曾经与渐进改革运动者有共鸣。他重点论述了宋初以来的兼并与豪强，以及豪强采取各种手段把沉重的田赋转嫁到农民身上，造成田赋不均，王安石的田赋改革就是在这种社会矛盾之中进行的。[③]张腾发《王安石变法之史的评价》是一篇运用马克思主义观点论述王安石变法社会基础较为深刻的文章，他认为自秦汉以后，豪商、地主、官僚三位一体与农民、小工业者们的矛盾是中国社会经济的主要矛盾。这个矛盾到宋代则异常深刻。即商业资本势力之迅速膨胀，土地日益集中，以及农民的破产流亡，使庞大的专制政权显现着不可挽救的危机。商业资本膨胀使豪商、地主与官吏勾结，他们的势力可以渗透到官府里面和深入民间，其操纵市场、垄断商业，重利盘剥农民，巧取豪夺，占田无限，引起农村经济的总崩溃，造成农民流亡，最终走上聚集群众揭竿暴动的道路，使社会矛盾益加尖锐，再加上当时官吏之腐败、国势衰弱，而招致外敌的侵凌，使民族危机一天一天地严重起来，这便是王安石变法的社会基础。[④]

吴锡瑞《王安石的经济政策与其时代背景》认为：“大凡一种思想之发生，总是具有某一种时代关系为其背景”，这个背景就是农民“相率离开土地，流亡失散，土地渐渐形成集中化”，这种集中主要是由于“贵族官僚之强占侵夺，商业资本之发展，高利贷剥削之结

---

① 梁启超：《王安石传》，第39页。
② 静好书室主：《王安石之时代背景》，《河南政治月刊》1935年第11期；程方：《宋初政治与王安石新法之批判》，《中国新论》1936年第7期。
③ 陶希圣：《王安石以前田赋不均及田赋改革——读〈宋史〉随笔之一》，《食货半月刊》1934年第1期。
④ 张腾发：《王安石变法之史的评价》，《现代史学》1937年第2期。

果，遂使农民失却土地，而渐集中于贵族官僚，富商大贾之手”①。

除上述对王安石变法背景的描述外，高向杲认为王安石变法前思想颓唐，有宋诸儒，虽表面上力诋佛老，然思想行动仍不能脱离其窠臼，所以宋代政治仍是“无为”政治，凡事只知在消极方面求省简，不知在积极方面谋发展，其理财都是在“节流”方面着眼，绝未在“开源”方面着手。他们的议论在表面看来，非常冠冕堂皇，但实际上并未把握当时的病根，这是因为：第一，节俭为政，必须是国内真正统一，边疆安堵无事方可，宋室当时是外患方烈，亟待整饬兵备的时候，实际无法节约。第二，宋代交换经济已相当发达，通货需求已大，只有向积极方面开发财源，方能应付社会的需求。第三，宋代冗官冗费，是百年来制度上的必然产物，一旦大量裁汰，则散兵游勇，必致大乱，人事上之安置，甚费踌躇。第四，宋初取于民者，并非过苛，而世之所以不聊生之缘故，乃是税役不均，大多数人受少数人剥削所致，所以开发财源，并不见得就要加重一般人民的负担。所以只有王安石的取之于民、用之于民，以国家整个力量，开发国家整个利源，不以现状为满足，主张以人力改进自然的观点能确中时弊。②

（二）关于王安石变法的动机和性质

比较集中的观点，一是摧抑兼并、赈（救）济贫乏；二是富国强兵。先看第一种看法。梁启超说：

> 荆公之意，以为国民经济所以日悴者，由国民不能各遂其力以从事生产也。国民所以不能各遂其力以从事生产者，由豪富之兼并也。国中豪富少而贫民多，而豪富又习于奢汰，不以其所得为母财，而贫民涓滴之母财又为兼并家岁月蚀尽。则一国之母财举匮，而民之生无以复聊，于是殚精竭虑求所以拯救，其道莫急于摧抑兼并。而能摧抑兼并者谁乎？则国家而已。荆公欲举财权悉集于国家，然后由国家酌盈剂虚，以均诸全国之民，使各有所借以从事于生产。……其青苗、均输、市易诸法，皆本此意也。此义也，近数十年来乃大盛于欧美两洲，命之曰社会主义，其说以国家为大地主，为大资本家，为大企业家，而人民不得有私财，诚如公所谓赋予皆自我，兼并乃奸回者也。……③

柯昌颐认为王安石理财的根本观念是“以调剂社会经济之权柄，归于国家，以打破人民私有财产制度”④，正与今社会主义思潮相合。吴锡瑞认为：“王安石决心变法，用一种新的经济政策，以求国家经济之改造，压制豪民之兼并，限制贵族官僚之滥用权威强占人民土地，增加国家之财政收入，为其主要之目的。”⑤

张腾发认为，王安石新法是一种封建式的改良主义，他说：“以封建式的土地占有形式及地租的剥削形式为骨干的社会内的改良主义，无疑地是要以土地问题为其主要的内容。

---

① 吴锡瑞：《王安石的经济政策与其时代背景》，《学艺》1935年第7号。
② 高向杲：《宋王荆公的经济政策》，《中国文化建设协会山西分会月刊》1935年第11—12期。
③ 梁启超：《王安石传》，第123—124页。个别标点有调整。
④ 柯昌颐：《王安石评传》，第56页。
⑤ 吴锡瑞：《王安石的经济政策与其时代背景》，《学艺》1935年第7号。

所以王安石的新法，最重要的部分也就是青苗法和方田均税法，其次募役法，市易法和均输法，则是与商业资本的发展有很大的关系。”①

熊公哲则认为介甫理财之主旨——在权制兼并，均济贫乏，收回下漏之权利：“盖本孔子‘不患寡而患不均’之意，而谋所以‘权制兼并均济贫乏’以收利权以通天下之财。而其所谓利权者，上不在官，下不在民，而在于兼并之家，夺之于兼并之手，而还之于国家。此即介甫所谓‘理财乃所以为义’者也。”②

第二种较集中的观点是富国强兵。李家启认为：“王安石手定诸法，经纬万端；而总其思想之对象，不外（A）富国；（B）强兵。”③王治心认为王安石有青苗、募役以及其他如方田均税法、市易法、农田水利法等办法，“目的是在理财，增加国家的岁入，达到一个‘富’字。而这保甲的办法，却是要整顿国家的兵制，要从募兵制变为征兵制，达到一个‘强’字。果然能够切实的（地）履行，不是可以‘国富兵强’了么？”④

飞白、马元材等人认为王安石变法的中心目标——图强御侮，也可以说是为复兴民族，因为攘外必先安内，所以御侮图强，必先整顿内政，而整顿内政的原则有二：一为积极发展国民生产事业；二为消极的权制兼并，均济贫乏之变通天下之财，以富其民而致天下于治。换言之，善理财者，不仅应注意生产发展，又当注意于分配之平均。盖政治经济上种种弊害，皆起贫富之不齐，而此致弊之本不除，则虽日日奖励生产之发展，徒以供豪强兼并之凭借，而民且滋病，而国亦因之而愈穷。这便是说调剂社会经济的权柄应擅操之于国家之手，赋予自我，然后可以免除豪强兼并之弊，明白以上二义而后可论王安石的理财新法。⑤张荫麟先生亦有与此相近的看法，他从解决边患、巩固国防的角度，逐一对宋神宗在王安石辅导下所行新法做了评述。⑥

此外，颂平认为荆公的一贯政策是“均富”两字，他的政治经济政策的原理可以用一句话来解释，那就是用国家资本来发展国民经济。邹珍璞认为王安石变法的动机有两个：一是解决财政的困难；二是挽救民生的凋敝。⑦

王毓铨先生认为王安石从维护东方专制主义官僚政治的基础出发，其政治经济改革力图根治宋朝“骨子里发生的毛病，有三大问题”。即：一是如何整理国家财政，摧抑兼并，救济农民，修复水利，提高农业生产力。二是如何把农民重新从地主手里夺来放在中央政府的直接统治之下，作为中央政府的支柱，以及如何摧抑“大农”“富工”“豪贾”等豪强势力，使他们屈服在中央政府之下，并把专制主义的中央政府重新放在坚固的基础上。三是将来如何整顿专制主义官僚政治机构，如何消灭农民暴动以及如何抵抗外族的侵略。⑧

---

① 张腾发：《王安石变法之史的评价》，《现代史学》1937年第2期。
② 熊公哲：《王安石政略》，第15—16页。
③ 李家启：《王安石之政治思想》，《中央大学半月刊》1930年第10期。
④ 王治心：《拗相公王安石》，《大众》1944年第9期。
⑤ 飞白：《王安石之略传及其变法的中心目标——图强御侮》，《河南政治月刊》1935年第11期；马元材：《关于财政方面之王安石诸新法》，《河南政治月刊》1935年第11期。
⑥ 张荫麟：《北宋的外患与变法（续）》，《思想与时代》1942年第6期。
⑦ 颂平：《王安石之政治经济政策（续）》，《清华周刊》1929年第7期；邹珍璞：《王安石新经济政策研究》，《财政评论》1944年第2期。
⑧ 王毓铨：《王安石的改革政策（一）》，《政治经济学报》1936年第1期。

（三）关于王安石变法代表的阶级

陶希圣认为王安石的思想是从社会中生产者的立场出发的，他积极主张增加社会的生产，消极反对商人地主的兼并。[1]谭丕模认为在经济领域中已占优势的小地主与残存的大地主尖锐地对立：李觏是北宋小地主解放运动之理论家；王安石是北宋小地主解放运动之前卫战士。“安石之经济政治思想，是从本阶级的利益出发的。”在他执政前后9年的时期内，已实行的新法，“有和戎、青苗、免役、保甲和市易五者，这部（都）是解放小地主阶级卓著的成绩”。“安石的教育宗旨……就是在使教育普遍到小地主阶级层，而灌输小地主阶级以政治上的智识”。同时他又“积极宣传小地主阶级的文化，他把周官、诗、书附以新义，名曰《三经新义》，颁于学宫，使解放小地主阶级的方案，灌输于一般士大夫阶级，以促进解放运动的成功。宋代小地主阶级政权，得以树立基础，安石即是有力的推动者”[2]。吕振羽认为王安石变法主要在于缓和农民和地主的阶级矛盾，适应中间阶层的要求，特别是符合中小地主的经济利益，也反映了自由商人和手工业者的一点要求。[3]王宜昌先生则认为王安石的经济政策是代表农民利益的。王毓铨先生认为王安石是一位专制主义政治的支持者，因此他的一切经济政策都是以国家利益为前提的——站在国家的立场上，展开了他的一切改革主张。东方专制主义国家的阶级性，是属于拥有生产手段和政治特权的地主、商人及官僚，而不是属于小生产者——农民。王安石站在整个统治阶级的立场上，因而出现在他眼前的最迫切的问题，也是考虑整个统治阶级的利益。[4]郭沫若认为，王安石的政见完全由人民的立场出发，和秦汉以来站在统治阶级为政的大臣两样。王安石变法就是拯救最苦的下层老百姓，“摧抑兼并，均济贫乏”，打倒土豪劣绅，救济老百姓，此即王安石的政治原则，他如理财方案，亦均以此为最高标准。[5]

三、对王安石新法的讨论

这一时期对新法讨论、评议最多的是青苗法、市易法、募役法和保甲法等。

（一）青苗法

对青苗法的功用和性质比较一致的看法是与当时兴起的农民银行、农民合作社、劝业银行等金融机构相类比。对青苗法的立法本意“惧农民新陈不接，而兼并之家得以乘其急，以邀倍息，故特为之设贷，以济其乏，所谓因民之所利而利之，非独以备凶荒而已”，也较一致地给以肯定，称其为“善美”。但对青苗法实施效果则有两种不同的意见。一种意见认为，青苗法虽然立法甚美，但施行后弊大于利，这种意见赞同熙丰时期司马光、韩琦、欧阳修等人对青苗法的批评。梁启超说：

① 陶希圣：《王安石的社会思想与经济政策》，《北大社会科学季刊》1935年第3期。
② 谭丕模：《李觏、王安石与北宋小地主阶级解放运动》，《清华周刊》1935年第11期。
③ 吕振羽：《简明中国通史》，第509页。
④ 王毓铨：《王安石的改革政策（一）》，《政治经济学报》1936年第1期。
⑤ 郭沫若：《王安石（名人评传）》，《文萃》1945年第11期。

> 青苗法立法之本意，其善美既若是矣，然则可行乎？曰：不必其可行也。善而不可行，何也？且公在鄞行之而效，而犹疑其不行，何也？曰：一县非全国之比也，一县者，公之所得自为也；全国者，非公之所得自为也，是故当时抑配有禁矣。而有司以尽数俵散为功，虽欲不抑配焉而不可得也。灾伤则有下料造纳之条矣，而年岁丰凶不常，凶之数尤夥，而有司因得以上下其手，虽欲不至于累年积压而不能也，此二弊者，惟韩魏公、欧阳公之奏议言之至详，殆可称公之义诤臣也。……更平心以论之，青苗法者，不过一银行之业耳，欲持之以摧抑兼并，其效盖至为微末。而银行之为业，其性质乃宜于民办而不宜于官办。①

熊公哲更是直言“观其施行条贯，如诸贤所指，往往弊多而利少，爱民者适以害民”②，“吾恐本意欲以均济农民，而究其所及，反不如常平之为善也”③。马元材则认为青苗法实施后是颇有成绩的，受到农民的欢迎，“青苗法施行成绩之佳，乃为确定之事实。不过因为《宋史》系成于反对者之手，其旨在隐善而扬恶，故凡有可以表彰安石之功者，无不以私意划除之，遂令千载以后之我们，虽欲详加考核而不可得”，但马元材亦认为青苗法虽有成绩，但“若从全部统计起来，则青苗法之对于日常的社会，事实上害多于利，所以结果仍不免归于失败”④，推其所以失败之原因有三：一是豪右反对者之多；二是官吏奉行者的无状；三是社会组织的不健全。

另一种意见是青苗法不仅立法本意“未可厚非”，而且实行后也是利大于弊。唐庆增首先从四个方面讨论了青苗法的反对意见：①青苗法之利息问题；②青苗法系强迫性质，于民不便；③青苗法之出纳易生弊端；④青苗法实行后将钱散尽，凶年时皆将乏钱以周赡。他认为反对者的意见多是不从学理事实申论经济制度，乃一味以谩骂为事，或者是道德程度以为断，而非从经济实际观察，因而当时一般批评，以及后人所揣测者，皆不能洞中肯要。而后，他又从生产、分配、财政三个方面肯定青苗法为生活可提供资金，能够均贫富和弥补国家财政的历史作用。最后他指出青苗法的唯一不利之处在于“管理上之困难”，亦即该法受区域大小之限制，易于在较小的地区实行，推行全国则不免失败。⑤

（二）市易法

对市易法的理解和评价殊不相同，梁启超认为：“以吾论之，荆公诸法之不可行者，莫此若也。”⑥其不可行的理由有二：一是市易法与青苗法的性质相似，皆与今世银行所营之业相近。青苗则农业银行之性质也，市易则商业银行之性质也，“虽然，银行之为物，其性质宜于民办而不宜于官办”。二是由国家笼天下之货专卖之，此近世社会主义派所主张条理之一种。其不可行就在于本欲以裁抑兼并者，而其结果，势必至以国家而自为兼并

① 梁启超：《王安石传》，第131—134页，个别标点有调整。
② 熊公哲：《王安石政略》，第43—44页。
③ 熊公哲：《王安石政略》，第39页。
④ 马元材：《关于财政方面之王安石诸新法》，《河南政治月刊》1935年第11期。
⑤ 唐庆增：《王安石之经济思想》，《光华大学半月刊》1933年第4期。
⑥ 梁启超：《王安石传》，第140—141页。

者也。若国家为唯一之兼并者而莫与抗焉，则民之憔悴，更安得苏也。故当时诸法中唯此最为厉民。

熊公哲不同意梁启超的意见，认为他没有理解王安石实行市易法的深刻用意："顾语及理财，独深取其青苗之一法，而于市易一法——介甫所恃以调适商贾之大政，乃颇不满，以为介甫诸法之不可行者，莫此若，则似未免蔽于西人重商之见，而于介甫权制兼并，均济贫乏，收回利权之主旨，殆未甚措意。"①因而与梁启超的意见相反，"以为市易为介甫最善之政，而青苗则或有未可卤莽者"②，"顾吾观市易务之所务，乃不专在此二事（指银行的赊贷业务），而其视线所重，亦不在一般之商人，而尤在当时之所谓'团行'，使之不得操奇垄断"③。而团行把持者往往是豪商与贵官相勾结，市易务的设立直接损伤了他们的利益，这是当时达官交口反对市易法的原因所在，所以"以'权制兼并，均济贫乏'为事特就'收回下漏之利权'而言，则商固尤重于农，故一则曰'公家无所利其入'（青苗法），一则曰'因收余息，以给公上'，立法之意，已昭然若揭，若果废去市易一法者，则介甫理财之意，乃都成空言矣"④。显然熊公哲的意见略胜梁启超对王安石立法本意的理解。

唐庆增认为市易法即汉时一度施行之平准法也。除却调剂价格、奖励生产二重目的外，王安石之用意：更在借市易法，以推广本国之经济势力。荒僻之边境，经济事物不发达，王安石拟借是法使其商务日趋繁盛之境。市易法与青苗法性质略异，青苗法为财政上谋收入，市易法虽为政府专卖，然其用意使货物流通、价格平均，非志在牟利也。市易法与管子各种经济政策，不同之处即在此。对于市易法的流弊，陈家锟早在1908年出版的《中国商业史》中胪举了9条："（一）官为贸迁贱市贵鬻，（二）凡商货入境，并须押赴市易司卖，因之商人多由他道过国家，商税反以大亏，（三）本群商贾，抑之毋得至他群，有种留难，（四）他群商不至，物价腾涌，（五）市官物者，负息累累，（六）官又私取民息，（七）货钱有抵者，辗转破产，（八）贪人及无赖子弟，无抵者，不能偿积息，虽罚之而囚系督责，徒存虚数，实不可得，（九）国家收息无几，而怨谤者藉藉盈于道路。"之所以有此流弊，唐庆增认为："实由于行之未得其道，致施行结果，官民两受其累，非用意之不善，实由于立法不详，用人失当，有以致之也。"⑤

（三）募役法

这一时期的研究者对于王安石以募役法取代差役法，无不给以极高的赞誉。梁启超说："公之此举，取尧舜三代以来之弊政而一扫之，实国史上世界史上最有名誉之社会革命也。"⑥柯昌颐说："安石之革新役法实含有……'救济被压迫者'及'打倒封建势力'是也。"⑦范振兴则认为，募役法之取代差役法乃历史发展的必然趋势，"中国社会发展至宋

① 熊公哲：《王安石政略》，第51页。
② 熊公哲：《王安石政略》，第54页。
③ 熊公哲：《王安石政略》，第60页。
④ 熊公哲：《王安石政略》，第61—62页。
⑤ 唐庆增：《王安石之经济思想（续）》，《光华大学半月刊》1933年第5期。个别标点有调整。
⑥ 梁启超：《王安石传》，第147页。
⑦ 柯昌颐：《王安石评传》，第114页。

代，小农经济逐渐抬头，工商业亦较为前发展，纸币的出现，证明商业的发展已达相当的高度，差役制之必改为雇役制，早已是应时的必然要求”①。

关于差役法的性质。梁启超认为：“其源甚古，经传所称有力役之征”，自三代以降秦汉以还，“沿而勿革，逮宋而其弊益甚”②，此说后为多数人所赞同，但熊公哲有不同的见解，窃尝考之，所谓差役者，本非役也，盖古代“乡长”“里正”之属，自后世虐用其民为乡长、里正者不胜诛求之苛，各萌避免之意，而始命之曰“户役”，夫成周之“里宰”“党长”皆有禄秩之命官，两汉之“三老”“啬夫”皆有誉望之名士，盖后世之任户役者也，曷尝凌暴之使不堪乎。而“户役”至宋，益重为民累，甚者命官、形势之家可通过其“势”避役，而无禄无秩农民深受其害。③

募役法颁行后，亦受到反对派的激烈攻击，马元材认为反对派之所以攻击，有两个重要原因，一是士大夫豪强们，是只会替自己打算的，他们此前之所以主张改革役法，并不是要主张改革一切役法，乃是专指被差到他们所代表的上等户身上的衙前、里正各役而言，至于衙前、里正以下各役，认为系二三等以下人户之事，与他们士大夫豪强阶级，没有直接利害关系，不但不愿意废除，而且认为是天经地义的真理，要主张保留。所以王安石变法，把差役尽行取消，自然是他们所最不赞同的。二是他们虽然主张改革役法，但只是要无条件地把自己的差役负担摆脱，却并不预料到差役负担摆脱之后，又要加上一层出免役钱和助役钱的义务，从他们的立场来看，那简直是大逆不道的无妄之祸了。④梁启超亦认为反对派攻击新法者，“认乡民之服役为天经地义而不可拔，此陷溺于阶级制度之陋俗”⑤。

范振兴就募役法的弊端做了分析：①役钱之多寡以人户之资产为依据，而资产审定的标准，立法者并未规定，令各地从所便为法，于推行之余，猾官奸吏便不免乘机勒索，以致民间骚扰不堪。②二分宽剩钱乃为水旱灾歉人户物力不及时之备者，而施行未久，宽剩钱灾年照出，又别收头子钱五文，所收的钱亦不尽以用于雇役，慢慢成为政府之特别收入。③征收之际，官吏舞文弄法，鱼肉乡民，时常打破法定的限额。④人户输钱免役是立法的本意，但是实施不久，常有役钱已输而又增派他种名色力役的事情发生，以致募人多不肯就。这些都是雇役法在推行过程中所出现的弊端。不过这些弊端除第一项是法令本身之缺点外，其他诸事，都是执行的结果，基因于“人”的成分多。综赅利害，权衡轻重，雇役法有利于小有产者该是无疑的，站在国民的立场，我们说雇役法是良法美制，亦该是无疑的吧！⑥

（四）保甲法

保甲法是王安石改革兵制的重要举措，由于20世纪20年代末国民党政府在地方上重建保甲制度推行自治，因而受到重视，研讨的文章也较多。当然国民党政府当时以重建保甲推行自治的主要目的之一是清剿共产党人，所以有相当一部分文章和著作是为当时政

---

① 范振兴：《王安石的雇役法——读宋史札记之一》，《责善半月刊》1941年第4期。
② 梁启超：《王安石传》，第141、142页。
③ 熊公哲：《王安石政略》，第93—96页。
④ 马元材：《关于财政方面之王安石诸新法》，《河南政治月刊》1935年第11期。
⑤ 梁启超：《王安石传》，第148页。
⑥ 范振兴：《王安石的雇役法——读宋史札记之一》，《责善半月刊》1941年第4期。

治服务的[1]，这是需要特别指出的。但因追索历史论及王安石保甲法及其后世的沿革，对于认识当时讨论王安石的保甲法也不无裨益。

关于实行保甲法的原因，叶木青认为有二：一是鉴于地方改制之缺陷，王安石之作保甲，先修差役，以里正、乡书、耆老、壮丁等职务，渐并入于保甲范围之内，此保甲之所兴也。二是鉴于兵制财政之退缩，王安石之实行保甲，除改革乡制之外，尤以裁减募兵，以济国用，训练民兵，以连保编甲之法约束也。梁启超认为，王安石是一位持国民皆兵之主义的人，“欲达此目的，则必废募兵以为征兵，于是乎保甲法兴”[2]。王毓铨认为有三个原因：一是原有的募兵制败坏已极，它绝不能在国内维持社会治安，在国外抗御外族的侵略；二是庞大的军备供给已使国家财政陷于极端的窘迫；三是专制主义的基础是农民，因此王安石无时无刻不想把北宋国家政府的一切负担放在农民身上，军事方面，也是如此。[3]

关于王安石保甲法的来源。王安石自言源自三代，反对派遂诋之为泥古。前揭闻钧天、叶木青的著作都详尽考述了自三代以降至宋地方政治制度沿革与保甲的关系，说明保甲虽形成于王安石新法，但其渊源甚久。熊公哲则认为与其谓之为复古，毋宁谓之为变今，变今云者亦非谓其变当时募兵为民兵，而是在“固又有乡兵”的基础上进行变革，王安石之保甲与乡兵所不同仅在于“特变志愿而为义务，变民办而为官办耳，然则介甫亦不过取此所谓乡兵者，加以整顿而已。此介甫考之于古，准之于今，而灼然知其可行，而遂厉行之也”[4]。

关于保甲法的性质和作用。梁启超认为其性质有二：“其一则为地方自治体之警察，其一则为后备兵及国民兵也。”[5]大多数论者大都赞成这一观点。王毓铨先生则从保甲法“除盗”性质批评那种说王安石变法代表农民利益的观点却值得注意，他指出：

> 陶希圣先生说王安石的政策是以“生产者”为立场，或是代表农民的利益的，就“保甲法”说来，这种见解怕不很对。即使勉强说他是以“生产者”为立场，那么这“生产者”决（绝）不是那贫困的直接小生产者；如果承认他是代表“农民”的，那么属于这个类型的农民，恐怕至低也是中农以上的，决（绝）不是大多数的贫农。假如王安石是为贫农而开始改革运动的话，那么他将不以“保甲法”来消灭农民暴动了。但是，如果我们认为“保甲法”的任务，单是为的（了）防止农民暴动和贫民的劫掠，那也是不对的。因为这只是“保甲法”的意义的一面，它的最重大的用意还是在想借这个方法来实现“民兵”制度。[6]

关于保甲法失败的原因，陶希圣从社会经济结构的变迁指出：

> 农兵制的社会条件是大量的自由农民的存在。自曹魏到隋唐，国家有大量的土地分配给农民；北魏以后，政府又行均田法来规律农民的财产。这个时期，农兵还能存

---

① 参见杨开道：《王荆公保甲新法的研究》，《农业周报》1930年第29期；贺学海：《王安石保甲法之利弊和唐代兵制——贺学海在河南行政督察区陕县师资训练所演讲》，《国光杂志》1936年第18期。

② 梁启超：《王安石传》，第166页。

③ 王毓铨：《王安石的改革政策（二）》，《政治经济学报》1936 年第2期；程方：《宋初政治与王安石新法之批判》，《中国新论》1936年第7期。

④ 熊公哲：《王安石政略》，第72页。

⑤ 梁启超：《王安石传》，第166页。

⑥ 王毓铨：《王安石的改革政策（二）》，《政治经济学报》1936年第2期，第460—461页。

在。中唐以后，兼并之家把自由农民给兼并了。国有土地的经营，又取私家庄园一样的方式，批给佃户，征收田租。不取这样方式经营的官田，多由兼并之家侵占去了。剩余的人口只有到都市里来，或出卖劳动，或充当兵士，而为佣兵的大量来源。农兵的恢复，在事势（实）上是难能的，在王安石的理想，井田与农兵本是不分离的一贯系统。井田既不能实现，农兵也就只有失败的一条路了。①

张腾发则认为当时尚不具备实行保甲法的社会条件，“当时农村破产急转直下，农民受到饥饿、流亡的袭击，方救死之不瞻，更何暇乎整饰军装呢？况且当时正是官将跋扈、豪右刁横，你要他们的子弟也同样去受训练，又如何可以办得到呢？募兵制度既已弊端百出，则征兵制度自然也难行之而无碍，因为征兵制虽然并不就是封建的旧法，却也不见得比募兵制进步，不过是徒然增加了人民的义务罢了”②。

关于绍述保甲法的蜕变。梁启超认为：“自元祐废保甲以后，元符二年，虽议恢复而不可果行。至徽宗崇宁间，蔡京以反覆小人，托言绍述，乃复倡之，然其精神形式，皆非复荆公之旧矣。……而靖康之所以河决鱼烂者，正以保甲之法坏，蒙其名而弃其实。”③闻钧天亦认为：“绍圣、政和两代保甲之形式，一度复兴，然保甲之实质，已非前昔可比，练武选丁之极积（积极）意义既失，御侮屯军之效用亦毁，且与节财减兵之原旨，相左相弛，是由修正而及于废弃，终则补偏乏术，失其原有之旨趣……至于靖康年间，钦宗救亡不暇，奚问保甲？迨金辽南侵日急，于是召募乡村土豪为队长，又复任其私募邻里亲戚，备充警卫，以御强寇……昔以选充，今以招募，昔以教阅，今以啸集，保甲之为用全失，毋待再言。”④

关于保马法。梁启超认为：“荆公所创诸新法中，其最不衷于学理者，莫如保马法。盖马者生物，其肥瘠生死，往往不尽由人力，而责民养之，有失则令其赔偿，此非政体也。元祐初政，建议者争言其病民，以理卜之，殆为可信。”⑤王毓铨则认为实行保马法，至少可得到五种利益：第一可以补足此前军队里马的缺乏；第二可以救济中央政府马政的腐败；第三可以供给保丁平日练习战斗的机会；第四可以增强保甲逐捕盗贼的力量；第五可以给农民在闲暇时间利用马来耕种。因而，不可以“死病者补偿”执一而非之也。⑥

（五）方田均税法

方田均税法在王安石新法中争议较少，但亦有研究者就其实际作用和存在的问题做了分析。张腾发认为：“这种政策的意义，只是国家赋税的整理和私有财产之确保，至于一般贫农所受到的利益，充其极不过是减少那些无产之税和浮滥之税而已。但在官吏舞弊、豪强专横的社会内，连这一点利益也是很难保证的。”⑦傅毓衡认为王安石土地政策在分配问

① 陶希圣：《王安石的社会思想与经济政策》，《北大社会科学季刊》1935年第3期。
② 张腾发：《王安石变法之史的评价》，《现代史学》1937年第2期。
③ 梁启超：《王安石传》，第178—179页。
④ 闻钧天：《中国保甲制度》，第152—153页。
⑤ 梁启超：《王安石传》，第180页。
⑥ 王毓铨：《王安石的改革政策（二）》，《政治经济学报》1936年第2期；程方：《宋初政治与王安石新法之批判》，《中国新论》1936年第7期。
⑦ 张腾发：《王安石变法之史的评价》，《现代史学》1937年第2期。

题上有扶植自耕农的意向，但办法不彻底，在土地利用问题上，实行土地分类不合于科学方法，他所行千步方田法，依然脱离不了井田思想的窠臼。但规定凡公共利益所用地及不以营利为目的利用之土地，一律免税，颇能与近代土地经济学者之思想不谋而合。①对于方田均税法推行不久便遭停止的原因，郭垣认为有五：一是用人不当；二是地主阶级的反对和阻挠；三是清丈方法和技术粗疏，未收良果；四是清丈田亩不能持之以恒；五是宋代士大夫重议论而不重实行的时代病。②

（六）科举、学校改革

对于改革科举、学校原因的分析有两种意见，一种认为宋初教育制度弊害丛生，不适应社会发展，其弊害主要表现在：①学校不普及（政府忽视教育）；② 教育腐败；③军事教育无地位；④阻滞学术昌明，阻碍政治进步。③宋初以来的科举存在的弊害又包括学不适用，败坏人才，士风堕坏。第二种意见认为是为变法培养人才，但具体论述又有所不同，颂平直截了当地说："荆公知道徒法不能以自行的——法固然要改，可是没有人才，虽有美法，也不能够推行的。不过人才不是一说便有，所以非下一番工（功）夫来整顿教育选举不可。"④而王毓铨则以东方专制主义理论阐释说：

> 王安石若果想实现他的经济政策，就必须建立一个健全的官僚政治机构。然而，一个健全的官僚政治机构能否建立……在经济上，专制主义要求培养富有纳税能力的小农，集中财富养育自己，在政治上，它又需要集中全国的精力来作自己的支柱。魏特夫先生曾对我说："专制主义，必须时时从全国民众里吸收新鲜的血液，来培养自己，完成它的任务。"这话确是很有道理。如果读者能回想起我们所讨论过的王安石的政治形式理论的话，这个道理是不验明白的。⑤

对于王安石的人才教育思想，也有不同的表述，李树芳认为最重要者约有四点：一是改善甄拔人才的方法；二是树立健全的教育行政制度；三是学制与学科应合理化；四是重实学与武学。⑥颂平考察了王安石陶冶人才的方法，认为王安石的具体意见是教、养、取、任四种。什么叫作教呢？简单地说，就是教出一般人才能够为国家服务；反之，如果不能为国家服务，便不教。养的方法是饶之以财，约之以礼和裁之以法。取士的方法是叫乡党庠序选出他们的贤能来，然后审察他们的言行，试他们的才干。任士的方法是随他们的道德才干去任命他们，其德厚而才高者以之为长；德薄而才下者，以之为佐属。⑦王毓铨则补充说王安石选任人才还有四点意见，一是取其长，不问其短；二是任命人才应当亲身观察，考之以实；三是不仅要"考之以实"，而且要"任之以专"；四是不仅要"任之以专"，并且

① 傅毓衡：《王安石土地政策之探讨》，《地政通讯》1947年第17期。
② 郭垣：《王安石的整理田赋政策》，《经济汇报》1943年第2期。
③ 李树芳：《王安石的教育主张及其设施》，《河南政治月刊》1935年第11期。
④ 颂平：《王安石之政治经济政策（续）》，《清华周刊》1929年第7期。个别标点有调整。
⑤ 王毓铨：《王安石的改革政策（二）》，《政治经济学报》1936年第2期，第417页。
⑥ 李树芳：《王安石的教育主张及其设施》，《河南政治月刊》1935年第11期。
⑦ 颂平：《王安石之政治经济政策（续）》，《清华周刊》1929年第7期。

要“任之以久”。

王毓铨对王安石学校制度改革给予高度的赞誉，“王安石在学校制度改革上最大的贡献，还不是这学校组织的变更，而是在学校范围的扩大和学校分科制度的创立”①，“这新学校制度的制定，确是现代大学的雏形。这种建设不只是满足了当时的社会的需要，增进了社会的文化，而且还给后世开辟了一条学校发展的正确道路”②。同时他对王安石通过设置医学、律学、武学，打破社会旧习，把被社会上俗称的师爷、巫医、枪刀之类的学问引入科学的殿堂，建立起新的文化。“无论如何看法，这总是一件了不得的伟大功绩”③。梁启超对王安石的学校教育制度改革也给予极高的评价。他说：“观其有律学、医学等科，与经学并重，则是分科大学之制，实滥觞于是。其起原（源）视英之阿士弗大学为尤古矣。使非中道废弃，能继续其业以至今日，则岂不足以自豪于世界耶？然即此昙花一现，已足为我国学术史之光矣。”④但对王安石的“一道德”，梁启超与王毓铨又有不同的认识，梁启超认为：“此实荆公政术之最陋者也。盖欲社会之进化，在先保其思想之自由，故今世言政治者，无一不以整齐画（划）一为贵，而独于学术则反是，任其并起齐茁，而信仰各从乎人之所好，则理以辨而愈明，人心之灵，浚之而不竭矣。强束而归于一，则是敝之也。自汉武帝罢黜百家，而中国学术史上，光耀顿减。以荆公之贤，而犹蹈斯故智，悲夫。”⑤王毓铨则批评梁启超不知道《三经新义》在思想斗争上的意义，更不晓得《三经新义》对于健全专制主义政治的作用。王安石欲实现他的政治理想，他必须使一般人民明了他的政治思想，他欲使专制主义永远存在，他必须把全国民众都变成专制主义的信仰者，把一切官吏都变成专制主义的忠实支持者。《三经新义》的提倡，原因就在这里。因此我们说，站在专制主义政治的立场上，《三经新义》的颁布是应该的。⑥但梁启超、王毓铨同时指出，王安石只是提倡《三经新义》，并未禁止其他经义。

四、关于反变法派与变法派的斗争

主要有四种意见。

一是为阶级利益而争。反变法派司马光、韩琦、苏轼、文彦博、范纯仁等人代表豪强兼并的既得利益，新法触及豪强兼并的既得利益，因而遭到反变法派的激烈反对。这一观点为20世纪三四十年代研究王安石变法的大多数人所持有，最典型的事例是诸家都引用了这条史料：募役法颁行后，在讨论募役法之利害时，文彦博奏对“祖宗法制俱在，不须更张以失人心”，神宗反问他说：“更张法制于士大夫诚多不悦，然于百姓何所不便”，文彦博则说：“为与士大夫治天下，非与百姓治天下也。”用此典型材料来说明反变法派反对新

---

① 王毓铨：《王安石的改革政策（二）》，《政治经济学报》1936年第2期，第443页。
② 王毓铨：《王安石的改革政策（二）》，《政治经济学报》1936年第2期，第445页。
③ 王毓铨：《王安石的改革政策（二）》，《政治经济学报》1936年第2期，第446页。
④ 梁启超：《王安石传》，第190页。个别标点有调整。
⑤ 梁启超：《王安石传》，第186—187页。
⑥ 王毓铨：《王安石的改革政策（二）》，《政治经济学报》1936年第2期。

法的阶级根源应当说是很有见地的。[①]

二是所谓意气之争。这种观点以梁启超为代表，“宋之朋党，无所谓君子小人，纯是士大夫各争意气以相倾轧”，“一言以蔽之，曰意气用事而已。意气胜而国家之利害可以置诸不问，此其风起于荆公得政以前，成于荆公执政之时，而烈于荆公罢政以后，宋以是亡，而流毒至易代而未已。察此性质，则当时新法所以被阻挠被破坏之故，从可识矣”[②]。此论对后世有相当大的影响。

三是新旧（南北地域）思想之争。对中国近代实证史学的创立起了重大作用的胡适，在《记李觏的学说》一文中对王安石变法的历史渊源做了说明，他认为王安石以《周礼》作为变法的理论，与李觏讲《周礼》来宣扬社会改革是一脉相承的，同时李觏和王安石同为江西人，这是他们思想相继的重要因素，胡适称李觏是一个不曾得君行道的王安石，“是王安石的先导”[③]。胡适从地域的角度解释变法思想渊源的新观点，与钱穆先生《论关于荆公传说之闻鹃辨奸两案》以南北地域之说来解释变法派同反变法派斗争的原因的观点不谋而合。[④]钱穆认为杜撰邵雍闻杜鹃啼而知南人作相欲乱天下的故事和伪造苏洵作《辨奸论》指斥王安石的人，“实抱一南北畛域之见”，“至南士轻佻，北人厚重，故温公一派与吕惠卿诸人不合”。这一观点后在《国史大纲》中得到更大的发挥。他首先把新法之招人反对归结为“新旧思想的冲突”，继而又把这种“新旧思想之冲突”归结到“南北地域的区分上”，而“南北地域的区分”则在于“地形、气质、物产”的不同，钱穆的这个说法对王安石变法研究乃至宋史的研究产生了较大的影响，迄今仍有市场。钱穆先生另外关于司马光与王安石理财见解之异同的观点对后来的研究亦有较大影响，即传统说司马光不重理财的观点是不正确的，司马光不是不重理财，而是以宣扬儒家的重节用理财思想来反对王安石以兴利为主的理财。[⑤]

四是司马光与王安石在哲学思想上是对立的。程仰之不同意说司马光反对新法乃是闹意气的说法，实际上司马光反对王安石新法是他所服膺的政术、他的基本观念——道和介甫根本不同的缘故。王安石关于道的要点是：天道与人道相分，但人道本于天道，天道尚变，是对立矛盾的发展，当然人道也应尚变。他的人性论主张“万物各得其性”，无所谓善恶，人与人之间“性相近”，君子与小人不是天生的，而是后世“习相远”所致，所以他的性论归结为“养”，所谓“仁济万物”，这是他政治经济改革的哲学基础。而司马光的道与王安石正好相反，他认为天道与人道不分，天道不变，人道亦不变。他的人性论主张性是天与的，性有善恶之分，因而他认为人类的才性是有“愚智”之分的，“夫民之所以有贫富者，由其材性愚智不同”。他不承认贫富不均是由制度超于剥削，贫富的分化乃出于自然，为天命所定，岂是人力所能挽救的。所以他认为均贫富只是一种反自然、违天命的邪说，

---

① 参见杨荣国：《致宋室于倾覆者王安石新法乎？》，《中国学术》1946年第1期；马元材：《关于财政方面之王安石诸新法》，《河南政治月刊》1935年第11期；范振兴：《王安石的雇役法——读宋史札记之一》，《责善半月刊》1941年第4期；唐庆增：《王安石之经济思想（续）》，《光华大学半月刊》1933年第5期；梁启超：《王安石传》，第148—149页；熊公哲：《王安石政略》，第103—104页；王兴瑞：《王安石的政治改革与水利政策——中国农业技术发展史札记之二》，《食货半月刊》1935年第2期。

② 梁启超：《王安石传》，第48、234页。另参见慕凤：《读〈王荆公年谱考略〉》，《责善半月刊》1940年第17期。

③ 胡适：《胡适文存》二集卷1，北京：华文出版社，2013年，第23页。

④ 未学斋主（钱穆）：《论关于荆公传说之闻鹃辨奸两案》，《益世报（天津）》1936年11月5日，第12版。

⑤ 钱穆：《论荆公温公理财见解之异同：未学斋读史随笔之六》，《益世报（天津）》1937年3月4日，第20版。

同时他还主张守己而安分，守己以待天命的无为思想，使人民明白“贵贱贫富天之分也”的道理，人们就可以“相安分而保常”，不敢“舍其分而妄为”了，这是他的社会政治发生说。这个观点可谓是鞭辟入里。①

南宋以后，往往把北宋亡国之罪归于王安石变法，到明清时陈汝锜、蔡上翔等为王安石及其变法辩诬，又把北宋亡国与司马光罢新法、任用蔡京联系起来。梁启超作《王安石传》亦表示赞同②，杨荣国《致宋室于倾覆者王安石新法乎？》专门就此做了申论：“司马光他们不顾当时社会情况，为了一己的利益对新法而攻击而捣毁，致使生民涂炭，陷国家于倾覆。所以靖康之祸激成，只能归罪于司马光的毁新法，也就是这个道理。”③慕凤亦认为：“只因元祐诸君子压迫新党太甚，而后才惹起蔡京等的反动……如蔡京与元祐诸君子之所为，一天到晚，只在分党派、闹意见”，置国家大事于不顾，“宋之不亡何待。但这些争执都是司马光操纵出来的，所以与其说宋亡于王安石，不如说宋亡于司马光”④。

五、关于王安石变法的效果及意义

梁启超认为王安石变法“效果往往不如其所豫期”，但是“具谓之败焉不得也。何也？彼行之诚不免有流弊，然为救时之计，利率逾于病也”⑤。也就是说王安石变法从总体上是利大于弊，“青苗法立意虽善，然以理势度之，不能有利而无弊”⑥，“免役法厘革数千年之苛政，为中国历史上开一新纪元……保甲法体大思精……其警察的作用，可谓有利而无病……独至市易法，其用意虽非不善，然万不可以行于专制政体之国家，万不可以行于以自由竞争为根本观念之经济社会。……荆公之失策，殆未有过是者”⑦。

张腾发认为，在王安石时代，产业尚不十分发达，人民还没有民权的要求，所以新法的里面不含有多大的政治意味，但它仍然有其历史的意义。因为它是由秦至清季的一个时期中比较进步的改良主义，它反映着社会矛盾，代表了时代的意义（在那个时代只能产生这样的改良主义）。它的失败，尤其揭穿了改良主义的脆弱可怜，粉碎了一切想用平和的手段来改革社会之人们的迷梦，这是我们研究王安石变法最大的意义。⑧

唐庆增以为：

> 后世申论王安石者，大都谓其掊克聚敛，司马光诘折新法，谓天地之财，止有此数，欲益诸上，必损诸下云云。其实一国财富之多寡，固视其劳力之大小，亦视政府之经济如何，如政府对于实业之振兴，销场之推广，确有把握，即使增加支出，人民负担加重，亦属上算，不能以聚敛二字，一笔抹煞（杀）。试观今日欧美诸邦，税率重而国富足，盖政府职务由简而繁，支出亦遂由小而大，其结果惟有稍加人民负担之一

---

① 程仰之：《王安石与司马光》，《文史杂志》1942年第1期。
② 梁启超：《王安石传》，第253、263—264页。
③ 杨荣国：《致宋室于倾覆者王安石新法乎？》，《中国学术》1946年第1期。
④ 慕凤：《读〈王荆公年谱考略〉》，《责善半月刊》1940年第17期。
⑤ 梁启超：《王安石传》，第226页。
⑥ 梁启超：《王安石传》，第227页。
⑦ 梁启超：《王安石传》，第228页。
⑧ 张腾发：《王安石变法之史的评价》，《现代史学》1937年第2期。

法。宋神宗时情形，正系如此，温公以为财富之数，必无可增减，虽有利国福民之计，赋税亦不可议加，非彻底之谈，所谓知其一而不知其二。①

高向杲从三个方面分析了王安石经济政策的影响。第一，影响于宋代兴衰的。他认为王安石变法最大动机是强兵，但两次与西夏作战，师劳无功，其最终结果便是：①“荆公信用失坠，不久罢相，反对党逐渐抬头（此与史实不符，两次用兵西夏均在元丰年间，时荆公早已罢相——笔者注）”。②“神宗因大欲未遂，忧愤不能自抑，致不永年而崩”。③“朝廷威信丧失，异族更肆无忌惮，大举内侵，国势盖以不振，终宋之世，未能示威于边疆”。第二，影响于党争的。“宋代党争最烈，贻误国事的地方亦最多，而党争之起，实与荆公变法关系最大。”党争的最后倾轧，“促成了北宋的沦亡，激成了民间的变乱，加重了异族的侵略”，直到南渡之后，秦桧主张荆公之学，赵鼎主张程颐之学，争论仍不稍已，终致宋室灭亡。然原党争的起始，皆导源于荆公新法。第三，影响于思想方面的。荆公的新政，在当时不但无补时艰，而且使政治上、军事上，都食其恶果。唯在思想方面，实与后世学者及政治家一种极猛烈的兴奋剂，对于民族前途有很大的贡献。中国学术思想界，自宋以后，俨然分为两大派别：一派是清静的唯心派，其所表现于政治的，是“无为”之政；另一派是经世致用的实行派，其所表现于政治的，是积极政治。宋明理学造成两度的亡国惨剧，到了清军入主中原后，学术才顿悟无为思想的错误，所以颜元、李塨之流，大力倡引实学，把汉唐以来表面儒术而内慕释道的学术思想，重引分析改正一番，千余年来的萎靡消沉之气，至此拨云见日，所以二百余年后，中华民族又得光复中土，这不能说完全与荆公无关。②

王毓铨认为王安石执政期间，对外的关系颇占优势。辽和西夏不但未能侵入中原，反而势力敌不过北宋。熙宁五年到六年（1072—1073），王韶收复了河湟，熙宁六年到八年（1073—1075），章惇平定了湖南路的少数民族，其间熊本又讨平了四川路的少数民族，熙宁九年（1076），又征服了交趾，对外的威力张扬了不少。这固然和国内社会经济的稳定有很大的关系，但军制改革和军备的整顿，也不能不算是有利因素。③

邹珍璞评论说：“考其立法的用意，莫不以发展国民经济与解除人民桎梏为目的；而其计划也相当的（地）精密。与近世中国所揭橥的政策，如扶持自耕农、发展国营企业、‘节制私人资本’、‘讲求水利’、‘平均地权’等等，其性质之相类者十之八九。尤以募（当为差）役法一项，其苛杂烦扰，直如欧洲中古的农奴制度，其解放固其必然。但以安石得君之专，而实行之结果，虽不无相当的效果，究概其全盘而论，则为失败无疑。”④

六、关于王安石变法失败的原因及教训

对于这个问题的讨论最为广泛，主要形成了以下十一种意见。

---

① 唐庆增：《王安石之经济思想（续）》，《光华大学半月刊》1933年第5期。
② 高向杲：《宋王荆公的经济政策》，《中国文化建设协会山西分会月刊》1935年第11—12期。
③ 王毓铨：《王安石的改革政策（二）》，《政治经济学报》1936年第2期；王治心：《拗相公王安石》，《大众》1944年第9期。
④ 邹珍璞：《王安石新经济政策研究》，《财政评论》1944年第2期。

其一，以司马光为首的反对派的阻挠和破坏是王安石新法失败的主要原因。梁启超在胪列熙宁二年（1069）五月至熙宁七年（1074）二月反对派争议新法去官，阻挠新政之大概情形后，慨叹道："岩岩元老，梗之于上；岳岳台谏，哄之于下，而荆公以孑然一身，挺立于其间，天下之艰危，莫过是矣。"①元丰八年（1085）三月，神宗崩，高太后临朝。五月，"以司马光为门下侍郎，遂尽废新法，且窜逐神宗朝旧臣"②，王安石新法失败。

其二，阶级利益的冲突。一言以蔽之，王安石所实行的新法，无一不是便利大多数的小民，而以抑制豪富阶级为手段。这本来在理论上是很正确的，如近世经济学家所倡言的"最大多数人的最大幸福"，就是这个道理。但是"所宽优者，皆村乡朴蠢不能自达之穷氓；所裁取者，乃仕宦兼并能致人言之豪右"③。而豪右当然要利用他们能致人言的优越条件，来鼓励反对的势力，而一般士大夫与官僚阶级，他们的利害是与豪右们相一致的，在朝廷上则无形中代表豪富阶级的话，拥护豪富的利益，故朝议纷纷，尽是反对的论调，所以神宗曾经很愤慨地说："更张法制，于士大夫诚多不悦，然于百姓何所不便？"④可见阶级利益的冲突，到了如何尖锐的程度。⑤

其三，没有认清社会环境。王安石的变法运动，虽然是在一定的社会基础上产生的东西，但他却并没有把握住那个时代的社会动态，王安石对于当时社会内的矛盾，只看到它的现象，而没有看到它的本质。他只看到豪强兼并、农民破产的事实，却没有看出所以产生"兼并"的根源。所以他的政策只求补救于已出，不求防患于未然。他处处只想以和平的改良政策来解决社会内部的矛盾，比方说，他因看到了地主和高利贷资本家残酷地压迫农民，使农民破产流亡之后，才提倡实行青苗法。他因看到多数地主逃赋，使贫民负担不均，国家之收入减少之后，才主张实行方田均税法。他因看到军队腐败，国势衰弱，社会秩序破坏，才主张实行保甲、保马法，以维持治安和保卫国土。他没有晓得产生这些矛盾的根源是封建势力的强固，以及商业资本与封建势力的直接结合，而形成了新的剥削形态。所以当他的新法打击了官僚士大夫、地主豪商和高利贷资本家的利益，而引起满朝臣僚的反对与攻击的时候，他就只有怒火冲天，信口地将他人痛骂一顿。他以为别人反对他是跟他斗意气、争位置，却没明白反对他的人根本上是和他的政策相对立。他所要求的不是根本斩除封建势力，而是想用政府的法令来限制腐旧阶层的一部分的利益。由于这种认识上的错误，连带到一切的措施也跟着错误，这是新法必败的原因。⑥

其四，缺乏阶级基础。王安石的变法，完全是自上而下的改良运动，没有阶级基础，也没有群众的拥护，他的一切方案，都是由朝廷拟具好了之后，用一纸通令来督促部下执行的。他没有对民众宣传，也从来没有接受过民众的意见和要求，多数农民对于他的政策是莫名其妙的。所以他虽然是站在农民的立场，农民却并没有起来拥护他。这种少数上层思想家的呐喊，随着受到几次打击，或者主其事者离开了朝廷之后，一切的主张也必然地

① 梁启超：《王安石传》，第247—248页。
② 梁启超：《王安石传》，第254页。
③《宋史》卷177《食货志上五》，第4299—4300页。
④（宋）李焘撰，上海师范大学古籍整理研究所、华东师范大学古籍整理研究所点校：《续资治通鉴长编》卷221，熙宁四年三月戊子条，第5370页。
⑤ 邹珍璞：《王安石新经济政策研究》，《财政评论》1944年第2期。
⑥ 张腾发：《王安石变法之史的评价》，《现代史学》1937年第2期。

要随之而烟消云散，新法之失败，这也算是一个主因。

其五，新法本身的不彻底。它一方面好像是代表农民的利益，但在另一方面则又始终不能离开政府的立场。譬如青苗法，一面是想用以防阻高利贷资本的剥削，而另一方面又要抽取二分的利息（虽说这不是为政府的利益，但那只是一种敷衍之辞）；在经济生活上它要求改善农民的生活，而在保甲法里面又显然含有镇压农民的意义。其他保证封建阶层利益的地方是不胜枚举的。这种矛盾的政策，姑勿论它是根本不能实行，即令实行，也不能解决社会的矛盾，充其极不过是使矛盾更为缓和而已。①

其六，阻于党争。“朋党之争，于宋为烈，而性质复杂，莫可诘究，彼私党者，不必尽为小人，而君子亦浮沉其间焉；其所争者，不仅为政治问题，而宫廷问题，个人私德问题，学术异同问题，莫不及焉。士大夫多以沽名泄愤之故，遇事辄推波兴浪，吠影吠声，举朝汹汹，而其所言，悉多意气之私，绝少义理之公，初不问国家之利害也。为执政者，惟逢世迎俗，庶可幸存，苟有举措，即成众失（矢）之的，而业天下百谤于一身。故温公尝论差役之弊，而诋募役，苏辙尝言官贷之利，而毁青苗；举凡一议为公之所发，一法为公之所立，非挟长挟聚以相抗，即投劾而去以就右，位高言重，一唱百诺，不利于新法者，更得随附而和之；于是是非难分，民疑适从。甚者，更从而煽惑之阻挠之，私幸其弊之日滋功之不就以为快，公之遭遇固为是，公之法遂殆矣！”②

其七，用人不当，缺乏人才。王安石新法虽为良法美制，但缺乏贯彻执行的人才，因而新法在执行过程中，其措施往往与立法原意变异，“若行法之人太少，害法之人过多，法出奸生，殆成必然，凡一法之立，适肥官吏，一税之役，徒负人民，民出什者，官饱其九，国得其一，犹为上焉者也，荆公坐是失败，吾人可不警欤”③，“诚以徒法不能以自行，其后新法之行，终以用人不淑，吕惠卿（与安石凶终隙末，发其私书），章惇（以绍圣入相，尽罢元祐朝臣），邓绾（尝言笑骂从汝，好官须我为之）之徒，残民以逞，植党害公，累之”④。“安石本人无可非议……不过因他欲求急功，立异于人，不治时论，孤立朝中，深感新法无人诩赞之苦，每遇怆巧谄佞之辈，为图幸进，称扬新法，辄喜出望外，引为知己，进擢不次，于是更引起一般人的激烈反对，相率引去，而与之谋议干办的，不免全是奸诈佞谀历浅浮薄的少年新进了！其中尤以吕惠卿、邓绾、李定、韩绛、蔡确诸人最为下流，操行毫无，不暇举其事例。”⑤可见王安石新法施行失败的原因在于用人的不当。“其立法本意，都在于福国利民，毫无私见可寻，他之所以行之不能无弊，根本的原因，是在于用人不当，替他办事的一班人，俱是庸材下品，才能不足，或竟至于贪黩污墨，然而司马温公之徒，固执己见，不肯为其所用，是荆公新法的失败，其咎不只在荆公一人，而尤其不是荆公为法的不善。”⑥杨凌云虽然也同意新政的主要失败点在于“引用小人”与排斥正士，但他的解释却有另一番意义，“前者我们同意说法的另一种意义，不同意这说法的本来意义，因为王安石并没有打算在实行新政的时候，援用一批‘小人’来发大财”，如吕惠卿、韩绛等人。又有些人站在盖棺论定的立场来指责王安石“引用小人”也是值得商榷的，因

---

① 张腾发：《王安石变法之史的评价》，《现代史学》1937年第2期。
② 陈振旸：《论王荆公之理财》，《军事与政治》1943年第3、4期。
③ 陈振旸：《论王荆公之理财》，《军事与政治》1943年第3、4期。
④ 詹寿山：《王安石之研究》，《河南政治月刊》1935年第8期。
⑤ 吴芳亭：《王安石新法之梗概》，《文友》1944年第12期。
⑥ 南溟：《王安石的经纶大略（续完）》，《更生》1941年第7期。

为忠实于豪族势力的反对派司马光与吕惠卿都是那个封建社会制度的产物，在本质上都是自私自利的。当时的经济背景如此，所以新政的命运早就注定了一半——不是反对的人，就是借政治改革来作为做官的阶梯的，我们事后能怪王安石“引用小人”？①

其八，急功近利、求效太速。熊公哲以为，王安石变法“率天下以动而不免失之太骤者，亦此一念，急切之情激于中而不能自已也。今观其施于时政，乃青苗之议未已，而均输之法又行，均输之令方布，而募役之事复兴，而又今日动边兵，复河湟，明日兴工浚漳河，一切非常之事直欲期之于期月之间，由是下僚承风务以疾亟集事为能，推行往往失其本旨，又索性少容诸凡议己，不惜用峻法以相逐以期于法之必行，至或设逻卒以察诽谤，驯致君子敛衽而退，小人窃之以为资。朱晦庵谓其‘躁率任意而不肯熟讲，精思以求百全无弊可久之计’，亦不为无据，而实一念急切之情有以激之也”②。

其九，王安石刚愎自用，陷于孤立的英雄主义错误。王安石的变法运动，不但没有下层群众的拥护，而且没有上层幕僚的协助。他的一切政策都是独断专行的，他不愿接受他人的批判，而自己又不能批判自己，他认为自己的主张是绝对正确的，所以自始至终他就离开了实践，不能从实践中去体验实际生活，纠正自己，不喜逆耳忠言，而好阿谀。所以实际上已弄得非常糟糕，而他自己还以为是很有成绩，这又是使他失败的一个原因。③

其十，成也神宗败也神宗。神宗一面支持荆公，而一面又纵容反对派。神宗是个优柔寡断和顾忌太多的人，他颇为反对势力所操纵，故荆公不得安于相位。由于神宗之态度不够坚决，保守分子更加顽固。诋毁新法，益无忌惮，而社会风气更难打开。王安石何幸而遇励精图治的神宗，得以施展抱负，又何不幸而遇纵容中道斋薰莸于一器的神宗，不得竞其全功，实为荆公之不幸，亦为宋代中华民族的不幸。④

其十一，一些学者还从中国历史喜柔而恶刚，喜静而恶动，人民养成一种保守放任的习性而认为一切改革均徒足以扰乱治安的文化传统，以及王安石变法只适于一县一州，而不适于一统大国等方面进行了探讨。⑤譬如，嵇文甫从汉以后无为政治来探讨王安石变法的思想文化氛围及其失败原因就很具代表性，他认为，汉以后的政治是无为政治，而这无为政治实为儒、法、道三家的化合物，“这种三位一体的无为政治，一方面为士大夫所支持，一方面农民也乐得如此相安，所以能推行一两千年而不变。偶有违犯，就使你焦头烂额，狼狈而去，王安石是也”⑥。士大夫之所以支持无为政治，是因为士大夫中上层分子是利在维持现状的，他们反对改革、反对有为；农民之所以支持无为政治，是因为农民的力量太微弱了，在贪官污吏、劣绅土豪层层压迫下，以苟安无事为大幸，他们并不希望政府为他们谋福利，因为纵有良法美意，但实际上只能增加贪污土劣作奸的机会，他们绝对得不到利益。王安石新法的反对派所指出的种种纷扰情形，事实上恐怕也不尽是诬罔。因为在这样的社会条件下，想行新法而使农民不受纷扰，几乎是不可能的。不

---

① 杨凌云：《王安石的新政》，《人言》1947年第2期。

② 熊公哲：《王安石政略·导言上》，第7—8页；高向杲：《宋王荆公的经济政策》，《中国文化建设协会山西分会月刊》1935年第11—12期。

③ 张腾发：《王安石变法之史的评价》，《现代史学》1937年第2期。

④ 郭伯饶：《宋神宗与王安石》，《文化先锋》1946年第14期。

⑤ 梁启超：《王安石传》，第117—119页；陈振旸：《论王荆公之理财》，《军事与政治》1943年第3、4期；高向杲：《宋王荆公的经济政策》，《中国文化建设协会山西分会月刊》1935年第11—12期；邹珍璞：《王安石新经济政策研究》，《财政评论》1944年第2期。

⑥ 嵇文甫：《从王安石变法说到中国历史上的无为思想》，《河南政治月刊》1935年第11期。

变法，不行，变法，又太困难了，在一个衰老的民族中，在一群疲弱的人民中，想建功立业以大有为，真有想不到的苦处！

另外值得一提的是，明夷《王安石新政的估价》在总结王安石变法的失败教训时提出了六点，其中四点与众人的看法颇不相同。①凡新法之行，首先须划一实验区，由实验所得之经验，逐渐推行各地，而尤以赖推行者，切实体验地方情形，因地而制宜。②为政不得罪于巨室。安石为政之初，对于欧阳修、韩琦、司马光辈，应以极诚恳之心，求得同情。行之以渐，相信欧、韩等必能予以臂助也，不然盛气凌人，谁肯相下。③新法之行必须认清社会的对象，宋室国家完全是一士大夫国家，安石系完全站在百姓的立场上，无怪成为众矢之的！募役法于士大夫为最不便，应列在最后一个步骤，俟其他各法奏效后，再试行此法。④“民可使由之，不可使知之”，古训虽然如此说，但事实终与此相反，故在新法未颁布之前，必先举行扩大宣传，使一般知所以行之，所以由之之道，然后方可减少其阻挠之力。如方田均税法，原裨益农民匪浅，然农民为地主所挟制，取抗官府者有之，此不明其利害关系之故也。[①]

若就以上对20世纪前50年王安石及其变法研究所存在问题进行考察，大致有三点值得注意：

第一，虽然研究者较一致地肯定了王安石及其新法，但对王安石所用之人以及他的同道，除梁启超等少数人给以适度的肯定外，大多数人仍把王安石变法的失败归咎于王安石任用被称作“小人”的同道，在这一点上可看出《宋史》一书对王安石及其变法盖棺论定的负面影响有多么深远。如果不能对王安石集团作出深入的研究和正确的评价，那么也就谈不上对王安石变法全面而正确的研究。

第二，大多数研究王安石及其变法的学者，不专治宋史，因而虽然问题涉猎较广泛，但挖掘史料不够深广，因而论证甚嫌粗疏，主要表现在专门研究单项新法的文章不多，而大多数都是泛泛而谈之作，当然这与《宋会要辑稿》《续资治通鉴长编》流传不广以及学者们常处于战争的颠沛流离中，无暇翻阅大量资料有很大关系，因而研究论文也是泥沙俱下，有深度的文章并不多见。

第三，关于王安石及其变法研究中运用的评价标准问题，这个问题很重要，处理是否得当，直接关系着能否客观认识王安石及其变法和相关问题，但是自南宋以来至民国，这个问题都没有解决好，使得研究不免走上极端，熊公哲就曾指出：“大抵自来论介甫，其毁之者，凡一谋一法，只须其谋其法之出于介甫，则不问事实，而一切有非而无是。其誉之者，则又只须其谋其法之出于介甫，亦不问事实，而一切有是而无非。”[②]他又说：“自来按论介甫政术，其毁之者，不问事实，一概抹杀，固未免失之诬。而为介甫申雪者，又或激为偏至之词，是以一切非议材料，往往不加征引，只取其一二不关紧要者，以供诘辩。”[③]应当说这两种态度都是不可取的。又如以往南宋初期的统治者和《宋史》的作者把北宋亡国之罪由蔡京追溯至王安石及其新法，固然不对，但矫枉过正，又把北宋亡国之罪追及司马光任用蔡京和元祐更化，则也不免失之偏颇。

① 明夷：《王安石新政的估价》，《政治月刊》1935年第3期。
② 熊公哲：《王安石政略》，第151页。
③ 熊公哲：《王安石政略》凡例，第7—8页。

第十四章 邓广铭、漆侠先生50年的王安石变法研究

中华人民共和国成立后，最早运用唯物史观研究王安石变法并产生较大影响、成绩最卓著的学者，当推邓广铭和他的门人漆侠先生。他们的研究贯穿于20世纪后50年，这在王安石变法研究史上是很少见的。

一、邓广铭先生四写王安石

邓广铭（1907—1998），字恭三，山东临邑人，著名历史学家，是20世纪中国宋史研究的主要开创者和奠基人。邓广铭先生一生与王安石结下了不解之缘。20世纪50年代初，邓先生第一次撰写出版了《王安石》，对王安石的生平和变法业绩做了简要的叙述，并且开宗明义突出地提出了王安石所主张的“天变不足畏，祖宗不足法，人言不足恤”三原则，以为这虽是司马光、范镇等保守派人物首先揭发出来的，实际上却是最真切的对王安石的传神写照。1972年9月日本首相田中角荣访华，因毛泽东赞誉田中角荣具有王安石的“三不足”精神，人民出版社约请邓先生修改20年前的旧作，于1975年出版了《中国十一世纪时的改革家：王安石》，较旧作在内容上有较大的增加和修改，但当时学术文化界正处在“儒法斗争”和“批林批孔”的氛围中，因而带有明显的“时代烙印”，或如邓先生自言“富有时代气息”。及至1976年粉碎“四人帮”之后，人民出版社要重印《中国十一世纪时的改革家：王安石》，邓先生三写王安石。这次修订主要是将那些有关“儒法斗争”和“批林批孔”的文句和段落删削和修改。当时光又悄悄走过近20年的历程后，在垂暮之年，邓先生又毅然地拿起笔四写王安石。那么，促成他四写王安石的原因是什么呢？根据自叙，大致有两个方面的原因：一是在改革开放的宏观气氛之中，有感于“改革是解放生产力”的万千现实事例，而受到启发，加深了他对王安石发动于11世纪的变法革新事业的理解和认识；二是认为长期以来学界研究王安石及其变法，在把握作为王安石变法精神支柱的“三不足”原则上均不够准确，因而也就不能凸现王安石的高尚品格、理想抱负以及他的政治韬略和实践。

当然邓先生在四写王安石之前对一些相关问题已做了新的探索：《王安石对北宋兵制的改革措施及其设想》[①]、《宋朝的家法和北宋的政治改革运动》[②]、《王安石在北宋儒家学

① 邓广铭：《王安石对北宋兵制的改革措施及其设想》，邓广铭、程应镠主编：《宋史研究论文集》，上海：上海古籍出版社，1982年，第311—320页。

② 邓广铭：《宋朝的家法和北宋的政治改革运动》，朱东润、李俊民、罗竹风主编：《中华文史论丛》第3辑，上海：

派中的地位——附说理学家的开山祖问题》[①]、《关于王安石的居里茔墓及其他诸问题》[②]、《〈辨奸论〉真伪问题的重提与再判》[③]、《略论王安石“为天下理财”的主张及其实践》[④]。邓先生四写王安石，忠实地记录了他对作为政治改革家王安石一生特别是他的政治思想、主张和实践方面的不断深化认识的心路历程。实际上从《中国十一世纪时的改革家：王安石》（以下简称“旧版”）[⑤]到《北宋政治改革家王安石》（以下简称“新版”）[⑥]，不仅更换了一个书名，而且反映了邓先生评价王安石变法前后的重大变化，概括言之，邓先生前后认识变化有如下六个方面：

（一）增补新的内容

“新版”用较大的篇幅增补了王安石的早期经历，如新增王安石诞生的时间、地点，参与榷茶法讨论，相度牧马监变革，以及为王安石的《明妃曲》辩诬等。

（二）关于如何看待变法前后的阶级斗争问题

“新版”删节了“旧版”的开首章节“北宋建国百年内社会阶级矛盾和民族矛盾的发展”，只将少部分写入后面相关章节，这大致反映了邓先生自20世纪80年代以后对“阶级斗争”学说的一种反思。1987年，邓先生在中国宋史研究会第四届年会的开幕式上，批判教条主义在历史学的研究领域所起的消极作用时说：

> 另一个是关于农民起义的问题——自从进入阶级社会以来，人类的全部历史都是阶级斗争的历史。这本是马列主义的一个最基本的论点。毛泽东在《中国革命和中国共产党》一文中……说道：“在中国封建社会里，只有这种农民的阶级斗争，农民的起义和农民的战争，才是历史发展的真正动力。”到后来，他更把这段话概括为“阶级斗争为纲”、“千万不要忘记阶级斗争”、“阶级斗争一抓就灵”等话语，这当然就不只是指农民的阶级斗争了。我们不应不加思考地把这些话都认作毛泽东思想的组成部分。因为，恩格斯在1892年为《社会主义从空想到科学》的英文版所作序言中就说过：“一切重要历史事件的终极原因和伟大动力是社会的经济发展、生产方式和交换方式的改变、由此产生的社会之划为不同的阶级，以及这些阶级彼此之间的斗争。”[⑦]

“新版”的修订和删节显然贯穿了这一新的思想认识，或者说邓先生对这个问题的修

上海古籍出版社，1986年。

① 邓广铭：《王安石在北宋儒家学派中的地位——附说理学家的开山祖问题》，《北京大学学报（哲学社会科学版）》1991年第2期。

② 邓广铭：《关于王安石的居里茔墓及其他诸问题》，《北京大学学报（哲学社会科学版）》1993年第2期。

③ 邓广铭：《〈辨奸论〉真伪问题的重提与再判》，袁行霈主编：《国学研究》第3卷，北京：北京大学出版社，1995年，第425—450页。

④ 邓广铭：《略论王安石“为天下理财”的主张及其实践》，《传统文化与现代化》1996年第4期。

⑤ 邓广铭：《中国十一世纪时的改革家：王安石》（修订本），北京：人民出版社，1979年。

⑥ 邓广铭：《北宋政治改革家王安石》，第1—301页。

⑦ 邓广铭：《学术研究中的实事求是（代前言）》，邓广铭、漆侠等主编：《宋史研究论文集（一九八七年年会编刊）》，石家庄：河北教育出版社，1989年，第3—4页。

改似表明他不再坚持王安石变法是北宋中叶农民阶级与地主阶级政权之间矛盾运动的必然结果的观点。另外，值得注意的是，在正文将“旧版”中所有带有以往鲜明政治色彩的语句，如顽固、守旧、死党、旧党等一律改为保守。

（三）关于王安石变法的终极目标

“旧版”是作“变法的目的是富国强兵”[①]，“新版”则改作“变法的终极目标是富民、富国和强兵”，较“旧版”新增了“王安石的富民思想”[②]，邓先生在分析王安石的《与马运判书》一文时说：

> 这里所说的“天下”，实际上乃是指天下百姓，这从他《答司马谏议书》中的“为天下理财，不为征利”句可以得到证明。这一段文字的意思和他在《上仁宗皇帝言事书》中所提出的，“因天下之力以生天下之财，取天下之财以供天下之费”的理财大原则是全相吻合的，即：治国者必须先以天下的人力向自然界开发资源，以使百姓富足（即所谓藏富于民），然后再“取之于民，用之于民”（此陈瓘《国用须知》中赞宋神宗语）。如果不采取向大自然要财富（改用现代语，即开发经济资源）的这条最根本的途径，而专向纳税户加重赋敛来支持国家的财用，那便是“阖门而榷其子”的办法，是“虽尽得子之财犹不富”的。只有依循这样的思路来理解王安石说的“民不加赋而国用饶”和他所期望实现的“富民”与“富国”，才能得出最正确的结论。[③]

邓先生之所以新增“王安石的富民思想”，显然是不赞成那种认为王安石是以聚敛百姓的方式达到富国强兵的观点。

（四）关于王安石变法的性质

对这个问题，邓先生的看法有较大反复。“旧版”中曾以王安石“是政治改革家，不是改良主义者”为题，邓先生有如下一段表述：

> 在1951年，我曾写过一本《王安石》小册子。在其中，我把王安石称作改良主义者，把他所奉行的政治道路称作改良主义的道路。这本小册子出版之后不久，我在报刊上就看到了一篇书评，指出我的这些提法都是不恰当的，使我受到很大教益。从此以后，我就改正了我对于王安石及其政治主张的提法。
>
> 但是，还有不少的人，直到今天还是象（像）我在解放初期那样，依然把王安石称作改良主义者，把他的那次变法运动称作改良主义的运动。并说它是地主阶级的一个自救运动。我认为，这些提法确实是很不恰当的。王安石所主持的那次变法运动，是要把北宋王朝历代奉行的某些传统政策，把弥漫于当时思想界的俗儒们的某些腐朽思想，作为其破除和改革的对象，而不是把一种革命的思想理论体系作为对象而加以

① 邓广铭：《中国十一世纪时的改革家：王安石》（修订本），第52页。
② 邓广铭：《北宋政治改革家王安石》，第70—74页。
③ 邓广铭：《北宋政治改革家王安石》，第74页。

反对的。就北宋中叶的社会经济发展情况来说，王安石的变法是具有一定进步意义的事件，而所有改良主义运动却都是妄图使历史车轮倒转，是只具有反动性质的事件。即使把王安石的变法称作政治改良，那也仍然不能把它归入改良主义运动的范围之内。因为，改良和改革完全是同义语，而改良和改良主义却是不能混同的两码事，正如不能把经验和经验主义混同起来一样。[①]

到 1997 年“新版”问世时，邓先生完全删去了这个问题，不再论及。这大致也表明了邓先生彻底告别“左”倾时代的一种心态。

（五）关于王安石两次罢相及与宋神宗的关系

“旧版”对这个问题，虽有涉猎，但未有充分展开，只是从熙宁后期神宗对王安石支持力度锐减和变法派内部矛盾两个方面探究了王安石两次罢相的直接原因。在“新版”中，邓先生专列第六章探讨王安石的两次罢相。邓先生认为“宋神宗畏天变”和“战略设想的破灭”是导致王安石两次罢相的直接原因，而宋神宗疏远王安石和对反变法派妥协的深层原因有二：一是宋神宗与王安石在思想境界和战略设想上存在相当大的差距；二是宋神宗依然运用要使执政大臣“异论相搅”的那条家法。[②]因而宋神宗有意要把保守派的部分势力保存在北宋朝廷之中，不肯认真对保守派的势力给以打击，其结果就是为后来保守派在神宗逝世后卷土重来，推翻变法改制的成果，埋下了势所必至的伏笔。

（六）始终坚持王安石崇尚法治

邓先生认为就王安石的全部政治思想和主张来看，特别是从他的整个思想体系来看，不能简单地把王安石称为法家政治家，更不能单纯称为法家，但专从王安石主持变法革新时期的政治实践来看，说他的那次政治改革是在法家思想指导下进行的，这自然没有问题，而王安石与司马光之间的斗争恰恰是法家思想和儒家思想之间的一场斗争。

至于邓广铭先生研究王安石及其变法的特点和贡献，笔者以为漆侠先生的评论颇为中肯，即《北宋政治改革家王安石》一书“最大成功处则在于，王安石之所以成其为王安石的独特风貌，给以揭示出来了；王安石之所以成其为北宋一代杰出的改革家的高大形象，就凸显出来了。最足以显现王安石风貌和形象的莫过于下列三个方面：（一）‘“三不足”精神’；（二）‘吞灭西夏契丹统一中国的战略设想’；（三）‘摧制豪强兼并’与‘欲富天下则资之天地’的主张和实践”[③]。“治史从材料的搜集入手，看来是非常寻常的，其实并不寻常。因为这项工作须要持之以恒，付出大量汗水的。先生正是穷毕生之力，在横无际涯的史料海洋中从事这种寻常的搜讨工作的；并且在这种寻常的搜讨积累中，披沙拣金，把大量的、真实的、能够说明问题的材料，熔铸在《北宋政治改革家王安石》书中的。在对史料的鉴别中，先生书中有很多辩证，都值得后人学习。我这里仅指出两点：一是先生善于

---

① 邓广铭：《中国十一世纪时的改革家：王安石》（修订本），第76—77页。

② 邓广铭：《北宋政治改革家王安石》，第 234—254 页。

③ 漆侠：《读先师邓广铭教授〈北宋政治改革家王安石〉》，《探知集》，保定：河北大学出版社，1999 年，第 266 页。

从事物的对立面寻绎出真实的材料，如‘三不足’精神，就是从反变法派司马光等手中得到的，是他们概括出了王安石从未作为口号的口号；二是善于从各派人物自己的言行评论各派人物的思想、观点和立场，由此评论各派人物的是非短长，前引司马光有关青苗法的言论就是一例。由于先生的史学研究从寻常的平实处下手，经过缜密的鉴别、剖析而后得出的结论，必然是经得住历史的检验的。《北宋政治改革家王安石》是作为一部信史在文献宝藏中发射自己的光辉。”①虽然漆侠先生是邓先生的学生，但他的评价是符合实际的。

二、漆侠先生的王安石变法研究

漆侠先生（1923—2001），字剑萍，山东巨野人，著名历史学家，早年师从邓广铭先生，他的大学和研究生毕业论文《王荆公新法研究》就是在邓广铭先生指导下完成的。及至1956年漆侠先生始对毕业论文进行全面彻底的修改，1957年修改完成后，书稿定名为《王安石变法》，上海人民出版社于1959年印行。其后，漆侠先生虽然没有再对大著进行过修改，但他一直关注着学界对王安石变法的研究，于20世纪60年代和80年代分别发表了《论王安石变法》②、《王安石的哲学思想》③、《再论王安石变法——王安石逝世九百周年》④、《关于宋代差役法的几个问题》⑤、《关于王安石变法研究中的几个问题》⑥，这些文章作为附录收入2001年河北人民出版社出版的《王安石变法》增订本中，这部增订本《王安石变法》是漆侠先生生前看到自己的最后一部著作。《王安石变法》共六章，分别论述了“宋封建国家的政治、经济概况”、“封建统治危机下改革要求的酝酿及其成熟”、“变法的内容和实质”、“变法过程中的斗争（1069—1085）”、“新法的废除和反动的封建统治势力的高涨（1085—1120）”和“结论”。正文之后附有“王安石新法校正”，逐一对均输法、青苗法（常平法）、农田水利法（农田利害条约）、免役法（雇役法、募役法）、市易法、方田均税法、保甲法、保马法、将兵法、军器监等新法的诸种文献记载中，此有彼无、文字歧异抵牾之处，作订正补苴，以供研究者参考。

综括起来说，漆侠先生的王安石变法研究有以下四点值得称道。

（一）关于《王安石变法》一书的基本特点

漆侠先生在增订本序言中说：

> “文章千古事，得失寸心知。”依我来看，这本书的情况是，第一部分有关宋代立国规模和专制主义集权制度，来自于先师邓恭三先生多年的研究，是经得住时间的检验的。第二部分有关新法的制订和实施，是通过对大量事实材料的钩稽而写成的，但无任何出奇制胜之处，只要认真读书都可以达到或超过现有水平。第三部分有关变法过程中的斗争，是我用心思索致力之处，为前人从未道及的。不论怎样说，这本书不

① 漆侠：《读先师邓广铭教授〈北宋政治改革家王安石〉》，《探知集》，第273页。
② 漆侠：《论王安石变法》，《人民日报》1963年5月16日，第5版。
③ 漆侠：《王安石的哲学思想》，《河北大学学报（哲学社会科学版）》1978年第3期。
④ 漆侠：《再论王安石变法——王安石逝世九百周年》，《河北大学学报（哲学社会科学版）》1986年第3期。
⑤ 漆侠：《关于宋代差役法的几个问题》，《宋史论集》，郑州：中州书画社，1983年，第1—20页。
⑥ 漆侠、郭东旭：《关于王安石变法研究中的几个问题》，《中国史研究》1989年第4期。

是依样葫芦，而是力图打破陈规，把王安石变法的研究纳入科学的研究轨道。①

（二）关于《王安石变法》在20世纪后半叶王安石变法研究中的贡献

漆侠先生说：

> 在马克思列宁主义、毛泽东思想的指导下，史学工作者们对王安石、王安石变法作了全面的、认真的研究；它虽然是沿着梁启超开创的路子前进，但获得的成就却远远超过了梁启超，而且这之间表现出了质的差异。这些成就是：第一，把王安石变法放在特定的历史环境中，即放在封建时代的宋代进行考察，指出王安石变法是地主阶级的一个改革运动，王安石是代表地主阶级利益的，这就从根本上同梁启超混淆时代的非科学的做法划清了界限，把王安石、王安石变法研究引导到正确的轨道上。第二，从王安石变法的社会实践进行认真的考察，以确凿的历史材料充分地论证了，王安石变法在实现其富国强兵、加强宋朝封建专制统治的同时，还推动了宋代社会生产力的发展和历史的前进，这就为研究王安石、王安石变法作出了奠基的工作。第三，司马光反变法派的政治运动是阻碍历史前进的，应当予以否定；司马光作为政治家则是非常渺小的，但司马光作为史学家则是极其伟大的，他的名字将同司马迁一道，“文章古代两司马”，镌刻在我国史学丰碑上，永垂后世。②

漆侠先生对中华人民共和国成立以来王安石变法研究的总结，实际上也是对《王安石变法》一书最好的总结，因为《王安石变法》正是从上述三个方面作出突出贡献的代表作。邓广铭先生在总结自南宋至20世纪的王安石变法的评议、研究时，认为八九百年来大多数论著不是因材料欠缺，就是因见识不高而未能真正客观地评价王安石变法，只有“在50年代后期，上海人民出版社印行了漆侠教授的《王安石变法》一书，对于熙宁新法进行了认真的探索，超越了前此所有的同类著述”③。于此可见邓先生评价之高。

（三）运用马克思主义的阶级分析方法是漆侠先生研究王安石变法的一个基点

漆侠先生在《王安石变法》绪论中开诚布公地说：

> 这个小册子，力图以马克思主义的阶级斗争理论为指导，从具体事实材料中说明：王安石变法是宋代封建专制统治极端虚弱下的一个政治改良运动，它是地主阶级的一个自救运动，在根本上是对抗农民革命斗争的。在进行阶级区分之后，还说明了：以王安石为代表的变法派和反变法派之间的斗争，是两条不同的政治路线的斗争，是地主阶级内部进步力量和反动力量之间的斗争。在这基础上，对王安石变法的作用做了

---

① 漆侠：《王安石变法·序》（增订本），石家庄：河北人民出版社，2001年，第2—3页。
② 漆侠：《王安石变法》（增订本），第321页。
③ 邓广铭：《北宋政治改革家王安石·序言》，第5—6页。

估计。①

据此可以说漆侠先生对变法前地主阶级内部不同政治力量经济地位的分析，特别是对中等地主和小地主的经济地位具有上升和下降二重性的分析，与变法过程中变法派和反变法派之间力量的消长，以及变法派内部分化的论述相互照应，一线贯通，是《王安石变法》一书的独到之处。

（四）不断深化对王安石变法的认识

这主要表现在两个方面。第一，漆侠先生认为变革不适应生产发展的陈旧制度是王安石变法具有历史进步意义的重要表现，但变革最根本最重要的是什么？《王安石变法》一书中并没有说得很清楚。尔后经过对宋代经济史十多年的探研，漆侠先生有了新的认识。以为王安石变法过程中所碰到的最大问题是国家劳役制的问题，即在农业中以募役制代替差役制，手工业中以召募制代替应役制，而在商业中则有纠行负役的问题。进而指出残余劳役制是社会生产发展的严重阻碍，王安石变法对残余劳役制的变革，是王安石经济变革意义最大的变革。第二，漆侠先生在《王安石变法》一书对王安石变法是维护和代表了中下层地主阶级的利益做了充分的论述，而对自耕农特别是其中上层农民的关系虽有涉猎，但尚不够清晰，到 20 世纪 90 年代，在《郑熙亭教授〈汴京梦断〉序（节录）》中，漆侠先生对此做了新的全面的表述："变法的总方针、总政策是：以王安石为代表的变法派，站在地主阶级和专制主义统治的广泛利益的立场上，抑制豪强兼并势力（大官僚大地主大商人和大高利贷者组成），稳定中间阶级（中下层地主阶级和上层农民），缓和对广大劳动人民的剥削，以巩固宋封建统治。"②

三、邓广铭与漆侠研究王安石及其变法的异同

虽然漆侠先生师从邓广铭先生，其大学毕业论文、硕士毕业论文《王荆公新法研究》是在他的指导下完成的，但是他们对王安石变法的评议有相同的地方，也有不尽相同的地方，这是不争的事实。

先看他们的相同之处，这主要有四点：

其一，都充分占有文献资料，并对这些资料进行考辨、鉴别。20 世纪大多数研究王安石变法的学者，不专治宋史，虽然问题涉猎较广泛，但挖掘史料不够深广，因而论证甚嫌粗疏，邓先生和漆先生都是专治宋史的大家，谙熟宋代历史文献，而且治学严谨。漆侠先生说过：

> 虽然人们对于历史科学的种种问题存在明显的歧异，但是对于中外史学发展的进程中，真正够得上一部优秀的史学著作，真正能称得上优秀史学家的，则具有共同的看法和认识，即：这部史学著作以极其丰富的资料来反映它所描述的那个时代的社会

① 漆侠：《王安石变法》（增订本），第 13 页。
② 漆侠：《王安石变法》（增订本），第 348 页。

> 内容，而它所依据和使用的资料则是真实可靠经得住检验的。因此，作为一个优秀的历史学家，既要搜集丰富的文献资料，又要对这些资料进行考辨（辨）、鉴别，而后加以运用，由此完成一部优秀的著作。①

漆侠先生是这样说的，也是这样做的。像《王安石变法》一书后附有“王安石新法校正”，“对于每项新法，都是以一种较为完善或较为原始或较为通行的记载作为底本，然后参据其他记载而加以校勘订正的”②，即是最好的证明。邓先生也说过自己对王安石的研究，“在史料的运用方面，我力求去伪存真、去粗取精；在对史事的剖析和判断方面，我也是力求能够由表及里（亦即深度）、由此及彼（避免片面性）”③。至于邓先生取舍史料的实践，上面已引述漆侠先生的总结，说得很好，不赘。

其二，都对王安石变法研究投入了极大的热情和精力，一直贯穿于他们50余年的学术生涯，如此研究王安石及其变法，在王安石变法研究史上可以说前无古人，恐怕也是后无来者。

其三，均给予王安石变法以高度的肯定，邓广铭先生从两个方面肯定了王安石变法。一是这次变法是革新派与保守派之间的一场激烈斗争，社会历史的变化，主要是由于社会内部矛盾的发展，即生产力和生产关系之间、阶级之间、新旧之间的矛盾的发展，推动了社会的前进，推动了新旧社会的代谢。王安石变法派同保守派的矛盾斗争，正是属于新与旧之间的矛盾斗争。而这次斗争，是在中国整个封建社会时期内，极其激烈也极其重要的一个回合。二是为天下理财的成效，发展了生产，扭转了积贫的局势。

> 在中国历史上，不同执政者、不同政治派别的政策及其实践，对于社会进步所起作用的好坏、大小，归根到底，决定于它对生产力的发展是否有帮助及其帮助之大小，决定于它是束缚生产力的，还是解放生产力的。我以为，对于北宋中叶的变法派同保守派的政策及其实践，也同样是可以用这个标准加以衡量的。变法派所制定的一些政策法令及其实践，虽还远远谈不到解放生产力，但对当时生产力的发展总还是有一些帮助的，因而是发生了积极的作用的。④

漆侠先生则从三个方面肯定王安石变法的历史作用，首先，改革起了加强宋封建统治和维护地主阶级广泛利益的作用；其次，改革起了调节封建经济诸关系一些环节的作用；最后，改革起了促进社会生产发展的作用。

> 变法收到了预期的效果：国家财政有了极大的改善，西北边防有了明显的好转，积贫积弱局势有所改观。特别值得提出的是，宋代社会生产力有了巨大发展，垦田面积大幅度增加，全国高达7亿亩⑤，单位面积产量普遍提高，各种矿产品产量为宋初、唐中叶的数倍甚至数十倍，城镇商品经济取得了空前的发展。如果说，宋代的社会生产，在整个封建时代居于两个马鞍形的最高峰，那就应当说，王安石变法时期的社会

① 李华瑞：《漆侠先生访谈录》，《史学史研究》2001年第3期，第14—15页。
② 漆侠：《王安石变法》（增订本），第259页。
③ 邓广铭：《北宋政治改革家王安石·序言》，第7页。
④ 邓广铭：《北宋政治改革家王安石》，第274页。
⑤ 1亩约等于666.667平方米。

生产，则居于这个最高峰的最高点。[①]

邓先生和漆侠先生对于王安石变法的肯定，尤值得一提的是，他们都把王安石变法过程中注重发展生产来开辟税源和理财置于非常凸显的层面加以阐发，这是一个显著的特点。

其四，摧抑豪强兼并是王安石变法的主要动机之一，但在变法过程中，摧抑兼并的效果如何呢？邓先生和漆侠先生均认为有一定的限制，取得了一些实效，但从根本上并没有触动兼并势力。邓先生说熙宁年间的种种事实已经证明的是，可以收到一些效果，但总的说来，却是“于治道极为毫末”。也就是说，凭靠王安石所采用的这种“摧制豪强兼并之术”，想把当时因土地集中而产生的社会阶级间的矛盾加以缓和，是不可能的。[②]漆侠先生则说在这次改革中，“贵族、官僚、大地主和大商人的兼并势力，则或多或少受到了限制。尽管如此，这次改革是在封建经济制度范围内进行的，它丝毫没有触动封建土地所有制这个最根本的问题，因而也就没有触动在这个土地制度上建立起来的封建等级秩序，那些即使受到限制的人们依然是大土地所有者，无田无土的农民照样在这种土地制度下忍受着沉重的剥削，从这个最本质的问题上来讲，这次改革也就维护了地主阶级的广泛利益”[③]。

再看邓先生和漆先生的不尽相同之处：

其一，邓先生在晚年放弃了“阶级斗争学说”，而漆侠先生则一如既往仍坚持以阶级斗争的理论来评议、估价王安石变法。这种在理论方法上的认识差异，是他们对王安石变法中的一些问题存在不同看法的主要原因所在。

其二，邓先生和漆先生虽然均给予王安石变法以高度的肯定，但他们对神宗去世以后变法是否失败的看法，却不尽一致。如前所述，邓先生认为元祐更化虽然推翻了新法措施，但新法在元祐以后又不同程度地被后世所奉行，故他认为王安石变法没有失败。漆侠先生则从变法派的阶级属性的角度强调了变法的失败。漆侠先生说：

> 变法派的阶级局限性以及变法改革的生命力的微弱。他们跟反对派有矛盾，但他们和反对派同属于地主阶级，因而阶级利益是一致的。这就使得他们必然在反对派反对下转而向兼并势力靠拢。他们畏惧人民，而且跟反对派一样，要对抗农民起义，镇压农民的阶级斗争，他们从巩固封建统治的立场出发，就根本不可能结合人民，真正代表人民的利益而进行改革。因此，这样一个缺乏坚实社会基础的从上而下的改革，其力量是微弱的，像禁不住狂风暴雨的摧折的温室中的花草一样，禁不住历史的考验，在反动的嚣张的大地主集团的冲击之下，终于以失败告终。王安石变法的失败，无疑是历史上一个进步力量的失败。[④]

其三，王安石变法期间，宋神宗的态度和支持力度，无疑是关乎这场变法运动的关键因素之一。邓先生、漆侠先生都很明确地肯定了宋神宗支持变法所起的不可替代的重要作用，但对变法期间宋神宗总不免发生动摇的原因，则有不同的解释。如前所述，邓先生认

① 漆侠：《王安石变法》（增订本），第348页。
② 邓广铭：《北宋政治改革家王安石》，第79页。
③ 漆侠：《王安石变法》（增订本），第245页。
④ 漆侠：《王安石变法》（增订本），第255—256页。

为主要是思想境界和战略设想的差距使宋神宗与王安石的关系日益疏远，也就是说宋神宗的思想意识，与王安石“三不足”的改革主张还相去甚远，所以在推行新法的过程中，总不免发生动摇，这种情况与日俱增。而漆侠先生则从皇室与兼并势力相互依存的关系进行了分析：

> 应当指出，宋神宗对豪强兼并势力的“刚健不足”，还不能像王安石所理解的那样，单纯地归结为个人性格这一点上，而是应当从其浓厚的社会历史根源探求这种“刚健不足”的基本原因。宋封建专制主义国家的最高统治者和最高地主——皇帝，其实际地位是处于各类矛盾交叉集合点之上的。他既然是地主阶级的总代表，当然也是兼并势力的代表。他倾听来自地主阶级的呼声并受到这种呼声的影响，自然亦倾听了政治力量极为雄厚的豪强兼并者的呼声并受到这种呼声的严重影响。虽然在剥削劳动生产者上，代表国家政权的皇帝同豪强兼并者之间存在矛盾，但这个矛盾既未达到前此的公开对抗的地步（如像唐皇室同藩镇），而且又在皇帝让步之下得到暂时的解决。所有这些（皇帝的特殊地位，皇室同豪强兼并者的关系，以及宋皇室对豪强兼并采取的传统政策），就是宋神宗一听到反对派的叫嚣便立刻显现发慌的根源。
>
> ……宋神宗既采纳变法派的主张，抑制豪强以缓和社会矛盾，又在反对派影响下，惟恐抑制豪强而引起地主阶级内部的巨大分裂，这就陷于无法解决的矛盾之中，从而在他的性格当中呈现了游移不定、动摇彷徨的特点。①

既而漆先生又指出宋神宗与豪强兼并的这种互动矛盾关系，正是王安石第二次罢相后宋神宗主持下变法改革发生逆转的主因，而这种逆转即表现在某些方面抽出了抑制豪强兼并的内容，公开向豪强兼并妥协，以及为了急于求得对外战争的胜利，在王安石罢相后就逐步增加了财政收入，离开了王安石的发展生产扩大税源的理财道路。“这样便越出以前法令政策未曾越过的范围，因而在实质上亦就产生了某些差别。”②

虽然，邓先生和漆先生对宋神宗在变法过程中的动摇做了不尽相同的解释，但最后的结论却又殊途同归，即宋神宗的动摇和对保守势力的妥协直接影响了王安石的改革设想不能得到认真贯彻，并最终导致王安石变法的变质和被推翻。

---

① 漆侠：《王安石变法》（增订本），第210—211页。
② 漆侠：《王安石变法》（增订本），第213页。

第十五章 1950—1977年的王安石变法研究

一、1950—1965年的王安石变法研究

虽然邓广铭、漆侠二位先生是1950—1965年王安石变法研究的主要代表者，但这一时期发表的50余篇论文亦颇有特色。1958年1月14日《文汇报》刊登总结中华人民共和国成立以来八九年间的《王安石变法评价》短文说：

> 他们认为王安石变法应给以肯定的评价。因为他在客观上某种程度地符合当时社会和人民的要求，如富国强兵、抵御外侮、减轻自耕农负担、发展农业生产、削除封建贵族官僚某些特权等，但他们认为变法的目的绝非为民谋福利，而是为巩固宋帝国封建政权，是从封建地主阶级较长远的总利益出发的。王安石致力缓和阶级矛盾，也是为了抵制和避免类似黄巾、黄巢农民大起义的爆发。所以，王安石变法性质不像戊戌变法那样有革命意义，只是在维护封建制度下对于财政、军事、科举等制度作一些有进步意义的改革而已。

其中关于王安石变法失败的原因在《新史学通讯》上展开了讨论。姚瀛艇先生在1956年7月号《新史学通讯》的“问题解答”中认为王安石变法的失败原因是：“这种自上而下的政治改良运动，没有接触到最本质的问题，其所能发生的进步作用本来就是有限度的，而且又不能不依靠皇帝的支持来推行，变法的基础是极不巩固的。所以当神宗一死，旧党执政，新法就被推翻，后来吕惠卿、曾布、蔡京虽相继执政，但新法已被歪曲、变质，成为剥削人民的工具，王安石的变法运动，就完全失败了。”同年11月号《新史学通讯》发表的姚治中《试论王安石变法失败之原因——兼评姚瀛艇先生对于王安石变法问题的解答》不同意姚瀛艇先生的意见而提出商榷，认为“各个阶级社会中统治阶级所进行的改良政策之成败及持续与否决定于进行改良的这个阶级的历史地位，决定于当时改良派与保守派实力的对比”。而王安石变法失败原因恰恰是“大地主阶级及其同盟者的实力远远的（地）超过了中小地主改良派，他们为了保持本阶级的既得利益不能也根本不想对农民进行任何让步。王安石变法就是在这种阶级力量的对比之下失败的”。

其后，有三个方面的讨论值得一提：

（一）关于王安石的学术思想或称新学及其与变法的关系

侯外庐、邱汉生在20世纪50年代末先后发表两篇重要文章：《唯物主义者王安石》①、

① 侯外庐、邱汉生：《唯物主义者王安石》，《历史研究》1958年第10期。

《王安石的新学和变法思想的原则》①，在这两篇文章中首次以阶级斗争学说对王安石的学术思想做了系统的梳理，概言之，大致有以下八种观点：

（1）王安石是宋代著名的变法者，同时也是一个唯物主义的哲学家。他在政治上有雄大的志向，在哲学上也有很高的抱负。我们看他对上下古今的哲学家，上自孔墨诸子，下至韩愈、柳宗元和当代学者，都做了批判和评价，可知他企图总结古代的哲学传统，我们再读他对古代经典所作注解，如《洪范传》和《道德经注》，又可知他是以创立前无古人的"新学"而独树一帜。

（2）王安石的"新学"代表了带有非身份性的色彩的庶族集团，而与那些坚持古旧等级身份的豪族地主（如司马光等）展开了学术的斗争。"王安石反对传统的理论——以性为身分性人物所独占的、以情为非身分性人物所特具的阶级论，而主张不因地位身分（份）和等级而有区别的性情论，这是要求平等身分（份）的进步的学说。"

（3）关于天道观。王安石提出了一个有价值的命题，即人们固然不能左右自然规律，但是却能"维天道而成性"。因此，对于天道，不是消极地服从定命，而是积极地发挥人类的主观能动作用。这里，王安石居然敢于否定孔子以来儒家的命定论，确是一个对传统的迷信所作的大胆的批判。因此，虽然王安石在《洪范传》中论到皇帝对自然的关系，提倡绝对皇权主义，但他强调"人事"而否定灾异，却是健康的思想。虽然他在理论体系中包含有机械论的因素，但却没有陷入命定论，这一点是对古代唯物主义的重大修正。

（4）关于认识论、人性论。"王安石把农夫女工的知识和诸子百家之学同等看待，是最值得注意的命题。"他所谓天地日月星辰之气是可以被人所掌握的认识论，是和他的人性论相联系的。"王安石的人性论和认识论是有他的社会根源的，那就是带有非身分性色彩的地主阶级的社会利益"，那种"破坏了身分性的传统而对社会阶级所暴露的态度，就是他的人性论和认识论的出发点"。

（5）关于本体论。他们认为王安石的唯物主义思想是不彻底的，即陷入静和动、体和用的二元论的泥坑。"一方面大倡有对有偶的矛盾说，另一方面又不敢否认矛盾解消论，这是与其社会经济思想上的改良主义密切相关的。""带有非身分（份）性色彩的地主阶级的庶族的两面性，在哲学上和政治实践中是一致的。"

（6）洛学（理学）反对"新学"，正与政治上的反对新法相同，具有深刻的阶级斗争的意义。豪族地主阶层的道德心传式的理学和庶族地主阶层的新义式的理学，在神宗朝展开了学术领域内的斗争，各按自己的阶级偏见来制定所谓一于道德的义理之学，争取各自的正统，而反对别派的伪说。

（7）王安石的新学，一般指的是《诗》、《书》、《周礼义》和《字说》。《周礼义》是新法的理论概括。王安石训释《周官》的意义在于，"古之《周官》，为今日新法所从出，今日新法，更足证古之《周官》的实际"。"说明了这一关系，就揭露了王安石全部新法的根据"。所谓"诗礼足以相解"，就是诗的理通于《周官》的理，《周官》的理通于诗的理，可以互为发明，互为解释。这是王安石新学思想里的一个重要论点。王安石著《字说》的目的，就是从文字的语义学的角度，正概念的含义。统一了字义，就统一了对文字的解释，

① 邱汉生：《王安石的新学和变法思想的原则》，《历史教学》1959年第3期。

就可以廓清并防止经学传注的淆乱纷歧，具有通经的基本作用。

（8）王安石变法思想的原则。王安石出身于小官僚阶层，“由于小官僚阶层的社会地位和经济情况，使王安石更容易接近和了解农民的生活”。在北宋皇权对身份性地主的斗争里，他们很容易扮演拥护皇权的角色。他们企图从身份性地主那里夺取农民，归于皇权的直接控制。“而夺取农民的手段，就是一方面在一定程度上缓和阶级矛盾，对农民作若干让步”，借以维持皇权、身份性地主之间的相对平衡。同时，以王安石为代表的这种庶族地主，就其在封建社会规定之下的身份而言，“是没有特权的，因而他们和农民之间有一些共同的利害关系，可以同情于农民的苦难生活”，然而他们一旦在仕进之中取得了身份，取得了特权，又可以为拥护绝对皇权而和农民处于对抗地位，所谓“保甲法”就是证明。贯穿在王安石新学和变法思想里的阶级关系和阶级斗争的红线，就是这样。掌握这一根红线，对了解王安石新学和新法，了解新法和反新法的斗争是具有关键性意义的。①

另，陈正夫《王安石哲学思想研究》②、《王安石自然观初探》③亦探讨了王安石的自然观、人性论、认识论以及历史进化论。在讨论与之相关的王安石变法方面，则采用了漆侠《王安石变法》的主要观点。

（二）关于王安石变法阶级性的讨论

1961年9月2日，万绳楠在《安徽日报》发表《谈王安石变法》，着重介绍了王安石大兴农田水利、抵抗旱灾、发展生产的事迹，以及王安石注重“调查研究”“农夫女工无所不问”的作风和“先行试点”“逐步推广”的方法。同时，万绳楠认为，王安石变法的指导原则是“均贫富”，根据他（较穷困）的出身、家境，完全有接受农民“均贫富”思想的可能；王安石变法代表了农民的要求，其最终目的是大兴农田水利、发展生产。对此，杨国宜不同意这个看法，他从三个方面进行了驳议：第一，王安石出身庶族地主，具有儒家传统的平均思想。王安石的平均思想只不过是企图挽救封建统治危机，最多也不过是代表庶族地主争取身份地位上的平等；并不代表农民的利益，与农民要求土地所有权的平均思想，有本质上的不同。第二，新法代表庶族地主利益，在一定程度上符合农民要求，最终目的是富国强兵。王安石的新法固然处处体现着抑制兼并、均济贫乏的平均思想，具有调动民力发展生产的进步作用，但它毕竟只是代表庶族地主的利益，从维护封建统治的目的出发，虽然在一定程度上打击了豪族势家，使农民获得了一些好处，但并没有解脱农民被压迫被剥削的枷锁。新法的成效是显著的，社会生产发展了，但政府税收也增加了，在一定程度上达到了变法的最后目的——富国强兵。第三，新法被反动阶级大肆攻击，执行人不按政策办事，失掉人民的支持，终于失败了。王安石变法虽然失败了，但它是我国历史上一次重大的改革，在历史上来说，具有极大的进步意义。但它毕竟只是由地主阶级中的进步分子所主持的一次自上而下的社会改革，而不是农民阶级所进行的自下而上的暴力革命，它的一切措施都不可能对封建统治作根本的打击，也不可能指望它对社会发展有太

① 参见侯外庐主编：《中国思想通史》第4卷上册，北京：人民出版社，1959年，第420—495页。
② 陈正夫：《王安石哲学思想研究》，《江西大学学报（社会科学版）》1963年第1期。
③ 陈正夫：《王安石自然观初探》，《光明日报》1963年5月24日，第4版。

大的推动作用。而且，由于它主要只是代表庶族地主的利益，不可避免地带有先天的局限性和必然失败的命运。①

（三）关于王安石变法动机及其影响的讨论

周良霄《有关王安石变法思想的几个问题》认为北宋以来阶级斗争的新发展给王安石以有力影响，作为一个有作为有理想的政治改革家、思想家，王安石通过长时期的地方官生活，对于社会矛盾的认识是比较深刻的，对于贫苦农民的疾苦与要求也有所了解。因此，农民鲜明的斗争要求——“均平”，也就在王安石的思想里打下了深深的烙印。王安石把“愿见井地平”“均天下之财，使百姓无贫”视为自己最高的理想。“王安石的变法，从阶级实质来说，是中小地主利益在政治上的反映”，“王安石的变法思想在一定程度上也反映了他们的部分利益。这就是王安石变法思想的进步因素所在”。至于王安石变法的效果，文章认为：“从宋神宗的富国要求来说，变法的效果是很显著的。但对于王安石均平财富、使百姓无贫的理想来说，变法却只能是一次不折不扣的流产。”②

1965 年 3 月 10 日，《光明日报・史学》发表了胡昭曦《关于评价王安石变法的几个问题》一文，评论周良霄的文章以及其他人对王安石变法的评价。胡昭曦先生的文章共分三个部分，第一部分是“变法者的动机是为了人民吗？”主要针对周文对变法者动机的分析做了批评。胡昭曦指出：周文中认为王安石的“愿见井地平”“均天下之财，使百姓无贫”是他变法思想的中心和最高理想，这一说法是不对的。变法的产生是在北宋中期阶级斗争尖锐发展的情况下，统治者为巩固其统治的措施。王安石自己说过，他的动机是“为陛下（宋神宗）长虑后顾，为宗庙万世计”，否则统治者就会“身遇灾祸”“宗庙毁辱”“妻子穷困”。这是赤裸裸地在对抗农民革命，绝不是为了“使百姓无贫”。

在王安石变法思想中，“理财”很重要。他主张“抑富”，即从兼并之家“稍收轻重敛散之权，归之公上”，目的是增加政府收入，并非为了“惠贫”。他的“理财”原则是“因天下之力以生天下之财，取天下之财以供天下之费”。这就是说，榨取劳动人民生产的物质财富，去供给统治者，以加强对广大劳动人民的统治，这才是变法思想的中心。

封建地主阶级的官僚不可能有“抑富惠贫”“使百姓无贫”思想，这是地主阶级的本性；无视这一点，将模糊和混淆阶级界线。

第二部分是“新法”的执行情况究竟怎样？胡先生指出王安石“新法”的执行并没有什么效果，如“均输法”就根本未见实施。“新法”对社会生产发展的积极作用也不像某些人估计得那样高。政府收入虽有增加，但那是扩大税源、增铸货币，以及其他巧妙的剥削方式（如发行僧尼度牒）以加重人民负担的结果。

第三部分是“变法对当时社会各阶级的影响如何？”胡先生指出：周文中认为“王安石变法，从阶级实质来说，是中小地主利益在政治上的反映”，以及其他人的类似说法，也是值得商榷的。因为，作为地主阶级的政治家王安石，是不可能“独立”于代表整个地主阶级的北宋王朝以外的，当时政府的一切政策均是代表整个地主阶级利益，特别是大

① 杨国宜：《王安石变法的阶级性、进步性和局限性——与万绳楠同志商榷》，《安徽日报》1961 年 10 月 28 日。
② 周良霄：《有关王安石变法思想的几个问题》，《历史教学》1964 年第 3 期。

地主阶层的利益的。变法虽暂时抑制了豪绅大地主的一些利益，但代表他们利益的封建政府，却因而收入大增。归根到底，对于大地主最为有利，也对整个地主阶级有利。从历史事实来看，“保甲法”“青苗法”“免役法”“市易法”，都是使占人口百分之八九十的下户和客户增加新负担的措施。因此熙宁、元丰年间的阶级矛盾仍然是激烈的，农民起义仍是频繁的，而不是像某些人所说的阶级矛盾大为缓和，甚至很少农民起义的。①

此外，杨向奎《论“王安石变法”》是这一时期研究王安石变法较为系统而深入的一篇文章。他着重分析了北宋社会上、政治上的核心问题和变法前的形势，指出阶级矛盾尖锐是变法的主要原因，“封建统治者之所谓变法，不可能改变旧的阶级秩序。他们只是要适当地调整阶级关系，加强皇权，削弱分散力量，集中财权，集中兵权，造成国富兵强的局面”。对各项新法的利弊做了具体分析，并给以积极的评价：“王安石的计划在历史上说来具有进步意义，它对大地主阶级起了一定的限制作用，适当地调整了税户间的徭役负担。”他认为王安石是具有法家观点的儒家，而司马光是儒家中的保守派。“王安石是一个有作为的政治家，也是具有法家思想的儒家。儒家而具有法家思想的人，不是鼓吹公羊，采取更化维新的办法，就是提倡周礼，正法度，重世功。”②

二、蒙文通先生对王安石变法的否定

蒙文通先生（1894—1968），四川盐亭人，我国现代杰出的历史学家。他的学术成就包括《古史甄微》《古地甄微》《古族甄微》《经学抉原》《儒学五论》《巴蜀古史论述》《越史丛考》等。蒙文通先生早在20世纪30年代就开始关注王安石变法，据他在50年代回忆说：

> 北宋书言荆公变法之善者有之，言不善者亦有之，即如《宋史纪事本末》，专言变法之短，此何足以难荆公。至清蔡上翔，以荆公乡人，为荆公作《年谱》，专收称颂荆公之空文以为书，又何足以为益。新会梁氏以主张变法，于是略取蔡氏之书作《荆公评传》，赞扬变法不已。然从未求其实效，综其始终，书行四十年，似已成定论。蒙少年时读其书，信其说者十数年，年将四十，以所见史料核之多不合，于是始疑之。③

因而蒙先生从重实效的角度重新探求王安石变法，从而得出了与20世纪三四十年代绝大多数人所持的肯定意见相悖的结论，即对王安石变法作出了否定性的评价。虽然蒙先生的《北宋变法论稿》作于1954—1958年，但此稿的基本观点则在20世纪30年代就已形成，这就是发表在1937年第5期《论学》上的《与李源澄论北宋变法与南宋和战书》一文所作的概括性表述，为了准确把握蒙先生的批评意见，现转录这篇文章的相关部分内容。

> 于两宋事，持论尤有要者：宋承五季之后，徒知矫藩镇之弊，而不立建国之规，有救弊之法，而无开国之法。唐末五季取民最苛，宋承之而未有根本改革，此叶水心

① 胡昭曦：《王安石变法的动机是为了人民吗？》，《历史教学》1965年第4期。

② 杨向奎：《论“王安石变法”》，中华书局上海编辑所：《中华文史论丛》第2辑，北京：中华书局，1962年，第31—56页。

③ 蒙文通：《北宋变法论稿》，《古史甄微》，成都：巴蜀书社，1999年，第402页。

财多之来源，张方平论之详矣。宋初收军权，于边郡尚宽，故边将尚得以有所为，国家亦收其效，贾昌朝论之详矣。后于边将亦以中国御将之法御之，而宋兵遂不竞，此水心法密权专之论所由来也。

弟谓荆公变法偏重理财，民已困而荆公犹理财不已。荆公剥民，岂徒新法，即旧法之似未变者，至荆公亦为剥民之具，《建隆编》言之已悉矣。宋初多取于民而收兵权，故国家用费以无名赏赐为多，非此则无以厌兵将之心，此观于太祖杯酒释兵权语诸将之言，观于太祖犯吾法惟有知耳之言明也。而任子之类、废官任差遣之类，徒增冗俸，皆惟知以财悦文武内外之心，此宋财困之源。荆公变法，而宫观以安置反对者，提举以位置附和者，保甲之属亦赏赐甚巨。敛财而又糜财，则又何怪绍述以下为政者之日非也。水心言荆公“不知宋之所以为宋”一言最彻，以荆公见宋之弊，知法之当变，而未知所以变之，此所以益变而益坏。

大凡北宋学风，优于哲学，而短于为国，以北宋士大夫本不知法，故变法与反对变法者皆无卓识。观于荆公上仁宗万言书，论事已析，言理财者不过数十字，而仍以兴教育、养人才、善风俗为说，而无一言及于如后之新法。及神宗以收复燕云为志，专力富强，而荆公佐之，新法日布，皆富强之事也。谓荆公所行者素志乎，抑素所未知者乎？其力依附《周官》，特以塞难者之口耳，况《周官》为封建时代制，不可行之于郡县时代，此途人所能知之事也，此论自水心发之，马贵与扬之，亦可以大白于后也。至若宋之军政，虽曰未变可也。陈氏《历代兵制》已尝言之。盖欲更兵制之时，神宗以为祖宗于此有深意，欲废枢密院，神宗亦以祖宗为言。是宋始终以藩镇为惧，至亡国而惧犹未已，应变之法，始终未变，厉民已甚者，荆公又从而厉之，荆公不知宋，亦不知《周官》，口言卑视汉唐，胸中实不知法，一旦操变法之柄，杂采俗吏之法而行之。而反对者亦不知宋之为宋、法之为法，《周官》之为《周官》，故不足以折荆公，而曰法不应变，则更无以服有识者之心。凡北宋有新法派之史料，有旧法派之史料，惟求之吕、唐、陈、叶之说，而上穷其源，而北宋之史可理也。①

蒙先生在20世纪30年代提出的这个观点，直到近20年后才得以系统论证。据蒙先生的哲嗣蒙默先生在整理蒙先生的手稿时说：

手稿略作于一九五四年至一九五八年间，先后断续写成，原题《北宋变法批判七件》，故原稿前后颇不相属，各目之间亦详略不等，又偶有重复处。一九五七年春，曾以《北宋财经和熙丰变法》为题在四川大学历史系毕业班作专题讲授。当时由吴天墀先生据手稿整理一《报告大纲》，与部分手稿一并油印散发。先君在审阅《大纲》草稿时，曾亲笔添入论保甲、保马及农田水利数百余言，此二问题为手稿所未曾论及者，幸于此得有所补充。②

《北宋变法论稿》共分五个部分：“一、北宋一代人民负担与熙丰变法”；“二、熙丰新法之施行及其实效”；“三、元祐更化，绍述之论与‘党争’”；“四、王安石其人其友”；“五、北宋变法之史料问题”。统揽这五个部分论证，其要点如下：

① 蒙文通：《古史甄微》，第399—400页。
② 蒙文通：《古史甄微》蒙默整理后记，第473页。

（1）熙丰新法通过各种途径搜刮民财，提高国家财政收入，从而极大地增加了人民负担。

（2）熙丰诸项新法都是聚敛之法，剥削贫民。唯农田水利一项，确有推进生产之作用。但实施规模不大，“是熙宁兴水利之所得，远不及河决为患之所失，故熙宁兴水利之作用实不足道也”①。

（3）关于司马光与王安石的理财主张，蒙先生说：“司马光主于省用节流，而王安石主于理财开源。是时京师岁入五千余万，数倍于宋初，而犹言财用不足，究当减少浮费、节约开支，抑当虐取于民以供浪费？其是非得失，本自显明。……司马光之反对新法，其核心亦即坚持省用节流方针而反对理财开源以浪费也。”②

（4）王安石、章惇、吕惠卿“皆大官僚、大地主，其举措究代表谁家利益可知也。温公元祐时罢免或修改熙丰新法，未见其复行形势税薄……是荆公、温公虽有不同，而其本质则一也。且温公虽主节费，而元祐更化时于冗官、冗兵、冗费等弊政，仍无所触动。是二人之政治才能实伯仲之间耳”③。对荆公、温公各打五十大板，皆不足以变法救弊政而治国。

（5）关于王安石变法的效果，亦即失败原因。蒙先生不同意20世纪二三十年代以来的种种解释：

> 或谓安石立法之意皆善，而其所用之人不善，故其效果不佳。此种言论，系将安石与整个变法活动分开，此似未必妥当。或谓安石之法因受地主官僚反对，未能彻底施行，故未能收到预期效果。然当时官僚中之反对派无出富弼、韩琦、文彦博、司马光之右者，此辈先后皆逐一罢免，曾不能阻止新法之施行，更何人能阻止新法之实行，新法实已尽皆施行。又或谓元祐更化破坏新法，故效果不大。实则熙丰新法行之十八年，岂能无有效果！元祐罢新法不过八年，绍圣又复新法，直至靖康，计三十余年，不得谓新法复行之时间不长。又或谓绍圣以后，新法变质。苟诚如是，则应指出如何变质，何所变质，然曾无人尝言及此。④

蒙先生以为，新法之所以效果不佳，主要是因为熙丰新法为聚敛之法，在以供浪费的错误道路上越走越远，“其搜刮民财亦更厉于前，人民因以更困于前，北宋亦因之遂亡矣”⑤。

（6）关于“党争”。“案宋承五季余风，其法显当更革。范仲淹所变之法，颇合实际，自法之废弛以建法，自财之浪费以节财。与当时官僚集团利益冲突，故遭反对而失败，而法亦旋废。王安石有鉴于庆历之败，故不主节用而主生财，加重人民负担以解决财政困难而事以愈非。元祐时司马光诸公实无所作为，失之因循；绍圣以后，似将有所作为，然循熙丰新法，则确难以为治。北宋士风专重道德文章，故皆难以为政。南宋之学深究历代制度，故其论北宋弊政，颇能切中实际。自切中实际言之，虽范仲淹亦不济于事，王安石、

① 蒙文通：《古史甄微》，第452页。
② 蒙文通：《古史甄微》，第421页。
③ 蒙文通：《古史甄微》，第465页。
④ 蒙文通：《古史甄微》，第453—454页。
⑤ 蒙文通：《古史甄微》，第456页。

司马光则更无论矣。自北宋之学术言之，于北宋法制之变革实恐无人能胜任也。与庆历改革同时而起者，为喜逞意气之争，各不相下，当时人谓之‘党争’，其事与近世之党争邈不相涉，彼此间虽有异同离合，然俱非重大政见之分歧，而多为无谓之争，此种斗争迄于北宋之亡犹未能已，下至南宋犹尚喋喋纷纭。”①

（7）关于王安石其人其友。蒙先生批评近世研究王安石的一人，不顾新法实效，一味地颂扬王安石。他说：荆公自知其变法之不尽善，“然近数十年之间，称道荆公者、相信荆公之法者，似较荆公更为自信，岂足以知荆公耶”②。对王安石交友用人，则不同意梁启超“谓所用之人贤士泰半，其交谊之恶皆为国事，必欲谓其尽皆善士而后已”③的看法，而是认为“是荆公所用之人不特多非善士，亦多为庸才矣”④。

（8）关于北宋变法史料问题。认为宋人所留下的史料，固然有变法派和反变法派各自主其己说的史料，但基本史实应是清楚的。

> 盖新法重在理财，熙宁、元丰之间行之十余年，其收支数目大略可考，总合宋开国以来收入数字，与靖康祸发时收入数字，一一相比，再以新法施行之措施求之诸《会计录》及各朝《会要》，事实显然，罕有不同，是其影响于国计民生者皆一一能验。《神宗实录》经再修三修，若无定说，而《会要》、《会计》诸录虽亦官书，从无不同。朱、墨本及新、旧之史，其异同之处，《续资治通鉴长编》及《长编纪事本末》二书皆比而载之，即数字之异，亦备记出，只不过一二好恶之辞，爱憎之口，于事实罕有出入。盖毁誉予夺纵不同，而事实具在者，谁能改之。梁氏诋《宋史》不是信则诚然，而谓朱、墨本无可考见，则未必然也。⑤

（9）蒙文通先生研究王安石变法，在思想方法上多取法南宋浙东学派的观点，字里行间常表现出对南宋浙东学派及李焘批判王安石变法的折服，“大抵北宋士大夫皆相差无几，既看不出症结，也抓不住要害，更提不出办法，倒是南宋人如叶水心、陈止斋、吕东莱、李焘、李心传、马端临等于北宋一切弊政尚能看得清楚、说得透彻，然已不能拯宋室于倾亡矣”⑥。在使用史料上，虽然蒙先生在讨论熙丰新法聚敛民财、提高财政收入、增加人民负担时，引用了大量会要、会计录等大略可考、事实清楚的资料，但是在引证新法弊害时，则以反变法派的言论和著述为主。

总之，蒙文通先生对王安石其人其法均持否定的意见。

三、批儒评法与“尊崇”王安石

1973年10月，《红旗》杂志发表署名“石仑”撰写的文章《论尊儒反法》，从而揭开了“批儒评法”的序幕。一本编于1974年7月的内部学习材料《关于历史上儒法斗争的

---

① 蒙文通：《古史甄微》，第457—458页。
② 蒙文通：《古史甄微》，第461页。
③ 蒙文通：《古史甄微》，第462页。
④ 蒙文通：《古史甄微》，第464页。
⑤ 蒙文通：《古史甄微》，第402—403页。
⑥ 蒙文通：《古史甄微》，第465页。

概况》中，是这样简要叙述开展“批儒评法”的历史意义和现实意义的：“总结和研究我国历史上儒法斗争的经验和特点，不仅有助于了解历史的中国，而且‘对于指导当前的伟大的运动，是有重要的帮助的。’它将有助于我们进一步理解当前批林批孔运动的重大现实意义和深远的历史意义，并且把批林批孔运动更深入、更普及、更持久、更系统地进行下去。”

在阶级社会中，任何一种思想，任何一个学派，无不打上阶级的烙印，它们都是代表一定阶级的经济和政治利益的。它们之间的斗争，是阶级斗争在政治思想领域内的反映，儒家和法家是在我国春秋中期从奴隶制社会向封建制社会急剧转变过程中，在激烈的阶级斗争中形成的两个对立学派。儒家是代表当时没落的奴隶主利益的一个反动学派。法家是代表当时新兴地主阶级利益的一个进步学派。儒法斗争从一开始就是两个阶级、两条政治思想路线的斗争。以后随着地主阶级历史地位的改变，在长期的封建社会中和近代半殖民地半封建社会中，儒家一直为反动统治者所尊奉，他们把它捧上了天。儒法斗争虽然始终没有停止过，法家思想也一直为社会进步力量所继承和发扬，但法家学派长期被反动统治者所排斥和咒骂。儒法斗争的历史及其阶级实质被严重地歪曲、颠倒。

最早把王安石作为“法家”而加以宣传的，是《学习与批判》1973年第1期发表的史尚辉《从“三不足”看王安石的法家思想》和《解放日报》1973年9月22日发表的肖鸥《评孔子的“三畏”和王安石的“三不足”》，他们说王安石的“天变不足畏，祖宗不足法，人言不足恤”三不足精神体现了法家思想，而变法则是王安石法家思想在政治上的体现。这两篇文章可说是“批儒评法”的先声。其后，1974—1975年“批儒评法”达到高潮，王安石被作为法家斗士、王安石变法被作为两宋儒法斗争的典型事例受到高度重视，罗思鼎《从王安石变法看儒法论战的演变——读〈王荆公年谱考略〉》1974年2月在《红旗》第2期刊出即是这方面的代表作。从发表的130余篇文章来看，大致涵盖两方面的内容：一是这一时期对王安石变法性质的定性；二是这一时期对王安石的历史作用的评价。

先看对王安石变法性质的定性。前揭《关于历史上儒法斗争的概况》虽是供内部学习之用，但它是综合当时报纸、杂志上的相关文章而来，具有一定的代表性，可以从一个侧面展示当时对王安石变法性质定性的基本面貌，故转录如下：

两宋时期的儒法斗争

中国封建社会发展到北宋，开始逐步向后期过渡。土地高度集中到一小撮大地主手中，农民反对地主阶级的斗争也进入了一个新的阶段。唐末农民战争中，农民起义军领袖王仙芝号称“天补平均大将军”，明确提出了“平均”的要求。北宋初年在四川爆发的李顺、王小波起义，更鲜明地提出了“均贫富”的战斗口号。在农民斗争的打击下，封建制度开始走向下坡路。

到北宋中期，官僚大地主利用政治特权，霸占了全国百分之七十以上的耕地。他们不仅通过地租和高利贷残酷地剥削农民，而且逃避赋役。广大的贫苦佃农日益赤贫化，自耕农和中小地主也纷纷破产。这种状况不仅使阶级矛盾日益尖锐化，引起了11世纪40年代一系列农民起义，并且使赋税来源不断缩小，引起封建国家的财政危机。

面对这种情况，官僚大地主力图用儒家思想来加强对农民的统治，维护他们既得利益和特权。代表地主阶级下层利益的革新派则主张进行政治改革。王安石变法就是在这种情况下发生的。

王安石（公元 1021—1086 年）是一位社会改革家，他在 1069 年被宋神宗任命为参知政事（副宰相），对封建国家的财政、经济、军事制度进行了改革。

王安石反对董仲舒“天不变、道亦不变”的形而上学思想，认为“新故相除”，也就是新陈代谢是自然界和人类社会共有的规律。他继承韩非“世异则事异”的思想，分析北宋“积贫积弱”，阶级矛盾尖锐，外患严重，国家困穷的原因，是由于北宋建立后，历代皇帝“累世因循”，结果使“法度”多不合于当时变化了的形势。因此他主张“改弦易辙”，“变风俗，立法度”，改变儒家复古守旧的政治思想路线。他还继承了法家“富国以农”的经济思想，主张“理财以农事为先”，发展农业生产。在对外族西夏的侵略问题上，顽固派无耻叫嚷“宁与外人，不与家奴”，投降卖国。王安石则力主抗战，就在他执政变法期间，收复熙河、洮、岷、叠、宕等失地，打退了外族侵略。他是一位伟大的爱国主义者。

王安石发动变法的目的，是为了缓和地主阶级的内部矛盾，稳定中小地主的社会地位，解决封建国家的财政危机，抵御西夏的侵略。王安石变法的主要措施，是“绝并兼之路”，即抑制大官僚、大地主的土地兼并和高利贷盘剥，适当调整地主阶级内部地租再分配的比例。这些措施对于促进农业生产和商品经济的发展都有积极的意义，但在一定程度上损害了大地主集团的政治、经济利益。因而，他的变法遭到了以司马光为首的大地主顽固派的激烈反对和疯狂破坏。他们攻击王安石变法是“以贱凌贵”，“以邪防正”，是“夺富民之利”等等。地主阶级中革新派和守旧派之间两条政治路线展开了尖锐的斗争。这个斗争反映在思想上就是以王安石为代表的“荆公新学”与以司马光、程颢、程颐为代表的反动理学的对立斗争。

王安石为了驳斥保守派反对变法的各种谬论，给推行变法制造理论根据，他吸收了历史上法家的变革、发展思想，建立起与儒家思想相对立的“荆公新学”。王安石尊崇法家，赞扬秦始皇“郡天下而卫国，得之矣”，推崇商鞅“精耕战之法”，认为“今人未可非商鞅，商鞅能令政必行”，并充分肯定桑弘羊的财政经济改革。王安石反对儒家的守旧思想。他一针见血地指出，儒家守旧复古的顽症，说“俗儒不知变”。他蔑视儒家竭力鼓吹经孔丘篡改的《春秋》经，说这是一些“断烂朝报”，是残缺不全腐烂发臭的朝廷流水报表。他嘲笑儒家搞的那套烦琐哲学是一无用的“无补之学”。对那些只知‘据经泥古’的儒家顽固守旧分子，他以蔑视的态度指出：“后世所谓儒者，大抵皆庸人。”因此，在变法期间，他把“先儒传注一切废不用”，而代之以自己撰述的《三经新义》、《字说》等。

特别值得提到的是，当那些顽固派把当时所发生的天灾、地震、山崩等自然界的反常现象和变法运动牵强附会地拉在一起，打起儒家“敬天法祖”的破旗，妄想用所谓“天不变”、“祖宗之法”和“流俗之情”（社会舆论）等来阻止变法运动的进行时，王安石针锋相对地提出了“天变不足畏，祖宗不足法，人言不足恤”的战斗口号。王安石的“三不足”精神是和孔丘鼓吹的“畏天命，畏大人，畏圣人之言”直接相对立的，这就打破了当时思想界拘泥于孔孟之道圈子里的一潭死水的局面，大大解放了人们的思想，推动了社会前进，推动了科学文化的发展。与王安石同时的一位伟大的科学家，爱国主义者沈括（公元1031—1095年），积极支持和参加王安石的变法革新。他在三司使任内曾主持改革盐法。公元1081年西夏入侵，沈括任鄜延路经略，亲自帅师抗击，打败侵略军七万人之众。沈括在法家变革、发展思想的指导下，反对因循守旧，努力研究科学、技术、文学、艺术，提出了许多卓越的创见。他在《梦溪笔谈》一书中，不仅记录了我国古代大量的科学、技术成就，而且提出了自己对科学、技术的研究成果。他的许多科学发明和理论，远远超过了西方数百年。例如，他根据古生物的遗迹，推断出海陆变迁的见解，就比西方早400多年。沈括的科学成就是我国历史上一份十分宝贵的文化遗产。但是，法家变革、发展的进步思想，遭到了封建顽固派和儒家的疯狂反对。他们攻击王安石"挟管（仲）商（鞅）之术"，是少正卯那样的人，惊呼"大患者却是王介甫之学"（王安石字介甫），"坏了后生学者"，表示要同他拼命。

司马光（公元1019—1086年）、程颢（公元1032—1085年）、程颐（公元1033—1107年）等大地主阶级顽固派，是极端的尊儒反法派。他们把同王安石的斗争，看成是一场政治上、思想上捍卫孔孟之道的斗争。程颢、程颐等人自吹是孔孟之道的直接继承人，大肆攻击商鞅和秦始皇，把反动的孔学发展为一套极端唯心论的理学。他们抬出孔老二的"天命论"，董仲舒的"天不变，道亦不变"等唯心论形而上学思想，一再叫嚣"祖宗之法不可变也"。而且进一步把维护封建统治秩序的"三纲五常"抬高到"天理"的地位，来为封建制度绝对不能改变的反动政治路线作论证。程颐甚至提出"饿死事极小，失节事极大"的吃人封建礼教，不准人们有一丝一毫违反封建统治的言行，要人们宁愿为维护封建统治而饿死，也绝不能有对封建制度"失节"的行为。封建反动统治者不断抬高儒家思想地位，日益加强封建道德教条束缚，并不表明地主阶级的强盛。而恰恰暴露了封建制度的岌岌可危，地主阶级灵魂深处的极端恐惧。

由于王安石变法是在不触动地主阶级根本利益的基础上进行的，它并不能改善贫苦农民受压迫、受剥削的处境。他的改革变法的社会基础也是很狭隘的。因此，变法运动虽然持续了十六年，最后，当顽固派司马光等上台，夺得政权后，立即推翻了一切变法措施。同时，顽固派更加狂热地鼓吹孔孟儒家的反动理论，严禁"荆公新学"的传播。反动道学家们企图把北宋王朝灭亡的原因归罪于王安石的变法。事实上北宋王朝的灭亡，完全是由于司马光等大地主顽固派进一步推行尊儒反法的反动路线，对内打击革新派，搞复古倒退，对外忍辱卖国所造成的。这再一次证明了用儒家思想，企图开历史倒车是决没有出路的。反动的道学家们恶毒咒骂王安石是"拗相公"。他们还伪造了一篇《辨奸论》，恶毒攻击王安石的变法运动。林彪跟在这些顽固派的后面，也恶毒咒骂王安石是"拗相公"。他借此来咒骂我国的无产阶级专政和社会主义制度，咒骂毛主席的革命路线和坚持毛主席革命路线的革命人民。他还把《辨奸论》视为至宝，作为他搞反革命政变的理论基础。这就充分地暴露了林彪与历代反动派是一丘之貉，他的路线是一条投降卖国，复辟资本主义的极右路线。①

再看对王安石的历史作用的评价。《学习与批判》1974年第11期在"报刊论文综述"

①《关于历史上儒法斗争的概况》，内部资料，1974年，第37—40页。

栏目中登载延青整理的《如何评价王安石的历史作用》一文基本反映了当时的讨论状况及价值取向。全文引录如下：

> 批林批孔运动开展以来，各地报刊、杂志都陆续刊登了有关北宋时期著名的改革家王安石的研究文章。文章从各个不同角度讨论到王安石的阶级属性，及其新法与劳动人民的关系等问题。为了便于大家对这些问题开展研究，我们把不同观点整理综述如下。
>
> 一、关于王安石的阶级属性问题
>
> 王安石代表着哪个阶级？反映了哪个阶层的利益？目前各种报刊上的评论文章有一些不同的提法，归纳起来大致有以下几种。
>
> 一种意见认为，王安石是“从巩固地主阶级长远统治出发”的地主阶级“代表人物”。《南开大学学报》一九七四年第二期刊登的《法家人物简介（一）》中提出：“在阶级矛盾、民族矛盾十分尖锐，财政危机十分严重的情况下，地主阶级内部出现了一些进步的思想家，他们从巩固地主阶级的长远统治出发，主张采取一些革新措施，这些人当时被称为‘新党’，其代表人物就是王安石。”此文同时强调指出：王安石是“为巩固封建王朝的长期统治而斗争，而变法”的。靳志柏在《王安石新学同儒家理学的斗争》一文中认为，正因为王安石代表了地主阶级的长远利益，才去“反对官僚大地主酷虐的土地主兼并和无限度的政治特权及超经济剥削”，“在地主阶级内部调整对地租剥削的比例”，进行一系列改革的。（《天津日报》一九七四年六月三日）
>
> 另一种意见认为，王安石是“地主阶级革新派”。北大、清华大批判组在《论爱国主义者王安石》一文中说：“以王安石为代表的地主阶级革新派，在宋神宗支持下，主张变法图强，抗战自卫。以司马光为首，以曹太后（仁宗后）、高太后（英宗后）为后台的大地主阶级保守派，反对变革，顽固推行妥协投降政策。两条路线针锋相对，进行了一场激烈的大论战。”文章又指出：“王安石认为不改变北宋的‘积贫积弱’局面，既不能巩固地主阶级对农民的统治，也不能解除辽和西夏统治者对北宋的威胁。为此，他提出了以理财和整军为主要内容的变法措施。”（《北京大学学报》一九七四年第四期）
>
> 还有一种意见认为，王安石是“中小地主阶级”的“代表”。这些文章认为：当时的统治阶级内部分成了两派：“以王安石为代表的革新派，代表中小地主的利益，反对土地兼并，积极主张变法图强”；“以司马光为代表的顽固派代表大地主、大官僚的利益，坚决反对社会变革，反对王安石变法。”（王铁铭《尊儒反法的顽固派是社会变革的顽敌》，《甘肃日报》一九七四年六月六日）朱彤、石磊同志在《读王安石〈答司马谏议书〉》一文中也指出：王安石生活的时代“由于阶级矛盾、民族矛盾日益加深，社会危机随着日益加重，不但广大农民的生活困苦不堪，就是中小地主的利益也受到损害，这就激化了统治阶级内部中小地主与大官僚大地主之间的矛盾和斗争”。（《光明日报》一九七四年八月二十七日）王安石正是保护和反映了这个阶级的利益和要求的。
>
> 还有一些文章认为：王安石变法的目的“是要使地主阶级的中下层和富裕农民们免得越来越厉害地遭受豪强兼并之家的蚕食而致倾家荡产”。（邓广铭《王安石——北宋时期杰出的法家》，《光明日报》一九七四年七月七日）有的则说王安石变法是为了“限制大官僚、大地主的特权，改善中小地主和中小商人的经济状况”。（赵建强《王安

石变法》,《革命接班人》一九七四年第六期）此外，在分析王安石的阶级属性时，还有的认为他是“庶族地主阶层”的“代表”（梁觉《读王安石的〈上时政疏〉》,《破与立》一九七四年第三期）；有的认为他的变法，“适应了当时封建经济关系的要求，反映了无特权的地主阶级下层的愿望。”（张立文、方立天《王安石反对司马光的斗争》,《北京师大学报》一九七四年第一期），等等”。

二、关于王安石的新法与劳动人民的关系问题

这是研究和评价王安石历史作用的一个重要问题，在这方面也有一些不同观点。

一种观点认为，王安石的新法“在一定程度上力图减轻劳动人民疾苦”。如古华在《司马光反变法的罪恶活动剖析》一文中说：“他（王安石）病中闻司马光罢新法，连关系劳动人民利益最大的‘免役法’也被罢了时，不禁愕然曰：‘亦罢及此乎？’良久曰：‘此法终不可罢也’。此后不到一月王安石就病故了。”因此作者认为：“这可见王安石直到生命的最后一刻还在坚持和司马光作斗争，也反映了他在一定程度上力图减轻劳动人民疾苦的可贵抱负。”（《湖北日报》一九七四年六月二十四日）还有一些文章认为：王安石新法中的“均输法是为了使‘民不加赋而国用饶’，限制富商大贾控制市场以牟取暴利，减轻农民的经济负担和运输劳累。而青苗法则是由政府以比豪绅富贾较低的利息，借贷给贫民，使农民在饥荒时能从事生产和兴修水利，在一定程度上制止高利贷的猖獗。”（周义敢《读王安石〈答司马谏议书〉》,《内蒙古日报》一九七四年八月二十日）

第二种观点认为，新法对“社会生产是起着积极作用的”，但“还有巩固地主阶级的统治”，“加强对农民专政的一面”。杨江在《从林彪和朱熹的咒骂看王安石变法》一文中，分析了北宋时期的社会矛盾和阶级矛盾后指出：“在当时的社会矛盾的情况下，这场矛头对着大地主阶级的反投降、反兼并、反特权的斗争，对于民族生存和社会生产是起着积极作用的。”文章接着指出：“王安石变法的目的还有巩固地主阶级统治，加强对农民专政的一面。他在《上仁宗皇帝言事书》中，就明确地提出，如不变法，恐怕就会出现‘汉之张角三十六方同日而起’，‘唐之黄巢横行天下’的危险局面”。（《教育革命通讯》一九七四年第七期）史尚辉在《从“三不足”看王安石的法家思想》一文中，也在肯定了王安石变法“由于打击了大地主兼并势力，对当时社会经济的发展曾起了一定的作用”，同时又指出：“新法的全部措施，都是为了达到抑制豪强，实现财产和权力再分配的目的”。“双方斗争的焦点是究竟谁占得多些，而决不是减轻对农民的剥削。”文章最后进一步指出：“王安石变法的根本原因，正如他自己所表白的……即害怕农民起义推翻封建地主阶级的统治。”（《文汇报》一九七三年九月二十二日）

第三种观点则认为，新法“打击了大地主阶级”，“客观上（有的认为‘在一定程度上’）对劳动人民也是有利的”。持这种观点的文章分析说：王安石“毕竟是一个地主阶级的政治家，他的改革也决不可能真正是为劳动人民着想的”，但新法“打击了大地主阶级，客观上对劳动人民也是有利的”。（北师大历史系学员《〈答司马谏议书〉注释》,《北京日报》一九七四年八月七日）薛明的文章以新法在当时起到的“作用”来说明，“客观上对人民有了一点好处，对推动当时社会的进步，社会生产力的发展，起

了一定的积极作用”。文章接着指出：“但它的实质是为了缓和地主阶级的内部矛盾，稳定中小地主阶级的社会地位，并不可能从根本上改善贫苦农民受压迫受剥削的处境，因而是一条改良主义的路线。”（《一场革新与复辟的斗争》，《陕西日报》一九七四年五月三十一日）

还有一些文章认为，王安石新法“并不可能改善贫苦农民受剥削受压迫的处境”。罗思鼎的文章在分析了变法前的社会经济、政治状况后指出：“王安石一上台，就提出了反兼并的理财措施，力图调整地主阶级内部对地租剥削的分配比例”。“以王安石为首的变法派的社会基础是很狭隘的。他们提出抑制兼并，目的是为了缓和地主阶级的内部矛盾，稳定中小地主阶级的社会地位。它并不可能改善贫苦农民受剥削受压迫的处境，因此也不可能得到广大群众的支持。”文章同时认为：“宋朝的社会危机是由封建制度本身所决定的。王安石由于其地主阶级的局限性，幻想在不根本触动封建制度的基础上，作些修修补补，走改良的道路，这只能是一条走不通的死路。”（《从王安石变法看儒法斗争的演变》，《红旗》杂志 一九七四年第 二期）南开大学历史系学员赵建强的文章说：“需要指出的是，在封建社会里，只有地主阶级与农民阶级的矛盾才是主要矛盾”。所以以王安石为代表的革新派与守旧派的斗争，“本质上是地主阶级内部的矛盾”。文章强调指出：“即使斗争达到十分尖锐的程度，双方对于农民的态度基本上还是一致的，因而不可能解决封建社会地主阶级与农民阶级的基本矛盾，也就无法推动社会向前发展，变法的结果当然只能归于失败。”（《革命接班人》一九七四年第六期）。①

这一时期出版的 5 种著作是：《杰出的法家王安石》，山东人民出版社 1974 年版；邓广铭先生《中国十一世纪时的改革家——王安石》，人民出版社 1975 年版；《王安石、李贽》，广东人民出版社 1974 年版；湖北人民出版社编辑《中国十一世纪时的改革家王安石》，湖北人民出版社 1975 年版；抚州革命委员会政治部、江西师范学院中文系《王安石变法》编写组编的《王安石变法》，江西人民出版社 1975 年版。

① 延青整理：《如何评价王安石的历史作用》，《学习与批判》1974 年第 11 期。

第十六章 20世纪后20年的王安石及其变法研究（上）

1976年10月，“四人帮”被粉碎，中国又迎来了科学的春天，史学研究进入一个新的发展时期。1977—1979年学界发表了二三十篇文章批判和矫正“四人帮”对王安石及其变法的扭曲，并力图澄清一些基本史实，还历史的本来面目。[①]但毋庸讳言，这一时期的矫正性论文仍然有时代烙印，随着拨乱反正的逐步深入，王安石及其变法的研究出现了前所未有的活跃局面，进入20世纪80年代以后，一直是宋史研究中的重点问题之一。

一、《王安石变法简论》的发表与三种不同评议意见的形成

1980年，《中国社会科学》第3期发表了王曾瑜先生的《王安石变法简论》，对王安石变法的再评价随之而热烈地展开，标志着20世纪王安石变法研究新阶段的开始并形成了三种总评意见，即否定说、肯定说和不完全肯定说。

（一）否定说

否定说有两种不尽相同的意见。

第一种意见是对王安石变法予以全盘否定，这一观点主要以王曾瑜、程念祺、汪圣铎、周膺、刘焕曾、任仲书等人为代表。

王曾瑜先生是中国社会科学院历史研究所研究员，当代著名宋史学者。《王安石变法简论》可说是他的成名作之一。该文就如何评价王安石变法的原则，提出“评价王安石变法，主要是依据言论，还是依据行动；是依据动机，还是依据效果，这应是个根本的原则问题”。这一原则的提出，其后得到了广泛的认同。文章认为，王安石不应算作中小地主的政治代表，更未对农民实行让步政策。王安石变法的客观效果是加重了对农民的剥削和压迫。其反动性主要表现在：行“聚敛”之术，“加强对贫民下户的搜刮和镇压”；“倒行逆施”，企

① 参见吴泰：《关于王安石变法的几个问题——驳“四人帮”及其喉舌散布的一些谬论》，《文史哲》1977年第4期；朱瑞熙：《“四人帮”歪曲王安石变法历史的险恶用心》，《文史哲》1977年第4期；许晓秋：《“四人帮”是怎样利用王安石变法大造反革命舆论的——评罗思鼎〈从王安石变法看儒法斗争的演变〉》，《辽宁大学学报（哲学社会科学版）》1977年第5期；邓广铭：《从一篇黑文看罗思鼎们对宋史和王安石变法的懵懂无知——对〈从王安石变法看儒法论战的演变——读《王荆公年谱考略》〉一文的批判》，《社会科学战线》1979年第1期。

图“恢复征兵制”；行“市易法”，建立“官府的垄断经营”，“阻碍商品经济的正常发展”；企图用王学“一道德”，“禁锢思想自由”；提倡以经义取士，开封建社会后期文化专制，扼杀士人聪明才智的科举程式之先河；倡“保甲法”，为后代反动统治者所师承等。一句话，王安石“富国有术、强兵无方”，所以，应予基本否定。①

周膺《王安石变法与北宋的兴衰》认为“王安石变法的着眼点就是钱，这就是变法的实质所在”，“王安石既反对节用，官府又不从事生产，钱的来源只能从百姓身上搜刮，从劳动者身上榨取。所谓‘变通’不过是用强权和欺骗的两手让民间的钱不断流向‘官家’罢了。不能否认变法对生产和劳动者有某些好处，但是从全体看，经过变法，只能是‘官家’越来越富，百姓越来越穷，王安石的变法只能是穷民政策，这就是变法的基本事实”。王安石推行的“一道德”至少有如下弊病：①风俗渐坏，投机、谄谀之风渐长；②变法队伍逐渐庞杂，内部纠纷严重；③变法中的弊病不易发现和纠正；④变法与反变法的矛盾日益加深。这些问题的发展就足以使变法和北宋继续走下坡路了。“一道德”是使北宋党争加剧的重要原因。“如果说‘元祐更化’废罢新法是人为的，是司马光的倒行逆施的话，那么，靖康间金兵打来时，清算王安石和全部废罢新法就是出于自觉了。”“当然我们不能把北宋覆亡简单地归咎于王安石或司马光。但历史如此，我们有必要研究王安石变法与北宋兴衰的必然联系。”②

程念祺《王安石变法的几个经济问题》从王安石“理财”的实质和这种“理财”对封建经济的影响两个方面展开讨论：

> 我们不难看出，王安石“理财”是以提高剥削率和扩大剥削范围为手段，并辅以一系列强制的方式来贯彻实行的。……“理财”从表面上看，是国家要抑兼并，而实质上是国家运用其政权力量，来排斥一般的兼并而自为兼并。它几乎涉及了当时经济生活中的各个领域。不仅针对农业，也针对商业，不仅针对一般的农民，也在一定的限度内波及到地主；不仅针对一般的中小商人乃至小摊贩，也针对大商人。“理财”是全面的搜刮、聚敛。认为这种理财方式会具有促进生产发展的意义，可以“因天下之力以生天下之财”是缺乏事实根据的。③

宋代商品货币关系的空前高度发展，使农产品的商品化程度大大高于前代，这是历史的进步。

> 然而，王安石变法从农业到商业，均采取了强制性的提高剥削率和扩大剥削范围的手段，并以在商业上的专买专卖政策，从根本上限制了流通和生产的进一步发展与变化。无疑，这仅仅有利于使旧有的以自然经济为主、商品经济为辅的生产结构完整地保存下来。作为一个改革的主持者，他仅仅能承认现实的某些合理性，看到了土地

① 王曾瑜：《王安石变法简论》，《中国社会科学》1980年第3期，后收入氏著：《凝意斋集》，兰州：兰州大学出版社，2003年，第16—56页。按：王曾瑜先生在将这篇文章收入该集时，稍有改动，即对王安石的宏大志向、政治品行做了正面表述，称“王安石是北宋的大政治家”，但他认为“评论王安石的功过，自然主要应着眼于变法的成败得失”。对变法的评价，他仍然坚持以往的看法，未作改动。

② 周膺：《王安石变法与北宋的兴衰》，《牡丹江师范学院学报》1985年增刊。

③ 程念祺：《王安石变法的几个经济问题》，《上海师范大学学报（哲学社会科学版）》1986年第3期。

私有化和土地兼并潮流的不可逆转性，看到了商品经济的发展对封建政府财政收入的意义，但却不能从中体味到正在中国封建社会发生的变化，不能领悟任何历史的启示，所以也就不能制定出顺应当时社会经济运动潮流的政治政策。①

汪圣铎《王安石是经济改革家吗》指出王安石是北宋熙宁变法的主持者，是著名的思想家、政治家、文学家，但他是不是一位经济改革家或财政改革家呢？不是。因为按照现今人们对改革家称号的理解，被称为改革家者，不仅仅是改变了现行制度，还须使这种改变具有顺时立政、革除陈腐推动历史前进的性质。王安石变法不具有这样的性质。为了说明这个观点，文章从“新法使封建国家包养的人员又有增加”“新法使封建国家赢利性经营规模又有扩大”“新法使百姓的经济负担又有加重”等三个方面对王安石理财新法进行分析和评价。②

此外，吴建华通过对王安石与张居正理财之道的比较，指出不管是理财的指导思想，还是具体措施，两人都大相径庭，但张居正的改革有利于当时社会生产力的发展，而王安石变法则相反，它无论对当时的农业生产还是业已发展起来的商品经济，无疑都只能起到阻碍作用。③

1983年出版的《中国史稿》第5册是由中国社会科学院历史研究所吴泰、陈高华、陈智超、郦家驹等人执笔编写，在第二章第四节“‘庆历新政’和宋神宗、王安石主持的变法”中对王安石变法亦采取了基本否定的态度：“宋神宗、王安石主持的以富国强兵”为目标的变法，意在改变长期形成的“积贫”“积弱”局面，以加强宋王朝应对社会危机的能力。实行变法的结果，虽然部分实现了“富国”的目标，但是，当时“充衍府库”的仅仅是负责变法的司农寺系统所掌握的常平、免役积剩之类钱物（长期封桩），并不能产生实际效益。而管理政府财政收支的三司，却直到熙宁十年（1077）还处于“财货匮乏为甚，计月支给，犹惧不足”的窘境，可见，“积贫”的问题通过变法并没有从根本上得到解决。由于“强兵”措施未见实效，宋朝在对付“外患”威胁方面，也依然没有摆脱“积弱”的状态。由于变法只着重加强控制和镇压，没有任何变法措施意在改变占人口很大比重的无地和少地农民的困苦处境。许多“理财”措施在贯彻过程中，还加紧了对农民的榨取。因此在变法期间，阶级矛盾依然尖锐，凡此种种都说明，宋神宗、王安石主持的变法，就其所要达到的目的而言，即使是变法措施尚在推行期间，就已显示出它不可避免地要遭到失败。④

另一种否定意见是全盘否定王安石，全面肯定司马光，亦即以“尊马抑王”为其特色。如果说中华人民共和国成立以来对王安石变法的研究和评价，是对900多年以前司马光、赵构的一个否定，那么这次尊马抑王则是中华人民共和国成立以来对王安石变法研究的一个否定，而这个否定之否定，便使这一评价的论点重新回到“司马光、赵构们”的基本论点上，这也算是历史的一次重演，而这一重演是这种意见中的又一特点。尊马抑王的观点以顾全芳、季平为代表。季平的观点主要见于《司马光新论》⑤一书，顾全芳的观点则见于

① 程念祺：《王安石变法的几个经济问题》，《上海师范大学学报（哲学社会科学版）》1986年第3期。
② 汪圣铎：《王安石是经济改革家吗》，《学术月刊》1989年第6期。
③ 吴建华：《王安石与张居正理财之道的比较》，《南京大学学报（哲学·人文·社会科学版）》1993年第4期。
④《中国史稿》编写组：《中国史稿》第5册，北京：人民出版社，1983年，第107—135页。
⑤ 季平：《司马光新论》，重庆：西南师范大学出版社，1987年。

《评王安石变法》《评王安石变法期间的“顽固派”》《重评司马光与王安石变法》[①]等系列文章。不过需要指出，对司马光是不是守旧、顽固派的重新评价，属于方法认识问题，但尊马抑王之说对主要取自反映反变法派观点的史载缺乏认真的辨析，使其论证不免流于雷同和空泛，无补于王安石变法的研究，也是至为明显的。

在这一类观点中，叶坦的《大变法：宋神宗与十一世纪的改革运动》虽也是否定熙丰变法而较多地肯定司马光及其元祐更化，但其论证和笔法还是值得一提的。叶坦认为，宋代社会已进入了一个新的历史时期，宋初君王已经自觉不自觉地开创了一套新的文明体制。这种体制自有其合理性，也有其局限性。而后代帝王的改革，应当改革其局限性，而发展弘扬其合理性。但是，恰恰相反，神宗皇帝的变法改革，却在不自觉中发展了局限性而遏止了合理性。变法不仅没有解决专权太过的基本性弊端，就连由此弊端引起的“三冗”“两积”的社会弊病也没有解决。

> 神宗在专制集权这一点上，不仅没有去改革修正，反而是更加强化了“以冗益冗、以苛益苛”。官制更加繁复，管理系统更加混乱，费用更加冗杂，而且近20年的拼命盘剥，民间财富搜积库存，国家财政却无好转。皇权的更加强化，一个人独断专行的体制，对后世的独裁政治无疑是一种强化。至于宋初开明和宽松的经济、文化政策，经“熙丰变法”也大大的退化了。……经济政策上的倒退，最主要表现为政府对经济事务的强权干预，以强化官营禁榷搜刮民财为特征，对民间经济尤其是商品经济的发展是很大的打击与限制。……从大方向上看，“熙丰变法”是一次不成功的变法改革，尽管其中也有一定的积极内容，如发展生产、平均税收的农田水利、方田均税等法，但整体上是强化专制政治的一次大事件。不仅在政治制度上更加专制，而且在经济、文化上也强化了专制，对百姓庶民以保甲法等方式加强了管制，把一个本来已经有可能走向开放和“民主”的社会体制，又逆转回去了。……中国历史的长河，流经宋代大闸进入了一个转折的旅程。这一旅程中，“熙丰变法”是个关键枢纽……客观上却关闭了可能流入的顺境，而扳开了一道回流的闸门。于是，长河在这里划下一个深深的漩涡，才又奔流而去。[②]

（二）肯定说

以邓广铭、漆侠、谷霁光、王瑞明、周良霄、许怀林、林正根、姜国柱等人为代表，邓广铭、漆侠的肯定意见已见前述，此处不赘。[③]

王瑞明《王安石变法的社会效果》不同意王曾瑜的基本否定意见，表现在四个方面，即从时代背景看变法的意义、比较说明免役法与差役法的优劣、青苗法较之私家高利盘剥胜一筹、问题的症结与新法的实质等，与之商榷。该文认为王安石变法，是赵宋统治者的

① 顾全芳：《评王安石变法》，《晋阳学刊》1985年第1期；顾全芳：《评王安石变法期间的“顽固派”》，《学术月刊》1986年第6期；顾全芳：《重评司马光与王安石变法》，《学术月刊》1990年第9期。

② 叶坦：《大变法：宋神宗与十一世纪的改革运动》，北京：生活·读书·新知三联书店，1996年，第240—243页。

③ 邓广铭主编：《中国大百科全书·中国历史·辽宋西夏金史》，北京：中国大百科全书出版社，1988年，第34—39页

政治改革运动。变法前后的形势大相径庭，变法起了一些积极作用。王安石变法，最显著的社会效果是初步扭转了变法前那种“日忧于一日，岁危于一岁”的局面，突出的表现是农业生产有了转机，封建君主专制制度对吮吸民脂民膏毫无顾忌，这正是王安石变法的最终目的与阶级实质所在，它既要使压迫合法化，又要使阶级冲突缓和。王安石所代表的剥削阶级，离开了剥削不能过日子，王安石所采取的一切变法措施都不能掩饰新法剥削人民的真相，经过变法，官府大有所获。但不能因此否定新法的政治改革意义，这是因为：第一，“惟钱是求”是实现“兴作”的手段。宋代的钱荒，非始于新法推行期间，退一步说，即令钱荒始于新法，也不可因此而否定新法。免役、青苗虽是两笔新增的赋税，但也不可因此而否认其税制改革的意义。富国是兵强的物质基础，虽是富地主阶级之国，但亦不可否定王安石的爱国之心和报国之情。第二，变法前后，地主阶级照样压迫剥削农民阶级，不同的是，变法以后社会财富由私家流向公室。变法之前，“一道之财，十五六人于私家矣”，而变法时期“天下之财，大半归于公室矣”，这是当时了不起的一个转变，是一项重要成就。第三，抑制了豪强兼并势力，这是变法最出色的收获。仅此三端，就可见王安石变法是有成就的，基本上应予肯定。①

林正根《王安石变法散论——兼与顾全芳同志商榷》就变法的方针、部署、效果及失败中的某些问题与顾全芳进行商榷。

> 顾文尽管也提出改革允许失败，对古人不应苛求，王安石还是一位伟大的改革家，可又认为他的变法是瞎干、蛮干，后果坏极，那末，王安石的“伟大”体现在何处？不应苛求不等于无求，改革允许失败，不等于允许讲大话、空话，搞欺骗、玩伎俩、耍花招，误国害民。若说王安石变法提供的就是这些“新东西”，就是提供“失败了的经验教训”，“王安石变法的积极意义和进步性，主要也表现在这里”，不知依据何在？对王安石及其变法的是非功过，笔者无意掩饰或放大，只是想提出：对得失利弊兼有的王安石变法，否定得越是彻底，便越是远离史实。原因不是别的，正是顾文所告诫的“历史往往不如人们希望的那样简单”！②

谷霁光先生研究王安石变法用力甚多，先后发表了《王安石变法与商品经济》《王安石经济思想若干问题试析》《试论王安石的历史观与其经济改革》。③他的主要观点，一是认为王安石实行的理财措施是“企图在一定范围内和一定程度上把国民经济纳入商品货币的轨道上来”，“发展商品货币经济”，“为商业活动排除一些障碍”，“顺应了商品货币经济发展的内在要求和社会发展的客观趋势”，把新法诸政视为只是为了治国用的敛钱术是一种误解，王安石的思想和政策更多地反映了中小地主的要求。二是熙丰改革的评价，需从当时效益和长远效益两方面来衡量，当时效益见诸增加财政收入、兴修了水利、清丈了全国土地、使百姓免除了差役之苦和高利贷之苦等方面。长远效益方面则是推动了明清时代土地

① 王瑞明：《王安石变法的社会效果》，《宋史论集》，郑州：中州书画社，1983年，第88—106页。

② 林正根：《王安石变法散论——兼与顾全芳同志商榷》，《华东师范大学学报（哲学社会科学版）》1987年第2期。

③ 谷霁光：《王安石变法与商品经济》，《江西大学学报（哲学社会科学版）》1978年第3期；朱东润主编：《中华文史论丛》第7辑，上海：上海古籍出版社，1978年，第71—106页；谷霁光、谷远峰：《王安石经济思想若干问题试析》，《中国史研究》1980年第1期；谷霁光：《试论王安石的历史观与其经济改革》，《王安石研究》1987年第1期。

法的变革，促进了宋以后商品货币关系的发展。

与谷霁光“从历史发展总的趋势分析王安石经济改革的基本思想和政策主张”的研究方法相似的还有周良霄的《王安石变法纵探》，是一篇4万余字的长文。“如果不是从整个的历史发展，而是单就变法来论变法，有些问题将是难于说清楚的。”“如果能把这次变法运动放到整个中国封建社会中后期的长程中来考察，也许就能比较客观地进行辨识和评价。”[①]经过考察王安石的方田均税、免役、保甲、科举、青苗、均输与市易等七项新法，其中五项尽管其形式已有所变化，内容也有所增损，却都为后世所沿行。

> 可以这样说，王安石新法，凡是为后世所沿行的，它便是适应中国后期封建社会的发展，为地主阶级统治制度所必需的。它是政治制度必须适应并服务于自己的经济基础这一基本规律的必然，同时又是前此有关制度的合乎逻辑的发展。当然，各项新法的作用也是各不一样的，或有利于促进社会经济的发展，或有利于加强地主阶级的统治。我们对所有具有这些作用的新法都予以肯定。因为初进入封建社会后期的地主阶级仍然有它的发展余地，它比起前期的门阀世族统治来毕竟是一个进步。因此，即使某些新法如保甲、科举改革等，它们纯粹是从加强封建地主的统治着眼的，我们仍然把它们看成是历史的进步。王安石变法的进步作用，主要就表现在这里。另一方面，一般来说，凡是新法中那些不为后世所沿行的政策，表明它们本身便是行不通的，也就自然对社会发展无积极作用可言。但是，王安石既是一个杰出的、在历史上起过进步作用的政治家，同时还是一个伟大的思想家。……尽管是不成功的，但仍在中国思想史上留下了不可磨灭的光辉。[②]

王家范《评近几年来王安石变法研究的得失》认为“抑王扬马”论据不足：当时对王安石变法严峻的批评大多集中在变法的“理财”措施上，某些研究者依据变法“理财”造成严重弊端的结果，进一步推论说：“王安石变法失败的实践”，可以反证“司马光反对变法的许多说法是有可取之处的”和“正确的”，足见司马光“面对现实、强调务实”，“老谋深算”，而王安石则是“脱离历史，脱离实际”，是一个“空想式”“具有否定一切思想倾向的”“不成功的改革家”，如此抑王扬马，以成败论英雄，是很不公平的。他认为研究王安石变法仅作微观考察是不够的，而应加强整体性研究。历史就是这样无情地给王安石规定好了变法的命运：政治体制不能动，生产关系也没有他活动的余地，只能在分配领域和流通领域煞费苦心地去“做文章”。但是，社会是一个具有整体性的大系统。前两者不动，分配、流通领域的改革也必然处处受阻。把握了北宋王朝政治结构与经济结构方面这种宏观性的基本特征，我们就没有多少理由过多地去追究王安石个人的责任，嘲弄他的政治理想，更是不公正的。[③]

许怀林《王安石变法的历史地位》就评价标准提出了自己的看法，“评价王安石变法，要重视新法的效果，同样要重视新法本身的内容，要把客观效果和主观动机统一起来。其次，评价历史上的政治改革，不能是孤立地谈这次改革，必须把它摆到历史长河中相互比较，也必须考虑它的时代性”。根据这个标准，该文从三个方面对王安石变法进行评价：一是从历史实际

---

① 周良霄：《王安石变法纵探》，《史学集刊》1985年第1期。

② 周良霄：《王安石变法纵探（续完）》，《史学集刊》1985年第2期。

③ 王家范：《评近几年来王安石变法研究的得失》，《光明日报》1986年6月4日。

出发，看王安石变法的必要性、合理性；二是从社会发展中看新法的进步性；三是在相互比较中衡量王安石变法的积极性。较全面地评价了王安石变法，“王安石变法应该肯定，在于它符合社会发展要求，顺应了历史前进的方向”，同时对顾全芳同志的观点提出了批评。①

李华瑞主编《中国改革通史·两宋卷：内外交困中的艰难选择》有关王安石变法的三章是由郭东旭教授执笔，主要观点采录漆侠先生的《王安石变法》，但也吸收了20世纪80年代以后的一些相关成果，特别是着重阐述了变法时期政治、军事制度方面的沿革，以及农业经济关系和商品货币关系的变动，全面肯定了王安石变法对北宋王朝社会发展所起的积极推动作用。②

（三）不完全肯定说

以籍清平、张邦炜、胡昭曦、吴泰、赵益为代表。

籍清平《王安石改革新探》认为王安石的经济思想是比较符合历史进程要求的，但在主持全国改革的时候，在实践中却逐渐黯淡下去，乃至完全从属于谋求开辟财源、聚敛财富，以实现所谓“富国强兵”的目的，而置改革社会弊病、去民疾苦、发展社会经济于不顾。因此，随着改革的进程，一方面是国库充裕，贪官中饱和兼并之家富有；另一方面是民穷日甚、商贾不行、社会生产受到损害，社会阶级矛盾和统治阶级内部矛盾得不到正确调节而日趋尖锐，反对变法的声音充盈朝野。

虽然王安石的改革思想，由于各种复杂的主客观因素，并没有得到完全贯彻，而且在实践中变了样，但是我们仍然要依据客观历史事实，从两个方面来考察熙宁改革的两种客观效果，而不取全盘肯定或者一概否定的态度。有益于国计民生的社会改革，在于发展生产，促进社会生产力的发展和安定民生。熙宁改革在开始时是注意到了这个“农事为先”，“去民疾苦”，安顿劳动力的问题的。首先，应当看到在农田水利方面进行了鼓励农民开垦荒地、开挖沟渠、开发淤田、兴修水利、治理黄河等许多工程，扩大了数量很可观的耕地面积，招抚安置了大量流民，对于稳定民生和发展农业生产是起到了一定的作用的；其次，在改革兵制、裁减冗兵、整顿军备、调整兵将关系、统一编制等方面也是收到了一定的效果，在一定意义上是有利于巩固边防的；最后，王安石重视人才的教育、培养、考察、选拔，认识到德才并重的合格人才，对于改革弊政、兴革利民的重要意义，重视学校教育、改革学制、推行三舍法分级分类教学的制度。这些方面具体改革的效果是应充分肯定的。又如熙宁改革在经济方面，青苗、免役、均输、市易等法，虽然有其极为显著的甚至是深重的病民后果，但不能不看到在实施之初是有其抑止兼并、改变役法旧弊和多少有济民一时之困的作用，只是在具体变法转向以聚敛财富为主要目的之后，这种多少利民的社会效果才完全走向相反的极端。③

张邦炜亦全面分析了王安石新法的利弊，他说熙宁变法发生在北宋王朝非改弦更张不

---

① 许怀林：《王安石变法的历史地位》，《江西社会科学》1987年第1期。

② 李华瑞主编：《中国改革通史·两宋卷：内外交困中的艰难选择》，石家庄：河北教育出版社，2000年。

③ 籍清平：《王安石改革新探》，《中国史研究》编辑部：《中国古代改革家》，北京：中国社会科学出版社，1987年，第236—287页。

可的历史条件下，是一次比较全面的政治革新，具有明显的进步意义。以王安石为代表的新党在神宗的支持下，冲破祖宗之法不可变的传统束缚和因循苟且的官场风气，精神难能可贵，熙宁变法基本上达到了富国的目的，成绩是应该肯定的：一是生产有所发展；二是物价趋于平稳；三是财政状况好转。熙宁变法作为一次封建政治家所发动的自上而下的改革，自然存在不少缺陷，有的甚至相当严重。最突出的是，变法没有把富国与富民很好地结合起来，与此同时，变法没有把增收与节支很好地结合起来，王安石主张增收，反对节支。变法另一个严重缺陷是没有把推行变法与整顿吏治很好地结合起来，新法由贪官污吏推行，只能是"歪嘴和尚念经"，结果是新法声誉扫地，变法阻力增加。①

胡昭曦在《熙丰变法经济措施之再评价》一文中认为，王安石变法是中国封建社会统治者的一次重要改革活动，变法所施行的经济措施，是评价它的历史作用的关键。他针对王安石变法经济措施研究中存在的全盘否定和过分肯定观点提出了不同意见。他指出，青苗、免役诸法实施后，在一定程度上抑制或削弱了兼并之家，部分直接生产者负担有所减轻，或因免除差役而获得了较多生产时间和再生产条件。另外，农田水利等新法直接促进了生产的发展，从而对当时的社会经济进步起到了积极作用，这是应当肯定的。但王安石变法的根本在于增加封建国家的财政收入，而且诸法实施的效果与变法者的初衷有很大距离。王安石欲"民不加赋而国用饶"，实际上重点却在巧妙收取更多赋税息钱。保甲、免役、市易等法的实行，都给劳动人民在政治上和经济上增加了新的负担。因此，也不可对之过分拔高。至于主张王安石变法属国家资本主义，抑或称之为社会主义性质，则不仅过分肯定了王安石变法，也混淆了这次变法的性质。②

吴泰对围绕熙宁、元丰新法同宋代商品经济发展的关系问题，所表现出的两种肯定和否定截然对立的意见，亦认为必须作具体分析，避免作绝对肯定或绝对否定的结论。因而他指出变法对商业活动和商品经济发展客观上有一定积极作用。不能认为它对商业活动和商品经济发展只起不良影响。但这种消极作用并不是出于变法派推行变法措施的本意。变法对商业流通的消极影响，表现是多方面的。其中有的不良影响还直接影响到某些积极作用的发挥。至于变法对商品货币经济同时发生的这两种作用，到底哪一种作用占据主导地位的问题，由于变法所产生的不良作用有的范围有限，尽管表现在多个方面，但对其严重性不宜估计过高。变法对商品经济的积极影响，则主要表现在增加广大农村地区农业生产中的商品经济成分方面。在"草市""墟"等农村集市大量涌现的宋代，广大农村地区商品经济成分增长的影响，显然是不能低估的。我们显然难以找出一个准确的尺度，来衡量其不良影响同积极作用相比较，到底何者更为主要。如果我们不是全面地分析它同商品经济发展的关系，既承认它对商业活动的发展有不良影响，又肯定它还有对商品经济发展起积极影响的一面，那么，无论是着重强调它哪一方面的作用，都显然不可能正确地反映出变法同当时商品经济发展的关系。③

赵益认为："熙宁新政的种种措施是可以实行的，因为法家取向的行动具有对传统

---

① 张邦炜：《中国封建王朝兴亡史·两宋卷》，南宁：广西人民出版社，1996年，第117—120页。

② 胡昭曦：《熙丰变法经济措施之再评价》，《西南师范学院学报（哲学社会科学版）》1984年第4期。

③ 吴泰：《熙宁、元丰新法散论》，中国社会科学院历史研究所宋辽金元史研究室：《宋辽金史论丛》第1辑，第19—45页。

原则的互补属性。在天子的支持下，新法的大部分措施确实也得到了较深广的实行，在有限的时间里几乎推及到北宋所能控制的所有范围。它的实际效果也可以得到一定的证明，至少在很大程度上确实起到了增加政府收入、提高国力的效果。但在另一方面，新法并未能起到‘安民’和抑制兼并的理想目标。”“王安石变法的不幸败覆不是主观意念的谬误所造成，因为儒法两种取向都具有维护专制集权的共同属性”，民不加赋而国用饶归根结底“是为天子君权服务的，具有合乎传统要求的内在特质。同样，变法的失败也不是因为后果的恶劣，因为历史上的暴君佞臣所造成的无数损害，要远远大于熙宁新法的弊端，它们可以在历史中存在相当长一段时间，王安石变法也应该如此”①。

二、王安石变法诸思想评价

20世纪80年代以前，国内宋史学界在学术思想研究上存在着两个偏向：一是以理学代替宋学；二是忽略了荆公新学的历史地位。进入20世纪80年代以后，王安石变法的思想和理论受到研究者们的重视，发表和出版了一系列论著和文章，邓广铭《略谈宋学》《王安石在北宋儒家学派中的地位——附说理学家的开山祖问题》②，漆侠《宋学的发展和演变》③，马振铎《政治改革家王安石的哲学思想》④，陈植锷《北宋文化史述论》⑤，杨渭生等《两宋文化史研究》⑥，李之鉴《王安石哲学思想初论》⑦，李祥俊《王安石学术思想研究》⑧，朱汉民、章启辉《中国学术史・宋元卷》⑨，均从不同角度论述了王安石的学术渊源、治学成就、基本观点、历史地位以及与变法的关系，而研究者们的努力，纠正了20世纪80年代以前的两个偏向，即理学只是宋学中的一个支派，直到宋理宗以后才取得官学地位，因而荆公新学在北宋后期60年间则是居于独尊地位的官方哲学。荆公新学的历史地位终于得以恢复。

下面分类介绍有关王安石变法诸思想的评价：

（一）关于王安石变法的指导思想和理论基础

在熙宁二年（1069）王安石以参知政事的身份议行新法以前，由于他入仕以后在实践和理论两方面长期的艰辛努力，在地主阶级内部为变法奠定了相当坚实的基础。而且正是他的这种长期努力，使他能够制定远远超越前人并具有自己特色的改革方案。这个方案的特色，主要表现在：①它具有比较明确的指导思想，即所谓“大明法度”和“众建贤才”。②它具有明确的重点，把“理财”作为变法革新的主要环节。通过“理财”所要达到的主要目的，是为北宋中

---

① 赵益：《王霸义利——北宋王安石改革批判》，第159—160页。

② 邓广铭：《邓广铭治史丛稿》，第163—192页。

③ 漆侠：《宋学的发展和演变》，《文史哲》1995年第1期；漆侠：《宋学的发展和演变》，石家庄：河北人民出版社，2002年。

④ 马振铎：《政治改革家王安石的哲学思想》，武汉：湖北人民出版社，1984年。

⑤ 陈植锷：《北宋文化史述论》，北京：中国社会科学出版社，1992年。

⑥ 杨渭生等：《两宋文化史研究》，杭州：杭州大学出版社，1998年。

⑦ 李之鉴：《王安石哲学思想初论》，北京：中国文联出版社，1999年。

⑧ 李祥俊：《王安石学术思想研究》，北京：北京师范大学出版社，2000年。

⑨ 朱汉民、章启辉：《中国学术史・宋元卷》，南昌：江西教育出版社，2001年。

叶地主政权的稳定和巩固，在财政经济上建立可靠的物质基础。③它具有自成体系的理论基础。这个理论基础，就是王安石在传统的儒家思想资料为主的基础上，参照历史上有一定地位的各家学说，并经过自己在理论和实践两个方面的长期努力，建立起来的“荆公新学”[①]。

（二）关于王安石的平均思想

关于王安石变法的指导思想，众说并立，或则强调其“富国强兵”，或则强调其“保民常产”，还有“大明法度”“抑止兼并”“众建贤才”“理财供费”等，难趋一致。杨国宜以为平均思想可以作为一个简单概括的提法，即王安石变法确实是以平均思想作为指导的，但王安石的平均思想与农民起义的平均主义有本质的不同，而是对孔子的儒家传统思想的继承和发展。王安石变法的平均思想，对缓和社会矛盾、巩固封建统治，很有好处，但是他没有抓住改革的关键，该均的没有均，不该均的却均了。从正义的原则出发，哪怕是美妙的平均主义，去进行社会改革，也不可能获得成功。这就是历史的教训。[②]另外，1984年10月在杭州举行的中国宋史研究会第三届年会上，大家就王安石变法的平均思想展开了讨论。有的同志提出儒家平均思想是王安石变法的指导思想，王安石平均思想是儒家传统思想的继承，其政治目的在于挽救统治危机，以及代表庶族地主同贵族地主争取身份地位上的平等，实现其思想和目的的手段是自上而下的行政命令，因平均思想而产生的各种抑商之法，阻碍了当时商品经济的正常发展。赞成这个意见的同志认为中国古代统治阶级中确实存在着一种以儒家观念为核心的平均思想，财产与权力的再分配是这种平均思想的实质。持不同意见的同志认为王安石变法的指导思想是富国而非平均；变法中的平均多属于经济而非政治的范畴，经济范围的方田均税与平均思想没有外在联系。还有的同志就统治阶级的“平均思想”提出商榷意见。[③]

（三）关于王安石的民本思想

刘坤太认为王安石变法的指导思想其实质仍不过是传统的民本思想。王安石的民本思想，内涵非常丰富，主要可归纳为“国以民为本”和“民以食为天”两类。特别值得注意的是，在宋朝特殊的条件下，王安石借传统的命题所阐发的种种新义。民本思想是王安石政治思想的重要组成部分；民本思想曾对王安石变法起了重要的指导作用。王安石的政治思想，是杂糅儒、法、佛、道等传统思想而形成的独特的思想组合，它从属于某一传统思想体系，所谓“平均思想”，只是民本思想中的一个小内涵，而“大明法度”“众建贤才”“抑制兼并”“富国强兵”之类，都是王安石民本思想的派生表现形式。所以说，王安石是以民本思想作为变法的指导思想，才更符合王安石思想和王安石变法的实际。[④]

---

① 史玄冰：《略谈王安石变法的指导思想和理论基础》，《南京大学学报（哲学社会科学版）》1982年第3期。
② 杨国宜：《略论王安石变法的平均思想》，《安徽史学》1986年第2期。
③《宋史研究会讨论会述要》，《全国高等学校文科学报文摘》1985年第1期。
④ 刘坤太：《略论王安石的民本思想及其对变法的影响》，《河南大学学报（哲学社会科学版）》1986年第4期。

（四）关于王安石的经济思想

谷霁光等先生通过深入分析王安石关于社会生产、社会分工、农业生产、抑兼并、赈济等方面的观点，较全面地评价了王安石的经济思想，并认为其思想敏锐之处，如他的以农为主、以水利建设为发展农业的关键，以商促农，强调发展商品货币经济，以及重视抑兼并等观点，无疑是顺应了北宋中期生产较前有所发展、商品经济较前有所活跃的社会经济总趋势。而以这些基本观点作为理论依据所制定的经济政策，对当时社会经济进一步发展，起到了一定的作用。其影响也是极为深远的。①

胡寄窗先生在《中国经济思想史简编》中指出：虽然王安石曾坚定而成功地进行了一系列经济改革，但他留给后代的经济思想是不算多的，几乎所有经济改革的指导思想都不是他自己的创建，其中部分是在他以前进步思想家久经倡导的观点，而大部分是他同时期思想家所提出的建议。当然在若干经济问题上，他也表示了一些新的见解，其中有两点是较为突出的，即公开坚持“理财”和极端强调摧抑兼并，而摧抑兼并是王安石全部经济思想的核心，对儒家传统的财政基本观点的批判则是其经济思想中最值得称述的思想。②

孙树霖《熙宁变法的失败和王安石经济思想的历史地位》认为王安石的经济思想，虽然从理论上看并没有很多前人没有提到的新观点，却有一些更明确、更强烈地反映时代新动向的特点：第一，王安石的理财思想，不仅强调理财对为政治国的首要意义，而且打出“以义理财”的旗号，并从目的、手段两个方面对“以义理财”做了较详尽的阐发。这比同时代人李觏仅仅从利义不相反、理财不违义来驳斥贵义贱利论更全面，更有说服力。他发展了桑弘羊“民不益赋而天下用饶”的思想，提出了以生财和夺兼并之利作为增加财政收入足国用的两个主要手段，使“民不益赋而天下用饶”的理财思想，在内容上更丰富了，在理论上也上升到一个更高的层次。第二，王安石在国家的财政、经济管理中更加重视商品、货币因素的作用，他推行新法在许多方面都体现了这一点。王安石的经济思想也有一些违异社会经济前进趋向的内容，在王安石的经济思想中，对他的改革实践起着突出作用的有两个内容，一是他急切地要求增加财政收入，迅速扭转经费支出的局面；二是他强烈地要求封建国家操开阖敛散之权，大力加强国家对经济生活的干预和控制。加强封建国家的开阖敛散之权，即取得轻重之势。这本是汉代轻重论者提出的一个基本要求，王安石只是承袭了前人，并无什么创新。不过，汉代轻重论者提出这种要求，是针对中央集权封建国家建立初期内有强大分裂危险、外有匈奴严重威胁的形势，加强国家对经济生活的控制、支配权力，对巩固中央集权的统一封建国家，对加强尚不够强大的封建经济基础，都有积极作用。王安石变法时所面对的却是宋代商品经济已有明显发展，封建的人身依附关系已有所削弱的形势，在这种情况下，加强封建国家对经济生活的干预、控制，只令违异经济发展的这两个趋向、抑制“资本主义产生的两个必要条件——出卖劳动力的自由和资本的原始积累，代表着专制集权政体对于经济活动的干预控制，成为维护封建经济基础，使中国封建制度长期延续”③的因素。

---

① 谷霁光、谷远峰：《王安石经济思想若干问题试析》，《中国史研究》1980年第1期。

② 胡寄窗：《中国经济思想史简编》，第316—322页。

③ 叶坦：《富国富民论——立足于宋代的考察》，北京：北京出版社，1991年。

王安石对当时商品货币因素和商业在社会经济中的积极作用，是有认识的。他也“恶其衰”并且采取了一些措施来加以扶助。但是，既然他的基本方针是加强封建专制政权对经济活动的干预和控制，而这种干预和控制本质上是与商品、货币因素的作用日益扩展、活跃的要求相反的。因此，封建国家开阖敛散之权不断增强的结果，必然会使因“恶其衰”而采取的一些具体措施软弱无力。①

（五）王安石的财政思想

胡寄窗、谈敏认为王安石的全部财政思想中，极为突出的表现有两点，一是公开坚持“理财”。以往学者大都因袭儒家传统，不敢公开谈理财之术，怕被指为鼓励“聚敛”。王安石是我国历史上公开讲求理财之术（即财政）的第一个秉政的儒家，从根本上否定了传统的基本财政观点。不过，他所谓理财的含义，除了封建国家财政而外，还意味着组织国民财富的生产和协调其分配与流通，其内容是极广泛的。即使理财不是政治的唯一内容，至少他肯定财政在政治中的首要地位这一点是非常明确的。二是非常强调摧抑兼并，并把它贯彻到自己的各种改革措施之中。就把打击兼并的政策思想贯彻到财政经济改革措施的各方面这一点来说，在封建中国的历史上没有其他理财家可与之相比拟。王安石所谓“兼并”这一概念，其内涵与前人稍有不同。它泛指“大农”“富工”“豪贾”对城市平民和乡村农民的土地兼并以及高利贷等形式的剥削。除了内涵的扩展而外，他的兼并概念还有一个特点，即他已注意到从政策模式上去考察兼并问题。以往攻击兼并的思想家大都把它看作是“兼并豪党之徒”的个人罪恶。而在王安石看来，如果封建国家不掌握理财亦即控制经济活动的权力，则人人都可能进行兼并。所以，他把摧抑兼并看作是封建国家的重要职能，而实现这一职能的重要途径，就是通过理财方式，既要摧毁“贵、强、桀、大”的兼并，也要防止“阡陌闾巷之贱人”可能产生的兼并。

另外，王安石强调生产与财政的统一。第一，他明确地指出“一家人”（意指一个国家）关起门来相互贸易，而不从事生产，即不可能增加财富总量，这是明确肯定流通不能创造物质财富。第二，他看出个人财富的增长与全社会财富的增长是有区别的，个人财富可能通过取之于他人的方式以使其增多，而全社会的财富则非通过生产不能有所增长。第三，他似乎已认识到全社会的财富分配是某一方面的增多即另一方面的减少，除增加生产外，只是变更财富的分配状况，而不能增大社会的财产总量。正是基于以上思想认识，故他谈理财问题时将财富的生产置于更重要的地位，其基本理财方式是通过赋役的减轻以鼓励生产，然后在国民财富生产增大的基础上增加财政收入。

关于王安石对待国家专卖的态度，大体来说，干涉思想与放任思想的斗争，在封建地主经济前期是干涉较占优势，自宋以后，放任思想越来越抬头。所以，王安石虽然在国家职能上欣赏干涉政策，而在盐、铁、酒、茶等物品的专卖问题上，却尽少地采用干涉办法而尽多地推行放任政策，这和封建地主经济后期国家专卖与经济干涉政策倾向日益削弱

① 赵靖主编：《中国经济思想通史》第3卷，北京：北京大学出版社，1997年，第169—201页。

的财政发展总趋势，也是相一致的。①

（六）王安石变法的政治思想

在“四人帮”横行时期，大家几乎众口一词地认为，“王安石尊法反儒”，是一个“杰出的法家”。粉碎“四人帮”以后，学界对这种谬论进行了驳议。②

较一致的看法是，作为11世纪时的改革家的王安石，并不是法家，而是儒家。其理由是：第一，中国历史上确实出现过多次变法、改革运动，但主张变法、改革的人不一定都是法家。说王安石是儒家而不是法家，除了从北宋中期根本不存在什么法家的历史根据之外，还必须从他们的整个思想体系来判断。第二，王安石虽然曾作诗称赞过法家人物商鞅，但实际是歌颂秦孝公的“政必行”。他最推荐的却是孔子、孟子，多次称颂孔孟为圣人，而且是贤于尧舜的最高圣人。王安石不仅歌颂孔孟，而且称颂儒家学派的其他人物。他说“董仲舒是有才名”，“扬雄者，自孟轲以来未有及之者”。说韩愈的名字与“金石之刻不朽”。可见，王安石对儒家代表人物的无限推崇，远远超过了对法家商鞅仅只一次的称赞。应该说王安石是儒家，不是法家。他的变法思想是以儒家思想为主体，也吸收了各家的某些思想。③

季平对所谓王安石袭用的是法家思想的观点提出不同看法，认为王安石的政治思想主要源于儒家思想，其理由有三点：一是王安石的富国强兵受孔孟甚至李觏政治主张的影响。二是王安石一贯主张人治与法治并重，并未流入于先秦法家的“建法立制，富国强人”。三是王安石新法的理论根据，是儒家的经典著作。王安石依据《周礼》所幻想的复古政治主张，也不是先秦法家所崇尚的政治理想。有此三者，就难以作出王安石的政治思想是袭用法家的一套的判断。相反，从他的基本思想和行动看，仍然是以孔孟思想为指导。④

杨世利认为王安石变法既强调风俗，以儒家经术培养、选拔人才，又强调立法度、治国平天下，走的是内圣外王之路。内圣外王的实质是把儒家的意识形态与法家的专制政体结合起来，而这两者之间存在着深刻的矛盾，这就预示了变法最终失败的命运。⑤赵益认为王安石变法的核心，是传统思想中法家取向者修正时弊、坚定君主本位、加强集权国家力量而采取的行动。王安石是一位具有典型法家取向的传统儒家，他极好地继承了儒法互补、儒表法内或儒体法用的传统，在个人遭遇及独特学养的催化下，成为一个激进的改革者。⑥

卢国龙认为新学派学术的基本精神，是按照“由是而之焉”的理论思路推天道以明人事，批判君主直信其是非的政治痼疾，批判自然天道之说所长期存在的价值虚化倾向，从而将自然天道作为最高的理性原则，建明宪纲，并按照“九变而赏罚可言”的政治哲学推行变革。“九变”亦即九个环节，但归纳起来只有两个方面，一是“因任”，也就是不以自

---

① 胡寄窗、谈敏：《中国财政思想史》，北京：中国财政经济出版社，1989年，第391—411页。

② 邓广铭、李培浩：《剥掉罗思鼎“史学权威”的画皮——驳斥〈论北宋时期爱国主义和卖国主义的斗争〉的胡说八道》，《北京大学学报（哲学社会科学版）》1978年第1期。

③ 姜国柱：《论王安石》，《社会科学辑刊》1980年第3期；杨志玖：《王安石与孟子》，《社会科学战线》1979年第3期。

④ 季平：《王安石和司马光的政治思想探源》，《四川师范学院学报（社会科学版）》1985年第3期。

⑤ 杨世利：《试论王安石的内圣外王之道》，《中州学刊》2000年第4期。

⑥ 赵益：《王霸义利——北宋王安石改革批判》，第159页。

我意志为意志，而以自然运行所昭示的理性法则为意志；二是反之，也就是因任而不放纵，知万物固有强弱不均之势，固相凌辱，但不能以无政府主义的态度纵容强者巧取豪夺，以至竭泽而渔，彻底破坏社会的生态循环，而必须将它维持在一个合理尺度及秩序的范围之内。这两个方面，前者可以概括为“任理而不任情”，是一种自然主义的理情精神，后者常被描述为“至诚恻怛之心”，是一种人文主义的情怀。由此两面并立而双行，就是新学派政治哲学的核心内容，它不仅在理论上深化、发展了庆历学术，更深化了批判和重建政治宪纲的现实思考。这是新学派作为北宋儒学复兴运动第二次主流思潮的重要贡献。①

（七）关于王安石是否提出“三不足”之说的辨析

王荣科《王安石提出“三不足”之说质疑》云：自邓广铭先生在20世纪70年代中期肯定“天变不足畏，祖宗不足法，人言不足恤”为王安石提出以后，大多数著作都采用了此说并把“三不足”当作王安石坚持变法精神的体现。然而，在北宋中期社会存在浓厚的敬天之威思想意识、崇尚祖宗之法、盛行诤谏之言的政治文化环境中，作为地主阶级政治家的王安石，是不可能提出根本否定北宋传统政治文化的“三不足”之说的。在王安石变法前后的言行中，也完全找不到“三不足”之类的词句。而“三不足”之说的各种来源，则表明它是变法的反对派编造出来的，用以丑化和攻击王安石。②

必须指出王荣科的质疑，其实早在1986年就由学者林天蔚先生提出。就其论证而言，林、王两文可谓殊途同归。林先生的辨析详见后论。

骆啸声在评析“三不足精神”时说，人们在评论王安石变法时，往往过分称颂“天变不足畏，祖宗不足法，人言不足恤”的所谓“三不足精神”，这三句话不是王安石说的，似乎最早见于南宋王称《东都事略》的记载，这是王称对王安石执拗、刚愎自用性格的品评，含有贬义。③

三、王安石变法的性质及其代表的阶级利益

关于王安石变法的性质及其代表的阶级利益，自20世纪50年代以来史学界肯定王安石变法的基本论点之一是中小地主进步论。这个观点是说王安石是中小地主（或称庶族地主，非品级性地主）的政治代表。大地主（或称士族地主、品级性地主）的兼并活动，使中小地主的经济利益受到威胁和侵害，而与农民存在某些共同的利害关系，故王安石变法代表了中小地主的经济要求，既打击大地主，又为农民兴利除弊。中小地主是革新派和开明派，而大地主则是守旧派和顽固派。

进入20世纪80年代以后，中小地主进步论受到极大挑战，首先是王曾瑜先生对其进行了全面的否定。不甚赞成将宋朝地主阶级划分为大地主和中小地主两个阶层，而主张划分为官户、乡村上户和坊郭上户三个阶层。也不赞同人们对待北宋后期地主阶级上层的两大派：一派代表中小地主，另一派代表大地主。因为从经济上看，司马光拥有的田产可算

---

① 卢国龙：《宋儒微言——多元政治哲学的批判与重建》，北京：华夏出版社，2001年，第2—3、24页。

② 王荣科：《王安石提出“三不足”之说质疑》，《复旦学报（社会科学版）》2000年第1期。

③ 骆啸声：《关于王安石变法的几个问题》，《江西社会科学》1987年第3期。

是中小地主，而王安石拥有的田产量却是不折不扣的大地主。从出身上看，变法派与反变法派分子同属官户，王安石因元老重臣们大都反对变法，故大量提拔下层士大夫。但这些人一旦身居高官要职，便与元老重臣们并无身份性差别。况且后来司马光上台，也提拔了一批同样政见的下层士大夫。可见仅仅以王安石变法之初的官位高低，并不足以判定哪一派代表中小地主，哪一派代表大地主。从变法的实施效果看，青苗和免役两法，向官户、乡村上户和坊郭上户摊派新税，其实谈不上有损于官户，而有利于乡村上户。为了富国，王安石需要整个地主阶级都牺牲一些经济利益。给乡村上户带来政治和经济权益的，其实主要是保甲法。但如果由此得出变法派代表乡村上户利益的结论，也似属勉强。

总的来看，这两大派（指变法派和反变法派）的斗争，本质上还是政策性的分歧。变法派好大喜功，为了宋王朝的长安久治，富国强兵，不得不牺牲一些官户和上户的利益，也要对广大的贫民下户加强剥削和镇压。反变法派目光短浅，安常习故，他们既反对触动官户和上户的利益，也反对给贫民下户增加负担，不同意用保甲等法加强镇压，认为变法足以激化阶级矛盾，危害封建统治。对变法派和反变法派的评价，无须套用甲是乙非、乙是则甲非的简单逻辑公式。基本上否定王安石变法，并不意味着应当肯定司马光。司马光在政治上确是个庸才，因循保守，毫无建树可言。①

颜中其亦是较早反对中小地主进步论的学人，他认为阶级意志决定王安石在变法过程中首先让王室贵族地主和官僚贵族地主在政治上、经济上受益，其次是让普通地主受益，这就是王安石变法的阶级实质。王安石变法同当时的中小地主阶级也有密切的关系，如免役法、青苗法、保甲法的关系等，但是，通过全过程和全局来看，王安石变法并不主要代表当时中小地主阶级的利益。中小地主同大地主，以及同官僚贵族地主、寺观地主在役法负担上存在一定的矛盾，王安石变法缓和了他们之间的矛盾。王安石变法集团中有些人是中小地主出身，带有中小地主的某些见解，但他们从地方升入中央，就变成了官僚贵族上层统治集团中的新的一员，这样的政治地位，决定了他们在进行决策的时候必须从整个地主阶级的利益，特别是王室贵族地主和官僚贵族地主集团的利益来考虑问题。在某种意义上讲，北宋王朝是赵氏一姓的私天下，当时上层官僚贵族统治集团中的任何一个成员，都是赵氏王室贵族总代表皇帝的统治工具，维护赵宋王室的统治，帮助皇帝出谋划策，是当时任何一个官僚贵族统治集团成员的根本任务。王安石变法，主要是实现这个根本任务，首先体现了维护赵宋王室统治的利益，以及与之结成联盟的官僚贵族地主统治集团的利益。所以，王安石变法，并不主要代表中小地主阶级的利益。②

史玄冰《王安石变法的性质及其代表利益问题》在分析了王安石变法思想和变法方案的基本内容之后，认为几乎每一个设想、主张和建议，无不紧紧围绕着如何挽救封建统治危机，特别是为北宋王朝的长治久安建立巩固的统治基础而提出来的。即使他对兼并势力的发展持严峻批判态度，但是他的出发点，还是在于巩固封建统治这一目标，而并不是为了中小地主的发展。可见他所代表的只能是整个地主阶级根本的、长远的利益。很明显，所有变法措施，都是以不越出封建制度的樊篱，不损害封建地主阶级尤其是赵宋君主政权的根本利益为前提

① 王曾瑜：《王安石变法简论》，《中国社会科学》1980年第3期。

② 颜中其：《王安石变法同北宋封建社会各阶级的利害关系——与谷霁光先生商榷》，《吉林师范大学学报（社会科学版）》1979年第1期。

而进行的，这就是人们看到的王安石变法归根结底最终有利于北宋地主阶级的本质原因。[①]

虽然，中小地主进步论受到挑战，但漆侠、谷霁光、叶坦等人仍然认为王安石变法代表中小地主的阶级利益最多。漆侠先生的观点已如前揭，不赘。谷霁光先生坚持认为，王安石变法“总的方面，乃是代表整个地主阶级革新派的一种主张”，“较多地反映中小地主和中小商人的要求，尤其是南方地主和商人的要求”，“至于农民、手工业者，新法对他们的影响不那么直接，而且在实际执行中要经过地主、官僚的种种干预，地主、官僚又会把一切损失都转嫁到他们身上，因而总的说来，财政上刻剥，最终都落在他们身上，他们对于新法是谈不上支持的”[②]。

叶坦用“枣核形曲线”表示王安石变法与各阶层的利益关系。大体来说，新法是对社会上层的大官僚、大地主、富商们“抑兼并”，同时对社会下层广大贫苦农民的盘剥却也扩大和加深了。相对地说，新法对中小地主、富裕农民则较为有利或影响不大。这就形成了一个宽中间紧两头的“枣核形曲线”，新法对社会各阶层的利益来说也有不同的影响。[③]有利于中小地主与富裕农民这一点，似乎没有很大争议。传统观点大多认为王安石是中小地主代表，这个阶层被认为从变法中“获利最多”，王安石是代表其利益而进行改革的。在变法中中小地主、富裕农民即便得不了多大利益，至少也没有很大损失，这是可以成立的，因此相对而言“宽中间”是历史事实。[④]

---

① 史玄冰：《王安石变法的性质及其代表利益问题》，《中国史研究》1983年第4期。

② 谷霁光：《王安石变法与商品经济》，《江西大学学报（哲学社会科学版）》1978年第3期；朱东润主编：《中华文史论丛》第7辑，第71—106页。

③ 叶坦：《大变法：宋神宗与十一世纪的改革运动》，第85页。

④ 叶坦：《熙丰富国之法的枣核形曲线——析王安石新法的阶级利益趋向》，《江淮论坛》1991年第3期。

第十七章 20世纪后20年的王安石及其变法研究（中）

这一时期对青苗法、免役法、保甲法、市易法的评价仍然是争议最大，且否定的意见有渐趋增多的倾向，而农田水利法、方田均税法、科举改革得到较多的肯定。

一、对青苗法的评价

先看肯定的意见，由邓广铭主编的《中国大百科全书·中国历史·辽宋西夏金史》、漆侠等人执笔撰写的王安石变法部分坚持认为，实行青苗法的目的，是要使农民在新陈不接之际，不致受“兼并之家”高利贷的盘剥，使“农人”能够“赴时趋事”。跟高利贷者的加倍利息相比，青苗法取息二分或三分，应该说是比较轻的。青苗法限制了高利贷者的活动，朝廷也从中获得了大量利息。①

周良霄认为王安石企图把丰歉以平谷价、贮备以待饥荒的荒政改造为促进农业生产、抵制高利贷兼并的想法，主观上是无可非议的。对反对派所提出的三个弊端应作进一步分析，关于征钱问题，普遍行钱是宋代社会商品生产高度发展的产物，反过来又可以刺激商品经济的进一步发展，在商品经济的冲击下，农民在必要的交易中产生分化，给一部分人带来困苦，是不可避免的，但就整个社会来说，这是一个重大的进步。正是在这一点上，表现了青苗法的反对者们思想上的保守性。至于取息和抑配，则以为当时的反对派的意见“或许有夸张，但终不能尽以污蔑攻击置之”。青苗法的制定，就王安石抑兼并的主观设想来讲，当然是好的；但在实行中，对农民的实利有限，而弊窦丛生。只是官府却因把本充备荒之用的常平储积营用生利，而取得大笔收入。最后周良霄指出，梁启超把青苗法比之于近代的银行信贷，这是不正确的，它们是完全不同的两码事。第一，青苗实际上是强制的俵散；第二，它不是据贷方的需要，而是按户等规定限额；第三，它的直接作用不是用来发展生产，而是青黄不接时的生活赈给。青苗与资本主义社会的农贷，性质毫无共同之处。②

谷霁光认为青苗法的实行有利于商品货币的流通，他说以往一些“研究青苗法者，以为法令规定，第五等户至多借一贯五百文，而第一等户可以（借）十五贯文，下等所借，为数甚微，因而说青苗法并非济贫之策，既要本，又要付息，更无忧贫之意。按青苗法不

① 邓广铭主编：《中国大百科全书·中国历史·辽宋西夏金史》，第36—37页。
② 周良霄：《王安石变法纵探（续完）》，《史学集刊》1985年第2期。

是赈济而是借贷，借贷既有各户等的物力依据，又要有偿付本息的物质保证。而且立法之初，固然包括着抑兼并的某些因素，毕竟不是一种扶贫政策。从王安石的观点来讲，富贵贫贱各有常分，他的‘均无贫’也并不包涵（含）直接扶贫的意义在内，所以户等高可以多借，户等低只能少借，乃从发展农村经济并保障借贷的长久维持需要着眼。……研究青苗法，既要看到其有利于下户、客户摆脱历受高利贷之苦与对田主的借贷羁绊，又要看到广大农村的需要钱货。乡村钱货流通，对商品经济的发展，无疑会有促进作用。当行新法时，免役要收钱，官府一般只进不出，而青苗法之于钱，有出有进，可以促进钱货的流通，这一渠道又可以有助于商品交换的发展”①。

王瑞明亦认为，评论青苗法，应了解其本来面目，对正确执行青苗法、错误执行青苗法的，不可混为一谈，更不可以被歪曲了的“青苗法”来否定王安石变法。②

再看否定性意见。颜中其说，按照王安石的立法本意，青苗法是封建国家限制或打击兼并之家的高利贷的一种手段。它应该对兼并之家不利，而对农民有利。但实际情况并不完全如此。王安石的青苗法，实质上是利用封建国家所掌握的一部分经济力量，凭借高度集中的中央政治权力，强制推行的一种信用借贷。从普通地主、官僚地主、王室地主、商人地主手里把极少数一部分高利贷转移到封建国家手里，这是一个变化，有它的某些实际作用，但这极少数一部分二分利息借贷数字，对贫下户受高利贷剥削的现状并不发生根本性的变化。而青苗法给贫下户、客户带来的变化是，在原有的债主之外，又增加了一个封建国家债主，这个封建国家债主，由于掌握地主阶级专政的国家机器，可以利用种种手段直至鞭打、拘押等，来进一步压迫债户。从而给贫下户、客户增添了新的可悲因素。③

更多的学人认为青苗法不仅没有限制高利贷，而且恰好与高利贷相辅相成，阻碍了商品经济的正常发展。说王安石企图促进商品经济发展，这似乎只能是后世研究者对这位历史人物一种好意的忖度，“青苗贷款与私人高利贷一样，它并没有使社会经济得以复苏发展，民生得以安居乐业，相反是全面激化了社会阶级矛盾”④。

青苗钱确实在一定程度上排挤了高利贷，根本的问题仍在于青苗钱与高利贷相比，究竟孰利孰害。尽管高利贷的利息率高达一倍之多，但借高利贷的人不会很多，放出的量也不会很多，其利息总量是有限的。而青苗息钱，由于实地“抑配”政策，每个人都须借钱还息，以至国家一年所收青苗息钱的总数可达二三百万贯。显然，国家从整个农民那里取走的息钱总数，要大大高于高利贷者从农民那里取走的息钱总数。因此，青苗法在表面上似乎减轻了对个别农民的剥削，而实际上，却大大加强了对整体农民的剥削，它比高利贷更严重地威胁着农民的生存。青苗法的总剥削率是极其高的，提高剥削率正是通过扩大剥削范围的方式来实现的。⑤

---

① 谷霁光：《试论王安石的历史观与其经济改革（下）——为纪念王安石逝世900周年而作》，《争鸣》1987年第2期。

② 王瑞明：《王安石变法的社会效果》，《宋史论集》，第88—106页。

③ 颜中其：《王安石变法同北宋封建社会各阶级的利害关系——与谷霁光先生商榷》，《吉林师范大学学报（社会科学版）》1979年第1期。另参见叶坦：《大变法：宗神宗与十一世纪的改革运动》，第91—92页；顾全芳：《青苗法研究》，《西南师范大学学报（哲学社会科学版）》1990年第3期。

④ 籍清平：《王安石改革新探》，《中国史研究》编辑部：《中国古代改革家》，第249页。

⑤ 程念祺：《王安石变法的几个经济问题》，《上海师范大学学报（哲学社会科学版）》1986年第3期。

方志远《关于青苗法的推行及其社会效果》是否定性意见较有深度的文章，该文认为：①多散青苗钱的目的，是多收息钱。如果说从自愿请贷到强行抑配是青苗法推行过程的变化，那么收纳息钱则是青苗法酝酿时就确定的出发点。②对于青苗钱的追逐实际上成了左右青苗法实行的制约力量，青苗法推行过程中的一切弊端，几乎皆由此而出。③青苗法的性质是一种变相的财产税，其性质，则是如能坚持民户自愿请贷的原则，当然属于国家与民户间的信贷关系，一旦演变为普遍性抑配，则应属超经济的强制。北宋户等的划分，主要是依据民户土地财产的多寡，因而按户等定额抑配，强令出息，实与财产税无异。青苗法向财产税的演变，有其历史的必然性和现实的必要性，王安石的变法理财思想也受到历代传统抑商政策和北宋财政现状的制约。④王安石在青苗法问题上超越前人的正是将商品信贷手段与封建经济一统化政策结合起来，以达到增收和抑商的目的。⑤虽然青苗法增加了政府的收入，在一定程度上限制了私人高利贷的活动，但也加重了对农民的剥削，从而加剧了政府与民户的对立，影响了商品信贷关系的正常发展。⑥高利贷资本一方面是社会的毒瘤，“除了造成经济的衰落和政治的腐败以外，没有造成别的结果”①。青苗法既然将高利贷作为打击对象，那么自然应该得到肯定。但人们却往往忽视，马克思又一再肯定过高利贷的“革命”作用，因为它破坏和瓦解封建生产关系，“对形成产业资本的前提是一个有力的杠杆”②。然而在中国为什么高利贷只会造成“经济的衰落和政治的腐败”，而不能成为形成产业资本前提的“有力杠杆”？问题不在高利贷本身，而在于历代封建王朝不间断地对其进行限制和打击，使之仅成为封建生产关系的补充，从而使高利贷资本无法按自身的规律正常发展，也使中国古代无法形成独立的货币财产和独立的商人，高利贷者集团，有的只是官商勾结或官僚、地主、商人三位一体的巨室豪户，和苟延于君主专制高压统治下的分散的个体商贩。高利贷资本的积极作用、革命作用尚未显露出来就被泯灭了，留下的只是消极作用、腐蚀作用。青苗法对高利贷的干预和限制，其长远影响，也在于此。③

二、对免役法（募役法）的评价

（1）讨论免役法首先是对差役法的性质进行定性。20世纪五六十年代以来，大多数学者根据马端临的表述，多称“差役”为“职役”或以为差役法是乡村地主阶级的特权，是官府给予所谓“民户”的地主以压榨、统治农民的职权。漆侠《关于宋代差役法的几个问题》一文可说是这一时期众多讨论北宋役法变革中独树一帜的。首先，宋代的差役是魏晋隋唐国家劳役制的继续，虽然这种劳役制在宋代已经进一步地退化。马端临、俞正燮已经看出，秦汉时期的乡亭小吏，同魏晋隋唐时期的乡役，已经有所不同，而后者则具有徭役的性质。从国家劳役制的延续中，正可看出宋代差役所继承的正是这种性质的徭役。这是从历史的联系中认识宋代差役法的性质。其次，北宋初年以来的差役，虽然统统谓之职役，但它并不能混淆或泯灭各类职役之间的差别。只有州县的“吏”系由当地富豪充任，成为

① 中共中央马克思恩格斯列宁斯大林著作编译局：《马克思恩格斯全集》第25卷，北京：人民出版社，1974年，第675页。
② 中共中央马克思恩格斯列宁斯大林著作编译局：《马克思恩格斯全集》第25卷，第690页。
③ 方志远：《关于青苗法的推行及其社会效果》，《南开学报（哲学社会科学版）》1988年第6期。

宋政府所依靠的地方统治势力；个别、少数的中下层地主及第三、四、五等户自耕农民，或通过衙前役，或充任税卒，改变了他们的政治地位和经济地位。其他的各类差役，在全部差役中占支配地位，则成为广大应役者的重负，是具有残酷剥削压迫性质的无偿劳役。宋代差役不仅出自广大下户自耕农，也出自一部分客户，这一铁的事实是差役法之具有劳役性质的另一个表现。①

汪槐龄亦认为熙宁以前的差役并非全部由上三等户承担，上户以种种方式逃避差役，将差役转嫁到下户身上。应当承认李觏所说“下户半曾差作役”，比较符合当时的实际情况。但也不能说上述差役带来的苦难只限于四、五等下户，这样说欠缺事实根据。如果承认差役对部分上三等户来说也是负担，就不能笼统地认为差役对上户来说是一种特权。熙宁役法改革，免役法对户等较高的官僚地主来说，在一定程度上起了“抑兼并”的作用。对许多下户来说，行免役法后，虽要输纳免役钱，然而较少地受到官吏的欺凌，且能致力于陇亩，对发展生产有利。免役钱和差役钱，实际上是差役的折变。至于出现输钱免役而役又不免的现象，有其必然性，这是封建社会后期规律性的现象，始作俑者并不是王安石，非任何个人所能任其咎。②

王棣认为北宋差役经历了一个负担与特权相分离的过程。熙丰役法是王安石等在保留差役承担者对广大农民剥削和压迫特权的前提下，蓄意将一些差役形成的负担转嫁到乡村下户身上的手段。关于差役的性质，王棣则认为其职责决定其性质，州县役是对封建国家承担的义务，是负担，而乡役仍保持着古代乡官制度的色彩，是特权。③

（2）颜中其认为：第一，差役或称职役对宋王室来讲，是地主阶级内部的普通地主对本阶级所组成的政权机构的一种支持和义务。尽管它是摊派的、轮差的，但在性质上和徭役是不同的，所以对于这种职役，不应称之为超经济强制，而可以称之为地主阶级内部的封建义务劳役。第二，由差役改为雇役，这是一项很重要的改革。它的实际意义在于，能够让原先的当役户免去出人，脱离生产，甚至因失陷官物而受刑、破产等困苦。这对一、二、三等户主要当役对象来讲，是一件好事，这是王安石对于农村中的兼并力量，也即普通地主所施行的一项“仁政”。而对过去摊上差役的自耕农，在稳定生产等方面也有好处。对于官僚地主、寺观地主来讲，他们的免役特权被取消，也要出钱，虽有所照顾，但增加了一笔新的负担。这是王安石在他们地主阶级内部，即官僚地主、寺观地主与普通地主之间利害关系上的一次局部调整，对于乡村四、五等下户来讲，原先无役，或无主要职役，这次虽说四等及以下户不出钱，但由于官吏弄虚作假、临时升等，也竟成为免役钱的新的负担者。这是赵宋王室对于广大自耕农、半自耕农的新的剥削。总之，免役法无损于兼并力量，普通大地主可以去害就利，普通中小地主也能去害有利；普通大商人、大行人有得有失，而乡村四、五等户的自耕农、半自耕农、坊郭主户中的普通商人，贫下行人所受负担最重。这就是免役法对于当时各阶级、各阶层所产生经济利害关系的一

---

① 漆侠：《关于宋代差役法的几个问题》，《宋史论集》，第1—20页。

② 汪槐龄：《有关宋代差役的几个问题》，邓广铭、程应镠主编：《宋史研究论文集》，第151—164页。

③ 王棣：《北宋差役的变化和改革》，《华南师范大学学报（社会科学版）》1984年第2期；王棣：《试论北宋差役的性质》，《华南师范大学学报（社会科学版）》1985年第3期。

个大概轮廓。①

（3）对免役法令原不充役的下户普遍都要交纳役钱的做法持批评意见是众多学者否定免役法的主要依据。“足以证明免役法的实质，而不应回避的根本问题，就是乡村四、五等户，即下户纳役钱的问题”②，“人们往往把王安石和司马光的役法之争，归结为雇役和差役之争。诚然，吏役由轮差改为雇募，这不能不是一种历史的进步，然而王安石考虑役法改革的基本出发点，却在于如何富国”③。“农民原来不服役，现在却普遍地按税钱交纳免役钱。他们占地少而赋税重，兼并之家占地多却赋税轻。赋税负担本已经十分不平等，现在又迫使农民和地主按纳税多少交纳役钱，就使得役钱成为一种‘累退’性质的税收。地主可以按财产的较小比例出钱，农民却要按财产的较大比例出钱。在农民经济地位已是下降趋势的情况下，这无疑是加速他们的破产而为地主兼并创造更有利的条件”④。“宋廷通过免役法搜括大量财富，储藏于国库、内库和地方府库，对于扩大再生产、发展经济、活跃市场，完全成了不起作用的死财富”⑤。

（4）对免役法持肯定意见的是：免役法的实施，使“力田之民，脱身于公”，回到生产岗位，这是使农业生产出现转机的一个前提，因此，不可忽略免役法的积极作用，免役法的原则是“计产赋钱，募民代役”，官绅形势户，由无差役负担者，按其户等或田产减半交纳助役钱，这就是“裁取豪户”。免役法优于差役法，应属无疑。“王安石实行免役法，虽然在理论上没有提出什么创见，却又不是出自个人主观臆断或者只是单纯为封建国家多捞几个钱，他进行了较为深刻的历史与现实的观察与分析，因而他认为历史始终要向前发展。力役既已由劳役发展到实物，又发展到货币，就不应该退回到劳役或实物的原始形态上去。王安石主张以钱雇役，方向是正确的，是不应该予以非议的。”⑥

周良霄考察了秦汉至北宋初期役法的发展变化，认为职役是北宋时期开始出现的一种特殊事物。它起源于后唐和五代军阀割据时代，是在两税之外，为维持地方官府而节次擅增的科差。它本质上仍然是一种力役，但征役的直接对象原则上只限于有物业的中等以上人户。实行力役是以社会生产中通行劳役地租为基础而派生的。北宋时期实物地租已基本上取代劳役地租，成为占主导的地租剥削形态。这种转变必然要影响到以力役形式加之于人民的职役。与差役法比较，免役法在均役上的优点是明显的。第一，按田产的一定比例纳钱免役，比旧制按丁产分等应役简便合理。第二，对官僚形势等户征收助役钱，扩大了役钱的负担面。第三，纳钱或谷物以代身役，使社会上一大部分人从这一沉重的负担中解脱出来，有利于社会经济文化的发展。第四，输钱本身，必然刺激商品经济的发展。马端临指出：“国赋输银始于熙宁。”单就这一点来说，对后来商品交换的发展就是意义重大，应该给予足够的肯定。对于免役法在执行中存在的问题，并不能以此来简单地评价新法的良莠，一个是它本身的问题，另一个是执行的问题，不应把它们完全等同起来。而另一类

---

① 颜中其：《王安石变法同北宋封建社会各阶级的利害关系——与谷霁光先生商榷》，《吉林师范大学学报（社会科学版）》1979年第1期。
② 王曾瑜：《王安石变法简论》，《中国社会科学》1980年第3期。
③ 王曾瑜：《王安石变法简论》，《中国社会科学》1980年第3期。
④ 程念祺：《王安石变法的几个经济问题》，《上海师范大学学报（哲学社会科学版）》1986年第3期。
⑤ 籍清平：《王安石改革新探》，《中国史研究》编辑部：《中国古代改革家》，第253页。
⑥ 谷霁光：《试论王安石的历史观与其经济改革（下）——为纪念王安石逝世900周年而作》，《争鸣》1987年第2期。

问题是带有本质性的，比如说钱荒难得，这原是当时商品经济仍不发达的表现。把自给自足的小农驱入商品交换的漩涡中，必不可免地增加了商人的盘剥，但就整个社会商品经济的发展而言，它却又是进步的杠杆。因此，若用钱荒问题来批评免役法增重了农民的负担，是欠妥的。免役法的确加重了第四等以下人户的负担，乃至“优富苦贫”，但免役比起差役来毕竟是一大进步。①

（5）熙宁、元丰、元祐时期曾先后改差役为募役和改募役为差役，这两次役法改革当时在整个地主官僚之中引起了很大争议，他们各执己见，相互攻讦不已，王棣就此探讨了个中原因，由于北宋时期南北方社会经济发展的不平衡，南北方的乡村上户对役法产生了不同的要求，这是造成北宋中期役法大争论的重要原因。一般说来，雇役法便于南方地区的乡村上户，差役法便于北方地区的乡村上户。②

（6）以上对免役法的讨论都是把它作为一项经济措施来研究，讨论的重点集中在实行免役法的利弊，地主与农民的哪一阶层获利较多等问题，而俞宗宪《论王安石免役法》一文则别开生面地从更为广泛的角度探讨免役法在政治上的作用，亦即免役法实质上是一场意义更为广泛的政治改革的一部分。免役法是中国的地主阶级在当时历史条件下不得不采取的政治改革措施，它要解决三个问题：一是使州县二级农政分离，提高行政工作质量；二是有效限制大量农户非法避役；三是改革基层吏治，在分析免役法的历史作用时，应该同时从政治改革的角度去考虑。常言道“苛政猛于虎”，假如吏治改善了，农政分离了，农民能摆脱贪酷的吏役的侵扰，专心致力于农业生产，那么在经济上多花点代价也是情愿的。再加上免役法抑制兼并，限制非法避役，使人民的负担在统一的封建法制下比较均衡和公平，加赋主要加在违法户身上，这样便改善了法制。这种政治上的进步也必然会在经济基础领域起一种良好的作用，使人民心情比较舒畅，生产比较发展。总之，免役法在改善吏治、抑制兼并、促进农业生产、增加国家收入等方面都起了作用。但也因为它对旧制度做了相当大的改革，触犯了相当大的一批旧制度下的既得利益者，其中包括收受诡名挟佃的官户、形势户、寺观户，贪赃舞弊、称霸乡曲的胥吏，非法的避役户，挥霍地方经费的地方官等，所以遭到了保守势力的猛烈反击。毋庸讳言，免役法确也存在着一些严重弊病，免役法的失败与此也有一定的关系。但与免役法的总的进取精神比较，相对地说这是比较次要的。尽管由于保守势力的阻挠和反击，它的成就是有限的，并且它有自身的缺点和弊病，但它在历史上还是进步的。③

三、对均输法、市易法的评价

均输法是王安石变法期间较早颁行的一项新法，但相对于青苗法、免役法、市易法等经济改革措施而言，研究者并不多见，这可能是由于，一是论者一般把它与桑弘羊在汉武帝时实行的均输法相提并论，未有多少新义；二是因袭马端临的成说，并以均输法没在“元祐更化”中遭废罢为由，认为均输法徒具令文，并未实施；三是有关均输法的直接资料较

① 周良霄：《王安石变法纵探》，《史学集刊》1985 年第 1 期。
② 王棣：《北宋役法改革中的南北差异》，《华南师范大学学报（社会科学版）》1991 年第 1 期。
③ 俞宗宪：《论王安石免役法》，《宋史论集》，第 107—123 页。

少。虽然研究者对均输法关注的笔墨不多，但亦有三种意见。

第一，认为均输法从增加宋朝“国用”出发，多少改变了旧制，增加了财政官员的权力，侵犯了富商大贾的利益，同时也稍稍减轻了纳税户的许多额外负担。均输法的基本做法，就是通过国营商业机构，对于全国商品实行强制性的收购、运销，并且把原来不属于商品的封建贡赋也强令投入商品市场。国营官商既垄断货源，又操纵供求关系和规定市场价，以便于获取最大限度的均输之利来积累国家财富。“在官府直接经营和控制之下，促进商品交换，一方面限制豪强兼并，一方面扶助中小商业和手工业的正常发展。”①

第二，认为均输法的实施，对豪商富贾操持的“轻重敛散之权”确实有所限制，不过这一措施只在东南六路推行，而且只限于对汴京的物资供应，后来薛向调任他职，均输法就停止实行了。②李晓在2000年“国际宋史研讨会暨中国宋史研究会第九届年会”上提交的论文《论均输法》对“未曾实行说”进行商榷，认为：①不能把桑弘羊的均输法与王安石的均输法混为一谈，桑弘羊的均输法是把各地的赋税贡物全部改折为当地最多、最便宜的物品，运到价高地区出售，属于追求贸易利润的官营商业，其目的是在抑制豪富牟利的同时充实国家财政，其核心是“卖”和“利”；而王安石的均输法，则是从价廉近便之地收购上供的物资，属于政府的消费性购买活动，虽也有打击商人兼并势力之意图，但最主要的出发点乃是保障政府的消费需求、节省节支、提高财政资金的使用效率，其核心是“买”和“用”。同名均输法，其实异也。马端临之所以说均输法未曾实行，即在于误解了王安石的均输法。②与青苗、免役、市易等新法相比，均输法的革故鼎新并不突兀刺眼，创新不多。所以，虽然立法之初，均输法多遭误解而物议纷然，但行之既久本义尽现之后，反对派的非难就逐渐减少了。均输法既然是对折钱、籴买这些“祖宗之法”逻辑的必然延伸，暨至元祐，也就没有特别理由将之亦归于“更化”之列。③

第三，与市易法一道被斥为阻碍了北宋的商品经济发展。市易法所遭受的否定性批评意见在诸新法中是最多的。王安石等人以打击“富商大室”的“出纳敛散之权”为名，设立市易司和市易务，市易法的确剥夺了大商人的“较固取利”即垄断性的商业经营，却建立了官府的垄断经营。“在中国封建时代前期，桑弘羊等人实行盐铁官营，尚有打击奴隶主工商业的积极意义，而在封建时代后期的市易法，就只能阻碍商品经济的正常发展，是不折不扣的倒行逆施”。“王安石的市易法，用封建国家商业垄断制替代大商人垄断制，从兼并力量手里夺回某些商业剥削率，在挽救当时封建国家的财政危机是有过作用的；但由于把普通商人、行铺稗贩当作剥削对象，造成了这些商人低下阶层的失业破产，所以市易法成了当时商品经济发展、中小商人发展的一个消极因素”。市易法是北宋封建社会商品货币经济发展远未成熟之产物。因此，虽然它对活跃全国商品经济多少有一定的积极作用，但因为它是从属于封建国家以垄断、聚敛为目的的一项全国性商业政策，所以其危害社会经济与各行业生产的消极影响是重大的，也是主要的。约而言之：首先是市易法虽以抑兼并为旗号，但实际上是为富商大贾通过各种渠道与市易司官员互相勾结以牟取暴利提供了方

---

① 谷霁光：《王安石变法与商品经济》，《江西大学学报（哲学社会科学版）》1978年第3期。

②《中国史稿》编写组：《中国史稿》第5册，第115页。

③ 李晓：《论均输法》，漆侠主编：《宋史研究论文集——国际宋史研讨会暨中国宋史研究会第九届年会编刊》，保定：河北大学出版社，2002年，第324—335页。

便。其次是市易法包揽百货购销，重利盘剥行商，又行“免行税”掊克商贩、居民，已成为奸吏挟官府兼并聚敛之重要手段。最后，各路市易司联成一气，贱买贵卖，农产品、副业和手工业产品成为它们攫取的对象，购销被它们所垄断，这就严重地挫伤了生产者的积极性，摧残了社会经济和商品、货币经济之正常发展。

> 宋代的商业……它一开始就冲破了以往各朝的坊市制度对商业在时空上的限制，各地小市场的普遍建立，也已为商业进一步冲破区域性的限制创造了较好的条件。在初宋的一百年间，由于商业发展，许多小市场已上升为镇。这些小市场是适应农业生产力水平的提高而出现的，是应交换和流通的扩大而发展的。顺应这种趋势，是现实的要求，任何反方向的运动，都将不利于当时社会经济的发展，这是分析市易法的出发点。……我们不难看出，正是在市易法专买专卖政策的指导下，抑商严厉地限制了商品流通，对商业的发展构成了严重的威胁。市易法的推行是全面的，其恶劣影响遍及当时封建商品经济的各个领域。①

“均输法、市易法，对商业贸易实行官府垄断，在很大范围之内强化了各类专卖，国家加强了官营禁榷，这些办法固然不利于富商大贾，对于小手工业者、小商贩同样是严酷打击，相对而言，或许更为严重。”

值得注意的是，有些肯定王安石变法的学者也对市易法提出了批评，如周良霄在分析了市易法的利弊后说，在这个问题上，他同意王曾瑜同志的意见，王曾瑜认为在中国封建时代前期，桑弘羊等人实行盐铁官营，尚有打击奴隶主工商业的积极意义，而在封建时代后期的市易法，就只能阻碍商品经济的正常发展。王安石的均输法、市易法，无疑是在北宋商品经济空前发展的新形势下提出来的，但他对商业经济的观点和措施却仍然是汉、唐封建地主阶级的老一套，并附会以《周官·泉府》的空想，因而是与社会发展的需要背道而驰的。它不单是终究要阻碍商业的发展，即就市易法为政府所带来的收入而言，也远不如人意。北宋以后，无论是均输法还是市易法，都已经再没有人天真地来尝试推行了。②谷霁光也说：“均输市易对封建国家来讲，有利可图。从暂时看，从现象上看，对商品经济发展好似无害而有益。王安石对此也是直觉的（地）感到均输市易于国家有利，于社会有利。当然，从长远讲，从本质讲，均输市易不利于商品货币经济的自由发展，弊多利少，这也属于经济发展规律范畴内的认识，他是不可能理解的。”③

当然在一派否定声中，也有部分学者给市易法以一定程度的肯定。吴泰认为，对市易法同商品经济发展的关系亦须进行具体分析。其中的“行人”交纳“免行钱”代替“行户祗应”，虽然后来成了宋朝掠夺贫下行户的一种手段，但它对商业活动的正常开展却不是毫无益处的。“京城有万家以上的商户依靠市易息钱维持着商业活动总应是个事实。……笼统地否定‘市易法’，把市易司发放市易钱给商户也说成是阻碍商品经济发展的倒行逆施，显然是不妥当的。”④俞兆鹏认为，市易法的立法宗旨主要是三个方面：一是抑兼并，利商贾；

---

① 程念祺：《王安石变法的几个经济问题》，《上海师范大学学报（哲学社会科学版）》1986 年第 3 期。
② 周良霄：《王安石变法纵探（续完）》，《史学集刊》1985 年第 2 期。
③ 谷霁光：《试论王安石的历史观与其经济改革（下）——为纪念王安石逝世 900 周年而作》，《争鸣》1987 年第 2 期。
④ 吴泰：《熙宁、元丰新法散论》，中国社会科学院历史研究所宋辽金元史研究室：《宋辽金史论丛》第 1 辑，第 29 页。

二是平物价，通有无；三是足国用，增吏禄。三个方面是相互联系和密切相关的，其中第一方面是核心。市易法的性质在于它是变法派实现富国强兵的重要手段之一。市易法的推行实际上是北宋政府动用国家政权的力量在商业领域加强封建专制统治的一种表现。其立法宗旨基本上是进步的，必须加以适当的肯定。市易法没能起到预期的效果，反而加剧了社会矛盾，妨碍了商品经济的发展，其失败的原因在于：①其立法宗旨本身就包藏着专制取利的动机，这正是推行后一切弊端产生及其恶性发展的重要根源；②由于缺乏有效的吏治改革，因此市易司的官吏们希求封赏，刻意聚敛，使阶级矛盾激化；③以王安石为代表的变法派首脑人物用人不当和不能正确对待市易法推行中的弊病，致使市易法变质，成为封建政府聚敛的工具；④自然经济占统治地位，这一北宋封建社会的特点，也给市易法的顺利推行造成了一定的困难。[①]

魏天安称市易法是触动市场结构的变革，市易法由政府直接参与市场批发甚至零售交易，对原来的市场结构产生了极大的冲击。豪商富贾阶层开始分化，少部分加入市易务，成了官商代理，大部分被迫退出了商品批发市场。以中下行户为主体的零售商改换门庭，直接与市易务建立赊贷关系，从市易务借贷资本，批发商品。这一触动社会经济结构的变革，在宋代社会引起了极大震荡。关于市易法的蜕变与失败：在市易法实施前期，宋政府以"贸迁物货"为核心，使市易法取得了较大的成效。后来市易法的重心逐步向"契书金银抵挡"转移，市易务几乎成了发放贷款、收取高息的专营机构，对欠贷的众多商人实行收捕关押、没收家产等严刑峻法，造成日益严重的社会问题，并最终导致市易法的失败。市易法是在唐代坊市制度崩溃后国家恢复商业统制权的一次大胆尝试，它开创了官营商业机构大规模录用商人从事商业中介活动的先例。市易法失败后，官府大量录用牙人参与官物买卖的活动并未停止，如榷物、茶场、和籴场、商税院、编估打套局、太府寺和剂局等都雇有牙人。对于牙人的利用和控制逐渐成了宋政府对都市商业进行统制的主要方法，这一方法显示了国家市场统制由市易法的直接介入过渡到间接介入的逐渐松弛的趋势。[②]

四、对保甲法、保马法的评价

（一）对保甲法的评价

对保甲法的评议，可分作两部分，一是兵制改革；二是加强地方统治。前者对王安石兵农合一思想有不同理解，而后者则是否定性意见大大多于肯定。

先看王安石的兵制改革设想。邓广铭、周良霄认为王安石推行保甲法是欲以征兵代替募兵："王安石改革兵制的终极目标，是恢复古代曾经长久施行过的民兵（亦即征兵）制度。他所制定施行的保甲法，是通向民兵制的一项过渡办法，决（绝）不应把它作为王安

① 李军：《江西省纪念王安石逝世九百周年学术讨论会综述》，《争鸣》1987年第1期；俞兆鹏：《论北宋熙丰变法时期的市易法》，《江西社会科学》1988年第1期；王盛恩：《市易法新评》，《史学月刊》1996年第5期。

② 魏天安：《宋代市易法的性质研析》，漆侠、王天顺主编：《宋史研究论文集》，银川：宁夏人民出版社，1999年，第221—235页。

石改革兵制的全部进程的最终点。”[1]“对于理想家的王安石来说，实行保甲法还有更为远大的目标，即用民兵来代替募兵……把兵农合一作为一种理想提出来，表现了作为思想家的王安石超越流俗的见识；但它却又是无法实现的空中楼阁……王安石认为官给廪给就能解决改行兵农结合这样一个复杂的问题，说明他的理想固然高超，而如何通向这一理想的桥梁却又何等脆狭难通！……正因为兵农合一只是一种不切实际的理想，所以，元祐以后已再没有人去进行尝试……这就表明：募兵制度是后期封建社会军制发展的必然，王安石的兵农合一试验此路不通”[2]。

王曾瑜、程民生等人认为，王安石只是用部分征兵代替募兵。“王安石只是主张部分恢复征兵，‘与募兵相参’，而不是完全取消募兵制”，在中国封建时代，“用募兵制取代征兵制，在相当大的程度上免除农民的兵役负担，其实乃是历史的进步”。“诚然，宋朝的募兵制不可免地有很多弊病，但因此而要恢复征兵制，却只能是倒行逆施”[3]。

> 改革募兵制是王安石变法的一个重要内容。王安石并非要废除募兵制，他认为保持一支常备职业军队是必要的，但不能完全依靠募兵队伍。为此，宋政府采取了两种措施：一方面完善募兵制，如并军营、置将官、淘汰老弱；另一方面特别重视实行保甲法，部分恢复府兵制，组织训练保丁，使之成为兵农合一的武装力量，并制约募兵。但由于脱离了经济基础，未能如愿。对军队的整治也未成功。以富国强兵为目标的改革，只实现了富国的经济目标，强兵的政治目标夭折了。而仅有经济改革并不能使宋朝强大起来。[4]

再看作为加强地方统治手段的保甲法。王曾瑜说王安石“推行保甲法的目标有三，一是‘除盗’，二是‘与募兵相参’，部分恢复征兵制，三是‘省养兵财费’”。“关于保甲法‘除盗’的种种措施，既然自商鞅的‘令民为什伍，而相收司连坐’，到王安石的保甲法，最后到蒋介石的保甲法，完全是一脉相承的，任何一个公正的史学家，是不会为这种反动、血腥的法令辩解的”。事实上，王安石实行变法前，宋神宗已开始裁减军队中的老弱者。然而裁军的结果，只是一部分军费被“别项封桩”起来，人民的赋税负担却是有增无减。所以“不论从哪个方面和角度看，保甲法只能是毫无进步因素可取的很反动的法令”[5]。

保甲法切实得到推行，但除了自卫防御战争、反击外来侵犯的作用以外，在主要性质上仍是阶级压迫、维护封建地主政权统治之工具。“王安石意图用兵农合一来取代腐朽骄纵之北宋禁军来说，多少是有一定意义的，但这并不能改变保甲法之阶级压迫的本质。”[6]

周良霄又认为严密的保甲制度也是时代的要求。均田制度破坏后，人户逃亡，成为蓬转萍流，未有土著定籍的浮户，又称为“客户”，人数众多，如何对他们进行控制管理就成

---

① 邓广铭：《王安石对北宋兵制的改革措施及其设想》，邓广铭、程应镠主编：《宋史研究论文集》，第311页。
② 周良霄：《王安石变法纵探》，《史学集刊》1985年第1期。
③ 王曾瑜：《王安石变法简论》，《中国社会科学》1980年第3期。
④ 程民生、郑传斌：《熙丰时期的兵制改革及启示》，《河南大学学报（社会科学版）》1996年第3期。
⑤ 王曾瑜：《王安石变法简论》，《中国社会科学》1980年第3期。
⑥ 籍清平：《王安石改革新探》，《中国史研究》编辑部：《中国古代改革家》，第236—287页。

为一个重大的社会问题。王安石的保甲法，除了在旧行保伍制度的基础上予以强化之外，最显著的变化是开始将客户纳入这一组织中，使其充保丁当役。这个制度，一直为后来的统治者所沿行。①

1980年，首届中国宋史研究会年会在上海举行，在会上，有一种意见认为，近现代人对王安石的保甲法所进行的攻击，是有失公道的。第一，说他有防范和镇压劳动人民的一面，虽然不诬，但这是任何剥削阶级的国家机器都具有的职能，绝不能说保甲法较之募兵制在这方面所起作用更为凶恶。第二，王安石实施保甲法的最主要的目的，是要用它作为通向民兵制即征兵制的桥梁，作为加强军事实力的一种途径借以改革北宋王朝“外则不能无惧于夷狄”的积弱局势，这与蒋家王朝所实行的保甲法不能相提并论。第三，《文献通考》说王安石要在废除募兵制度之后，“而行保甲”，那是不够确切的。保甲法只是王安石要在逐步废除募兵制的过程中采取的一个过渡办法，绝不是他改革兵制的全进程的终点。王安石之所以要对募兵制进行彻底改革，减缩财政开支是极为重要的一点。第四，从司马光反对保甲法的言论中，可以侧面看到王安石在实施保甲法的过程中已经收到效果，即大量的农村壮丁都已“戎装执兵”，接受军事训练了。②

（二）对保马法的评价

王曾瑜先生《王安石变法简论》认为保马法“是应当否定的”新法之一，“保马法具有加强剥削和镇压的双重作用，而官府既节省了养马费用，又得到牧地地租的大笔收入，可谓一举两得”③。籍清平对此表示赞同：保马法的性质，“属于以低给费而榨取养马户之无偿劳力与一应物资费用支出。宋廷虽然节省很多养马费用，但给广大农民带来的沉重负担与弊害是无法估量的，说明保马法实际上首先是从属于富国的真实意图”④。

陈振不同意上述意见。他认为熙丰时期保马法经历了三个阶段的演变，即熙宁五年（1072）推行的是保马法，到元丰三年（1080）才推行户马法，元丰七年（1084）又在京东西两路乡村推行一种新的保马法——元丰保马法。三者之间虽有联系，但区别是很明显的，这个区别主要是在养马的数量上有很大不同，因而保马法和户马法是两种完全不同的民间养马法，而将三者混为一谈的始作俑者是马端临。熙宁保马法减省了政府开支，并未给农民造成难以承受的经济负担，适应了当时迫切的军事需要，是值得肯定的。⑤

五、对农田水利法、方田均税法的评价

（一）对农田水利法的评价

“农田水利法及其实施，是熙宁改革中于国于民于生产建设均有利益的一项改革，应当予

① 周良霄：《王安石变法纵探》，《史学集刊》1985年第1期。
② 梁人：《宋史研究会学术讨论述要》，《学术月刊》1980年第12期。
③ 王曾瑜：《王安石变法简论》，《中国社会科学》1980年第3期。
④ 籍清平：《王安石改革新探》，《中国史研究》编辑部：《中国古代改革家》，第276页。
⑤ 陈振：《论保马法》，邓广铭、程应镠主编：《宋史研究论文集》，第321—334页。

以肯定评价。但由于新法的最终目的在于‘富国’，因此，宋廷的国家投资拨款数额是不大的，大多是民办公助性质，除以工代赈外，河役、水利工程、农田建设都是农民提供劳役。”①

“熙丰新法中尚有直接促进生产发展的措施和效果。对于农田水利和垦辟荒地，是变法初期很为重视的事情，王安石采取了一系列措施加以提倡、鼓励和组织，乃至作为地方官吏考铨内容之一。在这种情况下，通过劳动人民的辛勤劳动，熙宁年间出现了一个兴修水利和垦辟荒地的高潮，其效果也是明显的。”②

“‘农田水利法’，它体现了王安石‘以天下之力生天下之财’和‘欲富天下资之天地’的思想原则，既是宋神宗主张发展生产扩大税收的措施，也是王安石一贯重视水利事业和农业生产的进一步发展。这一法令虽然也存在诸如国家并不投资，以及个别官吏邀功害民等不足，但是作为一项以发展生产为目的的大法，无疑值得肯定。”③

王曾瑜先生虽然也肯定了农田水利法“对发展生产起了某些作用……但毕竟只能作为评价变法的次要方面”，“我们既要肯定农田水利法的成就，也要作恰如其分的估计”④。对此，杨德泉、任鹏杰的估计则有很大的不同，他说：

> 熙丰（1068—1085年）农田水利法在全国各地大规模的（地）推行，改变了中唐以后农业经济“南重北轻”的地理分布格局，南北方农业发展基本趋于平衡，创造出一系列为人震惊叫绝的经济社会效益。（一）增加农田水利田1亿多亩，每年总计增产粮食达一万六千五百至二万三千万石。这是一笔巨大的耕地和粮食财富，显示出农田水利生产的辉煌经济效益。（二）这些财富是在改善了封建农业生产结构的前提下创造的。熙丰变法派通过摧抑兼并，减免田赋，招募农民“就业”，有力地推动了农田水利生产的发展，克服了“食粥赈济”的诱民“就死”的弊端，既宽优了民力，丰裕了民财，又极大地刺激了农业劳动生产率在全国各地普遍迅速的（地）提高。（三）顺利地摆脱了“积贫”困境，为“富国强兵”奠定了比较坚实的物质基础。熙丰北方粮食大范围自给有余，边计军费大都赖以自给，漕运显趋减少，南方农业也因而减轻了漕粮负担，从而获得了更为迅猛的发展。（四）熙丰“中外府库，无不充衍”，关键是仰赖了农业生产的迅速发展。⑤

可见由于农田水利法的成功实施，熙丰时期在农业上，不仅“民不加赋”而实现了“国用饶”，而且同时丰裕了民财，宽优了民力。这不正是“抑兼并，便趣农”“取天下之财以供天下之费”的最好证明吗？

（二）对方田均税法的评价

像农田水利法一样，方田均税法得到了较一致的肯定，但对它的推行效果则评价不高。

---

① 籍清平：《王安石改革新探》，《中国史研究》编辑部：《中国古代改革家》，第259页。
② 胡昭曦：《熙丰变法经济措施之再评价》，《西南师范学院学报（哲学社会科学版）》1984年第4期。
③ 叶坦：《大变法：宋神宗与十一世纪的改革运动》，第83—84页。
④ 王曾瑜：《王安石变法简论》，《中国社会科学》1980年第3期。
⑤ 杨德泉、任鹏杰：《论熙丰农田水利法实施的地理分布及其社会效益》，邓广铭、漆侠等主编：《宋史研究论文集（一九八七年年会编刊）》，第202—205页。

“王安石在土地方面并未直接制法而加于兼并之人，但方田均税法，间接的（地）有助于抑制土地兼并，即实行的最后结果，多少有利于防止地权过于集中。”①

“方田均税法，也是当予以肯定的。……此法先后推行了十四年，尽管推行地区与实际落实方面都有不少局限，但使这些地区‘贫弱地薄而税重’、‘贫者以苦瘠之亩荷数倍之输’的不合理现象，得到了一定的纠正。应当说，此法有利于增进国家税收，而且是通过平均赋税、按亩纳赋的合理方式来实现的。”②

王安石的方田均税法导源于郭谘的千步方田法，“它是在履亩丈量的基础上，编制方帐、庄帐（土地清册）和甲帖、户帖（户籍清册），两者互为经纬，据以为征收租赋的准则，消除有田无税等不合理的现象，使负担均平。这样既有利于国家的财政收入，又免去贫弱农民无地而税存的负担，对安定社会、发展社会农业生产是有积极作用的。……在丈量田亩中，官吏敲诈受贿，或增益顷亩以猎功，或以多报少以徇私，都是无疑的。但真正感到利益受损的只是那些占地而不纳赋税的豪强。因此矛盾的实质是地主阶级内部关于地租再分配的争夺。这个争夺是在反复较量，经过几个朝代才解决的。王安石的方田均税法正是后期封建社会中，国家赋入在由主要从丁口转化为主要从土地为来源的过程中，政府在全国规模上要求整理田籍的第一次尝试”③。

“方田均税法的本质，就是想调节统治阶级内部对财富、赋税、劳力和土地的占有关系，强化君主专政，继续把农民牢牢地束缚于土地之上，实现其‘富国强兵’的目的。但由于豪强地主的抵制与破坏，事实上不可能实现真正的均税”；而“诸道方田使者希功赏，概取税虚额及尝所蠲者，加旧籍以病民”，乘机增加民间两税的情况却层出不穷，结果反而使阶级矛盾尖锐化。④

王安石推行方田法，反映出北宋王朝封建国家的田赋收入同地主阶级，特别是王室贵族地主、官僚贵族地主以及普通大地主之间的严重偷税、漏税、逃税现象存在着矛盾，这主要也是一个地主阶级内部的矛盾问题。……从事实上看，方田法受到了阻力，也并没有收到什么明显的效果……如果除去所谓正常增加的开垦数，方田法所括得的民田数字很小，在增加税额方面并没有起什么明显作用，这里说明，王安石变法标榜“抑兼并”，方田法的矛头似乎对准兼并力量，而实际情况是，方田法并没有真正打击到地主阶级，特别是王室贵族地主阶级、官僚贵族地主阶级以及普通大地主阶级，所以也没有在摧抑兼并力量方面发生明显作用。……方田法并没有给广大自耕农、半自耕农或者佃客带来什么经济效益。作为地主阶级的剥削对象，广大自耕农、半自耕农在田税登记方面，通常处于不利地位，他们在地方官吏的弄虚作假和里正、户长之类的严格监视下，不但无法偷税逃税，反而往往在出卖田地之后仍然照旧纳税，甚至

---

① 谷霁光：《试论王安石的历史观与其经济改革（下）——为纪念王安石逝世900周年而作》，《争鸣》1987年第2期。
② 叶坦：《大变法：宋神宗与十一世纪的改革运动》，第84页。
③ 周良霄：《王安石变法纵探》，《史学集刊》1985年第1期。
④ 籍清平：《王安石改革新探》，《中国史研究》编辑部：《中国古代改革家》，第263页。

在破产之后还要交无产之税。[①]

六、对科举改革的评价

对王安石的科举制度改革的争议主要是改革的社会效果特别是对宋以后的中国历史的影响。

王曾瑜先生对王安石的学校科举改革亦持基本的否定态度。“如果从为封建皇（王）朝取士的角度看，科举考试用经义自然胜于诗赋，但是如果从中国封建时代思想文化史和教育史的角度着眼，则以经义取代诗赋，绝不能说是科举制的进步。自宋以降，经学取士，遂成统治者加强儒家思想的垄断地位，厉行文化专制的重要法宝，而王安石正是创始者。在往后的九百年间，历代封建统治者正是承袭王安石的衣钵真传，用功名利禄作诱饵，将千千万万士人的聪明才智，禁锢于儒学的囚笼。”“所谓‘一道德’，就是要实行王学的思想专断，树立对王安石的信仰权威，乃是禁锢思想自由的反动措施。”[②]

周良霄、张希清则对王安石的科举制度改革持与王曾瑜相反的意见，给以基本的肯定。周良霄认为，在王安石变法中，科举制度的改革意义是重大的，王安石废明经，把进士考试中的诗赋改经义，在科举的发展史上是一个重大转折。但对王安石的“一道德”做法提出批评：“为了统一思想，王安石利用政治权力把自己的新学置于钦定的统治地位，其必然招致诸家的反对的。王安石改革科举，改墨义为大义，变声律为策论，原是打破旧程式，解放思想的一个进步。但是，这个进步却有限得很，因为它虽然使人们从章句、声律的束缚下解放出来，却又立即把他自己的思想来牢笼天下。”[③]

张希清《论王安石的贡举改革》是一篇较全面论述王安石科举改革的文章。文章认为：第一，王安石的贡举改革，主要是考试内容改革，改革的主要内容包括罢明经、诸科，专以进士一科取士；罢诗赋、帖经、墨义，专以经义、论、策取士；律令大义逐渐成为进士考试的内容之一。第二，王安石贡举改革的目的是造就和选拔有用于天下国家的人才和用经术义理统一思想，而这些又都是为整个变法服务的。贡举改革在整个变法中起着重要作用；同时它本身也是整个变法的一个组成部分。第三，纵观中国科举制度的发展史，王安石的贡举改革无疑是具有重要意义的。①变诗赋取士为经术取士，有利于封建国家造就和选拔“通经致用”的人才。②罢帖经、墨义，以大义试经术，是贡举考试的一个进步。③以诗赋取士，还是以策论取士，这也是长期以来争论不休的问题之一。王安石断然罢黜诗赋，专以论策试进士，比范仲淹的“先策论”“简程式”更为彻底，也更有进步意义。④加试律令大义，可以促使士人粗通法律，有利于实行法治。文章对认为王安石以经义代替帖经、墨义，开创了八股文的先例的观点进行了辩驳。首先，熙宁经义的内容不拘泥于经文和注疏，而强调阐明经旨、自陈己见，其文体为散文，没有什么严格的格式，更不要求对偶，这些与八股文之间是有明显区别的。其次，八股文是明朝中叶以后才出现的，“盖始于成化

---

① 颜中其：《王安石变法同北宋封建社会各阶级的利害关系——与谷霁光先生商榷》，《吉林师范大学学报（社会科学版）》1979 年第 1 期，第 54—55 页。

② 王曾瑜：《王安石变法简论》，《中国社会科学》1980 年第 3 期。

③ 周良霄：《王安石变法纵探》，《史学集刊》1985 年第 1 期。

以后”。那种认为王安石是八股文的始作俑者的看法，是不符合历史事实的。北宋熙宁四年（1071）变帖经、墨义为经义，是对人们思想的一种解放，有利于造就和选拔“通经致用”之才，无疑是一个进步，而明成化以后变经义为八股文，则是对人们思想的重新束缚，只能埋没人才，败坏人才，显然是倒退、反动。当然，应该看到，明清时期，以经术取士成为封建统治者维护儒家思想垄断地位、禁锢人们头脑的工具，许多士人也因此成为只知子曰诗云，不知世务的迂夫子。但是，这些弊病不应归咎于王安石，因为明清时以经术取士的内容和方法，与王安石的主张是大相径庭的。①

关于王安石的教育和人才思想集中地反映在《上仁宗皇帝言事书》中，当时王安石将陶冶人才视为变法的先决条件，视为整饬吏治和改革政治的重要基础。王安石的人才标准，是道德价值和效能价值的统一，并且与现实政治、经济密切相关，使教育为政治经济服务。其陶冶人才之法即教、养、取、任皆有道。在此一点，学术界无甚分歧。然而这种人才思想在变法过程中，是否得到体现，却尚未见到实证分析。②

① 张希清：《论王安石的贡举改革》，《北京大学学报（哲学社会科学版）》1986年第4期。
② 葛金芳、金强：《近二十年来王安石变法研究述评》，《中国史研究动态》2000年第10期。

第十八章 20世纪后20年的王安石及其变法研究（下）

一、宋神宗与熙丰变法

王安石变法发生在宋神宗当朝熙宁、元丰年间，关于宋神宗在变法中所起的作用，20世纪80年代以前学界大都认为神宗对王安石的支持是新法得以推行的因素之一，新法的失败又与宋神宗的动摇、支持不力分不开，进入20世纪80年代以后全面提升宋神宗在变法运动中的地位和作用，是这一时期研究王安石变法的一大新动向。

（一）宋神宗在熙丰变法中的地位和作用

吴泰认为宋神宗是变法运动的实际发动者和领导者，之所以王安石被视为变法的主角，而宋神宗在变法中的主宰作用却被抹杀，大概同南宋以后，熙宁变法被视为北宋灭亡之原因，人们为当朝皇帝的先祖讳，却把王安石作为主要诅咒对象这一点有一定的关系。今天，我们应当实事求是地，充分肯定宋神宗在熙宁变法中所起的主导作用，以恢复历史的本来面目。宋神宗在熙宁年间变法过程中的作用，有三个方面的表现：其一，当变法遭到保守派的强烈反对时，宋神宗顶住了保守派的压力，坚持把变法推行下去。其二，宋神宗虽然信用和依靠王安石等变法派主持变法，但对变法派的建议，宋神宗并没有全盘采纳，听任其所为，而是审慎对待，有着自己的决断，体现自己的意志。其三，当时的变法派并没有形成一个牢固结合在一起的政治集团。宋神宗是当时唯一能把矛盾重重的变法派黏合在一起，共同推进变法运动的力量。①

胡昭曦赞成用“熙丰变法”代称“王安石变法”，其理由有三：第一，宋神宗熙宁二年（1069）至元丰八年（1085）这16年间，宋廷均行新法，其间王安石为相执政总共不到7年，大部分时间不在相位，第二次罢相后亦未尝操纵新法。第二，王安石是变法的倡议者、法令创制者和坚决推行者，无疑具有很重要的作用，但还有变法派其他重要成员，特别是宋神宗起到举足轻重的作用。第三，元丰年间较之熙宁年间，新法已有发展变化，呈现出明显的阶段性，所以陈瓘曾说“元丰之政多异熙宁，则先志固已变而行之”，而整个元丰时

---

① 吴泰：《熙宁、元丰新法散论》，中国社会科学院历史研究所宋辽金元史研究室：《宋辽金史论丛》第1辑，第19—45页。

期王安石均未干政。因而，把这次变法称为“熙丰变法”，更为全面、确切。①

叶坦《大变法》一书的副标题是“宋神宗与十一世纪的改革运动”，更是力图改变那种长期把宋神宗顶多作为王安石变法的一个配角出现的评价体系，而重塑宋神宗的真实形象。熙宁、元丰是宋代神宗皇帝赵顼的年号。熙丰岁月，即宋神宗在位的时期。亘贯这18年的重要历史事件，就是“熙丰变法”，以往一般称为“王安石变法”。实际上，王安石只是在大变法的第一阶段即熙宁时期，对新法的制定与颁行起过辅佐神宗的作用。到元丰时期，则由宋神宗“一切断之圣意”，直接领导主持新法的实行。②

仲伟民《宋神宗》一书，大致是第一部关于宋神宗一生的传记著作，比较简明地介绍了宋神宗的生平、熙丰变法、宋神宗与王安石的关系，熙丰时期的对外战争，以及神宗的思想与个性。对长期以来学术界把神圣的光环过多地罩在王安石身上，作为历史重要角色的宋神宗被隐在幕后，作者表示了不满，认为“不公平”，因而要给宋神宗以应有的历史地位，“也正是本书花大气力研究和描述变法过程的重要原因”。但对宋神宗和王安石主持下进行的熙宁新法的评价，似接受王曾瑜先生的观点，即“富国无正术，强兵无良方”。熙宁新法虽然涉及面很广，声势很大，但最后却并未取得理想的改革效果。“理财”的目的是达到了，但同时带来了很多问题，其方式方法也屡屡招致人们的批评。不论何时，如果改革仅着眼于解决目前的财政困难，而非着眼于经济的发展，那只能算是“敛财”，而非真正的改革。军事改革则从开始就没有找到关键问题，没有对准病症下药，其成效可想而知。③

（二）关于宋神宗主持元丰变法的性质问题

20世纪50年代漆侠先生提出元丰时期的新法较熙宁之法发生逆转的观点，即在“摧抑兼并”的方针上有所后退。葛金芳等则从另一个角度讨论了新法在元丰年间发生逆转，“事实上熙宁新法与元丰新政不仅主持者不同，而且指导思想亦大相径庭”，其具体表现是以“富民”为变法宗旨的王安石，在熙宁新法中坚持为民理财的改革路线，而以“富国”为变法宗旨的宋神宗，将元丰新政引入为国聚敛的歧途。同时探讨了熙丰年间改革路线逐步变质的内在机制，指出“关键在于神宗与王安石的改革的价值取向不同”④。但是吴泰、仲伟民对此观点持不同意见，吴泰认为：“新法的推行在元丰年间进入了一个整顿偏向，巩固既得成果，进一步推进变法的阶段。”在元丰年间，宋神宗除了坚持推行及继续完善熙宁年间的变法措施外，还着手对宋朝开国以来所实行的那种职官名实不符，许多机构只有空名而无实际执掌的官僚制度进行改革，即实行所谓“元丰改制”。有人亦把这种“改制”作为变法“逆转”的证据，这是值得商榷的，因为宋神宗改革官制，不仅意在改革“祖宗”在官制方面的弊法，还为了能够对职官循名责实，进行考核，使官僚制度能适应变法的需要，“元丰改制”并不表明变法转了向，而是宋神宗为巩固变法成果所采取

① 胡昭曦：《熙丰变法经济措施之再评价》，《西南师范学院学报（哲学社会科学版）》1984年第4期。

② 叶坦：《大变法：宋神宗与十一世纪的改革运动》，第1页；冷辑林、乐文华：《宋神宗是熙丰变法的主宰》，《江西社会科学》1999年第1期。

③ 王才忠：《宋神宗与王安石变法》，《史学月刊》1988年第6期。

④ 葛金芳：《王安石变法新论》，《湖北大学学报（哲学社会科学版）》1990年第5期。

的一项措施。[①]

仲伟民亦认为元丰年间的施政方针与熙宁新法大体上是一致的，并无本质区别，一些重要的法令仍在继续执行，只是在程度和范围上有所不同而已。这种不同主要是施政重点有所变化，即神宗把这一时期的变法重点放在增加财政收入和增强军事力量这两大方面。王安石提出的改革口号尽管也是富国强兵，但他认为最重要的是富国，对外作战及防御是第二位的。因而在经济改革方面，熙宁、元丰变法贯穿着理财以富国的一条红线。神宗为了解决国家财政的困难，元丰年间增加财政收入的主要手段是扩大国家专利的范围，即国家把有关国计民生的商品严格控制起来，以夺商人之利。[②]

陈振等人则认为，元丰年间神宗亲自主持改制，希望在保持新法既得成果的基础上，在某些方面使改革有所推进。他绕开容易引起争论的理财问题，而把注意力放在整顿冗官和强化军兵保甲问题上，"元丰年间中央官制的改革，虽然局限性很大，但表现了神宗维持新政，继续改革的心愿，在一定程度上改变了宋初以来混乱的官僚体制，奠定了北宋后期和南宋中央官制的基本构架。神宗在元丰年间强化军兵保甲的措施，目的在于对外增强对辽、西夏的战斗力，并镇压各地的武装反抗。但是，这些措施未能从根本上解决问题，因此没有任何实际效果"[③]。

（三）宋神宗与王安石的关系

王广林《试论王安石两次罢相》从探讨王安石两次罢相真正原因的角度透视王安石与宋神宗的关系。他既不同意说王安石第一次罢相的原因是王安石看到宋神宗对新法时常动摇，改革难于推向前进，因此主动提出辞职，宋神宗无奈只得接受[④]，也不同意说宋神宗在反变法派的压力下，对新法动摇了，为了平息人怨，而罢去了王安石[⑤]。而是认为综观宋神宗一生，虽然对变法革新有过动摇，对反变法派宽忍姑息，但并未因此而放弃和改变变法革新的基本路线和方针。这就很难说宋神宗和王安石在变法问题上存在根本分歧。他们只是对某些新法的具体看法产生过分歧，但也绝不会因此而引起王安石的两次罢相。其实两次罢相的真正原因在于：为了变法革新，客观上需要加强王安石的权力，而变法结果进一步扩大了王安石的权力。相权的加强势必是对君权的一种限制，必然出现"以君臣相与，遂失威福之柄"的问题。当国家面临严重财政危机，宋神宗既年轻又刚继位，还想有所作为的时候，王安石才能执掌国政，几达擅权的程度。随着年龄和政治经验的增长，国势开始好转，政权趋于稳定，宋神宗则难以容忍相权对君权的干涉，更不能容忍大权旁落。可以说，君相矛盾是中国封建君主专制政体的必然产物，也是导致王安石第一次罢相的真谛

---

① 吴泰：《熙宁、元丰新法散论》，中国社会科学院历史研究所宋辽金元史研究室：《宋辽金史论丛》第1辑，第19—45页。

② 仲伟民：《宋神宗》，第199—211页；顾全芳：《宋神宗与熙丰变法》，《学术月刊》1988年第8期。

③ 陈振主编：《中国通史》第7卷《中古时代·五代辽宋夏金时期》，上海：上海人民出版社，2004年，第1516—1517页。

④ 周宝珠、陈振主编：《简明宋史》，北京：人民出版社，1985年，第200页；陈振主编：《中国通史》第7卷《中古时代·五代辽宋夏金时期》，第1514—1516页。

⑤ 漆侠：《王安石变法》增订本，第197页。

所在。王安石也不能屈就他人之下做一个平庸宰相，故又有第二次罢相。王安石的专权用事，对宋神宗产生了很大影响，以致在他统治的后十年，专心致力于在政治上加强君主专制统治。①

（四）宋神宗与熙丰时期朋党之争

罗家祥认为宋神宗对新旧两党的政治态度是不尽相同的，为了达到富国强兵的目的，他虽然利用变法派展开变法，但并没有完全信赖变法派；虽然没有采纳反变法派的政治主张，让反变法派的意志支配朝廷，但却始终对反变法派抱有好感，关怀备至，甚者以其牵制变法派。宋神宗对新、旧二党的这种政治态度，在客观上给统治集团内部的派别倾轧埋下了祸根，给北宋政治带来了巨大的危害。危害之一，给熙丰时期新法的制定及推行造成了严重的障碍；危害之二，加强了熙丰时期统治阶级内部的新旧党争；危害之三，是宋神宗对新旧二党的态度也为“元祐更化”埋下了伏笔，其进一步的发展，就必然成为更加残酷的斗争。②

二、关于新旧党争的性质

20 世纪 80 年代以前有关反变法派与变法派之间的斗争，前揭已有多方面的讨论，其共同特征，大致是着眼于各阶级、阶层之间的物质利益关系，80 年代以后的讨论又有新的发展，其主要表现有如下两个方面：

（1）罗家祥对北宋中后期党争有较全面、系统的研究，对党争的起因、性质及对后世的影响都有不俗的见解。关于党争的起因，他认为单纯地从物质利益关系的角度探讨变法与反变法之争，显然有未尽之处，而说变法派和反变法派之争的焦点不是要不要变法，而是如何变法，亦有进一步商榷的必要。也就是说导致最高统治集团分裂、倾轧的原因中，还有其他重要因素，如王安石鄙视“老成”及其他平庸之辈，大力奖掖后进并破格擢用之；台谏势力的进一步病态发展。这些因素与其他原因交相作用，才导致了变法之初的纷争之局，随着变法的展开，矛盾则进一步激化。③

关于熙丰、元祐时期党争的性质，从主流看，以王安石为首的变法派是一个有一定政治眼光，颇具经邦治国之才的政治集团。通过变法的指导思想和实现途径，不难看出，新党基本上是着眼于整个地主阶级的“物质经济生活条件”来考虑，代表了整个地主阶级的长远利益。以司马光为首的旧党集团言必称“祖宗之法”，动辄论国计民生，貌似代表整个地主阶级的利益，但由于旧党企图通过维护、巩固贵族官僚大地主的政治地位和经济地位，达到挽救宋王朝统治的目的，将对统治阶级上层的适量限制看作是“欲生乱阶”，大逆不道，因而实际上，旧党充当了贵族官僚大地主忠实的政治代表。④“新党”的主张及其实践

① 王广林：《试论王安石两次罢相》，《史学集刊》1986年第3期。
② 罗家祥：《宋神宗与熙丰时期的朋党之争》，《江汉论坛》1990年第3期。
③ 罗家祥：《熙丰变法之初两派纷争缘起新探》，《华中师范大学学报（哲学社会科学版）》1993年第3期。
④ 罗家祥：《元祐新旧党争起因探源》，《江汉论坛》1985年第9期。

具有积极的意义，而“旧党”的主张及其实践给宋代政治带来了恶劣的影响。至于“旧党”内部的纷争，则完全属于毫无意义的党同伐异，充分反映了政治的混乱。

两宋的党祸对两宋政治的影响是巨大而深远的，主要有四个方面的表现：一是直接影响了封建国家机器的正常运转；二是导致许多有真知灼见的士大夫“循默乃宜”，耻混于“小人”之列，由于恬居其位，国家之势江河日下而“空国无君子，举朝无公论”，占相当比例的官僚士大夫也就因循苟且，力图相安无事，绝其宦海；三是使朝野士风大坏；四是给两宋的民族战争以深刻的影响。[①]

（2）自从王曾瑜先生提出，变法派与反变法派的斗争，本质上还是政策性分歧的观点后，季平、李贤臣、骆啸声、赵益等人又给以更广泛的论证和发挥。熙宁之争乃是改革派内部的一场争论。司马光的改革偏重政治、人事方面，但他忽视法制，改革的主张不免有较大的局限性。综观王安石的农田水利、青苗、均输、保甲、免役、市易、保马、方田等新法，则主要是经济方面的改革。至于他所设立的制置三司条例司，那不过是作为变法的临时机构，始终没有发展到真正的政治改革，因此王安石的变法也带有明显的局限性。一个强调经济上的变法，一个强调政治上的得人，这就是王安石与司马光的基本分歧。[②]对待熙宁变法，正、反两方的严重对立在总体上是出于原则上的歧异，亦即两种取向的不同。新旧两派的出身环境或有不同，背后可能各自存在着一些维护本阶层利益的潜在动机，但作为士大夫共同阶层的一员而成为统治阶级，他们本身并没有阶级的区分。所有的人都有着各自性格上的缺点和道德修养上的不足，但没有“君子、小人”的迥然区别。[③]

温公、荆公变法的总目的，都在于维护宋王朝的长治久安，维护封建制度，实行开明廉洁、奉公守法的政治，温公提出富国安民，荆公提出富国强兵，二者实质上也是没有区别的。国家财政是取之于民的，他俩都要求摧抑兼并，减轻剥削、发展生产以富民。富民才能富国。国家富了，哪有兵不强、民不安之理！既然温公、荆公变法的总目的相同，具体的要求也一样，而且都来自孔孟之道，既然荆公在未当政实行变法之前，和温公在朝为官，互相倾慕，为什么在荆公实行变法时而温公成为反对者呢？原因似乎是：温公的理财方针在于节流，不主开源；而荆公的理财方针在于开源，不主节流，致使二公由挚友变成政敌而意气用事了。[④]

熙宁以来由王安石变法引起的新旧党争，“皆缘国事”，“皆主于救国”，属于不同的政见之争，君子小人之辨则是为了弘扬儒学的社会政治理想和价值意识，为了“天下治矣”，前者体现了士大夫志在当世、舍我其谁的精神，后者则是经世治国的理论基石，两者是互为表里、相得益彰的。而将党争转化为喜同恶异、党同伐异的主体性格和行为模式，从文化积淀而言，来自传统文化中的线性思维方式以及根植于传统文化中的排他性心理和性格两个方面要素，如果说，用以划分统治阶级内部成员因政见不同而形成的政治群体的君子小人之辨，其构成的基本要素来自该学说本身的思维方式，是其线性思维带来了无法克服的理论缺陷，那么这

① 罗家祥：《试论两宋党争》，《华中师范院学学报（哲学社会科学版）》1984年第5期。
② 李贤臣：《熙宁之争的性质刍议——从〈答司马谏议书〉谈起》，《史学月刊》1986年第6期。
③ 赵益：《王霸义利——北宋王安石改革批判》，第159页。
④ 骆啸声：《温公与荆公变法思想之比较》，《湖北大学学报（哲学社会科学版）》1987年第6期。

个非此即彼的两极理论得以盛行的另一根源，则在于传统文化的排他性心理和性格。①

三、王安石变法失败原因再探讨

王安石变法失败的原因始终是20世纪研究王安石变法最受关注的问题，同时也是看法最为纷纭的问题，虽然这一时期的讨论不免有重复20世纪前50年观点之处，但是为了较全面地反映这一时期的王安石变法研究状况，仍悉数罗列于下：

（1）宋神宗的动摇和过早去世。因为宋神宗的态度是新法能否坚持推行的关键所在，“在整个变法期间，宋神宗虽然有过犹豫动摇，但他毕竟是始终没有放弃对新法的推行”②。他一死，保守派遂得以东山再起。

（2）变法措施不合时宜，没有切中时弊是变法失败的根本原因。因为导致北宋“积贫”“积弱”局面的根本原因在于专制皇权的过度膨胀。但熙宁、元丰年间所推行的变法措施，没有任何一项涉及调整皇帝和臣下、中央和地方的事权，调整过分强干弱枝的政策的内容。既然变法并没有丝毫触及专制皇权过分膨胀的问题，即导致“积贫”“积弱”局面的三冗问题、吏治问题、军队战斗力孱弱等问题，自然任何一项都不可能得到解决。这样，变法遭到失败，自然是不可避免的。③

（3）籍清平认为王安石变法失败的原因是多方面的。就主观方面来说：第一，王安石对北宋社会弊病的认识相当深刻，但由于对改革最终目的的盲目性，缺乏一以贯之的政策而走向失败。第二，王安石虽然提出了许多谋国之富的方法和具体措施，但对于唯有民富才能臻于国富之道缺乏认识，因此，在实践中把富国与富民对立起来，卒至走到国富民穷的绝境。第三，在经济领域，王安石并没有真正触动封建经济基础方面存在的弊病，例如土地高度集中于官僚地主，而耕者丧失土地这样的问题，也就不可能通过政策调节封建生产关系，使之多少松弛对生产力的束缚。改革的实践表明，各种赋税与青苗息钱、免役钱，进一步加强了对农民的束缚，农民的生产积极性受到严重的挫伤。第四，在上层建筑领域，变法并没有去触动日益腐朽的封建官僚政治，相反在变法实施过程中又产生了某些新的弊病。免役法迫使农民年年纳钱而差役如故，保甲法从经济上、政治上增加了农民的沉重负担，贪官奸吏甚于往昔，这是和“与民休养生息”的宗旨背道而驰的。第五，变法从一开始就没有做到立法与行政、理论与实践、中央与地方政府的步调相统一。第六，王安石虽然提出了“人才为先”“众建贤才”的口号，可是在实践中完全离开了德才兼备的原则，而是夤缘比附、党同伐异，奉行能聚敛者皆为“贤才”，巧言惑民者尽属能吏的方针。第七，“变法”以增加高利贷、“免役”金、宽剩钱及垄断利润收入而聚敛财富，通过鹄藏钱币和强民纳钱而加剧钱重物轻、谷贱伤农，使社会财富的分配与再分配越来越不合理，大量钱财用于增加库藏、官俸、吏禄、封赏，通过其他渠道而流入贪吏奸商豪民之手，使务农之

① 沈松勤：《北宋文人与党争——中国士大夫群体研究之一》，北京：人民出版社，1998年，第58、60页；季平：《荆公温公异同论——治军、用兵与弃地问题）》，《西南师范学院学报（哲学社会科学版）》1984年增刊；顾全芳：《重评司马光与王安石的分歧与斗争》，《争鸣》1986年第3期；张兆兴：《试谈司马光的变革理论及与王安石的分歧》，《社会科学评论》1987年第8期。

②《中国史稿》编写组：《中国史稿》第5册，第136页。

③ 吴泰：《熙宁、元丰新法散论》，中国社会科学院历史研究所宋辽金元史研究室：《宋辽金史论丛》第1辑，第19—45页。

民欲图扩大再生产而资金、劳力不足，此类弊病，王安石知之而不能禁。以上这些是王安石辛辛苦苦主持的熙宁变法之所以最后必然归于失败的根本原因。①

（4）北宋顽固势力的破坏。王安石变法延续了十多年，最后以失败而告终。其失败的原因固然是多方面的，但是迅速膨胀的大地主顽固势力沆瀣一气，联合反对新法，应是决定新法最终失败的更为深刻、更为直接、更为重要的原因，这决定了其他起作用的因素。②

（5）倪正太《北宋的吏制与王安石变法的失败》认为北宋官吏队伍中存在着“冗滥”“无能”“贪鄙”“保守”等致命弱点，这班人最怕生事，怕因此而招致不测，引惹变故，危及他们的既得利益。这种官吏队伍及其思想状况，必然给王安石变法带来不可逾越的障碍。由于王安石变法多少不等地触动了豪强兼并之家的部分既得利益，就激起了这一阶层的代表人群起而攻之。较量的结果，以新法被废止而告终。王安石变法很快被推翻，这方面的教训是深刻的。第一，由于变法没有雄厚的社会基础和强大的思想基础，所以改革派必然从缺乏勇气转而到急流勇退。第二，没有从上到下建立一支坚决推行变法的领导班子。第三，变法本身较少运用经济手段，而倚重国家行政干预的手段，加上各级官吏从中捣乱和破坏，致新法推行过程中，流弊丛生，防不胜防。③

（6）何忠礼《也论王安石变法的失败原因——纪念王安石（1021—1086）逝世九百周年》认为主要有这样两个原因：一是宋神宗对保守派元老重臣的姑息重用，养痈遗患；二是变法人才的严重不足和推行新法过于仓促。以前，某些文章虽对这两个原因偶尔也有所论及，但似乎都没有将它们提高到决定变法成败的高度来认识。④

（7）袁诚玉《王安石变法失败原因再探》对史学界流行的两种看法“人民群众是（王安石）变法成败的决定因素”“保守派大官僚大地主的反对是王安石变法失败的决定因素”提出商榷，认为王安石变法不同于历史上其他失败的变法，它并非败在政治敌手的压倒性攻击下，而是失在自己的蜕变上。从王安石变法到蔡京变乱，新法整个过程是沿着一条下降路线进行的，旨在革除弊政、富国强兵的新法一步步变为一味掠夺人民财富以供皇室和权贵奢侈享受的工具。而这种蜕变又主要基于四个方面的原因：王安石新法的内在弱点是新法蜕变的潜在因素；官僚政治的弊病是新法的最大腐蚀剂；皇权的有限支持是新法蜕变的重要原因；蜕化变质是王安石变法的必然归宿。王安石变法的蜕变与北宋中期地主阶级的固有发展趋势有密切联系。北宋是地主私有经济确立，官僚政治制度空前发展的朝代，地主阶级内部的竞争趋势和腐化趋势都十分突出。北宋政府采取的“不立田制”“不抑兼并”“不诛大臣”等政策，助长了这两种趋势的发展，而腐化趋势则以更快速度增长。至北宋中期，对农民剥削不遗余力、官僚机构的腐败无能、地主阶级内部的剧烈分化，都已成无可挽回的定势。虽然统治危机为变法提供了客观需要，地主阶级的竞争势力也为变法创造了一些条件，但是始终没有产生过一股足以不断推动变法前进的强大力量，变法中各股地主政治势力都是朝后退步。这就表明北宋地主阶级已丧失自救的能力和资格，王安石变

---

① 籍清平：《王安石改革新探》，《中国史研究》编辑部：《中国古代改革家》，第236—287页；王家范：《王安石变法新析》，《历史教学问题》1985年第5期；杨国宜：《王安石变法失败的历史教训》，《江西社会科学》1988年第5期。

② 唐兆梅：《北宋顽固势力破坏王安石变法种种》，《湘潭大学学报（社会科学版）》1985年第3期。

③ 倪正太：《北宋的吏制与王安石变法的失败》，《江海学刊》1983年第3期。

④ 何忠礼：《也论王安石变法的失败原因——纪念王安石（1021—1086）逝世九百周年》，《杭州大学学报（哲学社会科学版）》1986年第2期。

法悲剧的历史根源便在于此。①

（8）许维勤《王安石的品格作风与熙宁变法的失败》认为王安石刚愎自用、狷狭少容的品格对变法的不良影响是不可低估的，无论在处理人事关系还是朝野舆论上，王安石都表现出刚愎自用、狷狭少容的品格作风，这固然体现出他在坚持革新这个大方向上意志坚定，但却给变法带来了多方面的不良影响。首先，他对各种批评劝告的敌对态度，促成了反对派阵营的迅速形成并日益扩大，使自己陷入孤立境地；其次，他的固执使新法失去了自身完善的机动性，也就无法消除新法实际存在的弊端以杜绝反对派的口实；最后，导致变法势力本身的动摇和离散。该文最后指出，王安石变法的失败，自然有其物质的、阶级的、社会的深刻根源，但如果离开王安石本人的品格作风这样一种"偶然情况"，显然也难以作出科学全面的解释。②

（9）孟天运《王安石改革与社会舆论》认为王安石改革中社会舆论问题没有解决好，是其改革困难重重的一个重要原因，而导致困难重重的主要表现是异论横流，即保守的社会舆论给改革带来了极大阻力。造成异论横流、"人言纷纷"的主要原因有两点：一是没有从组织上、指导思想上有效地控制台谏这个舆论中心，调整其职能，使之成为政府改革的喉舌和助手，反而使其成了反改革势力的合法舆论阵地。二是神宗本人对舆论的重要性重视不够，认识不深，既未听从王安石的告诫造改革舆论于先，又对"异论"持包容态度，甚至为之所惑，左右摇摆。他为了维护皇权，不想彻底放弃"异论相搅"的祖传法宝，又想让台谏官能支持改革，做匡正新法的调节器，处于矛盾之中，不能旗帜鲜明地反对保守舆论。他没有接受王安石主张严厉处分那些鼓动"异论"的人的建议，甚至还要用司马光这样的顽固分子做枢密大臣，所以王安石说他是为"异论"立赤帜。③

（10）雷庆《从王安石变法的失败看因循苟且之风对社会变革的巨大阻碍作用》认为王安石变法失败的直接原因，在于以司马光为首的保守势力的顽固反对，而反对派之所以能够推翻新法，就在于当时弥漫于整个社会尤其是牢牢笼罩着封建官僚士大夫群的因循苟且的风气，不能不说是一大原因。④

（11）变法的有些措施不符合历史潮流。在商品经济相当发展的北宋时期，推行"市易法"，企图用官府垄断经营取代富商垄断，同时限制商业活动的发展，显然违背历史潮流自不待言。"保甲法"中的"寓兵于农"，以保甲取代募兵的计划，更是企图开历史倒车。

从总体的角度考察新法。王安石的经济改革实践与经济思想某种程度的脱节，导致了新法难以取得理想的成效，如对被一向肯定的"抑兼并"思想必须作历史的具体的分析。中国历史发展到北宋，城市与农村的私有经济日臻发达，建立在农业发展之上的城乡商品经济前所未有地活跃，用行政手段，用国家直接控制商品流通的办法，以及近乎搜刮的加税加赋，打击富民，抑制分化，其结果虽暂时地增加了国库的收入，从长远说却摧残了商品经济，抑制了新的社会经济力量的产生，不利于资本主义萌芽的孕育，不利于社会的进步。因此到了明清之际，进步的思想家如王夫子、黄宗羲等，明确提出了反"抑兼并"的

① 袁诚玉：《王安石变法失败原因再探》，《历史教学问题》1987年第4期。
② 许维勤：《王安石的品格作风与熙宁变法的失败》，《福建论坛（文史哲版）》1986年第5期。
③ 孟天运：《王安石改革与社会舆论》，《史学集刊》1988年第3期。
④ 雷庆：《从王安石变法的失败看因循苟且之风对社会变革的巨大阻碍作用》，《松辽学刊（社会科学版）》1989年第1期。

主张，这就说明开历史倒车的做法遭到失败，也是必然的。①

（12）王安石未能调动广大社会成员参与变法。王安石变法的一个致命弱点是，把绝大多数的劳动者排除在外，但这不能苛求于古人，王安石最可贵的地方，是力图改善本阶级的精神状态与统治水准，希望最大限度地调动本阶级多数成员的积极性。结果，事与愿违。北宋王朝已经处于我国封建社会的下降时期，封建统治阶级犹如体态龙钟的老人，暮气沉沉，步履艰难，青年时期的朝气，壮年时期的活力，只能作为历史的回忆，任何新的改革再也呼唤不起他的激情。因此，在熙宁、元丰年间，北宋封建统治阶级从总体上看已经不能从本阶级整体利益与长远利益出发，维护稳定与团结，同心同德，立志改革，相反都把本阶级的人才、智慧、精力无谓地消耗在无穷尽的攻讦、争执上，这就使北宋王朝丧失了最后一次挽回时局的机会，扭转不了“日以衰坏”的局势，以至到后来不可收拾。这件事深刻说明，一项涉及社会生活各个方面的重大改革，只靠少数有识之士呐喊疾呼、孤军奋战是不够的，必须组成一支包括多数社会成员在内的浩浩荡荡的大军。当然这又是作为剥削阶级的封建地主阶级所不可能做到的，因此就注定了封建社会的许多政治改革成效总是极其有限，多数是失败的。王安石变法也不例外。②

（13）陈栋《北宋国情与熙宁变法》云：虽然王安石变法应顺历史潮流，但是王安石过于激进的变法措施是有悖于国情的，是违反从实际出发原则的。王安石的改革理论实际上在他担任鄞县、常州、舒州等地方官时就已初步形成，并在局部地区有节制地尝试，获得过成功的经验。王安石担任宰相后，把自己的一整套改革计划在全国范围推广。这样，王安石从北宋局部地区得出的理论和初步实践，不问青红皂白，强行应用于全国，便犯了“以偏概全”的错误。应该说，王安石对北宋整个国情缺乏整体上的把握，衰敝的北宋社会、疲惫的国民无力负担改革所带来的“阵痛”。王安石的许多改革措施并非北宋社会本身的内在需求，而是外在的强加，故王安石的许多措施与国情不甚契合，甚至格格不入。这便是最后导致改革失败的一个极其重要的原因。③

（14）变法失败的原因可能是因为具体手法上的差错，而这些差错主要是“时代错误”造成的，亦即王安石的做法超越了时代，没有客观基础作为保障。因此他的过于“先进”的手法便成了一种“反动”，打破了既有矛盾维系的平衡，从而失去了原则的依靠。在这个意义上，王安石新政与中国历史上的“变法”总是会招致反对、总是会走向败亡这一事实有着必然的联系，因为历史上的黑暗统治尽管残酷不道，但总能维持基本的价值体系格局；而凡是“变法”，总要对这种价值体系有所触动。“王安石变法所触动的最根本原则就是‘王霸义利’准则，这是一个微妙的平衡系统，表现为‘以义为上’和‘公利可言’的有机统一。假如动摇了这个平衡，便是对整个稳定的中国文化系统的破坏，必将被吞噬在一个无形的黑洞中。从南宋开始到专制社会结束，王安石的新政一直处于一种被基本否定的境地，正是上述平衡系统作用的结果。儒、法两种取向既相互制约，又相互融合，在宋以后专制主义极权政治愈趋强大、愈趋稳定的客观历史中，拥有‘民本’思想者正是以对王安石变法的批判为武器，尽最大的努力保护着这种平衡，直到这个时

① 吴泰：《熙宁、元丰新法散论》，中国社会科学院历史研究所宋辽金元史研究室：《宋辽金史论丛》第1辑，第19—45页；王家范：《王安石变法新析》，《历史教学问题》1985年第5期。

② 王家范：《王安石变法新析》，《历史教学问题》1985年第5期。

③ 陈栋：《北宋国情与熙宁变法》，《晋阳学刊》1990年第6期。

代消亡时为止。”[①]

四、对中华人民共和国成立以来研究王安石变法的反思

进入20世纪80年代以后，不仅对王安石变法的评价打破了“肯定说”的一统天下，出现了纷争四起的局面，而且一些学者力图从评价的价值标准和传统思维定式进行立体式的反思。

俞宗宪《也论王安石变法》一文提出了一些值得思考的问题，他在文章中说：“本文讨论王安石变法重点不在考据或引证与变法有关的史实，而更多的（地）想讨论与变法之争的中国文化的价值观。”若从唐宋社会整体发展趋势来衡量王安石变法的进步程度有多大。按照中国文化的传统观点，宋不如汉唐，因为汉唐时期中国的国家机器强有力。不但可以保持统一，而且可以向外扩张，而宋朝则是“积贫积弱”，对外多半取守势。现代中外学者已经越来越多地反对这个传统的观点，因为无论从经济发展水平、文化的进步，还是制度的包容、平等来看，宋代社会显然都比汉唐进步得多，这种进步不仅是量变，而且是质变，是中国史上的一个飞跃。宋代社会虽然比唐代进步，但王安石变法所要解决的“积贫积弱”问题与唐宋社会之间的进步比较，哪个更重要呢？按我们的标准来说，这些问题较为次要，不是社会进步与否的大问题，而是政府为了增强力量而提出的政策问题。虽然它对社会进步也有一定影响，但不是决定性的。假如王安石变法全部“成功”，也就是说百分之百地持续执行，宋代社会会不会出现唐宋之际那样质变性的进步呢？显然不会。结果最好也不过是政府强大且持久而已。

> 王安石变法问题的重要性，不在于它的具体政策有多大的力量与利益，而在于它关系到中国史上许多价值观念的问题。如统一思想的问题。中国的传统文化认为中国这样一个大国要有一个统一的思想，才能保持国家的统一，这是最最重要的。由此引申，凡有争论，则一定要分出好坏，把坏的批判掉，把思想统一到好的上来。王安石与司马光的争论一定有一个是对的，另一个是错的。在这两个极端之间，别的人如果也想来插嘴，谈谈他们自己的看法，那更是混乱。在这场是非之争中只能坚定地支持正确的一派，严厉彻底地反对另一派，中间道路是不允许的。……
>
> 另一个价值观的问题是保守问题。革新总是好的，保守总是坏的，这是现代中国的新价值观。但这个观点是形而上学的，不是辩证法。革新与保守的正确与否不是绝对的，在一定条件下是可以转化的……北宋也是一个进步的时期，前期出了不少贤相，都是稳重保守的，而司马光继承了这个传统，他也主张一定的改革，但却是在保守基础上的改革。在当时的时代背景下，这不一定是错的。……
>
> 中国的历史表明我们缺乏在合理的政治与法律的组织结构下进行正常的政策争论的文化传统。历史上党争的结果，总是严厉镇压。仅有比较算得上自由地争论的王安石变法，最后也演变为党争与文字狱。苏轼的乌台诗狱，蔡确的车盖亭诗案说明新

---

① 赵益：《王霸义利——北宋王安石改革批判》，第160页。

旧二派都用上了这种专制的镇压手段。蔡京的专政与北宋的灭亡是这种演变的自然结果。这种文化的缺陷，在创造中国文化的今天，是否应该努力来弥补呢？

最后要讨论的是马克思主义的经济分析与阶级分析的问题。……但是马克思的阶级分析法本身只是一种方法，是为了说明问题而从复杂的事物中抽象出来的易于理解的分析方法，不是根本性的哲学思想。辩证唯物主义和唯物辩证法才是根本性的。阶级分析法只建筑在经济基础的分析上，也就是说只根据个人对生产资料与产品的占有权来划分阶级，这样就排除了上层建筑的作用。如果把这种方法绝对化，唯物辩证法也就不见了。马克思主要从西方社会的研究上得出这样的阶级分析法，西方社会以个人的私有财产为决定其社会地位的主要根据，这个分析法比较更为适合。而中国史上政治的作用比西方大得多，国家对经济的支配作用也比西方大得多，在作阶级分析时政治因素不得不给予更多的考虑。……政治权力与私有财产有同样决定阶级地位的作用。如果光从经济方面来分析，只怕终究搔不到痒处。①

所以，那种仅从经济的角度以阶级分析法分析王安石变法，认为王安石变法加重了经济剥削，加重了人民的负担，只是有利于剥削阶级，因此在历史上是反动的，即是一种片面的认识。

汪圣铎《王安石是经济改革家吗》亦提出如何全面评价王安石变法的问题。“单就评论王安石是否是经济改革家这一问题而言，也不是个简单的问题，甚至不是王安石一个历史人物评价的问题，它涉及对我国封建时代历朝统治者使用的所谓‘民不加赋而国用足’敛财手段的评价。……纵观所谓‘民不加赋国用足’敛财手段发展的历史，每次重大的变化无不同战争有密切联系。齐桓公要争霸中原、汉武帝要北伐匈奴、唐肃宗要平定叛乱、宋神宗要灭夏伐辽。从这个角度看问题，除宋神宗以外，大都取得了成效。”换言之，“管仲、桑弘羊、刘晏、王安石等的理财手段，都是在特殊的历史环境中，为了达到特殊的目的而采取的特殊手段，即是出于‘当时之利权’而采取的‘一切之术’。于此，我们不能不进而提出疑问：管仲以其出色的理财，辅佐齐桓公成其霸业；桑弘羊以其出色的理财，支持了汉武帝北御匈奴的雄略；刘晏以其出色的理财，支持了唐王朝维持统一、平定叛乱的斗争，这无疑都是应当予以肯定的。王安石为了实现他和宋神宗灭夏平辽的宏图，行新法以聚财，也是无可厚非的。然而他们用以聚财敛财的手段本身，是否也应当加以肯定，认为其应该历久长存呢？是否可以因为这些聚财敛财的手段曾一度为某一远大目的服务，就认为它们在我国经济发展史上的作用是应当赞扬的呢？是否可以由于管仲、桑弘羊、刘晏、王安石等人在历史上有贡献，或在思想史上有光辉的建树，就认为他们推行聚财敛财新法是深刻的经济改革，而为此就把他们称为古代伟大的经济改革家呢？”②

朱瑞熙《正确理解经典作家对王安石的论述》对一些学者喜欢引用马克思主义经典作家对王安石评论的语句从本原上进行了澄清。他指出：第一，马克思从来没有评论过王安石，说马克思称王安石为中国最伟大的改革家是没有根据的。第二，列宁以为王安石确曾

① 俞宗宪：《也论王安石变法》，《宋史研究通讯》1987年第1期。
② 汪圣铎：《王安石是经济改革家吗》，《学术月刊》1989年第6期。

实行过土地国有的措施，因此肯定王安石是“中国11世纪时的改革家”①。但是王安石在土地问题上根本没有提出过土地收归国有的主张，也没有推行过土地国有的新法，因此列宁关于王安石的论断也成了无本之木、无源之水。

然后作者指出：对于马克思主义经典作家的具体记述，应该遵循马克思主义的从既有事实出发的基本原则，如果仅仅因为列宁说过王安石是改革家，而不管历史事实如何，便断定王安石是改革家，这不是历史唯物主义的研究方法。如果历史事实足以证明王安石确实是改革家，那么引用或者不引用列宁对于王安石的上述评论也不是至关重要的，因为关键在于王安石本来就是改革家。②

葛金芳等在简要评述20世纪后20年王安石变法研究后，为了进一步开展研究，发表了四点意见，其中前三点属于对研究方法的思考。这三点是：第一，必须坚持实事求是，历史地评价变法，20年来已做了很大努力，但有些人物事件的评价问题还没有解决好，学界分歧很大。我们欢迎分歧、欢迎争鸣，但必须建立在史料基础上，摆事实，讲道理，以理服人。因此，要继续坚持实事求是的思想路线，客观评价王安石变法的功过是非，既不一味拔高，又不人为贬低，坚持反对“以论带史”“六经注我”的倾向。第二，应将王安石变法置入唐宋变革的历史契机中考察。北宋处在中古田制瓦解，契约租佃经济确立的社会转型时期，经济制度、政治制度、思想观念和文化理念等都有所改变。王安石的改革，包含着他对时代的体认，凝聚着他的理想和智慧；改革的成败得失，绝非改革者的执拗性格使然，也不能单从集团斗争上去寻找原因，必须深入表面冲突下的时代潜流中去探究。第三，应揭示变法理想、措施和效果的内在关联及互动关系，不能将三者混为一谈。我们知道，改革者的初衷是一回事，制定的政策法令又是一回事，而执行的客观效果则是另一回事，如果不加区分，往往会以偏概全，使历史人物与事件的评价标准大相径庭，研究也失去科学性。此前的研究，实证分析不够，三者往往脱节。③

五、难忘乡贤——抚州地区的王安石及其变法研究

当1986年王安石逝世900周年到来之际，他的故乡抚州地区又掀起了纪念和研究“乡贤”的热潮。这次热潮大致持续了4年（1985—1988年），在这4年中抚州地区主要做了三件事：

其一，建立了抚州市王安石纪念馆，1986年11月正式对外开放。馆址坐落在抚州市赣东大道南端。纪念馆占地20亩，建筑面积1560平方米，是一座仿宋园林式的建筑。馆内门楼、隐壁、水榭、游廊、碑廊、亭台、荷池、曲桥与主楼相得益彰、浑然一体，歇山飞檐、圆柱筒瓦、花格门窗的结构和采用灰黑、全白的色调使整个建筑显得古朴淡雅，庄重严谨。馆内辟有“明月轩”“踯躅园”“辛夷园”“荆公亭”“半山堂”等景致。主楼为两层陈列厅，介绍王安石生平史迹。一楼陈列“随宦各地、眷念故里”“杰出的政治家、思想家”两部分。二楼陈列“彪炳史册的文学家”“磊落大度、廉洁自持”“人间遗爱、翰墨流

① 中共中央马克思恩格斯列宁斯大林著作编译局：《列宁全集》第12卷，第226页。

② 朱瑞熙：《正确理解经典作家对王安石的论述》，《光明日报》1986年2月19日，第3版。

③ 葛金芳、金强：《近二十年来王安石变法研究述评》，《中国史研究动态》2000年第10期。

芳”三部分。整个展厅通过照片、图表、国画、雕塑、实物展示了王安石一生业绩和其改革家的胆魄、文学家的风貌，陈列厅里有王安石在元丰八年（1085）亲笔书写的《楞严经旨要》复印件，有不同时代不同版本的王安石著作，以及国内外学者有关王安石的评论、著述、论文。

其二，1985年4月9日成立“江西省抚州王安石研究会”。据《赣东报》1985年4月11日的会议报道：“被列宁誉为‘中国十一世纪时的改革家’的王安石的家乡，昨天正式成立抚州王安石研究会，首届会员代表大会在抚州地委小礼堂隆重开幕。”

“抚州学术界的这一盛事，博得省内外一大批专家学者、名人和大专院校、学术团体的热烈赞赏和支持。夏征农、杜宣、罗竹风、石凌鹤、邓广铭、漆侠、徐盼秋、方诗铭、程应镠、冯英子、何满子、谷霁光、郭扬、郭予衡、胡守仁、吴慧、周宝珠等，以及北大中文系，河南大学历史系、宋史研究室，华东师大古籍研究所，上海师大历史系宋史研究室，海军学院政治部和江西省历史学会，省文研所、江大语言学学系等单位纷纷发来贺信、贺电。省委宣传部副部长周銮书、省社会科学院副院长姚公骞、省社联秘书长郭皓等专程莅会指导。”

“20世纪70年代以来，特别是近几年来，我区的学术工作者利用得天独厚的有利条件，对王安石这位具有国际影响的历史伟人多方面的成就进行了积极研究探讨，取得了一批成果。抚州王安石研究会就是在此基础上诞生的。”

“大会民主选举产生了理事会，傅柏林任会长，宋友贤、陈光荣、罗传奇为副会长。”

此次成立大会有105名会员代表和特邀代表出席，讨论制定《抚州王安石研究会章程》和学术研究规划。

1985年11月12—15日，在抚州“文艺之家”召开了首次王安石学术论文讨论会，出席会议的有来自江西省各地的哲学、史学和文学工作者72人，共收到研究王安石的论文56篇。这些论文涉及面很广、内容也很丰富，对王安石变法革新的政治、经济、哲学、法学、教育、人才、文学、美学，以及家世、故里、交友和轶事等方面，都有所探讨和考证。

1986年，“王安石研究会”的不定期内部会刊《王安石研究通讯》创刊，笔者收集到11册（1986年1—8期，1987年更名为《王安石研究》1—2期，1988年1期）。

在抚州王安石研究会成立后，临川县（今抚州市临川区）王安石研究分会于1985年4月25日在上顿渡镇召开成立大会，全县30名会员出席了会议；东乡县于1985年4月26日成立了王安石研究学会，有会员38名参加了成立大会；南丰县于1985年5月4日召开“南丰县王安石研究分会”成立大会；另外，崇仁县也成立了王安石研究小组。

其三，1986年11月11日至14日，“江西省纪念王安石逝世900周年学术讨论会”在抚州隆重举行。出席会议的各地代表有120余人，共收到论文200多篇。据抚州王安石研究会学术组撰写的会议综述，与会代表就王安石变法的作用和地位、王安石变法的具体内容、王安石的文学成就、王安石的教育思想等问题进行了热烈的讨论，提出了不少新颖的见解，扩大了王安石研究的领域，取得了可喜的成果。现将会议内容综述如下：

第一，关于王安石变法的作用和地位问题。与会的不少代表针对目前对王安石变法持否定态度的同志，提出了自己的看法。他们认为评价王安石变法，既要重视新法的效果，也要重视新法的内容，要把客观效果和主观动机统一起来，在一定的条件下，动机是起主导作用的。评价历史上的政治改革，不能孤立谈改革，必须把它摆到历史长河中相互比较地看，必须考虑它的时代性。要从历史实际出发，看王安石变法的必要性、合理性，要从社会发展中看新法的进步性，从相互比较中衡量王安石变法的积极性。

有的同志认为评论王安石经济改革的成效，主要看它是否符合历史发展的总趋向，既要注意一时一地的成效，也要注意长远的影响和成效。我们应当历史地、全面地看历史上的一切变法或改革。

有的代表还认为对于王安石变法在历史上的作用，我们采取肯定的态度，依据的是王安石的全部言行，同时，也是将他与同时代的人加以比较，既要考虑变法在当时的成效，更要从历史发展的总过程中来衡量变法的地位和作用。我们从总体上或全局上看，王安石变法符合社会发展要求，顺应历史潮流，这个历史大方向与人民群众的要求是一致的。从历史发展规律上分析，王安石变法在当时具有重大的实践意义，对后来也具有长远的历史意义。

有的代表还将王安石与司马光对比，来说明他的历史地位。北宋时代两位大贤——温公和荆公，在政治上、学术上，都有很大成就，又以生活俭朴、品德高尚著称，都是名垂千古。金无足赤，人无完人，两位大贤也都有各自的不足之处，温公有的长处，也许是荆公的短处；荆公有的长处，也许是温公的短处，这是人所共知的。如果都能学孔子集各家之长，不执一偏，做到纯全，宋朝的振兴便不难实现。

有的代表在肯定王安石变法的进步性的前提下，也指出了王安石变法在实施中所产生的某些失误和不足之处。

第二，关于青苗法和市易法的问题。有的代表认为王安石的青苗法实质上是一项变相的财产税。青苗法的性质还是和王安石的理财思想同步发展的，又与王安石重农轻商思想息息相关。王安石在青苗法问题上超越前人的正是将商品信贷手段与封建经济一统化政策结合起来，以达到增收和抑商的目的。青苗法的推行，产生了两个直接效果：一是增加了政府的收入；二是在一定程度上限制了私人高利贷活动。但是青苗法在增加政府收入的同时，却加重了对人民的剥削，从而加剧了政府与民户的对立，激化了社会矛盾，在限制和干预私人高利贷活动的同时，却影响了商品信贷关系正常发展，从而使高利贷的消极作用更为突出。

有的代表认为，王安石市易法的失败，不仅是指它被反对派所废除，更主要的是指它自身的变化并未达到预期的社会效果。市易法的失败有四点原因：①市易法的立法宗旨本身就是包藏着一个专制取利的动机，而这个动机正是市易法推行后，一切弊端产生及其恶性发展的重要根源；②由于在推行新法前，缺乏有效的吏治改革，所以市易司的官吏们希求封赏，刻意聚敛，使阶级矛盾更为激化；③以王安石为代表的变法派的首脑人物，用人不当和不能正确对待市易法推行过程中存在的弊端，终于使市易法变质而成为封建政府聚敛的工具；④自然经济占统治地位，也给市易法的顺利推行造成了一定的困难。

有的同志认为，均输、市易对封建国家来讲，有利可图，从暂时看，从现象上看，对商品经济的发展好似无害而有益。王安石对此也是直觉地感到均输、市易于国家有利，于社会有利。当然，从长远讲，从本质讲，均输、市易不利于商品货币经济的自由发展，弊多利少，这属于经济发展规律范畴内的认识，他是不可能理解的。

第三，关于王安石文学成就问题。有的代表认为，王安石诗有黄庭坚不可及处，但黄的独创性更胜于王，然黄居王后，其得益于王者也不少，江西诗派自当以黄庭坚为祖，王安石却未别立一宗，然实开江西诗派的先声，其筚路蓝缕之功，亦不可没。

有的代表以为，王安石的诗，在艺术风格上形成了自己的特色：议论横生、锋芒犀利；峬峭雄直，托意深远；工巧绝伦，清婉含蓄。王安石的诗是宋诗的重要代表，他的诗比欧阳修、梅尧臣等人的诗，更能表现出宋诗的面目。他的诗在十分宽阔的范围内，真实而具体地反映了自己的时代和自己的感情，从而形成了自己独特的个性。

有的代表认为，王安石的词数量较少，但却在一定程度上反映了他的思想情趣与风度，有其显著的特色和不容忽视的成就。他的词突破了以清切婉丽为宗的传统观念，荡涤五代以来绮靡柔弱的风气，开拓了词的表现范围，为后来苏轼、辛弃疾等人的豪放词开了先声。

有的代表还认为王安石的词不仅开拓了题材范围，而且以诗入词，以议论入词，为词的发展开拓了一个新的境界，对后来词家影响很大。

有的代表还对王安石的文学观提出了看法：王安石的文学观以“适用”为本，因而把文学作用范围局限得很狭窄，对文学的社会作用要求得更为直接，这样就造成了作品的思想性与艺术性的分离，导致概念化作品的产生，实际上取消了文学的独立地位。王安石晚年不再把诗文作为政教礼乐的工具，因而他的作品艺术性更强，赢得了后人的赞扬。

第四，关于王安石教育思想问题。不少代表认为王安石是一个杰出的教育改革家。他的教育改革措施，有不少地方对我们今天仍有一定的影响和启示。有的代表还具体归纳了四点：①王安石认为变法的关键在于人才，而人才成长主要在教育；②王安石认为用人要得当，不能用非所学，用非所长，论资排辈；③王安石在改革教育过程中所涉及的问题，今天我们社会主义社会里也仍然有不同程度的存在，究应如何解决；④王安石主张采用统一教材、统一思想以推行新法，在教育方法上主张以身作则，重视感化，作出榜样。他提倡启发式的教学。

此外，代表们对王安石的《字说》、王安石的法学思想、王安石在鄞县的改革与后来熙丰变法的关系、王安石与黄老因循无为思想的斗争、王安石的妇女观、王安石在抚州故乡的活动等问题，也进行了新的探索和考证。①

虽然抚州地区对王安石研究的热潮只持续了 4 年左右，但是取得的成绩应予以充分的肯定：首先，先后编印了《王安石研究会刊》《王安石研究资料汇编》《王安石研究论文集》各一本，创办和印行了《王安石研究通讯》（后更名为《王安石研究》）共 12 期。其次，收集了大批研究王安石的有关研究资料和乡土资料。如新发现王安石族谱，据《江西日报》1985 年 5 月 4 日报道，临川县（今抚州市临川区）竹溪村发现王安石族谱。6 月 2 日报道东乡县（今抚州市东乡区）发现一批有关王安石的珍贵文物，其中有崇祯戊辰年（1628）的上池《王氏族谱》、明朝永乐十一年（1413）的《三公王氏族谱》、清朝乾隆十九年（1754）的《王氏族谱》、民国辛未年（1931）的《里阳王氏族谱》及民国丙子年（1936）的浯坊《王氏族谱》等共计 21 部。另外，崇仁县港下乡甘坑村发现王安石族谱《王氏九修族谱》一部 5 册，其中有两册详细记载了王安石家族的世系列图、世家、王安石简介、甘溪王氏 1—8

① 参见李军：《江西省纪念王安石逝世九百周年学术讨论会综述》，《争鸣》1987 年第 1 期。

修族谱序及其历史过程。再次，撰写文章300篇左右，仅1985年4月至1986年10月就收到有关论著资料157篇。最后，研究热潮推动了抚州地区对王安石及其变法的深入研究。1989年，邓禄田辑录出版了《王安石传奇》，共计有85个流传于临川一带的王安石传奇故事。“这些长短不一、风貌各异、妙趣横生、脍炙人口的奇闻、趣史、佳话，深刻地描写了王安石悲壮而神奇的一生。这些传奇故事，在某种程度上也可以说是一部民间流传的别开生面的王安石评传。”①

傅林辉先生先后出版了《王安石世系传论》②、《王安石全传》。③傅先生原名繁荣，江西临川上顿渡人。20世纪50年代后期曾在临川师范学校求学，其后做过工程设计师，编写《抚州市志》，主编《抚州学刊》。1986年开始撰写《王安石述略》约33万字，直到1999年经多次修改完成《王安石世系传论》40余万字。该书最大的特点是利用《江西临川县展坪竹溪王氏十一修族谱》《临川县高坪乡大板三公王氏族谱》《金溪县陈坊月塘王氏四修宗谱》《抚州市孝桥乡璜溪王氏三修宗谱》《抚州市长岭九井王氏宗谱》《金溪县陈坊城湖吴氏宗谱》等地方史料，勾勒了王安石世系家族和亲族100多位人物源流脉系，对于解读王安石的诗文和搞清王安石的社会关系具有重要意义。2001年是王安石诞辰980年，傅林辉又撰著了此书的姊妹篇——45万字的《王安石全传》，全书分四部分：王安石家世及其幼少时代；仕途历练，感受沧桑人世；熙宁辉煌、十年风云宦海；淡泊元丰，晚年喜忧参半，全面、系统、详尽地描述了王安石的一生轨迹和思想成长过程。对其政治才智、变法革新给以极高的评价，称其为天才的思想家、政治家、军事家、改革家、哲学家、教育家、文学家，甚至可以称他为经学家、文字学家、书法家、画家，“是世界上知名的伟人”。但就对王安石变法的评议而言，则多祖述郭沫若、邓广铭、漆侠等人的观点，没有更多新的议论。

杨华林于2001年10月出版《王安石轶事汇编》约22万字，主要辑录了有关王安石政治生活、思想作风、社会交游、文学创作、个性特征、生活情趣等方面的轶事。统揽全书，虽然收集资料下了很大功夫，但有一些资料是转录他书，如《宋人轶事汇编》，未与现存原著进行核对。

① 邓禄田：《王安石传奇》，北京：中国民间文艺出版社，1989年。
② 傅林辉：《王安石世系传论》，武汉：长江文艺出版社，2000年。
③ 傅林辉：《王安石全传》，北京：中国戏剧出版社，2001年。

第十九章
20世纪后半叶台湾地区的王安石及其变法研究

一、概说

20 世纪后半叶，王安石及其变法研究在台湾地区亦颇受重视，且成绩斐然。这一时期有 4 个显著特点：一是 20 世纪初叶兴起的新史学方法得以继承、发扬和光大。以傅斯年为首的“史料学派”在很大程度上影响着台湾地区的史学研究。①虽然自 20 世纪 60 年代以后，以社会科学方法治史风行于台湾学界，但在研究王安石及其变法的方法上，似仍以传统的治史方法为主，特别是在重建王安石新法史实方面成绩较显著。二是蔡上翔、梁启超为王安石的翻案，极大地影响着台湾地区的王安石及其变法的研究，因而对王安石新法的检讨虽不乏批评者，但持完全否定意见者甚少。三是我国台湾地区的学位制度比较健全，仅 1978 年以来，有关王安石及其变法的硕士、博士学位论文达 20 篇之多，于此亦可反映出台湾地区历史教学对王安石及其变法的重视。四是王安石传记的写作备受重视，出版和印行的专书近 30 种。不过，数量虽大，但有新义的著述不多。

另据笔者不完全统计，半个世纪间台湾地区发表有关论文 200 篇左右。

二、绍继20世纪前半叶对王安石的评价

梁启超《王荆公》是 20 世纪前半叶研究王安石及其变法影响最大的著作。及至 1949 年以后，大陆地区强调以马克思主义唯物史观治史，梁启超的著作一度受到冷遇，而在台湾地区，梁启超的著作和观点仍然受到推崇，而且梁启超对王安石的肯定性评价及辩诬一直影响着 20 世纪后半叶台湾地区的王安石及其变法研究。

1982 年，台北天一出版社编辑印行了《王安石传记资料》，分 7 个专题：①王安石传略及其年谱；②王安石性格；③王安石思想与学术；④王安石与政治；⑤王安石与文学；⑥王安石著作及研究王安石资料；⑦其他。该书共收录 101 篇，去除重复实收 58 篇（种），较全面系统地总结了 20 世纪 40 年代后期迄 70 年代末台湾地区的王安石研究。

在第一册《王安石传略及其年谱》第一篇所收蒋复璁的《王安石》开篇即说：“中国有完人之说，完人者，全德之人也，学问、道德、事功，皆止于至善，无稍缺憾，方得称为

① 参见台湾大学历史学系主编：《遨游于历史的智慧之海：台大历史学系系史》，台北：台湾大学历史学系，2002年，第176页；黄宽重：《来自碧落与黄泉：“中央研究院”历史语言研究所历史文物陈列馆展品图录·序》增订版，台北：“中央研究院”历史语言研究所，2002 年。

完人……吾国历代人物智、仁、勇三者俱备，可当完人之称者，其惟宋之王荆公乎？”①此与梁启超谓“若乃于三代下求完人，惟公庶足以当之矣”②如出一辙，此传记资料所反映的整体评价，除对王安石个性多持批评意见外，基本上承袭了梁启超的观点。

此传记资料收录的是20世纪40年代后期至70年代末的情况，其后的研究状况如何呢？大致说来似亦是一脉相承，笔者目前见到的颇具代表性的4部传记，即是如此。罗克典《王安石评传》共9章，其主要内容正如作者自序中所说：“作者所著《王安石评传》一书，对其一生多彩多姿的功业与其不屑流俗声色利达之气概，均以事实作为指证之论据，且本书之重点，在于尽量将各种诬罔诋毁或捏造故事一一加以分析批评纠正。虽未敢以为正确无误，但自信本书必为研究北宋熙丰人物与新政功过之一有力参考。”③

李勤印《王安石》④是一部纪实性历史文学作品，在结尾第七章“历史的误区”，主要叙述了两个误区：“拗相公”和“党人碑”的由来与发展，亦即说明王安石蒙冤和党争亡国的由来和发展，并在总结性赘语中表达了作者的态度，其要点有四：一是以蔡上翔的“为介甫辩冤”来为王安石正名，“豁然一个介甫翁，竟原来也是个千古蒙冤之人”；二是引梁启超《王安石传》叙传慨叹王安石所处时代的无助和无奈以说明形成评价王安石误区的根源；三是引清儒陈汝锜记王安石与蔡京的本质区别，以分清党争亡宋罪不在安石；四是最后以王安石年轻时所作《答韶州张殿丞书》叹惋直笔历史难寻，“死者不能辨是非，生者不能论曲直。其大公至正之道，正义奸邪之分，于古于今，也实在是不易之事”。

孙光浩《王安石洗冤录》，仅从其书名即可知晓该书的性质，该书内容简介如是介绍：

> 梁启超先生言：“泰西有克林威尔于历史上蒙冤，经百年之久，而能洗刷，还予清白。我国一代大政治家宋太傅荆国公王安石，却受史实污蔑，蒙冤含垢达千年之久，终未能平反之。”北宋自真宗至钦宗百余年来，受党锢之祸及母后专政，国势衰颓，而遭靖康之耻。南渡后，高宗为南面称孤，不念父兄被掳之仇。将北宋亡国之责，委于熙丰新法，任由元祐党人对王荆公之肆意诋毁攻讦，岂不冤哉。宋史为元代脱脱丞相所罗致宋代遗民编纂之，歪曲史实，误导后世。特假宋代各项史书及私人笔记，以证迁荆公之冤也。⑤

作者在蔡上翔、梁启超翻案基础上，主要对旧史诬谤熙宁日录、《字说》、欧阳文忠公之知遇、《辨奸论》、荆公修为、元祐党祸、北宋之亡的由来加以辩证和厘清。作者服膺梁启超，专辟二节论述梁启超等人戊戌变法与熙宁新法的师承，“犹以军事、教育两部分，梁任公之主张与荆公之新法意见有不谋而合之处”，并认为梁任公对荆公之学术、思想、修为及新法之精义、阻挠诽谤等，特于其所著《王安石评传》中撰述綦详，故将其对荆公辨正重点，而逐次简略摘录介绍之。

---

① 蒋复璁：《王安石》，朱传誉主编：《王安石传记资料》之一《王安石传略及其年谱》，台北：天一出版社，1982年，第1页。

② 梁启超：《王安石传》，第22页。

③ 罗克典：《王安石评传·自序》，2014年，第16页。

④ 李勤印：《王安石》，台北：知书房出版社，1994年，第283—325页。

⑤ 孙光浩：《王安石洗冤录》，台北：台湾学生书局，1996年。

另外，李则芬《宋辽金元历史论文集》在讨论宋神宗、哲宗二朝历史时，亦多接受梁启超的观点，着重指出“神宗实录几经窜改”，“神哲两朝没有信史”，并从梁启超《王荆公》中辑录出“随行文所及，前后做了十八条考异”，收为附录《梁启超考异种种》，为王安石洗冤。①

当然，也有学者持不同于上述观点的意见。林瑞翰先生著有《宋史王安石传注》，引《续资治通鉴长编》，《宋史》本纪、食货志、兵志，《东都事略》《临川集》及宋人其他文献，逐句逐条进行详细的注释。由于《宋史·王安石传》主要取材元祐、绍兴本《神宗实录》，对王安石非议甚多，林先生对此传取材未加辨析而进行注释，这表明他在某种程度上是赞成《宋史》编者对王安石的批判的。②林先生在另一部著作《宋代政治史》第三章第三节“王安石”中的一段评语，显然是受了《宋史》编者的影响，他说：“安石性强忮，事无可否，自信所见，执意不回。安石未达，欧阳修为之延誉，及安石得政，以修附丽韩琦，至诋修为粪壤朽木（引《长编》卷224，熙宁四年六月甲子一段记载）……旧臣如韩琦、富弼、范镇、吕诲皆以讥诋新法罢去，司马光、范纯仁、程颐并安石素所亲厚，皆不直安石所为，安石不恤也。”③虽说受《宋史》编者的影响，但林先生更赞同陆象山对王安石的定评，他在传注文末引陆象山《荆国王文公祠堂记》作为结语，即是明证。

禚梦庵更是不同意梁启超对王安石的评论，他在批评了熙丰新政和检讨王安石诗文及著作后说：

> 王荆公为一理想甚高、饱学而不能融贯的书生，这样的人都在久治思变之时，文化烂熟之地，旷世一出。王安石前，只贾谊、王莽二人而已，贾未大用，实际如何尚难定论。而荆公变法，则确有“足己自圣”，破坏宋世善良风气之弊。王荆公的功过，经南宋朱子与陆九渊及元明以来史论家的评论大致已定。惟自清末梁任公变法未成，引安石为旷世知音，推崇为“一代完人”，从此言改革者，不详考史实，率推崇王安石为大政治家、议论纷纷，未有止境，亦可憾之事也。④

三、重建有关新法史实的努力

对王安石新法史实的重建，大致有两种情形：一是本着为王安石变法翻案的主旨，如帅鸿勋《王安石新法研述》即是代表。他说：“原夫安石致谤之由，实起因于其所施行之新法。盖彼保守苟安，颓靡自私之辈，见新法与己不合，于是不问是非，嚊嚊指摘，相率阻扰破坏，而又卒莫能胜，乃至效村妇相詈之穷技，架虚词以诬蔑其私德。故吾人欲于千载之下，尽湔安石之沉冤，则于其所立之新法，必须广为探究，详其本旨及绩效之所在，

① 李则芬：《宋辽金元历史论文集》，台北：黎明文化事业股份有限公司，1991年，第315—367页。

② 林瑞翰：《〈宋史·王安石传〉注（一）》，《大陆杂志》1963年第1期；林瑞翰：《〈宋史·王安石传〉注（二）》，《大陆杂志》1963年第2期；林瑞翰：《〈宋史·王安石传〉注（三）》，《大陆杂志》1963年第3期；林瑞翰：《〈宋史·王安石传〉注（四）》，《大陆杂志》1963年第4期；林瑞翰：《〈宋史·王安石传〉注（五）》，《大陆杂志》1963年第5期。

③ 林瑞翰：《宋代政治史》，台北：正中书局，1989年，第265—266页。

④ 禚梦庵：《宋代人物与风气》，台北：台湾商务印书馆，1996年，第90页；江澄格：《从更广的角度看王安石》，《历史月刊》1999年第134期。

庶乎可也。”本着这种编撰主旨，帅鸿勋将王安石新法分作三部分。“民政及财政方面之新法：青苗法、市易法、均输法、免役法、方田均税法、农田水利法；军政方面之新法：省兵法、置将法、保甲法、保甲养马法、军器监法；教育及贡举方面之新法：兴建学校、贡举新制等。”对每项新法的渊源、本旨、内容、实施、绩效以及争议做了较详细的叙述。[①]但毋庸讳言，因是书旨意是为王安石翻案，虽在史实上比梁启超有所进步，但对王安石新法的认识，未能超越梁启超的见解。

另，辜瑞兰《青苗法之变动（上、下)》[②]、钟隆津《王安石的财经思想及其改革措施(上、下)》[③]、林治平《论王安石》[④]、刘太希《王荆公的新政》[⑤]、陈芳草《王安石及其新法综合分析》[⑥]、柯进益《从王安石变法中探讨青苗法的利弊》[⑦]等文章亦未能出梁启超所论之窠臼。

二是从检讨过去研究的角度，重新认识王安石新法的性质和被忽略的方面。梁庚尧《市易法述》可说是这方面的代表作。梁先生在此篇前言中说道：

> 王安石的新法，规模庞大，目标高远，而实以理财为中心。新法中青苗、免役、市易诸法，近世学者多强调其社会政策的意义，具有摧抑兼并的功效，然而究其实际，这几项新法的目标，是以社会政策而兼收财政政策的效果，将利权自富家的手中收之于政府，以增加政府的收入，政府收入既增，一方面可以用之于均济贫弱，一方面也可以解决政府财政的困难。由于新法具有财政政策的特色，所以在施行的过程中，便不免以财政的考虑为先，使得实行的结果与原初立法的理想颇有差距，利权虽已收归国家，而贫弱则未见均济，民生反而遭受困扰。……本文的目的在于，第一，重建有关市易法的史实，包括其形成、颁布与施行的过程，及其演变为南宋时期各地城市普遍设置的公营当铺之经过；第二，以此一史实为基础，申明市易法立法原意与施行实况的距离，实证市易法的施行，表现为财政政策而非社会政策。

在这里梁先生虽然论述的是市易法，但实际上是援此以证王安石新法的阳宣为社会政策，而阴伏的本质是财政政策，他的论述也是由此展开。先说宋仁宗以来的财政困难，次及王安石的理财思想；然后从市易法的颁行、市易组织的扩充与经营的扩大、京师市易的争议、市易经营的扩大（包括财政政策的持续、市易资本的增加与地方市易的增设、物资的收购与转贩、结保赊清法的废止与抵挡法的推广）、市易法的废罢与复行（包括元祐年间市易法的废罢，绍圣以后市易法的复行，南宋时期市易法的余迹）层层镂述，博引旁征，意在说明王安石新法是在王安石以义理财思想指导下进行的，即所谓“足见市易经营以财利为目的，是王安石的本意”，由此最后得出结论：“在经营精神上，社会政策的一面晦而

---

① 帅鸿勋：《王安石新法研述》，台北：正中书局，1973年。

② 辜瑞兰：《青苗法之变动（上)》，《大陆杂志》1965年第9期；辜瑞兰：《青苗法之变动（下)》，《大陆杂志》1965年第10期。

③ 钟隆津：《王安石的财经思想及其改革措施（上)》，《中信通讯》1977年第152期；钟隆津：《王安石的财经思想及其改革措施（下)》，《中信通讯》1992年第187期。

④ 林治平：《论王安石》，《反攻》1955年第134期。

⑤ 刘太希：《王荆公的新政》，《畅流》1959年第2期。

⑥ 陈芳草：《王安石及其新法综合分析》，《现代学苑》1968年第5期。

⑦ 柯进益：《从王安石变法中探讨青苗法的利弊》，《社会科教育学刊》1994年第4期。

不彰，财政政策的一面则充分暴露，不断地追求息入的增加，造成民众负担的加重，所谓‘民不加赋而国用饶’，不过是徒托空言，摧制兼并的理想不但没有达成，而政府本身已成为一大垄断者，新法立法原意与施行实况之间，有如此大的距离。”①可以说梁庚尧对市易法的研究，是迄今研究王安石诸项新法最为详尽的一篇论文，其主要论点与王曾瑜《王安石变法简论》②多有不谋而合之处。

张元《从王安石的先王观念看他与宋神宗的关系》亦是一篇议论颇为精彩的文章。张元先生不同意王曾瑜、梁庚尧把王安石法先王、摧抑兼并的理念视作缘饰其汲汲于财利政策的外貌，视作是抵御攻击的挡箭牌，或是打击反对者的杀威棒的观点，而是认为“先王之政”应该是王安石绝对相信，而且始终服膺的施政理念。这是长久以来人们采信的说法，虽无新义，却不易否定。也就是说王安石富国强兵、裁抑兼并、济弱均平的变法动机不宜轻易否定。在此基础上，张元先生深入考察了王安石施政理念与宋神宗施政要求的矛盾及其对新法走向的影响，在他看来，“熙宁新法，总的来说，不可谓成功。就以市易一法为例，完全未能达到最初抑兼并、济贫困的目的。而新法之实施，范围愈广，影响愈深，财富大量集于朝廷，人民生活更加困苦，显然与王安石之施政理念愈趋遥远，却更能符合神宗为用兵而先理财的要求。在此过程中，王安石时时以神宗未能取法先王，耿耿于怀，并且随新政之推行，愈感到与神宗之间距离难以缩短，这应是他屡屡求去的主要原因。但在神宗方面，由于王安石能力高强，在其主政之下，不论充裕国库或开疆拓土，皆绩效卓著，自然予以支持，但对王安石期望于他的一些做法，并不同意，只是一味敷衍。熙宁变法的不幸后果，王安石固然难辞其咎，但施政偏离最初目标，丧失崇高理想，则与神宗态度不无关系，似不可归因于王安石一人之作为。从另一方面看，王安石的‘先王’观念却又不无助长神宗专断独行之嫌，对于朝政必有负面影响，这也是必须指出的”③。

林瑞翰、宋晞先生对保甲法的研究颇有建树，可弥补以往研究之不足。林瑞翰先生说：“余初读宋史兵志，辄有惑焉，其后推考《宋史·食货志》及宋会要稿青苗、免役诸篇，乃知宋代保甲之制，有保有甲，保甲一词，盖其通称。保属兵防，故其制详于兵志，甲为青苗敛放区及税区，则散见食货诸篇。”④基于这种认识，林先生细细考究《宋会要辑稿》等文献所载保与甲的组织和任务及其由熙宁、绍圣至南宋的演变，最后得出结论为：

> 盖熙宁保甲之制，一则联比民户为保以寄兵政，一则编结民户成甲为贷放青苗及税区，凡有产民户，既编为保民，复纳为甲户，二者未尝偏废，而通称曰保甲。夫兵志所言皆保伍兵戎之事，其载保甲之政虽详，然皆采择有关兵政者言之，故独详于保而略于甲，至若甲之编制，则当从食货志以考索之。学者每据兵志之文，以为宋代保甲制度尽乎此矣，其实犹未尽也。⑤

把免役法与保甲法联系起来一并考察始于南宋人陈傅良，但其后未见详论者，宋晞先

① 梁庚尧：《市易法述》，《台大历史学报》1984年第10、11期合刊；梁庚尧：《宋代社会经济史论集》上册，台北：允晨文化实业股份有限公司，1997年，第104—260页。
② 王曾瑜：《王安石变法简论》，《中国社会科学》1980年第3期。
③ 张元：《从王安石的先王观念看他与宋神宗的关系》，《宋史研究集》第23辑，台北：编译馆，1995年，第273—299页。
④ 林瑞翰：《宋代保甲》，《大陆杂志》1960年第7期。
⑤ 林瑞翰：《宋代保甲》，《大陆杂志》1960年第7期。

生《王安石新法中募役法与保甲法的结合》论述了募役法、保甲法的特点以及熙宁、元丰时期募役法与保甲法的结合，他认为："以保甲干部任差役中耆长、户长、壮丁之役，在熙宁年间业已成立。然由哲宗绍圣，历经徽宗崇宁、宣和，至南宋绍兴初年，耆长、户长、壮丁与保正长、甲头任役，或雇或差，尚未定型。至绍兴五年（1135），改免役钱为经制钱，分季发付行在，移作他用后，则都保正、副，保长，甲头取代耆长、户长、壮丁之役，遂全为无给之差役矣……南宋自高宗绍兴五年开始，以所收役钱充经制钱，以挹注国家财政，地方财政权又被收归中央。而保甲干部如都保正、副，保长，甲头等充当耆长、户长、壮丁等差役，致使民户在差役的负担上，每重于北宋时期。"①

四、关于三不足说的考辨

大陆地区论及王安石变法者，大多都以为熙宁时期流行的"三不足说"即"天命不足畏，人言不足恤，祖宗不足法"是由王安石发表，或最能体现王安石勇于革新的精神。邓广铭先生认为"三不足"精神是王安石变法革新的精神支柱，"尽管王安石从来不曾向宋神宗提出过这样的'三不足'语句，而这三句话之为王安石亲口所说，却是决无可疑的。他自己倘若不曾说过，司马光是撰造不出如此富有开创和革新意义的话语的"②。

对此，我国台湾地区的学者有不同的看法，林天蔚在《考"三不足说"之伪，析杨升庵之偏》一文中对邓广铭先生的看法提出批评，并考论说："所谓'三不足说'，其初意是泛论神宗与王安石对新法推行时之坚决意志，司马光主持策试时，用作命题，目的是在试探民意，亦可能是拟制造反对的舆论，故即使神宗命'别出试题'，而司马文正公家传集仍录之，结果，神宗不满，司马光因此求外放（并非求去），乃至邵伯温著闻见录，为维护司马光，创'三不足说'，以造成王安石的狂妄形象，李焘录文，后世史家沿袭之。"③

1993年，黄复山著文《王安石三不足说考辨》，对林天蔚先生的考伪进行考辨，认为林天蔚一文"言及三不足之肇始。于邓广铭《王安石》所论之'三不足'多所批驳，惟引据之资料不出常人所见，是以未知'三不足'之流衍，即断曰'李焘之言"三不足说"是采自邵伯温'，而'邵伯温本"为君者讳"，遂强指为"王安石"'……此类缺失，皆使其为安石辨白之结论立足不稳"④。于是黄复山揆注史实，用30 000字左右的篇幅详考"三不足说"的形成与流衍。由于"三不足说"是评价王安石极为重要的一个方面，是故将黄复山的考辨结论摘录于下：

> 宋人于"三不足说"深恶痛绝，以为"此三句，非独为赵氏祸，乃为万世祸也！"⑤特其倡言者究竟为何人，宋儒实无定论，或明言、或暗指为安石所倡，或以为乃"外人"之传闻，安石并不知情；而"三不足"之内容为何，亦有字义上之歧异，且非议之辞有逐渐加重之趋势。

---

① 宋晞：《王安石新法中募役法与保甲法的结合》，《宋史研究集》第22辑，台北：编译馆，1992年，第75—77页。
② 邓广铭：《北宋政治改革家王安石》，第92页。
③ 林天蔚：《考"三不足说"之伪，析杨升庵之偏》，《纪念司马光与王安石逝世九百周年学术研讨会论文集》，第211页；林天蔚：《宋代史事质疑》第3章"为王安石辨诬二事"，台北：台湾商务印书馆，1987年，第90—117页。
④ 黄复山：《王安石三不足说考辨》，《汉学研究》1993年第1期，第209—210页。
⑤（宋）马永卿撰，常爽爽校点：《元城先生语录》卷上，上海：上海古籍出版社，2022年，第17页。

此说以苏轼所举者为最早（1070 年 3 月 21 日），以为安石倡言“天命不足畏，众言不足恤，祖宗之法不足用”三事。不半载（8 月 23 日），司马光亦踵继其说，文辞则略有更动而加详。

其一则易“天惟丕显，命不易哉”之义，为“薄食、震摇”之事，是易无形之“天命”为具象之“天变”。此后宋人之引用，或谓“天命”，或谓“天变”不一，而《宋史》所引“三不足”，于《王安石传》中作“天变”，于《理宗本纪》中则作“天命”。若二者并无分别，则亦不须深究，惟前文已考知，安石于“天命”与“天变”之体认，判然有别。前者为“天所授诸人”者[1]，不可更易，当尽人事以待之，安石言此理最深，以为未可轻忽；后者安石则视作自然景象，随时变化，自有规律，不足惊惧。

再者，苏轼谓：安石以为“祖宗之法不足用”，司马光作“祖宗之法，未必尽善，可革则革，不足循守”，皆谓安石不以祖宗之旧法为是。虽有责于安石，却未诋其鄙薄“祖宗”。然而十八载后，范镇乃易二家之言为“祖宗不足法”，直以“祖宗”为不足法式，为“厌薄祖宗”之深矣！[2]其蔑视之罪，不啻霄壤。

又考诸史实，则知“三不足”原本并非宋人深恶之行止，而攻击新法诸人，实亦有此类言行。

如司马光讥安石“不畏天变”之前九年（1061），苏轼已在应制科举试时，申言天变不当畏惧。[3]

苏轼又尝直指神宗“不恤人之言，持之益坚”，据史料所载，神宗确尝明言“众说何足恤”；[4]惟在此之前，二苏兄弟早于嘉祐六年，即已于制策答对之中，标举为政当“不恤怨”矣。[5]而司马光于元祐初大更新法诸令时，苏轼尝谏言：“宜虑后患，惧朋党之祸作矣。”光竟谓：“天若祚宋，必无此事。”遂改之不疑。[6]其刚愎自是而悍拒谏言之状，与安石何异？可知“不恤人之言”，非仅安石而已。

司马光以“变更祖宗法度”弹劾安石，而前此一年，光于回答神宗询宗室法时，已谓“诚当变更”[7]，其论贡举法时，亦以更革仁宗朝旧法为意[8]。且仁宗、英宗多增损“祖宗百年之法”，苏辙已有明言[9]；神宗有变更祖宗成法之意，光之门生刘安世亦尝述及。[10]帝君已然，今则独诋安石变更旧法，其意何猵（褊）隘邪？

详究“三不足”流传之经过，实异于《续长编》、《宋史》等正史所述，而指称安

---

① （宋）王安石撰，刘成国点校：《王安石文集·拾遗》，北京：中华书局，2021 年，第 149 页。

② （宋）邵伯温撰，李剑雄、刘德权点校：《邵氏闻见录》卷 2，第 2 页；（宋）邵伯温撰，李剑雄、刘德权点校：《邵氏闻见录》卷 6，第6 页。

③ （宋）苏轼著，孔凡礼点校：《苏轼文集》卷 9，第 295 页。

④ 苏轼之言，（宋）苏轼著，孔凡礼点校：《苏轼文集》卷 9，第 306 页；（宋）苏轼撰，（宋）郎晔注：《经进东坡文集事略》卷 21，第 329 页；（宋）李焘撰，上海师范大学古籍整理研究所、华东师范大学古籍整理研究所点校：《续资治通鉴长编》卷 224，第 10 页。

⑤ （宋）苏辙著，曾枣庄、马德富校点：《栾城集》卷 21，上海：上海古籍出版社，1987 年，第467 页；（宋）苏轼著，孔凡礼点校：《苏轼文集》卷 8，第 233 页。

⑥ （宋）孙升：《孙公谈圃》卷上，北京：中华书局，1991 年，第 4 页。

⑦ （宋）杨仲良：《续通鉴长编记事本末》卷 67，北京：北京图书馆出版社，2006 年，第6 页。

⑧ （宋）司马光：《传家集》卷 40，《景印文渊阁四库全书》第 1094 册，第8 页；（宋）司马光：《传家集》卷 42，《景印文渊阁四库全书》第 1094 册，第 10 页。

⑨ （宋）苏辙著，曾枣庄、马德富校点：《栾城集》卷 21，第 467 页。

⑩ （宋）徐自明撰，王瑞来校补：《宋宰辅编年录校补》卷 7，第 393 页。

石倡言“三不足”者，有可疑之事五：

一、苏轼、司马光、范镇三家所举之“三不足”，以安石为“不畏天命”，抑“不畏天变”？为“不法祖宗”，抑“祖宗不足法”？其义应有区分。以安石论性命思想之深邃及字学观念之精确，当不致发为矛盾若是之口号。言者既未厘清，则其肇始当为一时机锋，而作类似之举证，并非当时流行之熟语也。

二、首标此说者为苏轼，其后踵继之司马光、司马康、范镇、范纯仁、刘安世等人，皆为亲人、子弟、师友；而与安石共事之程颢，及攻击安石最力之杨时、陈瓘，却从未言及此一专称。则此说当出自司马光等人之口，并未广为流传，是以刘安世乃欲传诸后世，使后人深自警惕。

三、司马光亲笔撰述之《资治通鉴》，于后唐明宗长兴三年（932），载大理少卿康澄上书曰：“国家有不足惧者五，有深可畏者六。”[①]其类举之细目，与“三不足”相似。是否因而触发灵感，造生安石有“三不足说”，颇令人怀疑。

四、李焘《续长编》之“三不足说”，成稿于司马光卒后百年之久，而于情事之追述，乃有安石并不知情之说，且为后世史家广泛采用。以其史家之笔，或有所见，则以“三不足”归诸安石，实待商榷。

五、吕中《宋大事记讲义》既摘录李焘《续长编》所引之“三不足说”（意谓安石原本不知有此口号），又明言“司马光言王安石有三不足之说”，是以为“三不足”乃司马光所传述。然而吕中又谓“安石三不足之说，已露于读吴申奏疏之时”，[②]而吴申《谨奏成宪疏》上于熙宁三年，遂引发安石“成宪不足道，人言不足听，劳民非所恤，严刑非所缓”之论。[③]此说之依据，未详其源，故真伪难辨，且文中以为安石所言者为“四不足”，口号亦与旧党所云不同。

以此而论，“三不足”仅为党同伐异之传言，并无实质之罪责也。然而安石早年学行风评甚佳，何以执政后乃受如许之非议？考之宋史，则新党执政，变革太速，于政权转移之际，旧党惶惧而排诋抗衡，当为主因。而安石又以其直拗之个性，置众议于不顾，冲突乃更加深剧，终致水火不容，旧党因汇成“三不足说”以深诋新法，而此三事的确最令闻者愤恨。故安石虽无“三不足”之口号，后人仍雷同一声，谓其进此三说于神宗。后世述及“三不足说”者，多视为信史，并借以非议安石之功业与人格，于其源起及真象（相），却从未有明确之探讨。故本文之作，除明辨此一口号非安石造生外，亦有意阐明：若主观认定“三不足”为非是，则行此三事者非独安石一人而已；若以客观态度言之，则不畏天变，更革不合时宜之成法，不顾忌利害相犯者之流言，实为从政、处事应有之体认，不必因属之安石，乃深诋其非是也。

今将上述二十二书所述及之“三不足说”，试制一览表如下，可由出处、时间、倡言者及所述之内容，更为清楚看出“三不足说”之源起及流传情形。

---

①（宋）司马光：《资治通鉴》卷278，北京：中华书局，1956年，第9078页；《旧五代史・后唐书・明宗纪》，北京：中华书局，1976年，第595页。

②（宋）吕中：《宋大事记讲义》卷15，《景印文渊阁四库全书》第686册，第18页。

③（宋）吕中：《宋大事记讲义》卷15，《景印文渊阁四库全书》第686册，第9页。

附表“三不足说”流行一览表

出处	时间	倡言者	内容
苏轼拟进士策 （《苏轼文集》）	1070.3	凡今之人（指王安石）…… 必以此借口	天命不足畏，众言不足从，祖宗之法不足用也
司马光制科策题 （《传家集》）	1070.8	今之论者或曰（指王安石）	天地与人，了不相关，薄食震摇，皆有常数，不足畏忌。 祖宗之法，未必尽善，可革则革，不足循守。 庸人之情，喜因循而殚改为，可与乐成，难与虑始，纷纭之议，不足听采
范镇司马光墓铭 （《邵氏闻见后录》）	1086	熙宁初奸小（安石）	谓天不足畏，谓众不足从，谓祖宗不足法
司马康策目注文 （《传家集》）	1088？	熙宁三年三月 王介甫言于上以为	天命不足畏，祖宗不足法，流俗不足恤
范祖禹 （《范太史集》）	1098.11	王、吕等造立新法先言	天不足畏，众不足从，祖宗不足法
刘安世 （《元诚先生语录》）	1110？	金陵（王安石）进言于上	天变不足惧，祖宗不足法，人言不足恤
邵伯温 （《邵氏闻见录》）	1132	荆公相神宗以……为述	天命不足畏，祖宗不足法，人言不足恤 （熙宁大臣以“天变不足畏”说人主）
邵博（载范镇铭） （《邵氏闻见后录》）	1157	熙宁初奸小（安石）	谓天不足畏，谓众不足从，谓祖宗不足法
郎晔（引荆公传） （《经进东坡文集事略》）	1191	安石传经义，出己意…… 甚者谓	天变不足畏，祖宗不足法，不以人言是非，一归之流俗
杜大珪（范镇铭） （《碑传琬琰集》）	1194	熙宁初奸小（安石）	谓天不足畏，谓众不足从，谓祖宗不足法
王明清（范镇铭） （《挥麈后录》）	1194	在昔熙宁阳九数终	谓天不足畏，谓众不足从，谓祖宗不足法
李焘 《续资治通鉴长编》	1173	（当与《续资治通鉴纪事本末》所载相同）	
徐自明 （《宋宰辅编年录》）	1220	陈荐言：外人云：今朝廷以为	天变不足惧，人言不足畏，祖宗法令不足守
陈均 （《九朝编年备要》）	1234	陈荐言：外人云：今朝廷为	天变不足惧，人言不足恤，祖宗之法不足守
徐侨 《徐文清公家传》	1235	王安石学术颇辟至谓	天命不足畏，祖宗不足法，人言不足恤
吕中 （《宋大事记讲义》）	1247	陈荐言：外人云：今朝廷以为	天变不足惧，人言不足恤，祖宗不足法
杨仲良 《续资治通鉴长编纪事本末》	1253	陈荐言：外人云：今朝廷为	天变不足惧，人言不足恤，祖宗之法不足守
周遵道 《豹隐纪谈》	宋末	王安石谓	天命不足畏，祖宗不足法，人言不足信
不著撰人 （《宋史全文》）	元	陈荐言：外人云：今朝廷以为	天变不足惧，人言不足恤，祖宗不足法
脱脱等 （《宋史》）	1345	安石……谓（本传） 王安石谓（理宗纪）	天变不足畏，祖宗不足法，人言不足恤 天命不足畏，祖宗不足法，人言不足恤
薛应旂 （《宋元通鉴》）	1566	陈荐言：外人云：卿以为	天变不足惧，人言不足恤，祖宗之法不足守
毕沅 （《续资治通鉴》）	1797 毕沅卒	陈荐言：外人云：今朝廷以为	天变不足惧，人言不足恤，祖宗之法不足守

五、关于王安石与司马光的政争

林瑞翰先生认为司马光、王安石政术之异趣主要表现在三个方面：一是司马光重传统而王安石主张改革；司马光重传统而守公论，安石主张改革而讥流俗。二是司马光重人治而王安石重法治，司马光所谓修政治、兴教化，其要在得人，不在立法，反观王安石为政，则以立法为主。故范纯仁讥其“舍尧舜知人安民之道，讲王霸富国强兵之学，尚法令则称商鞅，言财利则背孟轲”。三是司马光为政以裕民为本，而安石以富国为主。司马光所谓养其本原，即所谓裕民。司马光盖谓民为富国之本，而裕民之术在养民，养民之要在节用，故其理财首重节流，此与王安石主张敛民以富国者异，故司马光于新法聚敛之政，始终反对。①

1986年司马光、王安石逝世900周年，台湾地区召开了纪念学术研讨会，研讨会分史学、文学二组，共举行八场专题研讨会，讲演16篇文章，会后结集出版，是为当时台湾学界一大盛事。史学、文学两组讨论意见殊途同归，史学组认为：“王安石主张变法，司马光反对变法，两人在政治上站在相反的立场，但两人的政治目的则是相同的——都希望有利于国家和百姓，所以两人的争执只是政见不同的争执，不是夺取私利的争执。王安石和司马光的对立，不同于两人死后的新旧党争，这是读北宋历史时要特别注意的事。”②文学组亦认为：“司马光、王安石两位先贤，对一些问题的主张尽管不同，但对国家热爱的心都是一样的。他们虽然也有所争辩，但都是理性的君子之争。我们今天在这儿开学术讨论会来纪念他们，除了阐发他们的精神幽光外，也学到了他们的风范。”③最后，台湾政治大学校长欧阳勋博士的闭幕词大致综合了两组的意见：

> 在宋代的历史上，司马光与王安石因政治上的立场不同，而意见各异，一个是才华蕴藉，尊重传统，被视为“保守派”的代表，另一个则立意改革，颁行新法，是“改革派”的领袖，在政治行动上多有直接的冲突。这方面，历来的研究与争论已非常多；但换个角度看，他们两人在学术思想上、政治行为上，甚而至整个文化层面的建树上，不仅在当代已都各具有相当的影响力，且在我们整个文化的传承上也都占着非常重要的地位。其实他们两位的理想与抱负可说非常相近，都是在阐发并实践我国传统的“内圣外王”的理想，因此，对于他们的学术思想之内涵，他们在政治作为上的成就、在文学史学上的贡献，甚至在整个固有文化传承上的地位，都值得我们去做更深一层的探讨综核。④

这大致也可看作是我国台湾学界对王安石与司马光政争的主流看法。有关党争的文章还有方豪《王安石之变法与党争》（《民主评论》1954年第20期）、雷飞龙《北宋新旧党争与其学术政策之关系》（《台湾政治大学学报》1965年第11期）、宋晞《异论相搅——北宋的变法及其纷争》（《历史月刊》1999年第138期，收入《宋史研究集》第31辑）。

---

① 林瑞翰：《熙丰变法丛考》，《中华文化复兴月刊》1972年第1期。

②《纪念司马光与王安石逝世九百周年学术研讨会论文集》，第278页。

③《纪念司马光与王安石逝世九百周年学术研讨会论文集》，第522页。

④《纪念司马光与王安石逝世九百周年学术研讨会论文集》，第523—524页。

六、关于王安石变法失败的原因

20世纪60年代，台湾地区的学者多把王安石变法失败的原因归咎于王安石偏执的性格和新法本身的缺陷。对此帅鸿勋总结说："论者有谓安石所立新法，虽旨意甚佳，惟其缺点颇多，如偏重理想，忽略现实，且缺乏全盘计划，此其一；矫枉过正，流于苛细，此其二；理财诸法，只重开源，不重节流，此其三。有此数弊，故行之未睹其效，反而病民。""论者又谓新法之败，非因法制不善故也，乃安石本身若干缺点有以致之也。安石刚愎自用，执拗不变，以致不得人和，此其一；求治太急，一事未成，一事又起，致生纷扰，此其二；排斥君子，专任小人，使新法本意尽失，转为厉民，此其三。若是者，虽有善法，行之不徒见其为害滋甚，而终归于失败也。"①江和元亦有类似的看法：

> 对于新法失败的问题，历来史家的论述多所不一，但其主要可分为几个说法：王安石的用人不当；保守势力的反对；重立法而轻人事；重开源而轻节流；王安石个性执拗、刚愎自用，这几个论点为历来学者批评王安石变法的几个论点。……这样的论调反映了几个问题，那就是保守人士的反对就可以使新法实施出现问题？王安石及其位于中央政府几个所谓小人的新党人的权力斗争就足以使得新法失败？王安石为新法而刚愎自用就足以自毁长城？②

江和元以为这些论调不可否认的都是王安石变法时导致新法失败的一些因素，但并不能成为主要的因素而存在。过去的讨论似乎忽略了新法在地方实施的实际情形和其所影响的层面，以及在地方上主导新法实施的地方官对新法的支持，实施的情况及其所带来的影响之所在，因而他在《从地方行政制度与地方官对新法的实施看王安石变法的失败》中提出一个新的看法：

> 纵观整个北宋的地方行政制度与地方官对于新法的实施上来看，王安石在变法上就一直存在两大课题，一是先天上的地方行政制度的影响力，二是地方官员的实施。王安石在这两个条件的运用以及整合上，其实是有问题的。首先，他既知道地方行政制度的重要性，但却未加以利用，甚至是放任自由发展。对于一些反新法人士，也无法将其拔离行政体系之中，反只能将其安插在地方为官，形成在地方的反对势力，进而成为推行新法的阻力之一。再者，未能建立一个监督制度，也是他未能将地方行政制度统整的一大问题，这样形成了地方的行政体系与中央的认知有相当程度的歧见，而中央对于地方的控制也未能尽王安石之意。所以也才会出现中央地方对于新法认知、实施要点的差异。
>
> 其次，又未能确切掌握地方官员对于新法实施的实际情况，致使全国的新法实行杂乱无章，新法处处受到扭曲、变相，或是新法本身的缺陷，也都未能确实回报。这样的问题，不仅是在于新法实施上，更在于新法的改进之上。一个法令全不可能完美无瑕，但缺乏回报，系统制订法令的中央全然不知到底新法实施的真实情况如何，

---

① 帅鸿勋：《王安石新法研述》，第269、276页。
② 江和元：《从地方行政制度与地方官对新法的实施看王安石变法的失败》，《史苑》2000年第60期。

这样的改革又将如何获得效果？①

帅鸿勋则认为："当时之反对派抵死反对新法，实为基本因素。"②

经济重心南移至迟到北宋末期已经完成，这个观点已广为大多数学者所认同，但从经济重心南移讨论王安石变法失败原因似还不多见，丘为君《王安石变法失败的原因——一个经济学观点的解释》即是从经济重心南移引起南北地域阶级关系变动来考察王安石变法的失败原因。虽然他的讨论方法与大陆学者不尽相同，但结论却是殊途同归，他说王安石新法不行之因，可归结为两点：①王安石的新法代表南方地主阶级的要求，其利益与北方地主阶级相抵触。王安石的新法代表了中、小地主阶级的利益，因此他的改良政策引起了大官僚、大地主、大商人的反对。②王安石新法的经济思想是"动态的"（dynamic），而当时一般大臣的经济思想却还是"静态的"（static）。

北宋自中叶以后，南人逐渐抬头，表面上似是南北政治形势的转移，其实是南北两个地主集团为争夺政治地位而展开剧烈的斗争。其次，大官僚大地主也与中小地主阶级在为维持本阶层的利益而斗争。这两种表象的结合，便形成了北宋一代长期的政治党争。而王安石便是在这种情况下出现的。

王安石的新法对中间阶层份子最为有利，其新法之设计也是从这层份子出发的。而就中间阶层份子来说，由于经济的发展与工商业的发达，南方新兴的中小阶层势力日益扩大。根据元丰三年（一〇八〇年）的统计，南方主客户平均约占三分之二，两浙一路还要到五分之四的比例，这说明了，当时东南人口的阶级结构，中小地主和自耕农是占着优势，所以，新法的实施对南方特别有利，像青苗法、募役法的颁行，都是受到南方中小地主和上层农民普遍欢迎的。反之，北方的京东、京西路，主户约占总户数的五分之三左右，占有许多客户的大地主集团，自然要对新法的实施大加抨击了。因此，王安石新法运动的阻力，在政治上看来好像是南人北人之争（新党多属南人，旧党多属北人），其实是南北地主集团的争执。

从北宋的铸钱数字来看，当时必定是一个通货流动迅速，经济繁华富庶的社会。也就是说，宋代社会已经是脱离了中古的"自然经济"，而走向"货币经济"的新时代。但是与王安石同是（时）代的一般人不见得有此等认识，像攻击王安石最严厉的司马光……全全然然是"自然经济"的思想，根本不承认货币的功用与价值。其实……在北宋之世，国民平均所得必定依然十分低落，传统的农村社会必定仍然沿袭着自然经济的心态。虽然北宋中叶以后铸币十分发达，但是因为天灾人祸，连年输币，晚宋的通货膨胀是愈来愈严重了，这样的结果系是币值低落，百姓对币钱没有信心。因此，建构在"货币经济"理论上的新法既不为当代士大夫所支持，而王安石的"动态经济"思想又无法为当世所了解，在政治上又遭到北方地主集团所支持的旧党人士的杯葛，王安石新法之不见实行就很可以理解了。③

---

① 江和元：《从地方行政制度与地方官对新法的实施看王安石变法的失败》，《史苑》2000年第60期，第78页。
② 帅鸿勋：《王安石新法研述》，第290—304页。
③ 丘为君：《王安石变法失败的原因——一个经济学观点的解释》，《史绎》1978年第15期。

附录一
二十一世纪前二十年对王安石及其变法的重新认识——为王安石诞辰一千周年而作

进入21世纪以来，王安石仍然深受学界、出版界关注。据孔夫子旧书网的统计，仅重印梁启超的《王安石传》就有18家出版社之多，邓广铭的《北宋政治改革家王安石》也有四五种不同的版本。另据不完全统计，在20世纪宋代著名的历史人物研究中，朱熹、苏轼、司马光、张载、程颢、程颐、欧阳修、曾巩、陆游、辛弃疾等人的作品出版数量可能都排在王安石相关的作品之前，但是2000年以来王安石在宋代人物传记的出版和编撰中，大致无出其右者，而且研究朱熹、张载、程颢、程颐都是偏向经学、思想史，而研究苏轼、欧阳修、陆游、辛弃疾则都偏向文学史，司马光的《资治通鉴》印量很大，只有研究王安石涉及有文学、经学、变法三个维度。

2000年以来，王安石著述及其行实的重新整理和研究有重要突破：2016年复旦大学出版社出版了由王水照先生主编的10册《王安石全集》，2018年中华书局出版了由刘成国编撰的《王安石年谱长编》6册。《王安石全集》收录迄今能搜集到的王安石的全部著述，包括前人较少注意的《易解》《礼记发明》《老子注》《楞严经解》等，并按经、史、子、集分类，其中经、史、子部著作大多为数十年来最优秀的辑佚成果。程元敏等汇辑整理了《尚书新义》《诗经新义》《周礼新义》《字说》等。刘成国是进入21世纪以来研究王安石的佼佼者，从博士学位论文《王安石研究》（2002年）、博士后出站报告《荆公新学研究》（2004年，2006年出版）、著作《变革中的文人与文学：王安石的生平与创作考论》（2011年），到2018年出版《王安石年谱长编》6册，在充分研究王安石生平、文学、经学和借鉴前人编纂王安石年谱的基础上，按照年、月、日顺序，对王安石的一生及其家族、世系、字号、里贯、生卒年，科名、仕履、功业，创作成就和学术造诣，交游网络以及家族盛衰等做了全面综合的考述，其资料之翔实是此前未之见也。《王安石全集》和《王安石年谱长编》的出版，无疑为今后深入研究王安石及其变法打下了深厚的基础。

相对于20世纪的王安石及其变法研究，21世纪前20年无论是论著数量还是研究的广度都有很大的超越。2014年四川大学出版社出版的《王安石研究论著目录索引（1912—2014）》全书总计405页，其中2001—2014年的成果几乎占了全书统计的二分之一（第228—405页），2015—2020年若再按该书2001—2014年的年平均值相加，21世纪前20年王安石及其变法研究论著和文章总数应不少于3300篇（部）。当然该书的统计是分相关成果和专题成果。相关成果很泛很杂，若仅按专题成果（剔除通俗作品）计，大致不超过三分之一，若再按《宋史研究通讯》的宋史专业角度（除去了相当多文学史、哲学史、思想史成果）计，大致又不到专题成果的三分之一。

21 世纪前 20 年王安石文学和王安石经学、思想的研究，又远多于对王安石的生平事迹和变法的研究。这可以从自 2001 年以来全国高校和科研单位文史哲硕士、博士学位论文选题以及出版的专题学术研究论著的统计得到证明。统计数据来自《王安石研究论著目录索引（1912—2014）》、中国知网和《宋史研究通讯》年度统计。

2001—2020 年硕士学位论文与王安石相关的研究有 427 篇。其中，王安石专题研究共计 133 篇，包括变法研究 14 篇、文学研究 42 篇、思想研究 34 篇、经学研究 14 篇、佛道研究 9 篇、综合性研究 20 篇。2001—2020 年博士学位论文与王安石相关的研究 70 余篇。其中，王安石专题研究共计 33 篇，包括变法研究 5 篇，文学研究 9 篇，经学、思想研究 13 篇，佛禅 2 篇，生平事迹 4 篇。2001—2020 年研究王安石的各类著作共计 54 部，其中变法研究 10 部，文学研究 12 部，经学、思想研究 9 部，佛禅研究 2 部，传记 14 部，年谱 1 部，其他 6 部。

这一时期的研究，需要说明两点：一是硕士学位论文选题泛化。此类选题如思想类包括政治思想、管理思想、人才思想、社会教化、行政法制思想、行政伦理思想、农业思想、社会控制、治道思想、治理思想、仁学思想、养生思想等。分类较笼统不好归类的计入综合类，包括个性、交游、人格、思维、君臣关系、女性观、人生观、入祀孔庙、明朝人的评价、日本的评价等。在研究王安石思想的博士学位论文选题中，讨论王安石政治哲学的较多。专著部分，11 部传记都是 2001 年以后重新编写的，不包括 21 世纪之前编撰的《王安石传》，其他包括李华瑞《王安石变法研究史》、杨小敏《蔡京、蔡卞与北宋晚期政局研究》、张保见和高青青《王安石研究论著目录索引（1912—2014）》、方诚峰《北宋晚期的政治体制与政治文化》、赵冬梅《大宋之变（1063—1086）》、孔学《王安石日录辑校》等。

二是王安石文学和经学、思想研究在硕士、博士学位论文选题中占有明显优势。变法研究在硕士学位论文中估计只有九分之一强，而在博士学位论文中估计占七分之一弱。虽然在专著中的 14 部传记，一般以叙述王安石变法为主，但是加上 10 部研究专著也不到 53 部的二分之一。①且新撰写的 14 部传记大多数是介绍、叙述、描写变法，有深度研究的很少，就是以变法为名的论著也多是普及读物，或近于文学描述。这些著述基本都给变法以高度评价，这是改革开放以来肯定历史上的变法改革社会之需求使然。

一、王安石文学研究

本书基本上不涉及王安石文学研究，为了全面了解王安石，现略作补充。民国时期，随着对王安石变法的大翻案，学界开始摒弃单纯依靠史传、笔记等记载来研究王安石事

① 张宏杰：《北宋变法名相——王安石》，上海：上海大学出版社，2007 年；赵明：《文人政治的一曲悲歌——王安石变法启示录》，北京：北京大学出版社，2013 年；安开学：《王安石传》，北京：北京联合出版公司，2013 年；东方慧子：《变法通儒王安石》，武汉：武汉大学出版社，2015 年；高天流云：《天命不足畏：王安石变法的细节》，北京：北京联合出版社，2016 年；墨香满楼：《变法名相——王安石》，北京：中国铁道出版社，2016 年；陈胜利：《当改革遇见王安石》，北京：清华大学出版社，2018 年；陈金泉：《千古风流——王安石与熙元变法》，南昌：江西教育出版社，2018 年。

迹的做法，而倾向于利用王安石的文学作品来还原他的政术与品行。王安石文学研究比较偏向于对其政论诗的关注。1949—2000 年，王安石文学研究由重视王安石的政论诗文逐步转向对其诗词文的全面研究，尤其是对王安石诗歌的研究明显增多。对王安石诗歌研究的关注点主要有诗歌的分期、艺术特色和手法、王荆公体等。另外，王安石的诗文选本受到重视，王安石文集的整理工作逐渐成熟。在出版的十多种中国文学史中，王安石的文学地位得到一定的肯定，张毅主编的《20 世纪中国文学研究·宋代文学研究》下册介绍北宋中期文学研究中列有专节“王安石研究”[①]。相对于欧阳修、苏轼、黄庭坚、李清照、辛弃疾、陆游等人的研究，其比重明显偏小。一方面可能是因为王安石的作品遗失较多，辑佚还在进行中，2016 年出版的《王安石全集》收录了不少，这对全面认识王安石的文学研究有一定影响；另一方面是因为南宋以后对王安石变法的否定影响了对王安石文学的研究，王安石文学研究的起步晚至 20 世纪二三十年代，与前面所列的宋代文学诸大家的研究相比显然缺少历史的积淀，是故没能反映王安石文学的实际地位。[②]21 世纪前 20 年以来硕士、博士学位论文对王安石文学的研究有明显的提升。2018 年有三篇硕士学位论文，分述 20 世纪三个阶段的王安石文学研究，搜集整理了王安石诗词文选本、诗选篇目、文选篇目、词选篇目等。[③]高克勤《王安石与北宋文学研究》收录了作者 15 篇研究文章及附录 2 篇，对王安石作品的价值及在北宋文学史上的地位进行了阐述，并兼及在北宋文学史上有重要地位的范仲淹、苏洵、曾巩、秦观的研究及与王安石的比较研究。[④]但是王安石文学地位研究大格局的改变并非易事。根据现今已知的资料，讨论王安石文学的范围是：个人品行，王安石熙丰词体地位、作品袭故、变法前后诗风的变化、诗经新义（文学史角度），词作品中的政治抒情、翻案文学、家族女性文化的盛衰、家族四时礼仪文献、诗歌中的女性、四六体、晚年心境、政论文、介卿介父辨析、交游考、王安石与王令交往，王安石与曾巩、张载交游比较，新党作家群，郑侠《流民图》存世考，碑志祭文等。

以上所列范围之类，从考史的角度，其研究有新进展的论著举要如下：

王安石作品的地域分布。王安石一生所到之处达 69 地，每到一地都会留下作品，对王安石所到之地的创作，过去似未有整理。王欣琪对王安石居官地江宁、汴京、鄞县、舒州、扬州和常州及 60 余处游宦历途所在地的历代选录作品中进行统计汇总，制成 11 幅统计表，并对方志艺文志收录的王安石作品进行总结和概括。[⑤]

使辽诗及相关问题考辨。王安石作品中有不少散见于各卷的使辽诗，他又曾任送伴使，并有诗作。因此，王安石的使辽与使辽诗便成为后人研读中的谜团。王安石“使契丹”并写有“使北诗”即“使辽诗”一说始自南宋李壁，一直沿袭至 20 世纪未有人辨析。1983—

① 张毅主编：《20 世纪中国文学研究·宋代文学研究》，北京：北京出版社，2001 年。
② 王安石在欧阳修、苏轼之间曾主盟文坛（陈植锷：《北宋文化史述论》），梁启超甚至极赞王安石散文为唐宋八大家之首（《王荆公》）。
③ 贾一星：《民国时期的王安石文学研究》，河北大学 2018 年硕士学位论文；安梦倩：《1949—1978 年的王安石文学研究》，河北大学 2018 年硕士学位论文；赵一曼：《改革开放以来的王安石文学研究》，河北大学 2018 年硕士学位论文。
④ 高克勤：《王安石与北宋文学研究》，上海：复旦大学出版社，2006 年。
⑤ 王欣琪：《方志艺文志个体文人作品收录研究——以王安石为个案》，东华理工大学 2018 年硕士学位论文。

2000年有数位学者得出王安石于嘉祐八年（1063）四月（仁宗逝世后）作为遣遗留物国信使使辽的结论，并对其文集中的使辽诗和伴送北朝人使诗分别按行程做了认知与考辨。①这个看法受到了怀疑，王安石一生只曾于宋仁宗嘉祐五年（1060）春作为“送伴使”伴送契丹使者还至宋辽边塞，往返途中写有《伴送北朝人使诗》纪其行。王安石虽然也曾两次被命出使契丹，但皆辞行，改命他人代往。李壁对王安石送伴诗的注释颇有舛误，不能证明王安石曾使辽。所谓“送伴使不能过境”，不宜绝对化。《出塞》和《北客置酒》两诗也不足以证明这一点。从使辽来回行程、时间看，王安石不可能于嘉祐八年初使辽。②

王安石晚年诗风与佛禅的关系。王安石晚年倾心佛教，佛教也对于他晚年的思想、心态、诗歌境界都有巨大的影响，使得他的诗风与前期相比，出现了较大的差异。又王安石在创作方法上，如使用佛典、喜欢翻案、游戏文字等，都有得益于禅宗之处，实开江西诗派之先声。王安石一生交游的僧人很多，而且有不少是至交。张煜从中择其要者，大致以诗作时间先后，略作考述，考证出来的有育王虚白等32人。除了僧人以外，王安石身边还有很多喜欢谈禅论道、亦僧亦俗的朋友。综上所述，可以得出如下结论：其一，从时间上来看，王安石与禅僧的交往开始很早，且贯穿一生。所以他晚年退相后归趣佛禅，并不完全是出于政治上的失意，而可以说是由来有自的。其二，王安石交往的禅僧宗派很广，仅以可考者论，除了曹洞宗与沩仰宗外，几乎都有涉及，还与天台宗的僧人有一定来往。但其中又以与临济宗（如赞元）、云门宗（如宝觉）、黄龙宗（如克文）的僧人交往最深，他自己也以接荷临济、德山宗风为己任③。

虽然王安石是唐宋八大家、宋诗风格的创行者之一，但是从新学对文学影响角度的研究似乎还没有。方笑一做了有益尝试，有三点值得注意：其一，王安石等在诠释《尚书》《诗经》《周礼》三部经典时，关注点并不全在文学，经典文本本身的文学属性，使诠释者做了相当的发挥，不仅可以从中一窥王安石的学术思想，更能发现文本与诠释之间错综复杂的关系；其二，在讨论新学与文学理论的关系史时，作者不仅讨论了新学的“一道德”思想与王安石实用文学观之间的联系，而且试图从观念史角度，揭示北宋后期以“新学”为旗号的思想文化专制发生的原因；其三，王安石借相位之力和神宗的支持，得以建立一套变私学为官学、以国家意识形态统一士大夫思想的权力机制，使学术制度化，与现实政治运作紧密结合，这在事实上替其后的程朱理学成为统治理论的新形态开辟了道路。④

在方笑一之后，王安石《三经新义》与文学关系的研究又有了新进展。王安石的《诗经》研究通过对《诗经》政治性的解说，把诗歌的政治功用发挥到了极致。易卫华将其《诗》学思想的发展分为四个阶段，其中熙宁变法中王安石主持撰写的《诗经新义》以《礼》释《诗》，强化了对《毛诗序》政治化题旨的理解。同时，《诗经新义》对君主、士大夫提出了具体的要求，并制定了一系列社会应当遵从的道德规范，希望以此来引导社会思想的进路，

① 王晋光：《王安石接待辽使及使北年代初探》，《中国语文集刊》1983年第1期；王晋光：《王安石八论》，台北：大安出版社，2006年；张涤云：《关于王安石使辽与使辽诗的考辨》，《文学遗产》2006年第1期。

② 赵克：《王安石“使辽”及“使辽诗”考辨》，《北方论丛》2001年第2期；刘成国、卢云姝：《王安石使辽考论——兼与张涤云先生商榷》，《浙江工业大学学报（社会科学版）》2008年第3期。

③ 张煜：《王安石与佛教》，复旦大学2004年博士学位论文。

④ 方笑一：《北宋新学与文学——以王安石为中心》，上海：上海古籍出版社，2008年。

为政治改革创造一个良好的社会基础。①

王安石集团作家群研究。新党诗人众多，是宋代诗歌研究中被忽略的重要作家群。杜若鸿从学术层面提出“新党诗人群”，集中考察这个群体的代表王安石的诗歌，指出王安石政治诗具备表达政治观点、作为新法舆论工具、表达变法决心和表现参政意识这四项主要功能。文章还考述了新党诗人群主要成员行履及统计其政治诗作的数量。论文指出，王安石的大量赠寄与唱和诗作，往往借以表达政见，从内容上考察，有 80 多首。从目前遗存的资料来看，其他诗人如安焘、吕惠卿、舒亶、沈括、章惇、曾布、蔡确、王雱等人，无论是创作总量还是政治诗数量，都相当薄弱，有成员甚至连一首政治诗都没有。在舒亶、沈括、吕惠卿等重要成员的诗中，他们之间或与王安石之间，没有唱和的作品，说明新党诗人群体之间不太喜好唱和，未以纯粹的诗人自许，竞尚文辞，不甚重视诗歌的游戏功能和交际功能，诗人之间的关系更多是基于政治立场的一致性，着眼于实际事功。②

陈元锋从宋英宗、宋神宗朝任用翰林学士共 36 人考察文学与政治的关系。认为熙宁、元丰人才之盛，堪比庆历、嘉祐。王安石文章节操都堪称“真翰林学士”，他对翰苑制度之变革、翰苑词臣之任用、翰林学士之政治职能，都给予了直接有力的干预和推动。由于文学的政治化、边缘化以及政治家和文学家身份的分裂，熙丰时期以王安石为中心的汴京诗坛并没有成为诗歌创作和传播的中心，熙丰诗坛呈京城与地方独立分散状态。元丰年间，新党学士王珪、蔡确、章惇、王安礼、张璪、安焘、李清臣等人围绕王维山水画的一组题画作品，为探究新党学士群体复杂的精神世界提供了一个范本。③

通过对熙丰新党的考察，罗煜认为将“熙丰新党”的概念加以明确化、清晰化，有助于厘清一些基本的问题。作为一个观察者的归类，所谓的“熙丰新党”之定义，应当是指“熙丰年间新法之支持者”，其内在的含义，不仅只是在政治上亲附变法首领者，也应当包括新法之建策者、决策者、积极执行者以及台谏之支持者。通过对 1069—1085 年的宰辅、三司使、翰林学士、御史中丞中新党官员之遴选、考察，对过去的一些认识得出三个新的看法：其一，除了枢密院外，新党逐渐控制了北宋朝廷之多数重要机构；其二，新党可能代表某个特定社会阶层之观点，至少在其出身与家庭情况方面，尚未获得支持；其三，嘉祐进士在新党中占据了较大的比例。④

陈元锋考察了“嘉祐四友”，认为王安石、司马光、吕公著、韩维在科举改制问题上，均属取消诗赋一派，但司马光等人对荆公新学之专断与驳杂则持批评态度。“四友”在诗坛的交游酬唱始末与其政治上的进退分合轨迹正相吻合，可以分为嘉祐、熙丰两阶段。司马光、吕公著、韩维及范镇退居洛阳、颍昌等地，诗酒雅集，闲吟代替了讽喻，林泉高致掩盖了朝堂纷争，透射了政治干预文学的阴影。⑤

刘培认为北宋中期的政治革新是儒学实用主义在政治生活中的具体反映。从熙宁到元祐年间，政治革新导致的结党纷争，其背后是儒学各派之间的斗争。旧党人物对新法的不

① 易卫华：《北宋政治变革与〈诗经〉学发展》，河北师范大学 2010 年博士学位论文。
② 杜若鸿：《荆公诗之政治功能——兼“新党诗人群”行履考》，《国学学刊》2014 年第 2 期。
③ 陈元锋：《宋英宗、宋神宗朝翰林学士与治平、熙丰诗坛——以王安石为中心》，《山东师范大学学报（人文社会科学版）》2013 年第 6 期。
④ 罗煜：《“熙丰新党”考》，湖南师范大学 2008 年硕士学位论文。
⑤ 陈元锋：《论“嘉祐四友”的进退分合与交游唱和》，《江西师范大学学报（哲学社会科学版）》2014 年第 1 期。

满，不仅是因为新法扰民的现实，更是因为他们注意到推行新法过程中得到加强的皇权以及士大夫论政权利的丧失所隐含的可怕后果。历史的记忆就是在这种忧虑中浮现出来的。文化保守主义的焦虑，此时已经不是针对大一统王朝的渴求，而是针对如何限制皇权背后的私欲，如何把皇权限制在内圣外王的轨道上。和学术探讨相比，辞赋因其表意的文学性抑或含混性，更能反映士大夫内心的这种隐忧。①

在南京玄武湖的历史上，700 年来一直记载王安石作《湖田疏》奏请将玄武湖“废湖为田”，邢致远、邢国政考订《湖田疏》是一篇伪作，王安石的“废湖为田”案是一桩历史冤案。②

李小兰认为八股文融汇我国古代文学众长，堪称“中国一绝”，有近千年的演变历史，而王安石却是临川文学史中第一位八股文大家。③

要之，王安石虽然是宋代文学的重要作家，但是他的主要精力更多地投向经学和主持变法活动，因而文学成就与经学和为政的成就对历史的影响不能相提并论。

二、王安石经学、思想研究

（一）王安石经学在宋学中主流地位的重新确立

21 世纪之初陆续出版了几部“重写”宋代思想史的佳作，即漆侠先生的遗著《宋学的发展和演变》④、美国包弼德（Peter. K. Bol）的《斯文：唐宋思想的转型》⑤、田浩（Hoyt Cleveland Tilman）的《朱熹的思维世界》⑥，三著从不同角度重新诠释了宋代思想，使宋代思想史研究水平有了较大提高。

其中突破以程朱理学为主体的思想史旧框架是第一个共同的话题。漆侠师认为此前的研究大体上存在两个偏向。第一个偏向是用理学代替宋学。邓恭三先生在《略谈宋学》一文中，已经指出了这一问题，认为“应当把宋学和理学加以区分”。宋学和理学的关系是：宋学可以包容理学，而理学则仅仅是宋学的一个支派。“在宋学的建立中，被称为宋初三先生的胡瑗等人，起着奠基者的作用。然而由于过去以理学代替宋学，一些研究者们仅仅把胡瑗等人的学术思想作为理学的一个来源加以论证，于是宋学的奠基者反倒成为理学的附庸而存在了，这显然是违背历史实际的。”第二个偏向是：“大多数的研究者贬低了荆公学派，《宋元学案》在末尾数卷中立有《荆公新学略》，明显地贬低了荆公学派；近代学者对荆公学派虽然做了较为广泛的研究，使荆公之学为世所知，从而与《宋元学案》有所不同，但也没有把荆公学派安置在当时学术界的主导地位上，甚至安置在二程理学派之下，这尤其是违背历史实际的。”

第二个共同话题是重新确立了北宋主流思想发展的主线索。漆侠师和包弼德先生所

① 刘培：《熙宁变法语境下的学术纷争与辞赋创作》，《文学评论》2015 年第 1 期。

② 邢致远、邢国政：《王安石〈湖田疏〉“废湖为田”》，《东南文化》2008 年第 1 期。

③ 李小兰：《论临川文学家与八股文的渊源》，《经济与社会发展》2004 年第 3 期。

④ 漆侠：《宋学的发展和演变》，第 1—620 页。

⑤〔美〕包弼德著，刘宁译：《斯文：唐宋思想的转型》，南京：江苏人民出版社，2001 年。

⑥ 田浩：《朱熹的思维世界》，西安：陕西师范大学出版社，2002 年。

言："宋学从创始阶段到发展阶段亦即从范仲淹到王安石，把学术探索同社会实践结合起来，力图在社会改革上表现经世致用之学。宋学之所以在北宋取得蓬勃发展，这是一个重要的原因。""古文之学以及古文作家充当政治与社会变革的鼓动者这一角色，奠定了 11 世纪宋代思想文化的基本议程。"余英时在为《朱熹的思维世界》作序时依据作者对南宋道学史的分期亦得出相应的看法："北宋儒学主流其实是王安石所代表的新经学和司马光所代表的新史学。这是熙宁、元祐党争的学术核心所在，二程在其时没有太大的社会影响力。"

毋庸讳言，在宋代思想史学界乃至宋史学界对突破以程朱理学为主体的宋代思想史旧框架方面，已渐次达成共识，但在中国哲学及思想史学界却仍然恪守着以理学代替宋学，以程朱哲学代替宋代思想的旧传统，这说明打破旧传统思想理路还是一件任重而道远的事情。

此外，对于王安石学术的特点，学界多有研究。王安石的学术思想"集九流之粹"，博取众家，援引诸派，继而生出新变化，这已是学界共识。但宋代理学家及其后世的卫道者都指斥新学杂于"刑名之学"和"佛道"，这是新学被视作异端的主要根据，民国以来这种反新学的观点被扬弃，21 世纪前 20 年在此基础上则充分肯定新学的兼容并包："就王安石学术思想的内容来看，它是在综合诸子、三教基础上的一种新创造。"它"以经学为主体，以儒学为正宗，以子学、佛学、道教思想为辅助"，是"属于学术思想由分到合过程中的一种综合学派"。"王安石在新学建立过程中以儒家学说为主干，但不拘一格，并不恪守某一家之说，他是力图通过吸取释、道、法以及诸子百家学说之长来充实和弘扬儒家的学说和义理的。"同时，"突破汉唐儒者章句训诂之学的局限，在训释经义时不作烦冗琐细的训诂考证，注重阐发儒家经典中所蕴含的义理，并且大胆创新，自出己意，对经典进行创造性的解释；与此同时他们以兼容开放的态度，融汇百家而陶铸己说，在坚持儒学本位的前提下公开汲取佛、道、法诸家学术之长，在治学方法上表现出鲜明的特点"①。

（二）王安石经学研究现状

20 世纪初梁启超为王安石翻案以后，王安石的文学研究与变法研究相同步，但是王安石的经学、思想研究却起步较晚，除了 20 世纪 30 年代以后陆续将王安石作为功利思想家、唯物主义思想家列入中国思想史，和王安石经学著作的少量辑佚之外，直到 20 世纪 90 年代以后学界对王安石经学、思想的全面研究才得以展开，并很快成为研究热点，特别受到中青年学者的关注，前揭 21 世纪前 20 年高校、科研单位硕士、博士学位论文选题即是证明。而且 2000 年以来多有论著和文章介绍，如王书华《荆公新学初探》②、萧永明《北宋新学与理学》③、杨倩描《〈易〉学对王安石变法思想的理论支撑》④和《王安石〈易〉学

① 罗家祥：《北宋新学的兴衰及其理论价值》，《河北学刊》2001 年第 2 期；萧永明：《论荆公新学的治学特点》，《中州学刊》2001 年第 2 期。
② 王书华：《荆公新学初探》，河北大学 2001 年博士学位论文。
③ 萧永明：《北宋新学与理学》，西安：陕西人民出版社，2001 年。
④ 杨倩描：《〈易〉学对王安石变法思想的理论支撑》，《河北学刊》2004 年第 4 期。

研究》①、杨天保《王安石学术史研究——以“金陵王学”（1021—1067）为重点》和《金陵王学研究——王安石早期学术思想的历史考察（1021—1067）》②、刘成国《荆公新学研究》③、张宗祥《王安石〈字说〉辑》④、罗家祥《北宋新学的兴衰及其理论价值》⑤、王书华《荆公新学的创立与发展》⑥、范立舟和徐志刚《论荆公新学的思想特质、历史地位及其与理学之关系》⑦、方笑一《北宋新学与文学——以王安石为中心》⑧、熊凯《荆公新学新探》⑨、毕明良《王安石政治哲学研究》⑩、胡金旺《王安石的哲学思想与〈三经新义〉》⑪、李祥俊《王安石学术思想研究》⑫等。这些论著和文章有的侧重对心、性、理、气等形而上的分析与理解，有的侧重在思想观念的历史场景中，结合历史、社会与现实的政治来把握、分析探讨新学的发展演变，也有结合新学与理学、蜀学与其他学派的比较分析，以及新学与佛道的思想关联来深入探讨荆公新学的内涵、特质及其思想定位。在方法上也出现了新的特点，与传统的历史分析、比较方法相比，学者们多注意结合历史、社会、政治、思想与文化等多种方法来展开探讨，无疑大大地开阔了研究领域、视野和整体观念。⑬

从20世纪90年代中期，博士生培养成为学界薪火相传的主要途径，根据学位论文撰写的要求，一般都要有“研究现状”“研究史回顾”作专题研究的学术史的回顾和梳理，毋庸讳言，大多数的回顾和梳理都是分门别类罗列已发表的相关论著并作简单介绍的流水账。

当然，其中也有从学术史的角度眉目梳理较为清楚者。一是姜鹏在《北宋经筵与宋学的兴起》中从《宋元学案》对民国以来的宋朝学术史研究的影响说起，认为民国时期至20世纪中叶贾丰臻《中国理学史》、夏君虞《宋学概要》、吕思勉《理学纲要》、冯友兰《中国哲学史》、胡适《中国哲学史大纲》、侯外庐《中国思想通史》（包括《宋明理学史》）都深深打着《宋元学案》的烙印。⑭对《宋元学案》以人物为核心安排学术史写作有所突破是在20世纪80年代以后，通史方面有葛兆光的两卷本《中国思想史》、朱维铮《中国经学史十讲》。姜鹏特别提及朱维铮有关王安石新学在宋代学术史上的承上启下开辟创新作用的研究和卢国龙《宋儒微言》对学术与政治之间关联的论题主旨。断代研究方面主要有漆侠《宋学的发展和演变》、余英时《朱熹的历史世界——宋代士大夫政治文化的研究》、包弼德的《斯文：唐宋思想的转型》。⑮

---

① 杨倩描：《王安石〈易〉学研究》，保定：河北大学出版社，2006年。
② 杨天保：《王安石学术史研究——以“金陵王学”（1021—1067）为重点》，浙江大学2004年博士学位论文；杨天保：《金陵王学研究——王安石早期学术思想的历史考察（1021—1067）》，上海：上海人民出版社，2008年。
③ 刘成国：《荆公新学研究》，上海：上海古籍出版社，2006年。
④ 张宗祥辑录，曹锦炎点校：《王安石〈字说〉辑》，福州：福建人民出版社，2005年。
⑤ 罗家祥：《北宋新学的兴衰及其理论价值》，《河北学刊》2001年第2期。
⑥ 王书华：《荆公新学的创立与发展》，《社会科学论坛》2001年第4期。
⑦ 范立舟、徐志刚：《论荆公新学的思想特质、历史地位及其与理学之关系》，《西北师范大学学报（社会科学版）》2003年第3期。
⑧ 方笑一：《北宋新学与文学——以王安石为中心》，第1—231页。
⑨ 熊凯：《荆公新学新探》，南京大学2006年博士学位论文。
⑩ 毕明良：《王安石政治哲学研究》，陕西师范大学2012年博士学位论文。
⑪ 胡金旺：《王安石的哲学思想与〈三经新义〉》，北京：光明日报出版社，2014年。
⑫ 李祥俊：《王安石学术思想研究》，第1—379页。
⑬ 朱修春：《近年来王安石新学研究综述》，《中国史研究动态》2000年第2期；熊凯：《近十年来的荆公新学研究》，《东华理工学院学报（社会科学版）》2006年第1期；张钰翰：《北宋新学研究》，复旦大学2013年博士学位论文。
⑭ 姜鹏：《北宋经筵与宋学的兴起》，复旦大学2006年博士学位论文，第1—3页。
⑮ 这几部书的评价可参见李华瑞：《宋代思想的新诠释》，龚延明、祖慧主编：《岳飞研究》第5辑，北京：中华书局，

二是杨天保的回顾和梳理。首先从王安石之学是什么来梳理从北宋至当代王学内涵的发展演变，即①杂学说；②实学说，又包括三类：刑名学、礼学、经济学；③儒教说；④唯物主义学说；⑤义理之学。随后又从王安石之学有何学术地位发问，梳理20世纪80年代对王安石学术思想地位的认识：①“高居首位说”；②“汉宋转折说”；③“理学先导说”；④“心学先驱说”。在此基础上回顾20世纪90年代以来的经学思想讨论：“主流派”，主要代表有萧永明、王书华和范立舟等学者，他们主要秉承了梁启超、贺麟、萧公权、侯外庐、邓广铭、漆侠等先生一线而下的“主流”学路；又将耿亮之、金生杨、姜国柱、刘成国等学者的论著视作“非主流派”，他们大多运用传统文献学的考证方法，辨章学术，考镜源流，光大“汉学”路数。对这两派的优缺点也只陈表述，认为“主流派”留意于理论和背景预设，不自觉地变更了研究对象的属性，迷失了本真；“非主流派”固守其所专之点，忘却了对象全貌，真而不全。孰优孰劣，二者各有千秋。“主流”学者的学术路数未合乎“非主流”学者的学术品位，“汉学”的成功处又不能弥补“宋学”的失误。故此，前者讥讽后者管中窥豹，见树木而不及森林，得点而失面；后者反驳前者舍本逐末，弃史事而演绎观念。然则，出路何？杨天保认为，在“主流”和“非主流”格局之外，应当还有第三条路径：直接从解答“王安石之学怎样形成和演进”的问题入手，从“王学”史入手明确认清研究对象，才是做好史论结合、汉宋互补的必由之路。①

笔者以为，学术讨论不必划分“主流派”和“非主流派”，其实就如“宋学”和“汉学”之分主要是治学方法不同而已，或偏重“宏观理论”，或偏重“考据实证”，可能更符合实际。

（三）王安石经学研究的新进展

王安石经学及思想史研究目前主要有三个层面：一是对王安石《三经新义》从传统经学角度给以解析；二是王安石经学与变法的内在理路；三是哲学思想史学界运用西方哲学概念思想史架构跨时空对王安石各种思想的演绎以及应景之作，包括王安石的庄学思想、政治哲学、政治思想、管理思想、法家思想、理财思想、经济法律思想、财政思想、经济思想、民本思想、经济学思想、财税思想、法治思想、礼治思想、儒家政治理想、人才思想、风俗思想、改革理论、国家治理思想、行政伦理思想、经济改革思想、经济措施的理论根源、治道思想等。本书的梳理不包括第三层面。下面梳理第一、第二层面。

1. 对王安石《三经新义》从经学角度给予解析的新进展

南宋晁公武《郡斋读书志》收录《三经新义》，其解题引元祐史官“王安石修《经义》盖本于（刘）敞”之论及晁公武《三经义》“剿取”《七经小传》之说屡被学者征引。杨韶蓉利用程元敏先生《三经新义辑考汇评》的成果，通过对《三经新义》与《七经小传》的

2004年，第94—113页。

① 杨天保：《王安石学术史研究——以“金陵王学”（1021—1067）为重点》，浙江大学2004年博士学位论文，第6—25页。

文本比照考查，得出两点：第一，所谓元祐史官“王安石修《经义》，盖本于（刘）敞”之说实乃似是而非的印象之论，无论是著述形式还是说解的具体观点，《三经新义》与《七经小传》都有很大的不同，是完全不同的两部解经之作。第二，所谓“剿取”之说，亦是晁公武站在反新学立场上的贬抑之议。[①]

以往研究荆公新学，基本都是以王安石个人为主，而对于王安石学派（北宋新学学派是指王安石以及他的子弟、门人、追随者所组成的一个政治、学术派别）很少关注。刘成国《荆公新学研究》的一大贡献是比较详细地爬梳了新学的门人和著述，尽管称不上全面，但还是比较细致地勾勒出了一个新学群体的样貌。新学门人人数众多，堪与“欧门”“苏门”相匹，甚或过之。王安石在庆历时即有孙适、马仲舒、胡舜元等人向他问学，英宗治平年间及晚年隐退金陵时，均聚徒授学，门户隆盛。班班可考列入“王门”者有王无咎、陆佃、沈凭、龚原、郏侨、张仅、吴点、杨训、杨骥、丘秀才、王伯起、晏防、王沇之、王迥、华峙、郭逢原、沈铢、汪澥、张文刚、方惟深、李定、董必、杨畏、成倬、周种、鲍慎由、侯叔献、蔡渊、蔡肇、薛昂、叶涛、韩宗厚、许允成、陈祥道、郑侠、蔡卞、吕希哲、钱景谌、吴悊、吴颐、陈度、王雱、刘发、徐君平等，他们有数十种著作问世，亦可一一考知，只是由于变法遭遇不公的原因，湮没在茫茫典籍大海之中，连同这个学派的人物也大都沉晦不闻，似乎在历史上不曾存在过。[②]

张钰翰《北宋新学研究》在此基础上全面勾勒了王安石新学派的经史子集著述[③]，统计如下：

经部 85 种：易类 12 种，书类 7 种，诗类 6 种，礼类 21 种，春秋类 4 种，乐类 2 种，四书类 17 种，孝经类 4 种，小学类 11 种，群经总义类 1 种；

史部 24 种：别史类 2 种，杂史类 3 种，职官类 1 种，史评类 1 种，地理类 1 种，刑法类 9 种，传记类 4 种，仪注类 2 种，书目类 1 种；

子部 34 种：儒家 3 种，道家 19 种，农家类 1 种，杂家类 2 种，小说家 1 种，兵书类 3 种，杂艺类 1 种，释书类 4 种；

集部 30 种：总集 7 种，别集 23 种。

王安石新学派的著作不仅风行当时科场、士林，而且新学派吕惠卿、陈祥道、陈禾的著作传至西夏地区，据 1908—1909 年黑水城出土西夏文、汉文献，出土有吕惠卿著《吕观文进庄子义》宋蜀刻本，蝴蝶装，内外篇五卷[④]；西夏文刻本《孝经传》，“不分卷，夏仁宗年间写译稿，有朱笔校改。译自宋绍圣二年（1095 年）吕惠卿《孝经传》，吕注原书久佚，唯此西夏译本仅存”；《论语全解》十卷，“夏乾祐年间刻字司刻本。译自陈祥道《论语全解》”；《孟子传》十四卷，“夏仁宗年间写译稿，有朱笔校改。现存《孟子》传注中未见此书底本，

① 杨韶蓉：《对“王安石修〈经义〉盖本于敞”的考查——兼论〈三经义〉“剿取”〈七经小传〉之说》，北京大学《儒藏》编纂与研究中心：《儒家典籍与思想研究》第 8 辑，北京：北京大学出版社，2016 年，第 37—52 页。

② 刘成国：《荆公新学研究》，第 62—102 页；王水照：《重新认识王安石，再析变法利弊与“荆公新学”》，《中华读书报》2017 年 3 月 29 日，第 15 版。

③ 张钰翰：《北宋新学研究》，复旦大学 2013 年博士学位论文，第 199—208 页。

④ 俄罗斯科学院东方研究所圣彼得堡分所、中国社会科学院民族研究所、上海古籍出版社：《俄藏黑水城文献》第 1 册，上海：上海古籍出版社，1996 年，第 51—160 页。另可参见汤君：《黑水城文献〈庄子义〉考》，《敦煌学辑刊》2006 年第 2 期；（宋）吕惠卿撰，汤君集校：《庄子义集校》，北京：中华书局，2009 年。

疑据宋陈禾《孟子传》译出。陈氏注本久佚，据夏译本或可见其一斑”①。

过去对王安石的易学有研究但很不充分。杨倩描对王安石的“易”学做了全面研究，他认为王安石撰写《易解》，大约在宋仁宗宝元至嘉祐间，历时二十余年。到熙宁年间，王安石又对《易解》进行了多次修改，并将《易解》的“新改本”更名为《易义》。此后，旧本《易解》与新本《易义》同时流传。大致到清朝乾隆年间，王安石《易解》佚失。作者钩沉辑佚，辑得215条散见于各书的《易解》佚文，汇编为《荆公易解钩沉》。尽管这些佚文大约仅相当于《易解》原书十分之一的数量，但却是研究王安石《易》学不可或缺的基本文本。《易解》作为荆公新学的基础和起点、《易义》作为荆公新学发展鼎盛时期的重要学术思想组成部分，与荆公新学的形成、发展、成熟、鼎盛、衰落相始终。②

对于宋代理学的形成，学界多从思想史的内在理路、“三教合一”及社会风俗、商品经济的发展等方面加以讨论。李存山则从庆历新政到王安石变法期间改革重点的转移这一视角去讨论，颇有新意。他认为在范仲淹的庆历新政以后，王安石的思想经历了一个逐渐转向的过程。庆历新政与熙宁变法的根本不同就在于：庆历新政是以整饬吏治为首要，以砥砺士风、改革科举、兴办学校、认明经旨、培养人才为本源，兼及军事、经济等领域；而熙宁变法则转向为“以理财为方今先急”。熙宁变法之所以引发朝臣的政见不同和党争，固然与儒家传统的义利之辨有关系，但宋代的政治现实也确实面临着士风、吏治与“理财”如何协调并进的问题。只有辨明庆历新政与熙宁变法的关系，指出熙宁变法转向的局限性，才能理解道学或理学是在庆历新政与熙宁变法正反两方面的作用下形成的。因庆历新政之后有熙宁变法的汲汲于“财利”，故激起道学家对王霸、理欲、义利的严辨；因庆历新政的夭折和熙宁变法的转向，故道学家认识到，格君心之非，才是治世的“大根本”，只有君心正，然后才可以“讲磨治道，渐次更张”。然而，“君心”并不是道学家所能格正的，而两宋的道学又受到元祐党禁和庆元党禁两次严重的打击，此所以宋学的革新政令“至荆公而止”③。这个新的角度符合宋代的基本史实吗？

对于南北宋有关“熙宁之争”的记载，张雪红从历史书写变化的角度进行解读，虽然不是直接针对李存山的观点，但是间接回应了李存山的讨论。张雪红认为“熙宁之争”引起传统德才价值观念在宋代发生改变，宋代社会也由此进入王安石时代。南宋后，理学逐渐取代了王学成为官方哲学，理学家对“熙宁之争”进行了系统批判。而从理学对“熙宁之争”的批判话语系谱中确能曲折地反映出传统新儒家教化主旨的深刻变迁。南宋后，新的人才观念和主流教化思想逐渐形成了，对历史的描述就打上了新思想观念的烙印。朱熹所描述的“熙宁之争”与黄宗羲所描述的熙宁时代，已大不一样了，历史的主角和场景一步一步移动了，被重新编排了。北宋“熙宁之争”王安石和司马光是主角，到南宋朱熹这里二程就被放到显要的位置，再到明清黄宗羲等理学家这里二程成了“熙宁之争”理所当然的亮点和主角，王安石成了异端，而司马光就淡出了。在理学家的文本里，会看到二程

---

① 参见俄罗斯科学院东方研究所圣彼得堡分所、中国社会科学院民族研究所、上海古籍出版社：《俄藏黑水城文献》第11册，上海：上海古籍出版社，1999年，“内容提要”第1页、“正文”第2—81页。关于《孟子》一书在西夏的流布，参见彭向前：《西夏文〈孟子〉整理研究》，上海：上海古籍出版社，2012年，第3—8页。

② 杨倩描：《王安石〈易〉学研究》，河北大学2004年博士学位论文。

③ 李存山：《“庆历新政与熙宁变法”补说》，《中州学刊》2005年第1期。

的历史形象在被一步步放大，从边缘到中心，从历史舞台的后面逐渐走向前台。[①]张雪红的论述从一个侧面对中国思想史学者研究宋代人物思想来说，值得认真思考。

宋燕认为熙宁科举新制为汉宋学术转型作出了政策面的支持，随之而起的全国范围内文士通经解经热潮为宋学义理化的发展与演变注入了活力，以义理解经成为宋代经学研究的主要范式。宋人通过探究六经言外之旨，以重光儒家道统，使义理之学成为诠释儒家经典的新途径。[②]

春秋学辩证及史学思想。王安石称《春秋》“断烂朝报”“不列《春秋》于学官”，是中国学术史上曾引起很大争议的两桩公案。对于前者，赵伯雄、周淑萍、杨新勋、王书华等人都发表了“洗冤辩诬”的文章，大致都认为“断烂朝报”说并非指孔子所作的《春秋》，而是指《春秋》在遭受秦火与作为汉儒追求功名的工具后的存在状态，所以才有经筵不讲、学校不设、贡举不举的“三不”政策，也即“不列于学官”[③]。同时对不列《春秋》于学官的原因做了解释，周淑萍认为王安石从学官中废除《春秋》，是与其变法实践紧密结合的，其目的是为变法改革服务，《春秋》大义难知，不利“经术造士”，《春秋》经传言灾异，不利变法，依《春秋》大义治狱与王安石以法治罪冲突。因此王安石不列《春秋》于学官，是其变法中文教改革的一部分，其目的是为其变法改革扫除一切障碍，是一个政治家对传统文化经典的传承作出的政治抉择，所显示出的是王安石坚定而明确的政治态度，而不是个人意气的学术偏见，更不是忌妒他人才学的酸腐文人的小肚鸡肠，更不能把北宋的灭亡归罪于王安石废《春秋》。[④]侯步云在此前研究基础上，进一步申论：从王安石的经学观来看“王安石区分《春秋》经与传，通过对比其他经典，视《春秋》经为‘难知’，但‘可知’，遵循一定的治经方法，仍可理解全经；对《春秋》传由‘取’到‘疑’，确立为‘不足信’。在改革实践中，《春秋》不符合变法的要求”。“王安石把《春秋》经限于‘难知’而可知的范围，对三传由引用到否定，这种治经取向符合当时批判汉唐注疏的学术新风。……把王安石与《春秋》的关系放置于宋初的学术背景下来看……前期《春秋》学发展主要是为现实政治提供行为规范、操作程式等，此时王安石切断了这种研究路向，以法令的形式把《春秋》悬置起来。其开启的性命之学，却又间接为《春秋》学发展指明了新的致思方向，这或许是王安石所意料不到的。所以说，王安石在北宋《春秋》学进程中断旧路、开新路，有一定的学术地位。”[⑤]

上述对北宋《春秋》学两大公案的辩证，都是从经学兴废角度着眼，实际上还有更深层的原因。宋代史学之发达冠绝中国古代，这应是民国以来诸多史学大师的看法。但是作为宋学的主流学术思想，北宋的王安石新学和南宋的朱熹道学都有尊经卑史的倾向，刘成国认为北宋中期主张效法先王、回归三代的孙复、石介、程颢等人，则或多或少地表现出尊经卑史的学术倾向。王安石的史学思想，便颇具条理地集中表达出北宋学术史中的这一倾向，并为南渡以后的朱、陈王霸之辩埋下了伏笔。同时指出在北宋后期的新旧党争中，这一学术思想被严重扭曲、变形，并与权力合谋，成为新党打击旧党的意识形态工具，从

---

① 张雪红：《“熙宁之争”与儒家教化主旨变迁刍议》，《兰州学刊》2009年第6期。

② 宋燕：《王安石科举改革对宋代经学的影响》，《前沿》2013年第14期。

③ 详见李建军：《宋代〈春秋〉学与宋型文化》，四川大学2007年博士学位论文。另，全祖望在《宋元学案·荆公新学略》中对“断烂朝报”已有辩证。

④ 周淑萍：《王安石“不列〈春秋〉于学官”释疑》，《西安电子科技大学学报（社会科学版）》2004年第1期。

⑤ 侯步云：《北宋〈春秋〉学研究》，西北大学2009年博士学位论文，第62、67页。

而为北宋后期的史学进程带来厄运。[①]笔者以为讨论宋代《春秋》学应当与宋学“经”和“史”的关系相结合，庶几才能求得真相。

王安石新学只是着力于“外圣”？余英时《朱熹的历史世界——宋代士大夫政治文化的研究》打破过去将朱熹的道学视作偏重内圣之学的传统观念，把朱熹外王的一面揭示出来，甚至将朱熹在孝宗后期的政治谋划称作进入后王安石时代，震惊了思想史学界。其实大约同时期宋史学界对过去只强调王安石新学是偏向外王之学的传统观念也做了新的探索，杨天保就指出“金陵新学”的确是当时以江宁为中心的江南地区新兴“知识分子”的学术代表，它所致力的“内圣之学”，正是日后建立“外王”的基础，并对此做了颇为翔实的论证。[②]而范立舟等则认为对性命之理的关注固为荆公易学之核心，也是新学与濂、洛、关、蜀、朔之学的相通之处。然而，内圣与外王并重，则是荆公新学的鲜明特征。在内圣与外王并重的王安石看来，盛德大业往往比内蕴之仁更值得歌颂与称道，“夫身安德崇而又能致用于天下，则其事业可谓备也”，荆公追求的是一种功利性的泛利天下的功业，这也是其变法理论的基石。[③]

2. 王安石经学与变法的内在理路

真正深入具体经解，考察《三经新义》与变法之关系的研究并不多见。杨倩描认为王安石在其《易解》中，通过对《周易》的解说，比较系统地探讨了社会发展与变法的关系、儒家传统的“反经合道”之说，利用《周易》的文本，从方法论的角度，总结出了“辨义行权”的理论，使之成为自己变法改革思想的理论支撑。并认为“辨义行权”的主张给王安石变法改革提供了有力的思想武器，也给他其他的政治主张提供了一个广阔的思维空间。据称是王安石所说的、惊世骇俗的“三不足”之说——“天变不足畏，祖宗不足法，人言不足恤”，如果放在这个“辨义行权”思想方法框架内，以“济天下之义”而行权，那无疑也是可以成立的。[④]

俞菁慧、雷博认为北宋熙宁青苗法的学术分歧体现于对《周礼·泉府》“国服之息”概念的诠释差异。王安石取郑玄注，强调社会分工、货币属性和国家借贷；而以韩琦为代表的反对派则取郑众解，强调其自然经济特征、实物属性，反对国家借贷取息。新法将经学理论与政策结合，且以价格杠杆诱导百姓使用货币而非实物，受到反对者的批评。在阐释与争议中，“国家借贷”这一主题中包含的深层问题被逐次展开呈现出来：从具体法度中的“青苗借贷”，到经学理论上的“泉府借贷”，再到核心概念“国服之息”，显示出双方在泉府借贷属性、国民关系、国家立场乃至实物、货币两种敛散模式上的根本对峙，体现出两种不同的财用观、经济观的碰撞。[⑤]

---

① 刘成国：《尊经卑史——王安石的史学思想与北宋后期史学命运》，《四川大学学报（哲学社会科学版）》2006年第1期。

② 杨天保：《发现“王学”真正的命脉——王安石“字学史”初论》，《南昌大学学报（人文社会科学版）》2007年第2期；徐规、杨天保：《走出“荆公新学”——对王安石学术演变形态的再勾勒》，《浙江大学学报（人文社会科学版）》2005年第1期。

③ 范立舟、徐志刚：《论荆公新学的思想特质、历史地位及其与理学之关系》，《西北师范大学学报（社会科学版）》2003年第3期。

④ 杨倩描：《〈易〉学对王安石变法思想的理论支撑》，《河北学刊》2004年第4期。

⑤ 俞菁慧、雷博：《北宋熙宁青苗借贷及其经义论辩——以王安石〈周礼〉学为线索》，《历史研究》2016年第2期；

俞菁慧将关注重点放在王安石对保甲法的经学溯源、立法解释及经制理念上，考“学”以观“政”，论“政”以知“学”，从王安石本人的基本关切与治理思路出发，梳理分析其所称述的《周礼》“比闾什伍”体系，并考察熙宁保甲法对此的理念承续与现实变通处，以“经史相参”的方式呈现学术与制度之间的交互影响。这既是从另一个角度重新思考研究政治史、制度史问题，也是在一定程度上突破传统“经典文献学”范式，把经学中的核心概念与核心问题，还原并切入具体历史事件当中，以考察制度因革演进过程中的内在逻辑。① 俞菁慧又认为《周礼·泉府》与熙宁市易法之间有着深刻的关联。王安石明言青苗、市易、均输等法在经义理念上均承续泉府制而来。在王安石的解释体系中，泉府的诸多中心条款关联着市易征商、零售、官方收购、抵押、赊贷等程序与基本理念，使得法度展现出特定的学术背景。这是王安石以政治实践为特征的《周礼》学的基本形态。②

刘力耘考察熙宁年间王安石的言论发现，为回击反对者，坚定神宗的变法决心，王安石提出古之圣王“不为怨者故改其度，度义而后动”。他主要通过援引、阐释《尚书》完成上述思想和话语体系的论证。《尚书》学在王安石变法的思想和实践中扮演着重要而独特的角色，即面对质疑与反对之声，他向神宗证明坚持新政的正当性。与此同时，反新法的士大夫则采用不同的阐释路径表达、论证异见，双方在《尚书》阐释上形成诸多冲突与“对话”。③

（四）对王安石《字说》的重新认识，是王安石经学研究的重大进展

关于王安石《字说》，在北宋时期就有两种截然不同的看法，新党门人奉若圭臬，反变法派则极尽嘲讽。元明清则一面倒地予以否定。20世纪迄今，在汉语训诂学领域，王安石《字说》颇受重视④，对《字说》评价尽管认为有所创新，“王安石的《字说》，从严格意义上来讲，其实质是一种字义的训释，也就是后世所说的‘训诂’之学。他代表着宋代文字学的一个流派”，王安石“不迷信旧说，着意创新的精神固然有值得称许之处”⑤，但是依然重复了南宋至晚清斥王安石《字说》为“穿凿”的基调：“《字说》一书，出入百家，杂糅佛老，舍实证，尚独断，蹈空凭臆，穿凿附会。”⑥又有学者称：“王安石过于排斥传统学术，一味地凭主观一说，致使其说流于武断。王安石认为文字的字形、字音无不有意，是一种自然产生的结果，与人为的因素无关。从这一原则出发，他摒弃了自汉代以来学者，如郑众、班固、许慎，所建立的‘六书’原则，主要用‘会意’的方法来分析字形，企图

王启发：《在经典与政治之间——王安石变法对〈周礼〉的具体实践》，《湖南大学学报（社会科学版）》2007年第2期。

① 俞菁慧：《〈周礼〉“比闾什伍”与王安石保甲经制研究》，《中国史研究》2016年第2期。

② 俞菁慧：《〈周礼·泉府〉与熙宁市易法——〈泉府〉职细读与王安石的经世理路》，《首都师范大学学报（社会科学版）》2014年第4期。

③ 刘力耘：《王安石〈尚书〉学与熙宁变法之关系考察》，《中国史研究》2019年第1期。

④ 现代学者研究王安石《字说》应当首推张宗祥《熙宁字说辑》（原藏浙江省图书馆），其后曹锦炎在张宗祥辑本基础上出版了点校本《王安石〈字说〉辑》。之后有《王安石〈字说〉辑佚》（1975年油印本）、李建国《汉语训诂学史》（合肥：安徽教育出版社1986年版）、王丽娟《王安石〈字说〉“泛会意化”考究》（2007年）、陈萍《王安石〈字说〉研究》（湖南师范大学2011年硕士学位论文）、李燕杰《王安石〈字说〉研究》（曲阜师范大学2011年硕士学位论文）。

⑤ 曹锦炎：《王安石及其〈字说〉——介绍张宗祥辑本〈熙宁字说辑〉》，《浙江学刊》1992年第6期。

⑥ 李建国：《汉语训诂学史》，上海：上海辞书出版社，2002年。

在形声字的声符中寻求意义，进而探索其‘得名之由’。”①王珏又说：“王安石《字说》不本许慎《说文》，主观臆断，牵强附会，大坏传统文字学”，“王安石《字说》‘湮灭’失佚……是文字发展规律使然：顺文字发展规律者终昌，逆文字发展规律者必亡！”②

我国台湾学者黄复山在2008年出版了研究专著《王安石〈字说〉之研究》对《字说》有颇为系统的整理和研究。作者是文学博士，多年从事谶纬学研究，从训诂学的角度同样认为：“《字说》以说解物性本始，以文字形义为主。惟王氏于说解之际，多附会五行，杂引道释；以妄析字形结构，以明其尊君尽职之为政观念；穿凿过甚，故颇受学者诟詈。”但是作者开始跳出汉语训诂学的学科领域，从新的视角观察，“然吾人亦以由该书说解其中，析编王氏之经学、哲学思想，及其经世致用理念，并窥其中年以迄晚年思想之转变。实为探究公新学及宋代科举，最信实之材料”。“深究介甫所以编撰《字说》之故，实与统一经义，培育人才有关。盖介甫心志切于为国储才，欲使士子明经义，识时务，以备国有大用时，能断之以经术，详明乎政体，以裨益乎治道。其所以先修撰《三经新义》，亦为完成‘一道德、成习俗’之首事，使学子所学一律，能致力于经世治国之识略，而不钻情于诗赋辞章之美文。然而明经义、识时务，当由识文字为起始；欲识文字，则字学不可以不讲。”③作者有这样的看法，显然要高于那些不越汉语文字学雷池学者的见解，也可能与近二三十年来研究者从史学和哲学史角度重新认识王安石《字说》分不开。

第一，关于《字说》的颁行时间，史无明言。张钰翰综合宋以来的记述和今人的研究称王安石《字说》初成于熙宁时期，共二十卷，后经修订，复于元丰五年（1082）上进二十四卷本。熙宁中王安石《字说》初本曾经雕印颁行，学者即已习之。《字说》之元丰修订本当时则未曾颁行，至绍圣时方从原之议镂版。学者旧曾习《字说》，新本见于世间后亦当有人据新本有所更定。要之《字说》当曾以教科书之身份广为流传，为学者所宗师，故后来变法派与反对派皆将《三经新义》与《字说》连言。④

第二，《字说》与诠释经典的义理。美国华裔学者罗文说：“我并不同意《字说》是一部无关紧要的大失水准之作。……很明显，在编撰《字说》时，王安石是十分严肃认真的。事实上，《字说》的编撰是与他传道的使命感相联系的。根据一些同情他的目击者见证，我们得知他有多么投入。即使在本应愉快的旅行中，人们也发现他穷思竭虑钻研《字说》，一有机会，便向别人解释他在这方面所发现的真理。”并判断称：“《字说》代表了王学的基本原则，正如《易经》一样，它试图探寻宇宙万物的内在原理……我认为王安石感兴趣的主要并非个别字词的意义，而是字词所指示的实体。当王安石努力去理解这些实体时，他把所继承的整个中国文化遗产宝库——儒家、佛教、道教等，都予以整合运用。在他的理性思维中，世界上的万事万物都归结为秩序，自然与人类社会之间的障碍被克服了。因此，《字说》可以被视为一本知识纲要，视为王安石对终极实体的陈述。真理的碎片化、偏颇性

① 李文泽：《王安石的文字训诂学——北宋新学学派之个案研究》，四川大学古籍整理研究所、四川大学宋代文化研究中心：《宋代文化研究》第13—14辑，成都：四川大学出版社，2005年，第276—289页。

② 王珏：《张有〈复古编〉为匡正王安石〈字说〉而著考略》，《宁夏社会科学》2009年第4期。

③ 黄复山：《王安石〈字说〉之研究》，台北：花木兰文化出版社，2008年，第266页；胡金旺：《字学：王安石学术嬗变的枢纽》，《学术交流》2016年第3期。

④ 张钰翰：《北宋新学研究》，复旦大学2013年博士学位论文。

得到克服，‘道之大全’得到恢复。正是最高的圣人理想，印证了他的正确。”①

王金凤提出疑问：“穿凿”是王安石经典诠释的旨归吗？王安石以《三经新义》为代表的经典诠释过程存在“专不取注疏”与“未尝肯从先儒之说”的表现，这种刻意回避之前注疏与极力求新意解经的意识很可能催化诠释者凭借自己的想法来诠释经典文本的行为，从而导致“穿凿”这一现象的出现，而王安石对字词训释的偏好也使得“穿凿”被体现得更加明显，以至“穿凿”成为其经典诠释极具标识的关键词。从上述文献的分析中可见，王安石的经典诠释思想与实践虽然以“权变”为前提、以“新意”为姿态、以“析字解句”为形式、以“穿凿”为标识，但以上诸种诠释表现都指向同一个诠释观念，即“义理”的观念。也就是说，王安石主要是通过“析字解句”的形式来体现诠释内容的“新意”，这一新意虽在后来文献中被冠以“穿凿”的标识，但却是其本身追求“义理”的诠释观念所致。可以说，寻求“义理”是王安石经典诠释思想与实践中普遍的内在诉求与真实旨归。②

第三，《字说》与王安石易学。有学者称：《字说》“既是王安石整个易学思想的有机组成部分，也是王安石新学的殿军之作。……文字与八卦和六十四卦卦象，相互扶持，相互助益而成就《周易》，这就是王安石《字说》的主旨所在，也是王安石倾注十年精力写作《字说》的根本原因。”③也有学者判断：“王安石治《易》，在承袭王弼《周易注》讲求义理的基础上，也重视汉学的训诂手段。但他绝不像汉儒那样，只是从文字到文字。他释字注重言简意赅、古朴典雅，不取汉人训诂繁琐、引经据典的方法，亦不用《周易口义》中胡瑗那种白话式的释字方法，而是借训诂开新意，在坚实的训诂基础上对《周易》义理做进一步的解说和发挥。”④

第四，《字说》与王安石《周礼》学。梁丹丹认为王安石秉持“轻重皆在一字间”用字处文的法则，“以所推经义附之”，以字解经的义理推衍，可以看出，王安石看似在对他所理解的字的“自然之义”进行诠释，事实上却处处在为《周礼》申发义理，从而为建构自己的政治思想做注脚。而正如他自己所言，读《说文》“时有所悟”，这些解释恰恰把许慎在《说文》中寓义理于训诂学的倾向发挥到了极致。然而，从存在论诠释学的视域来看，其以“理”求义的释经行为具有合法性，因为其行为终结是为了构建他们自己的思想体系，以对儒家经典之解理与解释所形成的思想体系为他们自己构建一方历史生存的境遇。⑤

包弼德通过对王安石《周礼》注释分析其方法，或是对文字作字形分析，或是对句子之间的联系作逻辑分析。其注释也涉及了与时代密切相关的问题：政治精英的性质和经济的结构。他寻求的指导性原则是通过辨识词语和语言中的系统、结构、秩序、关联性、整体性或一致性而创立的，但它们在某种程度上存在于文本之外，而又在于事物本身之中。凡此种种，可以通过“学”传授给他人。新政时期各种政策作为一个一致的整体而彼此适

① 罗文撰，刘成国、李梅译：《王安石与儒家的内圣理想》，王水照、朱刚主编：《新宋学》第5辑，上海：复旦大学出版社，2016年，第243—244页。

② 王金凤：《经典诠释与北宋新儒学研究》，南京大学2015年博士学位论文。

③ 耿亮之：《王安石易学与其新学及洛学》，《周易研究》1997年第4期。

④ 杨倩描：《王安石〈易〉学研究》，河北大学2004年博士学位论文。

⑤ 梁丹丹：《王安石的〈周礼〉诠释》，王水照、朱刚主编：《新宋学》第4辑，上海：上海人民出版社，2015年，第184—194页。

应，礼和法令清楚详尽地说明了事物应该怎样运作，怎样创造出精致的典范。[①]

上述对《字说》的重新认识，是有很高学术价值的。其一，为《字说》翻案，其意义不啻梁启超在20世纪初为王安石新法的翻案，即将南宋以来迄今汉语文字学把王安石《字说》狭隘理解为怀疑《说文》不尊“六书”的新说文解字的窠臼中解放出来，还其本来的学术面目。其二，宋学的最大特点是用义理之学取代章句之学，对儒家经典的诠释由打破注疏到直接怀疑经文，学界大多数公认王安石是完成由章句之学向义理之学过渡的主要推手之一，但是这个过渡的中心环节在哪里？过去的研究多语焉不详，现今对《字说》的重新认识解开了这个迷雾。《字说》在宋学兴起发展过程中有着不可磨灭的功绩。

三、王安石变法研究

21世纪前20年对于王安石及其变法的研究，有一个突出特点是注意对21世纪之前王安石及其变法的总结。2000年葛金芳、金强发表《近二十年来王安石变法研究评述》，对20世纪八九十年代王安石变法的研究成果做了评述[②]；2003年朱瑞熙发表《20世纪中国王安石及其变法的研究》，对20世纪中国王安石及其变法的研究成果做了评述[③]。2004年李华瑞《王安石变法研究史》出版，基本理清了自南宋初以来约900年间各个时期各种讨论观点的来龙去脉。从学术史的角度分述南宋时期否定王安石变法的由来和发展，元明清时期对王安石变法的评议和20世纪中国王安石及其变法研究的学术史，对影响南宋以来最高统治者、史学家、近现代学者及其各类官私史籍和研究论著、文章认识、评议王安石及其变法的价值取向，从政治因素、学术思想和社会结构的变化等理论层面，做了详细的剖析和诠释。据此“可以清楚地看出决定南宋以降迄今为止，对王安石及其变法评议的价值取向主要有三点：一是南宋以后占统治地位达700多年之久的程朱理学的评价价值标准；二是20世纪影响中国历史进程最大的马克思主义唯物史观；三是在不同阶段、不同时期内，与时俱进的社会气候变化，亦即现实政治发展路标的指向”[④]，从而较好地解释了王安石变法之所以长期以来众说纷纭的历史根源。

这些总结性的论著和文章加速了王安石变法研究作为热点问题的降温，或可说是21世纪前20年王安石文学、经学研究数量大大超过王安石变法研究的原因之一。

笔者在《王安石变法研究史》初版中曾说：“本书稍感遗憾的是未能对20世纪日本、欧美及其他国家的王安石及其变法研究作学术史的梳理。”令人欣喜的是，进入21世纪以来年轻学者在这方面多有补充。

日本是国外研究王安石最多的地方，研究人员众多，论文著述丰富。其中内藤湖南、东一夫、周藤吉之、佐伯富、安藤智信、近藤一成等都是著名的王荆公研究学者。他们大多认为王安石变法具有社会主义性质，如日本著名的中国史研究者内藤湖南在其《中国中世纪史》中认为王安石变法的性质是用一种社会政策来改革社会不平等状况；宋史研究专

---

① 包弼德撰，方笑一译：《王安石与〈周礼〉》，中国历史文献研究会：《历史文献研究》总第33辑，上海：华东师范大学出版社，2014年，第65—78页。

② 葛金芳、金强：《近二十年来王安石变法研究述评》，《中国史研究动态》2000年第10期。

③ 朱瑞熙：《20世纪中国王安石及其变法的研究》，《安徽师范大学学报（人文社会科学版）》2003年第2期。

④ 李华瑞：《王安石变法研究史》，北京：人民出版社，2004年。

家佐伯富则在其《王安石》中评价王安石用适当的办法来改变贫富对立的社会现象而值得肯定。

日本江户末期新思潮萌动，“新法家”海保青陵首先高度评价了王安石的新法。及至明治时代后期，引入西学对王安石的新法进行新解说成为新趋势。京都学派的东洋史学者内藤湖南给予了“王安石是近代文化的体现者”的定位，这一论点在其“宋代近世说”中占有重要位置。宫崎市定、佐伯富继承并发展了内藤湖南的观点。京都学派东洋史学者的主张根植于近代日本自身的发展逻辑。

西方学者对中国北宋历史人物王安石的介绍和讨论已近300年，在对王安石的认识上不断深入且充满变化，积累了丰富且具有启发意义的学术成果。王安石研究已成为西方汉学中的一个重要课题。西方学者对王安石的看法深受当时社会思潮的影响，自19世纪中叶起王安石被广泛称作“社会主义者”，20世纪中叶这一说法又被基本否定，20世纪70年代以后在新的思潮影响下王安石的改革又被称为“国家激进主义”①。

2008年，我国台湾地区学者廖育菁对1949—2007年我国大陆和台湾地区不同时期的王安石研究从文学、变法、思想等方面所发表的论著、文章做了比较性介绍，特别是介绍台湾地区的王安石研究尤为细致，对王安石研究的未来发展空间提出了五点预测：①继续着力于王安石作品之辑佚工作；②审视王安石在经学史上的真正评价与位置；③致力于开发王安石的经学思想；④更进一步确认王安石的思想定位；⑤多元运用王安石文学、变法材料于其经、史、子之学的研究等，都是颇为中肯的意见。作者还指出大陆地区1990年以来王安石研究论著、文章数量增长快速，2000年以来已能广泛使用台湾地区的辑佚成果，并且研究王安石经学、思想、变法、文学等各方面，在篇章数量上都有暴增的趋势。虽然王安石研究不是一个新议题，然而，随着他的经、史、子著作的辑出，相信可以再探索出另一种崭新或者更丰富的学术风貌。②

（一）王安石变法整体评价——走出非此即彼的评议模式

王水照先生说：“检阅一部王安石研究史，无论政治评价、思想考虑、文学论析均为变法问题所左右，而意图前置的泛政治化成为王安石研究史上的一个突出倾向。这影响了研究的科学性和客观性，不仅不能正确认识王安石的政治思想和政治实践，也不能正确认识‘荆公新学’和他的诗词文创作在文学史上的地位。”③王先生所讲的这个问题，现今已有了根本性的转变。

笔者在本书后记中说：“我不愿重蹈过去那种‘自来论介甫，其毁之者，凡一谋一法，只须谋其法之出于介甫，则不问事实，而一切有非而无是。其誉之者，则又只须其谋其法

---

① 何文国：《王安石历史评价面面观》，《企业家天地》2010年第2期；张呈忠：《日本近代化进程中的王安石变法研究——从海保青陵到京都学派》，刘新成主编：《全球史评论》第17辑，北京：中国社会科学出版社，2019年，第145—159页；张呈忠：《近三百年来西方学者眼中的王安石》，《史学理论研究》2016年第4期；孙健：《18世纪欧洲学界对王安石及其变法的解读——以杜赫德〈中华帝国全志〉为中心》，《江西社会科学》2018年第1期；邵嘉骏：《20世纪初英国学者威廉森的王安石研究》，北京外国语大学2018年硕士学位论文。

② 廖育菁：《两岸王安石研究回顾与未来发展（1949—2007）》，《汉学研究通讯》2008年第4期。

③ 王水照：《重新认识王安石，再析变法利弊与“荆公新学”》，《中华读书报》2017年3月29日，第15版。

之出于介甫，则不问事实，而一切有是而无非’的评价窠臼。”可喜的是，进入 21 世纪以来，对王安石变法评价的最大变化是，已走出非此即彼的评价模式。这可从以下两个方面得到验证。

其一，从国内及西方学界编撰的宋代历史著作看王安石变法的叙述。

从 21 世纪最具代表性集体编写的断代史著作来看，陶晋生、黄宽重、刘静贞编著的《宋史》较为客观地陈述史实，“神宗与王安石君臣相得，才针对社会经济与行政体制作全面的改革，史称‘熙丰变法’。但是王安石一方面加强生产，一方面裁抑兼并的改革方式，并未得到所有官僚的支持。新旧双方不但在政治、经济利益上有所冲突，在学术理念上更成对立之势。彼此互相攻讦，斗争激烈”①。总体认知上，王安石变法的构想，是要依靠皇帝的终极权力，整顿现有的官僚机构，制定适用于当日的法度，建设财富充足且平均的社会，以强化宋朝的统治。②他们在“新法的挫败”部分中写道：“新法的实施的确为宋朝解决了不少问题，无论是在人才的培养，官僚风气的刷新，实际行政的推动，以致财政困境的解除，社会经济矛盾的纾缓，都有相当的效果。军队数目也较英宗时减了约三分之一。”③

> 由于改革派多来自当时已进入货币经济运作的南方社会，将劳役改为纳钱，借贷融资给农民和中小商人，甚至由政府直接参与商业活动的构想与做法，都是因应这种新经济情势而起。但是南北经济的发展并不平均，华北农民与市场关系不深，他们被迫纳入货币经济体系后，在将收成卖给市场的过程中，反而受到商人严重的剥削。而且偏重开源的做法的确几近为政府敛财，在实际执行上又不能完全禁绝官吏舞弊。如均输、市易、免行钱原为帮助客商，后来却转成赊贷之业，而青苗法必须由民户结保借贷的要求，则使得真正的贫农无法得到救济。再加上官僚为求业绩表现，强迫不想贷款者贷款。遂使得行政技术上的问题，也成了新法扰民的口实。④

漆侠先生挂名主编，王曾瑜先生总其成，近 70 位学者编写的《辽宋西夏金代通史·政治军事卷》⑤，叙述了熙丰时期的变法，虽然主要内容和观点祖述漆侠先生的《王安石变法》⑥，但在“熙丰党争”一节中，已采纳学界的不同看法，对反变法派的观点给予了一定的肯定和如实的描写，“从熙宁九年役钱收支来看，确如曾布所言从民所便，不过钱的份额远远高于实物的份额。实践结果，与两派所言均有出入”，“平心而论，反对派的确披露出新法条文本身和推行中的某些纰漏，他们的言论也影响了宋神宗某些时候对某些方面的态度，并进而影响了新法内容的局部修正和实施进程”，“在理财问题上，反对派主张节用，而王安石主张节流但强调开源，两者分歧很大。这种理论上的分歧，在实践中给变法带来了许多麻烦。但从变法实践来检验这些理论，不难发现，单纯的节流或开源，是不现实的。由此，王安石主张节流但强调开源的思想，要更实际些”。尤其是对“变法”性质的判断，

---

① 陶晋生、黄宽重、刘静贞：《宋史》，内部资料，2004 年。
② 陶晋生、黄宽重、刘静贞：《宋史》，第 107 页。
③ 陶晋生、黄宽重、刘静贞：《宋史》，第 112 页。
④ 陶晋生、黄宽重、刘静贞：《宋史》，第 112—113 页。
⑤ 漆侠主编：《辽宋西夏金代通史·政治军事卷》，北京：人民出版社，2010 年。
⑥ 漆侠：《王安石变法》增订本，石家庄：河北人民出版社，2001 年。

“事实上，两派所述的‘祖宗之法’，并不是赵氏政权维系防范的某些基本原则，如崇文抑武、守内虚外、分权制衡等，而是政策设施层面的，新法基本没有触动‘祖宗之法’，反被其制约而失败”①。这个认识是全新的，对今后的研究颇有启发意义。

2020年出版的《剑桥中国宋代史上卷（907—1279年）》英文版②，北宋中后期政治占该书篇幅最多，王安石、宋神宗在熙丰时期为富国强兵的变法又是重中之重。对于国内争议很大的王安石变法的论述，有几点值得称道：第一，充分吸收包括漆侠、刘子健、东一夫在内的国内外研究王安石变法高水平的论著以及众多日本宋代财政研究成果，使得论述站在较高的起点。第二，以青苗法、免役法、保甲法、市易法为例，充分展现王安石新法的合理性和创造性，理解王安石要做什么，“一是使国家财政运转合理化；二是取代兼并之家的垄断地位。使财政合理化的关键在于把钱放在国家与经济之间关系的中心位置”。第三，阐释新法执行过程中遇到的问题、解决办法，以及对初衷的背离及其原因，即“从经济再分配到榨取税收”，“赋予新法以道德说服力的财富再分配和提高生产力两个目标，最终还是被国家的紧急财政状况压垮”，“变法的财政化不仅削弱了更大意义上经济目标，同时也引起了变法者以及保守派对新法的激烈反对”。第四，对反变法派反对意见的合理内核及其危言耸听的不实之词进行客观的分析。“毫无疑问，批评家们夸大了变法前乡村的团结和睦景象，不过他们这些奇闻逸事般的描述还是强调了一点，那就是在新法之下国家对乡村进行的破坏性入侵。”第五，既不采信南宋以来从道德角度的评判，也不卷入近代以来的赞誉和诋毁的争议，没有轻易简单地肯定或否定。第六，元丰时期神宗的独断，神宗对王安石的尊敬和对蔡确、王珪的轻蔑，以及对守旧派大臣的眷顾，都写得很精彩。

其二，香港凤凰网历史频道2010年9月19日制作专题片“历史上的改革家”系列之二《重读王安石》，对王安石变法评价之再评价，这次节目以笔者的《王安石变法研究史》为缘起。

开首按语：自南宋建立约900年来王安石在中国历史上的地位，好像一个谜似的，为人们所不理解。近代以前无论官方还是知识界，都把他看作“天变不足畏、祖宗不足法、人言不足恤”的异端和疯子，把他的改革视作导致北宋灭亡的罪魁祸首。近代以降，随着古老中国的大门被西方的坚船利炮强行打开，老大帝国千年荣耀变成不值一钱的陈词滥调，王安石又被渴望变革、呼吁变革的人们捧到了天上，好像在千年前他就是一个为资本主义世界设计蓝图的大人物。之所以重读王安石，是因为我们想搞清楚，在“异端”与“伟人”这两个差距极大的评价之间，真实的王安石、真实的王安石改革究竟应该是什么样子的。

作为频道对王安石及其变法研究的回顾，在版头上方选编了两篇文章：王安石死后的九百年：他从异端到天才，从罪魁祸首到伟大改革家；邓广铭、漆侠对王安石及其变法的研究。③之后选录了学界讨论王安石及其变法的四组文章：

一是北宋以后王安石的官方形象：亡国祸首，千古罪人；北宋以后王安石的学术形象：

---

① 漆侠主编：《辽宋西夏金代通史·政治军事卷》，第251、253、257、254页。

②〔英〕崔瑞德、史乐民编，宋燕鹏等译：《剑桥中国宋代史上卷（907—1279年）》，北京：中国社会科学出版社，2020年。

③ 编自《王安石变法研究史》中的代绪论《王安石历史地位沉浮与南宋以后中国社会历史变迁》和《邓广铭、漆侠先生50年的王安石变法研究》。

所学不正，其主张皆异端；北宋以后王安石的民间形象：在话本中沦为猪狗。

近代梁启超为王安石彻底翻案：认为王安石是“三代”之下第一完人；陆游祖父赞王安石变法成就：国家拥有的钱粮不可胜计。

二是王安石的利农政策：青苗法限制高利贷对农民的盘剥；王安石的经济政策：针对商人垄断市场推出市易法；王安石变法的最大成就：国家财政由贫变富。

王安石的农业改革并没有抑兼并，反而牺牲了农村活力；王安石的经济改革：政府打着抑兼并旗号实行商业垄断经营；王安石的改革实质：官府自为兼并的国家资本主义加剧了社会矛盾。

三是王安石变法：强化了本来虚弱的宋朝君权；王安石变法之弊：强行统一思想挟制言论；王安石变法之弊：改革帮了腐败的忙；王安石变法最大争议：造成了北宋的靖康之耻？

四是王安石变法启示：天变已不足畏，权力靠什么制约？青苗法的启迪：特定社会经济领域不能由政府主导，王安石改革为何失败？缺少了过程的公正，以黄仁宇历史观看王安石变法：官营扩张是否合理。此外还选录数篇与主题相关的文章。

以上四组文章，从标题即可看出香港凤凰网历史频道重读王安石的深意，前两组文章赞成和反对的观点鲜明，后两组文章则是为现今的改革总结经验教训，更有时代特征的烙印。这一烙印在历史频道最后的结语中显露无遗：正如我们一直认为列宁曾高度评价王安石是“中国 11 世纪时的改革家”[①]原来不过是个美丽的误会一样，近百年来国人对王安石的毁誉其实也只是反映了近代中国的“社会气候”，而并非还原了历史本来面目。王安石的变法和中国历史上所有变法一样，从未逃脱“黄宗羲定律”的轮回：历代税赋改革，每改革一次，税就加重一次，而且一次比一次重。

邓小南 2016 年在《文史知识》讲堂实录连载《王安石与他的时代（一）》《王安石与他的时代（二）》《王安石与他的时代（三）》《王安石与他的时代（四）》，以回溯宋以前的历史、唐宋之间的继承和变化、北宋文治的新气象为切入点，对王安石身处的时代和变法做了深入浅出的解读，并且从理解和反思的角度提出了一些颇有新意的提法。譬如说“我们可以发现王安石变法与庆历新政的一个非常基本的区别就是主旨不同，王安石希望可以超越‘祖宗之法’，而法‘先王之政’”，“王安石改革经济、改革财政的一些思想，我们现在看起来是可以理解的，但是当时的人们是不能理解的，所以变法过程中的一些问题，其实也是产生在认识的参差不齐的过程中的”，“除了政治上的立场、政治上的选择之外，实际上当年这些士人（王安石、苏轼、司马光）之间彼此有很多精神上的相通和契合之处”[②]等。

说到评价王安石变法的新进展，就不能不提及北京大学赵冬梅教授的新作《大宋之变（1063—1086）》[③]。新近赵冬梅教授又在《中国青年报》上发表《王安石变法下的大宋之变》，尽管赵冬梅教授说“让学术的回归学术”“我希望让学术的回归学术，以朴素的历史学态度来观察‘王安石变法’——把它‘回放’到当时的历史情境中去，看做法，看结果”。出发点不可谓不好，但是要回到什么语境下的“学术”？要回放到什么背景下

---

① 中共中央马克思恩格斯列宁斯大林著作编译局：《列宁全集》第 12 卷，第 226 页。

② 邓小南：《王安石与他的时代（一）》，《文史知识》2016 年第 1 期；邓小南：《王安石与他的时代（二）》，《文史知识》2016 年第 2 期；邓小南：《王安石和他的时代（三）》，《文史知识》2016 年第 3 期；邓小南《王安石和他的时代（四）》，《文史知识》2016 年第 4 期。

③ 赵冬梅：《大宋之变（1063—1086）》，桂林：广西师范大学出版社，2020 年。

的“历史情境”呢？本书不拟展开全面评价，只提出两点：其一，赵冬梅教授要回到的语境和背景是元史臣按照南宋初期编撰《神宗实录》定下的基调“惟直书安石之罪”编纂而成的《宋史》书写的语境和背景，赵冬梅教授所说“截至仁宗朝的北宋政治接近于理想状态”“王安石变法导致北宋政治的逆转”“国破家亡的惨剧虽然发生在徽宗—蔡京治下，根子却在王安石与神宗”①的看法与“《宋史》论赞重点从十个方面揭示了王安石变法是北宋盛衰的主要原因之一”的语感和用语如出一辙。②其二，赵冬梅教授将“仁宗朝欧阳修那种‘但民称便，即是良吏’的为官理念，和‘不见治迹，不求声誉，宽简而不扰’的行政作风”，以及将君主、宰执、台谏之间权力的适度表面制衡，视作是北宋政治文明的典范，未免将政治文明的含义定得过于理想化和狭小了，实乃皮相之谈。赵冬梅教授多是从中枢政治制度史层面讨论问题，但是政治制度史不能代替政治史，否则这样的制度史研究就是“死的”政治制度，而非“活的”政治制度。仁宗朝政治最大特点其实是只会做官家的仁宗无所作为，“做一天和尚撞一天钟”的代名词。对此新近学界有研究，张林认为宋仁宗赵祯在位 42 年，基本上算是个平庸之君。他在位期间，臣僚对他的评价并不高。不过，其形象却在身后得到极大的提高，这一过程始于熙丰变法时期。神宗与王安石强力推行新法，遭到元老重臣的反对。但神宗不为所动，元老重臣转而反对变法，鼓吹祖宗之法不可变，更积极地制造赞颂祖宗之法的舆论，仁宗的形象也被美化。仁宗形象的提升与宋代政治关系密切。其行事也多有可指摘之处，故仁宗在位期间，屡遭臣僚批评，当朝士大夫对他的评价并不高。臣僚对仁宗的批评集中在三个方面：一是施政无方；二是用人不当；三是生活享乐。这三个方面的议论，几乎历朝历代皆有，并不能据此论断仁宗昏聩，然而，却能说明仁宗时代，士大夫议政热情空前高涨，不少当朝士大夫对仁宗及当朝政治并不满意。③张邦炜认为“宋仁宗之世的时局确实相当严峻”，是“问题成堆、危机四伏的多事之秋”，边境危机、财政危机、民生危机与社会的动荡连绵，成为这一时期面临的诸多问题。④

至于将“王安石变法”说成北宋由盛转衰转折点的看法，学界已有驳论⑤，此不赘。从方法上来说，赵冬梅教授不仅重复南宋《神宗实录》至《宋史》对王安石变法仇视和否定的老调，而且延续了 21 世纪之前那种评价王安石变法非此即彼的模式。

（二）王安石生平事迹、家族及变法集团人物研究

王安石生平事迹的研究有新进展。刘成国考订王安石的生辰时间、日常行实，“王安石生于宋真宗天禧五年辛酉十一月十三日辰时，可为定论”⑥。有关王安石及其家族的研究，

---

① 赵冬梅：《王安石变法下的大宋之变》，《中国青年报》2020 年 8 月 18 日，第 10 版。
② 详见李华瑞：《〈宋史〉论赞评析》，《史学集刊》2005 年第 3 期。
③ 张林：《熙丰变法与宋仁宗形象的提升》，《史学集刊》2015 年第 3 期。
④ 张邦炜：《“嘉祐之治”：一个叫不响的命题》，《四川师范大学学报（社会科学版）》2021 年第 1 期。
⑤ 吴钩：《所谓王安石变法导致北宋由盛转衰的评价不符合史实——北宋不存在由盛转衰的转折点》，《北京日报》2020 年 10 月 12 日，第 11 版。
⑥ 刘成国：《王安石生辰新证》，《江海学刊》2017 年第 5 期。另可参见刘成国：《王安石日常行实疑难考》，《文史》2018 年第 1 期。

刘成国考订王安石后裔，辨析王雱、王旁身世，并批驳了笔记小说中的错讹。[①]王安石的师承渊源明确可考者有杜子野、张铸、谭昉三人，而向来遭受怀疑的周敦颐与李觏也应与王安石存在着人际上的交往和思想上的交流。刘成国考证王安石的子侄众多，虽然其中并无显宦，但也绝非家门凋零，如王安石之子王雱、王旁，孙王桐、王棣，重孙王燾、王珏等。在王安石的孙辈中，只有王棣一人名位稍显，但其子孙却绵延未绝。[②]王育济梳理了王安石家族在北宋中期的兴盛、政治联姻。[③]杨天保钩沉出王安石叔祖王贯之之外的另一位叔祖王观之和其隐匿的家族史，并澄清了早期友人马汉臣与王安石的关系以及王安石在庆历年间的行踪。[④]

与王安石变法相关的人物研究趋于多样化。有研究起初认同王安石，后因政见、学术不同脱离变法阵营甚至反对新法者曾公亮、郑侠、蔡肇、陈瓘、林希的[⑤]，有研究新党集团成员王雱[⑥]、邓润甫、章惇、李承之、陆佃[⑦]、蔡确[⑧]的，有研究新党集团内部与王安石反目者如曾布[⑨]、吕惠卿[⑩]等。有的讨论颇有新意，如王安石与韩琦、苏轼交游中温情的一面[⑪]，王安石在与吕惠卿交恶中的责任[⑫]，王安石与张载的政见异同[⑬]。

李云根、曹鹏程指出在改革及党争的过程中，时时可以看到王安石家族姻亲南丰曾氏、儿女亲家吴充、妹夫朱明之、女婿蔡卞、侄女婿叶涛的身影，他们对改革的失败以及党争的激化，无疑施加了无法抹掉的作用力，对王安石本人的生前身后，都有着令他本人始料未及的影响。熙丰变法期间，反变法派分为两大姻亲集团：以韩琦为中心的姻亲集团、以苏轼苏辙兄弟为中心的姻亲集团，相互援引，紧密配合，在政治观点上表现出高度一致。堡垒最容易从内部攻破，在巨大的压力面前，变法派里的一些投机分子开始背叛王安石，

---

① 刘成国：《稀见史料与王安石后裔考——兼辨宋代笔记中相关记载之讹》，《浙江大学学报（人文社会科学版）》2017年第4期。

② 刘成国：《关于王安石的师承与后裔》，《河北学刊》2003年第4期；刘成国：《王安石的学术渊源考论》，《四川大学学报（哲学社会科学版）》2003年第5期。

③ 王育济：《宋代王安石家族及其姻亲》，《东岳论丛》2001年第3期。

④ 杨天保：《从"能吏"到"进士"——临川王氏一段家族史隐匿之因的社会学解读及其意义》，《江西社会科学》2006年第3期；杨天保、徐规：《王安石撰写〈马汉臣墓志铭〉时间考》，《史学月刊》2006年第4期。

⑤ 李新伟：《曾公亮与王安石变法》，《湖北师范学院学报（哲学社会科学版）》2009年第5期；张成忠、王磊：《郑侠的〈流民图〉最终流落何方》，《东方收藏》2010年第10期；喻世华：《党争夹缝中士人的命运浮沉——以蔡肇为例》，《江苏科技大学学报（社会科学版）》2017年第2期；郭志安、王晓薇：《由尊到贬：陈瓘对王安石政事学术评判之剧变》，《西北师范大学学报（社会科学版）》2007年第2期；李华瑞：《林希与〈林希野史〉》，云南大学中国经济史研究所、云南大学历史系：《李埏教授九十华诞纪念文集》，第44—57页。

⑥ 漆侠：《王雱：一个早慧的才华四溢的思想家》，《中国史研究》2000年第4期；尚杜元：《"道通为一"与庄学的"新意"：王雱与荆公新学的庄学思想特色刍议》，《中国道教》2014年第2期。

⑦ 王菊梅、宋秀珍：《邓润甫与王安石变法》，《时代文学》2007年第4期；汪天顺：《章惇与曾布、蔡卞交恶及其对绍述政治的影响》，《中国史研究》2009年第1期；黄锦君：《章惇传论——从章惇的宦海沉浮看北宋中后期政治风云》，四川大学古籍所编：《宋代文化研究》第9辑，成都：巴蜀书社，2000年，第283—294页；翟新礼：《李承之与熙丰变法述论》，《沧桑》2010年第10期；俞兆鹏：《评陆佃对王安石新法的态度》，《抚州师专学报（社会科学版）》2001年第2期。

⑧ 孙泽娟：《蔡确研究》，河北大学2006年硕士学位论文。

⑨ 熊鸣琴：《曾布根究市易务违法案再议》，《东华理工大学学报（社会科学版）》2011年第1期。

⑩ 汪征鲁主编：《吕惠卿研究》，福州：福建人民出版社，2002年。

⑪ 屠青：《韩琦与王安石交游新辨》，《殷都学刊》2005年第3期；王英：《北宋党争中的温情——君子政治与胸怀》，《边疆经济与文化》2016年第1期。

⑫ 吕一燃：《吕惠卿与王安石变法》，《史学月刊》2003年第2期。

⑬ 卢有才：《张载与王安石：熙宁变法中的温和派与激进派》，《南昌大学学报（人文社会科学版）》2015年第3期。

他们不断地内讧，造成内部分裂，不但削弱了变法派的力量，也给反对派以攻击的口实。[①]这类问题过去讨论较少。

张明华指出王安石第二次罢相后，退居金陵，表面上远离了朝廷的变法活动，但实际上，他著书立说，为变法制造舆论、寻找理论根据；他致书吕惠卿，维护变法派内部的团结；他接待苏轼，希望以自己的高尚人格改变苏轼对变法派人物的看法；他时时关心变法，处处维护变法，为变法事业真正做到了鞠躬尽瘁，死而后已。[②]

李国伟认为对王安石的评论，历来流行不少似是而非的观点：黜《春秋》之书；“商鞅能令法必行”；关于《上仁宗皇帝言事书》；“苟命矣，则如世之人何”等。不少人认为王安石变法是在法家思想指导下进行的，但事实并非如此。澄清错误观点，是王安石研究中必须解决的任务之一。[③]

范立舟梳理了王安石个人政治形象，由变法开展前在士林中饱享美誉度，变法展开后，则又污名化倾向的缘由，认为主要在于他极强的自信力以及随之而来的高度自负。北宋政治在“祖宗之法”笼罩下呈现出浓郁的“保守”氛围，则是王安石蒙受污名的外部缘由。[④]阮怡从新历史主义视角阐释笔记中王安石不同形象描述的成因。[⑤]

顾宏义指出南宋理学家朱熹所编的《三朝名臣言行录·丞相荆国王文公》对后世影响尤其重大。朱熹通过从表面来看似乎颇为客观的方法，用精心选择的、符合自己批判和否定王安石的新学及其所推行新法之标准的史料，向世人展示了被歪曲、丑化的王安石之“相”。[⑥]

南宋以后王安石的形象，笔者在《宋代笔记小说中的王安石形象》中梳理了王安石轶闻、事迹的流布，小说话本、讲史小说中的王安石形象，基本都是负面和丑化的。[⑦]近年研究者又补充了元杂剧中的“褒苏贬王”描写王安石的形象。[⑧]在明代虽然以否定王安石为主，但也出现了部分著作高度赞扬王安石变法，为其辩诬，赞扬其变法的现象。[⑨]

（三）王安石县政治理和鄞县经历有全面拓展

庆历七年（1047），王安石在明州鄞县任知县，他在三年任上推行的县政治理，从宋代以来一般都认为是王安石在熙宁变法的先河，故一直受到王安石研究者的重视，也发表了相当多的论文，但是尚没有全面系统的研究也是事实。2015 年 3 月 29 日，光明日报社和中共鄞州区委联合主办的“王安石县政治理思想当代价值研讨会”在鄞州举行。十余位国内知名专家以王安石治鄞为切入点，对县政治理思想进行了深入讨论，与会专家围绕王安

---

① 李云根、曹鹏程：《“前附后叛”的王安石变法集团中的姻亲同僚》，《景德镇学院学报》2016 年第 1 期。

② 张明华：《王安石晚年与变法》，《抚州师专学报（社会科学版）》2001 年第 2 期。

③ 李国伟：《有关王安石评价的几种观点及其资料考辨——兼谈王安石变法的思想基础》，《开封教育学院学报》2010 年第 1 期。

④ 范立舟：《熙丰变法前后王安石形象的变化及其意蕴》，《中山大学学报（社会科学版）》2017 年第 2 期。

⑤ 阮怡：《新历史主义视野下的王安石形象的书写——以〈老学庵笔记〉与〈四明尊尧集〉为例》，《江西科技师范大学学报》2016 年第 4 期。

⑥ 顾宏义：《朱熹〈三朝名臣言行录·丞相荆国王文公〉征引文献探析》，《中国典籍与文化》2009 年第 3 期。

⑦ 李华瑞：《宋代笔记小说中的王安石形象》，张国刚主编：《中国社会历史评论》第 5 辑，北京：商务印书馆，2007 年，第 439—456 页。

⑧ 王兴君：《论元杂剧中的王安石形象》，《菏泽学院学报》2010 年第 1 期。

⑨ 王少博：《明代士人对王安石变法评价的变化》，东北师范大学 2017 年硕士学位论文。

石治理鄞州的政策措施、施政特点，鄞州县政治理实践对王安石变法的影响，王安石亲民思想与廉洁作风，王安石县政治理思想产生的时代背景以及如何传承弘扬其县政治理思想的当代价值等进行了深入研讨和热烈交流。

2017 年 6 月，人民出版社推出包伟民主编的“王安石县政治理研究丛书”，共有三部：范立舟《王安石为官之道》，魏峰、刘成国、郭红超《王安石鄞县足迹》，姜勇《王安石鄞县图鉴》。包伟民在出版前言中说这套丛书“尽可能从多方面展现王安石治鄞的历史经验与其现实意义”。范立舟以鄞县为起点，整理王安石在这一时期的政治思想，探讨熙宁变法中的鄞县经验，以深刻理解鄞县时期行政对熙宁变法的影响。同时通过分析王安石的官德来分析王安石在宋代政治文化中的角色。此前范立舟已经出版有《王安石的政治足迹》。[①]魏峰、刘成国、郭红超在上编行实中还原了王安石作为地方官的政务活动和地方士人的互动，以王安石在鄞县期间的施政来考订其制度的渊源；下编“王安石鄞县诗文注译”考订王安石在鄞县期间的诗、文、书、启，并进行详细注释，准确全面地整理了王安石在鄞县的各类著述，以准确呈现王安石早期思想、文学的特征。姜勇通过文献研究，结合地方志，实地考察王安石在鄞县期间的遗迹，如广德湖、它山堰、太白山、西亭、众乐亭、永泰王庙、东钱湖、明州府城、鄞县属乡等，对各类遗迹、遗物、碑刻等实地拍摄，整理为图册，以图像资料形式记载王安石遗迹。

王安石的鄞县施政与熙宁变法之间的因袭传承关系，是从前学界探讨的重点。张邦炜认为两者相同之中多有不同。前者一切围绕改善民生，重在富民，百姓的获得感强，因而政绩异常显著，王安石近千年来始终深受鄞县民众爱戴。后者以理财即增加财政收入、摆脱财政危机为主要目标，要在富国，民众的满意度差，以致变法最终失败。南宋最高统治者甚至将王安石定性为“万世罪人”。两者略加比较，不难看出，变法成败的关键在于民众是否尝到甜头、得到实惠。[②]

（四）研究王安石变法的新视角、新突破

1. 宋神宗在变法中的地位、作用及其与王安石的关系

宋神宗是王安石变法的主要领导者，虽然王安石主导如何变法，但是变法能不能实行则取决于宋神宗，从这个意义来说，有宋神宗才有王安石，有宋神宗力排众议，才有王安石的变法。目前，研究宋神宗与变法关系在过往研究基础上，也有一些新的进展。

朱义群认为宋神宗之所以起用王安石，有两个方面原因：一方面，神宗很早就对王安石具有深刻的印象，希望将他召回委以重任；另一方面，神宗对长期专政的韩琦产生不满，希望收回下放已久的权柄。神宗起用王安石知江宁府，是具有浓厚的政治象征和文化隐喻意味的任命，在政治上象征神宗、王安石“君臣合作”的开端，在文化上隐喻王安石“以道进退”与“观时而动”相结合哲学的成功实践。[③]

---

① 范立舟：《王安石的政治足迹》，济南：齐鲁书社，2016 年。
② 张邦炜：《王安石的鄞县施政与熙宁变法之异同》，《首都师范大学学报（社会科学版）》2016 年第 1 期。
③ 朱义群：《宋神宗起用王安石知江宁府的背景及其政治和文化意涵》，《中华文史论丛》2017 年第 3 期。

余英时《朱熹的历史世界——宋代士大夫政治文化的研究》[①]首次系统论述了宋代的“国是”问题，并对宋代党争做出了新的解释，以为“国是”的起始年系于王安石变法全面展开的熙宁三年（1070），“国是”的核心是不许“异论相搅”，并且是由宋神宗与王安石等人共定。这个看法又在沈松勤所著《南宋文人与党争》一书中得到引申和发挥。[②]对此，笔者做了辨析，得出三点不同意见：第一，宋神宗以王安石的变法思想和施政纲领定为“国是”，不是始于熙宁三年，而是熙宁元年（1068）。第二，宋神宗选定“国是”的做法不是“不能由皇帝‘以合其取舍者’为标准而作单方面的决定”，而是恰恰与余先生和沈先生所论相反，是由皇帝“以合其取舍者”为标准。第三，熙宁时期宋神宗虽然对王安石变法给予大力支持，但是并未放弃“异论相搅”的祖训。[③]

崔英超等认为立志雪祖宗“数世之耻”的宋神宗，一生与变法相始终，他发起、组织并领导了熙丰变法运动。在熙丰变法之前，宋神宗崇尚法家学说，已在富国、强兵、选仕制度方面初步形成了变法思想，虽然还不成熟、不系统，但已具雏形，成为熙丰变法思想的根基。宋神宗过度强化的皇权与变法改变“三冗”“两积”局面的目的又是相互矛盾的，从而成为导致熙丰变法失败的根本原因。[④]

黄纯艳认为宋神宗朝与交趾、河湟和西夏间的战争须从宋神宗“恢复汉唐旧疆”的整体视野去认识，不能孤立地看待。北宋与交趾、河湟、西夏等政权相互交往时秉持着相互认同的华夷观念和朝贡礼仪，其国际关系格局是垂直结构和等级制，所寓含的逻辑与近代主权国家观念和不干涉内政原则下的平等和水平关系完全不同，不能以现代国际关系的话语解释宋神宗开边问题。[⑤]

姜锡东等认为内藏库原系直属于皇帝的财库，在北宋前期丝毫不受外朝宰相府、三司等的监管与干预。王安石变法时期的熙宁年间，内藏库吏人开始受“仓法”约束，虽然神宗、哲宗时期内藏库的外朝化短暂而有限，但值得重视。以前笼统认为内藏库始终具有直属皇帝的独立性、特殊性的观点是不精确的。[⑥]

马玉臣认为撤废州县政区建制是熙丰变法的重要内容之一。省废州县，裁官减役，省费节流，对缓解当时冗官、冗费和减轻百姓的负担，具有重要意义。[⑦]雷博认为北宋神宗朝元丰时期，是宋代礼制建设的重要时段，而在此之前的熙宁时期，也有编修《南郊式》，为后来的礼文变革提供了基础。[⑧]王路平认为在宋神宗主持和推动下，阵法有了新的发展。但由于“将从中御”传统家法的束缚，阵法建设并未使北宋的军事能力发生改观。[⑨]张蓉、吴

---

① 余英时：《朱熹的历史世界——宋代士大夫政治文化的研究》，北京：生活·读书·新知三联书店，2011年。

② 沈松勤：《南宋文人与党争》，北京：人民出版社，2005年，第163—164页。

③ 李华瑞：《宋神宗与王安石共定“国是”考辩（辨）》，《文史哲》2008年第1期。

④ 崔英超：《宋神宗与熙丰变法》，西北师范大学2001年硕士学位论文；崔英超：《熙丰变法的酝酿——谈宋神宗变法思想的形成》，《甘肃社会科学》2002年第5期；崔英超、张其凡：《论宋神宗在熙丰变法中主导权的逐步强化》，《江西社会科学》2003年第5期；钱申：《宋神宗对变法图强志向的坚持》，《衡水学院学报》2018年第2期。

⑤ 黄纯艳：《宋神宗开边的战争责任与政治解说——兼谈古代东亚国际关系研究中的历史逻辑与现代话语》，《厦门大学学报（哲学社会科学版）》2016年第6期。

⑥ 姜锡东、崔玉谦：《论北宋神宗、哲宗时期内藏库的短暂外朝化》，《历史教学》2017年第2期。

⑦ 马玉臣：《试论宋神宗时期的州县省废》，《中国历史地理论丛》2005年第4辑。

⑧ 雷博：《北宋神宗朝熙宁时期的礼文建设考论》，《青岛科技大学学报（社会科学版）》2013年第2期。

⑨ 王路平：《宋神宗时期的八阵法与阵图》，《长安大学学报（社会科学版）》2014年第1期。

疆认为熙河之役以后，北宋开始在河湟地区建置少数民族蕃学。①

2. 对王安石变法的性质、范围再认识

笔者对王安石变法研究有两点新思考：其一，自20世纪二三十年代重评王安石变法以来，传统的观点多从阶级矛盾或社会矛盾发展的角度探讨王安石变法运动的兴起，把变法作为社会矛盾发展的必然结果的观点仍然是现今大学和中学历史教科书中占主导地位的观点。然而社会矛盾复杂尖锐可以是改革者试图变法的理由，却并非必然导致变法，因为王安石变法之前所面临的三大社会矛盾，从宋真宗朝起，就一直贯穿于两宋的历史当中，如果要讲社会矛盾尖锐激化，也是在宋仁宗庆历年间和宋徽宗统治后期，乃至南宋的大部分时期，而宋神宗起用王安石之时恰恰是北宋社会矛盾相对较为缓和的时期。所以除了社会矛盾这一大背景之外，是士大夫阶层变革力量的崛起与欲改变自宋真宗朝以来形成积弱局面的宋神宗的不谋而合——“得君行道”直接促成的。②其二，王安石变法有两个层面，一是当时最高统治者为改变长期积弱不振国势、缓和社会矛盾进行的一场政治自救运动，以富国强兵为主：二是一场士大夫们欲实践其回到三代政治理想的社会变革运动。特别是王安石从孟子的王道政治思想中受到启发，将其作为他观察社会、进行改革的出发点和理论依据。南宋以来讨论王安石变法多集中于讨论富国强兵，而对回到三代政治理想层面的关注不多，实际上王安石执政以后采取的诸多新法和施政理念，贯穿了孟子政治理想的精髓。③讲王安石及其变法需要对神宗与“绍圣”的哲宗、徽宗时期执行王安石政策措施一并给以考察，方能看到王安石学派践行孟子政治理想的全貌。④

张呈忠将过往叙述北宋后期60年的历史书写概括为：以王安石为中心的“变法”，以司马光为中心的“更化”，以蔡京为中心的“变质”，构成了北宋晚期历史叙事的主流三部曲。“王安石变法”的本来含义是“王安石变乱祖宗法度”，这种表达最早出现在元祐时期编纂的《神宗实录》中，南宋绍兴修史继承了这一观念。元祐之政在南宋具有典范意义，“元祐更化”的说法是南宋“更化”政治理念在元祐历史上的投射。近代以来“变法”的含义转为正面，意义相当于“改革”，而“更化”一词本身所具有的“善治”含义不再彰显。新法“变质”说主要是为王安石变法辩诬，其形成与近代以来的国家主义、阶级分析法、商品经济论等新思潮密切相关。⑤可以说，21世纪以来王安石变法研究有重要突破的是，对北宋后期新法流变作整体的考察，即国内外学界的研究有打破这种分割的趋势，如2006年由哈佛大学亚洲中心出版的伊佩霞（Patricia Buckley Ebrey）与毕嘉珍（Maggie Bickford 所编的《徽宗与北宋后期：文化政治与政治文化》（*Emperor Huizong and Late*

① 张蓉、吴疆：《宋神宗时期在河湟地区兴立“蕃学”的必要性》，《中国藏学》2014年第3期。

② 李华瑞：《王安石变法的再思考》，《河北学刊》2008年第5期。

③ Li Huarui，Northern Song Reformist Thought and Its Sources：Wang Anshi and Mencius，In Patricia Buckley Ebrey and Paul Jakov Smith，*State Power in China 900-1325*，Sesttle and London：University of Washington Press，2016，pp. 219-243.（李华瑞：《北宋的变法思想及其渊源：王安石与孟子》，伊沛霞、史乐民主编：《中国的国家权利（900—1325）》，西雅图、伦敦：华盛顿大学出版社，2016年，第219—243页。）

④ 李华瑞：《论北宋后期六十年的改革》，罗家祥主编：《华中国学·2017年·春之卷》，武汉：华中科技大学出版社，2017年，第189—200页。

⑤ 张呈忠：《变法·更化·变质——试论北宋晚期历史叙事三部曲的形成》，《历史教学问题》2019年第5期。

Northern Song China: The Politics of Culture and the Culture of Politics）一书，是一部由 13 位学者所撰论文编纂而成的论文集。这部书的作者们强调从宋神宗到宋徽宗三朝推行新法的连续性。换言之，也就是重视“绍述”父兄旧法的政治原则对哲宗、徽宗两朝政事的影响，并从徽宗重用蔡京的原因、收复河湟、党争演变、科举试题、新学等角度加以论证。[①]而国内也有青年学者方诚峰把哲宗和徽宗时期称作“后变革时代”，“但‘后变革时代’绝不等于政治变革的停顿，因为司马光、哲宗本人、徽宗与蔡京，都按照自己的方式将政治变革不断推进”[②]。杨小敏将蔡京执政时的诸多政治、经济、军事政策置于北宋中期变法运动兴起和发展的大背景下，做了较为全面的梳理和较为客观的评价。[③]笔者对自己主编的《中国改革通史 • 两宋卷：内外交困中的艰难选择》的观点做了重新反思，认为就变法的主线索来说，北宋神宗、哲宗、徽宗三朝是有继承和发展的。[④]《剑桥中国宋代史上卷（907—1279 年）》更是说“绍圣集团作为当时最具纪律性的政治组织，在财政和边事上获得了巨大的成功，不仅达到而且超过了神宗君臣的功绩”[⑤]，这个评论国内未之有也。

李晓从政府采购角度重新认识王安石市易法的性质和目的，称：

> 市易法的内容不限于发展官营商业和借贷业，还包括对政府购买制度的改革；市易务也不仅是官营商业和借贷业机构，还属于重要的政府购买机构。市易法改革的对象是政府购买活动中的痼疾——科买之弊；改革的目的是“省公私烦费”，节约财政开支，减轻百姓负担；市易务实施改革的手段主要是推行承包制，改革的步骤是先承包诸路上供物资的购买，再与免行役法相配套承包京师的购买，最后参与承包沿边军需粮草等物资的购买。尽管实际执行中存在一些问题，但市易务承担政府购买职能并大规模推行承包制，终究是宋朝政府购买史上的重大制度创新，应给予应有地位和充分肯定。[⑥]

李金水从美国制度经济史学派的视角较为全面地研究了王安石变法中的诸项财经新法：均输法、青苗法、农田水利法、免役法、市易法、方田均税法，不仅关注王安石经济新法的制度条文本身，而且注重其实施状况与调整变化。他在前人的基础上，把王安石变法的诸项财政经济变法之由来、推行及其调整，尽可能完整详细地揭示出来，并分析、总结其成败得失及其缘由。由于制度设计与制度调整的得当与否很大程度取决于地方官府的实际执行状况，故作者着力评述地方官府实施变法的效果。[⑦]

傅允生从制度变迁与经济发展出发，对青苗法和免役法做了新的考察。他认为青苗法只是封建国家的一项高利贷政策，它背离国家职能，弱化了社会保障功能，由于制度缺陷，除了给封建政府带来一时的财政收入外，无益于国计民生。免役法输钱免役，以募役替代差役具有制度创新的特点，体现了赋役制度变迁与社会经济发展的要求，其积极作用与历

---

① 包伟民：《宋徽宗：“昏庸之君”与他的时代》，《北京大学学报（哲学社会科学版）》2009 年第 2 期。

② 方诚峰：《北宋晚期的政治体制与政治文化》，北京：北京大学出版社，2015 年。

③ 杨小敏：《蔡京、蔡卞与北宋晚期政局研究》，北京：中国社会科学出版社，2012 年。

④ 李华瑞：《论北宋后期六十年的改革》，罗家祥主编：《华中国学 • 2017 年 • 春之卷》，第 199 页。

⑤〔英〕崔瑞德、史乐民编，李永等译：《剑桥中国宋代史上卷（907—1279 年）》，第 503 页。

⑥ 李晓：《王安石市易法与政府购买制度》，《历史研究》2004 年第 6 期。

⑦ 李金水：《王安石经济变法研究》，福州：福建人民出版社，2007 年。

史意义值得肯定。[①]夏巍巍运用新古典经济学和新制度经济学的理论对新法的内容及在实施中所出现的问题进行分析，将新法分为三种类型：一类是符合经济发展规律，也适应当时的制度安排，所以得到较好实行的，如农田水利法；另一类是符合经济发展规律，但不适应当时的制度安排，所以遭到非议的，如青苗法；还有一类是不符合经济发展规律，所以遭到非议的，如均输法、市易法。[②]

以往主要从南北地域的差异去关注王安石变法的地域特点，21 世纪前 20 年则从历史地理、地方区域讨论王安石新法措施的实施经过和特点。张呈忠从理论方法自觉的角度提出推进熙丰变法时期地方史研究。他认为有三个问题值得关注：一是朝廷是如何克服“地方性”而实现政令畅通的；二是熙丰变法时期地方政治生态有着怎样的变化；三是如何理解熙丰时期中央集权和地方凸显这一同时出现的现象。[③]孙军凯、杨蕤认为无论是神宗时期宰辅进退的南北地理格局变化，还是王安石主持变法前主要交游对象的地域选择，以及王安石与司马光之争而引起的北宋新旧党争中的地域因素，均可看出王安石变法对宋代中枢南北地域格局和南北地域之争的重要影响。由此可知，地域因素是北宋政治的一个显著特征，而这种南北地域观念一直影响着宋代的政治格局。[④]

陈晓珊认为新法措施在全国每个区域中展开，每个区域因其本身的特点促进或者限制了这场新法的实施效果，而在新法推行的过程中，又给每一片区域带来了新的人文地理景观。是故从历史地理的角度分别讨论青苗法、市易法、保甲法、免役法和农田水利法中的各种历史地理现象，讨论了五个历史地理问题：一是宋代复式行政区结构的形成过程；二是全国各市易务的区位分布特点；三是在军事地理视角下，北宋士兵地域来源与驻守地对作战能力的影响；四是差役制度改革而带来的大规模州县裁撤现象，以及北宋中期行政区调整的若干时代特征；五是在不同区域中，推行水利工程建设的不同结果，以及河北移民与南阳盆地区域开发的事例。[⑤]

从现代新闻学角度观察熙丰时期党争的舆论之战，视角很有新意。魏海岩认为士大夫们在人才选用标准、变法合理性、改革路线等问题的认识上无法达成一致。历史的隐患和现实的分歧，使士大夫群体分裂出支持变法与反对变法两个子群体。双方在进奏院、台谏、行政、教育、科举考试、文学等领域展开了一场旨在影响皇帝、士大夫、百姓态度和行为的宣传斗争。宋代是中国古代社会中新闻传播最为发达的王朝，在官府有进奏院统一发行的进奏院状，在民间有非法出版的小报。旷日持久的口舌之斗，对变法产生了巨大的破坏作用，也有促进部分反变法者更深入地理解新法，转变认识的积极一面。[⑥]燕永成从流言传播角度，分析流言往往指向明确，迷惑性强，破坏力大，甚至有的还有意假借名人言论，或由名人发起甚至推波助澜，往往诱导着社会舆论的走向。[⑦]

---

① 傅允生：《制度变迁与经济发展：王安石青苗法与免役法再评价》，《中国经济史研究》2004 年第 2 期。
② 夏巍巍：《制度、产权与历史变革——论王安石变法的经济本质》，《浙江社会科学》2004 年第 1 期。
③ 张呈忠：《转向地方：北宋王安石变法研究的新视角》，《社会科学报》2019 年 5 月 23 日，第 5 版。
④ 孙军凯、杨蕤：《王安石变法与宋代中枢权力格局的地域之争》，《南都学坛》2019 年第 2 期。
⑤ 陈晓珊：《历史地理视角下的王安石变法》，北京大学 2011 年博士学位论文；陈晓珊：《北宋保甲法制定与实施过程中的区域差异》，《史学月刊》2013 年第 6 期。
⑥ 魏海岩：《王安石变法中的宣传斗争研究》，华中科技大学 2012 年博士学位论文。
⑦ 燕永成：《流言与王安石变法》，《首都师范大学学报（社会科学版）》2014 年第 6 期。

3. 新突破：表现在对问题的拓展和过程细节的探讨

在青苗法的研究中，张呈忠首次关注青苗法实行过程中性质的变化，他认为神宗、哲宗朝普遍存在“抑配民户”的运作方式，徽宗朝则频频出现“形势冒请”的现象。在青苗法作用范围的50年内，财富移动呈现出从平民百姓到朝廷官府再到形势之家的轨迹，以致南宋建立之初朝廷便以减轻百姓负担的名义将青苗法彻底废除。①

王安石变法时期财权分配体制发生了重要变化。黄纯艳认为税权分配的财权分配体制在北宋有一个逐步演进的过程，且存在地区差异，到南宋成为财权分配普遍性的基本制度。②

郭泽杰认为农田水利法是历朝中出台的较为完整而又很“专业”的一项水利革新措施。③闫姿含认为北宋熙宁年间颁布的《农田利害条约》是中国历史上首部以鼓励与规范农田水利建设为核心的全国性行政法规，它的颁布内容及实施有力地促进了黄河下游农业的发展。④朱正西、衣保中、董静懿认为《农田利害条约》引起了熙丰时期水利学术的大发展，《水利书》等著作陆续出现。⑤

对方田法施行的范围，已有研究成果和教科书说法不一。马玉臣认为王安石的方田均税法实施范围既不是行于“天下”，也不是“五路”，而是京东路、开封府界、河北、陕西等四路。⑥

刁培俊对保甲法的研究值得注意。他认为保甲法和募役法颁行后不久，保甲法和乡役法即混同在一起，保正副长等也渐次取代（兼代）了乡役名目，并辨析熙宁六年（1073）时，保甲的编制自十、五十、五百户改变为五、二十五、二百五十户，并成为此后保甲法和混同于乡役法后保甲编制的主要形式；熙宁八年（1075）闰四月之前，保甲法已经混同于乡役法了；就役法问题上的“元丰旧制”，是和王安石变法后乡役制度的重新编排有关的；已成为乡役制的保甲名目保正副，其设置和职责，在北宋后期和南宋时期，因时空之不同而有区别。⑦

黄敏捷发表数篇文章讨论免役法和与之相关的问题，认为熙丰时期由于以保正、保长、甲头代替耆长、户长、壮丁等乡役名目后，保甲乡役的无偿化与强制性也促进了私雇由州县役下移到乡役。通过对北宋神宗熙宁四年（1071）五月开封府东明县县民进京越诉一事进行研究，黄敏捷认为此事几乎导致雇役法的流产，变法派的合理处置最终化解危机。但这一事件对后来雇役制度的改进有很大的促进作用，变法集团由此开始注意到新法的体系化以及各项措施之间的相互配合。⑧役钱从较纯粹的地方财用，转变为朝廷与地方共同支

① 张呈忠：《“抑配民户”与“形势冒请”——北宋青苗法五十年的官贷困境》，《人文杂志》2016年第7期。
② 黄纯艳：《总量分配到税权分配：王安石变法的财权分配体制变革》，《北京大学学报（哲学社会科学版）》2020年第5期。
③ 郭泽杰：《王安石与水利变法》，《江西水利科技》2010年第1期。
④ 闫姿含：《王安石的〈农田利害条约〉与黄河下游农业发展研究》，《农业考古》2010年第3期。
⑤ 朱正西、衣保中、董静懿：《试论北宋〈农田利害条约〉的内容及影响》，《山西农业大学学报（社会科学版）》2016年第5期。
⑥ 马玉臣：《关于王安石变法中方田法的几个问题》，《甘肃农业》2006年第3期。
⑦ 刁培俊：《宋朝“保甲法”四题》，《中国史研究》2009年第1期。
⑧ 黄敏捷：《私雇代役——宋代基层社会与朝廷役制的对话》，《安徽史学》2017年第6期。

配的财政收入，进而成为朝廷与地方争夺的财源。①

张锦鹏认为宋代出现了新的“富民阶层”，促进了免役法制度的创新，即“表面上是让从事农业经营的地主阶层专心务农，不受差役杂务的烦扰，实质是创造一个富民富国的经济环境”，而免役钱的征收则是商品经济发展瓦解社会特权的成果。②

曹家齐以为对于北宋熙宁新法中的选举制度改革，既往研究无论是讨论宋代政治史、王安石变法，还是专门考察科举制度者，多将此问题置于“教育与科举改革”下进行论述，内容主要集中在其间对贡举制度之改革问题上，而少及铨选制度的改革内容，甚至有的将学校升贡改革亦予以简略化。实际上，熙宁时期对于选拔人才制度的改革体现为科举取士、学校升贡及铨试法等多个方面，各方面构成一个制度整体，准确表述应是“选举制度改革”。③赖琼认为熙宁官制改革包括设置新的变法机构，部分恢复省、部、寺、监职掌及对官制的修补和调整，是元丰官制改革的前奏。④

王瑞明认为“不加赋”最根本的意思，即兴修水利，发展生产，诸如垦荒、煮海、采山、铸钱，以及交通运输，打击囤积居奇，稳定物价，保证供应，蠲租免税，赈灾救困，而厚风俗、一道德则尤为重要。王安石变法实现了“富国强兵”，不可不归功于其“不加赋而上用足”的理财指导思想。⑤

王丽认为王安石变法中的役法、财政及禁榷制度改革给公使库的管理体制、钱物来源渠道等带来了重大变化。这些变化引起地方公使库职能扩张，在北宋后期至南宋中央与地方的财政角力中，公使库扮演了非常重要的角色，它实际上成为地方财政的“小金库”⑥。

劝课栽桑法是北宋王安石变法中不为人注意的一项新法。它最初因宋辽边境的国防事务而设立，在后来的执行过程中，却衍生出更多经济因素，体现了王安石变法中的一些典型特征。⑦

4. 王安石变法新旧党争与学术对立

熙丰时期党争一直是研究王安石的重点，21 世纪前 20 年多从学术观点的对立进行解释。司马光在经学上与王安石新学形成角立之势，处处显示出与新学的对立与斗争：王氏尊孟，司马氏抑孟；王氏信奉《周礼》，司马氏质疑《周礼》；王氏以佛、道济儒，司马氏则拒斥佛、道。⑧对于新旧党争中的“义利之辨”围绕在理财的步骤上，反对急功近利；在理财的内容上，反对与民争利；在理财的原则上，反对“聚敛”，主张“节用”以及从“为己”与“为人”的关系上给“仁义”以新的诠释进行剖析和解读。⑨

---

① 黄敏捷：《北宋熙宁四年东明县民上访事件与变法君臣的危机处置》，《史学月刊》2016 年第 7 期。

② 张锦鹏：《北宋社会阶层变动与免役法制度创新》，《西南大学学报（社会科学版）》2007 年第 3 期。

③ 曹家齐：《北宋熙宁改革选举制度之再认识》，《学术研究》2019 年第 9 期。

④ 赖琼：《熙宁官制改革论》，《湛江师范学院学报》2003 年第 2 期。

⑤ 王瑞明：《王安石“不加赋而上用足”之说试析》，《井冈山学院学报（哲学社会科学版）》2006 年第 7 期。

⑥ 王丽：《论宋代公使库在王安石变法中的变化及影响》，《史学集刊》2016 年第 1 期。

⑦ 陈晓珊：《王安石变法时期的劝课栽桑法》，《农业考古》2015 年第 3 期。

⑧ 王书华：《司马温公对荆公新学的批判》，《西夏研究》2010 年第 3 期。

⑨ 马玉臣：《熙丰党争新论》，《东方论坛》2005 年第 1 期；符海朝、马玉臣：《熙丰党争补论》，《贵州文史丛刊》2005 年第 1 期；熊鸣琴：《“义利之辨”与北宋新旧党的对立》，《中州学刊》2010 年第 3 期；周鑫：《王安石的义利观及其当代意蕴》，《河北青年管理干部学院学报》2013 年第 5 期。

焦宝认为王安石变法给苏轼的仕途生活带来了灾难性后果，却给苏轼文学带来了多重积极影响。首先，变法促使苏轼全面关注风云变幻的现实生活，客观上增强了其作品的现实性。其次，王安石变法的严酷现实丰富了苏轼文学的表现手法。最后，复杂的变法时政促成苏轼此期作品风格的多样化。①

5. 问题讨论与辨析

关于“三不足”说法的辨析。王荣科认为在北宋中期社会存在浓厚的敬天之威思想意识、崇尚祖宗之法、盛行诤谏之言的政治文化环境中，作为地主阶级政治家的王安石，是不可能提出根本否定北宋传统政治文化的“三不足”之说的。“三不足”之说的各种来源，则表明它是反对变法的反对派编造出来的，用以丑化和攻击王安石。②毕明良认为历史上的灾难谴告说意在用天的权威限制绝对皇权，而“天变不足畏”则意味着对天之权威的直接否定，同时也就意味着主张不受限制的绝对皇权。从王安石思想中天与皇权之关系的角度看，王安石不太可能向宋神宗进“天变不足畏”之言，也没有所谓的“天变不足畏”之精神。③

马端临在《文献通考》中有“均输后讫不能成”的说法，邓广铭、漆侠、王曾瑜、周良霄、陈振等都采取比较谨慎的态度，李晓钩沉史料对此做了翔实论证，认为“均输法”真正实行过，并且一直延伸到北宋末年。马小凤在李晓研究基础上进一步指出具体措施以及实施过程中的完善，包括相关的史料都可以证明“均输法”确实实行过。④

魏天安认为青苗法是王安石变法中的一项重要立法。许多学者认为，青苗钱年利率为40%，这是对青苗法的误解。青苗法又称“出息二分之法”，青苗钱法定年利率20%，是宋人的共识，其证据比比皆是。⑤纪雪娟不同意这种看法，认为若不能知晓青苗钱具体使用时间，则不能准确地计算出年利率的多少。若使用今天经济学概念“年利率”计算出的百分数也不能完全代表剥削的程度，在不确定使用时间时，使用“年利率”一词是不准确的。⑥

（五）王安石变法的失败原因、经验教训

王安石变法失败的原因始终是20世纪研究王安石变法最受关注的问题，同时也是看法最为纷纭的问题。笔者在《王安石变法研究史》中总结20世纪前半叶讨论失败原因达11条之多，后半叶更多达14条，而进入21世纪以来，此问题的讨论超过20世纪的总和，达30多条。

这些讨论把变法中出现的局部问题——“优点中的缺陷”上升到整体，无限夸大了“失

---

① 焦宝：《王安石变法对苏轼文学的积极影响》，《学术界》2016年第12期。
② 王荣科：《王安石提出“三不足”之说质疑》，《复旦学报（社会科学版）》2000年第1期。
③ 毕明良：《王安石政治哲学研究》，陕西师范大学2012年博士学位论文。
④ 李晓：《论均输法》，《山东大学学报（哲学社会科学版）》2001年第1期，第80—82页；马小凤：《宋代“均输法”研究》，山东大学2016年硕士学位论文。
⑤ 魏天安：《宋代青苗钱利率考实》，《中国经济史研究》2006年第1期。
⑥ 纪雪娟：《宋代青苗法利率新认识》，《兰台世界》2014年第12期。

败原因”因素的解构意义，对于一场大的社会改革运动的衡量不能只见木不见林。21 世纪前 20 年从现实角度研究王安石新法已大大超过梁启超的“借古喻今”，而成了“借今喻古”。这有三种表现：一是在青苗法的研究中，跨学科的学者立足于现今农村金融体制改革，套用青苗法的借贷，无论是肯定还是否定，都会得出青苗法对现今正反适用性启发的观察。这类文章颇多，这已不仅是“损害学术内容”，而是滑向历史实用工具。二是不加分辨运用西方社科方法和历史理论，对号入座，凡不符合西方经济理论所讲求的大企业、小政府和自由贸易价值标准，一般都被指为失败的原因，或被严厉批判。三是从现代社会的价值标准苛求变法。这类看法不一而足，这类研究已超出历史主义的范围，演化成对历史的拷问。

在众人纷纷讨论王安石变法失败原因之时，邓小南对王安石变法成功与否的论断更符合实际：

> 王安石变法盖棺多年了还不能论定。新法究竟是成功还是失败，我想不能一概而言，从富国强兵这个预期来说，应该说新法部分达到了目标，对于国家财政，从过去财政虚空、国库虚空的局面，扭转到库存充盈的局面，新法确实是有它的作用的。其他像学校教育、科举考试、增加铨试（铨试即要做官的人都要考法律），这些做法其实都断断续续地坚持着。但是王安石根本性的追求，所谓的“变风俗，立法度”，没有真正实现。所以王安石变法留给历史的影响是很复杂的，不能很简单地说是失败或是成功。①

四、简短的结语

以上简要叙述了 21 世纪前 20 年王安石及其变法研究的状况，由于资料分散，挂一漏万在所难免。通过上述谈五点感受：

第一，王安石及其变法得到全面铺开，王安石的文学、经学与变法得到同样的重视，这是此前一直未曾出现过的。王安石的经学研究逐渐后来居上，是 21 世纪前 20 年王安石及其变法研究取得进展最重要的标识。但是需要指出的是，由于特殊时代曾将旧经学作为封建文化而否定，从 1949 年到 20 世纪 90 年代差不多半个世纪已缺少从传统经学的角度审视和梳理王安石的经学及其思想，虽然不乏用西方哲学理论研究者，但是毕竟有隔靴搔痒之憾。所以反倒是域外学者研究和辑佚王安石经学论著资料多有创获。自 20 世纪 90 年代以来国内学者特别是年轻一代急起直追，但是经学断层的文化印记尚不能在短时间内消弭。

第二，王安石变法研究趋于理性，与党争心态、阶级斗争理论渐行渐远。鲜活的王安石形象越来越清晰地显现出来。大多数学人已能用平常心态对待过去的毁誉、恩怨、褒贬，这是王安石及其变法研究的进步所在。

第三，当然也必须指出，王安石及其变法研究仍持续了 20 世纪以来的“泛化”或“非学术化”倾向，这一方面是由于王安石本身兼具文学、经学、政治、财经多个面相，加之大起大落，话题广泛，议题多样；另一方面跨学科研究王安石及其变法，大致在宋代历史

① 邓小南：《王安石与他的时代（四）》，《文史知识》2016 年第 4 期，第 107 页。

人物中无出其右者，所以文学、史学、哲学、经济学、财政学、法律学、管理学诸学科的学人各取所需，或者各取一瓢，使得王安石研究似乎是一个什么都可以装的箩筐。而为现实政治服务一直是王安石及其变法研究未能脱俗的窠臼。同时，新法集团绝大多数成员的个人文集遗失不存，也是不能客观研究王安石及其变法的重要原因。

第四，他山之石可以攻玉。运用西方哲学、经济学、政治学、诠释学研究王安石及其变法可以说现今已蔚然成风，若从开启新视角而言，无疑对打开眼界、启迪思路，多元化多层次研究王安石及其变法是大有裨益的。但若从模式化、理论化、标准化去对号入座解构王安石及其变法，就会发现昨日流逝的王安石时代到今日的距离越来越远，王安石被跨越时空看似很近其实更远，有时不免扪心自问现今某些论著中的王安石还是宋代的王安石吗？或者总感到中间有一层不能被捅破的窗户纸隔着。

第五，毋庸讳言，虽然王安石及其变法研究已取得令人瞩目的成绩，但是现今仍缺少对王安石及其变法的整体研究，迄今为止，尚未出现一部包括王安石文学、经学、变法及其时代整体、全面而有深度的研究著作。王安石研究的难度远远大于宋代历史人物中的任何一位。整体、全面观察王安石及其变法，需要具备精深的文学、经学和宋代历史研究素养，且在文史哲领域，即使不能像王安石那样取得一流的高水平的成就，至少也应该是宋代文学、经学和历史领域的通家，庶几才可能真正全面登堂入室。

附录二
各国对王安石的评价

[日]东一夫

最近，在日本和欧洲的研究工作中，对王安石新法的评价，都有一个共同的倾向，认为它具有社会主义性质。日本汉学家们对王安石的评价原来完全是根据《四库全书总目提要》的评价，未摆脱尖锐抨击王安石的传统。但是后来却都很强烈认为王安石变法具有社会主义性质。例如，内藤虎次郎先生在《中国中世纪史》中认为，王安石是在君主独裁制度下要确立一个中世纪官僚统治体制的改革家，而新法的性质就是用一种社会政策来改革社会不平等状况。受这一观点的影响，佐伯富在《王安石》一书中认为，王安石是要用积极合理的办法来改革贫富对立的社会弊端的政治家。（此外，佐伯富在《世界历史辞典》中评王安石对以士大夫为中心的富豪阶级进行了无情的鞭笞。）1962 年，小野寺郁也写了《王安石》一书。他自称此书是研究王安石的具体活动的，所以不想对他进行那么简单的评论。

此外，日本在关于王安石评价最早的书中，还有吉田宇之助的《王安石》（民友社，1903 年版）一书，因为他的观点与上述观点完全不同，所以在下面加以论述。

在欧洲，主要有德国弗朗克的《古代及中世纪中国国家社会主义的思想》（《普鲁士科学院会议报告·哲学分册》，1931 年版）一书，和英国的 H. R. 威廉逊的《王安石——中国宋朝的政治家和思想家》等书。前者有苏乾英的翻译和解说，后者有魏特夫的解说。二者都认为，王安石是想通过经济上的控制来调节民间市场的国家社会主义改革家。在苏联，它的《苏联大百科全书》“中国史”条目认为王安石是积极地反对封建领主，反对高利贷商人的人物。

美国普林斯顿大学的刘子健除在大百科辞典中也编写了王安石外，他在《王安石和他的新政策》一书中得出结论说，王安石是一个官僚政策的理想主义者，是把实现儒家的道德社会作为主要目的，提倡在职业上训练有素的、在行政上管理有效的官僚主义政治思想的政治家。因此，他在第三章中否定了王安石变法的社会主义性质，断言王安石的政策是建立在很明确的社会基础之上的。他和内藤虎次郎虽然都认为王安石是在传统的儒家道德社会中，以确立官僚统治体制为目的的改革家，但在王安石是否着眼于社会基础这个问题上，两人的观点是不同的。

目前，世界上评价王安石的情况大体上就是这样。其中，持有刘子健那种观点的人很少，大部分人的观点虽然也不互相雷同，但在不同程度上都认为王安石变法具有社会主义性质。①

---

①东一夫撰，武铁兵译：《王安石新法的研究》，《中国史研究动态》1982年第2期。

附录三 参考文献

1. 古籍

（宋）不著撰人：《靖康要录》，台北：文海出版社，1967 年。

（宋）不著撰人：《群书会元截江纲》，《景印文渊阁四库全书》第 934 册，台北：台湾商务印书馆，1986 年。

（宋）蔡绦撰，冯惠民、沈锡麟点校：《铁围山丛谈》，北京：中华书局，1983 年。

（宋）蔡鞗：《北狩行录》，《续修四库全书》第 423 册，上海：上海古籍出版社，2002 年。

（宋）晁公武：《郡斋读书志》，《景印文渊阁四库全书》第 674 册，台北：台湾商务印书馆，1986 年。

（宋）陈傅良著，周梦江点校：《陈傅良先生文集》，杭州：浙江大学出版社，1999 年。

（宋）陈均编，许沛藻等点校：《皇朝编年纲目备要》，北京：中华书局，2006 年。

（宋）陈亮著，邓广铭点校：《陈亮集》，北京：中华书局，1987 年。

（宋）陈渊撰，沈度编：《默堂集》，《景印文渊阁四库全书》第 1139 册，台北：台湾商务印书馆，1986 年。

（宋）陈振孙撰，徐小蛮、顾美华点校：《直斋书录解题》，上海：上海古籍出版社，1987 年。

（宋）程颢、程颐著，王孝鱼点校：《二程集》，北京：中华书局，1981 年。

（宋）杜大珪：《名臣碑传琬琰集》，台北：文海出版社，1969 年。

（宋）方大琮：《铁庵集》，《景印文渊阁四库全书》第 1178 册，台北：台湾商务印书馆，1986 年。

（宋）高似孙：《史略》，上海：商务印书馆，1939 年。

（宋）韩琦：《韩魏公集》，上海：商务印书馆，1936 年。

（宋）胡宏：《五峰集》，《景印文渊阁四库全书》第 1137 册，台北：台湾商务印书馆，1986 年。

（宋）胡仔纂集，廖德明校点：《苕溪渔隐丛话》，北京：人民文学出版社，1962 年。

（宋）黄震：《黄氏日抄》，（宋）黄震著，张伟、何忠礼主编：《黄震全集》第 5 册，杭州：浙江大学出版社，2013 年。

（宋）惠洪撰，陈新点校：《冷斋夜话》，北京：中华书局，1988 年。

（宋）黎靖德：《朱子语类》，《朱子全书》第 18 册，上海、合肥：上海古籍出版社、安徽教育出版社，2010年。

（宋）李焘撰，上海师范大学古籍整理研究所、华东师范大学古籍整理研究所点校：《续资治通鉴长编》，北京：中华书局，2004年。

（宋）李心传编撰，胡坤点校：《建炎以来系年要录》，北京：中华书局，2013年。

（宋）李心传撰，徐规点校：《建炎以来朝野杂记》，北京：中华书局，2000年。

（宋）廖行之：《省斋集》，《景印文渊阁四库全书》第1167册，台北：台湾商务印书馆，1986年。

（宋）林之奇：《拙斋文集》，《景印文渊阁四库全书》第1140册，台北：台湾商务印书馆，1986年。

（宋）刘斧撰，李国强整理：《青琐高议》，朱易安、傅璇琮等主编：《全宋笔记》第2编第2册，郑州：大象出版社，2006年。

（宋）刘一止：《苕溪集》，《景印文渊阁四库全书》第1132册，台北：台湾商务印书馆，1986年。

（宋）刘爚：《云庄集》，《景印文渊阁四库全书》第1157册，台北：台湾商务印书馆，1986年。

（宋）楼钥：《攻媿集》，《景印文渊阁四库全书》第1152—1153册，台北：台湾商务印书馆，1986年。

（宋）陆九渊：《陆象山全集》，北京：中国书店，1992年。

（宋）罗从彦：《豫章文集》，《景印文渊阁四库全书》第1135册，台北：台湾商务印书馆，1986年。

（宋）吕中撰，张其凡、白晓霞整理：《类编皇朝大事记讲义》，上海：上海人民出版社，2014年。

（宋）马端临著，上海师范大学古籍研究所、华东师范大学古籍研究所点校：《文献通考》，北京：中华书局，2011年。

（宋）彭□辑撰，孔凡礼点校：《墨客挥犀》，北京：中华书局，2002年。

（宋）彭百川：《太平治迹统类》，台北：成文出版社，1966年。

（宋）邵伯温撰，李剑雄、刘德权点校：《邵氏闻见录》，北京：中华书局，1983年。

（宋）邵博撰，刘德权、李剑雄点校：《邵氏闻见后录》，北京：中华书局，1983年。

（宋）沈括撰，金良年点校：《梦溪笔谈》，北京：中华书局，2015年。

（宋）司马光：《传家集》，《景印文渊阁四库全书》第1094册，台北：台湾商务印书馆，1986年。

（宋）司马光著，王根林点校：《司马光奏议》，太原：山西人民出版社，1986年。

（宋）司马光撰，邓广铭、张希清点校：《涑水记闻》，北京：中华书局，1989年。

（宋）苏轼撰，（宋）郎晔注：《经进东坡文集事略》，上海：商务印书馆，1926年。

（宋）汪藻：《浮溪集》，《景印文渊阁四库全书》第1128册，台北：台湾商务印书馆，1986年。

（宋）王安石著，唐武标校：《王文公文集》，上海：上海人民出版社，1974年。

（宋）王称：《东都事略》，台北：文海出版社，1979年。

（宋）王巩：《甲申闻见二录补遗》，《景印文渊阁四库全书》第 1037 册，台北：台湾商务印书馆，1986 年。

（宋）王明清撰，戴建国、赵龙整理：《玉照新志》，上海师范大学古籍整理研究所：《全宋笔记》第 6 编第 2 册，郑州：大象出版社，2013 年。

（宋）王之道：《相山集》，《景印文渊阁四库全书》第 1132 册，台北：台湾商务印书馆，1986 年。

（宋）王铚撰，朱杰人点校：《默记》，北京：中华书局，1981 年。

（宋）魏了翁：《鹤山集》，《景印文渊阁四库全书》第 1173 册，台北：台湾商务印书馆，1986 年。

（宋）魏泰撰，李裕民点校：《东轩笔录》，北京：中华书局，1983 年。

（宋）谢良佐撰，（宋）曾恬、胡安国录，（宋）朱熹删定：《上蔡语录》，《景印文渊阁四库全书》第 698 册，台北：台湾商务印书馆，1986 年。

（宋）熊克著，顾吉辰、郭群一点校：《中兴小纪》，福州：福建人民出版社，1985 年。

（宋）徐自明著，王瑞来校补：《宋宰辅编年录校补》，北京：中华书局，1986 年。

（宋）薛季宣撰，薛旦编：《浪语集》，《景印文渊阁四库全书》第 1159 册，台北：台湾商务印书馆，1986 年。

（宋）杨时撰，林海权校理：《杨时集》，北京：中华书局，2018 年。

（宋）杨仲良：《皇宋通鉴长编纪事本末》，《宛委别藏・史部》第 30 册，南京：江苏古籍出版社，1998 年。

（宋）叶梦得撰，（宋）宇文绍奕考异，侯忠义点校：《石林燕语》，北京：中华书局，1984 年。

（宋）叶适：《习学记言序目》，北京：中华书局，1977 年。

（宋）叶适著，刘公纯、王孝鱼、李哲夫点校：《叶适集》，北京：中华书局，1961 年。

（宋）佚名撰，黎烈文标点：《大宋宣和遗事》，上海：商务印书馆，1934 年。

（宋）佚名撰，孔学辑校：《皇宋中兴两朝圣政辑校》，北京：中华书局，2019 年。

（宋）员兴宗：《九华集》，《景印文渊阁四库全书》第 1158 册，台北：台湾商务印书馆，1986 年。

（宋）岳珂撰，吴企明点校：《桯史》，北京：中华书局，1981 年。

（宋）曾敏行著，朱杰人标校：《独醒杂志》，上海：上海古籍出版社，1986 年。

（宋）詹大和等撰，裴汝诚点校：《王安石年谱三种》，北京：中华书局，1994 年。

（宋）张端义：《贵耳集》，《景印文渊阁四库全书》第 865 册，台北：台湾商务印书馆，1986 年。

（宋）张栻：《南轩集》，《景印文渊阁四库全书》第 1167 册，台北：台湾商务印书馆，1986 年。

（宋）张舜民：《画墁录》，《景印文渊阁四库全书》第 1037 册，台北：台湾商务印书馆，1986 年。

（宋）赵鼎：《忠正德文集》，《景印文渊阁四库全书》第 1128 册，台北：台湾商务印书馆，1986 年。

（宋）赵汝愚编，北京大学中国中古史研究中心校点整理：《宋朝诸臣奏议》，上海：上海古籍出版社，1999 年。

（宋）赵彦卫撰，傅根清点校：《云麓漫钞》，北京：中华书局，1996 年。

（宋）赵与时撰，姜汉椿整理：《宾退录》，上海师范大学古籍整理研究所：《全宋笔记》第 6 编第 10 册，郑州：大象出版社，2013 年。

（宋）真德秀：《西山文集》，《景印文渊阁四库全书》第 1174 册，台北：台湾商务印书馆，1986 年。

（宋）周密撰，吴企明点校：《癸辛杂识》，北京：中华书局，1988 年。

（宋）周密撰，张茂鹏点校：《齐东野语》，北京：中华书局，1983 年。

（宋）朱弁撰，孔凡礼点校：《曲洧旧闻》，北京：中华书局，2002 年。

（宋）朱熹：《晦庵先生朱文公文集》，《朱子全书》第 23 册，上海、安徽：上海古籍出版社、安徽教育出版社，2010 年。

（宋）朱熹：《三朝名臣言行后录》，（宋）朱熹、李幼武：《宋名臣言行录五集（一）》，台北：文海出版社，1967 年。

（金）王若虚：《滹南集》，《景印文渊阁四库全书》第 1190 册，台北：台湾商务印书馆，1986 年。

（金）赵秉文：《滏水集》，《景印文渊阁四库全书》第 1190 册，台北：台湾商务印书馆，1986 年。

（明）不著撰者：《尚论编》，《四库全书存目丛书·史部》第 289 册，济南：齐鲁书社，1996 年。

（元）郝经：《陵川集》，《景印文渊阁四库全书》第 1192 册，台北：台湾商务印书馆，1986 年。

（元）胡祗遹：《紫山大全集》，《景印文渊阁四库全书》第 1196 册，台北：台湾商务印书馆，1986 年。

（元）黄溍撰，（明）张俭编：《文献集》，《景印文渊阁四库全书》第 1209 册，台北：台湾商务印书馆，1986 年。

（元）欧阳玄：《圭斋文集》，《景印文渊阁四库全书》第 1210 册，台北：台湾商务印书馆，1986 年。

（元）释大䜣：《蒲室集》，《景印文渊阁四库全书》第 1204 册，台北：台湾商务印书馆，1986 年。

（元）脱脱等：《宋史》，北京：中华书局，1977 年。

（元）王恽：《秋涧集》，《景印文渊阁四库全书》第 1201 册，台北：台湾商务印书馆，1986 年。

（元）吴澄撰，（元）吴当编：《吴文正集》，《景印文渊阁四库全书》第 1197 册，台北：台湾商务印书馆，1986 年。

（元）吴师道：《礼部集》，《景印文渊阁四库全书》第 1212 册，台北：台湾商务印书馆，1986 年。

（元）虞集：《道园学古录》，《景印文渊阁四库全书》第 1207 册，台北：台湾商务印书馆，1986 年。

（元）袁桷：《清容居士集》，《景印文渊阁四库全书》第1203册，台北：台湾商务印书馆，1986年。

（元）赵汸：《东山存稿》，《景印文渊阁四库全书》1221册，台北：台湾商务印书馆，1986年。

（明）不著撰者：《宋史笔断》，《四库全书存目丛书·史部》第289册，济南：齐鲁书社，1996年。

（明）陈邦瞻：《宋史纪事本末》，北京：中华书局，1977年。

（明）崔铣：《士翼》，《景印文渊阁四库全书》第714册，台北：台湾商务印书馆，1986年。

（明）范光宙：《史评》，《四库全书存目丛书·史部》第281册，济南：齐鲁书社，1996年。

（明）冯梦龙编，曹光甫标校：《警世通言》，上海：上海古籍出版社，1992年。

（明）顾起元撰，谭棣华、陈稼禾点校：《客座赘语》，北京：中华书局，1987年。

（明）顾锡畴：《纲鉴正史约》，《四库全书存目丛书·史部》第18册，济南：齐鲁书社，1996年。

（明）何良俊：《四友斋丛说》，北京：中华书局，1959年

（明）胡居仁：《居业录》，《景印文渊阁四库全书》第714册，台北：台湾商务印书馆，1986年。

（明）黄汝亨：《古奏议》，《四库全书存目丛书·史部》第75册，济南：齐鲁书社，1996年。

（明）惠康野叟：《识余》，《笔记小说大观》第12册，扬州：江苏广陵古籍刻印社，1984年。

（明）柯维骐：《宋史新编》，《续修四库全书》第310册，上海：上海古籍出版社，2002年。

（明）李日华：《六研斋笔记》，《景印文渊阁四库全书》第867册，台北：台湾商务印书馆，1986年。

（明）李贽：《藏书》，北京：中华书局，1959年。

（明）李贽：《史纲评要》，北京：中华书局，1974年。

（明）刘宗周：《人谱类记》，《景印文渊阁四库全书》第717册，台北：台湾商务印书馆，1986年。

（明）陆容：《菽园杂记》，北京：中华书局，1985年。

（明）钱琦：《钱公良测语》，上海：商务印书馆，1936年。

（明）丘濬：《世史正纲》，《四库全书存目丛书·史部》第6册，济南：齐鲁书社，1996年。

（明）丘濬：《大学衍义补》，《景印文渊阁四库全书》第712—713册，台北：台湾商务印书馆，1986年。

（明）沈德符：《万历野获编》，北京：中华书局，1959年。

（明）汤显祖：《玉茗堂全集》，《四库全书存目丛书·集部》第181册，济南：齐鲁书社，1997年。

（明）唐顺之：《历代史纂左编》，《四库全书存目丛书·史部》第 133 册，济南：齐鲁书社，1996 年。

（明）王琼：《西番事迹》，《四库全书存目丛书·子部》第 31 册，济南：齐鲁书社，1995 年。

（明）魏显国：《历代相臣传》，《四库全书存目丛书·史部》第 97 册，济南：齐鲁书社，1996 年。

（明）夏良胜：《中庸衍义》，《景印文渊阁四库全书》第 715 册，台北：台湾商务印书馆，1986 年。

（明）许浩：《宋史阐幽》，《四库全书存目丛书·史部》第 281 册，济南：齐鲁书社，1996 年。

（明）薛应旂：《宋元通鉴》，《四库全书存目丛书·史部》第 10 册，济南：齐鲁书社，1996 年。

（明）杨慎撰，梁佐编：《丹铅总录》，《景印文渊阁四库全书》第 855 册，台北：台湾商务印书馆，1986 年。

（明）叶廷秀：《诗谭》，《四库全书存目丛书·集部》第 418 册，济南：齐鲁书社，1997 年。

（明）叶子奇：《草木子》，北京：中华书局，1959 年。

（明）佚名：《京本通俗小说》，上海：上海古籍出版社，1988 年。

（明）于慎行著，（清）黄恩彤参订，李念孔等点校：《读史漫录》，济南：齐鲁书社，1996 年。

（明）于慎行撰，吕景琳点校：《谷山笔麈》，中华书局，1984 年。

（明）余继登：《典故纪闻》，北京：中华书局，1981 年。

（明）湛若水：《格物通》，《景印文渊阁四库全书》第 716 册，台北：台湾商务印书馆，1986 年。

（明）张弼：《张东海集》，《四库全书存目丛书·集部》第 307 册，济南：齐鲁书社，1997 年。

（明）张瀚撰，盛冬铃点校：《松窗梦语》，北京：中华书局，1985 年。

（明）张溥：《历代史论》，《四库全书存目丛书·史部》第 289 册，济南：齐鲁书社，1996 年。

（明）张燧：《千百年眼》，《笔记小说大观》第 31 册，扬州：江苏广陵古籍刻印社，1984 年。

（清）毕沅：《续资治通鉴》，北京：中华书局，1957 年。

（清）法式善撰，涂雨公点校：《陶庐杂录》，北京：中华书局。1959 年。

（清）方濬师撰，盛冬铃点校：《蕉轩随录》，北京：中华书局，1995 年。

（清）傅恒等：《御批历代通鉴辑览》，《景印文渊阁四库全书》第 338 册，台北：台湾商务印书馆，1986 年。

（清）顾炎武著，黄汝成集释，秦克诚点校：《日知录集释》，长沙：岳麓书社，1994 年。

（清）黄宗羲：《明文海》，北京：中华书局，1987 年。

（清）黄宗羲原著，（清）全祖望补修，陈金生、梁运华点校：《宋元学案》，北京：中华书局，1986 年。

（清）蒋士铨：《忠雅堂集》，清乾隆二十七年（1762）刻本。

（清）李塨纂，（清）王源订：《颜习斋先生年谱》，（清）颜元著，王星贤、张芥尘、郭征点校：《颜元集》，北京：中华书局，1987 年。

（清）李光地著，陈祖武点校：《榕村语录》，北京：中华书局，1995 年。

（清）梁章钜撰，陈铁民点校：《浪迹三谈》，北京：中华书局，1981 年。

（清）陆世仪：《思辨录辑要》，《景印文渊阁四库全书》第 724 册，台北：台湾商务印书馆，1986 年。

（清）陆以湉撰，崔凡芝点校：《冷庐杂识》，北京：中华书局，1984 年。

（清）钱大昕撰，张伯行主编：《潜研堂文集》，南京：江苏古籍出版社，1997 年。

（清）钱大昕著，陈文和、孙显军校点：《十驾斋养新录》，南京：江苏古籍出版社，2000 年。

（清）清高宗敕编：《续通志》，上海：商务印书馆，1935 年。

（清）孙原湘：《天真阁集》，《续修四库全书》第 1488 册，上海：上海古籍出版社，2002 年。

（清）王昶：《春融堂集》，《续修四库全书》第 1438 册，上海：上海古籍出版社，1998 年。

（清）王夫之著，舒士彦点校：《宋论》，北京：中华书局，1964 年。

（清）王懋竑撰，何忠礼点校：《朱熹年谱》，北京：中华书局，1998 年。

（清）王士禛：《池北偶谈》，北京：中华书局，1982 年。

（清）王士禛：《居易录》，《景印文渊阁四库全书》，台北：台湾商务印书馆，1986 年。

（清）王士禛撰，赵伯陶点校：《古夫于亭杂录》，中华书局，1988 年。

（清）王之枢等：《御定历代纪事年表》，《景印文渊阁四库全书》，台北：台湾商务印书馆，1986 年。

（清）魏源：《魏源集》，北京：中华书局，2009 年

（清）吴乘权等辑，施意周点校：《纲鉴易知录》，北京：中华书局，1960 年。

（清）徐乾学：《资治通鉴后编》，《续修四库全书》第 342—343 册，上海：上海古籍出版社，2002 年。

（清）徐松：《宋会要辑稿》，北京：中华书局，1957 年。

（清）叶方蔼等：《御定孝经衍义》，《景印文渊阁四库全书》第 718 册，台北：台湾商务印书馆，1986 年。

（清）永瑢等：《四库全书总目》，北京：中华书局，1965 年。

（清）章学诚著，叶瑛校注：《文史通义校注》，北京：中华书局，1985 年。

（清）赵翼著，王树民校证：《廿二史札记校证》，北京：中华书局，1984 年。

（清）赵翼撰，李解民点校：《檐曝杂记》，北京：中华书局，1982 年。

陈文和主编：《嘉定钱大昕全集》，南京：江苏古籍出版社，1997 年

傅增湘：《宋代蜀文辑存》，台北：新文丰出版公司，1974 年。

李裕民校注：《司马光日记校注》，北京：中国社会科学出版社，1994 年。
汪圣铎点校：《宋史全文》，北京：中华书局，2016 年。
吴文治主编：《明诗话全编》，南京：江苏古籍出版社，1997 年。
吴文治主编：《宋诗话全编》，南京：江苏古籍出版社，1998 年。

2. 今人论著

本社：《宋史论集》，郑州：中州书画社，1983 年。
蔡崇榜：《宋代修史制度研究》，台北：文津出版社，1993 年。
陈少明、单世联、张永义：《近代中国思想史略论》，广州：广东人民出版社，1999 年。
陈振主编：《中国通史》第 7 卷，上海：上海人民出版社，1998 年。
陈植锷：《北宋文化史述论》，北京：中国社会科学出版社，1992 年。
程民生：《神人同居的世界——中国人与中国祠神文化》，郑州：河南人民出版社，1993 年。
程毅中：《宋元小说家话本集》，济南：齐鲁书社，2000 年。
程毅中：《宋元小说研究》，南京：江苏古籍出版社，1999 年。
邓广铭、程应镠主编：《宋史研究论文集》，上海：上海古籍出版社，1982 年。
邓广铭、郦家驹等主编：《宋史研究论文集（一九八二年年会编刊）》，郑州：河南人民出版社，1984 年。
邓广铭、漆侠等主编：《宋史研究论文集（一九八七年年会编刊）》，石家庄：河北教育出版社，1989 年。
邓广铭、漆侠主编：《中日宋史研讨会中方论文选编》，保定：河北大学出版社，1991 年。
邓广铭、王云海主编：《宋史研究论文集（一九九二年年会编刊）》，保定：河南大学出版社，1993 年。
邓广铭、徐规等主编：《宋史研究论文集（一九八四年年会编刊）》，杭州：浙江人民出版社，1987 年。
邓广铭：《邓广铭学术论著自选集》，北京：首都师范大学出版社，1994 年。
邓广铭：《邓广铭治史丛稿》，北京：北京大学出版社，1997 年。
邓广铭主编：《中国大百科全书 • 中国历史 • 辽宋西夏金史》，北京：中国大百科全书出版社，1988 年。
丁传靖：《宋人轶事汇编》，北京：中华书局，1981 年。
方如金、方同义、陈国灿：《陈亮与南宋浙东学派研究》，北京：人民出版社，1996 年。
冯友兰：《中国现代哲学史》，广州：广东人民出版社，1999 年。
甘乃光：《先秦经济思想史》，上海：商务印书馆，1929 年。
《关于历史上儒法斗争概况》，内部资料，1974 年。
杭州大学古籍研究所、宋史研究室：《宋辽夏金史研究论著索引（1900—1982）》，1985 年。

贺麟：《文化与人生》，北京：商务印书馆，2005 年。

侯外庐、邱汉生、张岂之：《宋明理学史》，北京：人民出版社，1997 年。

侯外庐主编：《中国思想通史》第 4 卷上册，北京：人民出版社，1959 年。

胡寄窗、谈敏：《中国财政思想史》，北京：中国财政经济出版社，1989 年。

胡寄窗：《中国经济思想史简编》，北京：中国社会科学出版社，1981 年。

胡均：《中国财政史》，上海：商务印书馆，1920 年。

胡士莹：《话本小说概论》，北京：中华书局，1980 年。

黄仁宇：《赫逊河畔谈中国历史》，北京：生活・读书・新知三联书店，1992 年。

《纪念司马光与王安石逝世九百周年学术研讨会论文集》，台北：文史哲出版社，1986 年。

黎澍：《马克思恩格斯列宁斯大林论历史科学》，北京：人民出版社，1980 年。

李华瑞：《宋夏关系史》，保定：河北人民出版社，1998 年。

李华瑞主编：《中国改革通史・两宋卷：内外交困中的艰难选择》，石家庄：河北教育出版社，2000 年。

〔英〕理查德・利基著，吴汝康、吴新智、林圣龙译：《人类的起源》，上海：上海科学技术出版社，1995 年。

梁庚尧：《宋代社会经济史论集》，台北：允晨文化实业股份有限公司，1997 年。

鲁迅：《中国小说史略》，上海：上海古籍出版社，1998 年。

吕振羽：《简明中国通史》，北京：人民出版社，1959 年。

蒙文通：《古史甄微》，成都：巴蜀书社，1999 年。

裴汝诚、许沛藻：《续资治通鉴长编考略》，北京：中华书局，1985 年。

漆侠、胡昭曦主编：《宋史研究论文集（1994 年年会编刊）》，保定：河北大学出版社，1996 年。

漆侠、李埏主编：《宋史研究论文集（1996 年年会编刊）》，昆明：云南民族出版社，1997 年。

漆侠：《宋代经济史》下册，上海：上海人民出版社，1988 年。

漆侠：《探知集》，保定：河北大学出版社，1999 年。

漆侠主编：《宋史研究论文集——国际宋史研讨会暨中国宋史研究会第九届年会编刊》，保定：河北大学出版社，2002 年。

钱穆：《国史大纲》修订本，北京：商务印书馆，1994 年。

钱穆：《中国近三百年学术史》，北京：商务印书馆，1997 年。

〔日〕山根幸夫主编，田仁隆、黄正健等译：《中国史研究入门》（增订本），北京：社会科学文献出版社，2000 年。

沈松勤：《北宋文人与党争——中国士大夫群体研究之一》，北京：人民出版社，1999 年。

四川大学中文系资料室：《宋代文学研究资料类目索引（1919—1985）》，1985 年。

宋晞：《宋史研究论文与书籍目录》增订本，中国文化大学出版部，1983 年。

孙中山：《孙中山选集》，北京：人民出版社，1956 年。

陶晋生：《宋辽关系史研究》，台北：联经出版事业公司，1984 年。

王金铻、陈瑞云主编：《中国现代政治史（1919—1949）》，哈尔滨：黑龙江人民出版社，1990年。
王栻主编：《严复集》，北京：中华书局，1986年。
闻钧天：《中国保甲制度》，上海：商务印书馆，1935年。
吴凤雏、傅林辉：《宋代笔记概论》，南昌：百花洲文艺出版社，1999年。
萧相恺：《宋元小说史》，杭州：浙江古籍出版社，1997年。
杨渭生等：《两宋文化史研究》，杭州：杭州大学出版社，1998年。
叶木青：《中国保甲制度之发展与运用》，上海：世界书局，1936年。
张邦炜：《中国封建王朝兴亡史·两宋卷》，南宁：广西人民出版社，1996年。
赵靖主编：《中国经济思想通史》第3卷，北京：北京大学出版社，1997年。
郑振铎：《中国文学研究》，北京：人民文学出版社，2000年。
中共中央马克思恩格斯列宁斯大林著作编译局：《马克思恩格斯选集》第1—4卷，北京：人民出版社，1972年。
中国社会科学院历史研究所：《八十年来中国史学书目（1900—1980）》，北京：中国社会科学出版社，1984年。
中国社会科学院历史研究所：《马克思恩格斯列宁斯大林论资本主义以前诸社会形态》，北京：文物出版社，1979年。
中国社会科学院历史研究所：《中国史学论文索引》第三编，北京：中华书局，1995年。
中国社会科学院历史研究所资料室、北京大学历史系：《中国史学论文索》第一编，北京：中华书局，1980年。
《中国史稿》编写组：《中国史稿》第5册，北京：人民出版社，1983年。
《中国史研究》编辑部：《中国古代改革家》，北京：中国社会科学出版社，1987年。
仲伟民：《宋神宗》。长春：吉林文史出版社，1997年。
朱汉民、章启辉：《中国学术史·宋元卷》，南昌：江西教育出版社，2001年。
朱维铮校注：《梁启超论清学史二种》，上海：复旦大学出版社，1985年。
禚梦庵：《宋代人物与风气》，商务印书馆，1996年。

附录四 20世纪王安石及其变法研究文献索引

一、国内文献

1. 论文

白自东：《从〈上仁宗皇帝言事书〉看王安石的人才政策——兼论王安石人才思想的形成和实践》，《西藏民院学报》1984 年第 4 期。

包钢特钢厂工人理论小组：《王安石〈答司马谏议书〉注释》，《包头日报》1974 年 9 月 13 日。

鲍国顺：《王安石性命思想探究》，《中山人文学报》1999 年第 9 期。

北大七二级工农兵学员：《法家思想资料》，《北京日报》1974 年 8 月 19 日，第 2 版。

北京大学、清华大学大批判组：《论爱国主义者王安石——兼论历史上儒法之间卖国与爱国两条路线的斗争》，《北京大学学报（哲学社会科学版）》1974 年第 4 期。

北京大学哲学系七二级工农兵学员：《儒法斗争资料（十二）》，《光明日报》1974 年 10 月 17 日，第 2 版。

北京大学哲学系七二级工农兵学员集体编写：《儒法斗争资料（七）》，《光明日报》1974 年 9 月 1 日，第 2 版。

北京师范大学历史系工农兵学员：《〈答司马谏议书〉注释》，《北京日报》1974 年 8 月 7 日，第 2 版。

贝一力：《王安石对我国医药事业的贡献》，《北京医学院学报》1975 年第 3 期。

本刊资料室：《近年来关于王安石及其变法研究的综述》，《王安石研究》1987 年第 2 期。

波涌：《劳动人民是创造历史的动力——从王安石变法谈法家进步作用与阶级斗争的关系》，《破与立》1974 年第 4 期。

蔡柏林、叶枫：《王安石和苏东坡》，《青年一代》1981 年第 3 期。

蔡邦光：《横风疾雨下笔端》，《王安石研究通讯》1986 年第 2 期。

蔡根祥：《王安石之尚书学》，《台北工专学报》1994 年第 2 期。

蔡惠明：《王安石的禅缘》，《香港佛教》1983 年第 277 期。

蔡建基、王侠：《国色天香人咏尽 丹心独抱后人知——探谈王安石诗歌的思想性》，《王安石研究》1988 年第 1 期。

蔡文彦：《试析王安石议论文》，《孔孟月刊》2000 年第 7 期。

蔡忠道：《王安石咏史诗试析》，《高雄师范大学学报》2000 年第 11 期。

曹大民：《试论王安石的诗歌艺术》，《华东师范大学学报（哲学社会科学版）》1994 年第 2 期。

曹继英：《王安石的教育改革与新政》，《济宁师专学报（社会科学版）》1987 年第 1 期。

曹锦炎：《王安石及其〈字说〉：介绍张宗祥辑本〈熙丰字说辑〉》，《浙江学刊》1992 年第 6 期。

曹思彬：《王安石不颂伯夷》，《羊城晚报》1960 年 12 月 27 日。

曹思峰、钟功伟：《王安石传》，《学习与批判》1974 年第 12 期。

陈安仁：《王安石的政治思想》，《中国政治思想史》，台北：台湾商务印书馆，1980 年。

陈伯尹：《王安石》，《国教辅导》1972 年第 6 期。

陈昌鑫：《从“三不足”看王安石的反潮流精神》，《四川日报》1974 年 7 月 13 日，第 3 版。

陈昌鑫：《从“三不足”看王安石的反潮流精神》，《四川师范学院学报（社会科学版）》1974 年第 1 期。

陈昌鑫：《王安石——伟大的爱国主义者》，《成都日报》1974 年 12 月 17 日，第 3 版。

陈昌鑫：《王安石与司马光的斗争是两条路线的斗争》，《成都日报》1974 年 6 月 6 日，第 3 版。

陈登原：《王荆公新法考序》，《金陵学报》1936 年第 2 期。

陈栋：《北宋国情与熙宁变法》，《晋阳学刊》1990 年第 6 期。

陈蕃：《王安石与半山寺和尚》，《历史知识》1983 年第 3 期。

陈芳草：《王安石及其新法综合分析》，《现代学苑》1968 年第 5 期。

陈光崇：《王安石与司马光在变法上之争》，《王安石研究通讯》1986 年第 2 期。

陈国灿：《王安石的“富国之策”》，《学习时报》2000 年 12 月 18 日，第 4 版。

陈国生：《苏东坡阻遏王安石变法的心理学考察》，《吉首大学学报（哲学社会科学版）》1997 年第 3 期。

陈洪澜：《也谈王安石的政治品质与作风——与刘祚昌同志商榷》，《王安石研究》1987年第2期。

陈积榜：《王安石的人才论》，《浙江师范大学学报（社会科学版）》1981 年第 4 期。

陈锦萍：《别举只眼——谈梁启超对荆公风格的评论》，《辅大中国文学研究所学刊》1995 年第 5 集。

陈丽：《王安石与司马光人才观之比较》，《黑龙江社会科学》2000 年第 2 期。

陈敏书：《王安石之政治思想政治措施及其政治态度》，《汗血月刊》1933 年第 5 期。

陈其如、梁木泉：《王安石治理农田水利的措施和观点》，《王安石研究》1987 年第2期。

陈千钧：《略谈王安石变法并对高中中国教学参考书提一些意见》，《中学历史教学》1959 年第 5 期。

陈荣：《王安石的理财思想浅析》，《江西财经学院学报》1986 年第 5 期。

陈瑞台：《王安石的经济改革及其管理思想》，《内蒙古大学学报（哲学社会科学版）》1988 年第 4 期。

陈润叶：《评王安石的史论》，《史学史研究》1993 年第 3 期。

陈润叶：《王安石的历史观》，《湘潭师范学院学报》1993 年第 1 期。

陈圣：《试论王安石变法中的曾布》，《王安石研究》1987 年第 1 期。

陈石：《王荆公之人事制度》，《人事行政》1953 年第 4 期。

陈守实：《读蔡著〈王荆公年谱考略〉（上）——略谈历史人物历史事件的评价问题》，《文汇报》1962 年 4 月 12 日，第 3 版。

陈守实：《读蔡著〈王荆公年谱考略〉（下）——略谈历史人物历史事件的评价问题》，《文汇报》1962 年 4 月 13 日，第 3 版。

陈守忠：《王安石变法与熙河之役》，《甘肃师范大学学报（社会科学版）》1980 年第 3 期。

陈统：《试谈王安石的经济思想及其改革实践》，《厦门大学学报（哲学社会科学版）》1975 年第 4 期。

陈长城、蒋维锬：《王安石变法与木兰陂》，《福建论坛（文史哲版）》1984 年第 4 期。

陈振：《略论保马法的演变——兼评马端临对保马法的误解及影响》，《中州学刊》1979 年第 1 期。

陈振旸：《论王荆公之理财》，《军事与政治》1943 年第 3、4 期。

陈正夫：《论王安石的“荆公新学”》，《抚州师专学报（社会科学版）》1992 年第 2 期。

陈正夫：《王安石哲学思想研究》，《江西大学学报（社会科学版）》1963 年第 1 期。

陈正夫：《王安石自然观初探》，《光明日报》1963 年 5 月 24 日，第 4 版。

陈志刚：《王安石、司马光的个性心理与熙丰变法》，《淮北煤炭师范学院学报（社会科学版）》1994 年第 2 期。

陈中和：《王安石二三事》，《“中央”日报》1959 年 9 月 22 日。

程德林：《王安石教育思想浅探》，《江西师范学院学报（哲学社会科学版）》1982 年第 2 期。

程方：《宋初政治与王安石新法之批判》，《中国新论》1936 年第 7 期。

程民生、郑传斌：《熙丰时期的兵制改革及启示》，《河南大学学报（社会科学版）》1996 年第 3 期。

程念祺：《王安石变法的几个经济问题》，《上海师范大学学报（哲学社会科学版）》1986 年第 3 期。

程千帆：《略论王安石的诗》，《光明日报》1957 年 2 月 17 日，第 3 版。

程祥徽：《评王安石的〈字说〉》，《青海民族学院学报》1975 年第 2 期。

程仰之：《王安石与司马光》，《文史杂志》1942 年第 1 期。

程元敏：《三经新义版本与流传》，《文史哲学报》1981 年第 30 期。

程元敏：《王安石、雱父子享祀庙庭考》，《文史哲学报》1978 年第 27 期。

程元敏：《王安石尚书新义镇考汇评序》，《“中央”日报文史周刊》1979 年第 43 期。

迟景德：《王安石新政之研究》，台北政治大学 1965 年硕士学位论文。

褚柏思：《从王安石诗中见其为人》，《东方杂志》1973 年第 12 期。

春阳：《王安石变法理财》，《财务与会计》1984 年第 6 期。

崔杭生：《王安石〈桂枝香〉开“以词论政”的先河》，《河南教育学院学报（哲学社会科学版）》1993 年第 1 期。

崔升平、刘学军：《论熙河之役》，《固原师专学报》1993 年第 3 期。

党玉敏：《把批林批孔的斗争进行到底——从王安石的“三不足”看孔丘“三畏”的反动性》，《广西日报》1974 年 6 月 17 日，第 2 版。

邓广铭：《〈北宋政治改革家王安石〉序言》，《北京大学学报（哲学社会科学版）》1997 年第 6 期。

邓广铭：《从一篇黑文看罗思鼎们对宋史和王安石变法的懵懂无知——对〈从王安石变法看儒法论战的演变——读《王荆公年谱考略》〉一文的批判》，《社会科学战线》1979 年第 1 期。

邓广铭：《关于〈王安石〉的几点说明》，《光明日报》1954 年 5 月 20 日。

邓广铭：《关于王安石的居里和生卒年问题》，《争鸣》1985 年第 2 期。

邓广铭：《关于王安石的居里茔墓及其他诸问题》，《北京大学学报（哲学社会科学版）》1993 年第 2 期。

邓广铭：《王安石——北宋时期杰出的法家》，《光明日报》1974 年 7 月 7 日，第 3 版。

邓广铭：《王安石在北宋儒家学派中的地位——附说理学家的开山祖问题》，《北京大学学报（哲学社会科学版）》1991 年第 2 期。

邓小南：《熙宁四年〈铨试法〉史料的比较与校正》，《古籍整理研究学刊》1997 年第 2 期。

刁忠民：《试析熙丰之际御史台的畸形状态》，《历史研究》2000 年第 4 期。

丁则良：《王安石日录考》，《清华学报》1941 年第 2 期。

东一夫：《各国对王安石的评论》，《中国史研究动态》1982 年第 2 期。

杜岩：《大政治家王安石》，《台北月刊》1973 年第 4 期。

耳聆：《“熙宁变法”和“元祐更化”——学习鲁迅论王安石札记》，《中山大学学报（哲学社会科学版）》1976 年第 4 期。

范振兴：《王安石的雇役法——读宋史札记之一》，《责善半月刊》1941 年第 4 期。

方豪：《王安石之变法与党争》，《民主评论》1954 年第 12 期。

方师铎：《王安石字说》，《刨根儿集》，台北：文星书店，1965 年。

方维华：《王安石与吕惠卿的关系》，《王安石研究》1987 年第 1 期。

方元珍：《王安石著作考述》，《“中央”图书馆馆刊》1992 年第 2 期。

方元珍：《王半山古文探源》，《空大人文学报》1993 年第 2 期。

方志远：《关于青苗法的推行及其社会效果》，《南开学报（哲学社会科学版）》1988 年第 6 期。

飞白：《王安石之略传及其变法的中心目标——图强御侮》，《河南政治月刊》1935 年第 11 期。

费秉勋：《评尊儒反法的宋话本〈拗相公〉》，《光明日报》1975 年 4 月 17 日。

费海玑：《代王安石问答》，《畅流》1977 年第 9 期。

费海玑：《读清水茂先生的王安石诗注抒感》，《现代国家》1972 年第 88 期。

费海玑：《王安石诗浅谈》，《文学研究续集》，台北：台湾商务印书馆，1975 年。

费海玑：《王安石正传及诗话》，《文学研究续集》，台北：台湾商务印书馆，1975年。

丰宗立：《简论改革家王安石的治水思想》，《江苏教育学院学报（社会科学版）》1996年第1期。

冯璧如：《王介甫〈老子注〉佚文》，《图书集刊》1948年第8期。

冯憬远：《王安石的唯心主义体系——与侯外庐同志商榷》，《光明日报》1963年7月5日，第4版。

抚州地区历史学会：《北宋杰出的改革家——王安石》，《争鸣》1985年第1期。

抚州区干群理论组、江西师范学院中文系：《攻击王安石的要害就是“复礼”》，《江西日报》1974年9月13日，第3版。

抚州师专王安石教育思想研究会：《王安石年表简编》，《抚州师专学报（社会科学版）》1985年第1期。

傅柏林：《治理、整顿、改革需要“三不足”精神》，《王安石研究》1988年第1期。

傅春泗、杨有德：《王安石的教育思想和教育的改革》，《河南日报》1974年11月30日，第3版。

傅锡壬：《从诗作看王安石变法维新的心境》，《淡江人文社会学刊》1999年第3期。

傅毓衡：《王安石土地政策之探讨》，《地政通讯》1947年第17期。

高海夫：《王安石简介》，《中学语文教学参考》1979年第7期。

高纪春：《关于吕惠卿与王安石关系的几点考辨》，《河北大学学报（哲学社会科学版）》1997年第3期。

高纪春：《论朱熹对王安石的批判》，《晋阳学刊》1994年第5期。

高纪春：《宋高宗朝初年的王安石批判与洛学之兴》，《中州学刊》1996年第1期。

高克勤：《王安石年谱补正》，《文献》1993年第4期。

高克勤：《王安石诗李壁注（朝鲜活字本）简介》，《王安石研究》1987年第1期。

高克勤：《王安石著述考》，《复旦学报（社会科学版）》1988年第1期。

高美玲：《“庆历新政”与“熙宁变法”二三事》，《广东社会科学》1990年第4期。

高启明、高文：《浅谈嘉祐中王安石参与议榷茶问题》，《河南大学学报（社会科学版）》1997年第6期。

高文、高启明：《新编王安石年谱》，《河南大学学报（社会科学版）》1992年第5期。

高向杲：《宋王荆公的经济政策》，《中国文化建设协会山西分会月刊》1935年第11—12期。

葛金芳、陈方清：《熙宁新法的富民与富国之争》，《晋阳学刊》1988年第1期。

葛金芳、金强：《近20年来王安石变法研究述评》，《中国史研究动态》2000年第10期。

葛金芳：《王安石变法新论》，《湖北大学学报（哲学社会科学版）》1990年第5期。

耿亮之：《王安石易学与其新学及洛学》，《周易研究》1997年第4期。

公霭：《临川学术之现代性》，《汗血周刊》1935年第23期。

龚纯：《王安石变法与北宋的医学教育》，《中华医史杂志》1955年第3号。

辜健斗：《略论王安石变法失败的原因》，《抚州师专学报（社会科学版）》1992年第

2 期。

辜瑞兰：《青苗法之变动（上）》，《大陆杂志》1965 年第 9 期。

辜瑞兰：《青苗法之变动（下）》，《大陆杂志》1965 年第 10 期。

谷霁光、谷远峰：《王安石经济思想若干问题试析》，《中国史研究》1980 年第 1 期。

谷霁光、谷远峰：《王安石政治经济思想与其〈上龚舍人书〉的关系问题商兑》，《争鸣》1983 年第 1 期。

谷霁光：《试论王安石的历史观与经济改革（上）——为纪念王安石逝世九百周年而作》，《争鸣》1987 年第 1 期。

谷霁光：《试论王安石的历史观与经济改革（下）——为纪念王安石逝世九百周年而作》，《争鸣》1987 年第 2 期。

谷霁光：《试论王安石的历史观与其经济改革》，《王安石研究》1987 年第 1 期。

谷霁光：《王安石变法与商品经济》，朱东润主编：《中华文史论丛》第 7 辑，上海：上海古籍出版社，1978 年。

谷霁光：《王安石法学观点探赜》，《争鸣》1981 年第 1 期。

顾宏义：《〈邵氏闻见录〉有关王安石若干史料辨误》，《河北大学学报（哲学社会科学版）》1998 年第 3 期。

顾吉辰：《王安石“三不足”说质疑》，《青海社会科学》1986 年第 2 期。

顾克非：《千里归来一寸心——王安石离职后的晚年生活》，《老同志之友》1984 年第 5 期。

顾全芳：《曾巩与王安石变法》，《江西社会科学》1988 年第 5 期。

顾全芳：《韩琦论》，《史学月刊》1991 年第 1 期。

顾全芳：《评王安石变法》，《晋阳学刊》1985 年第 1 期。

顾全芳：《评王安石变法期间的“顽固派”》，《学术月刊》1986 年第 6 期。

顾全芳：《评王安石的抑兼并政策》，《北方论丛》1988 年第 3 期。

顾全芳：《青苗法研究》，《西南师范大学学报（哲学社会科学版）》1990 年第 3 期。

顾全芳：《青苗法与反对派》，《山东社会科学》1990 年第 5 期。

顾全芳：《庆历新政与熙丰变法》，《西南师范大学学报（哲学社会科学版）》1987 年第 2 期。

顾全芳：《司马光与青苗法》，《广东社会科学》1992 年第 1 期。

顾全芳：《司马光与王安石变法》，《晋阳学刊》1984 年第 2 期。

顾全芳：《宋神宗与熙丰变法》，《学术月刊》1988 年第 8 期。

顾全芳：《王安石〈言事书〉与司马光的〈论财利疏〉》，《河南大学学报（哲学社会科学版）》1986 年第 4 期。

顾全芳：《重评司马光与王安石变法》，《学术月刊》1990 年第 9 期。

顾全芳：《重评司马光与王安石的分歧与斗争》，《争鸣》1986 年第 3 期。

顾文栋：《试论王安石变法的评价问题——与蒋英杰同志商榷》，《贵州文史丛刊》1993 年第 2 期。

关履权：《关于王安石变法》，《中学历史教学》1957 年第 1 期。

关履权：《王安石的义利观与儒家思想传统》，《晋阳学刊》1986 年第 4 期。

郭成伟：《从阿云狱的审理看宋神宗年间的敕律之争》，《政治论坛》1985 年第 4 期。

郭城伟、沈国峰：《神宗变法与北宋编敕的发展》，《法律史论丛》第 3 辑，北京：法律出版社，1983 年。

郭沫若：《杜鹃与道学——读梁任公〈王安石评传〉有感》，《学习生活》1943 年第 1 期。

郭沫若：《王安石（名人评传）》，《文萃》1945 年第 11 期。

郭平粱、席康元：《从〈王安石〉看邓广铭的封建的资产阶级历史观》，《读书》1958 年第 16 期。

郭企元：《王安石“三不足”的战斗精神》，《人民日报》1974 年 8 月 15 日，第 2 版。

郭企元：《王安石是中国历史上的改革家》，《文汇报》1974 年 5 月 21 日，第 4 版。

郭文佳、彭学宝：《从庆历新政和王安石变法看韩琦》，《殷都学刊》2000 年第 1 期。

郭垣：《王安石的整理田赋政策》，《经济汇报》1943 年第 2 期。

郭垣：《王安石论“性”》，《北平晨报》1936 年 12 月 18 日。

郭正忠：《诤友与政敌——从王安石与司马光的关系说起》，《文史知识》1987 年第 9 期。

郭志坤：《简论王安石的考课法》，《历史教学问题》1981 年第 4 期。

过杭奇：《王安石解“剥枣”所说明的》，《光明日报》1961 年 11 月 18 日，第 4 版。

韩强：《王安石哲学思想研究》，《国内哲学动态》1985 年第 2 期。

韩文兴：《王安石及其著作》，《赣图通讯》1983 年第 4 期。

蒿峰：《范仲淹、王安石、张居正变法异同》，《山东社会科学》1988 年第 6 期。

何耿镛：《关于王安石的〈字说〉》，《中国语文通讯》1979 年第 1、2 期。

何耿镛：《关于王安石的《字说》——驳“四人帮”所谓〈字说〉是王安石变法的“理论根据”的谬论》，《厦门大学学报（哲学社会科学版）》1978 年第 4 期。

何林陶：《关于王安石“免役法”的几个问题》，《史学集刊》1956 年第 1 期。

何守先：《王安石治鄞政绩》，《王安石研究》1987 年第 2 期。

何湘妃：《南宋高孝两朝王安石评价的变迁过程与分析》，台湾大学 1984 年硕士学位论文。

何忠礼：《也论王安石变法的失败原因——纪念王安石逝世九百周年》，《杭州大学学报（哲学社会科学版）》1986 年第 2 期。

贺麟：《王安石的心学》，《思想与时代》1947 年第 41 期。

贺麟：《王安石的性论》，《思想与时代》1947 年第 43 期。

贺麟：《王安石的哲学思想》，钱穆等：《中国哲学思想论集（宋明篇）》，台北：牧童出版社，1976 年。

贺学海：《王安石保甲法之利弊和唐代兵制——贺学海在河南行政督察区陕县师资训练所讲演》，《国光杂志》1936 年第 18 期。

红戈壁：《一场改革与反革命的斗争——谈王安石变法》，《宁夏日报》1974 年 9 月 3 日，第 3 版。

洪本健：《欧阳修后期思想评议——兼论其止散青苗钱之观点》，《华东师范大学学报

（哲学社会科学版）》1988 年第 5 期。
洪为法：《谈王安石与苏轼的友情》，《申报》1946 年 9 月 28 日，第 11 版。
洪为法：《王安石之执拗》，《青年界》1934 年第 5 期。
洪雅文：《王安石禅诗初探》，华梵大学 2000 年硕士学位论文。
侯琦：《王安石的廉政方略》，《中国行政管理》1992 年第 12 期。
侯外庐、邱汉生：《唯物主义者王安石》，《历史研究》1958 年第 10 期。
侯绪庆：《王安石与赋税改革》，《零陵师范高等专科学校学报》2000 年第 1 期。
胡传安：《杜甫对王安石之影响》，《台北商专学报》1974 年第 3 期。
胡传志：《〈王荆公年谱考略〉纠谬拾遗》，《抚州师专学报（社会科学版）》1989 年第 4 期。
胡钝俞：《评王安石拟寒山拾得诗二十首》，《中国诗季刊》1973 年第 1 期。
胡钝俞：《王安石诗选评》，《夏声月刊》1973 年第 105 期。
胡嘉建：《王安石释“剥枣”》，《北京日报》1983 年 9 月 10 日，第 3 版。
胡守仁：《试论王安石的咏史诗》，《江西师范大学学报（哲学社会科学版）》1994 年第 2 期。
胡守仁：《试论王安石诗》，《江西社会科学》1995 年第 7 期。
胡守仁：《王安石与曾巩的友谊》，《争鸣》1987 年第 3 期。
胡义先：《发展社会生产力是王安石变法的根本指导思想》，《王安石研究》1988 年第 1 期。
胡义先：《王安石与水利功臣——程昉》，《王安石研究》1987 年第 2 期。
胡昭曦：《关于评价王安石变法的几个问题》，《光明日报》1965 年 3 月 10 日，第 4 版。
胡昭曦：《王安石变法是为了人民吗？》，《历史教学》1965 年第 4 期。
胡昭曦：《熙丰变法经济措施之再评价》，《西南师范学院学报（哲学社会科学版）》1984 年第 4 期。
扈迅：《宋刊〈王文公文集〉书背宋人遗档介绍》，《王安石研究》1987 年第 1 期。
华师中文系评论组：《北宋诗文革新运动的一个战斗纲领——读王安石〈上人书〉》，《武汉文艺》1974 年第 6 期。
华文：《临川政绩简例》，《汗血周刊》1935 年第 23 期。
怀治：《王安石的博和精》，《文汇报》1962 年 1 月 31 日，第 2 版。
黄碧端：《王安石政治思想之研究》，台湾大学 1986 年硕士学位论文。
黄复山：《王安石三不足说考辨》，《汉学研究》1993 年第 1 期。
黄复山：《王安石字说之研究》，台湾大学 1981 年硕士学位论文。
黄汉超：《宋神宗实录前后改修之分析（上）》，《新亚学报》1965 年第 1 期。
黄汉超：《宋神宗实录前后改修之分析（下）》，《新亚学报》1966 年第 2 期。
黄敬先：《王安石晚年觅诗归自然》，《历史月刊》1995 年第 90 期。
黄良升：《商鞅与王安石治国思想的比较》，东吴大学 1988 年硕士学位论文。
黄明喜：《论王安石的陶冶成才观》，《华东师范大学学报（哲学社会科学版）》2000 年第 1 期。

黄绍强：《论王安石变法用人不当的原因》，《江西广播电视大学学报》2000 年第 3 期。

黄书光：《王安石实学教育思想述评》，《殷都学刊》1987 年第 4 期。

黄宜福：《浅论王安石对科举制度的改革》，《抚州师专学报（社会科学版）》1986 年第 2 期。

黄义臣：《围绕王安石变法的两条路线斗争》，《湖北日报》1974 年 9 月 23 日，第 3 版。

黄永杰：《论王安石的人才观》，《吉林大学社会科学学报》1997 年第 2 期。

黄永杰：《王安石人才思想浅议》，《人才管理》1995 年第 2 期。

黄永奎：《对于〈试论王安石变法失败之原因〉一文中的商榷意见》，《史学月刊》1957 年第 5 期。

黄长椿：《关于王安石〈初去临川〉〈葛溪驿〉二诗的年系——与吴汝煜同志商榷》，《王安石研究》1987年第2期。

黄长椿：《王安石到过庐山吗》，《争鸣》1982 年第 3 期。

黄长椿：《王安石与柘冈吴氏》，《江西师范学院学报（哲学社会科学版）》1979 年第 2 期。

霍春英：《近年来王安石变法问题讨论述评》，《中国史研究动态》1989 年第 6 期。

嵇文甫：《从王安石变法说到中国历史上的无为思想》，《河南政治月刊》1935 年第 11 期。

季平：《把司马光划为保守派的根据何在》，《西南师范大学学报（哲学社会科学版）》1990 年第 4 期。

季平：《荆公温公同异论——治军、用兵与弃地的问题》，《西南师范学院学报（哲学社会科学版）》1984 年增刊。

季平：《论司马光反对青苗法》，《西南师范学院学报（哲学社会科学版）》1985 年第 4 期。

季平：《论司马光反对青苗法》，《西南师范学院学报（哲学社会科学版）》1985 年第 4 期。

季平：《司马光对时局的认识》，《晋阳学刊》1985 年第 2 期。

季平：《王安石的“不恤人言”与司马光的“俯顺民心”》，《北方论坛》1986 年第 2 期。

季平：《王安石和司马光的政治思想探源》，《四川师范学院学报（社会科学版）》1985 年第 3 期。

季盛清：《宋代台谏监察的衰落与熙宁变法述论》，《中共浙江省党校学报》1995 年第 6 期。

贾德谦：《试论王安石变法的成与败》，《王安石研究》1988 年第 1 期。

贾献文、陈光莲：《试析反对“王安石变法”势力的形成及其手法》，《赣南师范学院学报》1987 年第 4 期。

贾献文、陈光莲：《王安石的用人之道——试论王安石变法中选拔培养人才》，《江西教育学院学刊》1987 年第 1 期。

贾玉英：《试论王安石变法时期的仓法》，《河南大学学报（哲学社会科学版）》1990 年第 1 期。

贾玉英：《王安石变法与台谏》，《抚州师专学报（社会科学版）》1995 年第 4 期。
简铁：《王安石渔海沧隐图瞥记》，《艺坛》1975 年第 89 期。
江澄格：《从更广的角度来看王安石》，《历史月刊》1999 年 134 期。
江春：《王安石的节俭生活》，《新民晚报》1959 年 9 月 11 日，第 6 版。
江抚教：《“三舍法”——王安石改革教育的一项创举》，《争鸣》1983 年第 3 期。
江和元：《从地方行政制度与地方官对新法的实施看王安石变法的失败》，《史苑》2000 年第 60 期。
江苏淮阴县青少年业余体校理论学习小组：《知难而进的战斗精神——读王安石的〈答司马谏议书〉》，《新体育》1974 年第 12 期。
江天：《林彪咒骂王安石的用心何在》，《人民日报》1974 年 3 月 19 日，第 3 版。
江学谦：《王安古祭欧阳文忠公文》，《明道文艺》1995 年第 227 期。
姜国华：《试论王安石的人才思想》，《实事求是》1992 年第 4 期。
姜国柱：《论王安石》，《社会科学辑刊》1980 年第 3 期。
姜恨侵：《王安石变法中官田水利法》，中国文化学院 1967 年硕士学位论文。
姜林祥、刘俊一：《王安石反对民族投降主义的斗争》，《破与立》1976 年第 2 期。
姜永第：《浅析王安石改革失败的原因》，《理论探讨》1993 年第 2 期。
疆：《王安石之政治思想及其新法论略》，《南尖季刊》1937 年第 2 号。
蒋复璁：《王安石》，《中国文学史论集》1958 年第 2 期。
蒋复璁：《王安石评传》，《宋史新探》，台北：正中书局，1966 年。
蒋义斌：《宋代儒释调和论及排佛论之演进——王安石融通儒释及程朱学派之排佛反王》，中国文化大学 1983 年博士学位论文。
蒋英杰：《王安石变法历史作用别论》，《贵州文史丛刊》1992 年第 3 期。
教史：《王安石的教育改革》，《教育革命》1974 年第 3 期。
教史：《王安石教育言论选注和教育改革》，《教育革命》1974 年第 3 期。
教育教研室：《北宋中叶教育领域中改革与反改革的斗争——兼论法家王安石的教育思想》，《哈尔滨师范学院学报（社会科学版）》1974 年第 3 期。
金性尧：《诗人王安石》，《书林》1983 年第 1 期。
金秀珍：《我国十一世纪变法家的宣言书——读王安石〈上仁宗皇帝言事书〉》，《松辽学刊（社会科学版）》1984 年第 3 期。
靳志柏：《王安石新学同儒家理学的斗争》，《天津日报》1974 年 6 月 3 日，第 2 版。
靳钟：《“总把新桃换旧符”——谈王安石反对因循守旧的斗争》，《南开大学学报（哲学社会科学版）》1975 年第 1 期。
景唐：《变法维新的王安石》，《生力月刊》1971 年第 43 期。
静好书室主：《王安石之时代背影》，《河南政治月刊》1935 年第 11 期。
康来新：《小说对历史人物的民意制裁——宋人话本中的王安石》，《历史月刊》1997 年第 9 期。
柯进益：《从王安石变法中探讨青苗法的利弊》，《社会科教育学刊》1994 年第 4 期。
客杰：《半山名迹考》，《汗血周刊》1935 年第 23 期。

孔祥振：《试论欧阳修对王安石变法的态度》，《天津财经学院学报》1987年第4期。

赖汉屏：《囚首垢面，拗骨冰心——王安石的生活情趣》，《明道文艺》1991年第189期。

赖作卿：《中国历史上农业金融的一次突破——王安石变法中的"青苗法"》，《赣南师范学院学报》1996年第1期。

兰州炼油厂科学研究所工人理论组：《从王安石变法看北宋儒法两条战线的斗争》，《甘肃日报》1974年8月28日，第3版。

乐马：《国家衰盛在人才——王安石〈材论〉中人才思想浅析》，《求实》1986年第2期。

乐文华：《宋神宗与祖宗家法》，《江西教育学院学报》2000年第1期。

雷飞龙：《北宋新旧党争与其学术政策之关系》，《政大学报》1965年第11期。

雷庆：《从王安石变法的失败看因循苟且之风对社会变革的巨大阻碍作用》，《松辽学刊（社会科学版）》1989年第1期。

冷辑林、乐文华：《宋神宗是熙丰变法的主宰》，《江西社会科学》1999年第1期。

礼言：《王安石的晚年退居生活》，《古今谈》1969年第51期。

李伯勉：《王安石生日考》，《文史》第1辑，北京：中华书局，1962年。

李伯勉：《王安石生日续考》，《上海师范学院学报（社会科学版）》1979年第2期。

李春圃：《读〈王安石变法〉》，《光明日报》1963年8月28日，第4版。

李达三：《试析"熙丰新法"的行废》，《河北师范大学学报（社会科学版）》1988年第3期。

李伏虎：《经济改革上的大刀阔斧与体制改革上的不相适应——略论王安石变法失败原因之一》，《抚州师专学报（社会科学版）》1990年第3期。

李伏虎：《王安石的人才观》，《晋阳学刊》1982年第2期。

李光武：《王安石与司马光法律思想比较分析》，《华中师范大学学报（哲学社会科学版）》1989年第5期。

李广星：《王安石两次罢相说明了什么》，《枣庄师专学报（社会科学版）》1984年第1期。

李国强：《北宋熙宁年间的察访使》，《上海大学学报（社会科学版）》1996年第6期。

李华瑞：《关于〈青苗法研究〉中的几个问题》，《西南师范大学学报（哲学社会科学版）》1992年第3期。

李华瑞：《论北宋政治变革时期的文化》，《文献》1999年第2期。

李华瑞：《庆州兵变与王安石变法》，《甘肃社会科学》1989年第4期。

李家启：《王安石之政治思想》，《中央大学半月刊》1930年第10期。

李军：《江西省纪念王安石逝世九百周年学术讨论会综述》，《争鸣》1987年第1期。

李俊清：《苏辙役法主张述评》，《晋阳学刊》1988年第2期。

李联明：《嘲骂无损于改革的光辉——儒法文学斗争一例》，《福建师范大学学报》1974年第5期。

李孟存：《熙宁变法与礼学歧义》，《山西师范大学学报》1986年专刊。

李慕如：《由王荆公古文析论其学术思想与经世思想》，《屏东师范学院学报》1992年第5期。

李清怡：《试论〈辨奸论〉的真伪问题》，《光明日报》1957年3月17日，第3版。

李泉等：《文艺斗争不可调和——从王安石〈上人书〉看北宋儒法两家在文艺路线上的斗争》，《河北文艺》1974年第6期。

李瑞良：《王安石变法与“福建子”》，《福建论坛（文史哲版）》1985年第4期。

李世宇：《皇权与王安石变法》，《贵州大学学报（社会科学版）》1987年第1期。

李树芳：《王安石的教育主张及其设施》，《河南政治月刊》1935年第11期。

李先翔：《关于李觏对王安石思想影响问题的探讨》，《王安石研究》1987年第1期。

李贤臣：《熙宁之争的性质刍议——从〈答司马谏议书〉谈起》，《史学月刊》1986年第6期。

李祥俊：《王安石的佛学思想》，《中国文化月刊》2001年第258期。

李向伟、刘双：《也谈司马光和王安石变法》，《驻马店师专学报》1990年第3期。

李欣复：《略论王安石的教育改革》，《破与立》1975年第2期。

李杏林：《浅谈王安石在潜山的诗作思想》，《王安石研究》1988年第1期。

李燕新：《王安石题画诗析论》，《大同商专学报》1998年第11期。

李燕新：《王荆公诗探究》，高雄师范学院1978年硕士学位论文。

李一苏：《略论王安石变法前后的旱涝》，《王安石研究》1987年第1期。

李庸馨：《王荆公诗析论》，台湾大学1978年硕士学位论文。

李雨熏：《从王安石变法看北宋时期的儒法斗争》，《江西日报》1974年11月8日，第2版。

李震：《曾巩同王安石的交流和分歧》，《徐州教育学院学报（社会科学版）》1987年第4期。

李震：《曾巩王安石交游疏密考辨》，《江苏教育学院学报（社会科学版）》1988年第2期。

李之鉴：《从二程对王安石的批判看理学的政治倾向》，《中州学刊》1987年第4期。

李之鉴：《关于王安石新学影响后世之管见》，《河南师范大学学报（哲学社会科学版）》1987年第1 期》1987年第1期。

李之鉴：《论王安石“任理而无情”的辩证法》，《黄淮学刊（哲学社会科学版）》1998年第3期。

李之鉴：《论王安石新学新法同神宗求治的关系》，《平原大学学报》1990年第1期。

李之鉴：《浅析王安石的社会历史观》，《新乡师范学院学报》1983年第1期。

李之鉴：《王安石“道有体有用”思想评论》，《平原大学学报》1989年第3期。

李之鉴：《王安石“情者性用”思想简评》，《河南师范大学学报（哲学社会科学版）》1988年第2期。

李之鉴：《王安石程颐〈易·乾〉异说浅论》，《河南师范大学学报（哲学社会科学版）》1996年第3期。

李之鉴：《王安石的“元气不动”与“道立于两”思想浅议》，《平原大学学报》1991年第 2 期。

李之鉴：《王安石人才观浅议》，《黄淮学刊（社会科学版）》1994 年第 3 期。

李之鉴：《王安石新学派的后劲——龚原的哲学》，《河南师范大学学报（哲学社会科学版）》1990 年第 4 期。

李之勤：《熙宁年间宋辽河东边界交涉研究》——王安石弃地数百里说质疑，《山西大学学报（哲学社会科学版）》1980 年第 1 期。

李志壮：《林彪攻击王安石居心何在？》，《陕西日报》1974 年 9 月 19 日，第 3 版。

李宗桂：《试论王安石的哲学思想》，《四川师范学院学报（社会科学版）》1981 年第 1 期。

历史系大批判组：《北宋中期的一场儒法大论战——论王安石与司马光的斗争》，《福建师范大学学报》1974 年第 3 期。

梁贵淑：《王安石绝句探析》，台湾辅仁大学 1986 年硕士学位论文。

梁觉：《读王安石的〈上时政疏〉》，《破与立》1974 年第 3 期。

梁明雄：《王安石诗研究》，东海大学 1973 年硕士学位论文。

梁启超：《王荆公・例言》，《饮冰室合集・专集》第 7 册，北京：中华书局，2015 年。

梁启超：《王荆公・自序》，《饮冰室合集・专集》第 7 册，北京：中华书局，2015 年

梁启超：《王荆公选唐诗》，《饮冰室合集・文集》第16册，北京：中华书局，2015 年。

廖大珂：《北宋熙宁元丰间的市舶制度改革》，《南洋问题研究》1992 年第 1 期。

廖大珂：《王安石变法与市舶制度改革》，《王安石研究》1988 年第 1 期。

廖钟闻：《尊儒反法的〈辨奸论〉》，《人民日报》1974 年 6 月 11 日，第 2 版。

林岑：《略论沈括与王安石的关系》，《北京师范学院学报》1980 年第 4 期。

林翠玫：《王安石〈字说〉之价值》，台湾政治大学 1995 年硕士学位论文。

林敬文：《王安石研究》，《台湾师范大学国文研究所集刊》1980 年第 24 期下。

林敬文：《王安石研究》，台湾师范大学 1978 年硕士学位论文。

林如球：《朱熹为什么算王安石变法的账》，《厦门大学学报（哲学社会科学版）》1976 年第 2 期。

林瑞翰：《〈宋史・王安石传〉注（二）》，《大陆杂志》1963 年第 2 期。

林瑞翰：《〈宋史・王安石传〉注（三）》，《大陆杂志》1963 年第 3 期。

林瑞翰：《〈宋史・王安石传〉注（四）》，《大陆杂志》1963 年第 4 期。

林瑞翰：《〈宋史・王安石传〉注（五）》，《大陆杂志》1963 年第 5 期。

林瑞翰：《〈宋史・王安石传〉注（一）》，《大陆杂志》1963 年第 1 期。

林瑞翰：《宋代保甲》，《大陆杂志》1960 年第 7 期。

林瑞翰：《熙丰变法丛考》，《中华文化复兴月刊》1972 年 第 1 期。

林抒：《王安石在古文运动中的历史地位》，《王安石研究》1987 年第 1 期。

林荫：《谈王安石陶冶人才》，《赣南师专学报》1980 年第 2 期。

林正秋：《王安石变法散论——兼与顾全芳同志商榷》，《华东师范大学学报（哲学社会科学版）》1987 年第 2 期。

林治平：《论王安石》，《反攻》1955 年第 134 期。

临川县唱凯公社古港大队贫下中农理论小组等：《论王安石的教育思想》，《江西日报》1975 年 1 月 29 日，第 3 版。

刘崇汉：《谈王安石的人才思想》，《抚州师专学报（社会科学版）》1985 年第 1 期。

刘恩华：《王安石的人才开发思想》，《大连教育学院院刊》1986 年第 2 期。

刘复生：《儒学复兴思想影响下的北宋中期贡举改革》，《史学月刊》1992 年第 5 期。

刘鹤群：《革命政治家王安石评述》，《汗血周刊》1935 年第 23 期。

刘焕曾、任仲书：《王安石变法和北宋商品经济发展的矛盾》，《西南师范大学学报（哲学社会科学版）》1990 年第 1 期。

刘简：《王安石变法始末》，《女师专学报》1974 年第 5 期。

刘坤太：《略论王安石的民本思想及其对变法的影响》，《河南大学学报（哲学社会科学版）》1986 年第 4 期。

刘坤太：《王安石〈周官新义〉浅识》，《河南大学学报（社会科学版）》1985 年第 4 期。

刘坤太：《王安石建设新型官僚队伍的尝试》，《史学月刊》1986 年第 5 期。

刘黎儿：《王安石变法失败的原因》，《史绎》1975 年第 12 期。

刘梦初：《王安石书信艺术论略》，《湖北民族学院学报（社会科学版）》1993 年第 4 期。

刘铭恕：《王安石字说源流考》，《师大月刊》1933 年第 2 期。

刘乃昌：《北宋农民起义与王安石变法》，《光明日报》1975 年 2 月 25 日，第 2 版。

刘乃昌：《苏轼同王安石的交往》，《东北师范大学学报（哲学社会科学版）》1981 年第 3 期。

刘太希：《王荆公的新政》，《畅流》1959 年第 2 期。

刘言立：《北宋时期的大理财家——王安石》，《山西财经学院学报》1983 年第 2 期。

刘燕虹：《王安石以人名为题的咏人诗初探》，《中国文化研究所学报》1994 年新第 3 期。

刘一安：《从内部破坏王安石新政的蔡京》，《开封师范学院学报（社会科学版）》1975 年第 1 期。

刘云：《王安石政治思想及其新法初探》，《江西社会科学》1986 年第 4 期。

刘正忠：《王荆公金陵诗研究》，高雄师范大学 1994 年硕士学位论文。

刘子健：《王安石、曾布与北宋晚期官僚的类型》，《清华学报》1960 年第 1 期。

刘祚昌：《论王安石的政治品质与政治作风》，《东岳论丛》1986 年第 2 期。

柳莹杓：《王安石访临川时期考》，《中国文哲研究通讯》1996 年第 2 期。

龙棫林：《王安石论人事》，《人事行政》1974 年第 39 期。

龙哲：《改革家王安石和他的法家思想》，《黑龙江日报》1974 年 7 月 13 日，第 3 版。

鲁海帆：《王安石变法与司马光反变法的斗争》，《广州日报》1974 年 7 月 10 日，第 3 版。

鲁文：《王安石变法之功过毁誉》，《台湾省立台北图书馆刊》1964 年第 1 期。

路焕云：《王安石所游褒禅山地址实考》，《镇江师专学报（社会科学版）》1994 年第 1 期。

路育松：《试论王安石对吏禄的改革》，《安徽史学》1999 年第 2 期。

路者：《王安石并非斥〈春秋〉为断烂朝报》，《光明日报》1962 年 5 月 23 日。

罗传奇：《〈王荆公诗集笺注〉若干笺注汇集》，《王安石研究》1987 年第 1 期。

罗传奇：《王安石的“三舍法”》，《江西教育科研》1985年第4期。
罗根泽：《王安石的政教文学论》，《文艺先锋》1946年第3期。
罗家祥：《试析王安石改革役法的目的》，《信阳师范学院学报》1983年第3期。
罗家祥：《司马光、王安石德才异同论》，《晋阳学刊》1985年第3期。
罗家祥：《宋神宗与熙丰时期的朋党之争》，《江汉论坛》1990年第3期。
罗家祥：《熙丰变法之初两派纷争缘起新探》，《华中师范大学学报（哲学社会科学版）》1993年第3期。
罗家祥：《元祐新旧党争起因探源》，《江汉论坛》1985年第9期。
罗慷烈：《王安石词杂论》，《抖擞》1974年第4期。
罗思鼎：《从王安石变法看儒法论战的演变——读〈王荆公年谱考略〉》，《人民日报》1974年2月5日，第1版。
骆啸声：《关于王安石变法的几个问题》，《江西社会科学》1987年第3期。
骆啸声：《浅论司马光与王安石的变法理论》，《运城高专学报（哲学社会科学版）》1997年第1期。
骆啸声：《温公与荆公变法思想之比较》，《湖北大学学报（哲学社会科学版）》1987年第6期。
吕立琢：《王安石变法考察》，《盐城师专学报（社会科学版）》1985年第1期。
吕荣哲：《杰出的政治变革家吕惠卿——王安石变法的副帅》，《黑龙江社会科学》1999年第2期。
吕云飞：《宋代学术史上的荆公新学》，《河南社会科学》1996年第4期。
吕振羽：《读赵宗城〈关于王安石的自然观〉——载1964年2月28日〈光明日报〉》，《吉林大学社会科学学报》1984年第6期。
马昌夏：《王安石》，《光明日报》1951年11月17日。
马南：《王安石变法成败纵横谈》，《政法论丛》1993年第4期。
马先彦：《科举考试内容与评判标准的首次匡定——对王安石科举改革的几点思考》，《贵州社会科学》1998年第6期。
马元材：《关于财政方面之王安石诸新法（续）》，《河南政治月刊》1935年第12期。
马元材：《关于财政方面之王安石诸新法》，《河南政治月刊》1935年第11期。
毛振凤：《王荆公之政治思想与现状》，《进德月刊》1936年第11期。
梅庚整理：《王安石》，《贵阳晚报》1981年4月11日，第4版。
蒙文通：《与李源澄论北宋变法与南宋和战》，《论学》1937年第5期。
孟庆鹏：《王安石也搞了点责任制》，《北京晚报》1983年3月15日，第3版。
孟天运：《王安石的人才理论与实践》，《东方论坛》1997年第2期。
孟天运：《王安石改革与社会舆论》，《史学集刊》1988年第3期。
棉铃、李诗：《复制王安石文集的故事》，《光明日报》1963年1月15日。
苗春德：《北宋的两次社会改革与人才》，《中州古今》1988年第2期。
苗春德：《读王安石〈材论〉》，《中州学刊》1983年第4期。
明夷：《王安石新政的估价》，《政治月刊》1935年第3期。

慕凤：《读〈王荆公年谱考略〉》，《责善半月刊》1940 年第 17 期。
穆岚：《试论王安石的人才观》，《河南师范大学学报（哲学社会科学版）》1987 年第 4 期。
乃昌：《劳动人民是创造历史的动力——从王安石变法谈法家的进步作用与整个阶级斗争的关系》，《大众日报》1974 年 11 月 14 日，第 2 版。
南开大学历史系工农兵学员：《王安石小传》，《教育革命通讯》1974 年第 6 期。
南溟：《王安石的经纶大略（续完）》，《更生》1941 年第 7 期。
倪士毅、宋佩芳：《王安石治鄞政绩述略》，《浙江学刊》1987 年第 3 期。
倪士毅、宋佩芬：《王安石在鄞县的政绩述略》，《王安石研究》1987年第2期。
倪正太：《北宋的吏制与王安石变法的失败》，《江海学刊》1983 年第 3 期。
宁辛谷：《王安石的变法斗争》，《江西日报》1974 年 7 月 10 日，第 3 版。
牛致功：《王安石变法与儒法斗争——驳罗思鼎歪曲王安石变法的几个谬论》，《陕西师范大学学报（哲学社会科学版）》1977 年第 4 期。
潘富思、徐余庆：《论二程的变革理论和对熙宁新政的态度》，《学术月刊》1986 年第 3 期。
潘友梅：《试论王安石碑志文的成就》，《阜阳师范学院学报（社会科学版）》1989 年第 3 期。
庞启：《谈王安石的“祖宗不足法”》，《内蒙古日报》1974 年 8 月 30 日，第 3 版。
裴汝诚、谷霁光：《关于〈王安石变法与商品经济〉的通信》，朱东润、李俊民、罗竹风主编：《中华文史论丛》第 1 辑，上海：上海古籍出版社，1979 年。
裴汝诚：《〈迩英奏对〉质疑》，杨渭生主编：《徐规教授从事教学科研工作五十周年纪念文集》，杭州：杭州大学出版社，1995 年。
彭国栋：《苏明允与王介甫》，《艺文掌故丛谈》，台北：正中书局，1956 年。
彭海：《王安石与韩琦》，《四川师范学院学报（社会科学版）》1982 年第 3 期。
皮作琼：《关于王安石人事制度思想的研究》，《人事行政》1951 年第 1 期。
朴宗：《王安石词研究》，东吴大学 1990 年博士学位论文。
漆侠、郭东旭：《关于王安石变法研究中的几个问题》，《中国史研究》1989 年第 4 期。
漆侠：《北宋熙宁时代农田水利事业的发展——王安石新法研究之一》，《光明日报》1950 年 6 月 21 日。
漆侠：《荆公学派与辩证法哲学》，《河北学刊》1999 年第 6 期。
漆侠：《论王安石变法》，《人民日报》1963 年 5 月 16 日，第 5 版。
漆侠：《论王安石的保甲法》，《光明日报》1952 年 2 月 2 日。
漆侠：《王安石的〈明妃曲〉》，《中国文化研究》1999 年春之卷。
漆侠：《王安石的哲学思想》，《河北大学学报（哲学社会科学版）》1978 年第 3 期。
漆侠：《王安石新法的渊源》，《历史教学》1951 年第 4 期。
漆侠：《王雱：一个早慧的才华四溢的思想家》，《中国史研究》2000 年第 4 期。
漆侠：《尹洙王安石论“校事”》，《申报》1948 年 2 月 7 日，第 8 版。
漆侠：《再论王安石变法》，《王安石研究》1987年第2期。

漆侠：《再论王安石变法——王安石逝世九百周年》，《河北大学学报（哲学社会科学版）》1986 年第 3 期。

杞愚：《司马光和王安石的一场论战——再谈“循名责实”问题》，《广西日报》1985 年 4 月 11 日。

千里：《简评蔡上翔的〈王荆公年谱考略〉》，《云南日报》1974 年 7 月 2 日，第 2 版。

千蕤：《顾震沧撰〈王荆公年谱〉正误》，《学海》1944 年第 3 期。

钱穆：《论荆公温公理财见解之异同：未学斋读史随笔之六》，《益世报（天津）》1937 年 3 月 4 日，第 20 版。

钱穆：《王荆公的哲学思想》，孙鼎宸：《新亚书院文化讲座录》，香港：新亚书院，1962 年。

钱润森：《论王安石变法——北宋中期儒法两家的一场大论战》，《南昌日报》1974 年 9 月 10 日。

钱在祥、曹汉章：《试论王安石的人才学思想》，《江海学刊》1983 年第 1 期。

秦华：《谈王安石对教育的改革》，《光明日报》1974 年 10 月 17 日，第 2 版。

清华大学水利系理论小组：《北宋变法时期在水利问题上的儒法斗争》，《清华北大理工学报》1974 年第 2 期。

丘为君：《王安石变法失败的原因——一个经济学观点的解释》，《史绎》1978 年第 15 期。

邱汉生：《王安石〈诗义〉的法家思想》，《天津师范学院学报》1974 年第 1 期。

邱汉生：《王安石的新学和变法思想的原则》，《历史教学》1959 年第 3 期。

邱横楷：《曾巩与王安石》，《抚州师专学报（社会科学版）》1989 年第 1 期。

瞿静涵：《王安石的教育思想》，《江西日报》1962 年 8 月 18 日。

全青木：《王安石与李觏思想同异论》，《王安石研究》1987 年第 1 期。

饶国宾：《王安石系统思想初探》，《抚州师专学报（社会科学版）》1985 年第 2 期。

任奇正：《吏治改革的妥协性是王安石变法失败的一个重要原因》，《青海师范学院学报（哲学社会科学版）》1979 年第 2 期。

任树民：《论王安石变法中的几个问题》，《西藏民族学院学报》1984 年第 3 期。

荣宪宾：《曾巩治齐与王安石变法》，《东岳论丛》1987 年第 4 期。

商港：《试论王安石的人才思想》，《北方论丛》1986 年第 6 期。

上海师大中文系大批判组：《改革家的诗文——读王安石的几篇作品》，《朝霞》1974 年第 7 期。

申震疆：《王安石变法之经过》，《现代西北》1944 年第 1 期。

沈松勤：《论王安石与新党作家群》，《杭州大学学报（哲学社会科学版）》1998 年第 1 期。

施莫赋：《王安石变法和新学与理学之争》，《解放日报》1975 年 5 月 19 日。

施辉煌：《王安石与北宋孟子学》，台湾成功大学 1999 年硕士学位论文。

施闲：《王荆公之政治思想》，《国专丛刊》1930 年第 2 期。

施燕：《论王安石的教育改革》，《广东师范学院学报（哲学社会科学版）》1974 年第

3 期。

石昌渝：《围绕王安石变法的一场哲学大论战》，《长江日报》1976 年 6 月 23 日，第 2 版。

时保吉、李文杰、韩晓光：《论变法中的司马光》，《殷都学刊》2000 年第 1 期。

史兵：《北宋农民的阶级斗争与王安石变法》，《福建师范大学学报》1974 年第 4 期。

史荟：《略谈王安石及其变法》，《抚州师专学报（社会科学版）》1986 年第 2 期。

史尚辉：《从“三不足”看王安石的法家思想》，《文汇报》1973 年 9 月 22 日，第 3 版。

史苏苑：《关于王安石评价的几个问题》，《中州学刊》1988 年第 6 期。

史为新：《北宋尊法反儒的杰出政治家王安石——读王安石〈言事书〉》，《江西文艺》1974 年第 6 期。

史先文：《也评王安石青苗法的利弊》，《浙江教育学院学报》1991 年第 1 期。

史玄冰：《略谈王安石变法的指导思想和理论基础》，《南京大学学报（哲学社会科学版）》1982 年第 3 期。

史玄冰：《王安石变法的性质及其代表利益问题》，《中国史研究》1983 年第 4 期。

史言：《王安石的青苗并非“春贷秋还”》，《山东师范大学学报（哲学社会科学版）》1982 年第 1 期。

寿涌：《王安石文章艺术论略》，《宜春师专学报》1993 年第 4 期。

寿涌：《王安石与韩愈儒学关系之试探》，《抚州师专学报（社会科学版）》1993 年第 3 期。

舒适：《浅议王安石变法的性质》，《内蒙古电大学刊（哲学社会科学版）》1993 年第 1 期。

舒文：《王安石——北宋时期杰出的教育改革家》，《内蒙古教育》1974 年第 11 期。

帅鸿勋：《王安石教育新法概述》，《台北科学教育季刊》1974 年第 8 期。

斯人：《对王安石变法的新评价》，《光明日报》1985 年 2 月 27 日。

宋曲霞：《内部不纯导致改革失败——王安石变法引出的教训》，《探索与争鸣》1997 年第 5 期。

宋晞：《王安石新法中募役法与保甲法的结合》，《“中央研究院”第二届国际汉学会议论文集・历史与考古组》，台北：“中央研究院”，1981 年。

宋友贤：《对王安石研究方法的思想》，《王安石研究通讯》1986 年第 1 期。

宋裕：《中学国文作家趣闻掌故——变法失败的古文家王安石》，《国文天地》1995 年第 7 期。

颂平：《王安石之政治经济政策（续）》，《清华周刊》1929 年第 7 期。

颂平：《王安石之政治经济政策》，《清华周刊》1929 年第 6 期。

苏中：《湖北讨论苏轼反对王安石变法等问题》，《人民日报》1962 年 4 月 24 日，第 5 版。

孙家骅：《论王韶出师熙河》，《上海师范大学学报（哲学社会科学版）》1989 年第 1 期。

孙建民、顾宏义：《熙丰时期“东联高丽”战略研究》，《齐鲁学刊》1996 年第 6 期。

孙珏：《王荆公研究》，台湾大学 1961 年博士学位论文。

孙克宽：《论王安石的明妃曲》，《文学研究论丛》，台北：庄严出版社，1978年。

孙克宽：《唐诗鼓吹与王荆公诗》，《诗与诗人》，台北：台湾学生书局，1971年。

孙立亚：《论王安石社会变革理论中的陶冶人才思想》，《中国青年政治学院学报》1993年第3期。

孙荣奎：《从庆历新政到王安石变法》，《社会科学》1984年第7期。

孙史宽：《从〈唐诗鼓吹〉谈到王荆公的诗文及宋诗演变》，《新时代》1962年第7期。

孙树霖：《论王安石的经济思想》，《安徽史学》1997年第2期。

孙伟儿：《王安石早期农田水利思想及其实践试探》，《宁波大学学报（人文科学版）》2000年第2期。

孙翊刚：《王安石改革财政》，《财政》1983年第9期。

孙仲胥：《王安石的若干经济思想》，《天津日报》1984年5月22日。

台静农：《论王荆公诗集李壁笺注的版本》，《辅仁学志》1981年第10期。

谭风雷：《王安石变法的几个问题》，《电大语文》1982年第11期。

谭佛佑：《王安石人才教育改革思想刍议》，《贵州民族学院学报（社会科学版）》1988年第4期。

谭丕模：《李觏、王安石与北宋小地主阶级解放运动》，《清华周刊》1935年第11期。

谭丕模：《李王的政治哲学》，《师大月刊》1935年第18期。

谭一寰：《王安石》，《展望》1957年第25期。

檀仁梅：《王安石的人性论》，《协大学报》1949年第1期。

汤标中：《王安石"均输法"和"市易法"》，《北京商学院学报》1995年第2期。

唐厚纯、夏汉宁：《王安石退隐金陵诗歌创作心理》，《王安石研究》1988年第1期。

唐骥：《变法领袖们的词——范仲淹、王安石词略论》，《长沙水电师院学报》1992年第3期。

唐庆增：《王安石之经济思想（续）》，《光华大学半月刊》1933年第5期。

唐庆增：《王安石之经济思想》，《光华大学半月刊》1933年第4期。

唐兆梅：《北宋顽固势力破坏王安石变法种种》，《湘潭大学学报（社会科学版）》1985年第3期。

唐兆梅：《略谈王安石敢于改革的精神》，《湘潭大学学报（社会科学版）》1988年第1期。

唐兆梅：《其成也神宗！其败也神宗！——略论宋神宗和王安石变法》，《江西教育学院学报（综合版）》1988年第3期。

陶晋生：《王安石的对辽外交政策》，《"中央研究院"历史语言研究所集刊》1979年第50本第4分。

陶希圣：《王安石的社会思想与经济政策》，《北大社会科学季刊》1935年第3期。

天津大学水利系理论研究小组：《王安石变法与北宋时期海河流域的治理》，《天津日报》1975年5月9日，第3版。

天津师范学院教育学教研室：《王安石教育思想资料选注》，《教育革命通讯》1974年第9期。

天津师院中文系工农兵学员：《鲁迅论法家王安石“行过新法”》，《天津日报》1974 年 10 月 19 日。

田：《王荆公政治思想之研究》，《东北大学周刊》1928 年第 57 期。

田慧生：《王安石与北宋教育改革》，《宁夏教育》1985 年第 10 期。

田师源：《王安石的爱国主义路线》，《人民日报》1974 年 11 月 12 日，第 3 版。

田宜弘：《一桩历史公案的思考——从〈祭欧阳文忠公文〉看王安石与欧阳修的关系》，《中州学刊》1986 年第 5 期。

童丽：《试析王安石变法中的矛盾》，《学术月刊》1996 年第 8 期。

万里浪：《评王安石尊法反儒的战斗精神》，《江西文艺》1975 年第 3 期。

万绳楠：《关于王安石变法的几点商榷》，《安徽日报》1962 年 1 月 6 日，第 4 版。

万绳楠：《谈王安石变法》，《安徽日报》1961 年 9 月 2 日。

万择民：《试论王安石的人才思想》，《抚州社会科学》1985 年第 1 期。

汪家伦：《熙宁变法期间的农田水利事业》，《晋阳学刊》1990 年第 1 期。

汪圣铎：《王安石是经济改革家吗》，《学术月刊》1989 年第 6 期。

《王安石变法的评价》，《文汇报》1958 年 1 月 14 日。

《王安石生平简介》，《解放日报》1973 年 9 月 22 日，第 3 版。

《王安石一生大事记》，《汗血周刊》1935 年第 23 期。

王岸茂：《河北大学历史系讨论王安石变法问题》，《光明日报》1964 年 1 月 31 日，第 1 版。

王岸茂：《王安石变法中的先后缓急》，《丽水师专学报（社会科学版）》1986 年第 2 期。

王步贵：《王安石的唯物论思想》，《兰州学刊》1994 年第 3 期。

王才忠：《略论宋神宗对王安石变法所起的作用》，《阜阳师院学报（社会科学版）》1988 年第 1 期。

王才忠：《宋神宗与王安石变法》，《史学月刊》1988 年第 6 期。

王曾瑜：《王安石变法简论》，《中国社会科学》1980 年第 3 期。

王崇时：《统一多民族的中国历史不容歪曲——评论〈爱国主义者王安石〉》，《延边大学学报（哲学社会科学版）》1977 年第 2 期。

王道行：《略论王安石的唯物主义心理学思想》，《王安石研究》1988 年第 1 期。

王棣：《北宋差役的变化和改革》，《华南师范大学学报（社会科学版）》1984 年第 2 期。

王棣：《北宋役法改革中的南北差异》，《华南师范大学学报（社会科学版）》1991 年第 1 期。

王广林：《试论王安石两次罢相》，《史学集刊》1986 年第 3 期。

王国维、武国荣：《王安石用人思想的启示》，《庆阳师专学报（社会科学版）》1994 年第 1 期。

王宏飞：《从“王安石变法”看历史上的哲学斗争》，《宁夏日报》1976 年 6 月 10 日，第 3 版。

王家范：《评近几年来王安石变法研究的得失》，《光明日报》1986 年 6 月 4 日。

王家范：《王安石变法新析》，《历史教学问题》1985 年第 5 期。

王晋光：《王安石淮南签判时期与上司关系考辨》，《香港中文大学中国文化研究所学报》1991 年第 22 卷。

王晋光：《王安石怜爱女性之言行》，《国文天地》1992 年第 8 期。

王晋光：《袁昶受王安石诗影响述略》，《中国文化研究所学报》1992 年第 4 期。

王乐天：《王安石政治诗创作的两大主题》，《王安石研究》1988 年第 1 期。

王琳祥：《苏轼与王安石》，《历史月刊》1998 年第 130 期。

王明荪：《王安石的王霸论》，《中华文化复兴月刊》1982 年第 2 期。

王能伟：《王安石与南京》，《南京史志》1986 年第 2 期。

王琦珍：《曾巩与王安石变法》，《河南大学学报（哲学社会科学版）》1989 年第 4 期。

王庆余：《评王安石的教育改革》，《教育革命通讯》1974 年第 9 期。

王去病：《记王安石》，《建国月刊》1930 年第 1、2 期。

王荣科：《王安石提出“三不足”之说质疑》，《复旦学报（社会科学版）》2000 年第 1 期。

王瑞明：《邓广铭先生四写王安石》，《井冈山师范学院学报（哲学社会科学版）》2000 年第 4 期。

王瑞明：《批判周谷城对王安石变法的歪曲》，《历史教学》1965 年第 4 期。

王瑞明：《王安石变法的社会效果》，《宋史论集》，郑州：中州书画社，1983 年。

王瑞明：《王安石的军事改革思想》，《军事历史》1988 年第 6 期。

王世颖：《青苗钱制：我国历史上的一个农业金融制度》，《中农月刊》1940 年第 4 期。

王守志：《试论王安石的人才观》，《理论学刊》1997 年第 6 期。

王树芬：《论王安石的教育思想——为纪念王安石逝世九百周年而作》，《江西日报》1986 年 5 月 9 日。

王弢：《王安石新法集评与其纠正》，《中日文化》1942 年第 6、7 期。

王天顺、杜建录：《论王安石的御夏方略》，《中州学刊》1996 年第 4 期。

王铁铭：《尊儒反法的顽固派是社会变革的顽敌》，《甘肃日报》1974 年 6 月 6 日。

王威宣：《论王安石的法律思想》，《河北学刊》1985 年第 3 期。

王伟勇：《“临川先生歌曲”借鉴唐诗之探析——王安石为词坛开启集句入词之风气》，《东吴中文学报》1998 年第 4 期。

王文鹏：《从“庆历新政”到“熙宁变法”》，《王安石研究》1987 年第 2 期。

王祥云：《略论王安石变法的学术思想》，《开封大学学报》1999 年第 1 期。

王晓如：《闲话王安石的人品》，《文史知识》1996 年第 7 期。

王新田：《论王安石的人才思想》，《镇江师专学报（社会科学版）》1991 年第 2 期。

王兴瑞：《王安石的政治改革与水利政策——中国农业技术发展史札记之二》，《食货半月刊》1935 年第 2 期。

王兴亚：《王安石和二程的激烈论战》，《郑州大学学报（哲学社会科学版）》1974 年第 2 期。

王秀文：《王安石变法过程中的两条路线斗争》，《哈尔滨师范学院学报（社会科学版）》1974 年第 4 期。

王选规：《从“三不足”看王安石的反潮流精神》，《湖南日报》1974 年 7 月 24 日，第 3 版。

王雅轩：《南宋话本〈拗相公〉的反动实质》，《辽宁大学学报（哲学社会科学版）》1974 年第 2 期。

王焱：《说“拗”——略论王安石的反潮流精神》，《西北大学学报（哲学社会科学版）》1974 年第 3 期。

王有容：《评邓著〈王安石〉》，《光明日报》1954 年 7 月 29 日，第 3 版。

王毓铨：《王安石的改革政策（二）》，《政治经济学报》1936 年第 2 期。

王毓铨：《王安石的改革政策（一）》，《政治经济学报》1936 年第 1 期。

王兆鹏：《司马光、王安石俱主张罢诗赋考经义》，《文史知识》1993 年第 11 期。

王止峻：《三谈宋神宗与王安石》，《醒狮》1972 年第 6 期。

王止峻：《四谈宋神宗与王安石》，《醒狮》1972 年第 7 期。

王止峻：《续谈宋神宗与王安石》，《醒狮》1972 年第 5 期。

王治心：《拗相公王安石——保甲及民兵的创始者》，《大众》1944 年第 9 期。

王祖献：《文学研究中“古为帮用”的突出一例——评“四人帮”对〈宣和遗事〉的评论》，《安徽师范大学学报（哲学社会科学版）》1978 年第 2 期。

维阁、黎犁：《“丹青难写是精神”——读〈王安石人才思想论稿〉》，《中国图书评论》1991 年第 3 期。

未学斋主（钱穆）：《论关于荆公传说之闻鹃辨奸两案》，《益世报（天津）》1936 年 11 月 5 日，第 12 版。

魏春初：《试析司马光的变革理论及与王安石的分歧》，《丽水师专学报（社会科学版）》1999 年第 1 期。

邬伯饶：《宋神宗与王安石》，《文化先锋》1946 年第 14 期。

邬国义：《〈通鉴〉影射变法的问题辨榷》，《中国社会科学院研究生院学报》1991 年第 4 期。

邬昆如、黎建球：《王安石》，《中西两百位哲学家》，台北：东大图书公司，1978 年。

吴芳亭：《王安石新法之梗概》，《文友》1944 年第 12 期。

吴凤雏、傅林辉：《试析王安石土地国有思想》，《王安石研究》1987 年第 2 期。

吴国辉：《略谈王安石农田水利思想及其实践》，《王安石研究》1987 年第 1 期。

吴汉、全仁经：《试论王安石的“饶之以财”》，《社会科学家》1987 年第 3 期。

吴惠珍：《台湾公藏王安石诗文集版本考》，《台中商专学报》1993 年第 25 期。

吴建华：《关于王安石与张居正清丈土地迥异结局的探析》，《广东社会科学》1995 年第 4 期。

吴建华：《王安石与张居正理财之道的比较》，《南京大学学报（哲学·人文·社会科学版）》1993 年第 4 期。

吴林抒：《荆公诗派漫谈》，《王安石研究通讯》1986 年第 5 期。

吴林杼：《王安石临州述考》，《抚州师专学报（社会科学版）》1985 年第 2 期。

吴琳：《苏辙离开变法阵营的原因》，《社会科学研究》1999 年第 3 期。

吴蕤：《王荆公的青年时代》，《人生》1964 年第 4 期。

吴泰：《关于王安石变法的几个问题——驳“四人帮”及其喉舌散布的一些谬论》，《文史哲》1977 年第 4 期。

吴泰：《王安石的历史遭遇和“四人帮”的险恶用心》，《光明日报》1977 年 12 月 8 日，第 3 版。

吴天墀：《王安石生活散记》，《龙门阵》1984 年第 2 期。

吴锡瑞：《王安石的经济政策与其时代背景》，《学艺》1935 年第 7 号。

吴显海、杨堪：《王安石“理财”思想浅析》，《湖北财经学院学报》1982 年第 2 期。

吴小林：《论王安石的散文美学思想》，《江西社会科学》1994 年第 12 期。

吴演南：《论王安石关于人力资源的变法》，《逢甲学报》1969 年第 2 期。

吴演南：《论王安石关于商业的变法》，《铭传学报》1967 年第 4 期。

吴玉琦：《变法革新和陶冶人才——评王安石〈上仁宗皇帝言事书〉》，《东北师范大学学报（教育版）》1985 年第 1 期。

吴玉清：《论王安石变法的人才观》，《扬州师院学报（社会科学版）》1991 年第 4 期。

吴云生：《浅探王安石教育思想的哲学基础》，《抚州师专学报（综合版）》1984 年第 2 期。

吴云生：《试论王安石的文学思想》，《抚州师专学报（综合版）》1982 年第 2 期。

吴振清：《北宋〈神宗实录〉五修始末》，《史学史研究》1995 年第 2 期。

吴志达：《王安石诗初探》，《文史哲》1957 年第 12 期。

吴自强：《王安石的教育改革思想对当前我国教育体制改革的启示》，《王安石研究通讯》1986 年第 5 期。

武汉锅炉厂七〇一车间工人理论学习小组：《王安石三战司马光》，《武汉师范学院学报》1974 年第 2 期。

武汉医学院理论小组：《王安石的教育改革及其历史经验》，《武汉大学学报（哲学社会科学版）》1975 年第 1—2 期。

夏老长：《试论王安石的人才学思想》，《人才研究通讯》1985 年第 4 期。

夏老长：《王安石人才思想初探》，《衡阳师专学报》1985 年第 1 期。

夏露：《苏轼与王安石变法》，《华中师范学院学报（哲学社会科学版）》1984 年第 2 期。

夏长林：《论王安石的致用思想》，《幼狮学志》1981 年第 4 期。

夏长朴：《丹青难写是精神——读王安石的咏史诗》，《编译馆馆刊》1995 年第 2 期。

夏长朴：《王安石的经世思想》，台湾大学 1980 年博士学位论文。

萧庆伟：《熙丰、元祐党争的特质及其蜕变》，《赣南师范学院学报》1998 年第 4 期。

萧挞珊：《“教养取任”——王安石积极的人才观》，《吉安师专学报（哲学社会科学版）》1987 年第 2 期。

晓峰：《略谈王安石尊法反儒的斗争精神》，《长春日报》1974 年 6 月 24 日，第 3 版。

晓平：《王安石变法与司马光》，《城市改革理论研究》1986 年第 3 期。

晓宛、翟海：《沈括和王安石变法》，《学习与批判》1974 年第 12 期。

肖褚：《两条路线 两种结果——王安石变法时期的两条军事路线斗争》，《文汇报》1974 年 10 月 31 日。

肖钢：《论朱熹对王安石新法新学的批判继承》，《河北学刊》1990年第3期。
肖鸥：《评孔子的“三畏”和王安石的“三不足”》，《解放日报》1973年9月22日。
肖庆伟：《简评〈清波杂志〉的北宋新党论》，《中国典籍与文化》1996年第4期。
熊承涤：《王安石的变法与教材改革》，《课程教材教法》1989年第7—8期。
熊公哲：《王荆公如何振刷士习》，《考铨月刊》1951年第2期。
熊贵谟、熊富谟：《试论王安石改革医药事业的成就》，《王安石研究》1987年第1期。
熊宪光：《王安石的文学观及其实践》，《西南师范学院学报（哲学社会科学版）》1981年第1期。
熊宪光：《王安石确曾“轻”韩——与吴小如先生商榷》，《大庆师专学报（哲学社会科学版）》1984年第4期。
熊湘：《辨王荆公未尝为海门令》，《学海》1945年第2期。
徐凤英、刘玉珍：《评王安石变法》，《福建师范大学学报》1974年第3期。
徐关林：《由王安石释“剥枣”所想起的》，《语文学习》1979年第6期。
徐贵忠：《王安石才论略谈》，《内蒙古社会科学》1982年第2期。
徐时仪：《王安石〈字说〉的文献价值述略》，《文献》1993年第2期。
徐守涛：《论王安石诗》，《中国诗季刊》1973年第4期。
徐学武：《王安石之政治改革与理财政策》，《之江期刊》1936年第5期。
徐宜良：《王安石故居考》，《江西历史文物》1986年第2期。
徐勇：《试谈王安石变法失败的原因》，《中学历史》1986年第2期。
徐振亚：《王安石的经学概论初稿》，《学艺》1935年第7号。
许怀林：《王安石变法的历史地位》，《江西社会科学》1987年第1期。
许顺来：《王安石的交友宗旨》，《王安石研究》1987年第1期。
许维勤：《王安石的品格作风与熙宁变法的失败》，《福建论坛（文史哲版）》1986年第5期。
许晓秋：《“四人帮”是怎样利用王安石变法大造反革命舆论的——评罗思鼎〈从王安石变法看儒法斗争的演变〉》，《辽宁大学学报（哲学社会科学版）》1977年第5期。
薛明：《一场革新与复辟的斗争——读王安石〈答司马谏议书〉》，《陕西日报》1974年5月31日。
薛谋崇：《熙宁变法的第二号人物——吕惠卿》，《福建论坛（文史哲版）》1982年第2期。
薛以祥：《王安石财政政策之研究》，《财政知识》1942年第4期。
学耕：《北宋的进步文学家——王安石》，《安徽日报》1975年2月16日，第4版。
雪林：《王荆公的诗——历代名家诗论之一》，《北新》1927年第45—46期。
延青整理：《如何评价王安石的历史作用》，《学习与批判》1974年第11期。
严正敖：《浅谈王安石的用人思想》，《人才》1991年第3期。
阎笑非：《试谈苏轼与王安石的关系》，《齐齐哈尔师范学院学报（哲学社会科学版）》1990年第6期。
颜中其：《王安石变法同北宋封建社会各阶级的利害关系——与谷霁光先生商榷》，《吉林师范大学学报（社会科学版）》1979年第1期。

燕国材：《王安石的唯物主义的心理学思想》，《心理学报》1984 年第 2 期。

燕永成：《熙丰变法时期的西北边贸开发，《中国社会经济史研究》1999 年第 1 期。

燕永成：《熙丰变法时期的西部边贸开发》，《中国社会经济史研究》2000 年第 2 期。

扬江：《从林彪和朱熹的咒骂看王安石变法——兼论两宋儒法斗争》，《教育革命通讯》1974 年第 7 期。

杨德华、王荣甫：《略论王安石变法中“将兵法”和“保马法”的积极意义》，《云南师范大学学报（哲学社会科学版）》1992 年第 6 期。

杨德雄：《王安石》，《湖北财税》1982 年第 5 期。

杨国宜：《略论王安石变法的平均思想》，《安徽史学》1986 年第 2 期。

杨国宜：《王安石变法的阶段性、进步性和局限性——与万绳楠同志商榷》，《安徽日报》1961 年 10 月 28 日。

杨国宜：《王安石变法失败的历史教训》，《江西社会科学》1988 年第 5 期。

杨恒智：《熙丰变法失败的原因新探》，《湖北大学学报（哲学社会科学版）》2000 年第 4 期。

杨鸿铭：《王安石游褒祥山记等文层递论》，《孔孟月刊》1996 年第 1 期。

杨华林：《王安石在熙河之役中的军事思想浅述》，《王安石研究》1987年第2期。

杨开道：《王荆公保甲新法的研究》，《农业周报》1930 年第 29 期。

杨康君：《王安石政治思想的近代观》，《汗血周刊》1935 年第 23 期。

杨凌云：《王安石的新政》，《人言》1947 年第 2 期。

杨明琪：《是王安石点金成铁吗？》，《宝鸡文理学院学报（社会科学版）》1993 年第 3 期。

杨明璋：《王安石“游褒禅山记”的章法》，《中国语文》1999 年第 5 期。

杨耐思、陈建民：《王安石的〈字说〉》，《光明日报》1974 年 10 月 25 日，第 4 版。

杨荣国：《致宋室于倾覆者王安石新法乎？》，《中国学术》1946 年第1期。

杨世利：《试论王安石的内圣外王之道》，《中州学刊》2000 年第 4 期。

杨渭生：《王安石变法和他的“新学”》，《浙江日报》1975 年 2 月 5 日，第 3 版。

杨渭生：《王安石在鄞县的事迹考略》，《杭州大学学报（哲学社会科学版）》1980 年第 1 期。

杨向奎：《论“王安石变法”》，中华书局上海编辑所：《中华文史论丛》第 2 辑，北京：中华书局，1962 年。

杨鑫辉：《王安石心理学思想研究》，《江西师范大学学报（哲学社会科学版）》1984 年第 1 期。

杨有良：《坚持变法图新 反对因循复旧——王安石变法与司马光反变法的斗争》，《解放日报》1975 年 1 月 7 日，第 3 版。

杨云生：《改革构想入诗，独辟诗坛蹊径——试论王安石的议政诗》，《王安石研究通讯》1986 年第 5 期。

杨志玖：《王安石与孟子》，《社会科学战线》1979 年第 3 期。

杨宗：《王安石〈原过〉书后》，《建设》1961 年第 12 期。

杨佐经：《关于王安石变法成败之我见》，《王安石研究》1987年第2期。
姚公骞：《王安石的知变与司马光的守常——论王安石与司马光在政治思想上的分歧》，《科学与教学（社会科学版）》1963年第2期。
叶丹：《略谈有关王安石的四部著作及其新版本》，《光明日报》1959年11月22日，第6版。
叶建华：《朱熹评王安石》，《王安石研究》1988年第1期。
叶乐群：《王安石的新法与统制经济》，《前途》1934年第11期。
叶龙：《王安石诗研究》，香港大学1978年硕士学位论文。
叶世昌：《论王安石的经济思想》，《经济问题探索》1982年第5期。
叶坦：《略论司马光的守常与变通》，《光明日报》1985年2月27日。
叶坦：《司马光王安石思想比较》，《西南师范大学学报（哲学社会科学版）》1991年第1期。
叶坦：《王安石水利思想探微》，《生产力研究》1990年第4期。
叶坦：《熙丰富国之法的枣核形曲线——析王安石新法的阶级利益趋向》，《江淮论坛》1991年第3期。
叶坦：《役法斗争中的司马光》，《西南师范学院学报（哲学社会科学版）》1985年第5期。
宜山高中评论组：《王安石的教育改革》，《广西教育》1974年第7期。
宜山高中评论组：《王安石的教育改革与儒法斗争》，《广西日报》1974年7月4日，第3版。
易中达：《王安石诗研究》，《中国诗季刊》1974年第1期。
殷发祥：《北宋大改革家、文学家王安石》，《江西日报》1979年11月21日，第4版。
鄞县革委会教育革命领导小组：《王安石“变法”在鄞县的实践》，《浙江日报》1975年3月6日，第3版。
游锦生、黄声和：《王安石与李觏变革理论的差异》，《王安石研究》1987年第1期。
于大成：《关于王安石二三事》，《中国一周》1966年第831期。
于大成：《王安石三经新义》，《孔孟月刊》1972年第1期。
余岩：《王安石与杜牧的一次笔墨官司》，《群众》1982年第3期。
俞启定：《论王安石的人才观及人才标准》，《齐鲁学刊》1983年第2期。
俞启定：《略论王安石的人才政策》，《学习与研究》1983年第4期。
俞启定：《宋代太学三舍法评述》，《教育评论》1988年第3期。
俞兆鹏：《论北宋熙丰变法时期的市易法（续）》，《江西社会科学》1988年第2期。
俞兆鹏：《论北宋熙丰变法时期的市易法》，《江西社会科学》1988年第1期。
俞兆鹏：《论所谓曾布“反对市易法”的问题》，《中国史研究》1985年第4期。
俞宗宪：《论王安石免役法》，《宋史论集》，郑州：中州书画社，1983年。
俞宗宪：《也论王安石变法》，《王安石研究》1987年第2期。
喻朝刚：《章惇论》，《史学集刊》1997年第1期。
袁诚玉：《王安石变法失败原因再探》，《历史教学问题》1987年第4期。

院理论小组、附二院第二党支部理论小组：《王安石的法家路线对祖国医学发展的促进作用》，《武汉医学院学报》1975年第1期。

云岚：《略论王安石变法及其历史经验》，《云南日报》1974年12月21日，第3、4版。

曾克：《严几道与王荆公》，《新亚校刊》1953年第3期。

曾学农：《读王安石〈本朝百年无事札子〉》，《湖北日报》1974年12月6日，第2版。

曾枣庄：《论宋代的三大诗案》，《故宫学术季刊》1996年第2期。

翟冰：《不为“天变”所吓倒》，《文汇报》1974年9月3日，第3版。

詹凌霄：《北宋教育改革家王安石》，《抚州师专学报（综合版）》1984年第1期。

詹寿山：《王安石之研究》，《河南政治月刊》1935年第8期。

张昌琪：《试谈王安石的改革精神》，《王安石研究》1988年第1期。

张扶直：《王安石理财思想述略》，《中南财经大学学报》2000年第5期。

张鸿基、高文献：《试探王安石思想体系中的儒家思想成分》，《王安石研究》1988年第1期。

张建营：《王安石〈泊船瓜洲〉写作时间辨》，《王安石研究》1987年第2期。

张金龙：《论商鞅变法与王安石变法》，《渤海学刊》1988年第2期。

张立荣：《试论王安石的人才及改革思想》，《人才研究》1990年第2期。

张立文、方立天：《王安石反对司马光的斗争》，《北京师范大学学报（社会科学版》1974年第1期。

张梅贞：《王安石变法之研究》，珠海书院1975年硕士学位论文。

张朴民：《变法失败的古文家王安石》，《唐宋八大家评传》，台北：台湾学生书局，1974年。

张全民：《论朱熹对王安石及其变法的评价》，《晋阳学刊》1993年第3期。

张仁木：《略论王安石的法律思想》，《江西社会科学》1998年第9期。

张腾发：《王安石变法之史的评价》，《现代史学》1937年第2期。

张伟：《浅议北宋熙宁年间的役法改革——兼评王安石与司马光在役法问题上的论争》，《宁波师范学院学报（社会科学版）》1991年第3期。

张文涤、胡炎祐：《论〈字说〉和〈字说辨〉的斗争》，《安徽师范大学学报（哲学社会科学版）》1975年第1期。

张武：《试论王安石变法失败的原因》，《抚州社会科学》1985年第1期。

张西方：《关于王安石人才思想的思考》，《洛阳师专学报（社会科学版）》1987年第4期。

张西方：《王安石的人才思想体系》，《史学月刊》1999年第5期。

张希清：《论王安石的贡举改革》，《北京大学学报（哲学社会科学版）》1986年第4期。

张希清：《王安石的赈济思想与〈上龚舍人书〉的真伪》，《中国史研究》1982年第3期。

张祥浩：《论王安石变法失败的原因》，《赣南师范学院学报》1995年第2期。

张啸虎：《王安石文学革新一隅》，《江西社会科学》1983年第4期。

张雄：《王安石开边湖南“蛮”地述论》，《民族研究》1990年第1期。

张翊华：《从青苗法看王安石变法的动机和效果》，《江西历史文物》1987年第1期。

张雨生、高维州：《赞王安石的革新精神——读〈答司马谏议书〉》，《四川日报》1974年11月1日，第3版。

张玉勤：《也评王安石与司马光》，《山西师范大学学报》1986年专刊。

张兆兴：《试谈司马光的变革理论及王安石的分歧》，《社会科学评论》1987年第8期。

张忠彦：《王安石——我国十一世纪杰出的政治家和文学家》，《大兴安岭文艺》1975年第2期。

张子木：《"王安石变法"和"庆历新政"》，《方法》1998年第8期。

赵承中：《王安石与朱熹——〈漫话诗的形象思维〉读后》，《书评》1979年第2期。

赵涤贤：《试论北宋变法派军事改革的成功》，《历史研究》1997年第6期。

赵继颜：《试论王安石变法的历史经验》，《山东师范学院学报（社会科学版）》1975年第1期。

赵建梅：《王安石绝句的情感内涵和语言特色》，《河北师范学院学报（社会科学版）》1995年第2期。

赵建强：《王安石变法》，《革命接班人》1974年第6期。

赵文：《重评王安石变法——兼谈中国传统文化的缺陷及其他》，《文史杂志》1999年第2期。

赵晓兰：《李壁和他的〈王荆文公诗笺注〉》，《四川师范大学学报（社会科学版）》1988年第3期。

赵云旗：《论北宋中叶改革"三冗三费"的得失》，《上海社科院学术季刊》1999年第2期。

赵韵黎：《宋代保甲制度》，《建设》1974年第12期。

赵宗诚：《关于王安石的自然观——兼与陈正夫同志商讨》，《光明日报》1964年2月28日，第4版。

正文：《诗中所见的王安石》，《天地人》1936年第12期。

郑宝奇：《从王安石变法看封建社会中期法家的进步作用》，《哈尔滨师范学院学报（社会科学版）》1974年第4期。

郑秉谦：《王安石与蔡京》，《东方文化》1995年第3期。

郑达、翁国珍：《章惇与王安石变法》，《福建师范大学学报（哲学社会科学版）》1984年第1期。

郑经生：《从王安石变法说到陈同甫的恢复主张》，《现代国家》1973年第98期。

郑侃慈：《王安石》，《大众知识》1936年第3期。

郑孟彤：《王安石的〈金陵怀古〉》，《香港大公报》1980年8月20日。

郑梦星：《王安石变法与晋江籍三位宰相》，《王安石研究》1987年第1期。

郑骞：《谢安的诗与王安石的诗》，《文学杂志》1957年第5期。

郑实希：《论王安石的爱国主义思想》，《吉林大学学报（哲学社会科学版）》1974年第4期。

郑宣秀：《熙宁变法的流弊》，《文史知识》1986年第2期。

郑志章：《论王安石与黄老因循无为思想的斗争》，《王安石研究》1988年第1期。

郑重：《王安石两种遗作的回归》，《文汇报》2000 年 5 月 8 日。

政史系大批判组：《王安石变法期间儒法两家军事路线的斗争》，《天津师范学院学报》1974 年第 1 期。

政史系大批判组：《王安石——十一世纪时的改革家》，《辽宁师院学报》1974 年第 2 期。

中共眉山县委大批判组：《王安石变法和北宋的阶级斗争》，《四川通讯》1975 年第 1 期。

钟隆津：《王安石的财经思想及其改革措施（下）》，《中信通讯》1992 年第 187 期。

钟闻惕整理：《法家的代表人物及其基本思想》，《河北日报》1974 年 4 月 17 日。

钟应梅：《从王安石诗论其变法思想》，《文讯》1975 年第 15 期。

周本淳：《略论王安石苏轼友谊的基础——金陵之会的思考》，《淮阴师专学报（哲学社会科学版）》1991 年第 1 期。

周承珩：《对王安石〈读孟尝君传〉之我见》，《宁波师专学报（社会科学版）》1983 年第 4 期。

周良霄：《王安石变法纵探（续完）》，《史学集刊》1985 年第 2 期。

周良霄：《王安石变法纵探》，《史学集刊》1985 年第 1 期。

周良霄：《有关王安石变法思想的几个问题》，《历史教学》1964 年第 3 期。

周念行：《论北宋两次变法之人事改制》，《考诠月刊》1952 年第 9 期。

周世辅：《论王安石的哲学思想》，《革命思想》1959 年第 1—2 期。

周世辅：《论王安石的政治思想》，《革命思想》1959 年第 3 期。

周伟民：《中国历史上的改革家王安石——王安石在熙宁新政期间的社会改革措施与心路历程》，《资料与研究》1997 年第 25 期。

周义敢：《读王安石的〈答司马谏议书〉》，《内蒙古日报》1974 年 8 月 20 日。

周膺：《关于王安石的理财方针问题》，《牡丹江师范学院学报（哲学社会科学版）》1989 年第 3 期。

周膺：《试论庆历新政王安石变法的异同》，《牡丹江师范学院学报（哲学社会科学版）》1990 年第 3 期。

周膺：《王安石变法与北宋的兴衰》，《牡丹江师范学院学报》1985 年增刊。

周膺：《王安石人才理论及其在实施中的利弊》，《牡丹江师范学院学报》1988 年第 4 期。

朱达：《试论王安石的农田水利思想及其实践》，《王安石研究》1987 年第 2 期。

朱凤祥：《论王安石的教育改革》，《黄淮学刊（社会科学版）》1989 年第 2 期。

朱国华：《王安石小人化过程之推考》，《江苏社会科学》2000 年第 5 期。

朱家源：《〈关于王安石变法〉一文中两个史实上问题》，《中学历史教学》1957 年第 4 期。

朱君毅：《王安石游褒禅山》，《大众日报》1961 年 11 月 1 日，第 3 版。

朱瑞熙：《“四人帮”歪曲王安石变法历史的险恶用心》，《文史哲》1977 年第 4 期。

朱瑞熙：《王安石“字说”钩沉》，《抚州社会科学》1987 年第 3 期。

朱瑞熙：《王安石〈字说〉钩沉续》，《抚州学刊》1990 年第 12 期。

朱瑞熙：《正确理解经典作家对王安石的论述》，《光明日报》1986 年 2 月 19 日，第 3 版。

朱石之：《王安石晚年信佛》，《北京晚报》1980 年 4 月 22 日，第 3 版。

朱彤、石磊：《读王安石〈答司马谏议书〉》，《光明日报》1974 年 8 月 27 日，第 2 版。

朱新华：《论王安石变法的法律对策》，《中南政法学院学报》1986 年第 3 期。

朱修春：《近年来王安石新学研究综述》，《中国史研究动态》2000 年第 2 期。

朱玉书、林冠群：《政敌与诗友》，《广东青年》1980 年第 6 期。

朱长超：《助荆公变法革新，著〈笔谈〉沈括兴科学》，《解放日报》1974 年 10 月 29 日。

竹林：《王安石不畏“天命”坚持变法》，《大众日报》1975 年 3 月 6 日，第 3 版。

竺培升：《王安石变法思想中的几个闪闪发光的观点》，《宁波师院学报（社会科学版）》1986 年第 1 期。

铸书：《论王安石“民不加赋而国用饶”的理财思想》，《安庆师范学院学报》1992 年第 3 期。

庄锡富：《王安石的吏治改革》，《华侨大学学报（哲学社会科学版）》1986 年第 1 期。

卓帆：《简析王安石的法律思想》，《江西社会科学》1987 年第 1 期。

邹珍璞：《王安石新经济政策研究》，《财政论评》1944 年第 2 期。

佐伯富讲述，邱添生译记：《王安石的新法》，《历史学报》1976 年第 4 期。

2. 著作

毕宝魁：《回天转地入扁舟——王安石传》，北京：东方出版社，2001 年。

蔡兴济：《王安石之学术与作品》，台中：瑞成书局，1960 年。

曾子鲁：《王安石传》，长春：吉林文史出版社，1998 年。

陈鹤琴、陆选善：《王安石大政治家》，上海：民众书局，1942 年。

邓广铭：《北宋政治改革家王安石》，北京：人民出版社，1997 年。

邓广铭：《王安石》，北京：生活·读书·新知三联书店，1953 年。

邓广铭：《中国十一世纪时的改革家王安石》，武汉：湖北人民出版社，1975 年。

邓广铭：《中国十一世纪时的改革家：王安石》修订本，北京：人民出版社，1975 年。

邓广铭：《中国十一世纪时的改革家：王安石》修订本，北京：人民出版社，1979 年。

邓禄田：《王安石传奇》，北京：中国民间文艺出版社，1989 年。

《法家著作选读》编辑组：《王安石著作选注》，北京：人民出版社，1976 年。

方元珍：《王荆公散文研究》，台北：文史哲出版社，1993 年。

抚州地区革委会政治部、江西师范学院中文系《王安石》编写组：《王安石变法》，南昌：江西人民出版社，1975 年。

抚州地区文化站：《王安石的故事》，南昌：江西人民出版社，1975 年。

傅林辉：《王安石全传》，北京：中国戏剧出版社，2001 年。

傅林辉：《王安石世系传论》，武汉：长江文艺出版社，2000 年。

赣南师专中文科：《王安石资料选编（上）》，内部资料，1975年。
赣南师专中文科：《王安石资料选编（下）》，内部资料，1975年。
龚延明：《王安石》，北京：中华书局，1986年。
红河州三结合注释小组、云南大学中文系：《王安石著作选注》，昆明：云南人民出版社，1975年。
黄乃隆：《王安石变法的财经政策述评》，台中：中兴大学出版社，1968年。
江西省抚州王安石研究会：《王安石研究资料汇编（一）》，内部资料，1986年。
江西省纪念王安石逝世九百周年筹委会主编：《王安石研究文辑》，内部资料，1986年。
姜豪：《王安石新政纲要暨其政论文选》，上海：国民读书互助会，1935年。
《杰出的法家王安石》，济南：山东人民出版社，1974年。
柯昌颐：《王安石评传》，上海：商务印书馆，1933年。
柯敦伯：《王安石》，上海：商务印书馆，1931年。
雷飞龙：《王安石》，台北：华国出版社，1962年。
雷启洪：《王安石诗文赏析》，南宁：广西人民出版社，1986年。
李德身：《王安石诗文系年》，西安：陕西人民出版社，1987年。
李浩：《王安石》，北京：中国国际广播出版社，1996年。
李勤印：《王安石》，台北：知书房出版社，1994年。
李祥俊：《王安石学术思想研究》，北京：北京师范大学出版社，2000年。
李之鉴：《王安石哲学思想初论》，北京：中国文联出版社，1999年。
李之亮：《王安石》，沈阳：春风文艺出版社，1999年。
梁启超：《王安石评传》，香港：广智书局，1958年。
梁启超：《王安石政治论》，上海：广智书局，1908年。
梁启超：《王荆公》，上海：中华书局，1943年。
梁启超：《王荆公》，台北：中华书局，1966年。
梁启超：《王荆公传》，上海：商务印书馆，1930年。
卢芷芬：《王安石》，上海：开明书店，1935年。
罗传奇、吴云生：《王安石教育思想研究》，南昌：江西教育出版社，1991年。
马禩光：《王安石传》，台北：台湾书局，1947年。
马振铎：《政治改革家王安石的哲学思想》，武汉：湖北人民出版社，1984年。
南京制笔零件厂写作组等：《王安石变法的故事》，南京：江苏人民出版社，1976年。
漆侠：《王安石变法》，上海：上海人民出版社，1959年。
漆侠：《王安石变法》增订本，石家庄：河北人民出版社，2001年。
帅鸿勋：《王安石新法研述》，台北：正中书局，1973年。
帅鸿勋：《王安石新法研述》，台北：正中书局，1982年。
孙光浩：《王安石洗冤录》，台北：台湾学生书局，1996年。
孙光浩：《王安石冤屈新论》，台北：文史哲出版社，2000年。
孙殷：《王安石》，香港：中华书局，1959年。
《王安石》，合肥：安徽人民出版社，1974年。

《王安石·李贽》，广州：广东人民出版社，1974 年。
《王安石文选评注》，长春：吉林人民出版社，1976 年。
（宋）王安石著，丘汉生辑校：《诗义钩沉》，北京：中华书局，1982 年。
（宋）王安石著，容肇组辑：《王安石老子注及辑本》，北京：中华书局，1979 年。
王凤岭：《王安石人才思想论稿》，沈阳：辽宁大学出版社，1990 年。
王晋光：《王安石论稿》，台北：大安出版社，1993 年。
王晋光：《王安石诗技巧论》，西安：陕西人民出版社，1992 年。
王晋光：《王安石书目与琐探》，香港：华风书局，1983 年。
吴演南：《王安石财经变法评议》，台北：帕米尔书店，1974 年。
熊公哲：《王安石政略》，上海：商务印书馆，1936 年。
徐文明：《出入自在——王安石与佛禅》，郑州：河南人民出版社，2001 年。
许春在：《王安石》，天津：新蕾出版社，1993 年。
杨华林：《王安石轶事汇编》，内部资料，2001 年。
杨泰懋：《王安石的新政》，台北：世界书局，1981 年。
杨忠、马秀娟：《革新名相诗文圣手王安石》，南昌：江西人民出版社，1986 年。
叶坦：《传统经济观大论争：司马光与王安石之比较》，北京：北京大学出版社，1990 年。
叶坦：《大变法：宋神宗与十一世纪的改革运动》，北京：生活·读书·新知三联书店，1996 年。
佚名：《法家人物著作评价：王安石》，长春：吉林人民出版社，1974 年。
佚名：《王荆公政事学说辑要》，南昌：南昌印记印刷所，1935 年。
张白山：《王安石》，上海：上海古籍出版社，1986 年。
张祥浩：《王安石评传——中国十一世纪改革家的悲欢和是非》，南宁：广西教育出版社，1997 年。
章衣萍、吴曙天：《王安石》，上海：儿童书局，1933 年。
赵琼：《王安石》，上海：商务印书馆，1933 年。
赵益：《王霸义利——北宋王安石改革批判》，南京：南京大学出版社，2000 年。
郑行巽：《王安石生活》，上海：世界书局，1935 年。
仲伟民：《宋神宗》，长春：吉林文史出版社，1997 年。
朱传誉主编：《王安石传记资料》，台北：天一出版社，1982 年。

二、国外文献

（一）日本文献

1. 论文

安藤智信：《王安石と仏教——鐘山隠棲期を中心として》，《東方宗教》1966年第

28 號。

安藤智信：《王安石における方外の契》，《大谷学報》1967年第2號。

草野靖：《青苗法施行の由来について》，《東洋史研究》1961年第1號。

池田誠：《保甲法の成立とその展開——王安石的政治改革の問題》，《東洋史研究》1954年第6號。

大西陽子：《王安石文学研究文献目録——宋代文学研究目録（3）》，《橄欖》第5卷，1993年。

東一夫：《日本にすける王安石研究——海保青陵の王安石評》，《木村正雄先生退官記念東洋史論集》，東京：汲古書院，1976年。

東一夫：《土地制度より見たる王安石の復古思想一二》，《東京学芸大学研究報告》第13集，1962年。

東一夫：《王安石と司馬光：現代から透視した中国史上の政争劇》，東京：沖積舎，1980年。

東一夫：《王安石の人物養成方針》，《歴史教育》1963年第9號。

東一夫：《王安石の万言書と地方政治》，《東京学芸大学研究報告》1966年第10號。

東一夫：《王安石の信仰生活と政治理念との関係についての考察》，《東京学芸大学紀要》1968年第3號。

東一夫：《王安石の学統》，磯辺武雄：《アジアの教育と社会〈多賀秋五郎博博士古希記念論文集〉》，東京：不昧堂，1983年。

東一夫：《王安石評価の系譜に関する考察》，《東京学芸大学研究報告》第10集，1959年。

東一夫：《制置三司条例司官僚間の対人関係と王安石政権の構造》，《史海》1968年第15號。

高桥作卫：《王安石新法论》，上海：广智书局，1902年。

宮崎市定：《王安石の吏士合一策——倉法を中心として文學士》，《桑原博士還暦記念東洋史論叢》，東京：泓文堂書房，1931年。

宮崎市定：《王安石》，《中華六十名家言行録》，東京：弘文堂書房，1948年。

宮崎市定：《王安石の黄河治水策》，《東亞問題》1942年第1號。

荒木敏一：《宋代の銅禁——特に王安石の銅禁撤廢の事情に就いて》，《東洋史研究》1938年第1號。

黄書璋：《王安石詩論考》，《京都外国語大学研究論叢》1987年第29號。

吉田清治：《党争史より见たろ王安石》，《大阪府立大学纪要（人文・社会科学）》1959年第7號。

金成奎：《綏州事件と王安石の対西夏国境策定策》，《早稲田大学大学院文学研究科紀要》1996年第4號。

近藤一成：《南宋初期の王安石評價について》，《東洋史研究》1979年第3號。

近藤一成：《南宋初期の王安石評価について》，《東洋史研究》1997年第3號。

近藤一成：《王安石撰墓誌を讀む——地域、人脈、黨爭》，《中国史学》第7卷，東京：朋友書店，1997年。

近藤正則：《王安石における孟子尊崇の特色——元豊の孟子配享と孟子聖人論を中心として》，《日本中國學會報》第36集，1984年。

近藤正則：《朱子の王安石批判のモチ-フをめぐつて》，《東洋研究》1998年第129號。

井澤耕一：《近十年王安石研究文献目録》，《中国学志》1993年第8本。

井澤耕一：《王安石〈老子〉注初探》，《関西大学中国文学会紀要》1994年第15號。

井澤耕一：《王安石の性情命論》，《村山吉廣教授古稀記念中国古典学論集》，東京：汲古書院，2000年。

久保田和男：《王安石と開封の都市社会》，《駒込学園研究紀要》第6巻，1995年。

菊田勇雄：《熙寧・元豊年間の司農寺について：司農寺を取り巻く政治環境》，《中央大学アジア史研究》1989年第13號。

柳田節子：《最近の中国における王安石評価をめぐって》，《学習院史学》1982年第19號。

毛塚康明：《王安石新法と銭荒——募役法存廃をめぐる論争を手掛りとして》，《柳田節子先生古稀記念中国の伝統社会と家族》，東京：汲古書院，1993年。

梅原郁：《王安石變法（漆侠著）》，《東洋史研究》 1959年第3號。

木村直子：《王安石の詠史詩について——人物評価の視点から》，《中国学研究論集》1998年第1號。

木田知生：《王安石〈楞厳経〉抄本をめぐって》，《東洋史苑》1994年第42、43號。

木田知生：《王安石と仏教をめぐる諸問題》，《小田義久博士還暦記念東洋史論集》，東京：朋友書店，1995年。

木田知生：《王安石の晩年——半山園と定林寺》，《東洋史苑》1993年第40、41號。

内山精也：《王安石〈明妃曲〉考（上）——北宋士大夫の意識形態をめぐって》，《橄欖》第5巻，1993年。

内山精也：《王安石〈明妃曲〉考（下）——北宋中期士大夫の意識形態をめぐって》，《橄欖》第6巻，1995年。

内山俊彦：《王安石思想初探》，《日本中国学会報》第19集，1967年。

平田茂樹：《"试出官法"の一考察——熙寧四年十月の条文を中心に》，《集刊東洋学》1986年第55號。

平田茂樹：《"試刑法"考——王安石の刑法改革を手掛かりとして》，《文化》1989年第3、4號。

平田茂樹：《宋代銓選制度の一考察——王安石の改革を中心に》，《歴史》1987年第69號。

清水潔：《王安石の"周南詩次解"について》，《宇野哲人先生白壽祝賀記念東洋学論叢》，東京：宇野哲人先生白壽祝賀記念會，1974年。

宍戸啓壮：《宋朝の経済開発——王安石变法1》，《政経研究》1969年第3號。

宍戸啓壮：《宋朝の経済開発——王安石变法2》，《政経研究》1970年第1號。

桑田幸三：《王安石新法の貨幣的側面——主として宋史より（穂積文雄教授記念

號)》,《經濟論叢》1966年第1號。

砂山捻:《王安石と道教——太一信仰との関わりを中心に》,《日本中国学会創立五十年記念論文集》,東京:汲古書院,1998年。

山下竜二:《王安石と司馬光》,《東京支那学報》第13卷,1967年。

石田肇:《知鄞県時代の王安石》,野口鐵郎:《中国史における中央政治と地方社会》,1986年。

式守富司:《王安石の市易法》,《歷史学研究》1936年第10號。

寺地遵:《天人相関説より見たる司馬光と王安石》,《史学雜誌》1967年第10號。

寺尾剛:《王安石と金陵I——その足跡及び第一回訪問を中心に》,《橄欖》第6卷,1995年。

松本善海:《王安石》,《人物世界史》第1卷,名古屋:每日新聞社,1951年。

松井等:《王安石の保甲法》,《东亚经济研究》1932年第1號。

藤井京美:《王安石伯夷論考》,《日本中国学会報》第46集,1994年。

土田健次郎:《王安石における学の構造》,《宋代の知識人-思想・制度・地域社会》,東京:汲古書院,1993年。

吾妻重二:《王安石〈周官新義〉の考察》,小南一郎:《中国古代礼制史研究》,京都:京都大学人文科学研究所,1995年。

西村富美子:《王安石〈唐百家詩選〉小論》,《四天王寺女子大学紀要》1977年第10號。

西順蔵:《三人の北宋[士]大夫の思想(王安石、司馬光、苏轼)》,《一橋論叢》1951年第1號。

小倉正昭:《募役法の資産対応負担原則の歴史的意義(1)》,《鈴鹿工業高等専門学校紀要》1990年第2號。

小倉正昭:《募役法の資産対応負担原則の歴史的意義(2)》,《鈴鹿工業高等専門学校紀要》1991年第1號。

小倉正昭:《募役法の資産対応負担原則の歴史的意義(3)》,《鈴鹿工業高等専門学校紀要》1992年第2號。

小倉正昭:《王安石の募役法の改革の制度的諸特徴》,《鈴鹿工業高等専門学校紀要》1990年第1號。

熊本崇:《北宋神宗期の国家財政と市易法——熙寧8、9年を中心に》,《文化》1982年第3、4號。

熊本崇:《王安石の市易法と商人》,《文化》1983年第3、4號。

熊本崇:《熙寧年間の察訪使——王安石新法の推進者たち》,《集刊東洋学》1987年第58號。

熊本崇:《中書檢正官:王安石政権のにないてたち》,《東洋史研究》1988年第1號。

中村治兵衛:《王安石の登場——宋朝政権の性格》,《歴史学研究》1952年第157號。

中村治兵衛:《王安石の新法と千倉渠》,《青山博士古稀記念宋代史論叢》,東京:省心書房,1974年。

曾我部静雄：《宋代初期の職役——王安石募役伝に至るまで》，《史学雜誌》1939 年第 4 號。

曾我部静雄：《王安石の保甲法》，《東北大学文学部研究年報》1957 年第 8 號。

曾我部静雄：《王安石の募役法》，《東亞經濟研究》1939 年第 4、5 號。

周藤吉之：《北宋に於ける方田均税法の施行过程——特に王安石•蔡京の新法としての（二）》，《日本學士院紀要 》1953 年第 3 號。

周藤吉之：《北宋に於ける方田均税法の施行过程——特に王安石•蔡京の新法としての（一）》，《日本學士院紀要》1953 年第 2 號。

周藤吉之：《北宋前期の挙放・課銭と王安石の青苗法——有利債負法をめぐって》，《東洋大学大学院紀要》第 7 集，1971 年。

周藤吉之：《青苗法における客户の貸付規定》，《山本博士還曆記念東洋史論叢》，東京：山川出版社，1972 年。

周藤吉之：《王安石の青苗法の起源について》，《東洋学報》1970 年第 2 號。

周藤吉之：《王安石の青苗法の施行过程（一），《东洋大学大学院纪要》第 8 集，1972 年。

周藤吉之：《王安石の新法とその史的意义》，《仁井田陞博士追悼論文集》，東京：劲草書房，1967 年。

庄家安：《王安石变法及其失败的分析》，《斑苔学报》1962—1963 年第 1 期。

庄司莊一：《王安石“周官新義”の大宰にいて》，《集刊東洋学》1970 年第 23 號。

庄司莊一：《王安石思想に関する二，三の考察》，《甲南大学文学会論集》第 4 集，1956年。

佐伯富：《王安石》，《世界历史事典》第 2 卷，東京：平凡社，1956 年。

佐伯富：《王安石の淤田法》，《東亞經濟研究》1944 年第 1、2 號。

2. 著作

〔日〕荒木敏一：《宋代科挙制度研究》，京都：同朋舍，1969 年。

〔日〕佐伯富：《王安石》，東京：中央公論社，1990 年。

〔日〕三浦國雄：《王安石：濁流に立つ（中国の人と思想 7）》，東京：集英社，1985 年。

〔日〕東一夫：《王安石：革新の先覚者》，東京：講談社，1975 年。

〔日〕東一夫：《王安石》，東京：讲谈社，1980 年。

〔日〕東一夫：《王安石事典》，東京：図書刊行会，1987 年。

〔日〕東一夫：《王安石新法の研究》，東京：風間書房，1970 年。

〔日〕東一夫：《日本中、近世の王安石研究史》，東京：風間書房，1987 年。

（二）欧美著述

1. 论文

D. Bodde，Henry A Wallace and the Ever Normal Granary，*Far Eastern Quarterly*，Vol.5，

No. 4，1946，pp. 411-426.

I. Veith，Government Control and Medicine in Eleventh Century China，*Bulletin of the History of Medicine*，Vol.14，No. 2，1943，pp. 159-172.

J. H. Jacques，Wang An-shih：The Story of an Early Experiment in Socialism，*Eastern World*，No. 6，1952，pp.33-34.

Michael Dennis Freeman，*Lo-yang and the Opposition to Wang An-shih：The Rise of Confucian Conservation，1068-1086*，The Ph.D Dissertation of the Yale University，1973.

O. Franke，Chinesische Beamtenreform im 11 Jahchundert，*Forschungen und Forschritte*，No. 8，1932，pp. 241-242.

Victor H. Mair，A Poem of Satirical Allegory by Wang An-shih (1021-1086)，*Journal of Song-Yuan Studies*，No.23，1993，pp.95-98.

W. A. Roulston，Wang An-shih：the nine tripods of Yü，*Oriental Art*，15Autumn，1969，p. 203.

Winston W. Lo，Wang An-shih and the Confucian Ideal of "Inner Sageliness"，*Philosophy East and West*，Vol. 26，No. 1，1976，pp. 41-53.

Yi-chen LIN，The Failure of Wang An-shih，*The People's Tribune*，Vol.9，1935，pp.357-367.

2. 著作

Henry R. Williamson，*Wang An-shih：A Chinese Statesman and Educationalist of the Sung Dynasty*，Vol.1，London：Arthur Probsthain，1935.

Henry R. Williamson，*Wang An-shih：A Chinese Statesman and Educationalist of the Sung Dynasty*，Vol.2，London：Arthur Probsthain，1937.

Hoan Tcheou，*Le Prêt sur Récolte Institué en Chine au XIe Siecle par le Ministre Novateur Wang Ngan-che*，Paris：Jouve et Cie，1930.

James T. C. Liu，*Reform in Sung China：Wang An-shih（1021-1086）and his New Policies*，Cambridge：Harvard University Press，1959.

John Thomas Meskill，*Wang An-shih，Practical Reformer? (Problems in Asian Civilizations)* Boston：D.C.Heath and Company，1963.

后　记

1987年，我与师兄程民生一同报考先师漆侠先生的博士研究生。记得考题就是关于如何评价王安石变法，答题时我以为当时学界相当多的人重评王安石变法，不论是取材还是论点，似又回到了南宋初对王安石变法的否定上。对我的答题，漆侠先生颇为赞赏，在面试时先生鼓励我把这个看法写成文章发表，这是我撰写这部书稿的起因。促使我努力完成这部书稿的原因是：在搜集资料和读书学习过程中，我发现二十世纪发表的有关王安石及其变法的文章多达千余篇，但有见解、有一定水准的论文不及三分之一，其他文章多是低水平的重复之作或泛泛而谈的应景之作，所谓“泥沙俱下”现象十分突出。这种现象恐怕在历史学界也是普遍存在的，只是程度不同而已。这种状况如果继续蔓延下去，将会直接影响学术的进步和创新。所以，我写这部书稿既是想从学术发展史的角度梳理和总结不同时期对王安石变法评议、研究的方法和观点，同时也是想为改变目前的浮躁学风，进而规范学术研究尽自己的绵薄之力。

对王安石变法的评价，我深受邓广铭先生和先师漆侠先生的观点的影响，但是我在叙述时尽可能地保持一种客观、平和的态度。因为吾爱吾师，吾更爱真理。我不愿重蹈过去那种“自来论介甫，其毁之者，凡一谋一法，只须其谋其法之出于介甫，则不问事实，而一切有非而无是。其誉之者，则又只须其谋其法之出于介甫，则不问事实，而一切有是而无非”的评价窠臼。力图把900年来的是非评价原原本本地告诉读者，不刻意站在肯定或否定的某一方。当然完全没有一点倾向性也不是真话，读者会从字里行间发现无法掩饰的主观意识的点滴流露。

这部书稿从搜集资料到写作完成，曾得到许多师友及同仁的鼓励和帮助。先后代为我查找和复印资料的有北京大学中国古代史研究中心的张希清先生、刘永强先生，“中央研究院”历史语言研究所所长黄宽重先生，中国社会科学院历史研究所的曹江红女士、关树东先生，安徽师范大学历史系的杨国宜先生，东华理工大学宋秀珍女士，在此向他们表示衷心的感谢。我还要感谢为我查找资料提供方便和热情服务的河北大学图书馆、河北大学宋史研究中心资料室、河北大学人文学院历史资料室、中文系资料室及“中央研究院”历史语言研究所傅斯年图书馆、台湾大学图书馆、抚州市王安石纪念馆。我还要感谢为复印资料和打印、校对书稿付出了大量劳动的学生邵育欣、韩毅、郭志安、王青松以及河北大学出版社。本书的出版，得到国家社科基金、教育部“高等学校优秀青年教师教学科研奖励计划”、河北省博士基金的资助，人民出版社编审张秀平先生、编辑关宏同志为之付出了艰辛的劳动，并感谢她们一直关心这部书稿的出版。最后要特别感谢的是妻子水潞，感谢她在包揽全部家务的同时还为我打印大部分初稿，这使我想起了曾经流行过的一句歌词“军功章里有你的一半，也有我的一半”。的确，整部书稿浸透着她的一片爱心。

最令我感到遗憾的是，先师漆侠先生一直关心着我的写作，却再也看不到这部书稿的出版，每每想起先师耳提面命的情景，总觉无以报答再造的师恩，谨以此书献给先师，以作永久的纪念。

李华瑞

2003 年 9 月 28 日

《王安石变法研究史》（增订本）后记

2004年本书初版距今已有整整20年了，在这20年间，王安石及其变法研究出现了四个变化，一是自改革开放以后王安石及其变法一直是宋史研究的热点问题，本书出版后一段时间内其热点有明显下降；二是王安石变法研究趋于理性，与党争心态、阶级斗争理论渐行渐远；三是长期以来王安石及其变法研究以新法史实和评价为重点的态势开始向以学术思想为重点的转移；四是对王安石及其变法研究的研究受到重视，成为王安石及其变法研究中的重要选题。这四种变化的出现不能不与本书的总结性研究有一定的密切联系。

本书初版印了4000册，是我出版的学术著作中一次印量最大的，但是至少在十多年前就有朋友和读者希望能重印，更有朋友希望修改再充实，毕竟随着古籍数据库日益完善和文献整理质量和数量的提高、增加，更因为随着研究的深入，有许多地方需要再认识和修改。不过，此次再次印刷增订中，除了增加为纪念王安石诞辰一千周年撰写的论文收入本书作为附录一外，其他内容没有做新的修订，一来如果要修订可能要有较大的修改，本人在现今仍然疲于奔命于完成各项科研、教学和学术应景、应酬的条件下尚无暇顾及，故还是一仍其旧，待以后退下来有时间再考虑修订。二来我一直有一个想法，初版的旧作若是社会仍有需要可以重印，但是再修订，即使修订的再好，那已远离自己当时选做本书的初衷，而会夹杂岁月侵蚀的痕迹，本书初衷是当时自己独立思考而为，做学术界尚未有人做过的事，我的写作方式也可说是现今中青年学者颇为感兴趣的历史书写的滥觞，但在当时极少有人从我设计的思路进行撰述。20世纪90年代中期，我知道河南大学著名宋史专家周宝珠先生想写一本20世纪的王安石变法研究史，而中国社会科学院历史研究所著名的宋史及文献学学者陈智超先生也曾打算从1840年西学东渐始至20世纪末的王安石变法研究史，但不知是什么原因他们都没有写，尽管我知道两位先生的学养比我深厚，但是我要从南宋建立之初写起，这是宋史学界没有人想过的，本书出版前后朱瑞熙先生也只写过"20世纪中国王安石及其变法的研究"长篇论文，我的立意就是要把评价王安石变法为何被否定的源流，宋代文献是如何记载王安石变法的始末，元明清又是在什么样的政治和社会气候下延续对王安石变法的正反两面的评价，20世纪以后王安石变法被翻案和再批判的经过，一一告诉学界，现今学界已在本书研究基础上有了新的开拓，再补充更多内容也不过是增加一些典籍记述，或在表述上更精致一些而已，已不完全是自己的创新了。所以借用漆侠师在他的名著《王安石变法》再版后记所言："保持年轻的锐气。"

当然，初版有一些鲁鱼亥豕的错失，希望在这次增订中尽量减少到最低点。最大变化是将初版的尾注改为页下注，以便于读者阅读。注释也采取现今规范的格式。这些主要是由两位博士生钱申和王姣重新制作和核对，做了大量工作，在此谨致谢忱。

感谢抚州市"王安石国际研究中心"的陈云斐主任和副主任陈菊莲女史，从2020年初抚州"王安石国际研究中心"成立以后，我们有多次合作，他们在王安石的家乡抚州承办了三次有关王安石研究的学术盛会：2021年12月18日召开的"纪念王安石诞辰1000周年学术研讨会"、2022年8月24日召开的"两宋历史与王安石学术研讨会暨中国宋史研究会第十九届年会"、2023年10月20日召开的"王安石经学与十至十三世纪中国的思想世界"，可以说"王安石国际研究中心"取得了有目共睹的成绩，对王安石乃至宋史的研究做出很大贡献。令我个人感动的是中心多次提及并督促本书的再次出版，并慷慨解囊拿出十万元经费支持本书的再版。感谢科学出版社杨静女士认真负责，组织得力编辑审校书稿。杨静女士当年在河北大学人文学院中文系读本科时正值我担任院长，由于这层关系，杨静女士到科学出版社以后帮助我出版了三种著作，本书是第四种。借着这个机会一并感谢。

今天所写的后记恰恰是初版20年前的同一天。时光荏苒，感慨系之。

李华瑞

2024年9月28日